BEITRÄGE ZUR GESCHICHTE OSTEUROPAS

HERAUSGEGEBEN VON
DIETRICH BEYRAU
BERND BONWETSCH
DIETRICH GEYER
MANFRED HILDERMEIER

BAND 20

FABRIKGESETZGEBUNG IN RUSSLAND VOR 1905

REGIERUNG UND UNTERNEHMERSCHAFT BEIM AUSGLEICH IHRER INTERESSEN IN EINER VORKONSTITUTIONELLEN ORDNUNG

VON

JOACHIM VON PUTTKAMER

1996

BÖHLAU VERLAG KÖLN WEIMAR WIEN

Gedruckt mit Unterstützung des Förderungs-
und Beihilfefonds Wissenschaft der VG Wort

D 25

Die Deutsche Bibliothek – CIP-Einheitsaufnahme
Puttkamer, Joachim von:
Fabrikgesetzgebung in Russland vor 1905: Regierung und
Unternehmerschaft beim Ausgleich ihrer Interessen in einer
vorkonstitutionellen Ordnung / von Joachim von Puttkamer. –
Köln ; Weimar ; Wien : Böhlau, 1996
(Beiträge zur Geschichte Osteuropas ; Bd. 20)
Zugl.: Freiburg (Breisgau), Univ., Diss., 1994
ISBN 3-412-00296-8
NE: GT

© 1996 by Böhlau Verlag GmbH & Cie, Köln
Alle Rechte vorbehalten
Gesamtherstellung: Richarz Publikations-Service GmbH, Sankt Augustin
Printed in Germany
ISBN 3-412-00296-8

INHALTSVERZEICHNIS

Verzeichnis der Tabellen VIII
Abkürzungen IX
Vorbemerkung XI

I. Einleitung 1
   1. Problemstellung 1
   2. Zum Forschungsstand 7
   3. Die Quellen 14

II. Bedingungen russischer Fabrikgesetzgebung:
   Mentalitäten und Institutionen 18
   1. Arbeiterschutz ohne Arbeiterschaft? Das Bild der
      Arbeiterschaft in der Fabrikgesetzgebung 18
   2. Die Autoren der Fabrikgesetzgebung 37
      a) Die Zuständigkeit von Finanz- und
         Innenministerium 37
      b) Die Ära Bunge (1881-1887) 40
      c) Die Ära Vyšnegradskij (1887-1892) 45
      d) Die Ära Witte (1892-1903) 47
   3. Probleme der Koordination im
      Gesetzgebungsprozeß 52
   4. Industrielle Organisation und Arbeiterschutz 62
      a) Die patriarchalische Oligarchie:
         Die Industriellen Zentralrußlands 63
      b) Anfänge moderner Interessenvertretung:
         Die Petersburger Industriellen 74
      c) Bindeglied nach Westen? Die polnischen
         Industriellen 80
      d) Pioniere der Industrialisierung:
         Verbandsgründungen im Bergbau 85
      e) Ansätze überregionaler Organisation 87

DER SCHUTZ DER SCHWACHEN

III. Humanität und Wirtschaftswachstum: Die
    Beschränkung der Kinderarbeit vom 1. Juni 1882 97

1. Kostendruck und Existenznot: Das Phänomen der
   industriellen Kinderarbeit in Rußland ... 99
2. Erste staatliche Regelungsversuche: Die Formulierung eines
   Reformkonsenses ... 111
3. Die öffentliche Diskussion: Industrie und technische
   Intelligenz ... 117
4. Die öffentliche Diskussion: Die Zemstva ... 123
5. Ein gesetzgeberisches Experiment: Das Gesetz vom 1. Juni
   1882 über die Regelung der Kinderarbeit ... 127
6. Die Praxis des Kinderschutzes ... 133

IV. Fortschritt aus Konkurrenz: Das Nachtarbeitsverbot für Frauen
und Jugendliche ... 144
1. Frauenarbeit in der russischen Textilindustrie ... 145
2. Arbeiterschutz oder Konjunkturpolitik? Die Beratungen
   über ein Nachtarbeitsverbot für Frauen und Jugendliche ... 153
3. Die Ausgestaltung des Nachtarbeitsverbots ... 165

Zusammenfassung ... 169

ARBEITERSCHUTZ UND STREIKBEWEGUNG: LEISTUNGEN UND
GRENZEN AUTOKRATISCHER FABRIKGESETZGEBUNG

V. Verrechtlichung als Arbeiterschutz: Das russische Arbeitsrecht
vom 3. Juni 1886 ... 177
1. Der Morozov-Streik von 1885: Auslöser der Gesetzgebung ... 177
2. Anfänge eines Lohnarbeitsrechts unter Nikolaus I. ... 180
3. Der repressive Rechtsstaat: Rechtfertigungen staatlicher
   Regulierung des Lohnvertrags ... 187
4. Arbeiterschutz durch Rechtssicherheit:
   Die Verschriftlichung des Lohnvertrags ... 192
5. Rechtssicherheit als Ordnungsfaktor: Kündigungsschutz und
   Strafandrohung ... 196
6. Der Kern des Arbeiterschutzes: Die Sicherung
   des Arbeitslohnes ... 208

VI. Impulse aus der Praxis: Der Aufbau
einer Fabrikinspektion ... 220

VII. Staatsintervention als Organisationsersatz:
Die gesetzliche Arbeitszeitzeitbeschränkung vom
2. Juni 1897 ... 255
1. Arbeitszeit, Wachstum und Konjunktur: Frühe Initiativen
   zur Verkürzung der Arbeitszeit ... 257

2.	Spielräume individueller Arbeitszeitverkürzung: Entwicklungen in der Textilindustrie 1885-1896	264
3.	Arbeitszeit, Streikbewegung und Arbeiterschutz: Die Entscheidung für eine gesetzliche Regelung	270
4.	Perspektiven der Arbeitgeberorganisation	282
5.	Maximalarbeitstag und Lohnregulierung	291

VIII. Perspektiven einer Organisation der Arbeiterschaft 298
  1. Entwürfe staatlicher Schlichtungsorgane 299
  2. Das „weiche" Streikverbot 304
  3. Die Sprengkraft legaler Organisation: Selbsthilfekassen und Zubatovščina 314
  4. Ansätze legaler Interessenartikulation: Das Gesetz über die Fabrikältesten vom 10. Juni 1903 324
Zusammenfassung 332

DIE ANFÄNGE RUSSISCHER SOZIALGESETZGEBUNG

IX. Von der Rechtsreform zur Sozialpolitik: Das Unfallhaftungsgesetz vom 2. Juni 1903 340
  1. Rechtsverständnis und Staatspolitik 340
  2. Spielräume industrieller Beteiligung 351
  3. Unfallhaftung und Öffentlichkeit 367

X. Krankenversorgung und Krankenversicherung 371
  1. Die permanente Notlösung: Das Gesetz vom 26. August 1866 373
  2. Lokalverwaltung und Fabrikmedizin: Reformen von unten? 385
  3. Selbsthilfekassen im Bergbau: Chancen regionaler Teillösungen 392
  4. Der Ansatz des Finanzministeriums: Rückgriff auf die Zemstva 401
  5. Die Diskussion über eine gesetzliche Krankenversicherung 413

XI. Überlegungen für eine staatliche Altersversicherung 422
Zusammenfassung 433

XII. Fabrikgesetzgebung in Rußland vor 1905: Eine Bilanz 437

Quellen und Literatur 445
Register 479

VERZEICHNIS DER TABELLEN

Tabelle 3. 1.	Anteil von Minderjährigen (bis 15 Jahre) an der russischen Arbeiterschaft nach Branchen	101
Tabelle 3. 2.	Beschäftigung von Minderjährigen in ausgewählten Produktionsbereichen	104
Tabelle 3. 3.	Tätigkeiten von Kindern in der Moskauer Textilindustrie 1881	105
Tabelle 4. 1.	Anteil von Frauen 1885 an der russischen Arbeiterschaft nach Branchen	146
Tabelle 4. 2.	Anteil an Frauen in der russischen Textilindustrie nach Fabrikbezirken	151
Tabelle 10. 1.	Fabriken mit organisierter medizinischer Hilfe	379
Tabelle 10. 2.	Arbeiter, denen organisierte medizinische Hilfe zur Verfügung steht	380

ABKÜRZUNGEN

ASEER	American Slavic and East European Review
ASGS	Archiv für soziale Gesetzgebung und Statistik
BE	Brokgauz, F. A. und Efron, I. A. (Hgg.): Enciklopedičeskij slovar', 41 Bde. (82 Halbbände) und 4 Ergänzungsbände, St. Petersburg 1890-1907
IstZap	Istoričeskie Zapiski
JEurEconHist	Journal of European Economic History
JEconHist	Journal of Economic History
JfGO	Jahrbücher für Geschichte Osteuropas
HdSW	Handwörterbuch der Staatswissenschaften
KA	Krasnyj Archiv
LGIA	Leningradskij Gosudarstvennyj Istoričeskij Archiv
MERSH	The Modern Encyclopedia of Russian and Soviet History, hg. von Joseph L. Wieczynski, 55 Bde., Gulf Breeze, Fl. 1976-1993
PSZ 2	Polnoe sobranie zakonov Rossijskoj Imperii, Sobranie vtoroe, St. Petersburg 1825/26(1830)-1881(1884)
PSZ 3	Polnoe sobranie zakonov Rossijskoj Imperii, Sobranie tret'e, St. Petersburg 1881-1917
RBS	Russkij biografičeskij slovar', 25 Bde., St. Petersburg 1882-1916 (Nachdruck New York 1962); Bd. 3a und Bd. 20a, New York 1991
RGIA	Rossijskij Gosudarstvennyj Istoričeskij Archiv
RH	Russian History
RR	The Russian Review
SEER	The Slavonic and East European Review
SR	Slavic Review
TOS	Trudy Obščestva dlja sodejstvija russkoj promyšlennosti i torgovle, 30 Bde., St. Petersburg 1872-1913
VopIst	Voprosy Istorii
VSWG	Vierteljahresschrift für Sozial- und Wirtschaftsgeschichte

VORBEMERKUNG

Die vorliegende Arbeit war ursprünglich als Untersuchung des Interessenausgleichs zwischen Regierung und Unternehmerschaft im ausgehenden Zarenreich angelegt. Das Kapitel über die Fabrikgesetzgebung sollte dabei nur als Beispiel für einen Bereich wirtschaftlicher Gesetzgebung stehen, in dem aufgrund der kontroversen Interessenlage der Beteiligten besondere Konflikte zu erwarten waren. Schon bald zeigte sich jedoch, daß nicht allein das Studium verschiedener Gesetzgebungsprozesse neue Erkenntnisse verhieß. Vielmehr kam ich bei der Bewertung der Fabrikgesetze selbst zu Einsichten, die erheblich von der vermeintlich sicheren Basis sowjetischer wie westlicher Arbeiten abwichen und eine eigene Studie gerechtfertigt erscheinen ließen.

Mein Dank gebührt meinem Doktorvater, Prof. Dr. Gottfried Schramm, der diese Untersuchung angeregt und in allen ihren Stadien mit wohlwollendem Interesse begleitet hat. Durch seine Art, Fragen zu stellen, hat er sie entscheidend geprägt. Kritische ebenso wie ermunternde Anregungen erhielt ich von Prof. Dr. Stefan Plaggenborg, Prof. Dr. Heiko Haumann, PD Dr. Dittmar Dahlmann und Carmen Scheide, die Teile des Manuskriptes gelesen haben. Die Teilnehmer der Kolloquien in Freiburg, Bochum, Frankfurt, Basel und Göttingen haben mich durch ihre Diskussionsbeiträge dazu gezwungen, meine Überlegungen immer wieder grundsätzlich zu überdenken und auf ihre Tragfähigkeit hin zu überprüfen. Wo sich unsere Interessengebiete überschnitten, haben Dr. Jörg Baberowski, Thomas Bohn, Klaus Gestwa, Guido Hausmann und Johannes Raschka die Untersuchung durch manches wichtige Detail bereichert. Zuletzt hat Hildegard Lindemann die Druckfahnen sorgfältig Korrektur gelesen und manche stilistische Unebenheit geglättet.

Einen Großteil des Materials konnte ich im Russischen Historischen Staatsarchiv (RGIA), im Leningrader Historischen Staatsarchiv (LGIA) und in der Russischen Nationalbibliothek, der ehemaligen Saltykov-Ščedrin-Bibliothek, zu einer Zeit einsehen, als der Zugang zu den Quellen bereits völlig unbehindert war. S. I. Varechova und T. V. Partanenko haben mir dort mit viel Geduld dabei geholfen, Archivverzeichnisse und Kataloge zu durchforsten und umfangreiche Materialien zu vervielfältigen. Noch im Übergang vom Studium zur Promotion ist diese Arbeit mit einem Stipendium nach dem Bayerischen Begabtenförderungsgesetz und anschließend von der Studienstiftung des deutschen Volkes gefördert worden. Zu danken habe ich auch Prof. Dr. Manfred Hildermeier, Prof. Dr. Dietrich Beyrau und Prof. Dr. Bernd Bonwetsch für die Aufnahme der Arbeit in die „Beiträge", sowie der VG Wort, die den Druck mit einem außergewöhnlichen Zuschuß erst möglich gemacht hat. Meine Frau Susanne schließlich hat mich nicht nur mit juristischem Sachverstand vor manchen Verirrungen bewahrt. Ihre Bereitschaft, sich immer wieder auf eine fremde Welt einzulassen, hat diese Arbeit über die Jahre getragen.

Die Schreibweise von Personen- und Ortsnamen folgt der wissenschaftlichen Transliteration. Ausnahmen wurden bei allen Personen- und Ortsnamen gemacht, die entweder direkt aus dem Deutschen oder einer anderen europäischen Sprache stammen (Hammerschmidt statt Gammeršmidt; Goujon statt Gužon, Żukowski statt Žukovskij usw.) oder wo sich eine eigene deutsche Form eingebürgert hat (z. B. Kiew statt Kiev, Lodz statt Łódź). Aus Gründen der Lesbarkeit wurde im Text nach der modernen russischen Rechtschreibung transliteriert. Dagegen wurde in den Fußnoten die zeitgenössische Schreibweise beibehalten, um den bibliographischen Nachweis zu erleichtern. Literaturhinweise in den Fußnoten werden in jedem Kapitel jeweils bei ihrer ersten Erwähnung mit vollem Titel gegeben und bei weiteren Wiederholungen sinnvoll abgekürzt.

Alle Datumsangaben folgen dem Julianischen Kalender, der im 19. Jahrhundert zwölf und im 20. Jahrhundert dreizehn Tage hinter dem Gregorianischen Kalender zurückblieb.

I. EINLEITUNG

1. Problemstellung

Das zarische Rußland hat die soziale Frage nicht bewältigt, welche die Industrialisierung in allen europäischen Staaten hervorrief, und ist schließlich daran zerbrochen. In einem Reich, das vor der Revolution von 1905 noch ganz den Traditionen unbeschränkter Selbstherrschaft verbunden war und wirtschaftlich trotz aller unbestreitbaren Fortschritte immer noch als unterentwickelt gelten mußte, standen alle Bemühungen in dieser Richtung vor einem scheinbar unlösbaren Dilemma: wie ließ sich ein Mindestmaß materiellen Lebensstandards der Arbeiter erreichen, ohne die forcierte Industrialisierung zu gefährden, von deren Erfolgen der Status Rußlands als europäischer Großmacht abhing? Und schwieriger noch: wie konnten die Spannungen zwischen Arbeitern und Fabrikbesitzern abgebaut werden, ohne daß man den Arbeitern über ein Koalitionsrecht erlaubte, vitale wirtschaftliche Interessen wirksam gegen die Übermacht der Fabrikbesitzer zu verteidigen?

In Westeuropa wurden zwei unterschiedliche Wege zur Lösung der sozialen Frage beschritten. So wurden in England bereits früh gesetzliche Schutzbestimmungen für Kinder und Frauen verabschiedet, weitergehende staatliche Eingriffe in das Wirtschaftsleben wurden jedoch grundsätzlich abgelehnt. Vielmehr setzte man darauf, die Arbeiter über die Gewährung umfassender politischer und sozialer Rechte in die bestehende Gesellschaftsordnung zu integrieren und es ihnen zu ermöglichen, über den Aufbau organisierter Interessenvertretungen in Form von Gewerkschaften ihre wirtschaftliche Lage aus eigener Kraft zu verbessern.[1] Dagegen versuchte das deutsche Reich, die soziale Frage zu lösen, indem einerseits die Lebensverhältnisse der Arbeiter durch eine umfassende gesetzliche Arbeiterversicherung und ab den neunziger Jahren auch

---

[1] Zur englischen Sozialpolitik und ihrer Rezeption in Europa siehe Metz, K. H.: Industrialisierung und Sozialpolitik. Das Problem der sozialen Sicherheit in Großbritannien 1795-1911, Göttingen 1988; Ritter, G. A.: Sozialversicherung in Deutschland und England. Entstehung und Grundzüge im Vergleich, München 1983; Reulecke, J.: Englische Sozialpolitik um die Mitte des 19. Jahrhunderts im Urteil deutscher Sozialreformer, in: Mommsen, W. J. (Hg.): Die Entstehung des Wohlfahrtsstaates in Großbritannien und Deutschland 1850-1950, Stuttgart 1982, S. 40-56; Mayer-Maly, T.: Die exemplarische Bedeutung des englischen Arbeitsrechts, in: Gamillscheg, F. u. a. (Hgg.): In Memoriam Sir Otto Kahn-Freund, München 1980, S. 563-569.

durch staatliche Schutzmaßnahmen stabilisiert wurden, andererseits aber der Arbeiterschaft die Gleichberechtigung in Staat und Gesellschaft bis zum Ende des Reiches verweigert blieb.[2]

Wesentlich ausgeprägter noch als in Deutschland wurden der Arbeiterschaft in Rußland jegliche kollektiven Rechte vorenthalten. Waren in Deutschland Streiks, Gewerkschaften und die Gründung politischer Parteien zumindest mit Einschränkungen erlaubt, blieben diese in Rußland bis 1905 strikt verboten. Dagegen ist das zarische Rußland auf dem Gebiet des gesetzlichen Arbeiterschutzes in einem relativ frühen Stadium der Industrialisierung tätig geworden. Nachdem 1882 mit einem Gesetz über die Beschränkung der Kinderarbeit der Einstieg in die Fabrikgesetzgebung gefunden worden war, hat das Zarenreich bis 1905 in weiten Bereichen wie der Regelung der Lohnvertragsbedingungen oder der Haftung bei Arbeitsunfällen mit Westeuropa gleichziehen können. Dabei stand der russische Arbeiterschutz im Spannungsfeld zweier Problembereiche, welches alle russische Politik im ausgehenden neunzehnten Jahrhundert bestimmte: die Modernisierung des Reiches und die politische Stabilisierung der Autokratie.

Schon die Zählebigkeit des aus dem Englischen und Deutschen übernommenen Begriffs der „Fabrikgesetzgebung" (*fabričnoe zakonodatel'stvo*) weist darauf hin, daß es in Rußland lange Zeit nicht primär um soziale Zielsetzungen ging. Solange schon die Existenz einer Arbeiterschaft im westeuropäischen Sinne für Rußland abgestritten wurde, konnte sich auch der engere deutsche Begriff des „Arbeiterschutzes" (*rabočee zakonodatel'stvo*) kaum durchsetzen.[3] Vielmehr begriff man hier die Formulierung eines modernen Lohnarbeitsrechts seit Beginn der sechziger Jahre, als die ersten Entwürfe eines reformierten Industriestatuts beraten wurden, als eine der Voraussetzungen für eine tiefgreifende Modernisierung des Reiches. Bezogen auf die Lohnarbeit bedeutete Modernisierung in erster Linie, das individuelle Rechtsverhältnis zwischen Arbeitern

---

[2] Aus der umfangreichen Literatur zur Sozialpolitik im deutschen Kaiserreich seien hier besonders hervorzuheben: Reidegeld, E.: Staatliche Sozialpolitik in Deutschland. Historische Entwicklung und theoretische Analyse von den Ursprüngen bis 1918, Opladen 1996; Berlepsch, H.-J. v.: „Neuer Kurs" im Kaiserreich? Die Arbeiterpolitik des Freiherrn von Berlepsch 1890-1896, Bonn 1987; Tennstedt, F.: Vom Proleten zum Industriearbeiter. Arbeiterbewegung und Sozialpolitik in Deutschland 1800 bis 1914, Köln 1983; Ders.: Sozialgeschichte der Sozialpolitik in Deutschland. Vom 18. Jahrhundert bis zum Ersten Weltkrieg, Göttingen 1981; Saul, K.: Staat, Industrie, Arbeiterbewegung im Kaiserreich, Düsseldorf 1974; Born, K.: Staat und Sozialpolitik seit Bismarcks Sturz. Ein Beitrag zur Geschichte der innenpolitischen Entwicklung des Deutschen Reiches 1890-1914, Wiesbaden 1957.

[3] So führt beispielsweise das wichtigste deutsch-russische Lexikon der vorrevolutionären Epoche zwar den Begriff „Arbeiterstand" (*rabočee soslovie*), aber keine Einträge zu den Begriffen „Arbeiterschutz" und „Arbeiterfrage": I. Pawlowsky's Deutsch-russisches Wörterbuch, 3. Auflage, Riga und Leipzig 1900, S. 86. Siehe unten Kapitel II.

und Fabrikbesitzern in bewußter Übernahme westeuropäischer Vorbilder präzise zu definieren und es damit staatlicher und gerichtlicher Kontrolle zugänglich zu machen. Auf diese Weise sollten die freie Lohnarbeit als wichtigste Bedingung zukünftiger industrieller Entwicklung auf ein solides rechtliches Fundament gestellt und zugleich die schlimmsten Auswüchse wirtschaftlicher Ausbeutung von Fabrikarbeitern verhindert werden.

Konkrete Arbeiterschutzmaßnahmen kamen allerdings erst zustande, als es nach jahrzehntelangen und weitgehend fruchtlosen regierungsinternen Debatten zu Beginn der achtziger Jahre gelang, diese langfristigen Modernisierungsüberlegungen mit einem greifbaren wirtschaftlichen Interesse der Industrie an gleichen Wettbewerbsbedingungen und an einer soliden Schulbildung der Arbeiter zu verbinden: 1882 wurde die Kinderarbeit eingeschränkt und 1885 die Nachtarbeit für Frauen und Jugendliche in den wichtigsten Branchen der Textilindustrie verboten.

Daneben verfolgte die russische Fabrikgesetzgebung aber auch das Ziel, Arbeiterstreiks zu verhindern und ihre Ursachen bereits im Vorfeld zu beseitigen, wie dies vor allem die sowjetische Forschung hervorgehoben hat. Allerdings war es bis in die neunziger Jahre weniger der bis dahin noch kaum fühlbare Druck einer erst im Entstehen begriffenen Arbeiterbewegung, welcher die Fabrikgesetzgebung vorantrieb. Neben einzelnen schweren Unruhen wie den Streiks in der Petersburger Textilindustrie von 1870 und 1878 oder dem berühmten Morozov-Streik von 1885 machte vielmehr der Blick auf Westeuropa immer wieder deutlich, welche Gefahren Massenstreiks in Zukunft auch für das gesellschaftliche und politische Gefüge des Reiches mit sich bringen konnten. Für einen Nachzügler der Industrialisierung schien sich hier die Möglichkeit zu bieten, durch eine vorbeugende Arbeiterschutzpolitik rechtzeitig tiefgreifenden Erschütterungen vorzubeugen und die sozialen Folgen der Industrialisierung frühzeitig abzufedern.

Dieses Ziel der Systemstabilisierung ließ sich lange Zeit durchaus mit einer an langfristigen Entwicklungsidealen orientierten Politik vereinbaren, wie vor allem das Lohnarbeitsrecht vom 3. Juni 1886 oder die Beschränkung der allgemeinen Arbeitszeit von 1897 zeigten. Als die Arbeiterunruhen jedoch ab der Mitte der neunziger Jahre an Schärfe zunahmen und immer stärker politischen Charakter gewannen, klafften diese beiden Ziele bald auseinander, mit der fatalen Folge, daß die russische Fabrikgesetzgebung in zentralen Bereichen ins Stocken geriet.

Im Innenministerium, das von seinen Aufgaben her naturgemäß daran interessiert war, Ruhe und Ordnung zu gewährleisten, wurden mehrfach Konzepte zur Beruhigung der Arbeiterschaft entwickelt, die auf eine polizeiliche Regulierung des Arbeitsverhältnisses hinausliefen. Da sich diese Vorstellungen weder mit den rechtsstaatlichen Prinzipien, denen sich die Autokratie verpflichtet fühlte, noch mit einer beschleunigten industriellen Entwicklung auf marktwirtschaftlicher Basis vereinbaren ließen, stießen sie im Justiz- und vor allem im Finanzministerium auf heftigen Widerstand. Letzteres hingegen konnte mit seinen eigenen Vorstellungen, die Arbeiterschaft durch infrastrukturelle Maßnahmen gegen materielle Risiken abzusichern, gegenüber dem Reichsrat kaum durchdringen, der in jeglicher Form einer Konstituierung der Arbeiterschaft als sozialer Gruppe die russische Gesellschaftsordnung elementar gefährdet sah. Erst 1903 wurde mit einem Gesetz über die Haftung bei Arbeitsunfällen und mit der Einrichtung von Fabrikältesten der Einstieg in eine moderne Sozialgesetzgebung und in eine organisierte Vertretung der Arbeiterschaft gefunden. Damit aber war die Durchsetzungskraft des Finanzministeriums auch schon erschöpft. Entwürfe für eine verbesserte medizinische Versorgung der Arbeiter, die Einrichtung von Selbsthilfekassen und eine Liberalisierung des Streikrechts wurden zwar diskutiert, hatten aber vorläufig kaum eine Chance, verwirklicht zu werden.

Erst mit der Revolution von 1905 setzte sich auch in konservativen Kreisen die Einsicht durch, daß die Herausforderung durch die Arbeiterschaft einer mutigeren politischen Antwort bedurfte, als sie bislang mit Rücksicht auf den autokratischen Charakter des alten Regimes möglich gewesen war. Bereits im Januar 1905 wurde einer Kommission unter Vorsitz des Finanzministers V. N. Kokovcov eine ganze Reihe von Reformvorschlägen vorgelegt, die bislang wirkungslos in den Schubladen der einzelnen Ministerien gelegen hatten und die auf eine umfassende Umgestaltung der russischen Fabrikgesetzgebung abzielten. Aber während das bisherige Streikverbot im Dezember 1905 aufgehoben und Gewerkschaften im März 1906, wenn auch mit erheblichen Einschränkungen, zugelassen wurden, kam die Reform der Fabrikgesetzgebung nur langsam voran, da der Eindruck der Revolutionsjahre bald wieder verblaßte. Erst 1912 wurden die bereits jahrelang diskutierten Entwürfe über eine gesetzliche Unfall- und Krankenversicherung verabschiedet und damit der erste Schritt zu einer umfassenden materiellen Absicherung der Arbeiterschaft getan.

Diese Übersicht läßt bereits einige Grundprobleme russischer Fabrikgesetzgebung vor 1905 erkennen. An zentraler Stelle steht die Frage nach dem Zusammenhang zwischen Arbeiterschutz und wirtschaftlicher Rückständigkeit. Zwar ist die Fabrikgesetzgebung in das Modell der Rückständigkeit, wie es der amerikanische Wirtschaftshistoriker Alexander Gerschenkron entwickelt hat, bislang nicht einbezogen worden.[4] Dennoch stellt sich die Frage, inwieweit das

---

[4] Zum Begriff der Rückständigkeit siehe Gerschenkron, A.: Economic Backwardness in Historical Perspective, Cambridge, Mass. 1962. Zur Diskussion dieses Konzepts siehe zuletzt Gregory, P.: Before Command. An Economic History of Russia from Emancipation to the First Five-Year-Plan, Princeton N. J. 1994; Crisp, O.: Russia, in: Sylla, R. und Toniolo, G. (Hgg.): Patterns of European Industrialization. The Nineteenth Century, London, New York 1991, S. 248-268.

Phänomen einer nachholenden und stärker als in Westeuropa bereits in ihren Anfangsphasen bewußt gesteuerten Industrialisierung nicht auch besondere Formen des Arbeiterschutzes hervorgebracht hat. So stellte die Möglichkeit Rußlands, sich am westlichen Vorbild zu orientieren und eine vorausschauende Arbeiterschutzpolitik zu betreiben, durchaus einen der für das Phänomen der Rückständigkeit so zentralen Substitutionsprozesse dar.

Das wichtigste und umstrittenste Merkmal wirtschaftlicher Rückständigkeit in Rußland war nach Gerschenkron die überragende Rolle des Staates als dem Urheber von Substitutionsprozessen und damit dem eigentlichen Antrieb und Träger industrieller Entwicklung. Auch im Bereich des Arbeiterschutzes läßt sich dieses Phänomen beobachten. Staatliche Arbeiterschutzgesetze wurden beispielsweise bei der Beschränkung der Kinderarbeit, dem Nachtarbeitsverbot für Frauen und Jugendliche oder der allgemeinen Arbeitszeitbeschränkung gezielt als Mittel benutzt, um bei dem Nebeneinander traditioneller Produktionstechniken und modernster Großbetriebe angesichts der organisatorischen Schwächen der Industrie einen wirtschaftlichen Fortschritt zu erzwingen, der sich ohne staatliche Unterstützung nur langsam durchgesetzt hätte. Auch die weitreichende Tätigkeit der 1882 gegründeten Fabrikinspektion läßt sich als staatliche Substitution für einen Mangel an Rechtsbewußtsein und an einer betriebsinternen Vertretung der Arbeiterschaft deuten.

Dennoch darf die Rolle des Staates bei der Formulierung und Umsetzung der Fabrikgesetze nicht überschätzt werden. Vielmehr war die Regierung in sozialpolitischen Fragen unbedingt auf die Zusammenarbeit mit gesellschaftlichen Kräften angewiesen. So war der Aufbau einer wirksamen Fabrikinspektion nur möglich, weil es gelang, engagierte und fachlich hochqualifizierte Kräfte für diese Aufgabe zu gewinnen, wie sie innerhalb des Behördenapparats kaum in der notwendigen Anzahl zu finden waren. Nur ein enger personeller Austausch zwischen Regierungsbürokratie, lokaler Selbstverwaltung und technischer Intelligenz konnte hier die gewünschten Erfolge bringen. Zudem war abzusehen, daß die Regierung angesichts der wirtschaftlichen und administrativen Unterentwicklung des Reiches damit überfordert sein würde, aus eigener Kraft ein Netz sozialer Einrichtungen aufzubauen, welches den Einzelnen vor existenzbedrohender, materieller Not bewahren konnte. Gerade im Bereich sozialer Sicherung ließen sich in Westeuropa vorexerzierte Lösungen staatlicher Sicherungssysteme in Form von umfassenden Arbeiterversicherungen nicht ohne weiteres übernehmen. Aufgabe staatlicher Aktivität mußte es vielmehr sein, Rahmenbedingungen zu schaffen und Impulse zu geben, um die eigene Initiative von Industrie, lokaler Selbstverwaltung und Arbeiterschaft anzuregen.

Vor allem aber nahmen gesellschaftliche Kräfte maßgeblichen Einfluß auf den Gesetzgebungsprozeß selbst. Fabrikgesetzgebung, zumal wenn man sie als Teilbereich umfassender Modernisierung versteht, fand auch im autokratischen

Rußland nicht im leeren Raum abstrakten politischen Kalküls statt. Vielmehr stand die Regierung in ständigem Austausch mit einer politischen Öffentlichkeit, die sich in ihren Grundzügen seit der Reformära der sechziger Jahre herauszubilden begann. Sowohl in industriellen Kreisen, in den Reihen einer sich zunehmend formierenden professionellen Intelligenz aus Ärzten, Ingenieuren und Wissenschaftlern, als auch schließlich in der breiteren Öffentlichkeit politischer Journale und Zeitungen wurden Fragen des Arbeiterschutzes seit den späten sechziger Jahren intensiv diskutiert. Häufig waren es diese Debatten, welche einzelne Gesetzgebungsprozesse anstießen und ihnen die Richtung wiesen.

In der vorliegenden Untersuchung steht die Industrie als diejenige gesellschaftliche Gruppe im Vordergrund der Analyse, die über die besten Kontakte zur Regierung verfügte und als einzige unmittelbar in den Gesetzgebungsprozeß eingebunden war. Industrielle Beteiligung an den Beratungen über Maßnahmen der Fabrikgesetzgebung war dabei geprägt von der Spannung zwischen dem kurzfristigen wirtschaftlichen Interesse der Fabrikbesitzer an einer möglichst intensiven Nutzung der verfügbaren Arbeitskraft, welche einzelne Arbeiterschutzmaßnahmen erheblich einzuschränken drohten, und dem langfristigen Interesse an einer stabilen wirtschaftlichen Entwicklung des Reiches, für die soziale Stabilität und die Ausbildung eines qualifizierten Stamms an Facharbeitern unverzichtbar waren. So konnte die Regierung immer wieder auf konstruktive Beiträge einzelner Industrieller zurückgreifen, welche Arbeiterschutzmaßnahmen in einen langfristigen volkswirtschaftlichen und gesellschaftlichen Zusammenhang zu stellen verstanden und der Diskussion entscheidende Impulse gaben. Gerade Probleme der Fabrikgesetzgebung eignen sich deshalb besonders dafür, das komplizierte und oftmals widersprüchliche Geflecht der Interessen von Regierung und Industrie zu entwirren und die Möglichkeiten eines konstruktiven Interessenausgleichs auszuloten.

Unter diesem Gesichtspunkt erklärt sich auch die zeitliche Abgrenzung der vorliegenden Untersuchung, die sich auf die Schaltstellen zwischen Regierung, Industrie und Gesellschaft im Gesetzgebungsprozeß konzentriert. Dabei geht es vor allem darum, Formen der Zusammenarbeit zwischen Regierung und Industrie in einer vorkonstitutionellen Ordnung herauszuarbeiten, welche gesellschaftlichen Kräften regelmäßige Möglichkeiten politischer Beteiligung in einer weitgehend festen Regeln folgenden Gesetzgebung einräumte, ohne sie bereits durch eine bindende Verfassung festzuschreiben. Es war eines der Kennzeichen dieser Ordnung, daß die Formulierung politischer Standpunkte zwar noch kaum durch den institutionalisierten Einfluß organisierter Gruppeninteressen geprägt war, daß die Beteiligung am Gesetzgebungsprozeß jedoch auf Dauer erhebliche Anreize für die Bildung solcher Interessenverbände lieferte. Neben der Frage, welche Rolle einzelne Industrielle im Gesetzgebungsprozeß spielten, unter welchen Bedingungen industrielle Stellungnahmen formuliert wurden und welche Kanäle zur Verfügung standen, um Einfluß auf die Regierung zu nehmen, werden deshalb auch die Rückwirkungen zu beachten sein, die sich aus der Fabrikgesetzgebung für die institutionelle Konsolidierung der Industrie als politische Kraft ergaben. Dabei wird sich zeigen, daß der autokratische Behördenapparat in Zusammenarbeit mit einer schmalen industriellen Elite lange Zeit zu erheblichen reformerischen Leistungen in der Lage war, die weit über ein enges Sicherheitsbedürfnis der Regierung und über kurzfristige materielle Interessen der Industrie hinauswiesen.

Die Konzentration auf einzelne Gesetzgebungsprozesse führt notwendigerweise dazu, daß der Arbeiterschutz im folgenden vor allem aus einer Perspektive von oben, aus der Sicht seiner Autoren, betrachtet wird. Zwar sagen die Berichte und Erinnerungen der Fabrikinspektoren einiges darüber aus, inwieweit die jeweiligen Gesetze wirksam in die Praxis umgesetzt werden konnten. Ihr Einfluß auf die Lebensverhältnisse der Arbeiter selbst und auf deren Einstellung gegenüber den Unternehmern wie dem Staat läßt sich daraus jedoch kaum beurteilen. Erst recht darf Arbeiterschutz im Sinne des neunzehnten Jahrhunderts nicht als umfassendes Programm zur Hebung des Lebensstandards der Arbeiterschaft mißverstanden werden. Auch in einem patriarchalisch geprägten Land wie dem zarischen Rußland war es nicht Aufgabe des Staates, sich um das materielle Auskommen seiner arbeitsfähigen Untertanen zu kümmern. Ganz im Gegenteil galt es vielmehr dafür zu sorgen, daß diese möglichst viel zum Wohlstand des Landes beitragen konnten. Selbst als das Finanzministerium unter Witte ab der Mitte der neunziger Jahre begann, sich Gedanken über eine Verbesserung der Lebensverhältnisse der Arbeiter zu machen, wurden zuerst einzelne Bereiche wie die Sicherung des Existenzminimums für Unfallopfer und Kranke oder die Verbesserung der Wohnverhältnisse herausgegriffen. Gerade ihre wichtigsten Erfolge erzielte die russische Fabrikgesetzgebung schließlich dort, wo sie auf umfassende Gesamtlösungen verzichtete und sich darauf beschränkte, einzelne Probleme wie die Kinderarbeit, den Aufbau einer Fabrikinspektion oder den Bau von Fabrikkrankenhäusern separat anzugehen und sich mit Blick auf die praktischen Erfahrungen bei der Umsetzung einzelner Maßnahmen allmählich in endgültige Regelungen hineinzutasten.

2. Zum Forschungsstand

Die wissenschaftliche Diskussion um Ursprung und Charakter der russischen Fabrikgesetzgebung reicht bis vor die Jahrhundertwende zurück und fügt sich nahtlos in die politischen Auseinandersetzungen der vorrevolutionären Epoche ein. Dabei lassen sich im wesentlichen drei Richtungen unterscheiden. Wichtigste Vertreter einer staatsbezogenen, oder, wie ihre Kritiker behaupteten, apologetischen Sichtweise waren der Petersburger Fabrikinspektor V.

P. Litvinov-Falinskij, aus dessen Feder die erste umfassende Darstellung der russischen Fabrikgesetzgebung stammt, sowie sein Kollege A. N. Bykov, der 1909 ein Lehrbuch für angehende Fabrikinspektoren verfaßte.[5] Beide sahen in den bisher verabschiedeten Fabrikgesetzen das Interesse eines im Sinne des Gemeinwohl handelnden Staates an einem angemessenen Schutz der Arbeiter vor Willkür und Ausbeutung verwirklicht. So diente Fabrikgesetzgebung in den Augen Litvinov-Falinskijs vor allem dem Ziel, einen Ersatz für die in einem rückständigen Agrarland wie Rußland unterentwickelte Selbsthilfe der Arbeiter zu finden:

> „Unsere Arbeiter, die sich nur mit Mühe an die Bedingungen industriellen Lebens angepaßt haben, bedürfen des starken Schutzes durch den Gesetzgeber, da sie auf Eigeninitiative kaum vorbereitet sind."[6]

In dem Maße, in dem sich die Arbeiterschaft in den letzten Jahren zu organisieren begonnen habe, so Litvinov-Falinskij, sei auch eine Reform der Fabrikgesetzgebung nötig, um die Eigeninitiative der Arbeiter zu stärken. Das Gesetz über die Fabrikältesten von 1903 sei insofern ein Schritt in die richtige Richtung hin zur langfristigen Zulassung von Gewerkschaften. Daß Litvinov-Falinskij, der innerhalb des Finanzministeriums mit diesem Ansatz zu den fortschrittlichen Kräften gehörte, in der öffentlichen Diskussion um die Jahrhundertwende die konservativste Position vertrat, wirft bereits ein bezeichnendes Licht auf die Entfremdung zwischen Regierung und Gesellschaft in der Arbeiterfrage nach der Jahrhundertwende.

Die klassische liberale Kritik, die allenfalls eine Stärkung des Rechtsbewußtseins im Verhältnis zwischen Fabrikbesitzern und Arbeitern, keineswegs aber eine regulierende Einflußnahme des Staates in fabrikinterne Angelegenheiten gelten lassen wollte und in den Auseinandersetzungen der achtziger Jahre vor allem von dem prominenten Ökonomen V. P. Bezobrazov vertreten worden war, war dagegen um die Jahrhundertwende bereits weitgehend aus der öffentlichen Diskussion verdrängt worden.[7] Liberale Kritik richtete sich nunmehr vor allem gegen die Lücken im Arbeiterschutz sowie gegen die Tendenzen, diesen polizeilichen Erwägungen unterzuordnen. Hier sind neben der detailreichen Geschichte der russischen Fabrikinspektion aus der Feder ihres langjährigen Mitglieds A. A. Mikulin vor allem die Erinnerungen des Moskauer

---

[5] Litvinov-Falinskij, V. P.: Fabričnoe zakonodatel'stvo i fabričnaja inspekcija v Rossii, 2. Ausgabe, St. Petersburg 1904; Bykov, A. N.: Fabričnoe zakonodatel'stvo i razvitie ego v Rossii, St. Petersburg 1909; Als frühes Zeugnis einer staatsbezogenen Sichtweise ist auch die Leipziger Dissertation von Rosenberg zu nennen, die jedoch keinen Einfluß auf die weitere Diskussion hatte: Rosenberg, G.: Die Arbeiterschutzgesetzgebung in Rußland, Leipzig 1895.

[6] Litvinov-Falinskij, Fabričnoe zakonodatel'stvo, S. xxiv.

[7] Bezobrazov, V. P.: Nabljudenija i soobraženija otnositel'no dejstvija novych fabričnych uzakonenij i fabričnoj inspekcii, St. Petersburg 1888.

Ökonomieprofessors und ersten Moskauer Fabrikinspektors I. I. Janžul sowie seines Schülers I. Ch. Ozerov zu nennen, der zu Beginn des Jahrhunderts an zentraler Stelle an den von dem Chef der Moskauer Geheimpolizei Zubatov initiierten Bildungsmaßnahmen für Arbeiter beteiligt gewesen war.[8] Während Mikulin und deutlicher noch Janžul die mangelnde Entschlossenheit der Regierung bemängelten, die Arbeiterschaft wirksam vor der Ausbeutung durch die Industrie zu schützen, legte Ozerov dar, wie sehr die Politik der Regierung gegenüber der Arbeiterschaft gegen rechtsstaatliche Prinzipien verstieß. In scharfen Worten geißelte er die Rechtlosigkeit der Arbeiter, den repressiven Charakter der russischen Fabrikgesetzgebung und die mangelnde Transparenz der Regierungspolitik.

Die langfristig wichtigsten Impulse für die historische Bewertung der russischen Fabrikgesetzgebung gingen jedoch von der marxistischen Kritik aus. Diese wurde maßgeblich von dem „legalen Marxisten" Michail Tugan-Baranovskij in seinem epochalen Werk über die russische Fabrik entwickelt und in den folgenden Jahren vor allem von dem Journalisten M. G. Lunc, von G. V. Balickij sowie in deutscher Sprache von Peisach Meschewetski vorgetragen.[9] Auch Lenin hat sich in seinen theoretischen Schriften mehrfach mit Fragen der Fabrikgesetzgebung auseinandergesetzt und damit der sowjetischen Forschung die Grundlinien ihrer Interpretation vorgezeichnet.[10] Während liberale Autoren ihre Angriffe auf die Fabrikgesetzgebung als Bestandteil politischer Auseinandersetzung mit der Autokratie verstanden, hoben marxistische Betrachter ihre Beschäftigung mit dem Arbeiterschutz auf die Ebene einer umfassenden Kritik des herrschenden Gesellschaftssystems. Entsprechend dem materialistischen Geschichtsmodell war für Tugan-Baranovskij wie für Lenin die Arbeiterbewegung die eigentliche Triebkraft der Fabrikgesetzgebung. Unter dem Druck

---

[8] Mikulin, A. A.: Fabričnaja inspekcija v Rossii. 1882-1906, Kiev 1906; Janžul, I. I.: Iz vospominanij i perepiski fabričnago inspektora pervago prizyva. Materialy dlja istorii russkago rabočago voprosa i fabričnago zakonodatel'stva, St. Petersburg 1907; Ozerov, I. Ch.: Politika po rabočemu voprosu v Rossii za poslednie gody, Moskau 1906.

[9] Tugan-Baranovskij, M. I.: Russkaja fabrika v prošlom i nastojaščem, Moskau 1898; deutsch: Tugan-Baranowsky, Michael I.: Geschichte der russischen Fabrik, Berlin 1900 (Sozialgeschichtliche Forschungen. Ergänzungshefte zur Zeitschrift für Sozial- und Wirtschaftsgeschichte, Heft V/VI); Lunc, M. G.: Sbornik statej. Iz istorii fabričnago zakonodatel'stva, fabričnoj inspekcii i rabočago dviženija v Rossii, Moskau 1909; Balickij, G. V.: Fabričnoe zakonodatel'stvo v Rossii, Moskau 1906; Meschewetski, P.: Die Fabrikgesetzgebung in Rußland, Tübingen 1911 (Zeitschrift für die gesamte Staatswissenschaft, Ergänzungsheft 39).

[10] Lenin, V. I.: Ob-jasnenie zakona o štrafach, vzimaemych s rabočich na fabrikach i zavodach, in: Ders.: Polnoe sobranie sočinenij, 5. Ausgabe, Bd. 2, Moskau 1963, S. 15-60; Ders: Novyj fabričnyj zakon, in: Ebenda, S. 263-314; Ders.: Proekt novogo zakona o stačkach, in: Ebenda, Bd. 6, Moskau 1963, S. 399-408.

wachsender Arbeiterunruhen habe sich der Staat zu immer weiteren Zugeständnissen in Form von Arbeiterschutzgesetzen gezwungen gesehen. Sobald allerdings die Streiks vorübergehend nachließen, hätten dagegen die Interessen einer eng mit dem Regierungapparat verquickten Bourgeoisie die Oberhand gewonnen, so daß soeben erst erlassene Gesetze wieder aufgeweicht wurden. Eine wirkliche Verbesserung der Lage der Arbeiter – so das Ergebnis dieser Betrachtungsweise – konnte unter dem herrschenden System nicht erreicht werden.

Diese Interpretation zarischer Fabrikgesetzgebung als einer „Kette erzwungener Zugeständnisse des bourgeoisen Staates an eine wachsende revolutionäre Arbeiterbewegung"[11] ist von sowjetischen Historikern der zwanziger Jahre wie M. Balabanov, V. Ju. Gessen oder I. Tatarov weitgehend übernommen und mit umfangreichen Archivstudien untermauert worden, wobei vor allem die Zugeständnisse der Regierung an die Industrie hervorgehoben wurden.[12] Auf die Spitze getrieben wurde diese Betrachtungsweise in der stalinistischen Epoche in zwei Monographien I. I. Šelymagins, der die praktische Bedeutung der Gesetze durch die Überbetonung ihrer Mängel und Ausnahmebestimmungen auf ein Minimum zu reduzieren suchte.[13]

Dagegen hat die jüngere sowjetische Geschichtsschreibung zu einer differenzierteren Betrachtung gefunden, die Raum für eine historische Analyse gesellschaftlicher Entwicklungen ließ. So betrachtete A. F. Vovčik die Fabrikgesetzgebung der Jahre 1895 bis 1904 als Bestandteil der repressiven Politik der Autokratie gegenüber der Arbeiterklasse. Damit gerieten zugleich die unterschiedlichen politischen Konzepte von Finanz- und Innenministerium stärker in das Blickfeld der Forschung.[14] Daran anknüpfend untersuchte V. Ja. Laveryčev in seinem bis heute gültigen Standardwerk die russische Fabrikgesetzgebung

---

[11] Kazancev, B. N.: Istočniki po razrabotke zakonov o naemnom promyšlennom trude v krepostnoj Rossii (30-e – načalo 60-ch godov XIX v.), in: Problemy istočnikovedenija 11(1963), S. 80-112, hier S. 80.

[12] Balabanov, M.: Očerki po istorii rabočego klassa v Rossii, 3 Bde., Moskau 1925; Gessen, V. Ju.: Istorija zakonodatel'stva o trude rabočej molodeži v Rossii, Leningrad 1927; Tatarov, I.: Klassovaja bor'ba vokrug zakonov o trude i obrazovanii rabočej molodeži vo vtoroj polovine XIX veka, Moskau, Leningrad, 1928.

[13] Šelymagin, I. I.: Fabrično-zavodskoe zakonodatel'stvo v Rossii (2-ja polovina XIX veka), Moskau 1947; Ders.: Zakonodatel'stvo o fabrično-zavodskom trude v Rossii 1900-1917, Moskau 1952. Allenfalls das soziale Engagement der frühen Fabrikinspektoren würdigt Borisenkova, R. V.: K istorii fabričnogo zakonodatel'stva i fabričnogo nadzora v Rossii, in: Gigiena i Sanitarija 12(1950), Dez., S. 22-28.

[14] Vovčik, A. F.: Politika carizma po rabočemu voprosu v predrevoljucionnyj period (1895-1904), L'vov 1964; Krizis samoderžavija v Rossii. 1895-1917, Leningrad 1984, S. 70-92; Šepelev, L. E.: Carizm i buržuazija vo vtoroj polovine XIXogo veka, Leningrad 1981.

als Teilaspekt der Entstehung einer bürgerlich-kapitalistischen Gesellschaftsordnung innerhalb der Autokratie.[15] Mit der Frage nach der Deformation des russischen Kapitalismus durch die autokratische Staatsform wurde somit die Aufmerksamkeit auf die Besonderheiten gesellschaftlicher Transformation unter den Bedingungen der Rückständigkeit gelenkt. Zu einer grundsätzlichen Neubewertung der russischen Fabrikgesetzgebung führte diese Einordnung in geschichtliche Entwicklungsprozesse jedoch nicht.

Bereits seit den sechziger Jahren läßt sich dagegen vor allem in den Arbeiten L. E. Šepelevs ein gesteigertes Interesse an Konzepten und Perspektiven bürgerlicher Sozialreform in Rußland beobachten.[16] Mit der Befreiung von den ideologischen Vorgaben der Sowjethistoriographie seit Beginn der neunziger Jahre schließlich ist die Bedeutung der Fabrikgesetzgebung für die Frage nach der Reformfähigkeit des Zarenreiches auch von russischen Historikern zumindest in Ansätzen neu überdacht worden, ohne daß diese Diskussion jedoch bislang wesentlich neue Aspekte oder gar umfassendere Studien hervorgebracht hätte.[17]

Die westliche Forschung hat sich mit ihrer Frage nach den strukturellen Schwächen des Zarenreiches bislang weitgehend auf die vorrevolutionären Arbeiten sowie auf die Ergebnisse sowjetischer Historiker gestützt. Geleitet von dem Interesse an einem Vergleich politischer Systeme und der Frage nach den Gründen, weshalb das Zarenreich schließlich an der ungelösten Arbeiterfrage zugrundeging, stand dabei die Analyse verschiedener Modelle der Lösung von Arbeitskonflikten im Vordergrund. Vor allem die ältere amerikanische Forschung sah die Fabrikgesetze der achtziger und neunziger Jahre als eine spezifisch russische, allein am Erhalt der Autokratie orientierte Kombination

---

[15] Laveryčev, V. Ja.: Carizm i rabočij vopros v Rossii (1861-1917 gg.), Moskau 1972; Ders.: O nekotorych liberal'nych tendencijach v politike carizma po rabočemu voprosu v načale 70-ch godov XIX v., in: IstZap 115(1987), S. 205-220.

[16] Šepelev, L. E.: Kopartneršip i russkaja buržuazija, in: Rabočij klass i rabočee dviženie v Rossii 1861-1917, Moskau 1966, S. 285-303; Ders.: Carizm i buržuazija vo vtoroj polovine XIXogo veka, Leningrad 1981; Siehe auch Stepanov, V. L.: Rabočij vopros v social'no-ėkonomičeskich vozzrenijach N. Ch. Bunge, in: Vestnik Moskovskogo Universiteta, Serija 8. Istorija, 1987, Heft 3, S. 17-26.

[17] Stepanov, V. L.: Nikolaj Christianovič Bunge, in: Istorija SSSR, 1991, Nr. 1, S. 120-133; Klejn, B. S.: Rossija meždu reformoj i diktaturoj (1861-1920gg.), in: Vop Ist 1991, Nr. 9-10, S. 3-13; Potolov, S. I.: Carizm, buržuazija i rabočij klass Rossii v načale XX v. (političeskij aspekt), in: Reformy ili revoljucija? Rossija 1861-1917. Materialy meždunarodnogo kolloxiuma istorikov, St. Petersburg 1992, S. 79-90.

aus Repression und staatlicher Fürsorge.[18] Demgegenüber hat zuerst Frederick Giffin den reformerischen, trotz aller Mängel zukunftsweisenden Charakter zumindest der frühen Arbeiterschutzgesetze der Ära Bunge betont.[19] Darauf aufbauend hat sich in jüngerer Zeit eher die Auffassung durchgesetzt, daß die russische Fabrikgesetzgebung in weiten Teilen zwar westeuropäischen Vorbildern folgte, daß sie angesichts stetig zunehmender Arbeiterunruhen ihr eigentliches Ziel jedoch verfehlt habe, einer zunehmenden Radikalisierung der Arbeiterschaft entgegenzuwirken.[20]

Weitgehende Einigkeit besteht dagegen auch in der westlichen Geschichtsschreibung darüber, daß Streiks und Unruhen die wichtigste Triebkraft russischer Arbeiterschutzpolitik gewesen seien. Zudem sei die von dem Streit zwischen dem Innen- und dem Finanzressort gelähmte Regierung sowohl aus einem „übermäßigen Selbstschutzbedürfnis" heraus als auch aufgrund der gegenseitigen Abhängigkeit von Staat und Industrie nicht dazu in der Lage gewesen, eine tragfähige politische Konzeption gegenüber der Arbeiterbewegung zu entwickeln.[21] Auch in der jüngeren Forschung wird deshalb immer wieder

---

[18] Laue, T. von: Factory Inspection under the „Witte System" 1892-1903, in: ASEER 19(1960), S. 347-362; Rimlinger, G.: Autocracy and the Factory Order in Early Russian Industrialization, in: JEconHist 20(1960), S. 67-92; Ders.: The Management of Labor Protest in Tsarist Russia, 1870-1905, in: International Review of Social History 5(1960), S. 226-248; Ders.: Labour and State on the Continent, 1800-1939, in: The Cambridge Economic History of Europe, Bd. VIII, Cambridge 1989, S. 549-606; Walkin, J.: The Attitude of the Tsarist Government toward the Labor Problem, in: ASEER 13(1954), S. 163-184. McDaniels Wiederaufnahme dieser Interpretation kann wenig überzeugen, da er die unverwirklichten Projekte des Innenministeriums aus der Zeit um die Jahrhundertwende als zentrales Charakteristikum der russischen Fabrikgesetzgebung wertet: McDaniel, T.: Autocracy, Capitalism and Revolution in Russia, Berkeley 1988, S. 60-64.

[19] Giffin, F. C.: Russian Factory Legislation in the 1880s, Diss. Phil., Ann Arbor 1965. Einzelne Kapitel der Dissertation wurden in verschiedenen Zeitschriften veröffentlicht: Ders.: The Formative Years of the Russian Factory Inspectorate, 1882-1885, in: SR 25(1966), S. 641-650; Ders.: In Quest of an Effective Program of Factory Legislation in Russia: The Years of Preparation, 1859-1880, in: The Historian 29(1967), S. 175-185; Ders.: The Prohibition of Night Work for Women and Young Persons: The Factory Law of June 3, 1885, in: Canadian Slavic Studies 2(1968), S. 208-218; Ders.: I. I. Yanzhul, Russia's First District Factory Inspector, in: SEER 49(1971), S. 80-91; Ders.: The Role of the Pleve Commission in the Russian Factory Laws of 1885 and 1886, in: European Studies Review 2(1972), S. 143-150; Ders.: The „First Russian Labor Code": The Law of June 3, 1886, in: RH 2(1975), S. 83-100.

[20] Beispielsweise bei Hildermeier M. und Beyrau, D.: Von der Leibeigenschaft zur frühindustriellen Gesellschaft (1856-1890), in: Schramm, G. (Hg.): Handbuch der Geschichte Rußlands, Bd. 3/1, Stuttgart 1983, S. 5-201, hier S. 133-135.

[21] Schneiderman, J.: Sergej Zubatov and Revolutionary Marxism. The Struggle for the Working Class in Tsarist Russia, Ithaca und London 1976, S. 363; zitiert nach Heller, K.: Die Anfänge fabrikgesetzlicher Regelungen im kaiserlichen Rußland, in: VSWG 67(1980), S. 177-199, hier S. 199; Reichman, H.: Tsarist Labor Policy and the Railroads, 1885-1914, in: RR 42(1983), S. 51-72; McDaniel, Autocracy, S. 57-103; Mosse, W. E.: Perestroika under the Tsars, London, New York 1992, S. 121-122.

das Versagen der Autokratie hervorgehoben, Streiks und Gewerkschaften zu legalisieren und somit nach westeuropäischem Muster zu legitimen Austragungsformen organisierter Interessenkonflikte außerhalb staatlicher Einmischung zu finden.[22] Diese Betrachtungsweise führte schließlich auch dazu, daß entsprechende Überlegungen im Finanzministerium, vor allem die berühmte „Zapiska Witte", als zukunftsträchtiges Modell einer erfolgreichen Politik gegenüber der Arbeiterschaft fast durchweg überbewertet wurden.

Allein Reginald Zelnik hat in seiner richtungsweisenden Studie über die Anfänge der Arbeiterfrage in Rußland die Politik der Regierung gegenüber der Arbeiterschaft im Kontext einer allgemeinen gesellschaftlichen Reformdiskussion untersucht und dabei auch die Auseinandersetzungen über eine Übernahme westlicher Vorbilder einer kritischen Analyse unterzogen.[23] Diese Arbeit schließt jedoch mit dem ersten großen Petersburger Textilarbeiterstreik vom Sommer 1870 ab. Im Gegensatz dazu ist die russische Fabrikgesetzgebung der achtziger und neunziger Jahre überwiegend aus der Perspektive der Revolutionen von 1905 und 1917 betrachtet worden, wodurch der Blick auf ihre unbestreitbaren Leistungen als Element einer umfassenden rechtlichen Modernisierung des Reiches sowie als unverzichtbarer Bestandteil einer langfristigen Industrialisierungsstrategie weitgehend versperrt blieb. Daß Fabrikarbeiter beispielsweise durch das Arbeitsrecht vom 3. Juni 1886 einen präzise definierten rechtlichen Status erhielten, wird oft übersehen oder im Einzelfall sogar ausdrücklich bestritten. Dasselbe gilt für die Tatsache, daß das Bedürfnis nach einem festen Stamm qualifizierter Arbeiter eine der wichtigsten Triebkräfte des Arbeiterschutzes in Rußland darstellte.[24] Auch daß sich der russische Arbeiterschutz seit den achtziger Jahren nahezu nahtlos in eine gesamteuropäische Entwicklung einordnete und daß Rußland gegenüber anderen Ländern mit einem höheren Industrialisierungsniveau teilweise sogar einen gewissen Vorsprung besaß, ist bislang nur wenig beachtet worden.[25] Dementsprechend spielte die russische Entwicklung bei den Versuchen, eine vergleichende Geschichte des Arbeitsrechts und der Sozialpolitik in Europa zu erarbeiten, bislang nahezu keine Rolle.[26]

---

[22] McDaniel, Autocracy; Löwe, H.: Von der Industrialisierung zur ersten Revolution, 1890 bis 1904, in: Schramm, Handbuch, Bd. 3/1, S. 203-335, hier S. 258-265.
[23] Zelnik, R.: Labor and Society in Tsarist Russia. The Factory Workers of St. Petersburg 1855-1870, Stanford, 1971.
[24] Heller, Die Anfänge, S. 198-199; Löwe, Von der Industrialisierung, S. 258-260.
[25] Crisp, O.: Labour and Industrialization in Russia, in: The Cambridge Economic History of Europe, Bd. VII, Cambridge, London, New York, Melbourne 1978, S. 308-415, hier S. 384-386; Rimlinger, Labour and State, S. 597-599.
[26] Ritter, G. A.: Der Sozialstaat. Entstehung und Entwicklung im internationalen Vergleich, München ²1991; Stourzh, G. und Grandner, M. (Hgg.): Historische Wurzeln der Sozialpartnerschaft, Wien 1986; Alber, J.: Vom Armenhaus zum Wohlfahrtsstaat.

Die Interpretation zarischer Fabrikgesetzgebung als Reflex der Regierung auf die Bedrohung durch die Arbeiterbewegung hat zudem den konstruktiven Beitrag einer schmalen Elite der Industrieunternehmerschaft zur Formulierung von Arbeiterschutzmaßnahmen fast völlig außer acht gelassen. Vielmehr wurde besonders in sowjetischen Untersuchungen der Widerstand der Fabrikbesitzer gegen einzelne Gesetze betont, der zur Ausbildung einer klassenbewußten Bourgeoisie geführt habe. Ihren Einfluß hätten die Industriellen dabei lange Zeit dazu benutzt, einzelne Gesetzentwürfe auf ein für sie erträgliches Maß herunterzustutzen. Als die Regierung schließlich dem Druck der Arbeiterbewegung immer stärker nachgeben mußte, sei es zu einer zunehmenden Entfremdung zwischen Regierung und Industrie gekommen.[27] Aber auch die westliche Geschichtsschreibung hat vor allem die Opposition von Industriellen gegen die Fabrikgesetzgebung hervorgehoben.[28]

Schließlich hat die Forschung bislang auch wenig Gespür für Reformkräfte innerhalb der professionellen Intelligenz gezeigt, die teilweise bis in die Regierung hineinreichten und deren Politik maßgeblich beeinflußten. Mit der vorliegenden Arbeit hoffe ich, diese Lücken zumindest teilweise schließen zu können.

3. Die Quellen

Ein Großteil der für die russische Fabrikgesetzgebung relevanten Gesetzgebungsmaterialien ist bereits in der vorrevolutionären Zeit sowie von sowjetischen Historikern ausgewertet worden.[29] Um den Prozeß der Formulierung einzelner Gesetzesvorhaben zu untersuchen, genügte es jedoch nicht, sich allein auf die bislang publizierten Forschungsergebnisse stützen. Vielmehr wurde eine erneute Analyse der jeweiligen Gesetzgebungsakten erforderlich. Hier sind vor allem die Materialien des in allen industriellen Angelegenheiten federführenden Finanzministeriums sowie die Akten des Reichsrats als dem Zentralorgan russischer Gesetzgebung vor 1905 zu nennen. Zudem konnten wichtige Bestände aus anderen Fachressorts wie dem Ministerium für Landwirtschaft und Reichsdomänen, dem Innenministerium, dem Justizministerium sowie dem

---

Analysen zur Entwicklung der Sozialversicherung in Westeuropa, Frankfurt/M., New York 1982.

[27] Laveryčev, V. Ja.: Krupnaja buržuazija v poreformennoj Rossii, 1861-1900, Moskau 1974; Berlin, P. A.: Russkaja buržuazija v staroe i novoe vremja, Moskau 1922.

[28] Owen, T.: Capitalism and Politics in Russia. A Social History of the Moscow Merchants 1855-1905, Cambridge 1981; Rieber, A.: Merchants and Entrepreneurs in Imperial Russia, Chapel Hill 1982, vor allem S. 252-255.

[29] Bereits Tugan-Baranovskij, Ozerov und Litvinov-Falinskij hatten Zugang zum Archiv des Finanzministeriums.

Heiligen Synod herangezogen werden. Als besonders aufschlußreich für die Rolle der Industrie erwiesen sich zudem die Aufzeichnungen der Petersburger Fabrikantengesellschaft, die seit der Mitte der neunziger Jahre an zentraler Stelle in die Beratungen des Finanzministeriums einbezogen wurde, und deren Materialien wichtige Rückschlüsse auch auf die Haltung anderer industrieller Organe zulassen. Alle diese Akten lagern weitgehend gut erschlossen und auch für ausländische Historiker leicht zugänglich im Russischen Historischen Staatsarchiv (RGIA) in St. Petersburg.[30] Zudem liegt ein Teil dieser Quellen in veröffentlichter Form vor.[31]

Die Gesetzestexte selbst wurden im offiziellen Mitteilungsblatt, dem „Pravitel'stvennyj Vestnik" und im „Polnoe Sobranie Zakonov Rossijskoj Imperii" veröffentlicht und dann in die betreffenden straf- und zivilrechtlichen Abteilungen des „Svod Zakonov" aufgenommen, vor allem in den Band XI, der den „Ustav o promyšlennosti", die Gewerbeordnung des Russischen Reiches, enthielt. Die wichtigsten Gesetze ebenso wie zentrale Verordnungen des Finanzministeriums an die Fabrikinspektion wurden zudem im offiziellen Mitteilungsblatt des Ressorts, dem „Vestnik Finansov, Promyšlennosti i Torgovli" veröffentlicht und darüber hinaus in einem Handbuch für Fabrikinspektoren zusammengefaßt.[32] Schließlich geben auch die umfangreichen Materialsammlungen, die von der jüngeren Historischen Schule der Nationalökonomie in Deutschland mit ihrem vergleichenden Ansatz in sozialpolitischen Fragen angeregt wurden, detailliert Aufschluß über den jeweiligen Stand der Fabrikgesetzgebung in Rußland.[33]

---

[30] Ehemals Zentrales Historisches Staatsarchiv (CGIA). Da in den jeweiligen Akten der Ministerien meist der gesamte Schriftverkehr zwischen den einzelnen Fachressorts erhalten ist, konnte darauf verzichtet werden, die in Moskau aufbewahrten Materialien des Polizeidepartements im Innenministerium sowie der Moskauer Abteilung des Rates für Handel und Manufakturen einzusehen, von denen keine weiteren wesentlichen Einsichten zu erwarten waren.

[31] Materialy po izdaniju zakona 2 ijunja 1897 goda ob ograničenii i raspredelenii rabočago vremeni v zavedenijach fabrično-zavodskoj promyšlennosti, St. Petersburg 1905; Zakonodatel'nye materialy k zakonu o starostach v promyšlennych predprijatijach. S predisloviem P. Struve, Stuttgart 1903.

[32] Kobeljackij, A.: Spravočnaja kniga dlja činov fabričnoj inspekcii, fabrikantov i zavodčikov. Polnyj sbornik o najme rabočich na fabriki, zavody i manufaktury, o vzaimnych otnošenijach fabrikantov i rabočich, o fabričnoj inspekcii, o nadzore za zavedenijami fabrično-zavodskoj promyšlennosti, St. Petersburg, 5. Auflage 1898; Siehe auch Planson, A.: Polnoe sobranie zakonov, pravil, instrukcii i cirkuljarov o rabočich na fabrikach, zavodach i na sel'skich rabotach, St. Petersburg 1887; Rep'ev, S. P.: Kratkij očerk fabričnogo zakonodatel'stva v Rossii. Dlja promyšlennych učilišč, Kazan' 1914.

[33] [Struve, P. B.]: Die neue Fabrikgesetzgebung Rußlands, in: Archiv für soziale Gesetzgebung und Statistik 12(1898), S. 475-515; Dementjeff, E. M.: Die russische Fabrikgesetzgebung, in: Archiv für soziale Gesetzgebung und Statistik 3(1890), S. 284-313; Tugan-Baranowsky, M.: Arbeiterschutzgesetzgebung in Rußland, in: HdSW, 2. Aufl.,

Als weitere Quelle sind die Jahresberichte der Fabrikinspektion zu nennen, die erstmals 1883 und 1884 sowie als statistische Zusammenfassungen erneut ab 1902 erschienen und vor allem die Wirkung der einzelnen Gesetze erschließen halfen.[34] Wichtige Hinweise lieferten zudem die veröffentlichten Erinnerungen der Fabrikinspektoren Janžul, Mikulin und Klepikov.[35] Weniger ergiebig waren dagegen die Erinnerungen, Tagebücher und Briefwechsel hoher Regierungsbeamter wie Witte, Polovcov, Pobedonoscev und Kovalevskij oder prominenter Industrieller wie Najdenov, Krestovnikov, Ščukin oder Delvig, die allenfalls einzelne Details der Gesetzesberatungen beleuchten.[36] Auskunft über

---

1898, S. 571-584; Daszynska, S.: Die Fabrikinspektion in Russisch-Polen, in: Archiv für soziale Gesetzgebung und Statistik 5(1892) S. 348-365; Struve, P.: Das Lodzer Projekt einer gesetzlichen Regelung der Arbeitszeit, in: Sozialpolitisches Centralblatt IV(1895), S. 45-46; Zacher, G.: Die Arbeiter-Versicherung im Auslande. Heft IX. Die Arbeiter-Versicherung in Rußland, Berlin 1899; Ders.: Die Arbeiter-Versicherung im Auslande. Heft IXa. Die Arbeiter-Versicherung in Rußland. Nachtrag zu Heft IX, Berlin 1905.

[34] Janžul, I. I.: Fabričnyj byt Moskovskoj gubernii. Otčet za 1882-1883 g. fabričnago inspektora nad zanjatijami maloletnych rabočich Moskovskago okruga, St. Petersburg 1884; Peskov, P. A.: Fabričnyj byt Vladimirskoj gubernii. Otčet za 1882-1883g. fabričnago inspektora nad zanjatijami maloletnych rabočich Vladimirskago okruga, St. Petersburg 1884; Für die Berichte der Inspektoren für 1885 wurde die Zusammenfassung des Hauptfabrikinspektors herangezogen: Michajlovskij, Ja. T.: O dejatel'nosti fabričnoj inspekcii: Otčet za 1885 god glavnago fabričnago inspektora, St. Petersburg 1886. Für spätere Berichte siehe Otčet činov fabričnoj inspekcii Vladimirskoj gubernii 1894-1897. Vtoraja – special'naja – čast' (tablicy i priloženija), Vladimir 1899; Svod otčetov fabričnych inspektorov za vtoruju polovinu 1900 goda, St. Petersburg 1902; Svod otčetov fabričnych inspektorov za 1901 god, St. Petersburg 1903; Svod otčetov fabričnych inspektorov za 1902 god, St. Petersburg 1904 usw.

[35] Janžul, Iz vospominanij. Eine gekürzte Fassung erschien als Teil der Memoiren Janžuls: Ders.: Vospominanija I. I. Janžula o perežitom i vidennom (1864-1909 gg.), in: Russkaja Starina 41(1910), Bd. 142, S. 67-101; Gvozdev, S. [A. K. Klepikov]: Zapiski fabričnago inspektora. Iz nabljudenii i praktiki v period 1894-1908 gg., Moskau 1911; Mikulin, A. A.: Očerki iz istorii primenenija zakona 3-go ijunja 1886 goda o najme rabočich, na fabrikach i zavodach Vladimirskoj gubernii, Vladimir 1893; Ders.: Fabričnaja inspekcija; Aleksandrov, M. [A. Mikulin]: Fabričnaja inspekcija v Rossii, in: Promyšlennost' i Zdorov'e 1(1902/03), Nr. 8, S. 1-41.

[36] [Polovcov, A. A.]: Dnevnik gosudarstvennogo sekretarja A. A. Polovcova, 2 Bde., Moskau 1966; [Ders.]: Iz dnevnika A. A. Polovcova, in: KA 3(1923), S. 73-172; 33(1929), S. 170-203; 46(1931) S. 110-132; 67(1934) S. 168-186; Vitte, S. Ju.: Izbrannye vospominanija. 1849-1911 gg., Moskau 1991; [Pobedoncev, K. P.]: K. P. Pobedonoscev i ego korrespondenty. Pis'ma i zapiski, Moskau 1923. Auszüge in französischer Übersetzung: Pobiédonostsev, C.: L'Autocratie russe. Mémoires politiques, correspondance officielle et documents inédits relatifs à l'histoire du règne de l'Empereur Alexandre III de Russie (1881-1894), Paris 1927; Kovalevskij, V. I.: Vospominanija. Hg. von L. E. Šepelev, in: Russkoe Prošloe 2(1991), S. 5-96; Del'vig, A.: Moi vospominanija, 4 Bde., St. Petersburg 1913; Krestovnikov, N. K. (Hg.): Semejnaja chronika Krestovnikovych (pis'ma i vospominanija), 3 Bde., Moskau 1903-1904; Ščukin, P. I.: Vospominanija, 5

die Debatten innerhalb der Industrie sowie der technischen Intelligenz gaben die Protokolle der verschiedenen Industriekongresse sowie die Jahresberichte der Russischen Industriegesellschaft und der Kaiserlichen Russischen Technischen Gesellschaft.[37] Um den Einfluß der öffentlichen Diskussion auf den Gesetzgebungsprozeß zu skizzieren, wurden mit den „Otečestvennye Zapiski", dem „Vestnik Evropy", der „Russkaja Mysl'", „Promyšlennost' i Zdorov'e", den „Moskovskie Vedomosti" und den „Russkie Vedomosti" einige der wichtigsten politischen und ökonomischen Zeitschriften der Epoche herangezogen. Als unverzichtbare Hilfsmittel in allen biographischen Fragen erwiesen sich schließlich die einschlägigen Jahrgänge des offiziellen russischen Regierungskalenders, das Russische und das Polnische Biographische Wörterbuch sowie nicht zuletzt die jeweiligen Einträge im Enzyklopädischen Wörterbuch von Brockhaus und Efron.[38]

Bde., Moskau 1911-1912. Die Erinnerungen des langjährigen Vorsitzenden des Moskauer Börsenkomitees, N. A. Najdenov, umfassen nur die Periode bis etwa 1880: Najdenov, N. A.: Vospominanija o vidennom, slyšannom i ispytannom, 2 Bde., Moskau 1903-1905 (Nachdruck Newtonville, Mass. 1976).

[37] Trudy Obščestva dlja sodejstvija russkoj promyšlennosti i torgovle, 30 Bde., St. Petersburg 1872-1913; Trudy s-ezda gg. členov Imperatorskago Russkago Techničeskago Obščestva v Moskve 1882 goda, 3 Bde, St. Petersburg 1883; Trudy ... s-ezda gornopromyšlennikov Juga Rossii, byvšago v gorode Char'kove, 39 Bde., Char'kov 1878-1917; Trudy Vysočajše učreždennago Vserossijskago torgovo-promyšlennago s-ezda 1896 g. v Nižnem-Novgorode. St. Petersburg 1897; Trudy Vysočajše utverždennago s-ezda glavnych po mašinostroitel'noj promyšlennosti dejatelej, 2 Bde., St. Petersburg 1875. Die Diskussionen auf dem ersten Allrussischen Industriellenkongreß in St. Petersburg von 1870 konnten aus den umfassenden Darstellungen von Zelnik und King rekonstruiert werden: Zelnik, Labor and Society, S. 302-330.; King, V.: The Emergence of the St. Petersburg Industrial Community, 1870-1905: The Origins and Early Years of the Petersburg Society of Manufacturers, Diss. Phil., Berkeley 1982, S. 148-164.

[38] Adres-Kalendar'. Obščaja rospis' načal'stvujuščich i pročich dolžnostnych lic po vsem upravlenijam v Rossijskoj Imperii, St. Petersburg (1843-1916); Russkij biografičeskij slovar', 25 Bde. (unvollst.), St. Petersburg 1882-1916 (Nachdruck New York 1962); Polski Słownik Biograficzny, 34 Bde. (unvollst.), Krakau u. a. 1935-1993; Brokgauz, F. A. und Efron, I. A. (Hgg.): Ėnciklopedičeskij slovar', 41 Bde. (82 Halbbände) und 4 Ergänzungsbände, St. Petersburg 1890-1907.

II. BEDINGUNGEN RUSSISCHER FABRIKGESETZGEBUNG: MENTALITÄTEN UND INSTITUTIONEN

Um die Zusammenarbeit zwischen Regierung und Industrie bei der Formulierung der russischen Fabrikgesetze zu verstehen, muß zuerst ein Blick auf den politischen und institutionellen Rahmen geworfen werden, in dem sich die russische Gesetzgebung vor 1905 vollzog. Dabei reicht es nicht aus, eine kurze Skizze industrieller Organisationen zu entwerfen und diese den entsprechenden Regierungsbehörden gegenüberzustellen. In einem stark von individuellen Persönlichkeiten geprägten politischen System wie dem zarischen Rußland lassen sich Gesetzgebungsprozesse, Machtverhältnisse und politische Zusammenhänge allein von den institutionellen Voraussetzungen her nur zum Teil verstehen. Vielmehr muß eine Analyse russischer Fabrikgesetzgebung auch die jeweiligen Weltbilder und politischen Grundprinzipien in Betracht ziehen, die nicht nur erheblichem Wandel unterworfen waren, sondern in den einzelnen Regierungsbehörden ebenso auseinanderklaffen konnten wie in den verschiedenen Industrieregionen. Politisch wirksame Einrichtungen der Industrie waren zudem überhaupt erst im Entstehen begriffen. Wie wir noch sehen werden, wurde dieser Vorgang von der Formulierung eines Arbeiterschutzes maßgeblich beeinflußt.

Aber auch die Strukturen der Regierungsbürokratie waren bei weitem nicht so gefestigt, wie dies von außen den Anschein hatte. Nicht nur im Bereich der Fabrikgesetzgebung wurden Regierungsorgane immer wieder eigens für bestimmte Projekte gebildet und ganz auf die jeweiligen Bedürfnisse des Augenblicks zugeschnitten. Darüber hinaus kam eine Fülle von Kontakten innerhalb der Regierung wie mit der Industrie außerhalb bürokratischer Strukturen auf inoffiziellem Weg zustande. Die russische Fabrikgesetzgebung muß folglich als ein permanenter Prozeß verstanden werden, der sich nicht innerhalb eines gegebenen institutionellen Rahmens vollzog, sondern diesen ebenso formte und entwickelte, wie einzelne Gesetze selbst von ihm geprägt wurden.

1. Arbeiterschutz ohne Arbeiterschaft? Das Bild der Arbeiterschaft in der Fabrikgesetzgebung

Bildete sich in Rußland in der zweiten Hälfte des neunzehnten Jahrhunderts ein modernes Industrieproletariat heraus? Oder blieb die Arbeiterschaft nicht vielmehr fest in bäuerlichen Sozialstrukturen und Traditionen verhaftet? Diese Frage zählt zu den zentralen Problemen der Geschichte des ausgehenden Zarenreiches und ist bis heute nicht endgültig entschieden.[1] Dabei liegt auf der Hand, daß das Bild, das sich Regierung, Öffentlichkeit und Industrie von der russischen Arbeiterschaft machten, auch für die Entwicklung des Arbeiterschutzes von zentraler Bedeutung war.

Schon die schiere Anzahl an Fabrikarbeitern war in Rußland spätestens seit den siebziger Jahren des neunzehnten Jahrhunderts eigentlich nicht mehr zu übersehen. Allein im Gouvernement St. Petersburg stieg ihre Zahl von über fünfzigtausend in den sechziger Jahren auf über einhundertzwanzigtausend in den Neunzigern. Im zentralrussischen Industriegebiet, der größten Industrieregion des Reiches, wuchs die Arbeiterzahl in derselben Zeit von zweihundertsechzigtausend auf über eine halbe Million. Die stürmischste Entwicklung erlebten die neurussischen Gouvernements nördlich der Schwarzmeerküste und am Donec, wo sich die Zahl der Arbeiter mit der Entstehung eines völlig neuen Zentrums von Bergbau und Eisenverhüttung mehr als versechsfachte und wo um die Jahrhundertwende über einhundertfünfzigtausend Fabrik- und Bergarbeiter beschäftigt waren. Aber auch das alte Bergbaugebiet am Ural konnte noch Wachstumsraten verzeichnen. Dort nahm die Zahl der Industriearbeiter seit der Bauernbefreiung von etwa einhundertzwanzigtausend auf knapp dreihunderttausend Arbeiter zu.[2] Schließlich wäre unter den wichtigsten Industriegebieten des Reiches noch Polen zu nennen, wo um 1900 zweihundertzwanzigtausend Arbeiter vornehmlich in der Textilindustrie und im Bergbau beschäftigt waren.[3]

---

[1] Grundlegend zur Entwicklung der Arbeiterschaft im vorrevolutionären Rußland siehe Bonwetsch, B.: Die Russische Revolution 1917. Eine Sozialgeschichte von der Bauernbefreiung 1861 bis zum Oktoberumsturz, Darmstadt 1991, S. 54-79; Crisp, O.: Labour and Industrialization in Russia, in: The Cambridge Economic History of Europe, Bd. VII, Cambridge, London, New York, Melbourne 1978, S. 308-415 (jeweils mit ausführlichen Literaturhinweisen). An jüngeren Einzeluntersuchungen seien hier genannt: Wynn, C.: Workers, Strikes, and Pogroms. The Donbass-Dnepr Bend in Late Imperial Russia, 1870-1905, Princeton 1992; Steinberg, M.: Moral Communities. The Culture of Class Relations in the Russian Printing Industry 1867-1907, Berkeley 1992; Kir'janov, Ju. I.: Perechod k massovoj političeskoj bor'be. Rabočij klass nakanune pervoj rossijskoj revoljucii, Moskau 1987; Rabočij klass Rossii ot zaroždenija do načala XX v., Moskau 1983; Glickman, R.: Russian Factory Women. Workplace and Society 1880-1914, Berkeley 1984; Bonnell, V.: Roots of Rebellion. Workers' Politics and Organizations in St. Petersburg and Moscow, 1900-1914, Berkeley 1983; Johnson, R.: Peasant and Proletarian: The Working-Class of Moscow in the late 19th Century, Leicester 1983; Engelstein, L.: Moscow, 1905. Working-Class Organization and Political Conflict, Stanford 1982.
[2] Rašin, A. G.: Formirovanie rabočego klassa Rossii. Istoriko-ėkonomičeskie očerki, Moskau 1958, S. 189-193.
[3] Svod otčetov fabričnych inspektorov za 1901 god, St. Petersburg 1903, S. 24 (Angaben über den Fabrikbezirk Warschau, abzüglich der Arbeiter in den nicht zu Polen zählenden Gouvernements Wilna, Grodno und Kovno).

Insgesamt zählte das russische Reich am 1. Januar 1901 etwa 1,7 Millionen Fabrikarbeiter, von denen allein 708.000 in der Textilindustrie und 252.000 in der Metallverarbeitung arbeiteten, sowie 506.000 Berg- und Hüttenarbeiter.[4]

Diese Angaben sind allerdings mit Vorsicht zu behandeln. Die offizielle Industriestatistik erfaßte nämlich nur die Betriebe, die der staatlichen Fabrik- und der Berginspektion unterstellt waren und konzentrierte sich somit ganz auf die Kernbereiche Fabrikindustrie, Bergbau und Hüttenwesen. Dagegen wurden das städtische Handwerk (*remeslo*) und die dörfliche Heimindustrie (*kustar'*) kaum berücksichtigt. Hinzu kommt, daß die Abgrenzung zwischen Industrie und Handwerk ursprünglich aus dem Steuerrecht übernommen worden war und sozioökonomischen Kriterien kaum entsprach. Im allgemeinen galt ein Betrieb mit einem mechanischen Antrieb oder mit mehr als fünfzehn Arbeitern als Fabrik im Sinne der Statistik wie der Fabrikgesetzgebung. Als die Gewerbesteuerreform von 1898 die Unterscheidung zwischen Fabrik und Handwerksbetrieb aufhob, wurden alle Betriebe mit mehr als zwanzig Arbeitern als Fabrik definiert, wobei es den Gouvernementsfabrikbehörden oblag, kleinere Fabriken auszunehmen oder größere Handwerksbetriebe in die Inspektion einzubeziehen.[5]

Aber auch unabhängig von solchen Abgrenzungsproblemen ist fraglich, inwieweit sich der Alltag und die sozialen Erfahrungen eines Fabrikarbeiters und eines Handwerkers wesentlich voneinander unterschieden.[6] Damit aber deutet sich bereits an, daß die Frage nach dem Charakter der russischen Arbeiterschaft als sozialer Schicht aus dem reinen Zahlenmaterial allein nicht beantwortet werden kann. Anders ausgedrückt: Stellten die russischen Industriearbeiter wirklich eine eigene Klasse dar, wie man sie von Westeuropa her kannte?

Diese Frage wurde in der russischen Öffentlichkeit wie in der Regierung lange Zeit allgemein verneint. Man ging davon aus, daß die große Mehrzahl russischer Fabrikarbeiter infolge der Bedingungen der Bauernbefreiung nach wie vor ein Stück Land besitze, zu dessen Bearbeitung sie regelmäßig ins Dorf zurückkehrten. Deshalb seien sie im Grunde keine Proletarier geworden, sondern letztlich Bauern geblieben. Beispielhaft formulierte P. A. Mjasoedov

---

[4] Ebenda, S. 24-25; Rašin, Formirovanie, S. 48 und S. 62.

[5] Svod otčetov fabričnych inspektorov za 1901 god, S. I. 1901 unterstanden der Inspektion 7.224 Betriebe mit weniger als zwanzig Arbeitern, vor allem in den Bezirken Warschau und Kiev, während im Laufe des Jahres 508 Betriebe mit 5.532 Arbeitern von der Inspektion befreit wurden: Ebenda, S. 30-33 und S. 36-39. Zum Problem der Abgrenzung von Arbeitern und Handwerkern siehe Bonnell, Roots of Rebellion, S. 21-25.

[6] Bonwetsch, Die russische Revolution, S. 58; Bonnell, Roots of Rebellion, S. 20-72; Held, T.: Arbeitermilieus und soziale Erfahrungen in der Petersburger Metallindustrie 1890-1914, in: Haumann, H. und Plaggenborg, S. (Hgg.): Aufbruch der Gesellschaft im verordneten Staat. Rußland in der Spätphase des Zarenreiches, Frankfurt/M. 1994, S. 165-185.

diese weitverbreitete Meinung 1870 auf dem ersten Allrussischen Industriekongreß:

„Wenn indes in Westeuropa, wo es einen besonderen Arbeiterstand gibt, von Arbeitern überhaupt die Rede sein kann, so wäre dies in Rußland ganz und gar nicht am Platze, da sie sich hier in einer ganz anderen Lage befinden. Eigentlich ist hier keine Arbeiterklasse vorhanden. Hier gibt es Arbeiter in Fabriken, wie überhaupt Arbeiter, die Gewerbe treiben, sobald der Ackerbau ihnen Mußezeit gewährt [...] Diejenigen, die in Rußland die Arbeiterklasse ausmachen, befassen sich fast ausschließlich [auch] mit Ackerbau. Es gibt hier folglich nicht zwei verschiedene Klassen (Arbeiter und Ackerbauer), sondern nur zwei Kategorien ein und derselben Klasse: Die eine arbeitet in Fabriken, die andere zu Hause, auf dem flachen Lande, und zwar vorzugsweise in Gegenden, wo der Ackerbau nicht genug Lebensmittel liefert und wo infolgedessen die Einwohner gezwungen sind, zur Steigerung ihres Einkommens zu anderen Erwerbszweigen Zuflucht zu nehmen."[7]

Indem sie die Existenz einer eigenen Arbeiterklasse leugnete, stritt diese Auffassung auch ab, daß es in Rußland eine eigenständige Arbeiterfrage gebe. Vielmehr sei diese mit der Agrarfrage identisch und könne nur über diese gelöst werden.

Auf diesem Verständnis der russischen Gesellschaft gründete bis weit in die 1880er Jahre das Weltbild unterschiedlicher Gruppen politischer Öffentlichkeit. So hoffte man in der Regierung lange Zeit, daß die enge Bindung der Arbeiter an das Dorf die in Westeuropa beobachteten sozialen Erschütterungen der Industrialisierung abfangen würde. Für viele Industrielle hingegen bot sich darin ein gewichtiges Argument, speziell auf die Fabrikarbeiter zugeschnittene Arbeiterschutzmaßnahmen als etwas Fremdartiges abzulehnen, das dem Wesen russischer Industriebetriebe widerspreche und dort im Grunde mehr Schaden als Nutzen anrichte. Diese Haltung wurde von dem einflußreichen Ökonomen V. P. Bezobrazov in seiner Kritik an der Fabrikinspektion 1887 prägnant formuliert:

„Bei uns ist eine Arbeiterfrage in der Art, wie sie in Westeuropa existiert, noch nicht aufgetreten. Sie könnte nur künstlich in den Köpfen der Arbeiter durch bürokratische Einmischung in ihre ökonomischen Beziehungen zu den Fabrikherren aufgeworfen werden, und sei es nur mit der wohlmeinenden Absicht, ihren Wohlstand zu vermehren."[8]

Diese Meinung wurde vor allem von den „Moskovskie Vedomosti" als der Wortführerin einer konservativen, industriefreundlichen Öffentlichkeit bis über

---

[7] Zitiert nach Tugan-Baranowsky, M. I.: Geschichte der russischen Fabrik, Berlin 1900, S. 614. Siehe auch Zelnik, R.: Labor and Society in Tsarist Russia. The Factory Workers of St. Petersburg 1855-1870, Stanford 1971, S. 321-322.

[8] Bezobrazov, V. P.: Nabljudenija i soobraženija otnositel'no dejstvija novych fabričnych uzakonenij i fabričnoj inspekcii, St. Petersburg 1888, S. 112-113; siehe auch Ebenda, S. 124.

die Jahrhundertwende hinaus vertreten.[9] Aber auch für revolutionäre Narodniki und populistische Ökonomen war die Gleichsetzung der Arbeiter mit der Bauernschaft unabdingbar, um die Utopie eines bäuerlichen Sozialismus in Rußland zu entwickeln.[10]

Die Tatsache, daß die Negation der Existenz einer Arbeiterschaft in Rußland zum ideologischen Fundament unterschiedlicher politischer Überzeugungen gehörte, führte dazu, daß die Lebensbedingungen der russischen Fabrikarbeiter bis in die siebziger Jahre von der Öffentlichkeit so gut wie überhaupt nicht wahrgenommen wurden. Zwar war mit der Bauernbefreiung das Bewußtsein dafür geschärft worden, daß auch die industrielle Entwicklung Rußlands von einer freien Lohnarbeiterschaft geprägt sein würde. Vorläufig ließ sich deren Entwicklung jedoch nur als Entwurf einer zukünftigen Gesellschaft und nicht aus der Beschäftigung mit einem greifbaren sozialen Phänomen heraus diskutieren.[11] Infolgedessen kreiste die ökonomische Diskussion der sechziger und siebziger Jahre vorrangig um die abstrakte Möglichkeit, den Gegensatz zwischen Kapital und Arbeit auf genossenschaftlichem Weg zu überwinden.[12] Staatliche Schutzeingriffe zugunsten der Arbeiter nach englischem oder preußischem Vorbild erschienen demgegenüber trotz aller Sympathien letztlich nur bedingt geeignet, der zu erwartenden Pauperisierung vorzubeugen, zumal sie mit den gängigen liberalen Prinzipien nur schwer vereinbar waren.

Selbst in einer so sozialkritischen Zeitschrift wie den „Otečestvennye Zapiski" erschöpfte sich die Auseinandersetzung mit der Arbeiterschaft weitgehend in der Rezension theoretischer Abhandlungen westeuropäischer Herkunft. Dagegen wurden bis in die siebziger Jahre kaum Beiträge veröffentlicht, die sich mit dem Alltag in russischen Fabriken auseinandersetzten.[13]

---

[9] Tvardovskaja, V. A.: Ideologija poreformennogo samoderžavija, Moskau 1978, S. 91-102.

[10] Zu einer Zusammenfassung ökonomischen Denkens im russischen Populismus siehe Gatrell, P.: The Tsarist Economy 1850-1917, London 1986, S. 12-20; Amato, S.: The Debate between Marxists and Legal Populists on the Problems of Market and Industrialization in Russia (1882-1899) and its Classical Foundations, in: JEurEconHist 12(1983), S. 119-143; Walicki, A.: The Controversy over Capitalism. Studies in the Social Philosophy of the Russian Populists, Oxford 1969.

[11] Zur öffentlichen Diskussion über die russische Arbeiterschaft in den sechziger Jahren des neunzehnten Jahrhunderts siehe Zelnik, Labor and Society, S. 69-118.

[12] Terner, F. G.: O rabočem klasse i merach k obezpečeniju ego blagosostojanija, St. Petersburg 1860; Isaev, A. A.: Promyšlennyja tovariščestva vo Francii i Germanii, Moskau 1879; Ders.: Učastie rabočich v pribyli predprijatija, in: Juridičeskij Vestnik 11(1879), Bd. 2, S. 365-396 und S. 525-574; Bunge, N.: Policejskoe pravo. Vvedenie i gosudarstvennoe blagoustrojstvo. Tom I, Kiev 1869, S. 275-283. Siehe dazu auch Tugan-Baranowsky, M. I.: Geschichte der russischen Fabrik, S. 603-608; Zelnik, Labor and Society, S.101-108.

[13] Otečestvennyja Zapiski 182(1869), S. 107-114 (Rezension zu Penny, V.: The Employment of Women, Boston 1863); Ebenda, S. 314-321 (Rezension zu Becher,

Einen Anfang machte 1869 der Publizist V. V. Bervi-Flerovskij, der sich in seiner vielbeachteten und für den russischen Populismus grundlegenden Studie über „Die Lage der Arbeiterklasse in Rußland" ausführlich mit dem Vordringen kapitalistischer Elemente vor allem in der Landwirtschaft und im Handwerk beschäftigte und die Illusion zerstörte, daß Rußland die Übel der Pauperisierung bislang vermieden habe. Gestützt auf seine Beobachtungen in mehreren ländlichen Gouvernements streifte er die Verhältnisse in den Fabriken jedoch nur oberflächlich und ohne die Fabrikarbeiter als gesonderte soziale Schicht zu behandeln.[14] Folglich beklagten die „Otečestvennye Zapiski" noch 1882 einen eklatanten Mangel an Informationen über die Lebensumstände von Fabrikarbeitern:

> „Es ist deshalb nicht verwunderlich, daß die Vorstellungen der Mehrheit unserer Gesellschaft über die Lebensverhältnisse in den Fabriken nicht weiter gehen als die Vorstellung von etwas Schrecklichem, das sich verderblich auf die Gesundheit und das Leben der Arbeiter auswirkt. Aber worin genau das Schreckliche an der Lage der Fabrikarbeiter besteht und bis zu welchem Ausmaß die Bedingungen schrecklich sind, unter denen sie leben – das bleibt für die Mehrheit unklar oder sogar völlig unbekannt."[15]

Der erste Anstoß, sich näher mit der sozialen Lage der Fabrikarbeiterschaft zu beschäftigen, kam von medizinischer Seite. Erstmals bot gegen Ende der sechziger Jahre die sanitärmedizinische Zeitschrift „Archiv für Gerichtsmedizin und gesellschaftliche Hygiene" (*Archiv sudebnoj mediciny i obščestvennoj gigieny*) ein Forum, auf dem die Lebensverhältnisse Petersburger Unterschichten und vor allem der Fabrikarbeiter ausgiebig zur Sprache kamen und in

---

E.: Die Arbeiterfrage in ihrer gegenwärtigen Gestaltung und die Versuche zu ihrer Lösung, Pest 1868); Ebenda, Bd. 189(1870), S. 407-434 (Rezension zu Marx, K.: Das Kapital, Hamburg 1867). Dagegen als seltene Ausnahmen einer Beschäftigung mit dem russischen Fabrikalltag: Timofeev, V.: Iz byta rabočich vinokurennych zavodov, Ebenda, Bd. 178(1868), S. 533-548; Mesjac na zavode, Ebenda, Bd. 199(1871), S. 453-468. Siehe auch die frühe literarische Verarbeitung des Fabrikalltags in den siebziger Jahren durch F. D. Nefedov: Nefedov, F. D.: Povesti i rasskazy, 3 Bde., Moskau, Ivanovo 1937; sowie die Reihe der 1858 von dem Arzt A. I. Zabelin im „Žurnal zemlevladel'cev" veröffentlichten Artikel: Kazancev, B. N.: Istočniki po razrabotke zakonov o naemnom promyšlennot trude v krepostnoj Rossii (30-e – načalo 60-ch godov XIX v.), in: Problemy istočnikovedenija 11(1963), S. 80-112, hier S. 110; Sel'čuk, V. V.: Rabočij vopros v Rossii v publicistike 60-ch gg. XIX veka, in: Iz istorii rabočego klassa i revoljucionnogo dviženija, Moskau 1958, S. 224-239.

[14] Flerovskij, M.: Položenie rabočago klassa v Rossii. Nabljudenija i izsledovanija, St. Petersburg 1869; Nachdruck 1958 in Bervi-Flerovskij, V. V.: Izbrannye ekonomičeskie proizvedenija v dvuch tomach, Bd. 1, Moskau 1958; Offord, D.: The Contribution of V. V. Bervi-Flerovsky to Russian Populism, in: SEER 66(1988), S. 236-251.

[15] Abramov, Ja.: Iz fabrično-zavodskago mira, in: Otečestvennyja Zapiski 261(1882), Sovr. Obozr., S. 1-37 und S. 181-212, hier S. 3.

einem größeren sozialen Zusammenhang diskutiert wurden.[16] Derartige Studien erhielten zusätzlichen Auftrieb, als einzelne Zemstvoverwaltungen in den siebziger Jahren bekannte Sanitärärzte wie P. A. Peskov und I. I. Molleson mit Forschungsprojekten über die Lage der Arbeiter betrauten.[17] Die erste umfassende Untersuchung der sanitären Verhältnisse in russischen Fabriken wurde schließlich 1879 im Gouvernement Moskau durchgeführt und zählt zu den großen Leistungen der Zemstvostatistik. Leiter dieses Projektes war der renommierte Schweizer Arzt Friedrich Erismann, der sich in Rußland bereits mit seinen Beiträgen zum „Archiv" einen Ruf als Sanitärmediziner gemacht hatte.[18]

Ursprünglich als Untersuchung über saisonale Wanderungsbewegungen von Fabrikarbeitern gedacht, um die Ausbreitungswege von Epidemien zu erforschen, stellt diese einzigartige Studie noch heute eine der aussagekräftigsten Quellen zur Sozialgeschichte der russischen Fabrikarbeiterschaft dar. Vor Ort untersuchten die beteiligten Ärzte A. V. Pogožev und E. M. Dement'ev unter Leitung Erismanns die sanitären Verhältnisse, die Lebens- und Arbeitsbedingungen, die Herkunft und die Lebenserwartung der Arbeiterschaft. Insgesamt wurden 144.000 Fabrikarbeiter erfaßt und im wahrsten Sinne vermessen: Angaben über Körpergröße, Gewicht und Brustumfang jedes einzelnen Arbeiters dienten als statistische Grundlage, um den Gesundheitszustand der Moskauer Arbeiterschaft zu beurteilen.[19] Ergänzt wurde diese Untersuchung durch eine

---

[16] Zelnik, Labor and Society, S. 268-282.

[17] In Kazan' 1871, Perm' 1872, Vjatka 1873, Voronež 1880 und Vladimir 1882-1884: Veselovskij, B.: Istorija zemstva za sorok let, Bd. 1, St. Petersburg 1909, S. 310; Frieden, N. M.: Russian Physicians in an Era of Reform and Revolution, 1856-1905, Princeton, N. J. 1981, S. 87-99. Zu Molleson siehe Rimpel, E.: Ivan Ivanovič Molleson (1842-1920). Der erste Hygienearzt in der Zemstvo-Medizin, Berlin 1968.

[18] Erismann war 1869 als Ehemann der ersten russischen Ärztin N. P. Suslova nach St. Petersburg gekommen und hatte sich in den siebziger Jahren mit einem Standardlehrbuch sowie einer Fülle von Einzelstudien zur Sanitärmedizin einen Namen gemacht: Èrisman, F. F.: Izbrannye proizvedenija, hg. von I. A. Arnol'di u. a., 2 Bde., Moskau 1959; Bazanov, V. A.: F. F. Èrisman (1842-1915), Leningrad 1966. Zu den frühen Arbeiten Erismanns siehe Zelnik, Labor and Society, S. 242-243.

[19] Sbornik statističeskich svedenij po Moskovskoj gubernii. Otdel sanitarnoj statistiki, 19 Bde., Moskau 1881-1892; Bazanov, F. F. Èrisman, S. 79-95; Frieden, Russian Physicians, S. 99-101. Für eine Zusammenfassung der Ergebnisse in deutscher Sprache siehe Erisman, F.: Untersuchungen über die körperliche Entwicklung der Arbeiterbevölkerung in Zentralrußland, in: ASGS 1(1888), S. 98-135 und S. 429-484. Umfassend ausgewertet wurde die Studie von Johnson und Rožkova: Johnson, R. E.: Peasant and Proletarian; Rožkova, M. K.: Formirovanie kadrov promyšlennych rabočich v 60- načale 80-ch godov, Moskau 1974.

Studie Peskovs, der im Auftrag der Kommission beim Moskauer Generalgouverneur die Textilfabriken der Stadt Moskau inspizierte.[20]

Die eigentliche Bedeutung dieser Moskauer Studie lag allerdings nicht so sehr in dem statistischen Material, das hier ausgebreitet wurde, sondern in ihrer öffentlichen Resonanz. Vor allem die ersten der insgesamt siebzehn Bände der Zemstvountersuchung, die zwischen 1881 und 1892 in schneller Folge erschienen, sowie die 1882 veröffentlichte Arbeit Peskovs wurden in den verschiedenen politischen Journalen des Reiches ausführlich rezensiert. Damit leisteten sie einen erheblichen Beitrag dazu, erstmals eine breitere öffentliche Debatte über die Notwendigkeit von Arbeiterschutzgesetzen in Gang zu setzen. Ihre Bedeutung für die rasche Verabschiedung einer ganzen Reihe von Gesetzen in den achtziger Jahren ist deshalb kaum zu überschätzen.[21] Die ungeheure Wirkung der Studie auf die Öffentlichkeit läßt sich vielleicht am deutlichsten daran erkennen, daß sie für ihre Autoren den Grundstein für ihren weiteren wissenschaftlichen und beruflichen Lebensweg legte. Erismann selbst wurde 1882 auf den neugegründeten Lehrstuhl für Hygiene der Moskauer Universität berufen. Peskov wurde 1882 zum ersten Fabrikinspektor im Gouvernement Vladimir und später im Gouvernement Tver' ernannt. Dement'ev ging 1894 als Fabrikrevisor ins Finanzministerium und wird uns im Zusammenhang mit der Krankenversorgung in den Fabriken noch mehrfach begegnen. Pogožev schließlich wurde zu einem der bedeutendsten Sanitärmediziner und Sozialstatistiker Rußlands.[22]

Ergänzt wurden die Sanitärstudien in der Mitte der achtziger Jahre durch die Jahresberichte der ersten Fabrikinspektoren. Vor allem die 1884 erschienenen ersten Berichte der Inspektoren von Moskau und Vladimir, Janžul und Peskov, erregten mit ihrer anschaulichen Schilderung der Mißstände in den Fabriken großes öffentliches Aufsehen.[23] Janžuls Bericht wurde sogar von der Kaiserlichen Geographischen Gesellschaft mit einer Goldmedaille ausgezeichnet: der

---

[20] Peskov, P. A.: Sanitarnoe izsledovanie fabrik po obrabotke voloknistych veščestv v gorode Moskve. Trudy komissii, učreždennoj g. moskovskim general-gubernatorom, kn. V. A. Dolgorukovym, dlja osmotra fabrik i zavodov v Moskve, 2 Bde., Moskau 1882.
[21] Abramov, Iz fabrično-zavodskago mira; Otečestvennyja Zapiski 266(1883), Sovr. Obozr., S. 221-224; Russkaja Mysl' 3(1882), Bd. 5, S. 28-33 und Bd. 6, S. 114-121; Russkaja Mysl' 4(1883) Bd. 11, S. 54-55; Zemstvo 1882, Nr. 19 und Nr. 54; Janžul, I. I.: Detskij i ženskij fabričnyj trud v Anglii i Rossii, in: Ders.: Očerki i izsledovanija, Bd. 2, Moskau 1884, S. 1-212 (zuerst veröffentlicht 1880 in den Otečestvennyja Zapiski); Pogožev, A. V.: Fabričnyj byt Germanii i Rossii, Moskau 1882. Siehe auch Frieden, Russian Physicians, S. 101; Michajlova, E.: Položenie fabričnych rabotnic na moskovskich fabrikach i uezdnych, in: Drug Ženščin 3(1884), Nr. 5, S. 108-125.
[22] Zur Person Pogoževs siehe Klenova, E. V.: A. V. Pogožev (K 40-letiju so dnja smerti), in: Sovetskoe Zdravoochranenie 12(1953), Nr. 4, S. 53-58.
[23] Peskov, P. A.: Fabričnyj byt Vladimirskoj gubernii. Otčet za 1882-1883 g. fabričnago inspektora nad zanjatijami maloletnych rabočich Vladimirskago okruga, St. Petersburg 1884; Janžul, I. I.: Fabričnyj byt Moskovskoj gubernii. Otčet za 1882-1883 g. fabričnago

höchsten Auszeichnung, die im Zarenreich für soziale Studien zu vergeben war.[24] Mit der zweiten Staffel von Berichten im Jahre 1886 wurden weitere Veröffentlichungen jedoch vorläufig eingestellt, da sich die öffentliche Diskussion über die Mißstände in den Fabriken zu sehr aufzuheizen drohte. Da die Regierung auch für den internen Gebrauch von den Inspektoren keine regelmäßige, zusammenfassende Beurteilung der Zustände in den Fabriken mehr anforderte, beraubte sie sich somit selbst einer wichtigen Informationsquelle über den sozialen Wandel im Reich.

Von den verschiedenen Studien der achtziger Jahre führte eine direkte Linie zu der allmählichen Erkenntnis, daß sich auch in Rußland ein vom Lande abgelöstes Industrieproletariat als selbständige soziale Schicht zu entwickeln begann. Diesen Schluß zog erstmals Dement'ev zu Beginn der neunziger Jahre aus seiner Zusammenfassung der Moskauer Zemstvountersuchungen.[25] Seine statistischen Angaben wiederum stellten eine der wichtigsten Quellen für Lenins Studie über die Entstehung des Kapitalismus in Rußland dar.[26] Zusammen mit den Arbeiten der „legalen Marxisten" Struve und Tugan-Baranovskij forderten diese Veröffentlichungen die These von dem besonderen Charakter der russischen Arbeiterschaft an zentraler Stelle heraus.[27]

Ein zweiter Impuls, die Arbeiterschaft als eigenständige soziale Gruppe zu begreifen, kam seit dem Ende der sechziger Jahre aus den Kreisen der technischen Intelligenz und den Spitzen der Industrie, die sich Gedanken über die Perspektiven industrieller Entwicklung in Rußland machten. Bereits auf dem ersten Allrussischen Industriekongreß 1870 in St. Petersburg, auf dem Kongreß der russischen Maschinenbauer 1875 sowie auf den jährlichen Kongressen des 1874 gegründeten Südrussischen Bergbauverbandes wurde die Frage diskutiert, welcher Zusammenhang zwischen der materiellen Lage russischer Arbeiter

---

inspektora nad zanjatijami maloletnych rabočich Moskovskago okruga, St. Petersburg 1884. Siehe unten Kapitel VI.

[24] Janžul, I. I.: Iz vospominanij i perepiski fabričnago inspektora pervago prizyva. Materialy dlja istorii russkago rabočago voprosa i fabričnago zakonodatel'stva, St. Petersburg 1907, S. 43-44.

[25] Dement'ev, E. M.: Fabrika: Čto ona daet naseleniju i čto ona u nego beret, Moskau 1893.

[26] Pirumova, N. M.: Zemskaja intelligencija i ee rol' v obščestvennoj bor'be do načala XX veka, Moskau 1986, S. 67; Geyer, D.: Lenin in der russischen Sozialdemokratie. Die Arbeiterbewegung im Zarenreich als Organisationsproblem der revolutionären Intelligenz 1890-1903, Köln, Graz 1962, S. 48-49.

[27] Struve, P. B.: Kritičeskija zametki k voprosu ob ėkonomičeskom razvitii Rossii, St. Petersburg 1894; Tugan-Baranowsky, Geschichte der russischen Fabrik; Geyer, Lenin, S. 26-35 und S. 155-168; Tatarinkova, S. N.: M. I. Tugan-Baranovskij – myslitel', demokrat, ėkonomist, in: VopIst 1991, Nr. 9-10, S. 218-223; Pipes, R.: Struve. Liberal on the Left, 1870-1905, Cambridge, Mass. 1970; Mendel, A. P.: Dilemmas of Progress in Tsarist Russia: Legal Marxism and Legal Populism, Cambridge Mass. 1961.

und der Entstehung einer russischen Facharbeiterschaft bestünde. Erstmals wurde hier die Arbeiterschaft als eigene soziale Schicht (*rabočee soslovie*) begriffen, deren Entwicklung eine speziell auf ihre Bedürfnisse zugeschnittene Gesetzgebung erforderlich mache.[28]

In den folgenden Jahren setzte eine umfangreiche Rezeption des westeuropäischen und hier vor allem des englischen und des schweizerischen Arbeiterschutzes ein, die zur Grundlage der russischen Gesetzgebung der achtziger Jahre werden sollte. Hatten sich bereits die verschiedenen Regierungskommissionen der sechziger und siebziger Jahre intensiv auf westliche Vorbilder gestützt, so wurden diese zu Beginn der achtziger Jahre durch eine Reihe von Studien, die der junge Nationalökonom und spätere Fabrikinspektor Janžul und der Publizist V. A. Gol'cev im Auftrag einer Kommission beim Moskauer Generalgouverneur erstellten, einem breiteren Publikum zugänglich gemacht.[29]

Unter dem Einfluß westeuropäischer Entwicklungen fand seit der Mitte der achtziger Jahre schließlich auch die Idee staatlicher Sozialpolitik als eines zentralen Elements der Erneuerung des Reiches in den folgenden Jahren immer mehr Anhänger. So wurden die Arbeiten westlicher Sozialreformer, vor allem der englischen Fabians und der deutschen Kathedersozialisten, in der russischen Öffentlichkeit aufmerksam zur Kenntnis genommen und intensiv diskutiert.[30] Schon seit den siebziger Jahren war neben den klassisch liberalen

---

[28] Zelnik, Labor and Society, S. 283-330; King, V.: The Emergence of the St. Petersburg Industrial Community, 1870-1905: The Origins and Early Years of the Petersburg Society of Manufacturers, Diss. Phil., Berkeley 1982, S. 182-187.

[29] Janžul, I. I.: Inostrannoe fabričnoe zakonodatel'stvo. Vypusk I. Anglija. Trudy kommissii, učreždennoj g. moskovskim general-gubernatorom, kn. V. A. Dolgorukovym, dlja osmotra fabrik i zavodov v Moskve, Moskau 1880; Gol'cev, V. A.: Inostrannoe fabričnoe zakonodatel'stvo. Vypusk II. Germanija, Francija, Avstro-Vengrija, Švejcaria, Danija, Švecija i Norvegija, Gollandija, Soedinennye Šťaty Severnoj Ameriki. Trudy ..., Moskau 1880; Janžul, I. I.: Ob inspektorate v Švejcarii i Anglii, Trudy ..., Moskau 1881; Ders.: Inostrannyja zakonodatel'stva. Vypusk III. Anglijskoe i švejcarskoe zakonodatel'stva ob otvetstvennosti chozjaev za nesčastija s rabočimi, Trudy ..., Moskau 1882.

[30] Iollos, G.: Dvadcat'-pjat' let social'noj politiki. Pis'mo iz Germanii, in: Vestnik Evropy, Dez. 1897, S. 827-846 (zum 25-jährigen Bestehen des Vereins für Sozialpolitik); Slonimskij, L. Z.: Social'nyj vopros i učenye juristy, in: Vestnik Evropy, Januar 1894, S. 303-328. Siehe auch die Rezensionen zu Shaw, G. B.: Fabian Essays in Socialism, London 1889, in: Ebenda, Mai 1891, S. 422-424; sowie zu Schäffle, A.: Die Bekämpfung der Sozialdemokratie ohne Ausnahmegesetz, Tübingen 1890, in: Ebenda, Jan. 1891, S. 458-459; Balabkins, N. W.: Schmoller in Tsarist Russia, in: Journal of Institutional and Theoretical Economics. Zeitschrift für die gesamte Staatswissenschaft 144(1988), S. 581-590. Die in Regierungskreisen erwogene Gründung einer Gesellschaft sozialpolitisch Interessierter, die Wege zur Vermeidung einer Arbeiterfrage diskutieren sollte und eine ähnliche Funktion wie der Verein für Sozialpolitik hätte übernehmen können, scheiterte 1872 am Einspruch des Innenministeriums: Laveryčev, V. Ja.: O nekotorych liberal'nych tendencijach v politike carizma po rabočemu voprosu v načale 70-ch godov XIX v., in: IstZap 115(1987), S. 205-220, hier S. 206-210.

Grundsatz rechtlicher Gleichstellung der Fabrikarbeiter die Forderung nach infrastrukturellen Maßnahmen wie der Förderung der Arbeiterbildung und der Verkürzung der Arbeitszeit als Instrumente zur Erhöhung der Arbeitsproduktivität getreten.[31] Seit den neunziger Jahren wurde auch der Aufbau einer gesetzlichen Arbeiterversicherung immer stärker diskutiert, wobei das deutsche Vorbild eine zentrale Rolle spielte.[32] Auch die revolutionäre Linke übernahm schließlich die Ideen staatlicher Sozialpolitik. So forderte Lenin in seinen Programmentwürfen für eine sozialdemokratische Partei von 1895 und 1899 nicht nur die volle Koalitionsfreiheit, sondern auch einen gesetzlichen Achtstundentag, den Ausbau der Fabrikinspektion, paritätische Arbeitsgerichte und eine Haftpflicht der Unternehmer bei Arbeitsunfällen.[33] Auf ihrem zweiten Parteitag im August 1903 nahm die RSDRP auch die Forderung nach einer staatlichen Alters- und Invalidenversicherung in ihr Programm auf.[34]

Schließlich trug auch die wachsende Arbeiterbewegung das Ihre dazu bei, die Hoffnung zu erschüttern, daß dem Zarenreich die in Westeuropa beobachteten sozialen Erschütterungen der Industrialisierung erspart bleiben könnten. Erstmalig brachte der Streik in der Nevskaja Baumwollmanufaktur im Jahr 1870 einer breiteren Öffentlichkeit zu Bewußtsein, daß auch Rußland zukünftig von Arbeiterunruhen größeren Ausmaßes nicht verschont bleiben würde.[35] Dieser Eindruck wurde durch die Arbeitsniederlegungen von Petersburger Textilarbeitern im Frühjahr 1878 und vor allem durch den großen Morozov-Streik im Januar 1885 noch verstärkt. Als Teilnehmer des Streiks im Mai 1886 von einem Geschworenengericht in Vladimir freigesprochen wurden, faßte der

---

[31] Pogožev, A. V.: Fabričnyj byt Germanii i Rossii, Moskau 1882; Ėkonomičeskaja ocenka narodnago obrazovanija. Očerki I. I. Janžula, A. I. Čuprova i E. N. Janžul, St. Petersburg 1896. Siehe auch die Rezension zu Brentano, L.: Über das Verhältnis von Arbeitslohn und Arbeitszeit zur Arbeitsleistung, Leipzig ²1893, in: Vestnik Evropy, Okt. 1893, S. 853-854.

[32] Zur Rezeption westeuropäischer Arbeiterversicherung siehe G-r: Strachovanie rabočich, in: Russkaja Mysl' 8(1887), Nr. 7, S. 1-34, Nr. 8, S. 52-84, Nr. 9, S. 29-49 und Nr. 10, S. 1-13; Gol'denvejzer, A. S.: Social'noe zakonodatel'stvo germanskoj imperii, Kiev 1890; Jarockij, V. G.: Strachovanie rabočego v svjazi s otvetstvennost'ju predprinimatelej, St. Petersburg 1895; Svjatlovskij, V. V.: Gosudarstvennoe strachovanie rabočich v Germanii, Moskau 1895; Litvinov-Falinskij, V. P.: Organizacija i praktika strachovanija rabočich v Germanii, St. Petersburg 1903; Cacher [Georg Zacher]: Strachovanie rabočich v Evrope, in: Promyšlennost' i Zdorov'e 1(1902/03), Nr. 2, S. 44-50; Suvirov, N. I.: Gosudarstvennoe strachovanie rabočich v Germanii, St. Petersburg, o. J.. Zur russischen Diskussion siehe unten Kapitel IX-XI.

[33] Lenin, V. I.: Polnoe sobranie sočinenij, 5. Ausgabe, Bd. 2, Moskau 1963, S. 81-110 und Bd. 4, S. 211-239.

[34] Vtoroj s-ezd RSDRP. Ijul'-avgust 1903 goda. Protokoly, Moskau 1959, S. 421-423.

[35] Zelnik, Labor and Society, S. 340-363.

einflußreiche, reaktionäre Moskauer Publizist Katkov dieses Ereignis mit den Worten zusammen:

„Gestern sind in der alten Erlöserstadt Vladimir einhundertundein Salutschuß zu Ehren des Auftretens der Arbeiterfrage in der Rus' abgegeben worden."[36]

Spätestens aber seit der Streikwelle, die mit dem disziplinierten und geschlossenen Auftreten streikender Petersburger Textilarbeiter für eine Verkürzung der Arbeitszeit im Juni 1896 einsetzte, ließ sich die Auffassung eigentlich nicht mehr halten, daß es in Rußland keine „Arbeiterfrage" im westlichen Sinne gebe.

Das Erstaunliche ist nun, daß die ersten und wichtigsten Arbeiterschutzgesetze in Rußland bereits in den achtziger Jahren verabschiedet wurden, ohne daß die Frage, ob es überhaupt eine Industriearbeiterschaft gebe, eine wesentliche Rolle im Gesetzgebungsprozeß gespielt hätte. Noch Mitte der achtziger Jahre bezeichnete der Begriff der „Arbeiterfrage" (*rabočij vopros*) in Regierungskreisen nicht die soziale Lage der Industriearbeiterschaft, sondern die Regelung des Lohnverhältnisses von Landarbeitern.[37] Die verschwindend geringen Spuren, welche die Beratung von Arbeiterschutzmaßnahmen in Briefen, Tagebüchern und Erinnerungen der beteiligten Regierungsmitglieder hinterließen, lassen ebenfalls darauf schließen, daß Fabrikgesetze als Routineangelegenheit und nicht als eine Lebensfrage russischer Innenpolitik aufgefaßt wurden.[38] Der Streit, ob der Charakter der russischen Arbeiterschaft besondere Arbeiterschutzgesetze überhaupt zulasse, wurde in der Regierung wie in der Industrie erst ausgetragen, als die Existenz einer Arbeiterfrage in Rußland ab der Mitte der neunziger Jahre bereits offenkundig war. Damit aber wurde die Fabrikgesetzgebung gerade zu einem Zeitpunkt entscheidend behindert, als ihr schneller Ausbau besonders dringlich wurde.

---

[36] Moskovskija Vedomosti vom 26. 5. 1886. Zitiert nach: Russkij zakon i rabočij, in: Osvoboždenie 1902 Nr. 4, S. 1; Siehe auch Vestnik Evropy, Juli 1886, Vnutr. Obozr., S. 373-378.

[37] [Pobedonoscev, K. P.]: K. P. Pobedonoscev i ego korrespondenty. Pis'ma i zapiski, Moskau 1923, S. 621-622 (Briefwechsel mit dem Reichsratsmitglied B. P. Mansurov von 1886); [Polovcov, A. A.]: Dnevnik gosudarstvennogo sekretarja A. A. Polovcova, Bd. 1, Moskau 1966, S. 110-12 (Einträge vom 7. und 10. 9. 1883), S. 386 (Eintrag vom 5. 2. 1886) und S. 414 (Eintrag vom 21. 4. 1886).

[38] Kovalevskij, V. E.: Vospominanija. Hg. von L. E. Šepelev, in: Russkoe Prošloe 2(1991), S. 5-96; [Pobedonoscev, K. P.]: K. P. Pobedonoscev i ego korrespondenty; Peretc, E. A.: Dnevnik E. A. Peretca, gosudarstvennogo sekretarja (1880-1883), Moskau, Leningrad 1927; [Polovcov, A. A.]: Dnevnik; Terner, F. G.: Vospominanija žizni F. G. Ternera, 2 Bde., St. Petersburg 1910-1911; [Valuev, P. A.]: Dnevnik P. A. Valueva, Ministra Vnutrennych Del, Bd. 2, 1865-1876 gg., Moskau 1961; Vitte, S. Ju.: Izbrannye vospominanija. 1849-1911 gg., Moskau 1991.

Wie aber konnte sich ein Arbeiterschutz entwickeln, ohne daß eine Arbeiterfrage als solche überhaupt benannt worden wäre? Diese Frage weist bereits auf den Anachronismus hin, in der frühen Fabrikgesetzgebung in Rußland zuallererst Maßnahmen zur Lösung einer „sozialen Frage" sehen zu wollen. Wie die ersten Kinderschutzmaßnahmen und Gewerbeordnungen in Westeuropa, so verfolgten auch die entsprechenden Überlegungen in Rußland lange Zeit vor allem das Ziel, eine „wohleingerichtete Ordnung" (*blagoustrojstvo*) zu gewährleisten und die individuellen Rechtssphären von Arbeitern und Fabrikanten gegeneinander abzugrenzen.[39]

Diese Orientierung an dem Ziel einer „wohleingerichteten Ordnung", also der „Policey" der älteren deutschen Staatslehre, stellte die ursprünglichste Quelle des russischen Arbeiterschutzes dar. Sie dominierte bereits die ersten Regelungen unter Nikolaus I. ebenso wie eine Kommission, die 1859 beim Petersburger Generalgouverneur eingerichtet wurde, um die sanitären Verhältnisse in den Fabriken der Hauptstadt zu untersuchen. Das hier erarbeitete Regelwerk, mit dem die vorgefundene „himmelschreiende Unordnung" beseitigt werden sollte, legte den Grundstein für alle folgenden Projekte zur Reform des russischen Arbeitsrechts.[40] Auch die Arbeit der Kommissionen, die gegen Ende der siebziger Jahre beim Moskauer Oberpolizeimeister, beim Rat für Handel und Manufakturen und schließlich 1881 beim Petersburger Stadthauptmann eingerichtet wurden, um sanitäre Maßnahmen, Sicherheitsvorschriften und Regelwerke für die innere Ordnung der Fabriken zu erarbeiten, war vor allem von einem wohlfahrtspolizeilichen Ordnungsbegriff geprägt. Am wirkungsvollsten wurde dieser schließlich im Gesetz über den Lohnvertrag vom 3. Juni 1886 umgesetzt, dem „ersten russischen Arbeitsrecht".[41]

Eng verbunden mit wohlfahrtspolizeilichen Überlegungen war das Bestreben, das Lohnarbeitsverhältnis nach westeuropäischem Vorbild in moderne rechtliche Formen zu fassen. Dieser Ansatz fand seinen ersten und deutlichsten Ausdruck in den Arbeiten der 1860 gegründeten Kommission unter dem Vorsitz des Grafen A. F. Stackelberg. Ursprünglich als interministerielle Kommission eingerichtet, um die Abgrenzung zwischen Handwerksbetrieben und Fabriken zu klären, kam die Kommission schnell zu dem Ergebnis, daß die damit verbundenen Probleme nicht anders zu lösen seien, „als durch eine völlige

---

[39] Zum Begriff der „wohleingerichteten Ordnung" und seiner Wirkung in Rußland: Raeff, M.: The Well-ordered Police State. Social and Institutional Change through Law in the Germanies and Russia, 1600-1800, New Haven, London 1983.

[40] Proekt pravil dlja fabrik i zavodov v S. Peterburge i uezde, St. Petersburg 1860; Trudy kommissii, učreždennoj dlja peresmotra ustavov fabričnago i remeslennago, Bd. 1, St. Petersburg 1863, S. 351-365 und Bd. 2; Zelnik, Labor and Society, S. 125-129.

[41] RGIA f. 20 op. 2 d. 4598 ll. 1-5 und l. 40-a; f. 20 op. 3 d. 1924 ll. 1-5; f. 20 op. 4 d. 4892 l. 73-74 und l. 102; f. 1405 op. 70 1872 g. d. 7290 ll. 85-87; Giffin, F. C.: The „First Russian Labor Code": The Law of June 3, 1886, in: RH 2(1975), S. 83-100

Umgestaltung des Systems der Industriegesetzgebung selbst".[42] Kinderschutzmaßnahmen, die Reform des Arbeitsrechts und die Gründung einer Arbeitsgerichtsbarkeit waren neben einer Reform des Gesellschaftsrechts und einer Neugestaltung der Industriebehörden nur ein Teil des Reformpakets, das von der Kommission 1863 vorgelegt wurde. Zwar wurden diese Vorschläge stark von einem Gerechtigkeitsempfinden beeinflußt, das erhebliche Sympathien für die Lage der Arbeiter aufbrachte. Arbeiterschutzmaßnahmen, wie die Stackelberg-Kommission sie anregte, waren jedoch nicht die Antwort auf ein soziales Problem, sondern Ergebnis eines an den westeuropäischen Gewerbeordnungen orientierten Strebens nach umfassender Modernisierung. Auch diese Tradition findet sich in den Fabrikgesetzen der achtziger Jahre wieder.

Da die Ausarbeitung eines modernen Arbeitsrechts keine Reaktion auf eine „Arbeiterfrage" darstellte, wurde sie lange Zeit dadurch beeinträchtigt, daß die Vorstellung vom bäuerlichen Charakter russischer Arbeiter die Konzentration des Gesetzgebers auf die spezifischen Bedingungen der Industriearbeit verhinderte. So glaubte die Regierungskommission unter dem Vorsitz des Grafen P. N. Ignat'ev, die 1870 die Arbeit der Stackelberg-Kommission wieder aufnahm, nur über ein einheitliches Arbeitsrecht für Industriearbeiter, Landarbeiter und Hausbedienstete dem Charakter der russischen Arbeiterschaft gerecht zu werden:

> „Das Leben hat bei uns noch nicht so scharfe Unterschiede zwischen Land- und Stadtbewohnern, zwischen landwirtschaftlichen, industriellen und sogar häuslichen Beschäftigungen hervorgebracht, daß man mit der notwendigen Genauigkeit besondere Regeln für eine beliebige Art von Arbeitern aufstellen könnte, ohne zugleich die übrigen Bereiche dieser allgemeinen Frage zu berühren."[43]

Dieser umfassende Anspruch führte dazu, daß sowohl die Ignat'ev-Kommission als auch ihre Nachfolgerin, die ab 1874 unter dem Vorsitz des Grafen P. A. Valuev zusammentrat, sich immer wieder in Details verhedderten, die meist nur wenig mit Fragen des Arbeiterschutzes zu tun hatten. Erst als der Reichsrat 1880 die Ministerien dazu aufforderte, Gesetzentwürfe zu eng umgrenzten Einzelfragen vorzulegen, wurde ein Ausweg aus dieser Sackgasse gefunden.[44] 1882 und 1884 wurden die ersten Gesetze verabschiedet, die sich ausschließlich mit der Frage der Arbeitszeit und der Schulbildung minderjähriger Fabrikarbeiter beschäftigten. 1885 wurde die Nachtarbeit von Frauen und Jugendlichen in

---
[42] Trudy kommissii, učreždennoj dlja peresmotra ustavov fabričnago i remeslennago, Bd. 1, S. III. Zur Stackelberg-Kommission siehe Zelnik, Labor and Society, S. 129-159.
[43] RGIA f. 20 op. 2 d. 1802 l. 44.
[44] Selbst die Teilung der Reform durch die Valuev-Kommission in drei verschiedene Gesetzeswerke über die Fabrikarbeit, die Landarbeit und die Arbeit von Hausbediensteten brachte die Beratungen nicht entscheidend voran, da sich auch diese Vorhaben als viel zu komplex erwiesen: Giffin, F.: In Quest of an Effective Program of Factory Legislation in Russia: The Years of Preparation, 1859-1880, in: The Historian 29(1967), S. 175-185.

weiten Bereichen der Textilindustrie verboten. Im folgenden Jahr schließlich kam es zu der Verabschiedung des Arbeitsrechts vom 3. Juni 1886. Als letztes Gesetz in dieser Reihe wurde 1889 der Entwurf einer Unfallhaftung bei Arbeitsunfällen vorgelegt, der sich zu diesem Zeitpunkt jedoch innerhalb der Regierung nicht durchsetzen konnte.

Es ist charakteristisch für die Reformprojekte der sechziger und siebziger wie für die Arbeiterschutzgesetze der achtziger Jahre, daß sie nicht von einer Arbeiterschaft als sozialer Gruppe ausgingen, sondern als „Arbeiter" rein funktional die Beschäftigten in den jeweiligen Fabriken verstanden. Selbst wenn sie, wie das Gesetz von 1886, als Reaktion auf Arbeiterunruhen erlassen wurden, waren die Arbeiterschutzgesetze der achtziger Jahre deshalb nicht der Versuch, eine „Arbeiterfrage" zu lösen. Die Ursache von Unruhen lag in den Augen der Regierungsbeamten nicht so sehr in den schlechten Lebensverhältnissen der Arbeiter, sondern darin, daß ihr Rechtsstatus innerhalb der Fabrik ungenügend definiert war und somit Willkürmaßnahmen von seiten der Fabrikanten Tür und Tor geöffnet wurde.[45]

Solange aber Arbeiterschutzmaßnahmen vor allem als Ordnungsmaßnahmen und als Verrechtlichung des Lohnvertrags verstanden wurden, stellte sich die Frage nicht, ob eine Industriearbeiterschaft im westeuropäischen Sinne als soziale Schicht überhaupt existierte oder ob die Fabrikarbeiter nicht eigentlich Bauern geblieben waren. Man mag diesem wohlfahrtspolizeilichen Ansatz vorwerfen, daß er die soziale Dimension von Fabrikunruhen lange Zeit unterschätzt habe. Für die nahezu problemlose Verabschiedung der frühen russischen Arbeiterschutzgesetze war es jedoch ausgesprochen förderlich, daß sie keine Grundsatzfragen der gesellschaftlichen Entwicklung des Reiches aufwarfen.

Daß man die Entstehung einer Fabrikarbeiterschaft als soziales Phänomen in der Regierung lange Zeit nicht wahrnahm, spiegelt letztlich nur die Auffassungen wider, die auch in der öffentlichen Meinung vertreten wurden. Aber auch die Veränderung im Verständnis der Arbeiterschaft, die von der Industrie und der Ärzteschaft ausging, wurde vor allem im Finanzministerium durchaus aufgenommen. Bereits 1881 sprach man dort im Zusammenhang mit der Regelung der Kinderarbeit von einer „Arbeiterklasse" (*rabočij klass*), der durch das Gesetz bessere Bildungsmöglichkeiten eingeräumt und damit ein höherer Lebensstandard ermöglicht werden sollte.[46] Beschränkt auf die Frage der Kinderarbeit ließ sich eine solche Auffassung noch ohne weiteres mit wohlfahrtspolizeilichen Grundsätzen vereinbaren, so daß die übrigen Re-

---

[45] Siehe die Erläuterungen zu dem Gesetzentwurf der Plehwe-Kommission für das Arbeitsrecht von 1886: RGIA f. 20 op. 2 d. 1802 l. 26.
[46] RGIA f. 1149 1882 g. d. 58 l. 53 (Gesetzentwurf vom 30. 12. 1881). Siehe auch f. 1149 1884 g. d. 57 l. 69 (Gesetzentwurf des Finanzministeriums vom 23. 3. 1884).

gierungsbehörden an dieser Formulierung keinen Anstoß nahmen. Selbst die Moskauer Industriellen übernahmen weitgehend unbewußt diese Wortwahl.[47] Solange der Begriff der „Arbeiterklasse" nur dazu diente, die Arbeiter in den Fabriken sprachlich zusammenzufassen, ohne sie ausdrücklich von der Bauernschaft abzuheben oder daraus gar einen Interessengegensatz zwischen Arbeitern und Fabrikbesitzern abzuleiten, rief sein Gebrauch keine Diskussion hervor. Von einer „Arbeiterklasse" zu sprechen war solange kein Problem, wie man damit keine „Arbeiterfrage" verband.

Es konnte jedoch nicht ausbleiben, daß über diesen Sprachgebrauch allmählich auch in einzelnen Regierungsbehörden ein Bewußtsein von der Existenz einer Industriearbeiterschaft als eigener sozialer Schicht in Rußland entstand. Der Formulierung einer Politik, die diesem Umstand Rechnung getragen hätte, blieben jedoch nach wie vor enge Grenzen gesetzt. Dies zeigte sich deutlich, als das Finanzministerium 1893 einen Gesetzentwurf über die Haftung bei Arbeitsunfällen vorlegte, der in Anlehnung an westeuropäische Begriffe erstmals „Arbeiter" (*rabočie*) und „Arbeitgeber" (*rabotodateli*) als komplementäre soziale Gruppen mit entgegengesetzten Interessen bezeichnete, während bislang die Unternehmer den Arbeitern als Partner eines Rechtsverhältnisses (*nanimateli*; wörtlich: Beschäftiger) oder als Herren (*chozjaeva, vladel'cy*) gegenübergestellt worden waren.[48] So hoffte das Finanzministerium darauf:

> „daß das neue Gesetz dazu beiträgt, die ernstesten Anlässe für die Entstehung feindseliger Verhältnisse zwischen zwei Klassen der Bevölkerung, nämlich Arbeitgebern und Arbeitern, zu beseitigen, die zwangsläufig in einem äußerst gespannten Verhältnis stehen, und deren Übereinstimmung und wohlwollendes Verhältnis so wesentlich notwendig ist für den Fortschritt der vaterländischen Industrie und für die innere Ruhe des Staates."[49]

Diese polarisierte Sicht des Verhältnisses zwischen Arbeitern und Fabrikanten stieß im Reichsrat auf heftigen Widerstand vor allem von seiten des

---

[47] Siehe die verschiedenen Stellungnahmen Moskauer Industrieller zur Regelung der Kinderarbeit: RGIA f. 20 op. 2 d. 1784 ll. 8-11; f. 1149 1882 g. d. 58 ll. 128-136; f. 20 op. 2 d. 1790 ll. 35-36 und ll. 43-45. Der Begriff der „Arbeiterklasse" findet sich auch in einer Petition Petersburger Textilindustrieller zur Verkürzung der Arbeitszeit vom Januar 1883: Materialy po izdaniju zakona 2 ijunja 1897 goda ob ograničenii i raspredelenii rabočago vremeni v zavedenijach fabrično-zavodskoj promyšlennosti, St. Petersburg 1905, S. 108-109. Obwohl in den Moskauer Stellungnahmen der Begriff der „Arbeiterklasse" immer wieder auftaucht, stritt die Moskauer Abteilung des Rates für Handel und Manufakturen deren Existenz als eigene soziale Schicht im Einzelfall ab, beispielsweise um einer besonderen Verantwortung der Industrie für die Schulbildung der Arbeiter entgegenzutreten: RGIA f. 1149 1882 g. d. 58 ll. 84-85.
[48] RGIA f. 1151 1893 g. d. 64 l. 70, l. 80 und l. 136. Vor 1893 taucht der Begriff des „*rabotodatel'*" nur einmal auf, in der Skizze Orbinskijs für ein allgemeines Arbeitsrecht vom Anfang 1882: RGIA f. 20 op. 4 d. 4892 l. 1.
[49] RGIA f. 1151 1893 g. d. 64 l. 80.

Oberprokurors des Heiligen Synod, K. P. Pobedonoscev. Mit einem Gesetz, das auf einem Interessengegensatz zwischen Unternehmern und Arbeiterschaft aufbaute, ließ sich seiner Meinung nach eine Arbeiterfrage in Rußland nicht nur nicht lösen, sie würde dadurch überhaupt erst heraufbeschworen.[50]

Der gescheiterte Gesetzentwurf von 1893 markierte das Ende einer unreflektierten Anwendung westeuropäischer sozialer Begriffe auf einen Arbeiterschutz, der sich selbst bislang nicht als Sozialpolitik verstanden hatte. Ab den neunziger Jahren war nun auch die russische Fabrikgesetzgebung darauf gerichtet, auf die eine oder andere Weise das Problem einer immer unruhigeren Arbeiterschaft in den Griff zu bekommen. Während Arbeiterunruhen bis in die achtziger Jahre meist als Folge von Mißverständnissen oder der Willkür einzelner Fabrikbesitzer verstanden wurden, sahen sowohl das Innen- wie das Finanzministerium nunmehr durchaus einen Zusammenhang zwischen den Lebensverhältnissen der Arbeiter und der zunehmenden Streikbewegung. Diese Einsicht ging jedoch allenfalls so weit, in der Unzufriedenheit unter den Arbeitern einen idealen Nährboden für revolutionäre Agitation von außen zu sehen.[51] Die Erkenntnis, daß die Armut der Arbeiter selbst die eigentliche Ursache der Streikbewegung sein könnte, setzte sich allenfalls in den oberen Rängen der Polizei wie bei dem Gendarmeriegeneral Panteleev oder dem Chef der Moskauer Geheimpolizei Zubatov durch.[52]

Solange jedoch die Existenz einer Industriearbeiterschaft und damit eine Arbeiterfrage im westlichen Sinne nach wie vor weitgehend verdrängt wurde, blieb der Spielraum für sozialpolitische Konzepte trotz dieser Einsichten äußerst gering. So ließ sich die Arbeitszeitverkürzung von 1897 innerhalb der Regierung nur durchsetzen, weil sie die Vorstellung des einflußreichen Pobedonoscev von der Verwurzelung der Fabrikarbeiter in der Bauernschaft nicht berührte und dieser in einer Begrenzung der Arbeitszeit in den Fabriken

---

[50] RGIA f. 1153 op. 1 1903 g. d. 50 l. 90. Siehe unten Kapitel VIII. Zu Person und politischem Denken Pobedonoscevs siehe Byrnes, R. F.: Pobedonostsev. His Life and Thought, Bloomington, Indiana 1968; Simon, G.: Konstantin Petrovič Pobedonoscev und die Kirchenpolitik des Heiligen Synod 1880-1905, Göttingen 1969; sowie zuletzt zur frühen Prägung seines Konservatismus: Lindner, R.: K. P. Pobedonoscev und die russische Reformbürokratie. Ein Beitrag zur Rechtsgeschichte des späten Zarenreiches, in: JfGO 43(1995), S. 34-57.

[51] Siehe die Stellungnahmen Wittes und Goremykins in der „Besonderen Besprechung" zur Frage der Arbeitszeitverkürzung im Dezember 1896: Materialy, S. 94-102.

[52] Schneiderman, J.: Sergej Zubatov and Revolutionary Marxism. The Struggle for the Working Class in Tsarist Russia, Ithaca, London 1976. Siehe auch die Forderung des Direktors der Wirtschaftsabteilung im Innenministerium Ščeglovitov nach einer Festschreibung von Mindestlöhnen im Zusammenhang mit der Arbeitszeitverkürzung von 1897: [Struve, P. B.]: Die neue Fabrikgesetzgebung Rußlands, in: ASGS 12(1898), S. 475-515, hier S. 483.

eine moralische Pflicht der Fabrikanten wie der Regierung sah.[53] Dagegen stießen Projekte, welche die Lebensverhältnisse der Arbeiter zu verbessern suchten oder gar auf eine Organisation der Arbeiter hinausliefen, auf heftigen Widerstand im Reichsrat sowie in Teilen der Industrie. Dazu gehörte vor allem die Begründung eines Entschädigungsanspruchs bei Arbeitsunfällen, die Reform der medizinischen Versorgung von Fabrikarbeitern, die Einrichtung von Selbsthilfekassen sowie die Wahl von Vertrauensleuten der Arbeiter, den sogenannten Fabrikältesten.

Als das Projekt der Fabrikältesten und die Entschädigung für Unfallopfer 1903 im Reichsrat beraten wurden, wehrten sich vor allem Petersburger Industrielle massiv gegen eigene Organisationsformen der Arbeiterschaft. Ebenso wie in der Gründung von Selbsthilfekassen sahen sie in der Einrichtung von Fabrikältesten nach wie vor eine künstliche Absonderung der Industriearbeiter gegenüber dem Rest der arbeitenden Bevölkerung, die unweigerlich eine mächtige und nicht mehr kontrollierbare Arbeiterbewegung hervorbringen würde.[54] Dem hielt eine kleine Gruppe vor allem Moskauer Industrieller um die Textilindustriellen V. V. Jakunčikov und S. T. Morozov entgegen, daß sich in Rußland längst eine eigene Fabrikarbeiterschaft herausgebildet habe. Eine solche Entwicklung, so Morozov, liege auch im Interesse der Fabrikanten selbst:

„Die Tatsache, daß die Arbeiter eine besondere Klasse für sich bilden, ist unumgänglich, und es kann auch gar nicht anders sein. Der Fabrikant selbst strebt danach, daß sich bei ihm ein beständiger Stamm von Arbeitern bildet. Am meisten wünschenswert wäre die Entstehung einer erblichen Arbeiterklasse."[55]

Gerade das Bedürfnis der Industrie nach einem festen Stamm gut ausgebildeter und eingearbeiteter Kräfte, die der jeweiligen Fabrik nicht nach kurzer Zeit wieder verloren gingen, führte dazu, daß zumindest einzelne weitsichtige Fabrikanten die Entstehung einer separaten Industriearbeiterschaft aufmerksam beobachteten und oft sogar nach Kräften förderten. Wie wir noch sehen werden, stellte dieses Interesse an einer qualifizierten Arbeiterschaft zudem einen der zentralen Faktoren beim Aufbau der russischen Fabrikgesetzgebung dar, selbst wenn es nur von einer schmalen Elite der Industriellen erkannt und vorgetragen wurde.

Der auch von Witte und dem Innenminister Plehwe vertretenen Auffassung, daß inzwischen eine eigenständige Arbeiterschaft entstanden sei, konnte sich der Reichsrat trotz der hinreichend bekannten Haltung Pobedonoscevs nicht

---

[53] Materialy, S. 105-107.
[54] Zakonodatel'nye materialy k zakonu o starostach v promyšlennych predprijatijach. S predisloviem P. Struve, Stuttgart 1903, S. 20.
[55] RGIA f. 1153 op. 1 1903 g. d. 153 l. 65.

länger verschließen.⁵⁶ Daß sowohl das Gesetz über die Fabrikältesten wie auch das Gesetz über die Entschädigung bei Arbeitsunfällen schließlich jeweils gegen eine starke Minderheit im Reichsrat verabschiedet werden konnten, lag jedoch nicht allein daran, daß dieser nun endlich die Existenz einer Arbeiterfrage anerkannt hatte. Ebenso wichtig war, daß es Plehwe und Witte unter Mithilfe Morozovs gelang, die Brisanz revolutionärer Bedrohung herunterzuspielen und damit der vor allem von Petersburger Industriellen und von Pobedonoscev geschürten Befürchtung entgegenzutreten, daß jedes Zugeständnis an die Arbeiterschaft unweigerlich zum Zusammenbruch der bestehenden Gesellschaftsordnung führen müsse. So betonte Witte, daß die vorgeschlagenen Reformen kein Zugeständnis an die Arbeiterbewegung darstellten, da diese ja erst im Entstehen begriffen sei und man ihrer weiteren Entwicklung durch rechtzeitige Reformen entgegenwirken könne.⁵⁷ Selbst Plehwe, der ansonsten für ein nahezu paranoides Verhältnis gegenüber jeder Form oppositioneller Umtriebe bekannt war, unterstützte diese Argumentation, indem er die jüngsten revolutionären Aktivitäten zu entdramatisieren versuchte:

> „Ihre Ergebnisse, die Ermordung eines Ministers und die Ermordung eines Gouverneurs, zerren nur an den Nerven. Diese Handlungsweise kann den allgemeinen Strom staatlichen Lebens nicht stören. All diese Attentate und Morde, das sind nur Steinchen, die in einen großen Fluß geworfen werden. Sie beunruhigen ein wenig die Oberfläche, es bilden sich Kreise, aber der Fluß hört nicht auf zu fließen; die Kreise verschwinden wieder und der Fluß fließt wie vorher ruhig weiter. Die revolutionäre Bewegung droht nur dann gefährlich zu werden, wenn sie sich auf das Land überträgt. [...] In den Fabriken findet rein politische Propaganda keine ernstzunehmende Grundlage."⁵⁸

Auch wenn diese Worte nur dazu dienten, eine einflußreiche Minderheit im Reichsrat zu beruhigen, drängt sich im Rückblick doch der Eindruck auf, daß die zarische Regierung auch 1903 die Gefahr im Grunde noch nicht begriffen hatte, die ihr von der Arbeiterbewegung drohte. Dies lag zum einen an der Geschwindigkeit, mit der diese sich innerhalb weniger Jahre formiert und organisatorisch gefestigt hatte. Eine derart rasante gesellschaftliche Entwicklung konnte die zarische Bürokratie, vor allem der schwerfällige und überalterte Reichsrat, nur noch teilweise mitvollziehen. Zum anderen mußte jede Sozialreform auf dem Gebiet des Arbeiterschutzes seit den neunziger Jahren einen schwierigen psychologischen Balanceakt bewältigen: Sie mußte einerseits eine nahezu krampfhafte Verdrängung der Arbeiterfrage in weiten

---

⁵⁶ Zakonodatel'nye materialy, S. 38-39.
⁵⁷ RGIA f. 1153 op. 1 1903 g. d. 153 ll. 77-79.
⁵⁸ Ebenda, ll. 95-97. Plehwe spielt auf die Morde an seinem Vorgänger Sipjagin 1902 sowie an dem Gouverneur von Ufa unmittelbar am Vortag seines Auftretens im Reichsrat an. 1904 fiel Plehwe selbst der Bombe eines sozialrevolutionären Attentäters zum Opfer.

Teilen der Regierung wie der Industrie überwinden und andererseits der irrationalen Befürchtung gerecht werden, daß selbst kleinste Zugeständnisse den sozialen Zusammenbruch des Reiches heraufbeschwören würden. Das seit einem Jahrzehnt überfällige Gesetz über die Unfallentschädigungen und die von der Wirklichkeit längst überholte Einrichtung von Fabrikältesten im Jahre 1903 waren das Maximum dessen, was unter diesen Umständen politisch zu erreichen war.

2. Die Autoren der Fabrikgesetzgebung

a) Die Zuständigkeit von Finanz- und Innenministerium

Federführend in allen Fragen, welche die private Fabrikindustrie betrafen, war bis 1905 das Finanzministerium, das für die Einkünfte des Staates und damit für die Hebung der Produktivkräfte des Landes zu sorgen hatte. Als Zentralorgan für die Formulierung der Wirtschaftspolitik schuf sich das Finanzressort 1864 die Abteilung für Handel und Manufakturen (*departament torgovli i manufaktur*), innerhalb dessen das Manufakturreferat (*manufakturnyj otdel*) unter anderem auch für Fragen der Fabrikgesetzgebung zuständig war. Diese einfache Struktur blieb über fünfunddreißig Jahre lang fast völlig unverändert, während der personelle Bestand der Abteilung ständig zunahm.[59] Um der wachsenden Bedeutung wirtschaftspolitischer Fragen gerecht zu werden, wurden die Referate der bisherigen Abteilung für Handel und Manufakturen schließlich im Juni 1900 in den Status eigener Abteilungen (*učreždenija po časti torgovli i promyšlennosti*) erhoben und unter einem zusätzlichen Vizeminister (*tovarišč ministra*) zusammengefaßt. Verantwortlich in Fragen der Fabrikgesetzgebung zeichnete nunmehr die Abteilung für Industriefragen (*otdel promyšlennosti*).[60] An der eigentlichen Struktur politischer Entscheidungsprozesse änderte diese Reform allerdings nur wenig, da die bisherigen Institutionen letztlich nur jeweils um eine Stufe aufgewertet wurden. Erst 1905 wurden die Organe der Wirtschaftspolitik mit der Einrichtung eines selbständigen Handels- und Industrieministeriums grundlegend neugestaltet.[61]

---

[59] Allein in den Jahren von 1893-1899 wuchs die Abteilung von 58 auf 152 Mitarbeiter: Šepelev, L. E.: Carizm i buržuazija vo vtoroj polovine XIXogo veka, Leningrad 1981, S. 210-213.

[60] Die anderen Abteilungen waren die Handelsabteilung, die Abteilung für Bildungsfragen und die Abteilung für Handelsschiffahrt.

[61] Amburger, E.: Geschichte der Behördenorganisation Rußlands von Peter dem Grossen bis 1917, Leiden 1966, S. 226; Ministerstvo Finansov 1802-1902, Bd. 2, St. Petersburg 1902, S. 330-332.

Da die Zuständigkeit des Finanzministeriums für die Fabrikgesetzgebung aus dessen allgemeiner Kompetenz in wirtschaftspolitischen Fragen erwuchs, betrachtete man dort Fragen des Arbeiterschutzes vor allem als langfristige Infrastrukturmaßnahme, mit der die Entwicklung der russischen Industrie gefördert werden sollte. Dagegen sah das Innenministerium und hier vor allem das Polizeidepartement (*departament policii*) in Arbeiterschutzmaßnahmen eine zentrale Voraussetzung dafür, die öffentliche Ordnung aufrechtzuerhalten und die Staatssicherheit zu gewährleisten. Vor allem unter den Ressortchefs A. E. Timašev (1868-1878) und I. L. Goremykin (1895-1899) unternahm das Innenministerium mehrere Anläufe, Arbeiterunruhen durch polizeiliche Eingriffe in interne Fabrikangelegenheiten vorzubeugen, die schließlich in dem von Zubatov geleiteten Experiment polizeilich gelenkter Arbeiterorganisationen gipfelten. Diese Politik, soziale Konflikte mit administrativen Mitteln lösen zu wollen, spiegelte die grundsätzliche Skepsis der im Innenministerium vorherrschenden Militärs und Polizeioffiziere gegenüber der kapitalistischen Wirtschaftsordnung und das ausgeprägt unternehmerfeindliche Weltbild wider, das für Rußlands Konservative so typisch war.[62] Derartige Initiativen, die im einzelnen noch genauer zu besprechen sein werden, führten regelmäßig zu heftigen Konflikten innerhalb der Regierung und konnten vom Finanzministerium jeweils nur mit Mühe abgeblockt werden.

Unter den an der Fabrikgesetzgebung beteiligten Beamten des Innenressorts ragte vor allem der bereits mehrfach erwähnte V. K. von Plehwe heraus. Bereits als Petersburger Staatsanwalt während des Terrors der „Narodnaja Volja" 1879-1881, sowie ab 1881 als Polizeichef und stellvertretender Innenminister hatte Plehwe dadurch auf sich aufmerksam gemacht, daß er revolutionäre Umtriebe konsequent und unerbittlich verfolgte. Nach der Ermordung Sipjagins im April 1902 schien er der geeignete Mann, um als Innenminister mit harter Hand die Ordnung im Reich wiederherzustellen.[63] Anders als manche seiner Vorgänger setzte Plehwe gegenüber der Arbeiterschaft jedoch nicht allein auf polizeiliche Repression, sondern auch auf grundlegende gesetzliche Reformen. Bereits 1885 hatte er als stellvertretender Innenminister eine nach ihm benannte Kommission geleitet, die das Nachtarbeitsverbot für Frauen und Jugendliche vom 3. Juni 1885 und das Arbeitsrecht vom 3. Juni 1886 ausarbeitete. Auch während seiner Amtszeit als Innenminister von 1902 bis 1904 kehrte er nicht nur den Forderungen nach einer administrativ-polizeilichen Gestaltung der

---

[62] Eine eigene Monographie zur Geschichte des Innenministeriums zwischen 1881 und 1905 liegt nicht vor. Zumindest einen Überblick über das Innenressort während der Regierungszeit Alexanders III. bietet Zaionchkovsky, P. A.: The Russian Autocracy under Alexander III, Gulf Breeze, 1976, S. 83-124.

[63] Zu Plehwe siehe Judge, E.: The Russia of Plehwe: Programs and Policies of the Ministry of Internal Affairs, 1902-1904, Diss. Phil., Univ. of Michigan, 1975.

Beziehungen zwischen Arbeitern und Fabrikbesitzern den Rücken, wie sie vor allem unter Goremykin erhoben worden waren. Mehrfach ließ Plehwe durchblicken, daß er zu einer grundlegenden Reform der Fabrikgesetzgebung bereit war, die selbst eine Liberalisierung des Streikrechts nicht ausschließen sollte.[64] Mit der Berufung des prominenten Sanitärstatistikers Pogožev in das Innenministerium wurden bereits Vorbereitungen für die Formulierung eines umfassenden Reformprogramms getroffen.[65] Voraussetzung war in den Augen Plehwes jedoch, daß die Kompetenz für Arbeiterfragen allein dem Innenministerium übertragen würde. In diesem Punkt scheiterte er jedoch an dem hartnäckigen Widerstand der Finanzminister Witte und Kokovcov. Die Einordnung der Fabrikinspektion in die Amtsgewalt der örtlichen Gouverneure, die mit einem kaiserlichen Befehl vom 30. Mai 1903 vollzogen wurde, blieb weit hinter den Vorstellungen Plehwes zurück und hatte auf die Tätigkeit der Inspektion letztlich nur geringen Einfluß.[66]

Der Konflikt um die Fabrikinspektion, der den wichtigsten Streitpunkt zwischen den beiden Ministerien darstellte, hinderte das Innenministerium jedoch nicht daran, eng mit dem Finanzressort bei der Ausarbeitung einzelner Reformgesetze mitzuarbeiten. So hatten sich die beiden Ministerien noch während der Amtszeit Sipjagins in einer „Besonderen Ministerbesprechung" vom 9. März 1902 über die Grundlinien einer umfassenden Reformpolitik geeinigt. Plehwe selbst trug im folgenden Jahr maßgeblich dazu bei, die Gesetze über die Fabrikältesten und über die Entschädigung von Unfallopfern durch den Reichsrat zu bringen. Auch wenn Plehwes Haltung gegenüber den Experimenten Zubatovs lange Zeit ambivalent blieb, zog er Zubatov schließlich aus dem Verkehr und beseitigte damit einen weiteren Streitpunkt mit dem Finanzressort. Obwohl der schwelende Konflikt zwischen den beiden Ressorts um die Federführung in der Arbeiterfrage die Ausarbeitung eines schlüssigen Reformkonzeptes immer wieder erheblich belastete, muß die Ursache für die Lähmung der russischen Fabrikgesetzgebung in den Jahren vor 1905 woanders gesucht werden.

Anders als im Innenressort waren in den hohen Rängen des in der Fabrikgesetzgebung federführenden Finanzministeriums fast durchweg Beamte beschäftigt, die eine wirtschaftliche, technische oder juristische Hochschulbildung genossen hatten und häufig auch über enge persönliche Kontakte in die Wirtschaft ebenso wie in die Wissenschaft verfügten. Neben einem

---

[64] Judge, The Russia of Plehwe, S. 257-259; Janžul, I. I.: Vospominanija I. I. Janžula o perežitom i vidennom (1864-1909 gg.), in: Russkaja Starina 41(1910), Bd. 144, S. 258-272 und S. 485-500, hier S. 268-272 und S. 497-500. Siehe auch Krizis samoderžavija v Rossii. 1895-1917, Leningrad 1984, S. 91-92.
[65] Pogožev, A.: Iz vospominanij o V. K. fon-Pleve, in: Vestnik Evropy, Juli 1911, S. 259-280.
[66] Siehe unten Kapitel VI.

ausgesprochenen Verständnis für die Bedürfnisse der Industrie war die Haltung des Finanzministeriums in Fragen des Arbeiterschutzes deshalb von einem hervorragenden Kenntnisstand der entsprechenden Diskussionen und Entwicklungen in Westeuropa sowie von einem hohen Rechtsbewußtsein geprägt.[67] Diese personellen Voraussetzungen einer Arbeiterschutzpolitik sollen nun im Detail untersucht werden.

b) Die Ära Bunge (1881-1887)

Auch wenn die Zuständigkeit für Industriefragen innerhalb des Finanzministeriums auf einen engen Kreis höherer Beamter beschränkt war, läßt sich die persönliche Autorenschaft für die einzelnen Entwürfe in kaum einem Fall mehr eindeutig feststellen. So gaben die jeweiligen Finanzminister selbst nur die großen Linien vor, denen die Fabrikgesetzgebung zu folgen hatte. Die eigentliche konzeptionelle Arbeit wurde hingegen in der Abteilung für Handel und Manufakturen geleistet, so daß als Urheber der jeweiligen Gesetze verschiedene „Mannschaften" untersucht werden müssen. Dabei läßt sich die russische Fabrikgesetzgebung vor 1905 grob in die Amtszeiten der Minister Bunge (1881-1887), Vyšnegradskij (1887-1892) und Witte (1892-1903) einteilen, denen jeweils von den Ressortchefs und ihren engsten Mitarbeitern ein ganz persönlicher Stempel aufgedrückt wurde.

Die ersten Fabrikgesetze in Rußland, die Gesetze über die Kinderarbeit von 1882 und 1884, das Nachtarbeitsverbot für Frauen und Jugendliche in der Textilindustrie sowie das allgemeine Arbeitsrecht von 1886 wurden während der Amtszeit des Finanzministers Nikolaj Christianovič Bunge verabschiedet.[68] 1823 in Kiew als Sohn eines Kinderarztes aus lutherischem Adel geboren, machte Bunge eine steile wissenschaftliche Karriere als Professor erst für politische Ökonomie und später für Polizeirecht an der St. Vladimir-Universität in Kiew, bevor er 1880 zum Vizeminister und im Mai 1881 schließlich zum Finanzminister ernannt wurde. Dabei eilte ihm nicht nur der Ruf als einer der herausragenden Fachleute Rußlands auf dem Gebiet der Finanzwissenschaft

---

[67] Lieven, D.: The Russian Civil Service under Nicholas II: Some Variations on the Bureaucratic Theme, in: JfGO 29(1981), S. 366-403; Mosse, W. E.: The Tsarist Ministerial Bureaucracy 1882-1904: Its Social Composition and Political Attitudes, in: Canadian American Slavic Studies 18(1984), S. 249-267.

[68] Zur Biographie Bunges siehe Pesda, J. L.: N. K. Bunge and Russian Economic Development, 1881-1886, Diss. Phil., Kent State University 1971; Koropeckyj, I. S.: Academic Economics in the Nineteenth Century Ukraine, in: Ders. (Hg.): Selected Contributions of Ukrainian Scholars to Economics, Cambridge Mass. 1984, S. 163-222, hier S. 197-203; Stepanov, V. Ja.: Nikolaj Christianovič Bunge, in: Istorija SSSR, 1991, Nr. 1, S. 120-133.

voraus. Über seine Mitarbeit 1859 im Redaktionskomitee zur Vorbereitung der Bauernbefreiung sowie mit seiner Lehrtätigkeit auf dem Gebiet der „Wohlfahrtspolicey" (*blagoustrojstvo*) hatte er sich auch schon als Sozialreformer einen Namen gemacht.[69]

Die wichtigste Aufgabe aller Finanzminister zwischen 1855 und 1905 war es, den Staatshaushalt zu stabilisieren. Darin machte auch Bunge keine Ausnahme. Die Wirtschaftspolitik, mit der er dieses Ziel zu erreichen suchte, unterschied sich hingegen ganz erheblich von der seiner Vorgänger und Nachfolger. So setzte Bunge weniger auf staatliche Wirtschaftsaktivität, sondern versuchte, die private Nachfrage nach russischen Industrieerzeugnissen zu beleben, indem er die unteren Bevölkerungsschichten von der drückenden Steuerlast befreite. Sein Ziel, die Entwicklungsperspektiven des Reiches nicht durch übermäßige Staatsausgaben zu gefährden, faßte er 1885 in einem Brief an Pobedonoscev zusammen:

> „Das Heer, die Flotte, Schulen, Gerichte, das sind alles große und notwendige Segnungen, aber wenn wir für alle staatlichen Bedürfnisse von der Bevölkerung mehr nehmen, als sie geben kann, dann versteht sich von selbst, daß wir nur die Zahl derjenigen vergrößern, die um Almosen bitten und die Hände ausstrecken. Zugleich will die Industrie auf Kosten des Staates arbeiten, ohne sich darum zu kümmern, wer dazu in der Lage sein wird, ihre Erzeugnisse zu kaufen, und ohne daran zu denken, daß die Armen nichts kaufen werden, auch wenn das Unternehmen auf Kosten des Staates arbeitet. [...] In den letzten fünf Jahren sind die ordentlichen Staatsausgaben jährlich um 100 Mio. Rubel gestiegen. Wenn diese 100 Mio. jährlich in den Händen des Volkes geblieben wären, dann gäbe es jetzt auch Käufer auf den Jahrmärkten."[70]

Wie wir noch sehen werden, fügte sich vor allem das Gesetz über die Kinderarbeit nahtlos in dieses Programm ein, den Lebensstandard der unteren Bevölkerungsschichten zu heben und eine solide Basis für ein von privatem Konsum getragenes Wirtschaftswachstum zu schaffen. Über seine frühen Sympathiebekundungen für den englischen Arbeiterschutz hinaus sind allerdings kaum programmatischen Äußerungen Bunges zur Fabrikgesetzgebung überliefert, wie überhaupt die unter seiner Ägide verabschiedeten Gesetze ursprünglich keinem ausgefeilten Programm folgten. Vielmehr lag Bunges Verdienst darin, daß er die soziale Bedeutung von Projekten erkannte, welche entweder von früheren Beratungen im Finanzministerium liegengeblieben waren oder von seiten der Industrie oder des Innenministeriums an ihn herangetragen wurden, und ihnen über die Klippen der zarischen Gesetzgebung half.

---

[69] Bunge, N.: Policejskoe pravo. Vvedenie i gosudarstvennoe blagoustrojstvo. Tom I, Kiev 1869; Zelnik, Labor and Society, S. 128; Stepanov, V. Ja.: Rabočij vopros v social'no-ėkonomičeskich vozzrenijach N. Ch. Bunge, in: Vestnik Moskovskogo Universiteta, Serija 8. Istorija, 1987, Heft 3, S. 17-26.
[70] K. P. Pobedonoscev i ego korrespondenty, S. 542.

Auch wenn Bunge als Wissenschaftler allgemein hoch geschätzt wurde, war seine Stellung innerhalb der Regierung wegen seiner bekannt reformerischen Ansichten doch äußerst prekär, so daß er sich während seiner gesamten Amtszeit allein auf das große persönliche Vertrauen Alexanders III. stützen konnte.[71] Dieser Rückhalt wurde jedoch in konservativen Kreisen, die dem Zar nahestanden, systematisch untergraben. So sah sich Bunge seit 1885 der scharfen Kritik Moskauer Industrieller an seiner Fabrikgesetzgebung ausgesetzt, die vor allem in den einflußreichen „Moskovskie Vedomosti" Katkovs vorgetragen wurde.[72] Ausschlaggebend für seine Entlassung am 1. Januar 1887 war schließlich die Tatsache, daß es ihm während seiner mehr als fünfjährigen Amtszeit nicht gelungen war, die tiefe Rezession der russischen Wirtschaft zu überwinden.[73]

Die engsten Mitarbeiter Bunges auf dem Gebiet der Fabrikgesetzgebung waren der Direktor der Abteilung für Handel und Manufakturen, N. A. Ermakov, und der Leiter des Manufakturreferats, A. G. Nebolsin. Beide waren bekannt für ihr Engagement in Bildungsfragen. So machte sich Ermakov, der aus der leibeigenen Bauernschaft stammte und seine Beamtenlaufbahn ursprünglich in der Wirtschaftsabteilung des Innenministeriums begonnen hatte, in den sechziger Jahren als Mitbegründer, Sekretär und seit 1864 als Präsident des Petersburger Alphabetisierungskomitees (komitet gramotnosti) einen Namen. 1869 wurde er zum Direktor des Petersburger Technologischen Instituts ernannt.[74] In dieser Eigenschaft vertrat er 1870 das Finanzministerium in der Kommission zur Reform des Lohnvertrags unter Vorsitz Ignat'evs, wo er erstmals mit Fragen des Arbeiterschutzes konfrontiert wurde. 1875 wechselte er schließlich als Vizedirektor in die Abteilung für Handel und Manufakturen, die er von April 1879 bis Januar 1886 leitete.

Obwohl die ersten russischen Fabrikgesetze über die Kinderarbeit und die Nachtarbeit von Frauen und Jugendlichen maßgeblich unter Ermakovs Leitung erarbeitet wurden, sind seine Verdienste für den russischen Arbeiterschutz äußerst umstritten. Ermakov war bekannt dafür, daß er enge Kontakte zur Industrie pflegte und immer ein offenes Ohr für deren Nöte und Bedürfnisse hatte. So ist es vermutlich vor allem seinem Einfluß zu verdanken, daß beide Gesetze

---

[71] Ebenda, S. 63 und S. 1040 (Briefe Alexanders III. an Pobedonoscev vom 10. 7. 1880 und 30. 4. 1881).
[72] Siehe unten Kapitel VI.
[73] Tugan-Baranovskij, M.: Vitte i Bunge, kak ministry finansov, in: Severnyja Zapiski 1915, Heft 3, S. 146-153, hier S. 148.
[74] Zur Biographie Ermakovs siehe Šepelev, Carizm i buržuazija, S. 83; Najdenov, N.: Vospominanija o vidennom, slyšannom i ispytannom, Bd. 2, Moskau 1905, S. 72-73. Zur Tätigkeit Ermakovs im Petersburger Alphabetisierungskomitee siehe Dikson, K. und Ketric, B.: S.-Peterburgskij komitet gramotnosti (1861-1911). Istoričeskij očerk i vospominanija Konst. Diksona i B. Ketrica, St. Petersburg 1912, S. 9, S. 15 und S. 51.

Die Autoren der Fabrikgesetzgebung

deutlich auf die Erfordernisse industrieller Produktion zugeschnitten waren. Zudem wies Ermakov die Fabrikinspektoren an, gegenüber einzelnen Fabrikbesitzern bei der Einführung der Fabrikgesetze eine gewisse Nachsicht walten zu lassen.[75] Für diese Haltung wurde er selbst von engen Mitarbeitern wie dem Moskauer Fabrikinspektor Janžul und dem Hauptfabrikinspektor Michajlovskij scharf kritisiert. Michajlovskij warf Ermakov nach dessen Entlassung sogar vor, das Gesetz über die Kinderarbeit von Anfang an innerlich abgelehnt zu haben:

> „Ich habe mich sehr in Nikolaj Andreevič geirrt. Es scheint, daß er immer gegen das Gesetz über die minderjährigen Arbeiter war und immer zu den Fabrikanten gehalten hat. [...] Unter diesen Umständen versteht es sich von selbst, wie sich Ermakov zur Ausführung dieses Gesetzes stellen mußte. Da er sich nicht entscheiden konnte, offen gegen ein ihm unangenehmes Gesetz zu opponieren, aus Angst, sich gegenüber den Vorgesetzten zu kompromittieren, bemühte er sich still und heimlich darum, die Mittel zu seiner Ausführung zu verderben."[76]

Dieser bittere Vorwurf läßt den Konflikt erkennen, der sich zwischen Ermakov und den ihm unterstellten Fabrikinspektoren in den ersten Jahren der Fabrikgesetzgebung abspielte. So war Ermakov, sicherlich nicht ohne Rückendeckung Bunges, konsequent darauf bedacht, die ohnehin prekäre wirtschaftliche Entwicklung des Reiches durch eine allzu kompromißlose Umsetzung der Fabrikgesetze nicht noch zusätzlich zu gefährden. Dagegen wurden die Inspektoren der ersten Stunde von einer ethisch motivierten Ungeduld getrieben, die es überhaupt erst möglich machte, die mit dieser Aufgabe verbundenen Strapazen zu bewältigen. Im Sinne eines wirksamen Arbeiterschutzes vor Ort konnten sie für Kompromisse und Rücksichten nur wenig Verständnis aufbringen.

Deutlich stärker als von Ermakov wurde die Fabrikgesetzgebung der achtziger Jahre von dem Leiter des Manufakturreferats, A. G. Nebolsin, vorangetrieben. Als stellvertretender Vorsitzender der Kommission für technische Bildung bei der Kaiserlichen Russischen Technischen Gesellschaft hatte er bereits in den siebziger Jahren gemeinsam mit deren Vorsitzendem, dem späteren Hauptfabrikinspektor E. N. Andreev, maßgeblichen Anteil daran, innerhalb der Industrie die Diskussion um eine gesetzliche Beschränkung der Kinderarbeit voranzutreiben, die das spätere Gesetz von 1882 wesentlich beeinflussen sollte.[77] Als Sohn des renommierten Wirtschaftsstatistikers und früheren stellvertretenden Finanzministers G. P. Nebolsin verfügte er zudem über besonderen

---

[75] RGIA f. 22 op. 2 d. 1794-a ll. 153-154; Janžul, Iz vospominanij, S. 100-104.
[76] Brief Michajlovskijs an Janžul vom 15. 1. 1886: Janžul, Iz vospominanij, S. 103. Siehe auch Ebenda, S. 79.
[77] Nach der Ernennung Andreevs zum Hauptfabrikinspektor übernahm Nebolsin den Vorsitz in der Kommission für technische Bildung.

politischen Rückhalt, da sich sein Vater wiederholt im Reichsrat für Arbeiterschutzmaßnahmen einsetzte.[78]

Die enge Verklammerung der Bungeschen Fabrikgesetzgebung mit der Diskussion über die Arbeiterschaft in reformerischen Zirkeln von Wissenschaft und Industrie läßt sich zu einem erheblichen Teil auch daraus erklären, daß sich die verantwortlichen Beamten im Finanzministerium weitgehend aus einem eng begrenzten Personenkreis rekrutierten, der sich der Förderung allgemeiner und technischer Bildung in breiteren Volksschichten verschrieben hatte und aus dieser Tätigkeit erhebliche Impulse für die Formulierung sozialpolitischer Vorstellungen bezog. Zudem beauftragte Bunge wiederholt auch unabhängige Wissenschaftler damit, sozialpolitische Konzepte zu erarbeiten. So legte der Odessaer Pädagogikprofessor Robert Orbinskij 1881 während seiner Amtszeit als Sekretär des Rates für Handel und Manufakturen 1881 einen liberal geprägten Entwurf für ein Gesetz zur Regelung des Lohnvertragsverhältnisses vor, der wesentliche Elemente der späteren Fabrikgesetzgebung vorwegnahm, ohne jedoch direkt in die weiteren Beratungen einzugehen.[79] Erheblichen Einfluß hatte auch V. G. Jarockij, Rechtsprofessor am Petersburger Alexanderlyzeum, der 1886 im Auftrag Bunges nach Deutschland reiste, um die Grundlagen der Arbeiterversicherung zu studieren. Nach seiner Rückkehr war er maßgeblich an der Ausarbeitung der Gesetzentwürfe von 1889 und 1893 über die Entschädigung bei Arbeitsunfällen beteiligt. Seine Veröffentlichungen zu diesem Thema machten ihn zu einer der führenden wissenschaftlichen Autoritäten Rußlands auf dem Gebiet der Sozialversicherung.[80]

Dieser enge Austausch zwischen Wissenschaft und Finanzministerium blieb im übrigen nicht auf die Amtszeit Bunges beschränkt. So ernannte Witte den Petersburger Technologieprofessor N. P. Langovoj 1895 zum stellvertretenden Direktor der Abteilung für Handel und Manufakturen und mit deren Umbildung 1900 zur Vorsitzenden der Industrieabteilung. Mit seinen Arbeiten auf dem Gebiet der Textilindustrie übte Langovoj erheblichen Einfluß auf die Formulierung

---

[78] RGIA f. 1149 1882 g. d. 58 ll. 63-64; Polovcov, Dnevnik, Bd. 1, S. 425 (Eintrag vom 19. 5. 1886). Diesen Kontakt versuchte auch Janžul in kritischen Fragen nutzbar zu machen: Janžul, Iz vospominanij, S. 78.

[79] RGIA f. 20 op. 4 d. 4892 ll. 1-24. Orbinskij (1828-1892) war Professor für Pädagogik am Richelieu-Lyceum und an der Neurussischen Universität in Odessa sowie Direktor der örtlichen Kommerzschule. Als Sekretär des Odessaer Börsenkomitees und des Komitees für Handel und Manufakturen pflegte er zudem engen Kontakt zu Wirtschaftskreisen. Nach kurzer Tätigkeit im Finanzministerium zu Beginn der achtziger Jahre kehrte er nach Odessa zurück, wo er Direktor der Bessarabisch-Taurischen Bank wurde: Russkij biografičeskij slovar', Bd. XII, St. Petersburg 1905, S. 279-280.

[80] Biografičeskij slovar' professorov i prepodavatelej Imperatorskago S. Peterburgskago Universiteta za istekšuju tret'ju četvert' veka ego suščestvovanija. 1869-1894, Bd. 2, St. Petersburg 1898, S. 367-369; Jarockij, Strachovanie. Zur Kommandirung Jarockijs nach Deutschland 1886 siehe RGIA f. 40 op. 1 d. 38 l. 74.

des Gesetzes von 1897 über die Verkürzung der Arbeitszeit aus.[81] Schließlich rekrutierte sich auch die Fabrikinspektion zu einem nicht unerheblichen Teil aus der Wissenschaft.[82]

c) Die Ära Vyšnegradskij (1887-1892)

Mit der Ablösung Bunges als Finanzminister am 1. Januar 1887 wich das von humanitären Bildungsidealen getragene, reformerische Engagement einer nüchternen, hauptsächlich an Finanzfragen orientierten Wirtschaftspolitik. Der neue Finanzminister I. A. Vyšnegradskij galt als ausgesprochener Mann der Industrie, zumal die Ablösung Bunges ja von heftigen Angriffen aus Unternehmerkreisen mitverursacht worden war. Hinzu kam, daß Vyšnegradskij nicht nur als Professor am Petersburger Technologischen Institut, wo er 1875 Ermakov als Direktor nachgefolgt war, engen Kontakt zur Industrie gepflegt hatte, sondern sich auch als Direktionsmitglied der Südwestbahnen und einiger anderer Eisenbahngesellschaften ein erhebliches persönliches Vermögen erwerben konnte, das er durch Spekulationsgeschäfte noch zusätzlich vermehrte.[83] Obwohl Vyšnegradskij sich bald auch in politischen Fragen einen Namen machte, rief seine Berufung in den Reichsrat im April 1886, die allgemein als Vorbereitung auf den Posten des Finanzministers gedeutet wurde, erhebliche Unruhe in der Petersburger Gesellschaft hervor. War Bunge aufgrund seines wissenschaftlichen Rufes ein respektierter Außenseiter in der Politik gewesen, so galt der Popensohn Vyšnegradskij als Emporkömmling. Der Reichssekretär Polovcov, selbst ein „homo novus", sah in Vyšnegradskijs Ernennung den Abschied von der aristokratischen Regierungsbürokratie:

> „Die Ernennung Vyšnegradskijs zum Finanzminister war ein Wendepunkt in der Regierung Alexanders III. Sie kennzeichnete den Abschied von der Verbeugung vor der bestehenden Ordnung und dem gesellschaftlichen Charakter der Leute, die an der Spitze der Macht stehen. Es war das erste Beispiel des Aufstiegs eines ungebildeten Menschen auf irgendwelchen dunklen Kanälen."[84]

---

[81] Langovoj, N. P.: Normirovanie prodolžitel'nosti rabočago vremeni na fabrikach, obrabatyvajuščich voloknystija veščestva, St. Petersburg 1897.
[82] Siehe unten Kapitel VI.
[83] Zur Biographie Vyšnegradskijs siehe die Einträge in BE, Bd. VII (Halbband 14), S. 595-601; Ministerstvo Finansov 1802-1902, St. Petersburg 1902, Bd. 2, S. 9-13; Propper, S. M.: Was nicht in die Zeitung kam: Erinnerungen der Biržewija Wedomosti, Frankfurt/Main 1929, S. 136-138. Thörner nennt dagegen den Verkauf eines neuen Schießpulverrezeptes an die Artilleriebehörde als Ursache für Vyšnegradskijs Vermögen: Terner, F. G.: Vospominanija, in: Russkaja Starina 41(1910), Bd. 144, S. 655-673, hier S. 662.
[84] Tagebucheintragung Polovcovs vom 29. 3. 1895 zum Tode Vyšnegradskijs: [Polovcov, A. A.]: Iz dnevnika A. A. Polovcova, in: KA 46(1931) S. 110-132, hier S. 111.

Nicht ganz zu Unrecht haftete Vyšnegradskij der Ruf an, eine ausschließlich an finanziellen Problemen orientierte und ausgesprochen industriefreundliche Politik zu betreiben, welcher der Blick für die gesellschaftliche Entwicklung und die sozialen Probleme des Reiches fehlte. V. I. Kovalevskij, der spätere Direktor der Abteilung für Handel und Manufakturen und enge Vertraute Wittes, charakterisierte ihn als „typischen Vertreter eines 'Finanzismus', der sich wenig für sozialökonomische Fragen, für die Arbeiter- und die Bauernfrage interessierte."[85] Auch von seinem Abteilungsleiter für Handel und Manufakturen, A. B. Baehr, der bereits eine lange Karriere in der Abteilung hinter sich hatte und angeblich nur wegen seiner persönlichen Bekanntschaft mit dem Zaren zu deren Direktor ernannt worden war, gingen keinerlei neue Impulse für die Fabrikgesetzgebung aus.[86]

Dennoch wäre es verfehlt, die Amtszeit Vyšnegradskijs ausschließlich als eine Epoche des Rückschritts in der Entwicklung des russischen Arbeiterschutzes zu sehen. Obwohl Vyšnegradskij die Tätigkeit der Fabrikinspektion anfangs scharf kritisierte und damit im September 1887 den Rücktritt des renommierten Moskauer Fabrikinspektors Janžul herbeiführte, beließ er schließlich alles beim alten.[87] Die gesetzgeberische Tätigkeit dieser Jahre hinterläßt dagegen einen zwiespältigen Eindruck. So ist es maßgeblich dem Eingreifen Vyšnegradskijs zuzuschreiben, daß ein Gesetzentwurf über die Haftung bei Arbeitsunfällen 1889 in einem zentralen Punkt dermaßen abgeschwächt wurde, daß er am Protest der anderen Ministerien scheiterte.[88] Dagegen wurden mit dem Gesetz vom 24. April 1890 die Gesetze über die Kinderarbeit und die Nachtarbeit von Frauen und Jugendlichen in eine endgültige Form gebracht und in ihren wesentlichen Punkten bestätigt.[89] Schließlich wurde das Arbeitsrecht vom 3. Juni 1886 im Juni 1891 auf Polen und mit seiner Zustimmung, wenn auch nicht in seinem Zuständigkeitsbereich, im März 1892 auch auf den privaten Bergbau übertragen.[90]

Daß selbst ein so bekannt industriefreundlicher Finanzminister wie Vyšnegradskij das soeben erst auf dem Gebiet des Arbeiterschutzes Erreichte trotz gegenteiliger Bekundungen letztlich nicht anzutasten wagte, zeugt von dem

---

[85] Kovalevskij, Vospominanija, S. 38.
[86] Witte bezeichnete Baehr als „ehrwürdigen Alten, einen recht erfahrenen Beamten, der aber im allgemeinen als Person nichts darstellte": Vitte, Izbrannye vospominanija, S. 236. Polovcov sah in ihm gar einen „verschlafenen und nachlässigen Kanzleibeamten": Polovcov, Dnevnik, Bd. 2, S. 289; Šepelev, Carizm, S. 83 und S. 147; Najdenov, Vospominanija, Bd. 2, S. 154. Baehr war Vorsitzender eines Kinderpflegeheims, das unter der persönlichen Schirmherrschaft des Zaren stand.
[87] Janžul, Iz vospominanij, S. 205-208; Bunge, Esquisses de littérature politico-économique, Genf 1900, S. xxxi.
[88] Siehe unten Kapitel IX.
[89] PSZ 3 Bd. X Nr. 6742. Siehe unten Kapitel III und IV.
[90] PSZ 3 Bd. XI Nr. 7817; Bd. XII Nr. 8402.

Eigengewicht, das sich die Bungeschen Gesetze binnen kurzer Zeit erworben hatten. Nach den stürmischen Anfangsjahren stellte die Amtszeit Vyšnegradskijs vielmehr vor allem eine Phase der Konsolidierung dar. Die durchaus vorhandenen Möglichkeiten, die verglichen mit den folgenden Jahren noch relativ unverkrampfte Haltung in Regierungskreisen gegenüber der Arbeiterschaft dazu zu nutzen, den Arbeiterschutz weiter auszubauen und über die Entschädigung von Unfallopfern einen Einstieg in die soziale Sicherung der Ärmsten unter den Fabrikarbeitern zu finden, wurden jedoch vertan.

d) Die Ära Witte (1892-1903)

Neuer Schwung kam in die Fabrikgesetzgebung erst wieder mit dem Amtsantritt S. Ju. Wittes als Finanzminister sowie seines Direktors für Handel und Manufakturen, V. I. Kovalevskij, im August bzw. Oktober 1892.[91] Witte selbst, der wie Vyšnegradskij von den Südwestbahnen in die Politik kam, war vor seiner Ernennung zum Finanzminister mit sozialpolitischen Fragen kaum in Berührung gekommen. Auch während seiner Amtszeit scheint er Fragen der Fabrikgesetzgebung im wesentlichen seinen Mitarbeitern überlassen zu haben.[92] Grundlage seiner Politik, die den Rahmen aller unter seiner Ägide erarbeiteten Projekte absteckte, war zum einen die nahezu bedingungslose Unterordnung aller anderen Fragen unter das Primat der Ökonomie, wie sein Mitarbeiter Fürst Alexej Obolenskij ihm 1897 vorhielt:

„Mir schien immer, daß Sie, der Sie in der Sphäre ökonomischer Fragen denken und handeln und deren Bedeutung mit der ganzen Kraft Ihres Geistes hervorheben, dazu neigen, dem wirtschaftlichen Leben des Staates eine überragende und nahezu

---

[91] Zur Biographie Wittes und zu seiner Tätigkeit als Finanzminister siehe seine Erinnerungen: Vitte, S. Ju.: Vospominanija, 2 Bde., Berlin 1922-1923 [Jüngere Neuausgaben: Vitte, S. Ju.: Izbrannye vospominanija. 1849-1911 gg., Moskau 1991; The Memoirs of Count Witte. A Portrait of the Twilight Years of Tsarism by the Man Who built Modern Russia, übersetzt und herausgegeben von Sydney Harcave, New York, London 1990]. Laue, Th. von: Sergei Witte and the Industrialization of Russia, New York 1963; Ders.: Factory Inspection under the „Witte System" 1892-1903, in: ASEER 19(1960), S. 347-362; Enden, M. N. de: The Roots of Witte's Thought, in: RR 29(1970), S. 6-24; Mosse, W. E.: Perestroika Under the Tsars, London, New York 1992, S. 93-135; Anan'ič, B. V. und Ganelin, P. S.: Sergej Jul'evič Vitte, in: VopIst 1990, Nr. 8, S. 32-53.

[92] Tugan-Baranovskij charakterisierte Wittes Wirtschaftspolitik mit den Worten: „Witte gab der Entwicklung unserer kapitalistischen Industrie einen mächtigen Impuls," aber gegenüber der Sozialpolitik zeigte er keinerlei Interesse und wurde in diesem Bereich nur unter dem Druck der Notwendigkeit tätig": Tugan-Baranovskij, Vitte i Bunge, S. 151.

ausschließliche Bedeutung zumessen, und vieles andere (natürlich nicht alles) als leere, idealisierende Fragen abtun."[93]

Zum anderen sah Witte vor 1905 in der strengen Einhaltung der Gesetze durch die Regierung die wichtigste Voraussetzung dafür, mit der revolutionären Bewegung fertig zu werden und eine solide Grundlage für die Entwicklung des Reiches zu schaffen. Nur wenn der Staat sich an seine eigenen Gesetze halte, könne er gleiches auch von seinen Untertanen verlangen. Wittes politisches Ideal zu dieser Zeit war eine Monarchie, die ausschließlich auf der Grundlage ihrer eigenen Gesetze handelte und diese bedingungslos respektierte, ohne breiteren Volksschichten irgendwelche Beteiligungsrechte einzuräumen:

„Ich bin nach einem seit meiner Kindheit verinnerlichten Prinzip ein Feind jeder Art von Konstitutionalismus und von Parlamentarismus und jeder Gewährung politischer Rechte an das Volk."[94]

Die unbedingte Orientierung am Prinzip der Gesetzlichkeit prägte auch Wittes Haltung gegenüber der Arbeiterschaft. In Streiks sah er überwiegend das Werk politischer Agitatoren. Nur die strikte Einhaltung individueller Arbeitsverträge und die Ablehnung jeder Art von kollektiven Rechten der Arbeiter boten nach Wittes Auffassung eine Gewähr dafür, daß sich die Ordnung in den Fabriken bewahren ließe, auf der allein soziale Reformen aufbauen könnten. Unruhen hingegen, die aus Mißverständnissen über die Bestimmungen des Arbeitsvertrags entstanden, konnten seiner Meinung nach wie bisher ohne weiteres von der Fabrikinspektion beigelegt werden. Für ökonomische Arbeitskämpfe nach westeuropäischem Muster, in die sich der Staat nicht einzumischen hatte, war in dieser Konzeption kein Platz, wie Witte selbst betonte.[95] Selbst als sich ab 1901 im Finanzministerium allmählich die Einsicht durchsetzte, daß friedliche Arbeitsniederlegungen eine durchaus normale Erscheinung sein könnten und nicht zwingend ein Eingreifen der Polizei erforderlich machten, war Witte noch weit davon entfernt, ökonomische Streiks als legitimes Mittel des Interessenkonfliktes zu akzeptieren.

---

[93] Brief A. D. Obolenskijs an S. Ju. Vitte vom 27. 9. 1897 anläßlich seines Ausscheidens aus der „komanda" Wittes als Direktor der Adels- und der Bauernbank: RGIA f. 1622 op. 1 d. 452.

[94] Polovcov, Iz dnevnika, in: KA 3(1923), S. 139. Zum Prinzip der Rechtsstaatlichkeit: Ebenda, S. 136; Turnbull, D.: The Defeat of Popular Representation, December 1904. Prince Mirskij, Witte and the Imperial Family, in: SR 48(1989), S. 54-70.

[95] Witte vor der „Besonderen Ministerbesprechung" zur Regulierung der Arbeitszeit am 20. Dezember 1896: Materialy, S. 101-102. Überzogen scheint mir die Annahme McDaniels, daß in dieser Unterscheidung zweier Arten von Arbeiterunruhen bereits der Keim für eine Legalisierung ökonomischer Streiks gelegen habe. Vielmehr diente sie vor allem dazu, eine Einmischung der Polizei in die Angelegenheiten der Inspektion abzuwehren: McDaniel, T.: Autocracy, Capitalism and Revolution in Russia, Berkeley 1988, S. 60.

Die eigentliche konzeptionelle Arbeit auf dem Gebiet der Fabrikgesetzgebung überließ Witte allerdings seinem Direktor für Handel und Manufakturen, V. I. Kovalevskij, den er selbst als „sehr talentierten und außergewöhnlich fähigen" Mitarbeiter schätzte.[96] Dieser war zeit seines Lebens eine der schillerndsten und umstrittensten Persönlichkeiten im Finanzministerium. 1848 im Gouvernement Char'kov geboren, geriet er während seines Agronomiestudiums in Petersburg 1868 in Kontakt mit revolutionären Zirkeln und wurde 1870 für über ein Jahr in der Peter-und-Pauls-Festung in Untersuchungshaft genommen, da er dem Terroristen Nečaev Unterschlupf gewährt hatte. Trotz eines Freispruchs konnte er erst 1879 in den Staatsdienst eintreten, wo er als Agrarstatistiker im Reichsdomänenministerium eine Stelle fand.[97] 1884 holte Bunge ihn schließlich ins Finanzministerium, was diesem den Ruf eintrug, Sozialisten in seinen Reihen zu beschäftigen.[98] Unter Witte wurde Kovalevskij schließlich als Direktor der Abteilung für Handel und Manufakturen sowie ab 1900 als stellvertretender Minister für wirtschaftspolitische Fragen zur Schlüsselfigur in der Witteschen Industriepolitik und damit zum wichtigsten Ansprechpartner der Industrie innerhalb der Regierung. Ein privater Skandal setzte jedoch im November 1902 seiner politischen Karriere ein jähes Ende.[99]

Unter den engeren Mitarbeitern Wittes im Bereich der Sozialpolitik ist schließlich noch Fürst Alexej Obolenskij zu nennen, unter dessen Leitung nach dem Rücktritt Kovalevskijs das Gesetz über die Fabrikältesten und ein Entwurf für Selbsthilfekassen der Arbeiter erarbeitet wurden. Eigentlich wäre der Nachfolger Kovalevskijs als stellvertretender Minister für Wirtschaftsfragen und spätere Handels- und Industrieminister, V. I. Timirjazev, für diese Fragen zuständig gewesen. Da dieser vor seiner Ernennung jedoch jahrelang als Agent des Finanzministeriums in Berlin gedient hatte und mit den jüngsten Entwicklungen der russischen Fabrikgesetzgebung deshalb wenig vertraut war, übertrug

---

[96] Vitte, Izbrannye vospominanija, S. 236. Zur Biographie Kovalevskijs siehe Kovalevskij, Vospominanija, S. 5-26; Šepelev, Carizm i buržuazija, S. 200-203.

[97] Zykov, S. P.: Nabroski iz moej žizni, in: Russkaja Starina 41(1910), Bd. 143, S. 381-412, hier S. 410-412.

[98] Polovcov, Dnevnik, Bd. 1, S. 378.

[99] Die Journalistin E. A. Šabel'skaja, mit der Kovalevskij in enger Beziehung stand, hatte einen Wechsel über anderthalbtausend Rubel mit Kovalevskijs Unterschrift vorgelegt und ihn damit dem Vorwurf der Veruntreuung von Staatsgeldern ausgesetzt. Erst sechs Monate später konnte bewiesen werden, daß die Unterschriften gefälscht waren: Propper, Was nicht in die Zeitung kam, S. 157. Nach seiner Entlassung aus dem Finanzministerium wechselte Kovalevskij als Direktor verschiedener Aktiengesellschaften in die Schwerindustrie, wo er seine intime Kenntnis des Regierungsapparats gewinnbringend einsetzen konnte. Von 1906 bis 1916 amtierte er zudem als Vorsitzender der Kaiserlichen Russischen Technischen Gesellschaft. Als einer der wenigen Industrieführer blieb Kovalevskij auch nach der Revolution in Rußland und arbeitete von 1920 bis zu seinem Tod 1934 als enger Mitarbeiter des Biologen Vavilov beim Volkskommissariat für Landwirtschaft.

Witte diese Aufgabe dem Fürsten Obolenskij als Leiter der Hauptverwaltung für indirekte Steuern und den staatlichen Alkoholverkauf.[100] Wie Kovalevskij vor ihm bezog auch Obolenskij seine sozialpolitische Kompetenz aus einer langjährigen Beschäftigung mit agrarischen Problemen. Da er viele Jahre als Friedensrichter und Adelsmarschall im Bezirk Kozel'sk im Gouvernement Kaluga verbracht und vorübergehend die Adels- und Bauernbank geleitet hatte, war er einer der wenigen Beamten im Finanzministerium, welche die sozialen Probleme der Provinz nicht nur aus der Perspektive Petersburger Kanzleien oder von der Universität her kannten. Als ehemaliger stellvertretender Innenminister unter Goremykin und Sipjagin bot er zudem die Gewähr, daß eventuelle Konflikte mit dem Innenministerium über eine so heikle Frage wie die angepeilte Zulassung von Arbeiterorganisationen bereits im Vorfeld der Beratungen ausgeräumt werden konnten.[101]

Auch wenn die Amtszeit Wittes als Finanzminister mit dem Ausbau der Fabrikinspektion, den Gesetzen über die Arbeitszeitbeschränkung, die Entschädigung bei Arbeitsunfällen und die Einrichtung von Fabrikältesten sowie einiger Projekte über die Reform des Streikrechts, der Fabrikmedizin und des Fabrikschulwesens zu den fruchtbarsten Jahren der russischen Fabrikgesetzgebung vor 1905 zählte, folgten die unter ihm erarbeiteten Gesetze keinem je explizit ausformulierten Programm, zumal Witte ihnen keine besondere Priorität einräumte. Noch im Mai 1903 äußerte er im Reichsrat, daß er sich bislang im Grunde kaum um die Arbeiterschaft gekümmert habe, da eine „Arbeiterfrage" in Rußland bislang kein ernsthaftes Problem gewesen sei.[102]

Dennoch lag all diesen Gesetzen ein einheitliches Grundmuster zugrunde. So ging es Witte, der eisern an dem Prinzip individueller Arbeitsverträge festhielt, keineswegs darum, das Verhältnis zwischen Arbeitern und Arbeitgebern neu zu definieren. Vielmehr strebte er danach, über eine Verbesserung der materiellen Lebensverhältnisse der Arbeiter soziale Konflikte zu entschärfen. Dabei zielte die Sozialpolitik Wittes und Kovalevskijs ebenso wie ihre Wirtschaftspolitik darauf ab, über staatliche Impulse die selbständige Entwicklung der wirtschaftlichen Kräfte des Reiches zu fördern:

> „Die Unterstützung der Industrie durch den Staat darf sich in Rußland nicht nur in einer Reglementierung ausdrücken, sondern muß auch aktive Hilfe – moralische und materielle – in jedem einzelnen Fall umfassen, wo private Initiative entweder

---

[100] RGIA f. 1153 op. 1 1903 g. d. 153 l. 77.
[101] Zur Biographie Obolenskijs siehe Lieven, D.: Russia's Rulers under the Old Regime, Yale 1989, S. 267-276.
[102] RGIA f. 1153 op. 1 1903 g. d. 153 l. 77.

unmöglich oder zu schwach entwickelt ist, um zum Ziel zu kommen, oder auf zu große Schwierigkeiten stößt."[103]

So wie der Staat in der Wirtschaftspolitik die private Initiative fördern sollte, statt sie durch übermäßige Reglementierung zu ersticken, so bestand in den Augen Kovalevskijs auch die Hauptaufgabe staatlicher Sozialpolitik darin, gesellschaftliche Kräfte zum Aufbau leistungsfähiger Einrichtungen der Selbsthilfe zu mobilisieren. Übertragen auf die Entschädigung bei Arbeitsunfällen, die medizinische Versorgung der Arbeiter oder die Volksschulbildung bedeutete dies, daß die Regierung nur den Anspruch der Arbeiter auf bestimmte soziale Leistungen gesetzlich festlegen sollte, um einen Anreiz und zugleich den gesetzlichen Rahmen für die Einrichtung von Versicherungen, Krankenhäusern und Fabrikschulen durch die Fabrikbesitzer und möglichst in Zusammenarbeit mit der lokalen Selbstverwaltung zu schaffen.

Dieser Politik lag zum einen die Einsicht zugrunde, daß der Staat selbst gar nicht die Mittel besaß, in großem Stil sozialpolitische Institutionen einzurichten. Zudem konnten staatliche Maßnahmen den vielfältigen örtlichen Gegebenheiten des Reiches kaum gerecht werden. Zum anderen entsprang dieser Ansatz aber auch einem politischen Selbstverständnis, das dem Staat die Aufgabe zuwies, die gesellschaftliche Eigeninitiative im wirtschaftlichen wie im sozialen Bereich anzuregen, anstatt sie durch Regierungsmaßnahmen zu ersetzen. Es war also nur folgerichtig, daß sich das Finanzministerium unter Witte konsequent gegen alle Initiativen sträubte, eine staatliche Arbeiterversicherung in Rußland einzurichten. Wie weit jedoch auch eine überwiegend von gesellschaftlicher Initiative getragene Sozialpolitik, wie sie dem Finanzministerium vorschwebte, umfassender staatlicher Unterstützung bedurfte, welche Erfolgsaussichten sie hatte und wo die Defizite dieser Politik lagen, wird für die zweite Hälfte der hier betrachteten Epoche eine der zentralen Fragen sein.

Nachdem die Gesetze über die Haftung bei Arbeitsunfällen und die Einrichtung von Fabrikältesten im Frühjahr 1903 mit Mühe durch den Reichsrat gepaukt worden waren, kam mit der Entlassung Wittes als Finanzminister im Sommer 1903 die Fabrikgesetzgebung nahezu völlig zum Erliegen. Sein unmittelbarer Nachfolger, E. D. Pleske, hatte als bisheriger Direktor der Staatsbank keinen Bezug zu sozialen Fragen und war schon wegen gesundheitlicher Probleme wenig initiativ. Auch der 1904 ernannte V. N. Kokovcov setzte vor dem Blutsonntag vom 9. Januar 1905 keinerlei Impulse mehr im Bereich des Arbeiterschutzes, so daß im unmittelbaren Vorfeld der Revolution von 1905 in der Öffentlichkeit der Eindruck entstehen mußte, daß die Regierung auf diesem

---

[103] Aus dem wirtschaftspolitischen Grundlagenprogramm Kovalevskijs von 1893: Šepelev, Carizm i buržuazija, S. 204-210, hier S. 207.

mittlerweile zentralen Gebiet der Innenpolitik in völlige Lähmung verfallen war. Diesen Eindruck konnte auch das kaiserliche Versprechen einer staatlichen Arbeiterversicherung mit dem Manifest vom 12. Dezember 1912 nicht mehr auslöschen.[104]

3. Probleme der Koordination im Gesetzgebungsprozeß

Wie funktionierte nun der Gesetzgebungsprozeß, innerhalb dessen die genannten Personen ihre politischen Vorstellungen umzusetzen suchten? Oder anders gefragt: inwieweit war der zarische Regierungsapparat von seiner Struktur her dazu in der Lage, auf die mit dem Aufkommen einer Industriearbeiterschaft verbundenen sozialen Probleme eine angemessene politische Anwort zu finden?

Zentrales Kennzeichen des vorkonstitutionellen Regierungssystems in Rußland war die unaufgelöste Spannung zwischen dem autokratischen Staatsaufbau, dem selbstgesetzten Anspruch auf Rechtsstaatlichkeit und den Herausforderungen rapiden sozialen und politischen Wandels, der die Verwirklichung dieser Ansprüche immer wieder auf eine harte Probe stellte.[105] So führte das autokratische Selbstverständnis der Zaren dazu, daß die exekutive und die legislative Gewalt nicht einmal formal klar voneinander getrennt waren. Beide lagen in den Händen des Selbstherrschers, der seine Vollmachten mittels einer nur in Ansätzen nach dem Prinzip der Gewaltenteilung strukturierten Regierungsbürokratie ausübte.[106] Allein die richterliche Gewalt war mit der Justizreform von 1864 weitgehend selbständig geworden.[107]

Den Anspruch, selbst als Zentrum des Entscheidungsprozesses zu fungieren, nahmen die Zaren seit Alexander II. hingegen in Routineangelegenheiten, zu denen auch die Fabrikgesetzgebung gehörte, nahezu überhaupt nicht mehr wahr.

---

[104] PSZ 3 Bd. XXIV Nr. 25495.

[105] Zur Analyse von Aufbau und Strukturproblemen des zarischen Regierungsapparats siehe Schramm, G.: Der zarische Staat und die verfasste Gesellschaft, in: Ders. (Hg.): Handbuch der Geschichte Rußlands, Bd. 3/2, Stuttgart 1992, S. 1299-1411; Yaney, G. L.: The Systematization of Russian Government. Social Evolution in the Domestic Administration of Imperial Russia 1711-1905, Urbana 1973; Amburger, E.: Geschichte der Behördenorganisation Rußlands von Peter dem Grossen bis 1917, Leiden 1966. Eine Analyse des Gesetzgebungsverfahrens anhand von Beispielen aus der Fabrikgesetzgebung bietet Kočakov, B. M.: Russkij zakonodatel'nyj dokument XIX-nač. XX vekov, in: Vspomogatel'nye Istoričeskie Discipliny. Sbornik statej, Moskau, Leningrad 1937, S. 319-371.

[106] Szeftel, M.: The Form of Government of the Russian Empire prior to the Constitutional Reforms of 1905-1906, in: Curtiss, J. S. (Hg.): Essays in Russian and Soviet History, Leiden 1963, S. 105-119.

[107] Kaiser, F. B.: Die russische Justizreform von 1864, Leiden 1972.

Selbst ein so gewissenhafter Herrscher wie Alexander III. und erst recht sein für soziale Probleme relativ verständnisloser Sohn Nikolaus II. beschränkten sich weitgehend darauf, entsprechend den Vorlagen ihrer Minister den formellen Ablauf der Gesetzesberatungen aus der Distanz zu steuern, indem sie Kommissionen einsetzten, der Beratung einzelner Entwürfe im Reichsrat zustimmten und schließlich den Vorlagen des Reichsrats oder des Ministerkomitees mit ihrer Unterschrift Gesetzeskraft verliehen. In keinem einzigen Fall wurde ein Gesetzentwurf vom Zaren abgelehnt; nur ein einziges Mal, bei dem Gesetz von 1903 über die Entschädigung bei Arbeitsunfällen, nahm der Zar durch die Bestätigung einer Minderheitsmeinung des Reichsrats direkten Einfluß auf den Inhalt eines Gesetzes.[108] Politische Impulse gingen von den beiden letzten Zaren im Bereich der Fabrikgesetzgebung allenfalls auf indirektem Wege aus, indem sie die Minister auswählten. Damit hatten sich die „Selbstherrscher" zumindest auf diesem Gebiet de facto bereits auf die Befugnisse eines konstitutionellen Monarchen zurückgezogen.

Aber obwohl die Zaren auch in anderen Bereichen der Innenpolitik kaum noch eine aktive politische Führungsrolle wahrnahmen, duldeten sie bis 1905 kein anderes Zentralorgan der Exekutive beispielsweise in Form eines Kabinetts mit einem Ministerpräsidenten neben sich, das die Arbeit der einzelnen Ministerien zumindest aufeinander abstimmen oder sie gar einem einheitlichen politischen Programm hätte unterwerfen können. Zwar existierte ein Ministerkomitee (*komitet ministrov*), dem die Minister, die Vorsitzenden der Reichsratsabteilungen, die in Petersburg anwesenden Generalgouverneure und ab 1893 der Reichssekretär sowie weitere vom Zar ernannte Mitglieder angehörten. Die Aufgabe eines zentralen politischen Entscheidungsorgans konnte das Ministerkomitee jedoch nicht erfüllen, da seine legislativen und exekutiven Kompetenzen nur unzureichend umschrieben waren.[109] Zudem hatten die Minister selbst kein Interesse daran, ihre unmittelbare und allein gegenüber dem Zaren verantwortliche politische Gestaltungsfreiheit von einem kollektiven Gremium oder gar einem Ministerpräsidenten beschränkt zu sehen.

---

[108] RGIA f. 1153 op. 1 1903 g. d. 50 ll. 551-560. Zu Minderheitsmeinungen im Reichsrat kam es in Fragen der Fabrikgesetzgebung zudem 1886 über das Verhältnis der Fabrikinspektion zur Polizei, sowie 1903 bei der Beratung über die Fabrikältesten. In beiden Fällen folgte der Zar der Mehrheit der Reichsratsmitglieder: RGIA f. 1152 1886 g. d. 211 ll. 117-125; f. 1153 op. 1 1903 g. d. 153 ll. 47-53.

[109] Zum Ministerkomitee siehe Schramm, Der zarische Staat, S. 1348-1349; Yaney, The Systematization, S. 256 und S. 275; Istoričeskij obzor dejatel'nosti komiteta ministrov, 5 Bde., St. Petersburg 1902. Dagegen sieht Zajončkovskij im Ministerkomitee eine zentrale Möglichkeit der Exekutive, den ordentlichen Gesetzgebungsprozeß über den Reichsrat zu umgehen und Maßnahmen zu beschließen, die gegen bestehende Gesetze verstießen: Zaionchkovsky, The Russian Autocracy, S. 51-52.

Auf dem Gebiet der Fabrikgesetzgebung kam es nur einmal im Ministerkomitee zu einer politischen Grundsatzentscheidung, als Witte diesem 1898 die vom Gouverneur von Vladimir aufgeworfene Frage einer administrativen Lohnregulierung vorlegte. Dabei ging es ihm allerdings nicht darum, die Grundsätze der Fabrikgesetzgebung neu festzulegen. Vielmehr wollte er mit der Unterstützung aller übrigen Ressortchefs das Innenministerium davon abhalten, gegenüber der Arbeiterschaft eine eigenmächtige Politik zu verfolgen.[110] Ansonsten beriet das Ministerkomitee im Bereich der Fabrikgesetzgebung nur solche Fragen, die einer schnellen Entscheidung bedurften, ohne daß ihnen grundsätzliche Bedeutung zugemessen wurde, wie beispielsweise 1866 die Anordnung zum Bau von Fabrikkrankenhäusern, 1881 die Einrichtung der Petersburger Fabrikkommission, 1886 die Verlängerung der Ausnahmeregeln bezüglich der Kinderarbeit oder 1894/95 die Bestätigung der Normalsatzung für Hilfs- und Krankenkassen im polnischen Bergbau.[111] Das Ministerkomitee fungierte also nicht so sehr als Zentrum der Exekutive, sondern als Organ eines verkürzten Gesetzgebungsverfahrens in zweitrangigen Fragen.

Solange über die Perspektiven der Fabrikgesetzgebung weitgehende Einigkeit herrschte, verständigten sich die Minister untereinander über ihr jeweiliges Vorgehen meist durch den Schriftwechsel zwischen den Behörden. Dieses Verfahren war zwar bisweilen recht schwerfällig, warf jedoch lange Zeit keine ernsthaften Probleme auf. Als die aufkommende Arbeiterbewegung hingegen ab der Mitte der neunziger Jahre schwierige politische Grundsatzentscheidungen erforderte, griff die Regierung auf informelle, ganz auf den entsprechenden Zweck zugeschnittene Entscheidungsgremien zurück, die sogenannten „Besonderen Ministerbesprechungen" (*Osoboe soveščanie*). Sie wurden jeweils vom Zaren auf Vorschlag eines der Minister einberufen und erhielten einen konkreten und eng umschriebenen Auftrag. Eine solche „Besondere Besprechung", bestehend ausschließlich aus dem Innen-, dem Finanz- und dem Justizminister unter Vorsitz des Oberprokurors des Heiligen Synod, entschied beispielsweise im Dezember 1896 die Grundsatzfrage nach dem Sinn einer gesetzlichen Regulierung der Arbeitszeit und wies die Forderung des Innenministers nach umfassenden polizeilichen Vollmachten in den Fabriken zurück.[112] Eine vergleichbare Besprechung trat im Juli 1898 zusammen, um die Kompetenzen der Fabrikinspektion und der örtlichen Polizeiorgane voneinander abzugrenzen.[113]

---

[110] Journal der Sitzung vom 28. 4. 1898: RGIA f. 1263 op. 2 1898 g. d. 5331 ll. 77-83.
[111] Gesetz vom 26. 8. 1866: PSZ 3 Bd. IV (1884). Dopolnenie k XLI-mu tomu vtorago polnago sobranija zakonov Rossijskoj Imperii. (1866g.), Nr. 43594; Gesetz vom 27. 11. 1881: PSZ 3 Bd. I Nr. 535; Gesetz vom 15. 8. 1886: PSZ 3 Bd. VI Nr. 3904; Gesetz vom 23. 12. 1894: PSZ 3 Bd. XIV Nr. 11191; Gesetz vom 27. 1. 1895: PSZ 3 Bd. XV Nr. 11321;
[112] Materialy, S. 94-102.
[113] RGIA f. 1282 op. 1 d. 696 ll. 8-15 und ll. 37-41.

Eine ebenfalls 1898 angeordnete „Besondere Besprechung" unter Vorsitz Pobedonoscevs, welche zu den Möglichkeiten staatlicher Sozialversicherung in Rußland Stellung nehmen sollte, entschied diese Frage im ablehnenden Sinne, indem sie sie bei ihrer einzigen Sitzung gar nicht erst auf die Tagesordnung setzte.[114] Auch als Innenminister Sipjagin im Dezember 1901 einen Katalog von Maßnahmen zum Ausbau des Arbeiterschutzes vorlegte, wurde dieser in einer „Besonderen Ministerbesprechung" beraten. Diese legte am 9. März 1902 die Grundlagen zukünftiger Reformpolitik fest, von der aber schließlich nur ein Teil verwirklicht wurde.[115]

Allein die Existenz dieser „Besonderen Besprechungen" macht deutlich, wie schwer sich der Regierungsapparat damit tat, innerhalb der bestehenden institutionellen Strukturen eine einheitliche Politik zu formulieren. Erst im Oktober 1905 wurde der offensichtliche Mangel an einem politischen Entscheidungszentrum mit der Einrichtung des Ministerrats unter Vorsitz eines Ministerpräsidenten nach westeuropäischem Muster behoben. Mit den „Besonderen Besprechungen" gelang es zwar, diese zentrale institutionelle Lücke auf eine flexible Weise einigermaßen zu überbrücken. Ausfüllen konnten diese Ad-hoc-Gremien sie jedoch nicht. Ihnen fehlte die Transparenz, vor allem aber die Bindungskraft einer formell im System verankerten Institution, welche einzelne Minister auf einmal getroffene Entscheidungen zuverlässig hätte festlegen können. Der Dauerkonflikt der Jahre 1896 bis 1903 zwischen dem Finanz- und dem Innenministerium über die jeweiligen Aufgaben von Fabrikinspektion und Polizei bei der Umsetzung des Arbeiterschutzes macht deutlich, daß die Entscheidungen solcher Besprechungen nicht sehr weit trugen, wenn sie nicht umgehend gesetzlich festgeschrieben wurden. Diese strukturelle Schwäche des Regierungsapparats war schließlich auch einer der Gründe dafür, daß ein nachgeordneter Beamter wie der Chef der Moskauer Geheimpolizei Zubatov über Jahre hinweg unter dem Schutz des Generalgouverneurs eine eigene Politik gegenüber der Arbeiterschaft betreiben konnte, ohne von der Zentralregierung in Petersburg wirksam daran gehindert zu werden.[116]

Nicht nur über die Grundlinien der Politik, sondern auch bei der Feinabstimmung im Gesetzgebungsprozeß kam es zwischen den Ministerien immer wieder

---

[114] RGIA f. 40 op. 1 d. 49 ll. 141-143. Siehe unten Kapitel IX und X.
[115] „Besondere Besprechung" vom 9. 3. 1902. Teilnehmer waren die Minister für Inneres, Finanzen, Justiz und Reichsdomänen sowie der Moskauer Generalgouverneur: RGIA f. 1282 op. 1 d. 696 ll. 17-19; f. 22 op. 5 d. 237 ll. 47-49; Mikulin, A. A: Fabričnaja inspekcija v Rossii. 1882-1906, Kiev 1906, S. 153-156. Zu den Vorschlägen Sipjagins siehe Šepelev, L. E.: Kopartneršip i russkaja buržuazija, in: Rabočij klass i rabočee dviženie. 1861-1917, Moskau 1966, S. 285-303, hier S. 290-294, sowie Vovčik, A. F.: Politika carizma po rabočemu voprosu v predrevoljucionnyj period (1895-1904), L'vov 1964, S. 81-94.
[116] Zu Zubatov siehe unten Kapitel VIII.

zu erheblichen Koordinationsproblemen. Eine Schwierigkeit bestand darin, daß neben dem Finanz- und dem Innenressort noch eine große Anzahl anderer Ministerien in der einen oder anderen Weise mit Fragen der Fabrikgesetzgebung befaßt war und deshalb zu den jeweiligen Projekten Stellung nehmen mußte. So wurden die meisten Gesetzentwürfe dem Justizministerium vorgelegt, das sich jeweils zu allgemeinen Rechtsfragen und zur Höhe der Strafandrohung äußerte. Auf diese Weise nahm das Justizressort bisweilen erheblichen Einfluß auf die Ausgestaltung einzelner Gesetze. Zudem unterstützte man dort wiederholt das Finanzministerium dabei, polizeiliche Eingriffe des Innenministeriums in interne Fabrikangelegenheiten abzuwehren.[117]

Einzelne Gesetze, die wie die Regelung der Arbeitszeit von 1897 sowie die Gesetze über die Entschädigung bei Arbeitsunfällen und die Einrichtung von Fabrikältesten von 1903 nicht ausschließlich die private Fabrikindustrie betrafen, mußten eine ganze Reihe weiterer Ministerien durchlaufen. Das Kriegs- und das Marineministerium waren beispielsweise für alle staatlichen Rüstungsbetriebe und Werften zuständig, das Hof- und Apanageministerium für die Industriebetriebe und Bergwerke im Privatbesitz des Zaren, und das Verkehrswegeministerium für die Eisenbahnen und ihre Werkstätten. Das Volksbildungsministerium mußte 1882 und 1884 bei der Beschränkung der Kinderarbeit gehört werden, da es dabei auch um die Reform des Fabrikschulwesens ging. Selbst der Heilige Synod war 1897 bei der Regelung der Arbeitszeit beteiligt, weil dabei die Mindestzahl arbeitsfreier kirchlicher Feiertage festgelegt wurde.

Eine besondere Rolle in der Fabrikgesetzgebung spielte schließlich das für alle Fragen des staatlichen und privaten Bergbaus und der Metallverhüttung zuständige Ministerium für Reichsdomänen, das 1894 auch die Aufgaben eines Landwirtschaftsministeriums übernahm. In enger Zusammenarbeit mit den Verbänden der Bergbauindustriellen, vor allem dem Südrussischen Bergbauverband, wurde hier seit der Mitte der neunziger Jahre eine eigenständige Sozialpolitik betrieben, welche auf die in der Fabrikindustrie so umstrittene Einrichtung von Hilfskassen der Arbeiter abzielte. Dabei stieß man jedoch immer wieder auf den Widerstand von Finanz- und Innenministerium, welche diese Politik angesichts ihrer eigenen Konzepte mit großer Skepsis betrachteten

---

[117] Auf den Einfluß des Justizministeriums geht vor allem die Teilung des Arbeitsrechts vom 3. 6. 1886 in einen allgemein gültigen Teil und in besondere Regeln für Gouvernements zurück, in denen die Fabrikinspektion existierte: RGIA f. 1152 1886 g. d. 211 ll. 74-80. Siehe auch den Widerstand des Justizressorts gegen die Ausstattung der Kommission beim Petersburger Oberpolizeimeister mit weitreichenden polizeilichen Befugnissen oder das Eintreten Justizminister Murav'evs gegen die Übertragung der Fabrikinspektion an die Polizei: RGIA f. 1405 op. 70 1872 g. d. 7290 ll. 136-145 (Schreiben des Justizministeriums an das Innenministerium vom 31. 10. 1881); Materialy, S. 102-104.

und sehr darauf bedacht waren, daß das Domänenministerium in seiner Politik gegenüber der Arbeiterschaft keine eigenen Wege ging.[118]

Formal sah das übliche Verfahren der Abstimmung zwischen den Ministerien so aus, daß in ressortübergreifenden Fragen jeder betroffene Minister vor der Vorlage des Gesetzentwurfs im Reichsrat abschließend Stellung beziehen mußte.[119] Dieses Verfahren war ausgesprochen zeitraubend, da einzelne Ministerien sich selbst dann oft monatelang für ihre Gutachten Zeit ließen, wenn es sich nur um Differenzen im Detail handelte. Manche Gesetzesprojekte konnten sogar erst nach ein oder gar zwei Jahren vom Reichsrat beraten werden.[120] Mehrfach versuchten das Innen- und das Finanzministerium deshalb, das Verfahren zu beschleunigen, indem sie Entwürfe gemeinsam in den Reichsrat einbrachten oder ihre Kollegen dazu aufforderten, ihre Stellungnahmen direkt an die Reichskanzlei zu schicken.[121] Da der Reichsrat seine Beratungen jedoch erst aufnahm, wenn alle Gutachten vorlagen, konnte dieses Verfahren bestenfalls dazu dienen, die Frist für die jeweilige Sitzungsperiode zu wahren. Zudem barg es die Gefahr, daß eventuelle Konflikte nicht mehr im Vorfeld bereinigt werden konnten, sondern vor dem Reichsrat ausgetragen werden mußten.

Die einzige wirkungsvolle Methode, zu einem schnellen Abschluß der Beratungen zu kommen, lag darin, den jeweiligen Gesetzentwurf in einer Kommission aus Vertretern der verschiedenen Ministerien gemeinsam zu erarbeiten, womit sich der Schriftverkehr zwischen den Behörden auf ein Minimum reduzieren

---

[118] Siehe unten Kapitel IX und X.
[119] Kaiserlicher Befehl vom 30. 4. 1873: Gosudarstvennyj Sovet 1801-1901, S. 124. Siehe auch Whelan, H.: Alexander III and the State Council: Bureaucracy and Counter-Reform in Late Imperial Russia, New Brunswick 1982, S. 212-213.
[120] So legte das Domänenministerium am 21. 2. 1890 einen Entwurf zur Ausweitung des Arbeitsrechts von 1886 auf den Bergbau vor. Die Stellungnahme des Justizministeriums ging dort erst am 7. 3. 1891 ein und konnte vor Ablauf der Frist zur Einbringung in den Reichsrat am 14. 3. nicht mehr berücksichtigt werden. Die Verabschiedung des Gesetzes verzögerte sich damit um anderthalb Jahre: RGIA f. 37 op. 5 d. 2055 ll. 246-250, ll. 272-292 und ll. 296-316. Eine Verzögerung von einem Jahr ergab sich bei der Verabschiedung des Gesetzes über die Haftung bei Arbeitsunfällen vom 3. 6. 1903, weil der Heilige Synod sich mit seiner Stellungnahme zehn Monate Zeit ließ: RGIA f. 1153 op. 1 1903 g. d. 50 ll. 69-214 und ll. 348-360. Der Entwurf über die medizinische Versorgung von Fabrikarbeitern wurde 1903 vorläufig ganz fallengelassen, weil die Abstimmung zwischen den Ministerien über einzelne Details eineinhalb Jahre nach der Vorlage des ersten Entwurfs immer noch nicht abgeschlossen war: RGIA f. 37 op. 65 d. 1058 ll. 2-56, ll. 83-84, l. 280 und ll. 415-416.
[121] Gemeinsam eingebracht wurden die Gesetze über die Kinderarbeit von 1882 (von Innen-, Justiz-, Volksbildungs und Finanzministerium), das Arbeitsrecht von 1886 und die endgültige Fassung der Arbeitszeitbeschränkungen für Kinder, Frauen und Jugendliche von 1890 (jeweils vom Innen- und vom Finanzministerium). Dieses Verfahren ersparte jedoch weder die Abstimmung zwischen den beteiligten Ministerien noch die Stellungnahmen der übrigen betroffenen Ressorts.

ließ. So konnten 1885 das Nachtarbeitsverbot für Frauen und Jugendliche von einer Kommission unter Vorsitz Plehwes, 1897 die Arbeitszeitbeschränkung von einer Kommission unter Vorsitz Kovalevskijs und 1903 das Gesetz über die Fabrikältesten von einer Kommission unter Vorsitz des Fürsten Obolenskij jeweils innerhalb weniger Monate verabschiedet werden, ohne daß sich besondere Koordinationsprobleme zwischen den Ministerien ergaben.[122] Während sich der Behördenapparat ansonsten in Routineangelegenheiten selbst bei Kleinigkeiten oft als ausgesprochen schwerfällig erwies, zeigen diese Gesetzgebungsverfahren, daß zumindest das Problem der Feinabstimmung zwischen den Ministerien durchaus zu lösen war, wenn der entsprechende politische Wille dahinter stand.

Die entscheidende Hürde, die ein Gesetz zu überwinden hatte, war der Reichsrat (*gosudarstvennyj sovet*).[123] Dieser bestand aus etwa sechzig bis siebzig Mitgliedern, die vom Zar fast ausschließlich aus dem Kreis der hohen Regierungsbeamten und Militärs sowie der Großfürsten jeweils auf Lebenszeit ernannt wurden.[124] Die jeweiligen Minister nahmen von Amts wegen an den Beratungen teil und wurden bei ihrer Entlassung aus dem Ministeramt regelmäßig zu Mitgliedern ernannt.

Die Hauptlast der Beratungen wurde von den einzelnen Abteilungen getragen, die in der Regel je vier bis sechs Mitglieder umfaßten. Hier wurde jedes Gesetz auf seine Details abgeklopft, bevor die Vollversammlung noch einmal über seine grundsätzliche Bedeutung debattierte.[125] Seit 1858 gab es drei aktive Abteilungen, für allgemeine Gesetzgebung (*departament zakonov*), für

---

[122] Voraussetzung dafür war allerdings, daß das jeweils federführende Finanzministerium nicht nachträglich wieder von den Beschlüssen der Kommission abrückte. So scheiterte 1889 der Entwurf für die Haftung bei Arbeitsunfällen daran, daß Vyšnegradskij eigenmächtig die bereits beschlossene Beweislastumkehr bezüglich der Unfallursache wieder aus dem Entwurf strich. Auch 1897 konnte ein Scheitern des Entwurfs über die Arbeitszeitverkürzung nur knapp vermieden werden, nachdem Witte entgegen dem Kommissionsbeschluß die maximale Arbeitszeit auf 11 $1/2$ Stunden heraufgesetzt hatte: RGIA f. 20 op. 3 d. 1930 l. 221-223 und f. 1162 op. 1 1889 g. Otdel Zakonov d. 3 ll. 2-34 und ll. 83-117; RGIA f. 797 op. 67 otd. I st. 1 d. 45 ll. 8-12, ll. 59-62 und f. 20 op. 3 d. 1908 l. 96.

[123] Zur Geschichte des Reichsrats siehe Lieven, Russia's Rulers; Whelan, Alexander III; Maurach, R.: Der Russische Reichsrat, Berlin 1939; Gosudarstvennyj Sovet 1801-1901, St. Petersburg 1901.

[124] Ihre Zahl war nicht genau festgelegt. 1859 waren es 59, 1905 86 Mitglieder: Schramm, Der zarische Staat, S. 1328.

[125] Eine gute Einführung in die Arbeitsweise des Reichsrats gegen Ende des neunzehnten Jahrhunderts bietet Whelan, Alexander III, S. 38-47. Kürzer und stärker an formalen Zuständigkeiten orientiert, aber mit besonderer Berücksichtigung der Finanz- und Wirtschaftspolitik: Blech, I.: Ustrojstvo finansovago upravlenija i kontrolja v Rossii v istoričeskom ich razvitii, St. Petersburg 1895, S. 124-128.

Staatsökonomie (*departament gosudarstvennoj ėkonomii*), sowie für zivile und geistliche Angelegenheiten (*departament graždanskich i duchovnych del*).[126] Hinzu kam 1901 eine eigene Abteilung für Industrie, Wissenschaft und Handel (*departament promyšlennosti, nauk i torgovli*). Da die meisten Gesetzentwürfe mehrere Abteilungen betrafen, traten diese fast durchweg in gemeinsamen Sitzungen als „Vereinigte Abteilungen" (*soedinennye departamenty*) zusammen. Vorbereitet und verwaltet wurden die Beratungen in der Reichskanzlei (*gosudarstvennaja kanceljarija*) unter Leitung des Reichssekretärs (*gosudarstvennyj sekretar'*). Sie übernahm ab 1882 auch die Kodifikationsarbeiten.

Da der Reichsrat keine eigene Gesetzesinitiative besaß, sondern ausschließlich im Auftrag des Zaren Entwürfe beriet, die ihm von den Ministerien vorgelegt wurden, konnte er selbst keine gestalterische Funktion im Gesetzgebungsprozeß übernehmen. Seine Aufgabe war es vielmehr, einzelne Gesetzesprojekte darauf zu überprüfen, ob sie mit den grundlegenden politischen Vorstellungen der bürokratischen Elite des Reiches übereinstimmten. Da hier vor allem Staatsmänner zusammensaßen, die den Höhepunkt ihrer aktiven Laufbahn bereits hinter sich hatten, brachte der Reichsrat zudem ein Element politischer Kontinuität in die Gesetzgebung.

Für die Fabrikgesetze der achtziger Jahre sollte sich diese Stetigkeit im Reichsrat als ausgesprochen produktiv erweisen. In einer Epoche, die ansonsten politisch als ausgesprochen reaktionär empfunden wurde, dominierten im Reichsrat nach wie vor Mitglieder wie N. I. Stojanovskij, K. K. Grot, B. P. Mansurov, G. P. Galagan und M. N. Ljuboščinskij, die während der Epoche der Großen Reformen in hohe Staatsämter aufgestiegen waren und selbst maßgeblichen Anteil an der Ausarbeitung und Durchführung des Reformwerks der sechziger Jahre gehabt hatten. Hinzu kam eine Reihe etwas jüngerer Mitglieder wie der ehemalige Finanzminister A. A. Abaza, der langjährige Reichskontrolleur D. M. Sol'skij, der ehemalige Reichssekretär E. A. Peretc, hohe Beamte wie E. V. Frisch, M. S. Kachanov, V. M. Markus, aber auch der bereits erwähnte G. P. Nebolsin, die sich bewußt in die Tradition der Reformära stellten.[127] In den Entwürfen zur Beschränkung der Arbeit von

---

[126] Die Abteilung für Militärangelegenheiten (*departament voennych del*) trat seit 1858 nicht mehr zusammen und wurde 1901 offiziell aufgelöst.

[127] Zur personellen Zusammensetzung des Reichsrats in der zweiten Hälfte des neunzehnten Jahrhunderts siehe neben den Arbeiten von Lieven und Whelan: Lieven, D. C.: Stereotyping an Élite. The Appointed Members of the State Council, 1894-1914, in: SEER 63(1985), S. 244-272; Mosse, W. E.: Aspects of Tsarist Bureaucracy. Recruitment to the Imperial State Council 1855-1914, in: SEER 57(1979), S. 240-254; Pintner, W.: The Russian Higher Civil Service on the Eve of the Great Reforms, in: Journal of Social History 8(1975), S. 55-68. Kurzbiographien aller Reichsratsmitglieder bis 1913 finden sich in: Členy Gosudarstvennogo Soveta s 1801 goda, in: Ėnciklopedičeskij slovar' T-va „Br. A. i G. Granat i K°"', 7. Aufl., Bd. 23, Moskau 1913, S. 641-736. Das Phänomen,

Frauen, Kindern und Jugendlichen sowie zur Reform des Arbeitsrechts, die ja zum Teil bereits seit über zwanzig Jahren in der Diskussion waren, sahen diese liberal gesinnten Reformer einen weiteren Schritt auf dem Weg zur inneren Umgestaltung des Reiches, so daß die Gesetzentwürfe zum Arbeiterschutz den Reichsrat durchweg ohne größere Schwierigkeiten passieren konnten. Einzelne Details des Arbeiterschutzes wurden in dieser Epoche im Reichsrat gegenüber den Vorschlägen des Finanzministeriums sogar noch ausgebaut, der somit als Gegengewicht gegen eine übermäßig starke Berücksichtigung ökonomischer Aspekte diente.

Daß die Mitglieder des Reichsrats auf Lebenszeit ernannt wurden und die personelle Erneuerung dementsprechend langsam vor sich ging, führte aber auch dazu, daß man hier den gesellschaftlichen Wandel im Reich wesentlich langsamer wahrnahm als in den einzelnen Fachministerien. Zu einem Zeitpunkt, als im Innen- und im Finanzministerium bereits intensiv über Strategien nachgedacht wurde, wie man der zunehmend organisierten Arbeiterbewegung begegnen sollte, hielt vor allem der Reichsrat hartnäckig an der Auffassung fest, daß es in Rußland keine Arbeiterschaft und somit auch keine Arbeiterfrage gebe. Dies sollte sich auf die Dauer für die Fabrikgesetzgebung als schwere Hypothek erweisen.

Zwar rückten auch in den neunziger Jahren Mitglieder wie der Geograph P. P. Semenov (Tjan-Šanskij), der Wirtschaftsfachmann F. G. Thörner, D. F. Kobeko oder N. V. Šidlovskij in den Reichsrat nach, die eine politische Antwort auf die Herausforderung der Arbeiterbewegung forderten und eine grundlegende Reform der Fabrikgesetzgebung für dringend geboten hielten.[128] Auch wenn diese Gruppe professioneller Spezialisten bald die Sacharbeit in den Abteilungen dominierte, stand ihnen im Plenum nach wie vor eine starke Minderheit konservativer Mitglieder gegenüber, die jeden Fortschritt auf dem Gebiet der Fabrikgesetzgebung blockierte. Am krassesten kam der Mangel an Verständnis für die sozialen Probleme der Arbeiterschaft in einem Beitrag des Gutsbesitzers P. A. Krivskij in der Debatte um die Fabrikältesten zum Ausdruck. Dieser sprach sich prinzipiell gegen große Industriebetriebe aus, die für ihn nur ein Herd der Unruhe waren. Als Maßnahme gegen Streiks schlug er vor, die Arbeiter auszusperren oder betroffene Fabriken gegebenenfalls einfach ganz zu schließen:

---

daß in den siebziger und achtziger Jahren hochmotivierte und durch die Reformära maßgeblich politisch geprägte Persönlichkeiten zentrale Stellungen im Staat innehatten und damit die Kontinuität liberaler Reformen bis in die neunziger Jahre hinein bewahren konnten, läßt sich auch im Senat beobachten: Liessem, P.: Verwaltungsgerichtsbarkeit im späten Zarenreich. Der Dirigierende Senat und seine Entscheidungen zur russischen Selbstverwaltung (1864-1917), Frankfurt/M. 1996, S. 115-128.

[128] Lincoln, W.: Petr Petrovich Semenov-Tian-Shanskii. The Life of a Russian Geographer, Newtonville 1980; Terner, Vospominanija žizni.

„Es wurde gefragt, was man bei Unruhen tun soll. Ich meine, wenn Arbeiter streiken, dann sollen doch die Fabrikanten ebenso vorgehen. Sollen sie doch ihre Fabriken schließen, und die Arbeiter werden auf Knien darum bitten, daß man sie wieder eröffnet. Als ich in Frankreich war, hat mir ein Fabrikant gesagt, daß er wegen der Arbeiterstreiks seine Fabrik abgebaut und an ihrer Stelle einen Vergnügungspark aufgezogen hat. Das ist ein Beispiel dafür, wie man vorgehen muß."[129]

Von einer derart weltfremden Sicht war für soziale Probleme kaum Verständnis zu erwarten.

In der Gruppe konservativer Reformgegner im Reichsrat, deren eigentlicher Kopf Pobedonoscev war, ragten neben Krivskij vor allem die Generäle Fürst L. D. Vjazemskij und Graf A. P. Ignat'ev sowie die Senatoren Fürst Alexander D. Obolenskij und S. S. Gončarov heraus. Aber auch der ehemalige Reichssekretär A. A. Polovcov zählte zu diesem Kreis.[130] Als Ehemann der Adoptivtochter des Baron Alexander Stieglitz hatte Polovcov ein Millionenvermögen geerbt, zu dem auch mehrere große Textilbetriebe in Petersburg sowie einige Bergwerke am Ural gehörten.[131] Polovcov, der über den Geschäftsführer einer seiner Betriebe, Rudolf Hammerschmidt, engen Kontakt zur Petersburger Fabrikantengesellschaft pflegte, verkörperte die industrielle Opposition im Reichsrat gegen Arbeiterschutzmaßnahmen.

Mit dem Argument, daß eine Arbeiterfrage in Rußland nicht existiere, gelang es dieser konservativen Opposition 1893, den Entwurf über die Entschädigung bei Arbeitsunfällen im Reichsrat zu kippen. Damit waren dem Aufbau sozialpolitischer Institutionen für lange Zeit enge Grenzen gesetzt. Als das Finanzministerium schließlich 1903 das Projekt der Fabrikältesten vorlegte, wollte es damit auch ausloten, inwieweit inzwischen soziale Reformen bezüglich der Arbeiterschaft möglich geworden waren, wie die Einrichtung von Selbsthilfekassen oder gar eine Liberalisierung des Streikverbots, auf die sich die Ministerien bereits grundsätzlich geeinigt hatten. Durch den Widerstand im Reichsrat gegen die Fabrikältesten sah der Vorsitzende der Reformkommission, Fürst Alexej Obolenskij, jedoch alle weiteren Reformmaßnahmen gefährdet:

„Im Falle einer Ablehnung des Projektes, das die engste Form einer Organisation vorsieht, wird die auf Höchsten Befehl beim Finanzministerium eingerichtete Kommission dazu genötigt sein, bei der Regelung des Fabriklebens die Frage

---

[129] RGIA f. 1153 op. 1 1903 g. d. 153 l. 109.
[130] Alexander D. Obolenskij war der ältere Bruder des stellvertretenden Finanzministers und Autors des Gesetzes über die Fabrikältesten, Alexej D. Obolenskij, und der Schwiegersohn Polovcovs: Lieven, Russia's Rulers, S. 58 und S. 256-267.
[131] [Polovcov, A. A.]: Dnevnik gosudarstvennogo sekretarja A. A. Polovcova, 2 Bde., Moskau 1966; Amburger, E.: Der Reichssekretär A. A. Polovcov als Privatunternehmer, in: JfGO 18 (1970), S. 426-438.

von Arbeiterorganisationen bedeutend einzuschränken oder ganz von der Tagesordnung zu nehmen"[132]

Auch wenn es schließlich gelang, dieses Gesetz ebenso wie eine neue Fassung des Projektes zur Unfallhaftung einigermaßen unbeschädigt durch den Reichsrat zu bringen, zeigten die heftigen Diskussionen sowohl in den Abteilungen wie im Plenum, daß dieser das eigentliche Hindernis auf dem Weg zu umfassenden Reformen auf dem Gebiet der Sozialpolitik darstellte. Wenn schon die bescheidenen Vorschläge von Finanz- und Innenministerium auf derart heftigen Widerstand stießen, mußte eine grundlegende Umgestaltung, wie sie die Zulassung von Streiks oder Gewerkschaften darstellte, nahezu illusorisch erscheinen.

4. Industrielle Organisation und Arbeiterschutz

Die Organisationen der Industrie wie überhaupt das russische Unternehmertum sind erst in jüngerer Zeit Gegenstand intensiver historischer Forschung geworden.[133] Hervorgetreten ist dabei das Bild einer regional, sozial und ethnisch

---

[132] RGIA f. 22 op. 2 d. 628 l. 141.

[133] Grundlegend zur Geschichte der russischen Unternehmerschaft vor 1917: Bochanov, A. N.: Krupnaja buržuazija v Rossii. Konec XIXv. – 1914g., Moskau 1992; Haumann, H.: Unternehmer in der Industrialisierung Rußlands und Deutschlands. Zum Problem des Zusammenhanges von Herkunft und politischer Orientierung, in: Scripta Mercaturae 20(1986), S. 143-161; Rieber, A.: Merchants and Entrepreneurs in Imperial Russia, Chapel Hill 1982; Laveryčev, V. Ja.: Krupnaja buržuazija v poreformennoj Rossii, 1861-1900, Moskau 1974; McKay, J.: Pioneers for Profit. Foreign Entrepreneurs and Russian Industrialization, 1885-1913, Chicago 1970; Gindin, Russkaja buržuazija v period kapitalizma, ee razvitie i osobennosti, in: Istorija SSSR 7(1963), Nr. 2, S. 57-80; Nr. 3, S. 37-60; Bill, V.: The Forgotten Class: The Russian Bourgeoisie from the Earliest Beginnings to 1900, New York 1959. Mit regionalen Unternehmergruppen befassen sich: Ruckman, J.: The Moscow Business Elite: A Social and Cultural Portrait of Two Generations, 1840-1905, DeKalb, Ill. 1984; Joffe, M.: Regional Rivalry and Economic Nationalism. The Central Industrial Region Industrialists' Strategy for the Development of the Russian Economy, 1880s-1914, in: RH 11(1984), S. 389-421; Owen, T.: Capitalism and Politics in Russia. A Social History of the Moscow Merchants 1855-1905, Cambridge 1981; West, J. L.: The Moscow Progressists. Russian Industrialists in Liberal Politics, 1905-1914, Diss. Phil., Princeton 1975; Portal, R.: Industriels Moscovites. Le secteur cotonnier, 1861-1914, in: Cahiers du Monde Russe et Soviétique 4(1963), S. 5-46; Buryškin, P. A.: Moskva kupečeskaja, Moskau 1991 (Nachdruck der New Yorker Ausgabe von 1954); Hogan, H.: Forging Revolution. Metalworkers, Managers, and the State in St. Petersburg, 1890-1914, Bloomington 1993; King, V.: The Emergence of the St. Petersburg Industrial Community, 1870-1905: The Origins and Early Years of the Petersburg Society of Manufacturers, Diss. Phil. University of California, Berkeley 1982.

Zur Geschichte industrieller Verbände in Rußland siehe Haumann, H.: Kapitalismus im zarischen Staat 1906-1917. Organisationsformen, Machtverhältnisse und Leistungs-

ausgesprochen heterogenen Gruppe, die vor 1905 weder zu einer starken, reichsweiten Organisation noch zu einer unabhängigen politischen Haltung gegenüber der Regierung fand, kaum traditionelle Wurzeln in der russischen Gesellschaft besaß und allenfalls in Ansätzen als Kern eines bürgerlichen Mittelstandes im westeuropäischen Sinne wirken konnte.[134] Dagegen gab es in den einzelnen Industrieregionen durchaus Anzeichen dafür, daß sich das russische Industriebürgertum in der zweiten Hälfte des neunzehnten Jahrhunderts allmählich als eigenständige, selbstbewußte Schicht herauszubilden begann.

Wie ein Vergleich der wichtigsten industriellen Zentren des Reiches zeigen wird, konnte diese Entwicklung entsprechend den jeweiligen wirtschaftlichen und sozialen Voraussetzungen vielfältige Formen annehmen und zu ganz verschiedenen Organisationsstrukturen der Industrie führen. Diese institutionellen Voraussetzungen spielten ebenso wie das jeweilige Selbstverständnis der Industriellen gegenüber der Arbeiterschaft eine erhebliche Rolle, wenn es darum ging, die Regierungspolitik in Sachen Arbeiterschutz zu beeinflussen. Umgekehrt hat aber auch die Politik der Regierung gegenüber der Arbeiterschaft die allmähliche Konsolidierung der Industrie als soziale und politische Klasse maßgeblich beeinflußt. Diese Wechselwirkungen sollen im folgenden kurz skizziert werden.

a) Die patriarchalische Oligarchie: Die Industriellen Zentralrußlands

Verglichen mit der Peripherie des Reiches war die Organisation der Unternehmerschaft im zentralrussischen Industriegebiet mit seinem Schwerpunkt in Moskau um die Mitte des neunzehnten Jahrhunderts am weitesten vorangeschritten. Hier bildeten die Unternehmer trotz eines erheblichen Anteils an Ausländern und Altgläubigen eine ethnisch und sozial vergleichsweise

---

bilanz im Industrialisierungsprozeß, Königstein/T. 1980; Hartl, H.: Die Interessenvertretungen der Industriellen in Rußland, 1905-1914, Wien 1978; Roosa, R.: The Association of Industry and Trade, 1906-1914. An Examination of the Economic Views of Organized Industrialists in Prerevolutionary Russia, Diss. Phil., Columbia 1967; Dies.: Russian Industrialists and „State Socialism", in: Soviet Studies 23(1971/72), S. 395-417; Livšin, Ja. I.: «Predstavitel'nye» organizacii krupnoj buržuazii v Rossii v konce XIX – načale XX vv., in: Istorija SSSR 2(1959), S. 95-117; Lur'e, E. S.: Organizacija i organizacii torgovo-promyšlennych interesov v Rossii, St. Petersburg 1913; Guška, A. O. [O. A. Kogan]: Predstavitel'nye organizacii torgovo-promyšlennogo klassa v Rossii, St. Petersburg 1912.

[134] Owen, T.: Impediments to a Bourgeois Consciousness in Russia, 1880-1905: The Estate Structure, Ethnic Diversity, and Economic Regionalism, in: Clowes, E., Kassow, S. und West, J. (Hgg.): Between Tsar and People. Educated Society and the Quest for Public Identity in Late Imperial Russia, Princeton 1991, S. 75-89; McDaniel, Autocracy, S. 57-103.

homogene Gruppe. Aufgrund der geographischen Ferne zur Hauptstadt mit ihrem Heer von Regierungsbeamten und Höflingen konnte sich die Moskauer Kaufmannschaft zudem zu Recht als Spitze der lokalen Gesellschaft und als eigentlicher Träger eines ausgeprägten regionalen Selbstbewußtseins fühlen. Dieses Selbstverständnis als soziale Elite sollte ihre Organisationsformen entscheidend prägen.

Den Kern der Moskauer Fabrikanten bildete eine schmale Oberschicht alteingesessener Textilmagnaten wie die Morozovs, Prochorovs, Tret'jakovs, Četverikovs, Krestovnikovs und Jakunčikovs, die ihre Familienbetriebe meist schon in der zweiten oder der dritten Generation führten.[135] Weniger dominant, aber dennoch stark vertreten, waren andere Bereiche der Leichtindustrie, wie die Herstellung und Verarbeitung von Lebensmitteln, Kerzen oder auch Schmuck. Dagegen spielte die Metallindustrie, obwohl sie auch in der Umgebung von Moskau relativ weit entwickelt war, im sozialen Leben der Moskauer Unternehmerschaft nur eine untergeordnete Rolle.[136]

Diese unternehmerische Oligarchie war durch eine Fülle wirtschaftlicher Verflechtungen, durch ein gemeinsames, konservativ-traditionalistisches Weltbild und durch eine Vielzahl familiärer Bande eng miteinander verknüpft.[137] Dabei stellte der beträchtliche Anteil an Altgläubigen sowie an Industriellen ausländischer, meist deutscher Herkunft einen integralen Bestandteil der Moskauer Unternehmerschaft dar, der auch in den verschiedenen Institutionen seiner wirtschaftlichen Bedeutung entsprechend vertreten war und den engen sozialen Zusammenhalt der Moskauer Industriellen keineswegs in Frage stellte.[138]

Getragen von einer Welle eines slavophil geprägten Patriotismus im Gefolge des Krimkrieges war die Moskauer Unternehmerschaft erstmals gegen Ende der sechziger Jahre in den Auseinandersetzungen um den Zolltarif mit Deutschland

---

[135] Zur Familiengeschichte der Morozovs: Bill, V.: The Morozovs, in: RR 14(1955), S. 109-116. Zum Typus der Moskauer Familienbetriebe siehe Buryškin, Moskva kupečeskaja, S. 79-81.

[136] Einzige prominente Vertreter der Metallindustrie in der Moskauer Abteilung des Rates für Handel und Manufakturen waren D. P. Šipov (1874-1881) und ab 1886 Jules Goujon.

[137] Zu den wirtschaftlichen Verflechtungen siehe Gindin, Russkaja buržuazija, Nr. 2, S. 62-65. Zu den verwandtschaftlichen Bindungen der einzelnen Unternehmerfamilien: Owen, Capitalism, S. 222-227.

[138] Prominente Altgläubige in der Moskauer Abteilung des Manufakturrats und später des Rates für Handel und Manufakturen waren T. S. Morozov, A. I. und G. I. Chludov, K. T. Soldatenkov, P. P. Maljutin und I. E. Gučkov. Unter den deutschstämmigen Mitgliedern sind vor allem Emil Zündel sowie die Brüder Hugo und Otto von Wogau zu nennen. Siehe dazu Beliajeff, A.: The Rise of the Old Orthodox Merchants of Moscow, 1771-1894, Diss. Phil., Syracuse University 1975; Dahlmann, D.: Lebenswelt und Lebensweise deutscher Unternehmer in Moskau vom Beginn des 19. Jahrhunderts bis zum Ausbruch des Ersten Weltkrieges, in: Nordost-Archiv N. F. 3(1994), S. 133-163.

als unabhängige politische Kraft aufgetreten.[139] Dennoch blieb die Neigung der selbstbewußten Moskauer Fabrikpatriarchen nur gering, sich in kollektive Interessenvertretungen einzuordnen. Zwar besaß das zentralrussische Industriegebiet mit der 1839 gegründeten Moskauer Börse eines der einflußreichsten unternehmerischen Gremien im Reich, das seit der Einführung einer gewählten Börsenversammlung von 1870 zumindest im Ansatz repräsentativ verfaßt war.[140] Eigentlicher Ansprechpartner der Regierung in wirtschaftlichen Fragen war jedoch die Moskauer Abteilung des Rates für Handel und Manufakturen. Diese war 1872 im Zuge der Reorganisation der industriellen Beratungsgremien des Finanzministeriums entstanden, indem man die bisherigen Moskauer Abteilungen des Manufakturrates und des Kommerzrates zusammengefaßt hatte. Ihre 32 Mitglieder wurden vom Zaren auf Vorschlag des Finanzministeriums ernannt. Allerdings konnte die Abteilung jeweils drei Kandidaten vorschlagen. Da nun die Regierung ein Interesse daran hatte, möglichst prominente Industrielle in den Beratungsgremien zu sehen, wurden in der Regel auch diejenigen Kandidaten ernannt, welche die meisten Stimmen erhalten hatten. Trotz der theoretischen Möglichkeiten bürokratischer Gängelung der Abteilung stellte diese also ein getreues Spiegelbild der industriellen Elite Moskaus dar.[141]

Die Schlüsselfigur industrieller Organisation in Moskau über beinahe dreißig Jahre war der Bankier N. A. Najdenov.[142] 1877 zum Vorsitzenden der Moskauer Börse und im April 1881 an die Spitze der Moskauer Abteilung des Rates für Handel und Manufakturen gewählt, war er bis zu seinem Tod im November

---

[139] Rieber, A.: The Moscow Entrepreneurial Group: The Emergence of a New Form in Autocratic Politics, in: JfGO 25(1977), S. 1-20 und S. 174-199; Owen, Capitalism, S. 59-64.

[140] Zur Geschichte der Moskauer Börse siehe Najdenov, N. A.: Moskovskaja birža 1839-1889, Moskau 1889. Allgemein zur Geschichte der Börsen siehe den Eintrag „Birža", in: BE, Bd. 3 (Halbband 6), St. Petersburg 1892, S. 879-882; Hartl, Die Interessenvertretungen, S. 21-22; Lur'e, Organizacija, S. 47-54 und S. 58-69; Osadčaja, A. I.: Birža v Rossii, in: VopIst 1993, Nr. 10, S. 3-18.

[141] Gesetz vom 7. Juni 1872: PSZ II Bd. 47 Nr. 50957, Art. 16-32. Das Protokoll der Wahl vom März 1906 ist erhalten in RGIA f. 20 op. 15 d. 73 ll. 92-96. Auch die Auffassung Riebers, daß mit der in der Satzung vorgesehenen Aufnahme einiger Techniker und Wissenschaftler der Charakter der Abteilung als Vertretungsorgan der Moskauer Unternehmerschaft ernsthaft in Frage gestellt wurde, läßt sich aus der Praxis der Beratungen nicht erkennen: Rieber, Merchants and Entrepreneurs, S. 103-105. Zur Mitgliedschaft im Rat für Handel und Manufakturen und seinen verschiedenen lokalen Abteilungen siehe Adres-Kalendar'. Obščaja rospis' načal'stvujuščich i pročich dolžnostnych lic po vsem upravlenijam v Rossijskoj Imperii, St. Petersburg 1843-1916.

[142] Zur Biographie Najdenovs siehe Owen, T.: Naidenov, Nikolai Aleksandrovich, in: MERSH, Bd. 24, S. 41-44. Die Autobiographie Najdenovs deckt hingegen nur die Jugendjahre bis etwa 1875 ab: Najdenov, N. A.: Vospominanija o vidennom, slyšannom i ispytannom, 2 Bde., Moskau 1903-1905 (Nachdruck Newtonville, Mass. 1976); Buryškin, Moskva kupečeskaja, S. 138-141.

1905 der nahezu unangefochtene Sprecher Moskauer industrieller Interessen.[143] In dieser Eigenschaft verkörperte Najdenov, der seine Stellung weniger unternehmerischem Prestige als seinem unermüdlichen Engagement für industrielle Belange verdankte, als einer der ersten in Rußland den Typus des Lobbyisten. Die Akten zur Fabrikgesetzgebung sind voll von Telegrammen und Briefen, mit denen er sich gegenüber dem Finanzministerium oder auch gegenüber Pobedonoscev ins Bild rückte, um die Position der Moskauer Industriegremien darzulegen und zu verteidigen.[144]

Als offizielles und von der Regierung eingerichtetes Beratungsgremium war die Moskauer Abteilung des Rates für Handel und Manufakturen allerdings weit davon entfernt, ein unabhängiger und repräsentativer Interessenverband der zentralrussischen Industrie zu sein. Im Gegenteil: Immer wieder kam es vor, daß vor allem Besitzer kleinerer Betriebe sich mit Stellungnahmen an das Finanzministerium wandten, in denen die Abteilung aufs schärfste kritisiert wurde.[145] Der Grund dafür, daß die Abteilung sich dennoch bis über die Revolution von 1905 hinaus als wichtigstes Vertretungsorgan der Moskauer Industriellen behaupten konnte, lag in deren oligarchischer Struktur. Anders als im Falle der Börsenältesten, die jeweils von der Börsenversammlung auf drei Jahre gewählt wurden, eröffnete die Abteilung ihren Mitgliedern einen direkten Kontakt zur Regierung, der sich nicht aus einem repräsentativen Wahlakt, sondern aus ihrem sozialen Status und dem Gewicht individueller Persönlichkeit ableitete, so daß sich ihre Mitglieder keiner Wählerschaft verpflichtet fühlen mußten. Die Abgabe eines Minderheitsvotums durch einzelne Mitglieder der Abteilung war deshalb keine Seltenheit, sie wurde vielmehr als

---

[143] Ein Versuch G. A. Krestovnikovs im Jahr 1894, Najdenov als Vorsitzenden der Moskauer Abteilung des Rates für Handel und Manufakturen abzulösen, scheiterte kläglich: RGIA f. 1419 op. 1 d. 25 ll. 74-82. Im Verlauf des Jahres 1905 kam es hingegen innerhalb der Moskauer Börse zu heftigen politischen Diskussionen: Owen, Capitalism, S. 173-205.

[144] RGIA f. 1149 1884 g. d. 58 ll. 35-38; f. 20 op. 2 d. 1784 ll. 19-21 und l. 64; Ebenda, d. 1790, ll. 32-34; Ebenda, d. 1794-a l. 8, ll. 25-27 und ll. 106-107; RGIA f. 797 op. 67 otd. I st. 1 d. 45 ll. 77-78. Pobedonoscev hatte Najdenov 1876 während der Anhörungen im Reichsrat zu dem Projekt der Valuev-Kommission kennengelernt: Najdenov, Vospominanija, Bd. 2, S. 153. Zu späteren Kontakten siehe K. P. Pobedonoscev i ego korrespondenty, S. 294-298; RGIA f. 1574 op. 2 d. 174. Zum Konzept des Dienstes an der Gesellschaft bei Najdenov: Ruckman, The Moscow Business Elite, S. 97.

[145] RGIA f. 20 op. 2 d. 1794-a ll. 32-33 (Brief der Baumwollspinnerei Razorenov und Kormilicyn bei Kinešma bezüglich eines Nachtarbeitsverbots für Frauen); Ebenda, op. 3 d. 1908 ll. 125-128 (Protest 44 kleinerer und mittlerer zentralrussischer Textilfabrikanten gegen die Haltung Moskauer Industrieller in den Beratungen zum Maximalarbeitstag). Siehe auch ein Protestschreiben A. I. Morozovs von der Bogorodsko-Gluchovskaja-Manufaktur bei Moskau gegen die Haltung der Abteilung zur Einrichtung von Fabrikältesten: RGIA f. 22 op. 2 d. 628 l. 229.

das selbstverständliche Recht jedes einzelnen Mitgliedes angesehen.[146] Diese Unabhängigkeit in den Stellungnahmen zu einzelnen Gesetzgebungsprojekten kam dem patriarchalischen Selbstverständnis der Moskauer Industriellen ausgesprochen entgegen, entsprach aber auch den Absichten der Regierung, die ja nicht an einem repräsentativen Stimmungsbild, sondern an sachkundiger Auskunft interessiert war.

Diese Konstruktion industrieller Beteiligung am Gesetzgebungsprozeß war aber auch für die Fabrikgesetzgebung ausgesprochen förderlich, da sie einzelnen Mitgliedern wie S. I. Četverikov, S. T. Morozov, V. V. Jakunčikov oder auch dem späteren Moskauer Bürgermeister N. A. Alekseev erheblichen Einfluß einräumte, obwohl deren vergleichsweise progressive sozialpolitische Ansichten unter den zentralrussischen Industriellen nur wenig Rückhalt hatten.[147] Zudem konnte die Abteilung gegenüber der Regierung ihren Einfluß nur solange geltend machen, wie sie sich zum Wesen des jeweiligen Gesetzentwurfs konstruktiv verhielt. So heftig die Abteilung einzelne Gesetzentwürfe im Detail kritisierte, so sehr hütete sie sich meist davor, diese rundheraus abzulehnen, um sich nicht von vornherein aus dem Beratungsprozeß auszuklinken. Besonders deutlich wurde diese Haltung bei der Beratung über die Haftung bei Arbeitsunfällen, als die Abteilung eine Diskussion der Grundsätze des Projektes bewußt vermied und sich allein auf Anmerkungen zu einzelnen Bestimmungen beschränkte.[148] Die Zurückhaltung in prinzipiellen Fragen war unter anderem eine Folge der Erfahrungen aus den Beratungen von 1884/85 über ein Nachtarbeitsverbot für Frauen und Jugendliche in der Textilindustrie. Hier hatte sich die Moskauer Abteilung des Rates für Handel und Manufakturen prinzipiell gegen eine solche Maßnahme ausgesprochen. Der Erfolg war, daß sie sich vorhalten lassen mußte, den erhofften Ausweg aus der Wirtschaftskrise zu blockieren, so daß das Nachtarbeitsverbot entsprechend den Vorstellungen der Petersburger Industriellen verabschiedet wurde.[149]

So nützlich die Moskauer Abteilung des Rates für Handel und Manufakturen also war, um Einfluß auf die Details der Gesetzgebung zu nehmen, so wenig eignete sie sich dafür, grundsätzliche Kritik an der Fabrikgesetzgebung zu artikulieren. Verschiedene Ansätze, auf anderem Weg zu einem organisierten

---

[146] Zakonodatel'nye materialy, S. 18-26. Nur in einzelnen Fällen wie bei der Beratung über die Nachtarbeit von Frauen zog die Abteilung auch andere Industrielle zu ihren Beratungen hinzu, um sich so eine größere Legitimität zu verschaffen: RGIA f. 20 op. 2 d. 1794-a ll. 20-22.
[147] Siehe die Beratungen über die Kinderarbeit, die Nachtarbeit von Frauen und Jugendlichen, oder die Einrichtung von Fabrikältesten. Alekseev war nicht einmal Mitglied der Abteilung, sondern wurde vom Finanzministerium besonders eingeladen.
[148] RGIA f. 20 pp. 15 d. 73 l. 71.
[149] Siehe unten Kapitel IV.

Widerstand gegen die Fabrikgesetzgebung zu finden, reichten allerdings nicht über den jeweiligen Anlaß hinaus und konnten keine Impulse zum Aufbau eines Industrieverbandes nach westlichem Muster liefern. Zumindest aber zeigten sie, daß die Opposition gegen gesetzliche Arbeiterschutzmaßnahmen deutlich über die Detailkritik hinausging, die in der Abteilung des Rates für Handel und Manufakturen vorgetragen wurde.

Für die Gegner der Fabrikgesetzgebung lag es nahe, sich zuerst an die Börse als das Repräsentativorgan der Moskauer Kaufmannschaft zu wenden.[150] Da die Börse als Organisation der gesamten Moskauer Unternehmerschaft den Fabrikanten jedoch kein Forum bot, spezifische Belange der Industrie zu diskutieren und Fragen der Fabrikgesetzgebung zudem weitgehend der Abteilung des Rates für Handel und Manufakturen überließ, begann man in Moskau ab der Mitte der achtziger Jahre, nach Formen der Organisation zu suchen, die gezielt auf die Bedürfnisse der Industrie zugeschnitten waren. So gründeten die Textilindustriellen T. S. Morozov und N. K. Krestovnikov 1884 eine eigene Moskauer Abteilung der Russischen Industriegesellschaft. Ihre Blütezeit erlebte die Abteilung in der zweiten Hälfte der achtziger Jahre unter dem Einfluß ihres Sekretärs S. F. Šarapov, der sie vor allem in der Auseinandersetzung mit ihrem Lodzer Pendant bald zum Kristallisationspunkt nationalistischer Denkweisen der Moskauer Industriellen werden ließ. Von ihr ging zudem eine der wichtigsten Moskauer Initiativen aus, eine Revision des Arbeitsrechts vom 3. Juni 1886 zu erreichen.[151] Mit dem Weggang Šarapovs verlor die Abteilung jedoch erheblich an Schwung und stellte um die Jahrhundertwende ihre Tätigkeit weitgehend ein.[152]

Dagegen sah die 1889 von führenden Textilindustriellen gegründete Gesellschaft zur Förderung der Verbesserung und Entwicklung der Manufakturindustrie (*Obščestvo dlja sodejstvija ulučšeniju i razvitiju manufakturnoj promyšlennosti*), die im folgenden der Einfachheit halber als Manufakturgesellschaft bezeichnet werden soll, ihre Aufgabe vor allem darin, die technische Entwicklung der Textilverarbeitung zu fördern. Sie veröffentlichte Neuentdeckungen, führte Qualitätskontrollen durch und erarbeitete Maßnahmen zur Abwasserreinigung und zum Unfallschutz.[153] Weit davon entfernt, ein Interessenverband

---

[150] So wandte sich zu Beginn der achtziger Jahre eine Reihe von Fabrikanten an die Börse, um gegen das Gesetz über die Kinderarbeit und gegen das Nachtarbeitsverbot für Frauen und Jugendliche zu protestieren und zumindest einen Aufschub zu erreichen: RGIA f. 20 op. 2 d. 1784 ll. 8-11; Ebenda, d. 1790 ll. 32-36 und ll. 43-45; Ebenda, d. 1794-a ll. 98-101; Najdenov, Moskovskaja birža, S. 31.

[151] RGIA f. 37 op. 5 d. 2055 ll. 31-38. Zur Russischen Industriegesellschaft siehe unten Abschnitt e.

[152] Rieber, Merchants and Entrepreneurs, S. 202-203.

[153] Zur Tätigkeit der Gesellschaft siehe vor allem die Veröffentlichung zu Ehren ihres langjährigen Vorsitzenden S. I. Prochorov: Obščestvo dlja sodejstvija ulučšeniju i razvitiju manufakturnoj promyšlennosti: Pamjati Sergeja Ivanoviča Prochorova, Moskau 1900.

der Textilindustrie zu sein, bestand ihr wichtigster Beitrag zur russischen Fabrikgesetzgebung darin, daß sie Mitte der neunziger Jahre erfolgreich für die Idee einer Arbeitszeitverkürzung in der zentralrussischen Textilindustrie warb und damit erheblich zu der Verabschiedung des Gesetzes vom 2. Juni 1897 beitrug.[154]

Wie nun verhielten sich die zentralrussischen Industriellen zu Fragen des Arbeiterschutzes? Zentraler Bestimmungsgrund ihrer sozialpolitischen Ansichten war ein traditionell patriarchalisches Selbstverständnis, das den Fabrikbesitzer als strengen, aber fürsorglichen Herren (*chozjain*) über seine Arbeiter betrachtete. Gerade in den meist ländlichen Familienbetrieben Zentralrußlands war diese Haltung besonders tief verwurzelt. Anders als in den großen Städten umfaßte die Fabrik hier alle Lebensbereiche der Arbeiter. Man wohnte und schlief in Fabrikkasernen, aß in Betriebsküchen oder eigenen Verköstigungsartelen und kaufte in Fabrikläden ein. Kurzum, der gesamte Alltag des Arbeiters spielte sich unter der unmittelbaren Kontrolle des Fabrikbesitzers oder des von ihm eingesetzten Direktors ab. Verglichen mit der Armut auf dem Dorf sahen viele Fabrikbesitzer das Alltagsleben in der Fabrik dabei durchaus als Fortschritt an und machten allein den staatlichen Alkoholverkauf für den niedrigen Lebensstandard der Arbeiter verantwortlich:

> „Hier gibt es keine Verschuldeten, keine verfallenen Hütten, keine Kinder, die sich von Spreu ernähren, keine Lumpen, die kaum die Körper bedecken; aber bei all dem gibt es auch nicht den erwünschten Wohlstand, und wie könnte es ihn in der Rus' auch geben, wenn die Schenke die ganze Bevölkerung verdirbt, egal welchen Geschlechts und welchen Alters?"[155]

Das Bild der Fabrik als einer großen Familie ließ sich auch mit wirtschaftstheoretischen Argumenten untermauern. So war das Verhältnis zwischen Fabrikherren und Arbeitern in den Augen der Moskauer Industriellen nicht von einem Gegensatz der Interessen gekennzeichnet, sondern entsprach der komplementären Beziehung der Faktoren Arbeit und Kapital im Produktionsprozeß. Am prägnantesten wurde diese Auffassung 1887 von der Kommission bei der Moskauer Abteilung der Industriegesellschaft in ihrer Kritik an der Tätigkeit der Fabrikinspektion formuliert:

> „Die Arbeiter sind die Vertreter der materiellen Arbeit, die Fabrikanten die Vertreter der geistigen Arbeit und des Kapitals. Erstere können ohne letztere nicht auskommen und umgekehrt. [...] Die Moskauer Abteilung sieht in der

---

[154] Obščestvo dlja sodejstvija ulučšeniju i razvitiju manufakturnoj promyšlennosti. Trudy prjadil'no-tkackago otdela komissii po voprosu o normirovke rabočago vremeni, Moskau 1896. Siehe unten Kapitel VII.

[155] Brief eines ungenannten Moskauer Fabrikanten an ein Reichsratsmitglied vom 15. 1. 1897: RGIA f. 797 op. 67 otd. I st. 1 d. 45 l. 29.

Zusammenarbeit von Fabrikherren und Arbeitern in der Fabrik einen Bund, der auf der *Übereinstimmung* in den Interessen und dem *Unterschied* in den Fähigkeiten gegründet ist, welche sich gegenseitig ergänzen."[156]

Da nur eine blühende Industrie ausreichende Beschäftigungsmöglichkeiten und wenn schon nicht hohe, so doch zumindest stabile Löhne bot, waren die Interessen der Arbeiter aus dieser Perspektive folglich mit denen der Industrie identisch. Wenn die meisten Arbeiter diese abstrakte Auffassung nicht teilen mochten, so zeugte das in den Augen vieler zentralrussischer Industrieller allenfalls für ihren geringen Bildungsgrad. Bereits 1866 hatte die Moskauer Abteilung des Manufakturrats gegenüber der Stackelberg-Kommission argumentiert:

„Der Mangel an ökonomischem Verständnis [bei den Arbeitern; J. P.] ist ein wichtiges Hindernis gegenüber der Einsicht in die gemeinsamen Interessen von Fabrikherren und Arbeitern".[157]

Ob dieses Verständnis bei den Fabrikanten umgekehrt allerdings zu der Einsicht führte, daß auch die Interessen der Arbeiter an Bildungs- und Sozialeinrichtungen dem Bedarf der Industrie an zufriedenen, erholten und gesunden Arbeitskräften entgegenkam und zudem zur Disziplinierung der Arbeiter beitragen konnte, hing ganz von der jeweiligen Persönlichkeit des Fabrikanten ab. Zwar war eine fürsorgliche Haltung gegenüber den Arbeitern im konservativ-patriarchalisch geprägten Milieu Zentralrußlands stärker verbreitet als in St. Petersburg. Die Regel war sie jedoch auch dort nicht.[158]

Eines der bekanntesten Beispiele für eine umfassende betriebliche Sozialpolitik in der älteren Generation Moskauer Industrieller war der altgläubige Textilfabrikant P. P. Maljutin. Auf eigene Kosten errichtete Maljutin bereits in den siebziger Jahren in seiner Ramenskaja Baumwollmanufaktur ein Entbindungshaus für Arbeiterinnen, eine Fabrikschule, eine Sparkasse, ein Armenhaus, zwei Krankenhäuser sowie steinerne Arbeiterkasernen und ein gemauertes Bad. Seine Fabrik war um 1880 die einzige im gesamten

---

[156] RGIA f. 37 op. 5 d. 2055 ll. 31-32 (Kursiv im Original). Zitiert nach Balabanov, M.: Očerki po istorii rabočego klassa v Rossii, Bd. 2, Moskau 1925, S. 398. Siehe auch Tugan-Baranowsky, Geschichte der russischen Fabrik, S. 478; Laveryčev, Carizm, S. 78-79.

[157] Trudy kommissii, učreždennoj dlja peresmotra ustavov fabričnago i remeslennago, Bd. 3, S. 45. Zu weiteren Argumenten dieser Art siehe beispielsweise das Gesuch des Moskauer Börsenkomitees vom Februar 1882 zur Regelung der Kinderarbeit und die Stellungnahme Najdenovs im Reichsrat zu dieser Frage: RGIA f. 20 op. 2 d. 1784 ll. 8-11; f. 1149, 1882 g. d. 58 l. 131.

[158] Eine umfassende Studie betrieblicher Sozialpolitik in Rußland steht bisher noch aus. Einen Anfang für das Druckereiwesen macht Steinberg, M.: Moral Communities. The Culture of Class Relations in the Russian Printing Industry 1867-1907, Berkeley 1992.

Moskauer Industriegebiet, welche es jungen Müttern während der Arbeitszeit ermöglichte, ihre Säuglinge zu stillen.[159] In der jüngeren Generation waren es vor allem A. I. Konovalov und P. P. Rjabušinskij, die sich durch den Bau von Arbeitersiedlungen, Krankenhäusern, Altersheimen, Fabrikschulen und Kindergärten als Pioniere vorbildlicher Sozialmaßnahmen profilierten.[160] Eine Siedlung mit eigenen Zweizimmerwohnungen für die Arbeiter sowie eine der ersten Unterstützungskassen und Konsumgenossenschaften des Reiches errichteten die Kolomna-Lokomotivbauwerke südlich von Moskau, eines der größten Maschinenbauwerke des Reiches.[161] Besonderen Eifer für den Bau von Fabrikschulen zeigte die Moskauer Trechgornaja Textilfabrik der Brüder Prochorov, die seit 1816 die älteste Fabrikschule des Reiches unterhielt, sowie der Moskauer Juwelier P. A. Ovčinnikov, der eine mustergültige Lehrwerkstatt für Skulptur und technisches Zeichnen betrieb und eine führende Stellung auf dem Gebiet der Arbeiterbildung in Rußland einnahm.[162] Nicht zuletzt entsprang auch eine Initiative der Moskauer Börse von 1881, eine Hilfskasse für verunglückte Arbeiter einzurichten, dem Geist patriarchalischer Fürsorge, der alle diese Maßnahmen trug.

Alles in allem stellten diese Beispiele betrieblicher Sozialeinrichtungen jedoch selbst für die größten Fabriken Zentralrußlands eine Ausnahme dar. Zudem stand das patriarchalische Selbstverständnis völlig konträr zu einem gesetzlich begründeten Arbeiterschutz. Neben dem Bemühen, Kosten zu vermeiden, war die Haltung der Moskauer Industriellen zur Fabrikgesetzgebung deshalb vor allem dadurch gekennzeichnet, daß man staatliche Eingriffe in die internen Strukturen der Betriebe und in das patriarchalische Verhältnis zwischen

---

[159] 1886 wurde Maljutin für seine „Verdienste um die Verbesserung der Lebensverhältnisse der Arbeiter" mit dem St. Stanislaus-Orden geehrt: RGIA f. 20 op. 1 d. 202 ll. 1-6. Der erste Fabrikinspektor Janžul bezeichnete die Manufaktur Maljutins als „in jeder Hinsicht mustergültig": Janžul, I. I.: Ženščiny-materi na fabrikach, in: Ders.: Očerki i izsledovanija, Bd. 1, Moskau 1884, S. 348-397, hier S. 396. Der Bau von Fabrikkrankenhäusern war zwar seit 1866 obligatorisch. In welchem Ausmaß der Fabrikbesitzer diese Auflage erfüllte, hing jedoch weitgehend von seinem persönlichen Engagement ab. Siehe unten Kap. X.
[160] Ruckman, The Moscow Business Elite, S. 163-164; West, The Moscow Progressists, S. 106; Torgovoe i promyšlennoe delo Rjabušinskich, Moskau 1913, S. 141-154.
[161] RGIA f. 20 op. 1 d. 202 ll. 1-6; Efremcev, G. P.: Istorija Kolomenskogo zavoda. Očerk istorii teplovozostroitel'nogo zavoda imeni V. V. Kujbyševa za 110 let (1863-1973), Moskau 1973, S. 31-33.
[162] Kinjapina, Politika russkogo samoderžavija v oblasti promyšlennosti. 20-50e gody XIX v., Moskau 1968, S. 370-371; Ovčinnikov, P. A.: Nekotoryja dannyja po voprosu ob ustrojstve byta rabočich i učenikov na fabrikach i remeslennych zavedenijach, Moskau 1881. Zu einzelnen Initiativen beim Bau von Fabrikschulen siehe auch Gvozdev, S. [A. K. Klepikov]: Zapiski fabričnago inspektora. Iz nabljudenii i praktiki v period 1894-1908 gg., Moskau 1911, S. 9-10. Auch Ovčinnikov und der Direktor der Kolomna-Werke, A. E. Struve, erhielten den St. Stanislaus-Orden: RGIA f. 20 op. 1 d. 202 ll. 1-6.

Fabrikherren und Arbeitern nach Möglichkeit auf ein Minimum beschränkt sehen wollte. So erwies sich gerade der genannte P. P. Maljutin nicht nur als Gegner eines Nachtarbeitsverbots für Frauen, sondern auch als einer der schärfsten Kritiker der Fabrikinspektion.[163]

Die mit einer Fabrikinspektion verknüpfte Vorstellung, daß Arbeiter vor ihren Fabrikherren geschützt werden müßten, rührte vor allem in Zentralrußland an das Ehrgefühl der Industriellen. So fragten einige Tverer Fabrikanten bereits 1860 angesichts erster Vorschläge von Regierungsseite, eine Fabrikinspektion einzurichten:

> „Was ist denn eine Fabrik, ein Fabrikant? Das ist doch kein Ort der Gesetzlosigkeit, und keine Person, die plötzliche Untersuchungen erfordert?"[164]

Das Selbstverständnis Moskauer Unternehmer wurde von der Inspektion aber nicht nur dadurch verletzt, daß sie sich durch staatliche Aufsicht an den Pranger gestellt fühlten. Mehr noch widersprach es ihrem Weltbild, daß damit den Arbeitern eine eigene Rechtssphäre eingeräumt wurde, aus der Ansprüche gegenüber den Fabrikbesitzern abgeleitet werden konnten. Dies zeigte sich umso deutlicher, je mehr es darum ging, ein Minimum an sozialer Absicherung der Fabrikarbeiterschaft gesetzlich zu formulieren. Immer wieder waren es vor allem die Moskauer Fabrikanten, die in den Diskussionen um die Haftung bei Arbeitsunfällen oder die Einrichtung von Fabrikkrankenhäusern eisern darauf beharrten, daß es prinzipiell keine rechtsverbindlichen Verpflichtungen der Fabriken gegenüber ihren Arbeitern geben dürfe, selbst als sie unter dem Druck der Regierung einer finanziellen Unterstützung von Unfallopfern durch die Industrie bereits zugestimmt hatten.[165] Vor allem sollte unbedingt der Eindruck vermieden werden, daß Fabrikarbeit gesundheitsschädlich und damit eine der Ursachen sozialer Mißstände sei, um so die Fiktion einer fürsorglichen Haltung der Industriellen gegenüber ihren Arbeitern aufrechterhalten zu können.

Das hohe Selbstbewußtsein der Moskauer Industriellen und ihre Distanz gegenüber jeder Form staatlicher Reglementierung hatte allerdings auch zur Folge, daß diese sich in sozialen Fragen nicht allein auf die schützende Hand des Staates verließen, sondern selbst Formen zu entwickeln suchten, um mit der wachsenden Arbeiterbewegung fertig zu werden. Das Beispiel der Beratungen von 1903 über die Einrichtung von Fabrikältesten macht deutlich,

---

[163] RGIA f. 20 op. 2 d. 1794-a ll. 27-29; Owen, Capitalism, S. 130.

[164] Trudy kommissii, učreždennoj dlja peresmotra ustavov fabričnago i remeslennago, Bd. 2, S. 315.

[165] In dieselbe Richtung ging auch der Vorschlag der Moskauer Abteilung des Rates für Handel und Manufakturen, die Ausgaben für die medizinische Behandlung von Arbeitern über eine höhere Besteuerung der Industrie abzugelten, falls das Gesundheitswesen den Zemstva übertragen würde: RGIA f. 20 op. 15 d. 73 l. 73 und l. 76; Ebenda, d. 73, ll. 78-82. Siehe unten Kapitel IX und X.

daß das Denken in festgefügten patriarchalischen Betriebsstrukturen durchaus Möglichkeiten der Reform offen ließ. Während die Petersburger und die Lodzer Industriellen sich grundsätzlich gegen jede Form der Arbeiterorganisation sperrten, setzten sich zumindest die Spitzen der Moskauer Industriellen für die Legalisierung gewählter Arbeitervertreter auf betrieblicher Ebene ein. So argumentierte der Moskauer Textilfabrikant V. V. Jakunčikov, einer der Initiatoren des Entwurfes, vor dem Reichsrat:

> „Wie jeder Fabrikant meine ich, daß die Idee von Arbeiterbünden für sich genommen furchterregend ist. Deswegen kann ich prinzipiell nicht ihr Anhänger sein. Aber ich weiß aus persönlicher Erfahrung, daß es definitiv nicht möglich ist, mit einer Menschenmenge Verhandlungen zu führen. Bei dem außergewöhnlichen Lärm und Geschrei ist an irgendwelche Verhandlungen nicht zu denken. Notgedrungen muß man darum bitten, daß jemand aus der Menge allein spricht, irgendeine bevollmächtigte Person. Wenn von vornherein Fabrikälteste eingerichtet würden, wären sie die Vertreter der Masse der Arbeiter. Durch sie könnte man sich klar über die Bedürfnisse der Arbeiter informieren."[166]

Dieser Gedankengang macht deutlich, daß es den Befürwortern von Fabrikältesten darum ging, einen pragmatischen Ausweg aus der Konfrontation zwischen Arbeiterschaft und Fabrikbesitzern zu finden, der die Stellung des Fabrikherrn im inneren Gefüge des Betriebes möglichst wenig berührte. Auch wenn sich in den Folgejahren zeigen sollte, daß diese Einrichtung weder bei den Industriellen noch bei den Arbeitern auf besonderen Anklang stoßen würde, war hier doch gerade im patriarchalischen Moskau zumindest ein Ansatz für soziale Reformen vorhanden, den die Petersburger Industriellen um die Jahrhundertwende völlig vermissen ließen.

Da die großen ländlichen Fabriken Zentralrußlands fast durchweg von Moskau aus regiert wurden, erstreckte sich der Vertretungsanspruch der Moskauer Industriegremien auf die gesamte Region. Gegenüber der dominierenden Stellung der Moskauer in Gesellschaft und Politik konnten sich lokale Wirtschaftseliten kaum behaupten.[167] Einen Sonderfall innerhalb der zentralrussischen Unternehmerschaft bildeten allerdings die Industriellen von Ivanovo-Voznesensk, dem „russischen Manchester". Während in den übrigen Gebieten der Region die großen Fabriken über das Land verstreut lagen, war hier ein weitgehend von lokalen Unternehmern getragener industrieller Ballungsraum entstanden, der

---

[166] RGIA f. 1153 op. 1 1903 g. d. 153 l. 71.

[167] Ein 1873 in Ržev im Gouvernement Tver' und ein 1875 in Tver' selbst gegründetes Komitee für Handel und Manufakturen konnten sich nur wenige Jahre halten: RGIA f. 20 op. 3 d. 1919; Ministerstvo Finansov 1802-1902, Bd. I, St. Petersburg 1902, S. 414-415. Siehe auch Gavlin, M. L.: Rol' centra i okrain Rossijskoj imperii v formirovanii krupnoj moskovskoj buržuazii v poreformennyj period, in: IstZap 92(1973), S. 336-355.

bald ein Bewußtsein gemeinsamer Interessen, aber auch gemeinsamer Aufgaben unter den Industriellen entstehen ließ. So hatte die überwiegend von den Fabrikanten beherrschte Stadtduma von Ivanovo bereits in den sechziger und siebziger Jahren ein für Rußland völlig neuartiges System medizinischer Versorgung und sozialer Absicherung von Fabrikarbeitern eingerichtet, das zu einem erheblichen Teil von den Fabrikbesitzern finanziert wurde.[168] Darüber hinaus setzte sich das 1879 gegründete Komitee für Handel und Manufakturen in den ersten Jahren seines Bestehens vor allem für die Förderung des Fabrikschulwesens und für die Beschränkung der Kinderarbeit ein.[169] 1901 schließlich gehörten die Industriellen von Ivanovo-Voznesensk zu den ersten, die eine genossenschaftliche Unfallversicherung nach Rigaer Vorbild einrichteten. Diese wenigen Indizien zeigen, daß die Industrieunternehmerschaft in einem eng umgrenzten und bislang noch wenig erforschten sozialen Feld auch in Rußland zumindest ansatzweise zu einer Triebkraft gesellschaftlicher Umgestaltung werden konnte.

b) Anfänge moderner Interessenvertretung: Die Petersburger Industriellen

Mehr noch als die Moskauer Fabrikanten standen die Industriellen St. Petersburgs lange im Schatten der historischen Forschung. Doch bereits das wenige, was bislang über die Entwicklung unternehmerischer Organisation in St. Petersburg bekannt ist, zeigt, daß diese ganz erheblich von der Zentralrußlands abwich.[170]

Einer der wichtigsten Unterschiede, der die Ausbildung kollektiven industriellen Selbstbewußtseins in Petersburg über lange Zeit verhinderte, war die enge Verknüpfung der hauptstädtischen Industrie mit staatlichen Institutionen. So wurde ein großer Teil der Schwerindustrie, nämlich die staatlichen Werften und Rüstungsbetriebe, direkt vom Marine- beziehungsweise vom Kriegsministerium verwaltet. Aber auch die riesigen Putilov-Werke, um 1900 mit knapp 12.000 Arbeitern der größte Privatbetrieb der Stadt, waren wegen ihrer chronischen wirtschaftlichen und finanziellen Abhängigkeit vom Staat an der Formulierung gemeinsamer politischer Anliegen der Petersburger Industrie so gut wie überhaupt nicht beteiligt.

---

[168] Dement'ev, Vračebnaja pomošč fabričnym rabočim, St. Petersburg 1899, S. 12-14, S. 86 und S. 101-102; Otečestvennyja Zapiski 191 (August 1870), Sovr. Obozr., S. 256. Siehe unten Kapitel IX und X.
[169] RGIA f. 20 op. 2 d. 1784 ll. 228-229; f. 20 op. 2 d. 1806 ll. 43-44.
[170] Zu den Petersburger Industriellen siehe vor allem King, The Emergence; sowie die entsprechenden Kapitel bei Rieber, Merchants and Entrepreneurs.

Ein mit dem Selbstverständnis der Moskauer Unternehmerschaft vergleichbares Bewußtsein gemeinsamer Identität als gesellschaftliche Elite bildete sich unter den Industriellen St. Petersburgs aber auch deshalb nur langsam aus, weil ausländische Gesellschaften das Wirtschaftsleben der Stadt dominierten, während russische Unternehmer nur eine untergeordnete Rolle spielten.[171] Zudem hatte der hohe Anteil an ausländischem Kapital zur Folge, daß ein Großteil industrieller Unternehmen in Petersburg gegen Ende des Jahrhunderts als Aktiengesellschaft verfaßt war. Damit aber trat der Typ des traditionellen Familienunternehmers mit seinem hohen Selbstbewußtsein und sozialen Prestige, auf den auch die offiziellen Beratungsgremien zugeschnitten waren, immer mehr in den Hintergrund.[172] Schließlich trug die beherrschende Stellung des Hofes und der Ministerien im gesellschaftlichen Leben der Stadt das Ihre dazu bei, daß sich in Petersburg anders als in Moskau an der Spitze der städtischen Gesellschaft keine industrielle Oberschicht als soziale Elite ausbildete, welche die bestehenden Gremien der Wirtschaft mit Leben hätte füllen können.

Folglich spielten weder die Petersburger Börse noch der Rat für Handel und Manufakturen in der Hauptstadt für die Fabrikgesetzgebung eine Rolle, die auch nur im Ansatz mit derjenigen der entsprechenden Institutionen in Moskau vergleichbar gewesen wäre. Anders als in Moskau, wo Produktion und Handel personell eng miteinander verknüpft waren und die großen Textilmagnaten sich oft noch in mehreren anderen Branchen engagierten, wurde die Börse in St. Petersburg als dem wichtigsten Außenhandelshafen des Reiches weitgehend von Großkaufleuten beherrscht, die mit der Industrie nur wenig zu tun hatten. Da die Industrie gemäß der Einteilung der Börsenversammlung in sieben Kategorien nur drei von achtzig Bevollmächtigten stellte, während die übrigen Delegierten von Import- und Exportkaufleuten, Bankiers und Wertpapierhändlern gewählt wurden, kam die Börse trotz ihres offiziellen Vertretungsanspruchs für eine Artikulation industrieller Interessen nicht in Betracht. Zu Fragen der Fabrikgesetzgebung nahm sie so gut wie überhaupt nicht Stellung.[173]

---

[171] Zur Rolle ausländischen Kapitals in Rußland siehe neben der in Anm. 133 genannten Literatur: Carstensen, F.: Foreign Participation in Russian Economic Life: Notes on British Enterprise, 1865-1914, in: Guroff, G. und Carstensen, F. (Hgg.): Entrepreneurship in Imperial Russia and the Soviet Union, Princeton 1983, S. 140-158; Kirchner, W.: Die deutsche Industrie und die Industrialisierung Rußlands 1815-1914, St. Katharinen 1986.
[172] Zelnik, Labor and Society, S. 46-47; King, The Emergence, S. 1-120, v. a. S. 104-112.
[173] Timofeev, A. G.: Istorija St. Peterburgskoj Birži 1703-1903, St. Petersburg 1903, S. 172-175, S. 254-257 und S. 280; King, The Emergence, S. 235-240 und S. 338-342. Nur ein einziges Mal, in der Frage der Reform der medizinischen Versorgung für Fabrikarbeiter, wurde das Petersburger Börsenkomitee 1899 von Regierungsseite um eine Stellungnahme zu Fragen der Fabrikgesetzgebung gebeten: RGIA f. 150 op. 1 d. 617 ll. 20-21. Auch die Petersburger Fabrikanten selbst wandten sich nur einmal, im Jahr

Auch der Petersburger Rat für Handel und Manufakturen erreichte nicht annähernd die Bedeutung, die seine Moskauer Abteilung für die Fabrikgesetzgebung beanspruchen konnte.[174] Dies lag zum einen an der wesentlich größeren Abhängigkeit des Rates von der Regierung, da kein gewählter Präsident, sondern der stellvertretende Finanzminister den Vorsitz führte. Von Amts wegen nahmen auch die Direktoren und Vizedirektoren der Abteilung für Handel und Manufakturen, der Berg- und der Zollabteilung an den Sitzungen des Rates teil. Zudem hatte der Rat eine eigenartige Zwitterstellung inne. Obwohl er eigentlich als zentrales Organ gedacht war, um das Finanzministerium in allen wirtschaftspolitischen Angelegenheiten zu beraten, zählte er ausschließlich Petersburger Unternehmer zu seinen Mitgliedern. Zu abhängig vom Finanzministerium, um für die Hauptstadt dieselbe Funktion erfüllen zu können, welche die Moskauer Abteilung für die zentralrussische Industrie spielte, war der Rat zugleich viel zu einseitig besetzt, um als offizielles Vertretungsorgan der gesamten russischen Industrie auftreten zu können.[175]

Mehr noch als durch die enge Anbindung an das Finanzministerium wurde die Schwäche des Rates allerdings dadurch bestimmt, daß seine personelle Zusammensetzung die strukturellen Schwächen der Petersburger Unternehmerschaft widerspiegelte. Zwar wurden auch seine vierundzwanzig Mitglieder nach demselben Kooptationsverfahren bestimmt wie in Moskau, und auch hier kamen auf diese Weise überwiegend prominente und persönlich unabhängige Industrielle in den Rat. Da jedoch auch in St. Petersburg fast ausschließlich die Besitzer privater Familienbetriebe benannt wurden, blieben wichtige Sektoren wie die staatlichen Unternehmen oder die großen ausländischen Aktiengesellschaften weitgehend ausgeblendet. Dies führte beispielsweise dazu, daß die riesigen Textilmanufakturen der Hauptstadt nur durch jeweils einen einzigen Unternehmer alten Stils, und zwar bis 1886 durch Ja. D. Thornton und ab 1887 durch K. Ja. Pahl, vertreten waren.

1885, an die Börse, um ein Gesuch des Moskauer Börsenkomitees für einen Aufschub des Nachtarbeitsverbots für Frauen und Jugendliche von 1885 abzuwehren: RGIA f. 20 op. 2 d. 1794-a ll. 104-105.

[174] Zur Geschichte des Rates für Handel und Manufakturen sowie verschiedenen Plänen zu seiner Reform siehe King, The Emergence, S. 227-235; Šepelev, Carizm i buržuazija, S. 140, S. 164-166 und S. 213-216; Šumilov, M. M.: Proekt reformy predstavitel'nych torgovo-promyšlennych organizacij v konce XIX-načale XX v., in: Ist-Zap 118(1990), S. 292-312; Nisselovič, L. N.: Torgovo-promyšlennyja soveščatel'nyja učreždenija v Rossii. Istoričeskij očerk, St. Petersburg 1887.

[175] Dieses Strukturproblem wurde vom Finanzministerium durchaus erkannt. So schlug Kovalevskij 1896 den Begründern der Petersburger Fabrikantengesellschaft vor, sich als Petersburger Abteilung des Rates für Handel und Manufakturen zu konstituieren, was diese allerdings ablehnten: RGIA f. 150 op. 1 d. 42 l. 82.

Aufgrund der vielfältigen Wirtschaftsstruktur der Hauptstadt konnte aber auch keine andere Branche die dominierende Rolle im Petersburger Rat einnehmen, welche die zentralrussische Textilindustrie in seiner Moskauer Abteilung innehatte. Zwar war die metallverarbeitende Industrie mit langjährigen Mitgliedern des Rates wie F. K. San-Galli, Ludwig und Emmanuel Nobel, E. G. Lessner und O. E. Krähl stark vertreten, stellte aber selbst gemeinsam mit den Industriellen anderer Branchen wie den Papierherstellern I. A. und K. A. Vargunin, dem Tabakfabrikanten A. F. Miller, dem Lederfabrikanten N. N. Brusnicyn und dem Zuckerindustriellen E. V. Blessig gegenüber Großhändlern und Bankiers wie dem langjährigen Börsenvorsitzenden A. Ja. Prozorov und dem Bankier G. E. Ginzburg sowie Vertretern der technischen Intelligenz wie dem späteren Hauptfabrikinspektor E. N. Andreev oder dem späteren Finanzminister I. A. Vyšnegradskij nur eine starke Minderheit. Die Interessen all dieser Branchen unter einen Hut zu bringen und den Rat zumindest im Ansatz zu einem effektiven Vertretungsorgan der Petersburger Industrie auszugestalten, erwies sich anders als in der von den großen Textilmagnaten dominierten Moskauer Abteilung unter diesen Umständen als unmöglich.[176]

Dementsprechend konnte der Rat auch die Beratungen über die Fabrikgesetzgebung nur unwesentlich beeinflussen.[177] Das Finanzministerium verzichtete durchweg darauf, ihm einzelne Gesetzentwürfe zur Begutachtung vorzulegen und bezog vielmehr einzelne prominente Mitglieder wie San-Galli oder Nobel in regierungsinterne Beratungen ein.[178] Damit wurde die offizielle Vertretung der Petersburger Industrie gegenüber der Regierung bis in die neunziger Jahre hinein nahezu völlig auf individuelle Persönlichkeiten beschränkt, die nicht einmal im Ansatz Anspruch auf ein repräsentatives Mandat erheben konnten.[179]

---

[176] In der Praxis wurden die Kandidatenlisten meist von einigen führenden Ratsmitgliedern so zusammengestellt, daß eine Bestätigung der favorisierten Kandidaten durch das Ministerium von vornherein sicher war: [San-Galli], Curriculum vitae, S. 39-40.

[177] Wichtigstes Tätigkeitsgebiet des Rates war die Entscheidung über die Eröffnung von Industriebetrieben, die Zulassung von Patenten usw. Einzig in den Beratungen der achtziger Jahre über die Haftung bei Arbeitsunfällen spielte der Rat eine gewisse Rolle, als das Finanzministerium eigens eine Kommission aus Mitgliedern des Rates sowie Vertretern anderer Ministerien einrichtete, um einen Gesetzentwurf zu erarbeiten: Siehe unten Kapitel IX. Eine Initiative von drei Ratsmitgliedern aus der technischen Intelligenz von 1879 zur Beschränkung der Kinderarbeit blieb hingegen ebenso folgenlos wie Ansätze zur Erarbeitung von Sicherheitsregeln: RGIA f. 20 op. 2 d. 1784 ll. 1-2; [San-Galli], Curriculum vitae, S. 51-54.

[178] Zur Biographie San-Gallis siehe seine autobiographische Skizze: [San-Galli], Curriculum vitae. Zur Geschichte der Nobels: Tolf, R.: The Russian Rockefellers. The Saga of the Nobel Family and the Russian Oil Industry, Stanford 1976.

[179] Auch King hebt hervor, daß die eigentliche Bedeutung des Rates für Handel und Manufakturen in seiner Funktion als Rekrutierungsfeld für die Einbeziehung einzelner Industrieller in verschiedene Regierungsgremien lag: King, The Emergence, S. 233-235.

Die Abhängigkeit vom Staat, die Dominanz ausländischen Kapitals, die Branchenvielfalt und die vergleichsweise untergeordnete Rolle, welche Petersburger Unternehmer im sozialen Leben der Hauptstadt spielten, führten also dazu, daß die Petersburger Industrie die auf traditionelle Unternehmerpersönlichkeiten zugeschnittenen Beratungsgremien nicht als Forum für die Artikulation ihrer eigenen Belange nutzte. Allerdings hatte dieser Mangel auch zur Folge, daß sich in Petersburg früher als anderswo im Reich Ansätze zur Ausbildung moderner, unabhängiger Industrieverbände beobachten ließen, welche die wirtschaftlichen Interessen einer breiteren Klientel vertraten. Während die Moskauer Industriellen bis 1905 in den oligarchisch geprägten Organisationsformen einer traditionalistischen gesellschaftlichen Oberschicht verharrten, begann man in Petersburg bereits gegen Ende des neunzehnten Jahrhunderts, Verbandsstrukturen aufzubauen, die den Ansprüchen an eine repräsentative Interessenvertretung genügen konnten. Für uns sind diese Institutionen deshalb von besonderem Interesse, weil sie unmittelbar aus dem Bemühen Petersburger Industrieller entstanden, eine eigene, konstruktive Antwort auf die Fabrikgesetzgebung der Regierung zu finden.

Die ersten Ansätze einer kollektiven Formulierung industrieller Interessen in St. Petersburg kamen aus der Textilindustrie. Hier erkannte man früh, daß eine gesetzliche Beschränkung der Arbeitszeit besondere Möglichkeiten eröffnete, die Last der Wirtschaftskrise zu Beginn der achtziger Jahre auf die Moskauer Konkurrenz abzuwälzen und sich gegenüber der Regierung als Vorreiter des Arbeiterschutzes zu profilieren. Bereits im Frühjahr 1883 reichten die Direktoren von vier großen Petersburger Textilmanufakturen als Reaktion auf das Gesetz über die Kinderarbeit eine gemeinsame Petition beim Finanzministerium ein, in der sie darum ersuchten, die Arbeitszeiten auch erwachsener Fabrikarbeiter zu verkürzen sowie Frauen und Jugendlichen die Nachtarbeit ganz zu verbieten.[180] Als sich die Absatzkrise in der Textilindustrie verschärfte, gewann dieser Vorschlag weitere Anhänger und wurde im November desselben Jahres gegenüber dem Petersburger Stadthauptmann Gresser erneut vorgetragen.[181] Diese Gesuche erwiesen sich als ausgesprochen erfolgreich, da sie direkt in das gesetzliche Verbot der Nachtarbeit von Frauen und Jugendlichen in der Textilindustrie mündeten. Auch wenn sie nicht unmittelbar zu der Gründung

---

[180] Auslöser dieser Petition war eine Umfrage des Finanzministeriums über die voraussichtlichen Folgen des Gesetzes über die Kinderarbeit: Materialy po izdaniju zakona 2 ijunja 1897 goda ob ograničenii i raspredelenii rabočago vremeni v zavedenijach fabrično-zavodskoj promyšlennosti, St. Petersburg 1905, S. 108; RGIA f. 20 op. 2 d. 1784 ll. 67-68.
[181] RGIA f. 20 op. 2 d. 1794-a ll. 1-2 und l. 6. King verwechselt diese beiden Petitionen und kommt deshalb zu dem irreführenden Ergebnis, der Impuls zur Formulierung gemeinsamer Belange der Petersburger Textilindustrie sei von den Behörden ausgegangen: King, The Emergence, S. 459. Siehe unten Kapitel IV.

einer festen Organisation führten, leisteten sie doch einen wichtigen Beitrag, die Gemeinsamkeit der Interessen und den Nutzen kollektiver Aktionen innerhalb der Petersburger Textilindustrie deutlich zu machen.

Aus der Textilindustrie erwuchs auch der erste Ansatz, als Reaktion auf die Beratungen im Finanzministerium nach dem Vorbild eines Leipziger Versicherungsvereins eine private Unfallversicherung für Arbeiter zu gründen. Zwar verlief ein erster Versuch noch gegen Ende der achtziger Jahre im Sande, als die Initiatoren D. I. Meier, O. F. Cheshire und N. S. Il'in kurz nacheinander verstarben.[182] Dagegen entwickelte sich eine 1893 von Pahl gegründete Kommission, welche die Gründung einer solchen Versicherung erneut ins Auge faßte, schnell zu einer umfassenden Organisation der privaten Industrie St. Petersburgs. Um ihren rapide wachsenden Aufgaben als Vertretungsorgan der industriellen Interessen der Hauptstadt gerecht werden zu können, wurde die Kommission 1897 nach dem Vorbild der Moskauer Manufakturgesellschaft in eine „Gesellschaft zur Förderung der Verbesserung und Entwicklung der Fabrikindustrie" (*Obščestvo dlja sodejstviju ulučšeniju i razvitiju fabrično-zavodskoj promyšlennosti*) umgewandelt, die im folgenden als Petersburger Fabrikantengesellschaft bezeichnet werden soll.[183]

Vorsitzender der Gesellschaft mit ihren etwa 100 Mitgliedern vor allem aus den Bereichen Textilien, Nahrungsmittel, Chemie und Metallverarbeitung, die zusammen etwa 55.000 Arbeiter beschäftigten, war der polnische Ingenieur und Direktor einer Knochenbrennerei, S. P. Glezmer. Unter seiner engagierten Leitung entwickelte sich die Gesellschaft schnell zu einem Interessenverband der Petersburger Industrie, der bald ein Mitspracherecht in allen wichtigen Fragen der Wirtschaftspolitik beanspruchen konnte. In dem Direktor der Abteilung für Handel und Manufakturen Kovalevskij stand der Fabrikantengesellschaft zudem ein Ansprechpartner gegenüber, der auch von sich aus einen engen und regelmäßigen Kontakt zur Industrie suchte, so daß Glezmer bald regelmäßig im Finanzministerium ein- und ausging. Zudem gehörten der Gesellschaft mit dem Maschinenbauer San-Galli und dem Textilindustriellen Rudolf Hammerschmidt zwei weitere Mitglieder an, die über glänzende Kontakte in höchste Regierungskreise verfügten.[184]

Auch in Fragen der Fabrikgesetzgebung meldete sich die Petersburger Fabrikantengesellschaft mit Macht zu Wort. Dabei wurde die Kritik an einzelnen Vorschlägen der Regierung bald nicht nur wesentlich professioneller als von

---

[182] RGIA f. 150 op. 1 d. 43 l. 4.
[183] Diese Benennung entspricht auch dem allgemeinen Sprachgebrauch der Zeit. 1906 wurde sie zum offiziellen Namen der Gesellschaft (*Obščestvo zavodčikov i fabrikantov*). Zur Entstehung und zur Tätigkeit der Gesellschaft vor 1905: King, The Emergence, S. 275-404.
[184] Die von Hammerschmidt geleitete Nevskaja Baumwollspinnerei und die Nevskaja Garnmanufaktur gehörten der Ehefrau des Reichsratsmitglieds A. A. Polovcov.

Moskauer Seite vorgetragen, sie wurde auch viel offener und hartnäckiger von einem reinen Interessenstandpunkt aus formuliert. So wartete die Fabrikantengesellschaft während der Diskussion im Reichsrat über die Haftung bei Arbeitsunfällen 1903 erstmals mit einer schriftlichen Stellungnahme auf, welche detailliert, wenn auch sehr einseitig, die Belastungen berechnete, die das neue Gesetz für die internationale Wettbewerbsfähigkeit der russischen Industrie mit sich bringen würde.[185] Wesentlich klarer als die Moskauer Industriellen lehnte die Mehrzahl Petersburger Industrieller ganz unverblümt jegliche Verantwortung der Unternehmerschaft für soziale Angelegenheiten ab und reduzierte sowohl ihre eigene Rolle wie die der Arbeiter auf rein ökonomische Funktionen. So hatte San-Galli bereits 1882 eine Pflicht zum Bau von Fabrikschulen mit den Worten abgelehnt, dies sei Aufgabe der Gesellschaft und der Eltern:

„Die Fabrikanten sind an dieser Sache am wenigsten interessiert. Für sie sind im wesentlichen nur die folgenden Eigenschaften der Arbeiter wichtig: 1) Gesundheit, 2) Fleiß, 3) Sachkunde."[186]

Etwas allgemeiner formulierte die Petersburger Fabrikantengesellschaft dieselbe Auffassung 1903 in der Diskussion über die Einrichtung von Selbsthilfekassen der Arbeiter:

„Man kann von den Unternehmern materielle Opfer verlangen, aber man darf sie weder direkt noch indirekt zur allgemeinen Fürsorge für die Arbeiter und ihre Familien heranziehen."[187]

Zwar gab es auch in St. Petersburg einzelne Unternehmer wie I. E. Golubev oder Ludwig Nobel, die sich in den siebziger und achtziger Jahren im Interesse einer langfristig stabilen wirtschaftlichen Entwicklung für Maßnahmen der Fabrikgesetzgebung wie eine Verkürzung der Arbeitszeit oder eine verbesserte Schulbildung der Arbeiter ausgesprochen hatten. Ebenso wie dem Moskauer Alekseev hatte die organisatorische Schwäche der Industrie auch ihnen erhebliche Möglichkeiten eingeräumt, ihre Auffassungen gegen eine Mehrheit der Industriellen durchzusetzen. Mit dem Aufkommen eines organisierten Interessenverbandes wie der Petersburger Fabrikantengesellschaft hatten solche Stimmen hingegen kaum noch eine Möglichkeit, gehört zu werden.

c) Bindeglied nach Westen? Die polnischen Industriellen

Eine Sonderrolle bei der Formulierung der russischen Fabrikgesetze spielten die Industriellen des Königreichs Polen, vor allem aus den Industriegebieten

---

[185] RGIA f. 150 op. 1 d. 578 ll. 139-142, ll. 204-214 und ll. 219-229. Siehe unten Kapitel IX.
[186] RGIA f. 1149 1882 g. d. 58 l. 133.
[187] Zakonodatel'nye materialy k zakonu o starostach, S. 21.

um Warschau und Lodz.[188] Hier dominierte eine kleine, überwiegend deutsche und jüdische Unternehmeroligarchie, die besonders in Lodz den grenznahen Standort nutzte, um die seit den 1870ern errichteten Zollschranken zu umgehen und mit modernster Technik für den russischen Markt zu produzieren. Inwiefern aber übernahmen diese polnischen Industriellen auch die Rolle eines Vermittlers westlicher Konzepte, eines Bindegliedes nach Westeuropa auch in der Sozialpolitik?

Die dominierende Stellung weniger Großindustrieller und Bankiers begünstigte ähnlich wie in Zentralrußland die Organisation der polnischen Unternehmerschaft im Rahmen der traditionellen Beratungsgremien. So wurde das 1871 gegründete Warschauer Manufakturkomitee lange Zeit von dem Bankier und Börsenvorsitzenden Mieczysław Epstein und dem Metallindustriellen Bernard Hantke geprägt und diente bis zur Jahrhundertwende als der wichtigste Ansprechpartner des Finanzministeriums in Polen, wenn es um Fragen der Fabrikgesetzgebung ging.[189] Eine wirksame Artikulation polnischer Wirtschaftsinteressen gelang hier jedoch allenfalls in Ansätzen, da das Komitee nur fünf Mitglieder umfaßte, unter Vorsitz des Gouverneurs tagte und dementsprechend nur auf Initiative der Regierung tätig wurde. Als im März 1882 prominente Industrielle vor den Reichsrat geladen wurden, um sich zu der geplanten Beschränkung der Kinderarbeit zu äußern, überging die Regierung das Warschauer Manufakturkomitee und lud den Textilindustriellen Karl Dittrich aus Żyrardów. Dieser sagte jedoch ab, so daß die polnische Industrie in dieser wichtigen Frage überhaupt nicht vertreten war.[190] Im Januar 1886 versuchte das Komitee, seiner Stellungnahme zur Haftung bei Arbeitsunfällen zusätzliches Gewicht zu verleihen, indem es die Besitzer einiger größerer

---

[188] Zur polnischen Unternehmerschaft siehe Pytlas, S.: Łódzka burżuazja przemysłowa w latach 1864-1914, Lodz 1994; Kołodziejczyk, R. (Hg.): Image predsięborcy gospodarczego w Polsce w XIX i XX wieku, Warschau 1993; Ders.: Die Bourgeoisie im Königreich Polen. Entwurf eines Portraits, in: Scripta Mercaturae 20(1986), S. 58-76; Ders.: Burżuazja polska XIX i XX wieku, Warschau 1979; Ders.: The Bourgeoisie in Poland in the 19th and 20th Century against the European Background, in: Studia Historiae Oeconomicae 5(1970), S. 215-230; Długoborski, W.: Das polnische Bürgertum vor 1918 in vergleichender Perspektive, in: Kocka, J.(Hg.): Bürgertum im 19. Jahrhundert. Deutschland im europäischen Vergleich, Bd. 1, München 1988, S. 266-299; Kaczynska, E.: Bürgertum und städtische Eliten. Kongreßpolen, Rußland und Deutschland im Vergleich, in: Ebenda, Bd. 3, München 1988, S. 466-488; Kalabiński, S.: Die Modernisierung der Gesellschaft im Königreich Polen im 19. Jahrhundert, in: Conze, W., Schramm, G. und Zernack, K. (Hgg.): Modernisierung und nationale Gesellschaft im ausgehenden 18. und im 19. Jahrhundert. Referate einer deutsch-polnischen Historikerkonferenz, Berlin 1979, S. 71-89; Ihnatowicz, I.: Burżuazja warszawska, Warschau 1972.
[189] Zur Gründung des Warschauer Manufakturkomitees siehe RGIA f. 20 op. 15 d. 780.
[190] RGIA f. 20 op. 2 d. 1784 ll. 16-17 und l. 47. Zu den Dittrichs siehe Kazimierski, J.: Hielle i Dittrichowie oraz ich rola w rozwoju Żyrardówa (1857-1918), in: Kołodziejczyk, Image predsięborcy gospodarczego, S. 161-165.

örtlicher Industriebetriebe zu den Beratungen hinzuzog.[191] Auch die erst 1884 gegründete Warschauer Abteilung der Russischen Industriegesellschaft richtete eine entsprechende Petition an das Finanzministerium.[192] Allerdings gingen von dieser punktuellen Zusammenarbeit keine langfristigen Impulse für eine organisierte Interessenvertretung der Warschauer Unternehmer aus. Zwar lieferte die Abteilung der Industriegesellschaft, in der neben den örtlichen Industriellen eine Gruppe von Ingenieuren und Großgrundbesitzern um die Gründer und langjährigen Präsidenten Ludwik Krasiński und Władysław Kiślański eine prägende Rolle spielten, im Rahmen der „organischen Arbeit" wichtige Impulse für produktionstechnische Verbesserungen oder den Ausbau des Kreditwesens in Polen. Bei der weiteren Ausarbeitung der Fabrikgesetze spielte sie jedoch keine Rolle mehr.[193]

Nicht zuletzt aufgrund dieser organisatorischen Schwäche der Warschauer Unternehmer erwuchs dem dortigen Manufakturkomitee seit den achtziger Jahren in der Lodzer Abteilung der Russischen Industriegesellschaft eine starke Konkurrenz als Sprachrohr polnischer wirtschaftlicher Belange. Diese war 1882 anläßlich der Moskauer Allrussischen Industrieausstellung auf Initiative des Ingenieurs Stefan Kossuth gegründet worden und versammelte die wichtigsten Lodzer Textilindustriellen.[194] Den Vorsitz führten die Textilbarone Julius Heinzel (1882-1884), Eduard Herbst (1884-1889) und Julius Kunitzer (1889-1905). In dem scharfen Konflikt mit ihrem Moskauer Pendant über angebliche Wettbewerbsverzerrungen erwarb sich die Lodzer Abteilung schon bald den Status einer allgemein anerkannten Interessenvertretung der polnischen Textilindustrie.[195] Im März 1896 errichteten die Lodzer Industriellen darüber

---

[191] RGIA op. 3 d. 1930 ll. 162-178. Weitere Stellungnahmen wurden 1886 zur Praxis des Gesetzes über die Frauenarbeit sowie 1899 zu den Gesetzentwürfen über das Fabrikschulwesen und über die medizinische Versorgung von Fabrikarbeitern angefertigt: RGIA f. 20 op. 2 d. 1794-a ll. 193-195; f. 150 op. 1 d. 641 ll. 7-17 und d. 617 ll. 56-68.

[192] RGIA op. 3 d. 1930 ll. 199-202. Für die personelle Verklammerung zwischen der Abteilung und dem Warschauer Manufakturkomitee sorgten der Bankier Stanisław Leopold Kronenberg und der Eisenbahningenieur Władysław Kiślański, 1884-1895 Vizepräsident und 1895-1901 Präsident der Abteilung.

[193] TOS 14(1884), S. 282-284, S. 292 und S. 301-302; Pietrzak-Pawłowska, I.: Praca organiczna wobec wielkokapitalistycznych przemian w Królewstwie Polskim, in: Przegląd Historyczny 54(1963), S. 432-456; Owen, T.: The Russian Industrial Society and Tsarist Economic Policy, 1867-1905, in: JEconHist 45(1985), S. 587-606, hier S. 601.

[194] Die Lodzer Abteilung hatte bei ihrer Gründung 152 Mitglieder, Unterabteilungen bestanden in Sosnowiec, Pabianice und Zgierz: TOS 16(1886), S. 142-143; Pytlas, Łódzka burżuazja przemysłowa, S. 141-142; Pietrzak-Pawłowska, Praca organiczna, S. 444-449. Kossuth, der sich als Redakteur des „Przegląd Techniczny" als Befürworter der „Organischen Arbeit" profiliert hatte, wurde zuerst Sekretär und 1884-1886 Vizepräsident der Abteilung, während er zugleich Führungsfunktionen in der Warschauer Abteilung innehatte.

[195] Siehe unten Abschnitt e.

hinaus ein Handels- und Manufakturkomitee, dessen Vorsitz ebenfalls Kunitzer übernahm, und sicherten sich somit einen offiziellen Status gegenüber der Regierung.[196]

Besonderes Aufsehen erregte die Lodzer Abteilung, als sie 1894 eine gesetzliche Beschränkung der Arbeitszeit forderte und damit eine Diskussion auslöste, die schließlich in das Gesetz von 1897 über den Maximalarbeitstag mündete. Gestützt auf westeuropäische Erfahrungen hofften die Lodzer, auf diese Weise die Lebensverhältnisse der Arbeiter stabilisieren und die Arbeitsproduktivität steigern zu können.[197] Diese Überlegung lag auch den Forderungen zugrunde, eine gesetzliche Arbeiterversicherung nach deutschem Vorbild einzurichten, die von den polnischen Industriellen seit der Mitte der achtziger Jahre wiederholt erhoben wurden.[198]

Die am westeuropäischen Vorbild gewonnene Einsicht, daß ein gut ausgebildeter und sozial abgesicherter Stamm an Facharbeitern in geregelten Lebensverhältnissen eine Grundvoraussetzung darstellte, um langfristig die Arbeitsproduktivität steigern zu können, schlug sich auch in den innerbetrieblichen Verhältnissen nieder. Früher als in Rußland war ein Großteil der polnischen Fabriken zu regelmäßigen Lohnzahlungen bei kürzeren Arbeitszeiten übergegangen, und auch das Niveau der Fabrikstrafen lag erheblich niedriger als in anderen Gebieten des Reiches.[199] Auch die polnischen Großindustriellen gründeten seit den siebziger Jahren Fabrikschulen und -krankenhäuser und unterstützten darüber hinaus die Entwicklung des allgemeinen Schulwesens. Besonders in Lodz engagierten sich prominente Fabrikanten zudem an führender Stelle in Wohltätigkeitsorganisationen wie dem 1877 gegründeten Christlichen Wohltätigkeitsverein oder seinem jüdischen Pendant von 1899.[200]

Der entscheidende Unterschied gegenüber der russischen Industrie lag jedoch in der frühen Entstehung einer Vielzahl betrieblicher Arbeiterunterstützungskassen nach deutschem Vorbild. Dazu zählten vor allem Kranken-

---

[196] Neben Kunitzer saßen auch Eduard Herbst und Emil Geyer in dem Komitee: Pytlas, Łódzka burżuazja przemysłowa, S. 142; RGIA f. 20 op. 5 d. 54 l. 8; Lur'e, Organizacii, S. 59.
[197] TOS 23(1895), otd. IV, S. 105-148. Siehe unten Kapitel VI.
[198] Siehe vor allem die Stellungnahmen des Warschauer Manufakturkomitees, der beiden Abteilungen der Russischen Industriegesellschaft und des Lodzer Komitees für Handel und Manufakturen zu den verschiedenen Gesetzentwürfen über eine Haftung bei Arbeitsunfällen: RGIA f. 20 op. 3 d. 1930 ll. 162-178 und ll. 199-202; f. 150 op. 1 d. 578 ll. 155-172; TOS 23(1895), otd. IV, S. 287-293.
[199] Im Jahr 1900 zahlte ein Arbeiter im Fabrikbezirk Warschau bei einem durchschnittlichen Jahresverdienst von 227 Rubeln 36,3 Kopeken Strafe, in Moskau dagegen bei einem Einkommen von 169 Rubeln 60,4 Kopeken: Svod otčetov fabričnych inspektorov za vtoruju polovinu 1900 goda, St. Petersburg 1902, S. 74-77.
[200] Pytlas, Łódzka burżuazja przemysłowa, S. 168-206; Janžul, I. I.: Fabričnyj rabočij v srednej Rossii i v Carstve Pol'skom. Po ličnym nabljudenijam i izsledovanijam, in: Vestnik Evropy, Febr. 1888, S. 785-811.

und Pensionskassen, aber auch Sparkassen und Konsumgenossenschaften. Sie wurden überwiegend von den Arbeitern selbst getragen, konnten zum Teil aber auch auf erhebliche Zuschüsse der Fabrikbesitzer zurückgreifen.[201] „Alles in allem liegt der Stempel des vorteilhaften deutschen Einflusses auf der ganzen polnischen Industrie und dem Fabrikleben", faßte der Moskauer Fabrikinspektor I. I. Janžul 1887 die Eindrücke einer ausgedehnten Inspektionsreise durch die polnischen Gouvernements zusammen.[202] Diese Form betrieblicher Sozialpolitik entsprach nicht nur viel stärker als in Zentralrußland einem patriarchalischen Unternehmerideal. Mit ihren Auswirkungen auf die Arbeitsproduktivität stellte sie auch einen wichtigen Wettbewerbsvorteil der polnischen Industrie dar, wie Janžul den Moskauer Fabrikanten ins Stammbuch schrieb.[203]

Um die Vielfalt der Hilfskassen in eine einheitliche Form zu bringen und mit dem 1891 in Polen eingeführten Lohnarbeitsrecht vom 3. Juni 1886 in Einklang zu bringen, erließen die Fabrikbehörden in Warschau und Petrikau entsprechende Normalsatzungen. Für den polnischen Bergbau wurde eine solche Normalsatzung 1895 sogar in Gesetzesform verabschiedet, so daß das polnische Kassenwesen schon früh auf eine solide Rechtsgrundlage gestellt wurde.[204] Diese Regelungen offenbarten jedoch beispielhaft, daß die Bestrebungen polnischer Fabrikanten, westliche sozialpolitische Konzepte auf das Zarenreich zu übertragen, zwar innerhalb Polens wirksam wurden, jedoch kaum auf das übrige Rußland ausstrahlten. Zwar zählten die polnischen Industriellen zu den ersten, die eine gesetzliche Arbeiterversicherung forderten, ohne damit allerdings auf besondere Resonanz zu stoßen. Die eigentliche Rezeption des deutschen Versicherungswesens erfolgte in Rußland über Fachökonomen und Publizisten.[205] Auch an der Diskussion über das Lohnvertragsrecht von 1886 hatten die polnischen Industriellen erst dann Anteil, als dieses 1891 auf die polnischen Gouvernements ausgeweitet wurde.[206]

Daß die polnischen Industriellen die Funktion eines Vermittlers westeuropäischer Konzepte für ganz Rußland kaum erfüllen konnten, zeigte sich am sinnfälligsten in den Beratungen der Kovalevskij-Kommission im Februar 1897 über die Ausgestaltung der geplanten Arbeitszeitverkürzung. Obwohl die

---

[201] Janžul, Fabričnyj rabočij, S. 801-807; Tatiščev, S.: Obščestva vzaimopomošči v Rossii, in: Promyšlennost' i Zdorov'e 1(1902/03), Nr. 4, S. 28-62, hier S. 53-55.
[202] Janžul, Fabričnyj rabočij, S. 799.
[203] Janžul, Fabričnyj rabočij, S. 807-811; Ders., Iz vospominanij, S. 155-162.
[204] Tatiščev, Obščestva vzaimopomošči, S. 46-48 und S. 54-55; Gesetz vom 27. 1. 1895: PSZ 3 Bd. XV Nr. 11321. Siehe unten Kapitel X.
[205] Siehe dazu die in Anm. 32 genannte Literatur sowie die Kapitel IX-XI.
[206] An der Regierungskommission zur Vorbereitung dieses Gesetzes hatte vor allem S. Kossuth maßgeblichen Anteil: Polski Słownik Biograficzny, Bd. 14, S. 327-328; Kossuth, S.: Prawo fabryczne z 3/15 czerwa 1886 r., jego znaczenie, zasady, treść i zastosowanie, Lodz 1887.

Lodzer Abteilung der Russischen Industriegesellschaft dem Gesetzgebungsprozeß ursprünglich wichtige Impulse verliehen hatte, kam deren als Vertreter der polnischen Industriellen geladener Vorsitzender Julius Kunitzer in den Kommissionsberatungen über die Rolle eines Statisten nicht hinaus.[207]

d) Pioniere der Industrialisierung: Verbandsgründungen im Bergbau

Einen Interessenverband ganz eigener Art hatten sich die Industriellen des jungen Bergbaugebiets am Donec und am Unterlauf des Dnepr bereits 1874 mit dem Südrussischen Bergbauverband (*Sovet s-ezdov gornopromyšlennikov Juga Rossii*) geschaffen.[208] Zwar bot die Unternehmerschaft wegen des großen Anteils ausländischer Firmen mit ihren englischen, deutschen, belgischen, polnischen und jüdischen Eigentümern und Ingenieuren hier ein noch bunteres Bild ethnischer Herkunft als in Petersburg oder in Polen. Da diese jedoch fast alle Neuankömmlinge in Südrußland waren und nahezu durchweg vor dieselben Probleme gestellt wurden, die der Aufbau einer modernen Bergbau- und Hüttenindustrie in einer unwirtlichen, kaum besiedelten und noch weniger infrastrukturell erschlossenen Gegend mit sich brachte, entwickelte sich hier schon früh ein starkes Bewußtsein gemeinsamer Aufgaben und Interessen.

Dieses Selbstverständnis als Pioniere industriellen Aufbaus prägte auch die Haltung der südrussischen Bergbauindustriellen gegenüber der Arbeiterschaft. Anders als im dichtbesiedelten zentralrussischen Industriegebiet oder der Hauptstadt St. Petersburg ging es in Südrußland nicht in erster Linie darum, einen Regulierungsanspruch der Regierung abzuwehren oder abzumildern. Vielmehr wurde die Politik des Verbandes zu Fragen des Arbeiterschutzes von dem Ziel bestimmt, Arbeiter aus dem Inneren des Reiches für die Gruben und Hüttenwerke im Süden anzuwerben. Folglich konzentrierte sich der Verband bereits früh darauf, die Lebensbedingungen der Arbeiter zu verbessern, die

---

[207] RGIA f. 797 op. 67 d. 45 ll. 158-279.
[208] Zum folgenden siehe McCaffray, S.: The Association of Southern Coal and Steel Producers and the Problems of Industrial Progress in Tsarist Russia, in: SR 47(1988), S. 464-482; Dies.: The Origins of Labor Policy in the Russian Coal and Steel Industry, 1874-1900, in: JEconHist 47(1987), S. 951-965; Friedgut, T.: Iuzovka and Revolution, 2 Bde., Princeton, N.J. 1989 und 1994; Rubin, V.N.: Rabočij vopros na s-ezdach gornopromyšlennikov Juga Rossii, in: Učenye zapiski Moskovskogo Gosudarstvennogo Pedagogičeskogo Instituta imeni V.I. Lenina 249(1966), S. 3-33; Potolov, S.I.: Rabočie Donbassa v XIX veke, Moskau, Leningrad 1963; Zur Gründung des Verbandes siehe auch Auerbach, A.A.: Vospominanija o načale razvitija kamennougol'noj promyšlennosti v Rossii, in: Russkaja Starina 138(1909), S. 451-472, hier S. 460-465.

hohe Fluktuation der Arbeiterschaft durch den Bau von Fabrikwohnungen einzudämmen und schließlich über die Einrichtung von Hilfskassen für Unfallopfer und Kranke zumindest ein Minimum an sozialer Sicherheit zu garantieren.[209]

Dieser wirtschaftliche Zwang, soziale Probleme auf eigene Faust lösen zu müssen, prägte auch die Haltung der südrussischen Bergbauindustriellen gegenüber den Fabrikgesetzen der Regierung. Zur selben Zeit, als in Zentralrußland die Kritik an dem Arbeitsrecht vom 3. Juni 1886 ihren Höhepunkt erreichte, begrüßte der XII. Kongreß des Verbandes 1888 dessen bevorstehende Ausdehnung auf den Bergbau mit dem Hinweis, daß dieser für eine stabile wirtschaftliche Entwicklung vor allem einer sicheren Rechtsgrundlage bedürfe:

„Dem natürlichen Gang der Dinge entsprechend werden die Verhältnisse zwischen den Besitzern von Gruben und Hüttenwerken und den Bergarbeitern schwieriger, sowohl in Bezug auf den Lohnvertrag als auch in Bezug auf andere Seiten ihrer Lebensverhältnisse. Die wirtschaftlichen Bedingungen gestalten sich so, daß man die Bergarbeiter nicht länger in ihrer jetzigen Lage belassen darf und die Notwendigkeit fühlbar wird, das Verhältnis der Arbeiter und ihrer Arbeitgeber zu regulieren und die wesentlichen Seiten ihrer Lebensverhältnisse zu verbessern. Dies liegt sowohl im Interesse einer gleichmäßigen Entwicklung des Bergbaus als auch im Interesse der Bergarbeiter."[210]

Entsprechend dieser grundsätzlich positiven Einstellung dem neuen Arbeitsrecht gegenüber hatten auch die folgenden Kongresse nur einige Detaileinwände vorzubringen, so daß dieses 1892 ohne großen Widerstand von seiten des Bergbauverbandes die Hürden der Gesetzgebung passieren konnte.[211] Auch die gesetzliche Beschränkung der Arbeitszeit von 1897 wurde von den Bergbauindustriellen grundsätzlich akzeptiert.[212]

Die Erfolge des Südrussischen Bergbauverbandes regten bald auch die Bergbauindustriellen anderer Regionen dazu an, sich zu organisieren. So tagten 1880 erstmals Kongresse eines Moskauer und eines Uralischen Bergbauverbandes. 1882 wurde ein Bergbauverband in Polen gegründet.[213] 1886 schließlich schufen sich auch die Ölindustriellen von Baku eine eigene Organisation nach dem Muster der Bergbauverbände.[214] Damit war der Bergbau um 1900 die am besten organisierte Branche im Zarenreich.

---

[209] Wynn, C.: Workers, Strikes, and Pogroms. The Donbass-Dnepr Bend in Late Imperial Russia, 1870-1905, Princeton 1992, S. 45-59. Zum Hilfskassenwesen siehe ausführlich Kapitel VIII bis X.

[210] RGIA f. 37 op. 5 d. 2055 l. 105.

[211] Rubin, Rabočij vopros, S. 21-22.

[212] Die Unterkommission für den Bergbau einigte sich sogar auf eine Beschränkung der Arbeitszeit auf 10 $1/2$ Stunden: Materialy po izdaniju zakona 2 ijunja 1897 goda ob ograničenii i raspredelenii rabočago vremeni v zavedenijach fabrično-zavodskoj promyšlennosti, St. Petersburg 1905, S. 163-168.

[213] Šepelev, Carizm i buržuazija, S. 164; Lur'e, Organizacija, S. 79 und S. 117-119.

[214] Tolf, The Russian Rockefellers, S. 141.

Schließlich sei an dieser Stelle noch das 1888 eröffnete Ständige Beratungskontor der Eisenindustriellen (*Postojannaja soveščatel' naja kontora železozavodčikov*) genannt, das fast alle großen Eisengießereien Rußlands zu seinen Mitgliedern zählte und sich schnell zu einer modernen Interessenvertretung der Metallindustrie entwickelte. Der Schwerpunkt seiner lobbyistischen Tätigkeit lag bei der Diskussion über Zölle, Eisenbahntarife und die Zuteilung von Staatsaufträgen. Zwar bezog das Kontor in einzelnen Fällen auch zu Fragen des Arbeiterschutzes Stellung, ein wesentlicher Beitrag zur Entwicklung der russischen Fabrikgesetzgebung läßt sich trotz der engen Kontakte zum Finanz- und zum Reichsdomänenministerium jedoch nicht feststellen.[215]

e) Ansätze überregionaler Organisation

Während sich gegen Ende des Jahrhunderts also zumindest in der Schwerindustrie eine gewisse Vielfalt unternehmerischer Organisationen herauszubilden begann, blieb der Impuls zur Formulierung gemeinsamer Belange der Industrie auf Reichsebene in den übrigen Sektoren lange Zeit relativ schwach. Diesen Mangel machte vor allem die zögerliche Entwicklung der Komitees für Handel und Manufakturen deutlich, die bei der Reform der Beratungsgremien von 1872 als lokale Abteilungen des Rates für Handel und Manufakturen vorgesehen waren. Sie sollten die bislang von der Regierung eingerichteten Abteilungen des Kommerzrats sowie die Manufakturkomitees und Manufakturkorrespondenten ablösen, die mangels Beteiligung der örtlichen Unternehmerschaft bislang meist nur auf dem Papier bestanden hatten.[216]

Um zukünftig nur solche Gremien einzurichten, die von einer regen und aktiven Beteiligung der örtlichen Kaufleute und Fabrikanten getragen würden, sollten die neuen Komitees ausschließlich auf Initiative der örtlichen Stadtduma oder der ständischen Organisationen der Kaufmannschaft entstehen. Da sie sowohl ihre Mitglieder als auch ihren Vorsitzenden frei wählen konnten, kann

---

[215] Die einzige offizielle Stellungnahme des Kontors zu einem Gesetzentwurf der Regierung, die unmittelbaren Niederschlag in der Gesetzgebung fand, bezog sich auf das gescheiterte Projekt einer Haftung bei Arbeitsunfällen von 1893: RGIA f. 150 op. 1 d. 578 ll. 34-40.

[216] Formell bestanden vor 1872 Manufakturkomitees in Vladimir, Kaluga, Kursk, Nižnij-Novgorod, Orenburg, Perm', Riga, Saratov, Smolensk und Jaroslavl', sowie Abteilungen des Kommerzrates in Moskau, Riga, Archangel'sk, Odessa, Taganrog und Rostov-am-Don: Adres-kalendar' 1865-1866, S. 447-448.

die Entwicklung dieser Komitees als ein zuverlässiger Indikator für das Organisationsbestreben regionaler Unternehmergruppen gelten.[217] So entstanden derartige Komitees zuerst fast ausschließlich in den großen Handelsstädten des Reiches: 1873 in Archangel'sk, 1875 in Tichvin, Odessa und Rostov-am-Don, später auch in Taganrog und Tiflis.[218] Neben den noch 1871 gegründeten Manufakturkomitees in Warschau und Lublin gab es bereits in den siebziger Jahren auch in Industriestädten wie Ržev, Tver' und Ivanovo-Voznesensk vereinzelte Gründungen, von denen sich allerdings nur die Komitees in Warschau und Ivanovo-Voznesensk auf Dauer halten konnten. Erst in den neunziger Jahren wurden weitere Komitees auch in anderen Industriestädten wie Białystok, Lodz und Kiew sowie nach der Jahrhundertwende in zentralrussischen Industriestädten wie Kostroma und nach 1905 in Vjazniki (Gouv. Vladimir), Egor'evsk (Gouv. Rjazan') und erneut in Ržev (Gouv. Tver') eingerichtet.[219] Vereinzelte Versuche, über die Einrichtung von Handelskammern oder eine Zwangsmitgliedschaft in der Börsenversammlung eine breitere Organisation der lokalen Unternehmerschaft zu schaffen, blieben vor 1905 dagegen schon in den Ansätzen stecken.[220] Außerhalb der großen Industriezentren, so wird an dieser Entwicklung deutlich, zeigten die russischen Fabrikanten lange Zeit also nur wenig Interesse, sich zu organisieren und gemeinsame Bedürfnisse zu artikulieren.

Angesichts dieser strukturellen Schwäche der Industrie, aber auch der Vielfalt unternehmerischer Mentalitäten und Traditionen in den einzelnen Regionen nimmt es nicht wunder, daß eine reichsweite Organisation der Industrie vor 1905 nicht zustandekam. Vielmehr war es eine schmale technische Intelligenz, die in engem Kontakt zur Regierung und zu einzelnen Fabrikanten seit der Mitte der sechziger Jahre die Voraussetzungen industrieller Entwicklung des Reiches zu diskutieren begann und damit zumindest teilweise die Funktionen

---

[217] Gemäß dem Statut der Beratungsgremien vom 7. 6. 1872 konnten Komitees für Handel und Manufakturen entweder von der örtlichen Stadtduma oder von den ständischen Institutionen der Kaufmannschaft eingerichtet werden. Diese wählten den Gründungsbestand der Komitees, während spätere Mitglieder kooptiert wurden: PSZ 2 Bd. 47 Nr. 50957, Art. 24-37.
[218] Ministerstvo Finansov 1802-1902, Bd. I, S. 414-415.
[219] Für eine Liste der Komitees von Handel und Manufakturen von 1901: RGIA f. 20 op. 15 d. 54. Zu den späteren Gründungen: Rabočij vopros v komissii V. N. Kokovcova v 1905 g., o. O. 1926, S. 36; Lur'e, Organizacija, S. 56; Guška, Predstavitel'nyja organizacii, S. 34.
[220] Zu Forderungen der Börsen von Odessa und Nikolaev von 1901/02 nach Mitgliedszwang siehe RGIA f. 22 op. 1 d. 1279. Zum Projekt einer Petersburger Handels- und Industriekammer von 1903: Ebenda op. 2 d. 1597.

eines zentralen Industrieverbands übernahm. Diese Entwicklung hatte entscheidenden Einfluß auf die Art, wie bis in die neunziger Jahre über Fragen der Fabrikgesetzgebung diskutiert wurde.

Die größte Bedeutung in dieser Hinsicht erreichte die 1867 von dem zentralrussischen Industriellen A. P. Šipov initiierte Russische Industriegesellschaft (*Obščestvo dlja sodejstvija russkoj promyšlennosti i torgovle*).[221] Dieser gehörten neben einigen prominenten Vertretern der Metallindustrie wie Šipov selbst oder dem Eisenindustriellen und Herausgeber der „Birževye Vedomosti", V. A. Poletika, vor allem Ingenieure und Regierungsbeamte wie die langjährigen Sekretäre der Gesellschaft K. A. Skal'kovskij und A. M. Loranskij an, die beide in der Bergabteilung des Ministeriums für Reichsdomänen dienten.[222] Den Vorsitz führte erst der Außenhandelskaufmann und Petersburger Bürgermeister, N. I. Pogrebov, und nach einem kurzen Interim nach dessen Tod ab 1883 der für seine nationalistischen Ansichten bekannte ehemalige Innenminister N. P. Ignat'ev.

Diese personelle Zusammensetzung läßt bereits erkennen, daß sich die Russische Industriegesellschaft nicht primär als Interessenverband verstand, der die Anliegen der Industrie gegenüber der Regierung und anderen gesellschaftlichen Institutionen verteidigen sollte. Ihr selbstgestecktes Ziel war es vielmehr, Strategien wirtschaftlichen Wachstums zu erarbeiten und die Vorbehalte abzubauen, die weite Kreise der russischen Öffentlichkeit gegenüber der forcierten Industrialisierung hegten. Einigendes Band war dabei ein mitunter ausgesprochen aggressiver Nationalismus, auf dessen Grundlage die Gesellschaft für höhere Schutzzölle, staatliche Wirtschaftsförderung und infrastrukturelle Maßnahmen warb.

Wie im Fall der Bergbauverbände kam dieses Selbstverständnis der Gesellschaft als Agentin wirtschaftlicher Modernisierung auch der Diskussion um die Fabrikgesetzgebung vor allem auf dem Gebiet sozialer Sicherung zugute. So trat die Gesellschaft erstmals 1881 und erneut in den neunziger Jahren mit dem Vorschlag einer staatlichen Arbeiterversicherung an die Öffentlichkeit.[223] Diese Frage wurde auch nach der Jahrhundertwende erneut aufgegriffen, wobei die Gesellschaft als einer der wichtigsten Kanäle für die Rezeption westeuropäischer Entwicklungen auf dem Gebiet der Sozialversicherung wirkte.[224] Von der

---

[221] Owen, The Russian Industrial Society. Die Bezeichnung als „Russische Industriegesellschaft" geht zurück auf Zelnik, Labor and Society, S. 284.
[222] Zur Person Skal'kovskijs siehe Owen, Bourgeois Consciousness, S. 78.
[223] Trudy Obščestva dlja sodejstvija russkoj promyšlennosti i torgovle (fortan TOS) 12 (1881) otd. I, S. 110-115 und otd. III, S. 33; TOS 14(1884) otd. I, S. 3-28; TOS 21 (1892) otd. I, S. 1-8 und S. 75-76; TOS 23(1895) otd. I, S. 6-7; Siehe unten Kap. IX und X.
[224] TOS 26(1903) otd. III, S. 231-252 und TOS 27(1904) otd. III, S. 207-210; TOS 29(1910) otd. II S. 2-8.

Industriegesellschaft und ihrer Lodzer Abteilung ging schließlich auch einer der wichtigsten Impulse für eine gesetzliche Verkürzung der Arbeitszeit aus, die ursprünglich vor allem darauf abzielte, die Produktivität der Arbeit in der russischen Textilindustrie zu erhöhen.

Die erfolgreiche Tätigkeit der Industriegesellschaft in der Hauptstadt führte dazu, daß ab den achtziger Jahren auch in den anderen industriellen Zentren des Reiches Abteilungen der Gesellschaft eingerichtet wurden. 1882 wurde als erste die bereits erwähnte Abteilung in Lodz gegründet, 1884 folgten die Abteilungen in Moskau und Warschau sowie in Tomaszów und Sosnowiec. In den folgenden Jahren kam eine ganze Reihe von Abteilungen in den meisten wirtschaftlichen Zentren des Reiches hinzu. Damit konnte die Gesellschaft in den neunziger Jahren als einzige Institution zumindest äußerlich den Anspruch erheben, die wirtschaftlichen Belange des gesamten Reiches zu vertreten.[225]

Mit der Entstehung regionaler Unterabteilungen zeigte sich jedoch bald, wie wenig das nationalistische Fundament, auf dem das Industrialisierungsprogramm der Gesellschaft aufbaute, in einem Vielvölkerstaat wie dem Zarenreich auf Dauer eine tragfähige Plattform für die Interessen der unterschiedlichen Industrieregionen des Reiches liefern konnte. Vor allem die Moskauer Abteilung mit ihrem Sekretär Šarapov erwies sich in den achtziger Jahren als Hort eines aggressiven russischen Nationalismus, der sich gegen die Konkurrenz innerhalb des Reiches, vor allem aus dem polnischen Industriegebiet um Lodz richtete. So forderten die Moskauer die Regierung dazu auf, angebliche Wettbewerbsnachteile des zentralrussischen Industriegebiets durch eine Revision von Zöllen und Eisenbahntarifen auszugleichen und lösten damit einen heftigen Schlagabtausch mit ihrem Lodzer Pendant aus.[226] Indem die Industriegesellschaft die wirtschaftliche Konkurrenz zwischen den einzelnen Regionen mit nationalen Argumenten unterfütterte und dadurch die Stimmung erheblich anheizte, diskreditierte sie sich nicht nur selbst als Kristallisationspunkt eines reichsweiten Industrieverbandes, sie trug auch erheblich dazu bei, die Entstehung anderer überregionaler Organisationen zu verzögern.

---

[225] 1903 bestanden Abteilungen der Gesellschaft neben Moskau, Warschau, Lodz und Tomaszów auch in Kiew, Odessa, Char'kov, Rostov-am-Don, Jalta, Baku, Kazan', Nižnij-Novgorod, Astrachan', Ekaterinburg, Tjumen', Tobol'sk, Kurgan, Taschkent, Kalisz, Pernau und Riga: TOS 22(1893) otd. II S. 7; TOS 26(1902) otd. II, S. 1; TOS 28(1906) otd. II S. 3.

[226] Joffe, M.: Regional Rivalry, S. 398-405; Šuster, U. A.: Ėkonomičeskaja bor'ba Moskvy s Lodz'ju, in: IstZap 5(1939), S. 188-234; Luxemburg, R.: Die industrielle Entwicklung Polens, Leipzig 1898. Siehe auch Janžul, Iz vospominanij, S. 117-164. Erst in den 1890ern kam es wieder zu einer punktuellen Zusammenarbeit zwischen den beiden Abteilungen, als die Lodzer Forderungen der Moskauer nach einer Revision einiger Details des Lohnvertragsrechts vom 3. 6. 1886 unterstützten: TOS 22(1893), otd. III, S. 444-454 und S. 463-465.

Ein zweites Forum für die Diskussion industrieller Entwicklung in Rußland bot die 1866 gegründete Kaiserliche Russische Technische Gesellschaft *(Imperatorskoe Russkoe Techničeskoe Obščestvo)*.[227] Stärker noch als in der Industriegesellschaft war hier die technische Elite des Reiches vertreten, und umso mehr konzentrierte sich die Gesellschaft auf die technischen Aspekte der Industrialisierung in ihrem gesellschaftlichen Kontext. Dabei sah man auch hier eine der wichtigsten Aufgaben darin, die Regierung auf Mängel in der Infrastruktur des Reiches hinzuweisen, welche die Entwicklung technisch anspruchsvoller Branchen wie beispielsweise des Maschinenbaus behinderten.

Wichtig für die Entwicklung des russischen Arbeiterschutzes war vor allem das Engagement der Gesellschaft auf dem Gebiet der Arbeiterbildung. Eine erste Schule wurde 1869 von der Kommission für technische Bildung der Gesellschaft in St. Petersburg gegründet, 1903 unterhielt die Gesellschaft allein in der Hauptstadt 63 Arbeiterschulen, in denen etwa siebentausend Schüler unterrichtet wurden.[228] Wie wir noch sehen werden, ging von diesem Engagement der wichtigste Impuls für die Beschränkung der Kinderarbeit von 1882 aus.

Schließlich sei an dieser Stelle noch einmal an den engen personellen Austausch des Finanzministeriums mit der Technischen Gesellschaft erinnert. Mit dem Leiter der Industrieabteilung Nebolsin und dem ersten Hauptfabrikinspektor Andreev konnte das Ministerium zu Beginn der achtziger Jahre entschiedene Befürworter der Fabrikgesetzgebung aus der Kommission für Technische Bildung anwerben. Umgekehrt übernahm Wittes ehemaliger Direktor der Abteilung für Handel und Manufakturen Kovalevskij von 1906 bis 1916 den Vorsitz der Technischen Gesellschaft.

Welch geringen Impuls die in den beiden genannten Gesellschaften vertretene technische Intelligenz jedoch letztlich für die Ausbildung reichsweiter Organisationen der Industrie liefern konnte, zeigte der Verlauf der Allrussischen Industriekongresse, die 1870 in St. Petersburg, 1882 in Moskau und 1896 in Nižnij-Novgorod stattfanden, sowie der 1875 von der Technischen Gesellschaft veranstaltete Kongreß der Maschinenbauer.[229] Auf allen vier Kongressen stellten die Vertreter der Industrie eine klare Minderheit gegenüber Ingenieuren,

---

[227] Zur Geschichte der Russischen Technischen Gesellschaft siehe Späth, M.: Fach- und Standesvereinigungen russischer Ingenieure 1900-1914, in: Forschungen zur osteuropäischen Geschichte 35(1984), S. 5-466, hier S. 103-142. Zur frühen Auseinandersetzung der Gesellschaft mit Problemen der Arbeiterschaft: Zelnik, Labor and Society, S. 285-300.

[228] Späth, Fach- und Standesvereinigungen, S. 423. Darüber hinaus existierten um 1900 etwa vierzig lokale Abteilungen der Technischen Gesellschaft in den größeren Städten des Reiches, die ebenfalls eigene Schulen betrieben: Balzer, H. D.: Russian Technical Society, in: MERSH, Bd. 32, S. 176-180.

[229] Der Kongreß von 1870 wurde gemeinsam von der Technischen Gesellschaft und der Industriegesellschaft veranstaltet, der Kongreß von 1882 nur von der Industriegesellschaft, während kurz darauf ein eigener Kongreß der Technischen Gesellschaft

Wissenschaftlern, Journalisten und Regierungsbeamten. Mehr als daß sie die unmittelbaren Interessen der Industrie artikulierten, dienten diese Versammlungen dazu, gegenüber Regierung und Industrie für langfristige infrastrukturelle Maßnahmen wie den Ausbau von Eisenbahnen und Postverbindungen, die Förderung technischer Bildung, die Organisation des Bankwesens oder die Unterstützung der Kustarindustrie zu werben.

Auch hier kam das Engagement der technischen Intelligenz für die Rahmenbedingungen der Industrialisierung der Diskussion über den Arbeiterschutz zugute. So gelang es 1870 und 1875, einen Großteil der anwesenden Fabrikanten von dem Nutzen zu überzeugen, den eine Verkürzung der Arbeitszeit vor allem von Kindern mit sich bringen würde. Auf dem Kongreß von 1896 schließlich sprach sich die Industrie mehrheitlich gegen die von der Regierung geplante individuelle Entschädigung bei Arbeitsunfällen und für die Einrichtung einer staatlichen Arbeiterversicherung sowie für eine gesetzliche Regelung der Arbeitszeit und die Einführung der allgemeinen Schulpflicht aus. Während die Kongresse in anderen wirtschaftspolitischen Bereichen wie vor allem der Schutzzollpolitik die Kluft zwischen der Industrie und dem Rest der Gesellschaft sichtbar machten, gelang es ihnen auf dem Gebiet der Fabrikgesetzgebung, die Spitzen der Industrie zumindest teilweise in eine Arbeiterschutzpolitik einzubinden, die sich als elementarer Bestandteil einer langfristigen Modernisierung der russischen Gesellschaft verstand. Für die Formulierung eines unabhängigen, allein an kurzfristigen materiellen Interessen der Fabrikbesitzer orientierten Standpunkts blieb auf den Kongressen wenig Raum.[230]

Erste Ansätze, in der Frage der Fabrikgesetzgebung endlich zu einem gemeinsamen und unabhängigen Standpunkt der Industrie zu finden, gingen vielmehr von der Petersburger Fabrikantengesellschaft aus, die hier erstmals nutzen konnte, daß sie den einzigen branchenübergreifenden Interessenverband darstellte, über den die Industrie vor 1905 verfügte. Bereits 1894 hatte die Keimzelle der Gesellschaft, die Kommission zur Einrichtung einer Unfallversicherung, das Moskauer Börsenkomitee dazu aufgefordert, einen Beobachter in die Kommission zu entsenden und die Haltung gegenüber der Regierung in der Frage der Entschädigung bei Arbeitsunfällen aufeinander abzustimmen. Auch

---

tagte. Den Kongreß von 1896 berief das Finanzministerium ein. Ermanskij, A. [O. A. Kogan]: Krupnaja buržuazija do 1905 g., in: Martov, L., Maslov, P. und Potresov, A. (Hgg.): Obščestvennoe dviženie v Rossii v načale XX veka, Bd. 1, St. Petersburg 1909, S. 313-348, hier S. 342-347. Zum Kongreß von 1870: Zelnik, Labor and Society, S. 302-330. Zum Kongreß von 1896: Laue, Sergei Witte, S. 131-138. Zum Maschinenbauerkongreß von 1875: King, The Emergence, S. 165-213.

[230] Wie wenig diese Kongresse die Interessen der Industrie vertraten, zeigt die Tatsache, daß diese sowohl 1882 als auch 1896 in der für die Industrialisierungspolitik der Regierung zentralen Frage der Schutzzölle auf landwirtschaftliche Maschinen unterlag.

wenn es zu keiner festen Zusammenarbeit kam, stand die Gesellschaft doch auch in Zukunft in regem Kontakt mit den Moskauer Industriellen.[231] Darüber hinaus suchten die Petersburger Fabrikanten auch die Verbindung zu anderen lokalen Gremien der Industrie, um sich über deren Reaktion auf behördliche Arbeiterschutzmaßnahmen zu informieren.[232] Obwohl die Gesellschaft noch weit davon entfernt war, als überregionale Interessenvertretung der Industrie zu fungieren, entstand hier doch allmählich eine Schaltstelle, in der Informationen über die Tätigkeit anderer industrieller Organisationen zusammenliefen.

Von der Petersburger Fabrikantengesellschaft gingen schließlich auch erste Impulse aus, die Ausrichtung der Industriellenanhörungen im Finanzministerium auf einzelne Unternehmerpersönlichkeiten aufzubrechen und in eine echte Interessenvertretung umzuwandeln. Bereits 1899 hatte Glezmer ihre Mitglieder darauf festgelegt, nach außen hin eine einheitliche Meinung zu vertreten:

„Wenn die wichtigste Aufgabe der Gesellschaft in einer organisierten Vertretung der Interessen der Industrie besteht, dann darf es natürlich keinen Platz für einseitige Schlußfolgerungen geben, die nur bei der Diskussion innerhalb des Rates [der Gesellschaft; J. P.] unvermeidlich sind."[233]

War dies bereits eine erste klare Absage an die bisherige Anhörungspraxis, so versuchte die Gesellschaft in den folgenden Jahren, auch zu einer gemeinsamen Haltung mit den übrigen Beratungsgremien der Industrie zu finden. In ihrem Jahresbericht für 1899 kritisierte sie heftig die Uneinigkeit der Industrievertreter gegenüber der Regierung, wie sie gerade erst wieder in den Beratungen über die medizinische Versorgung der Arbeiter und die Haftung bei Arbeitsunfällen deutlich geworden war:

„Die Erfahrungen aus der Teilnahme von Mitgliedern der Gesellschaft und ihrer Vertreter in den Versammlungen und Kommissionen, die von Regierungsinstitutionen und vorrangig von der Abteilung für Handel und Manufakturen in Fragen einberufen werden, welche die Industrie betreffen, führen zu dem Ergebnis, daß die für die Fabrikanten so wohlwollende Wendung an ihre Kompetenz sie leider nicht immer vorbereitet antrifft. Sehr häufig treten zwischen den einzelnen Vertretern der Industrie ebenso wie zwischen Vertretern verschiedener Regionen grundsätzliche Meinungsverschiedenheiten über grundlegende Lebensfragen der Industrie auf. Diese Meinungsverschiedenheit läßt sich nicht aus verschiedenen örtlichen Interessen erklären, sondern nur aus persönlichen Ansichten oder vorgefaßten Überzeugungen. Dort, wo es um allgemeine Interessen geht, darf es für Meinungsverschiedenheiten keinen Platz geben. Der Rat der Gesellschaft

---
[231] RGIA f. 150 op. 1 d. 38 ll. 26-28.
[232] Siehe beispielsweise den Briefwechsel mit dem Komitee für Handel und Manufakturen in Rostov-am-Don von 1899 zur Frage der medizinischen Versorgung von Fabrikarbeitern: RGIA f. 150 op. 1 d. 617 ll. 70-74. Allgemein zu den Bemühungen der Gesellschaft um überregionale Organisationsformen siehe King, The Emergence, S. 343-357.
[233] Protokoll der Sitzung vom 28. 4. 1899: RGIA f. 150 op. 1 d. 46 l. 78.

hält es für notwendig, zukünftig engere Verbindungen zu den Beratungsgremien der übrigen Regionen zu halten und durch einen rechtzeitigen Austausch der Meinungen mit den Vertretern dieser Einrichtungen den zuverlässigsten Weg im Interesse der Industrie zu markieren."[234]

Zwar gelang es der Fabrikantengesellschaft auch in den folgenden Jahren nicht, andere Gremien auf eine einheitliche Haltung der Industrie festzulegen. Noch 1903 sollten die Anhörungen im Reichsrat über die Fabrikältesten, die ganz von den Moskauern Morozov und Jakunčikov als den treibenden Befürwortern dieses Gesetzes beherrscht wurden, ein letztes Mal aufzeigen, welche Vorteile der Fabrikgesetzgebung aus dem individuellen Engagement einzelner weitblickender Fabrikanten erwachsen konnten. Dennoch machte die Haltung der Petersburger Fabrikantengesellschaft deutlich, daß mit der Entstehung moderner Interessenverbände der Industrie, wie sie sie verkörperte, das Ende der traditionellen Anhörungspraxis prominenter Unternehmerpersönlichkeiten um die Jahrhundertwende bereits vorgezeichnet war.

---

[234] RGIA f. 150 op. 1 d. 48 l. 58.

DER SCHUTZ DER SCHWACHEN

III. HUMANITÄT UND WIRTSCHAFTSWACHSTUM: DIE BESCHRÄNKUNG DER KINDERARBEIT VOM 1. JUNI 1882

An kaum einer anderen Erscheinung wird der Zwiespalt zwischen ungeahnten Perspektiven gesellschaftlichen Reichtums und extremer sozialer Not, welcher die Frühphase der Industrialisierung in allen europäischen Ländern kennzeichnete, so deutlich wie an dem Problem der Kinderarbeit. Diktiert durch den Zwang des Wettbewerbs, zu möglichst niedrigen Kosten zu produzieren, diktiert aber auch durch die Armut einer ständig wachsenden Schicht von Fabrikarbeitern, die den Beitrag ausnahmslos aller Familienmitglieder zur Sicherung des Existenzminimums erforderte, erscheint die Kinderarbeit im Rückblick als beredtestes Zeichen der Auswüchse, die das freie Spiel der wirtschaftlichen Kräfte hervorbrachte. Noch bevor sie ihren Höhepunkt erreichte, setzte jedoch zu Beginn des neunzehnten Jahrhunderts zuerst in Westeuropa eine grundsätzliche Neubewertung der Kinderarbeit ein. War sie bislang im Zeichen der „wohlgeordneten Policey" des Absolutismus als scheinbar rationale Nutzung aller gesellschaftlichen Kräfte sogar bewußt gefördert worden, so wurde sie nun wegen der unübersehbaren Verwahrlosung und den nicht wiedergutzumachenden Gesundheitsschäden aus einem von der Idee nationaler Erneuerung gespeisten humanistischen Bildungsideal heraus zunehmend kritisiert.[1] Nicht zuletzt in dieser Umwertung lag der Ursprung staatlicher Sozialpolitik, die in fast allen europäischen Ländern mit einer Regulierung industrieller Kinderarbeit ihren Anfang nahm.

Obwohl eine gesetzliche Beschränkung der Kinderarbeit in russischen Regierungskreisen bereits seit den vierziger Jahren diskutiert wurde, hat das zarische Rußland diesen Weg erst vergleichsweise spät eingeschlagen. Erst knapp ein halbes Jahrhundert, nachdem England als Vorreiter 1833 die ersten umfassenden Kinderschutzgesetze Europas erlassen hatte, oder nach Preußen, Bayern und Frankreich, die um 1840 vergleichbare Regelungen herausgaben, wurde mit einem Gesetz vom 1. Juni 1882 auch in Rußland die Kinderarbeit gesetzlich eingeschränkt. Ungarn oder die skandinavischen Königreiche hingegen, die wie Rußland in einer späteren Phase von der Industrialisierung erfaßt

---

[1] Karl, M.: Fabrikinspektoren in Preußen: das Personal der Gewerbeaufsicht 1854-1945; Professionalisierung, Bürokratisierung und Gruppenprofil, Opladen 1993, S. 37-45; Berlepsch, H.-J. von: Neuer Kurs im Kaiserreich? Die Arbeiterpolitik des Freiherrn von Berlepsch 1890-1896, Bonn 1987, S. 226-227.

wurden, formulierten entsprechende Gesetze ebenfalls erst in den siebziger und achtziger Jahren des neunzehnten Jahrhunderts.[2] Auch wenn das russische Gesetz, das ein Verbot der Fabrikarbeit für Kinder unter zwölf Jahren und ein bedingtes Nachtarbeitsverbot sowie einen Achtstundentag für Kinder unter fünfzehn Jahren vorsah, schließlich weitgehend dem europäischen Standard entsprach, hat das Zarenreich den Vorteil des Nachzüglers, sich sozialpolitisch frühzeitig an den Vorreitern der Industrialisierung zu orientieren, zumindest in diesem Bereich also nicht genutzt.[3]

Die Beweggründe der Regierung, dieses erste wirksame Arbeiterschutzgesetz in Rußland zu verabschieden, werden von der Forschung unterschiedlich beurteilt. Während sowjetische Historiker darin vor allem einen frühen Erfolg der Arbeiterbewegung, zumindest aber die Reaktion der Autokratie auf Streiks und Unruhen sahen, hoben westliche Autoren auch humanitäre Erwägungen als eines der Motive dieses Gesetzes hervor.[4] Dagegen wurden zwei der Triebkräfte, die in Westeuropa die Beschränkung der Kinderarbeit angestoßen hatten, allenfalls am Rande als Motive des russischen Gesetzes gesehen. So trug in Preußen auch der Hinweis führender Militärs auf den schlechten Gesundheitszustand von Rekruten aus der Arbeiterschaft zur Verabschiedung des Gesetzes von 1833 bei.[5] Dagegen lieferte die allgemeine Wehrpflicht zwar auch in den Industriegebieten Rußlands vereinzelte Hinweise auf einen schlechteren

---

[2] Die ersten englischen Regelungen datieren sogar bis auf das Jahr 1802 zurück, erfaßten allerdings nur die Baumwoll- und Wollverarbeitung und wurden nur wenig befolgt: Zanten, J. H. van: Die Arbeiterschutzgesetzgebung in den europäischen Ländern, Jena 1902, S. 10-20. Zur Kinderarbeit in Deutschland siehe Hansen, N.: Zur Kinderarbeit in schleswig-holsteinischen Fabriken im 19. Jhdt., Neumünster 1987; Karl, Fabrikinspektoren, S. 33-52; Berlepsch, Neuer Kurs, S. 226-249 (mit umfassenden Literaturhinweisen).

[3] Eine höhere Altersgrenze als zwölf Jahre kannten um die Jahrhundertwende nur Deutschland, Österreich und die Schweiz, kürzere Arbeitszeiten für Kinder oberhalb dieses Alters waren nur in Deutschland, Belgien, Luxemburg und den skandinavischen Ländern festgesetzt: Zanten, Die Arbeiterschutzgesetzgebung, S. 302 und S. 312-313.

[4] Balabanov, M.: Očerki po istorii rabočego klassa v Rossii, Bd. 2, Moskau 1925, S. 366-375; Gessen, V. Ju.: Istorija zakonodatel'stva o trude rabočej molodeži v Rossii, Leningrad 1927; Tatarov, I.: Klassovaja bor'ba vokrug zakonov o trude i obrazovanii rabočej molodeži vo vtoroj polovine XIX veka, Moskau, Leningrad 1928. Einen sekundären Einfluß der öffentlichen Meinung sieht auch Laveryčev, V. Ja.: Carizm i rabočij vopros v Rossii (1861-1917 gg.), Moskau 1972, S. 57-58 und S. 98-99; Laue, T. von: Factory Inspection under the „Witte System" 1892-1903, in: ASEER 19(1960), S. 347-362; Giffin, F. C.: Russian Factory Legislation in the 1880s, Diss. Phil., Ann Arbor 1965, S. 33-44.

[5] Ob das Wehrpflichtargument für sich schon ausschlaggebend war, ist jedoch umstritten: Preller, L.: Von den tragenden Ideen der ersten deutschen Sozialpolitik, in: Festschrift für Ludwig Bergstraesser, Düsseldorf 1954, S. 301-311; Feldkirchen, W.: Kinderarbeit im 19. Jahrhundert. Ihre wirtschaftlichen und sozialen Auswirkungen, in: Zeitschrift für Unternehmensgeschichte 26(1981), S. 1-41; Berlepsch, Neuer Kurs, S. 127 und S. 227.

Gesundheitszustand der Fabrikbevölkerung, ein militärisches Problem sah man darin jedoch kaum.[6] Anders auch als in Bayern oder Preußen, wo Versäumnisse beim Schulbesuch die ganze Problematik der Kinderarbeit schonungslos offenlegten, fehlte in Rußland eine allgemeine Schulpflicht, welche eine staatliche Regelung hätte anstoßen können. Daß dennoch gerade der Bildungsaspekt auch in Rußland eine maßgebliche Rolle spielte, soll im folgenden gezeigt werden.

Der Reiz einer erneuten Untersuchung liegt jedoch nicht allein in einer Neubewertung der Motive, die dem russischen Gesetz von 1882 zugrundelagen. Daneben soll vor allem der Prozeß der Gesetzesberatungen Gegenstand der folgenden Erörterungen sein. Gerade das komplizierte Wechselspiel, das sich zwischen Regierung und Industriellen in dieser Frage entspann, zeigt beispielhaft, welche Möglichkeiten sich aus einer selektiven Beteiligung der Industrie an der Gesetzgebung ergeben konnten.

1. Kostendruck und Existenznot: Das Phänomen der industriellen Kinderarbeit in Rußland

Wie in Westeuropa war die Kinderarbeit auch in Rußland keine spezifische Erscheinung der Industrialisierung, sondern wurzelte tief in überkommenen Formen der Landwirtschaft und der Hausindustrie.[7] Erst das Aufkommen industrieller Kinderarbeit, welche die Beschäftigung von Kindern aus dem sozialen Kontext häuslicher familiärer Strukturen löste, brachte diese jedoch einer breiteren Öffentlichkeit zum Bewußtsein und ließ sie zu einem ernsten sozialen Problem werden.

Wer heutzutage, nahezu ein Jahrhundert später, die Kinderarbeit in Rußland vor ihrer gesetzlichen Beschränkung beschreiben und ihre Bedeutung für die allgemeine wirtschaftliche Entwicklung, aber auch für die Arbeiterschaft selbst ermessen will, der stößt allerdings unvermeidlich auf eine Schwierigkeit, mit der bereits die zeitgenössische Gesetzgebung erheblich zu kämpfen hatte. Denn gerade für die Zeit vor dem Aufbau der Fabrikinspektion in der Mitte der achtziger Jahre sind die verfügbaren Informationen äußerst lückenhaft und

---

[6] RGIA f. 20 op. 4 d. 4892 ll. 26-27. Siehe auch die Aussage Alekseevs 1885 vor der Plehwe-Kommission: RGIA f. 20 op. 2 d. 1794-a, l. 10. Der einzige Hinweis auf eine Gefährdung der Wehrtauglichkeit stammte 1871 von dem Moskauer Gouverneur Lieven und hatte keine direkten Auswirkungen auf die Gesetzgebung: Balabanov, Očerki, Bd. 2, S. 172-173.

[7] Zur Beschäftigung von Kindern in der Hausindustrie, die bis zu zwei Drittel aller Kinder zwischen dreizehn und vierzehn Jahren erreichen konnte, siehe Pallot, J.: Women's Domestic Industries in Moscow Province, 1880-1900, in: Clements, B. E., Engel, B. A. und Worobec, C. D. (Hgg.): Russia's Women, Berkeley 1991, S. 163-184, hier S. 169 und S. 179.

lassen allenfalls grobe Züge erkennen. Dennoch will ich im folgenden kurz versuchen, die Fabrikarbeit von Kindern und Jugendlichen so zu beschreiben, wie sie sich um 1880, direkt vor dem Einsetzen der Fabrikgesetzgebung, darstellte.[8] Dabei geht es zum einen darum, die Bedeutung zu ermessen, welche die Kinderarbeit im Produktionsprozeß der einzelnen Branchen hatte, ob sie technisch und wirtschaftlich unvermeidbar war und welche Rolle sie für das Einkommensniveau der betroffenen Arbeiterfamilien spielte. Zum anderen soll die folgende Analyse dazu dienen, einen Vergleichsmaßstab zu gewinnen, um anschließend die Auswirkungen staatlicher Regulierung bewerten zu können.

Die erste, reichsweite Untersuchung über das Ausmaß der Kinderarbeit in Rußland wurde 1883 von dem Hauptfabrikinspektor Andreev durchgeführt. Sie beruhte zwar auf einer nur beschränkt aussagekräftigen Befragung von über dreitausend Industriebetrieben, liefert aber als einzige zumindest ein grobes Bild von der Verbreitung industrieller Kinderarbeit vor ihrer gesetzlichen Beschränkung.[9] Gemäß den Angaben Andreevs machten Kinder unter fünfzehn Jahren etwa 9 % der Arbeiterschaft aus, die sich jedoch ausgesprochen unterschiedlich über die verschiedenen Branchen verteilten (Tab. 3. 1.). Den höchsten Anteil an Kindern unter fünfzehn Jahren erreichte dabei die Gruppe der mineralische Produkte verarbeitenden Betriebe mit etwa 14 % aller Beschäftigten: eine Spitzenstellung, die vor allem durch den Einsatz von Kindern in der gesundheitlich äußerst belastenden Glasbläserei bedingt war. Besonders intensiv stützten sich darüber hinaus die Tabakverarbeitung und die Bastmattenweberei auf den Einsatz von Kindern.[10] Das Bild der Kinderarbeit in der Öffentlichkeit wurde hingegen von der Textilindustrie geprägt. Der Anteil an Kindern unter den Beschäftigten lag hier zwar mit etwa 13 % etwas niedriger, aufgrund seiner Größe waren im Textilbereich jedoch insgesamt mehr als drei Fünftel aller Kinder dieser Altersgruppe beschäftigt.[11] Schon wegen dieser

---

[8] Statistisch am gründlichsten erfaßt bei Balabanov, Očerki, Bd. 2, Moskau 1925, S. 155-175; Rašin, A. G.: Formirovanie rabočego klassa Rossii. Istoriko-ėkonomičeskie očerki, Moskau 1958, S. 240-300.

[9] Andreev, E.: Rabota maloletnich v Rossii i v Zapadnoj Evrope, St. Petersburg 1884. Andreevs Angaben beruhen auf den Antworten von 3.326 Betrieben mit 540.794 Arbeitern. Diese freiwilligen Antworten dürften das Ausmaß der Kinderarbeit etwas überzeichnen, da Fabriken, die unter das Gesetz vom 1. 6. 1882 fielen, vermutlich häufiger Auskunft gaben als Betriebe, die keinerlei Minderjährige beschäftigten. Quantitative Aussagen zur Verbreitung der Kinderarbeit in Handwerksbetrieben lassen sich für diese Zeit überhaupt nicht machen. Kritisch zur Aussagekraft dieser Daten: Janžul, I. I.: Iz vospominanij i perepiski fabričnago inspektora pervago prizyva. Materialy dlja istorii russkago rabočago voprosa i fabričnago zakonodatel'stva, St. Petersburg 1907, S. 30-31.

[10] Zu den katastrophalen Arbeitsbedingungen in der Bastmattenherstellung siehe Dementjeff, E.: Die Lage der Fabrikarbeiter in Zentralrußland, in: ASGS 2(1889), S. 553-575.

[11] Andreev, Rabota maloletnich, S. 160; Rašin, Formirovanie, S. 253.

Tabelle 3.1. Anteil von Minderjährigen (bis 15 Jahre) an der russischen Arbeiterschaft nach Branchen

Branche	erfaßte Betriebe	darin Arbeiter	davon Minderjährige	in %	Branchenanteil an minderjähr. Arbeitern in %
Verarbeitung von:					
Textilfasern	507	237 733	30 171	12,7	60,9
Holz	719	17 649	1 093	6,2	2,2
Metallen	709[a]	145 053	7 667[a]	5,3	15,5
Mineralien (+ Chemie)	351	23 175	3 233[a]	14,0	6,5
Lebensmitteln	811	105 726	387	4,8	0,8
organ. Produkten	150	7 922	387	4,8	0,8
übrige	79	3 536	626	17,7	1,3
Summe	3 326	540 794	49 581	9,2	100,0

Zusammengestellt nach: Andreev, Rabota maloletnich, S.160[1]

[1] Dieselben Angaben finden sich bei Rašin, Formirovanie, S.253; die Branchen wurden von mir zu den von Michajlovskij verwendeten aggregriert (Tab. 4.1.), um bessere Vergleichbarkeit der beiden Tabellen zu gewährleisten.

[a] Bei diesen Angaben sind Andreev offensichtlich einige für das Endergebnis unbedeutende Rechenfehler unterlaufen, da sich aus der Addition der später genannten, nach Produktionsbereichen aufgeschlüsselten Branchen, die auch in Tabelle 3.2. angegebenen Werte ergeben; die hier genannten Zahlen sind trotz ihrer Fehlerhaftigkeit beibehalten worden, um die Vergleichbarkeit der einzelnen Branchen zu erhalten.

Zahlenverhältnisse mußte jede Beschränkung der Kinderarbeit vor allem an den Bedingungen dieser Branche orientiert sein.

Gerade am Beispiel der Textilindustrie zeigt sich auch die vielschichtige Wechselwirkung zwischen industrieller Kinderarbeit und technischer Modernisierung. So wurde die Kinderarbeit erst dann zu einem sozialen Problem, als die Produktion mit den Anfängen der Mechanisierung in großen Manufakturen konzentriert und einem kapitalistischen Wettbewerbsdenken unterworfen wurde, in welchem die Senkung der Lohnkosten eine zentrale Rolle spielte. Erst der Einsatz von Maschinen erforderte eine Fülle von Hilfsarbeiten und Handlangerdiensten, für die man wegen der geringen Löhne bevorzugt Kinder heranzog, zumal hier mehr Flinkheit als Körperkraft gefragt war. Kinder halfen bei der Reinigung der Baumwolle, nahmen Spulen ab, setzten neue auf und drehten gerissene Fäden wieder an, um nur einige ihrer häufigsten Tätigkeiten in der Textilindustrie zu nennen.[12] Zugleich diktierte die Mechanisierung aber auch einen gleichförmigen Arbeitsrhythmus in oft engen und stickigen Fabrikhallen, der pausenlos hohe Konzentration erforderte und die Kinderarbeit so unerträglich machte.

Technischer Fortschritt, wie beispielsweise die Einführung von Selfaktoren in der Spinnerei oder technisch immer perfekterer Webstühle, ließ zwar auf lange Sicht den Einsatz von Kindern auch wieder unrentabel und überflüssig werden. Industrielle Kinderarbeit ist deshalb als Phänomen einer „Übungsphase" bezeichnet worden, „die unter dem Zeichen einer noch unvollkommenen Technik stand".[13] Diese Übergangszeit neigte sich allerdings in Rußland um 1880 noch lange nicht ihrem Ende zu. Vielmehr legt der hohe Anteil von Kindern in den Großbetrieben der Textilindustrie den Schluß nahe, daß zumindest bis weit in die achtziger Jahre hinein eine Konzentration der Produktion und die damit einhergehende technische Modernisierung die Kinderarbeit eher noch beförderte. Fast ein Viertel (24,6 %) der von Andreev erfaßten Minderjährigen war in 55 großen kombinierten Baumwollspinnereien und -webereien beschäftigt, während nur ein einziger, ausgesprochen kleiner Betrieb auf deren Einsatz verzichtete. Ähnlich ausgeprägt war der Zusammenhang zwischen Betriebsgröße und Kinderarbeit auch in den übrigen Bereichen der Textilindustrie, in geringerem Ausmaß auch in anderen Branchen. Daß technischer Fortschritt die industrielle Kinderarbeit in absehbarer Zeit von selbst überflüssig machen würde, mochte sich in Westeuropa um 1880 bereits am Horizont abzeichnen. In Rußland dagegen war eine solche Entwicklung noch nicht abzusehen.

War allerdings der Einsatz von Kindern in dieser „Übungsphase" aus technischen Gründen auch zwingend erforderlich? Zumindest außerhalb der Textilindustrie deutet schon allein die hohe Zahl auch größerer Betriebe, welche ohne Kinderarbeit auskamen, darauf hin, daß von technischer Notwendigkeit nicht die Rede sein konnte (Tab. 3. 2).[14] Ihre weite Verbreitung in fast allen Großbetrieben der Textilindustrie scheint hingegen auf den ersten Blick die Behauptung vor allem Moskauer Industrieller zu stützen, daß zumindest in dieser Branche auf die Hilfsarbeit von Kindern nicht verzichtet werden konnte. So waren um 1880 über 72 % aller Spuler und Anzwirner in der Moskauer Textilindustrie weniger als fünfzehn Jahre alt. Kinder stellten in diesen beiden Tätigkeitsbereichen also eine überwältigende Mehrheit der Arbeiter (Tab.

---

[12] Bohnsack, A.: Spinnen und Weben. Entwicklung von Technik und Arbeit im Textilgewerbe, Reinbek 1981, S. 244; Johnson, R.: The Nature of the Russian Working Class: Social Characteristics of the Moscow Industrial Region, 1880-1900, Diss. Phil., Cornell, 1975, S. 91-92.

[13] Ludwig, K.: Die Fabrikarbeit von Kindern im 19. Jahrhundert, ein Problem der Technikgeschichte, in: VSWG 52(1965), S. 63-85, Zitat S. 83.

[14] Andreev, Rabota maloletnich, S. 152-160.

3. 3.).[15] Allerdings läßt sich selbst hier ein erheblicher Anteil an Jugendlichen ab 15 Jahren beobachten, und sogar Erwachsene übten diese Tätigkeiten aus. Insgesamt gab es also selbst in der Textilindustrie keine Arbeit, die ausschließlich von Kindern verrichtet worden wäre. Eine technische Notwendigkeit für den Einsatz von Kindern konnte folglich kaum berechtigterweise geltend gemacht werden. Das Arbeitsverbot für Kinder unter 12 Jahren und das bedingte Nachtarbeitsverbot für Kinder und Jugendliche bis 17 Jahre, wie sie in den Gesetzen von 1882 und 1885 erstmals festgelegt wurden, erforderten zwar erhebliche Umschichtungen innerhalb der Belegschaft, aber sie stellten die Textilindustrie nicht vor unüberwindliche Aufgaben.

Zu diesem Ergebnis kam 1885 auch Hauptfabrikinspektor Michajlovskij, als er die Auswirkungen des Gesetzes vom 1. Juni 1882 einer ersten Bewertung unterzog:

„Aus den Angaben, die der Inspektion zu diesem Thema gemacht wurden, wird deutlich, daß kein einziger Industriezweig so sehr der Kinderarbeit bedarf, daß er ohne sie überhaupt nicht auskäme. [...] Es ist klar, daß, wenn in vielen Bereichen die Kinderarbeit als notwendig angesehen wurde, der Hauptgrund dafür nicht die Bedingungen der Produktion waren, sondern die niedrigen Kosten dieser Arbeit."[16]

Kinderarbeit als Kostenfaktor: hierin dürfte tatsächlich der Hauptgrund für die weite Verbreitung der Kinderarbeit in den unterschiedlichsten Tätigkeiten zu sehen sein. Daß der Arbeitslohn von Kindern oft nicht einmal ausreichte, ihren Lebensunterhalt zu decken, zählt neben den gesundheitlichen Belastungen der Fabrikarbeit zu den unrühmlichsten Kapiteln nicht nur der russischen Industriegeschichte.

Was die damit verbundenen Einsparungen für die Wettbewerbsbedingungen der russischen Industrie bedeuteten, läßt sich aus den verfügbaren Daten allenfalls schätzen. Die Angaben über die Löhne für Kinder und Erwachsene für die Zeit um 1880 sind zu bruchstückhaft und – soweit verfügbar – zu sehr über einzelne Regionen und Branchen verteilt, als daß man zu verläßlichen Aussagen kommen könnte.[17] Allgemein läßt sich jedoch feststellen, daß Kinder etwa ein Drittel eines Erwachsenenlohnes erhielten, Jugendliche bis zum Alter von siebzehn Jahren etwa die Hälfte.[18] Bei einem durchschnittlichen Anteil von 12,7 % Kindern in der Textilindustrie würde ein völliger Ersatz

---

[15] 956 Kinder, das sind 69,7 % aller 1.372 Kinder, die in den 78 von Erismanns Zemstvo-Studie erfaßten Betrieben beschäftigt waren: Andreev, Rabota maloletnich, S. 200-204.
[16] Michajlovskij, Ja. T.: O dejatel'nosti fabričnoj inspekcii: Otčet za 1885 god glavnago fabričnago inspektora, St. Petersburg 1886, S. 79.
[17] Michajlovskij, O dejatel'nosti, Tabelle V; Andreev, Rabota maloletnich, S. 166-168.
[18] Balabanov, Očerki, Bd. 2, S. 169-170.

Tabelle 3.2. Beschäftigung von Minderjährigen in ausgewählten Produktionsbereichen

Branche	erfaßte Betriebe	davon mit Kindern	darin beschäft. Kinder	in % der Arbeiter	durchschnittl. Betriebsgröße mit Ki.	durchschnittl. Betriebsgröße ohne Ki.
Textilien	507	425	30 171	-	-	-
Baumwollspinn- und webereien	56	55	12 197	12,8	1 734	50
Baumwollwebereien	40	38	2720	12,0	598	110
Flachsspinn- und webereien	18	18	3 732	16,8	1 236	--
Wollspinnereien	23	22	1 113	31,3	161	14
Tuchwebereien	103	93	2 998	12,2	265	53
Bleichereien und Fäbereien	76	64	3 894	10,8	562	24
Schreibpapier	30	19	576	12,4	246	110
Holz	719	182	1 093	-	-	-
Möbel	254	57	202	14,3	25	11
Lebensmittel	811	340	6 458	-	-	-
Tabak	102	90	2 334	14,2	182	57
Zuckerrüben	130	94	1 815	4,7	408	256
Branntwein	217	35	152	9,2	47	26
Metalle	699	441	7 850	-	-	-
Mechanische Werke, Gießereien	155	100	1 822	5,0	363	99
Hüttenwerke	121	107	4 574	5,8	733	327
Mineralstoffe, Chemie	378	174	3 233	-	-	-
Glas	65	53	1 800	26,4	129	32
Zündhölzer	26	26	527	33,2	61	-

Zusammengestellt nach: Andreev, Rabota maloletnich, S.152-160

von Kindern durch Jugendliche, ein Übergang von zwei auf drei Schichten für Kinder im Dauerbetrieb oder von einer auf zwei Schichten im reinen Tagbetrieb also einen Lohnkostenzuwachs von etwa 3-6 % verursachen.[19] Für

---

[19] Da kaum zusammenfassende Daten über die Entlohnung von Frauen in der Textilindustrie erhältlich sind, ist nur eine sehr grobe Berechnung möglich. Wenn man annimmt, daß alle Beschäftigten gleichmäßig über alle Lohnstufen verteilt sind und für die durchschnittlich 40 % Frauen in der Textilindustrie einen Lohn in Höhe von nur 50 % des vollen Lohnes annimmt, setzt sich die gesamte Lohnsumme aus 47 % vollen Löhnen (Männer), 40 % halben Löhnen (Frauen) und 13 % Drittellöhnen (Kinder) zusammen. Ein Zuwachs der Kinderlöhne um die Hälfte (bei der Ersetzung durch Jugendliche oder

Tabelle 3.3. Tätigkeiten von Kindern in der Moskauer Textilindustrie 1881

Tätigkeit	6-9 Jahre	10-11 Jahre	12-14 Jahre	Summe	15-16 Jahre	ab 17 Jahre	Arbeiter insg.	Kinder in %
Spuler (špul'niki)	28	187	545	760	185	111	1 056	72,0
Anzwirner (prisucal'ščiki)	5	41	150	196	57	17	270	72,6
Unterleger (podkladščiki)	2	10	38	50	20	18	88	56,8
Binder, Stricker, Abwascher (vjazal'ščiki, smyvalščiki)	-	7	30	37	15	23	75	49,3
Waterspinner (vaterščiki)	4	7	18	29	11	19	59	49,2
Hasplerinnen (motalki)	1	3	22	26	60	366	452	5,8
Handweber, Weberinnen (ručnye tkači, tkačichi)	-	1	29	30	167	5 033	5 230	0,6

Zusammengestellt nach: Andreev, Rabota maloletnich, S.200-204

einzelne Betriebe, die bisher besonders von dem Einsatz von Kindern profitiert hatten, mochte der Zuwachs zwar beträchtlich höher ausfallen. So befürchtete die Lodzer Baumwollmanufaktur Scheibler, die als einzige der Regierung detaillierte Berechnungen vorlegte, allein als Folge eines Arbeitsverbots für 10-12-Jährige einen allgemeinen Zuwachs der Lohnkosten um 10 %. Diese Zahl ist jedoch sicher nicht als repräsentativ anzusehen.[20] Der Wettbewerbsvorteil

---

den Übergang von zwei zu drei Schichten) ergibt einen Lohnzuwachs von 3 %, eine Verdoppelung der Kinderlöhne (beim Übergang von einer auf zwei Schichten) ergibt einen Lohnkostenzuwachs von 6 %. Da Kinder durchweg die auch allgemein am schlechtesten bezahlten Tätigkeiten verrichteten, dürfte der zu erwartende Lohnkostenzuwachs insgesamt jedoch deutlich geringer anzusetzen sein.
[20] RGIA f. 20 op. 2 d. 1784 ll. 134-137; Andreev, Rabota maloletnich, Priloženija, S. 8-12. Scheibler beschäftigte mit 7 % 10-12-Jährigen beinahe viermal so viele Kinder dieser Altersgruppe wie andere Baumwollfabrikanten. Andreev errechnete für die Baumwollindustrie einen durchschnittlichen Anteil der 10-12-Jährigen an der Arbeiterschaft von 1,86 %: Ebenda, S. 152.

gegenüber importierten Industriewaren, welcher der russischen Industrie neben hohen Schutzzöllen auch aus ihren niedrigen Lohnkosten entstand, war durch eine so zurückhaltende Beschränkung der Kinderarbeit, wie sie das Gesetz von 1882 vornahm, jedenfalls nicht ernsthaft gefährdet.

Aber auch für den Wettbewerb zwischen den Industrieregionen innerhalb des Reiches spielte die Kinderarbeit keine wesentliche Rolle. So arbeiteten in der Moskauer Baumwollindustrie, die sich besonders heftig gegen eine Beschränkung aussprach, mit durchschnittlich 10 % vergleichsweise wenige Kinder. Auch im Gouvernement Vladimir lag der Anteil mit 13 % nur knapp über dem reichsweiten Durchschnitt von 12,7 %. Dagegen beschäftigten die Petersburger Textilindustriellen durchschnittlich 17,8 % Kinder, und in dem polnischen Industriegebiet um Lodz reichte ihr Anteil sogar bis zu 40 %.[21] Allgemein läßt sich beobachten, daß die industrielle Kinderarbeit in städtischen Ballungsgebieten tendenziell stärker verbreitet war als in den ländlichen Großbetrieben Zentralrußlands. Ursache dafür waren die höheren Lebenshaltungskosten in den Städten, die den Zuverdienst der Kinder für viele Arbeiterfamilien dringend erforderlich machten.[22]

Dieser Zusammenhang weist bereits darauf hin, daß sich die Kinderarbeit allein aus den Bedingungen industrieller Produktion heraus nur beschränkt erklären läßt. Welche Rolle sie im Lebensalltag der Arbeiterschaft spielte, läßt sich daraus nicht ermessen. Warum schickten Eltern ihre Kinder in die Fabriken? Was bedeutete dies für die physische und psychische Gesundheit der Kinder und für ihren weiteren Lebensweg? Es würde eine eigene Studie erfordern, diese vielschichtigen Fragen umfassend zu beantworten. Deshalb sollen dazu im folgenden nur einige, für die Fabrikgesetzgebung relevante Zusammenhänge herausgegriffen werden.

Wie überall in Europa war es meist die nackte Not, welche Kinder in die Fabriken trieb. Genau quantifizieren läßt sich dieser Aspekt zwar nicht, einige Anhaltspunkte finden sich jedoch in einer Budgetstudie, die 1902-1904 für die Arbeiterschaft der Petersburger Rüstungsbetriebe durchgeführt wurde. Demnach waren noch um 1900 nur etwa 28 % aller Petersburger Fabrikarbeiter in der Lage, eine vierköpfige Familie zu ernähren, und auch das nur dann, wenn alle Familienmitglieder einschließlich der Kinder zum Familieneinkommen

---

[21] Andreev, Rabota maloletnich, S. 161-162 und S. 5; LGIA f. 338 op. 1 d. 80, d. 83, d. 107, d. 108 und d. 120.

[22] Andreev, Rabota maloletnich, S. 200, gestützt auf einen von Peskov durchgeführten Vergleich zwischen der Stadt und dem Bezirk Moskau.

beitrugen.²³ Diese Zahl dürfte um 1880 eher noch niedriger gewesen sein. Dabei reichte der Lohn, den Kinder nach Hause brachten, oft nicht einmal aus, um elementare Lebenshaltungskosten für Kleidung, Schuhe oder Tee zu decken.²⁴ Wie wichtig dieser Zuverdienst dennoch für viele Familien war, zeigen die allerdings mit Vorsicht zu behandelnden Berechnungen Scheiblers von 1882. Diese gingen davon aus, daß die im Gesetz vom 1. Juni 1882 vorgesehenen Beschränkungen der Kinderarbeit für die betroffenen Familien je nach Anzahl der Kinder einen Einkommensverlust von 7 bis 31 % bedeuten würden.²⁵ Für Familien am Rande des Existenzminimums war der Beitrag ihrer Kinder zum Familieneinkommen eine Frage des nackten Überlebens.²⁶

Zur materiellen Not kam das Problem der Erziehung von Arbeiterkindern. Viele Kinder verrichteten in den Fabriken Hilfsarbeiten für ihre Väter und Mütter, aber auch für andere nahe Verwandte und Bekannte aus demselben Herkunftsgebiet (*zemljaki*).²⁷ Das häufig vorgebrachte Argument, bei einer Beschränkung der Kinderarbeit würden viele Kinder ohne jegliche Beschäftigung auf dem Fabrikgelände oder in Arbeiterwohnvierteln herumlungern und verwahrlosen, konnte zwar keinesfalls die körperlichen Belastungen der Fabrikarbeit rechtfertigen, war aber nicht völlig von der Hand zu weisen. Auch das Finanzministerium ging davon aus, daß die Beschränkung der Kinderarbeit die Arbeiterschaft letztlich härter treffen würde als die Industrie und formulierte die Gesetze von 1882 und 1884 bewußt vorsichtig, um Entlassungen bereits beschäftigter Kinder möglichst zu vermeiden.²⁸

Diesem an konkreten Übergangsproblemen orientierten Denken hatte die Stackelberg-Kommission bereits zu Beginn der 1860er Jahre entgegengesetzt,

---

²³ Semanov, S. N.: Peterburgskie rabočie nakanune pervoj russkoj revljucii, Moskau, Leningrad 1966, S. 85; Desjeans, M.: The Common Experience of the Russian Working Class: The Case of St. Petersburg 1892-1904, Diss. Phil., Duke University 1978, S. 140-141. Diese Einschätzung wird auch durch spätere Budgetstudien aus den Jahren 1907/08 gestützt: Steffens, T.: Die Arbeiter von Petersburg 1907 bis 1917: Soziale Lage, Organisation und spontaner Protest zwischen zwei Revolutionen, Freiburg i. Br. 1985, S. 128-142.

²⁴ Andreev, Rabota maloletnich, S. 166-167.

²⁵ RGIA f. 20 op. 2 d. 1784 ll. 131-141; Andreev, Rabota maloletnich, Priloženija, S. 8-12.

²⁶ Gvozdev, S. [A. K. Klepikov]: Zapiski fabričnago inspektora. Iz nabljudenii i praktiki v period 1894-1908 gg., Moskau 1911, S. 49-51. Siehe auch einen Brief einiger Bauern aus dem Gouvernement Tambov an das Finanzministerium von 1885, in dem diese auf die Unverzichtbarkeit der Kinderarbeit für die Einkommen der Familien verweisen: RGIA f. 20 op. 2 d. 1794-a ll. 123-124.

²⁷ Johnson, R.: Peasant and Proletarian. The Working Class of Moscow in the Late Nineteenth Century, Leicester 1979, S. 68. Oft wurden Kinder für Hilfsarbeiten auch direkt von den Arbeitern und nicht von der Fabrik angestellt: Otečestvennyja Zapiski 191(1870), Sovr. Obozr., S. 248.

²⁸ RGIA f. 1149 1884 g. d. 57 l. 69.

daß Kinderarbeit zwar kurzfristig das Einkommen einer Familie verbessere, langfristig aber die Gesundheit der Kinder und damit auch ihre zukünftigen Verdienstmöglichkeiten aufs Spiel setze.[29] Einer Arbeiterfamilie am Rande des Existenzminimums mag dieses Argument reichlich theoretisch erschienen sein. In der Tat waren aber die gesundheitlichen Belastungen der Fabrikarbeit enorm, von der überall lauernden Unfallgefahr einmal ganz abgesehen. Da vor 1884 kaum eine Fabrik besondere Schichtwechsel für Kinder eingeführt hatte, arbeiteten diese gemeinsam mit den Erwachsenen, je nach Betrieb bis zu dreizehn Stunden am Tag, in Zentralrußland oft sogar noch länger und im Schichtbetrieb auch nachts. Welche Belastungen bei diesen Arbeitszeiten selbst vermeintlich leichte und unbedenkliche Arbeiten mit sich brachten, schilderte der Schweizer Sanitärarzt Erismann in der Moskauer Zemstvountersuchung von 1881:

> „Nehmen Sie die Arbeit eines Anzwirners – auf den ersten Blick mag sie ziemlich leicht erscheinen, aber so ein Junge ist während der ganzen Schicht auf den Beinen, er muß ständig hinter dem Schlitten herlaufen und unermüdlich dem Faden folgen, um jeden gerissenen Faden sofort wieder anzuzwirnen; wenn dazu noch das Material, aus dem das Garn hergestellt wurde, schlecht ist, wenn es nur wenige Anzwirner gibt und die Temperatur in den Werkstätten hoch ist, die Luft in höchstem Grade trocken, dann verwandelt sich die Arbeit eines solchen Jungen, obwohl sie nicht schwer aussieht, in Schinderei (*katoržnyj trud*)"[30]

Die Folgen derartiger Dauerbelastungen konnten nicht lange ausbleiben. Schon 1862 beobachtete N. Voskobojnikov besorgniserregende gesundheitliche Auswirkungen der Kinderarbeit in Petersburger Baumwollspinnereien:

> „Ein gelbliches Gesicht, rote, geschwollene Augenlider, ein müder, kränklicher Blick, eine eingefallene Brust usw. sind das unbestreitbare Kennzeichen und die unmittelbare Folge von zwei, drei Jahren in einer Baumwollspinnerei. Gehen Sie zu so einem oft schrecklich ausgezehrten Jungen, und fragen Sie ihn, wie alt er ist, so erschaudern Sie vielleicht vor der Antwort: sechzehnjährige Jungen sehen aus wie zehn-, elfjährige, erschöpfte Kinder. So sehr verzögert die Arbeit in den Baumwollspinnereien die Entwicklung der Kinder."[31]

In Färbereien und Bleichereien, erst recht in der Glasproduktion und der Zündholzfertigung kam zur dauernden Erschöpfung noch die Belastung durch giftige Gase und Dämpfe.[32] Die Verkrüppelungen, Deformationen und Wachstumsdefizite, welche die physischen Belastungen und die Gesundheitsgefährdungen der

---

[29] Trudy kommissii, učreždennoj dlja peresmotra ustavov fabričnago i remeslennago, Bd. 1, St. Petersburg 1863, S. 355-358.
[30] Zitiert nach Balabanov, Očerki, Bd. 2, S. 165.
[31] Istorija rabočich Leningrada (1703-1965), Bd. I, Leningrad 1972, S. 114.
[32] Balabanov, Očerki, Bd. 2, S. 170-171.

Fabrikarbeit in der wichtigsten körperlichen Entwicklungsphase von Kindern mit sich brachten, waren meist ein Leben lang nicht mehr aufzuholen.[33]

Daß industrielle Kinderarbeit gesundheitsschädlich war, wurde von der Regierung wie in der Öffentlichkeit durchaus registriert. So verwies der Moskauer Gouverneur A. A. Lieven 1871 gegenüber dem Innenministerium darauf, daß die Fabrikarbeit bei Kindern irreparable Gesundheitsschäden hervorrufe und ihre spätere Wehrtauglichkeit gefährde.[34] Von medizinischer Seite forderte Erismann 1877 erstmals öffentlich, die Arbeit von Kindern unter vierzehn Jahren ganz zu verbieten und von Kindern unter achtzehn Jahren einschneidend zu beschränken.[35] Dieser Forderung schloß sich 1880 auch der Kongreß der Zemstvoärzte des Gouvernements Tver' an. So berechtigt diese Forderungen aus medizinischen Gründen auch waren, sprengten sie doch den Rahmen der damaligen Diskussion und hatten kaum Aussichten, ernsthaft gehört, geschweige denn verwirklicht zu werden.[36]

Was bedeutete Fabrikarbeit schließlich für die Chancen erwerbstätiger Kinder, eine zumindest elementare Schulbildung zu erhalten? Zwar gibt es eine Fülle von Berichten über jugendliche Arbeiter, für die mit dem Eintritt in die Fabrik der Besuch einer Dorf- oder Zemstvoschule zwangsläufig zuende ging.[37] Dennoch war die Industriearbeiterschaft der Landbevölkerung in der Alphabetisierung deutlich voraus. In den von der Textilindustrie dominierten Bezirken des Gouvernements Moskau konnten um 1880 knapp 36 % der männlichen Arbeiter lesen und schreiben, während die Alphabetisierungsrate eines Wehrpflichtigenjahrgangs Anfang der achtziger Jahre nur knapp über 20 % lag. Für Frauen, vor allem für Textilarbeiterinnen, lag der Grad der Alphabetisierung allerdings erheblich niedriger.[38]

Fabrikarbeit zog jedoch nicht nur lese- und schreibkundige Arbeiter an, sie bot ihnen auch die Möglichkeit und den Anreiz zu weiteren Bildungsbemühungen.[39] Von den 28,3 % lesekundigen Arbeitern des Bezirks Bogorodsk waren gut ein Drittel Arbeiter Autodidakten, ein weiteres Drittel hatte eine Dorf- oder Zemstvoschule besucht, je zehn Prozent waren von einem Geistlichen

---

[33] Erismann, F.: Untersuchungen über die körperliche Entwicklung der Arbeiterbevölkerung in Zentralrußland, in: ASGS 1 (1888), S. 98-135 und S. 429-484. Für einen Vergleich dieser Angaben mit der normalen körperlichen Entwicklung russischer Schulkinder siehe Zareckij, M.: Organizacija truda podrostkov, Char'kov 1923, S. 30-33.

[34] Balabanov, Očerki, Bd. 2, S. 172-173. Der Bericht Lievens ist abgedruckt in Pankratova, Rabočee dvizenie, Bd. 2/1, S. 279-307.

[35] Èrisman, F. F.: Izbrannye proizvedenija, Bd. 2, Moskau 1952, S. 106-111.

[36] RGIA f. 1149 1884 g. d. 57 ll. 38-39, Verweis auf Tverskoj Vestnik, 1880, Nr. 3; Janžul, I. I.: Očerki i izsledovanija, Bd. 2, Moskau 1884, S. 150-152.

[37] Balabanov, Očerki, Bd. 2, S. 170 und 172.

[38] Rašin, Formirovanie, S. 582-589.

[39] Crisp, Labour and Industrialization, S. 388. Siehe auch die Angaben bei Tatarov, Klassovaja bor'ba, S. 228-231.

oder in einer Fabrikschule im Lesen und Schreiben unterwiesen worden.[40] Fabrikschulen spielten bei der Alphabetisierung der Arbeiterschaft also eine nicht unerhebliche, wenn auch bei weitem nicht die zentrale Rolle.

Die erste private Fabrikschule wurde 1816 in der Moskauer Trechgornaja Manufaktura der Brüder Prochorov eingerichtet. Hier wurden minderjährige und erwachsene Arbeiter in Rechnen, Lesen und Schreiben, Zeichnen und Chemie unterrichtet, um so die Grundlage für eine Ausbildung als Vorarbeiter zu legen. Der schnelle und erfolgreiche Ausbau dieser Einrichtung fand bald Nachahmer, und in den vierziger Jahren existierten allein in Moskau bereits 24 derartige Fabrikschulen.[41] Besonderes Ansehen erwarben sich die Schulen der Moskauer Juwelierfabrik Ovčinnikov, der Morozovschen Textilbetriebe im Gouvernement Vladimir und der Kränholm-Werke bei Narwa. In St. Petersburg wurden zwar ebenfalls Fabrikschulen vor allem in der Metall- und der Rüstungsindustrie gegründet. Generell ging hier die Tendenz jedoch dahin, private Schulträger finanziell zu unterstützen.[42] Zusätzlichen Auftrieb erhielt die Arbeiterbildung durch den Aufbau von Sonntagsschulen, der 1859 begann und in den drei Jahren bis zu seinem Verbot erhebliche Erfolge erzielen konnte.[43]

Unterstützt wurden diese privaten Bemühungen ab dem Ende der sechziger Jahre von der neugegründeten Kaiserlichen Russischen Technischen Gesellschaft, die in der allgemeinen und technischen Fortbildung von Fabrikarbeitern eines ihrer wichtigsten Betätigungsfelder fand. 1868 bildete die Gesellschaft eine eigene Kommission für Bildungsfragen unter dem Vorsitz des späteren Hauptfabrikinspektors Andreev. Bereits im folgenden Jahr eröffnete sie eine eigene Schule für Arbeiterkinder in St. Petersburg, in der vor allem minderjährige Arbeiter in Abend- und Sonntagsklassen unterrichtet wurden.[44] Besonders von dieser Schule gingen bald erhebliche Impulse für die politische Diskussion um eine Beschränkung der Kinderarbeit aus.

Der Aufbau eines Fabrikschulwesens blieb jedoch nicht allein auf die beiden Hauptstädte beschränkt. Bei seiner Umfrage von 1882 zählte Andreev in den 3.326 erfaßten Betrieben insgesamt 256 Fabrikschulen (7,7 %), davon allein 63 in der Metall- und Hüttenindustrie (52 %), 30 in der Glasindustrie (46 %) und 24 in Fabriken der Baumwollverarbeitung (43 %), die damit zu Vorreitern beim

---

[40] Rašin, Formirovanie, S. 589.

[41] Kinjapina, Politika russkogo samoderžavija v oblasti promyšlennosti. 20-50e gody XIX v., Moskau 1968, S. 370-371.

[42] Ovčinnikov, P. A.: Nekotoryja dannyja po voprosu ob ustrojstve byta rabočich i učenikov na fabrikach i remeslennych zavedenijach, Moskau 1881; Trudy s-ezda gg. členov Imperatorskago Russkago Tehničeskago Obščestva v Moskve 1882 goda, Bd. 3, St. Petersburg 1883, S. 287-288.

[43] Istorija rabočich Leningrada, Bd. 1, S. 97-100; Zelnik, R.: Labor and Society in Tsarist Russia. The Factory Workers of St. Petersburg 1855-1870, Stanford, Cal. 1971, S. 173-199.

[44] Istorija rabočich Leningrada, Bd. 1, S. 146.

Aufbau von Fabrikschulen wurden.⁴⁵ Trotz langer Arbeitszeiten und der damit verbundenen Erschöpfung hatten Kinder in russischen Fabriken damit schon vor der gesetzlichen Regelung der Kinderarbeit und des Fabrikschulbesuchs zwar keine besonders gute Chance auf eine zumindest elementare Schulbildung, aber doch eine erheblich bessere als ihre Altersgenossen auf dem Land. Es war eines der wichtigsten Ziele des Gesetzes von 1882, diese Entwicklung weiter zu fördern.

2. Erste staatliche Regelungsversuche: Die Formulierung eines Reformkonsenses

Erste Ansätze, die Fabrikarbeit von Kindern gesetzlich zu regulieren, datieren bis in die Regierungszeit Nikolaus' I. zurück, ohne jedoch längerfristige Wirkung entfalten zu können. Sie entstanden auf dem Boden einer erzieherisch geprägten Grundhaltung der Epoche gegenüber der Arbeiterschaft, die sich vor allem um deren moralische Entwicklung sorgte.⁴⁶ So forderte Finanzminister Kankrin in den dreißiger Jahren mehrfach die Moskauer Abteilung des Manufakturrates dazu auf, bessere Bildungsmöglichkeiten für Arbeiterkinder zu schaffen, welche diese „vor Ausschweifungen schützen und zu einem religiösen Leben führen" sollten.⁴⁷

Einen ersten Anlauf, die Fabrikarbeit von Kindern selbst zu beschränken, unternahm 1845 der Moskauer Gouverneur Kapnist, der die unerträglichen Arbeitsbedingungen minderjähriger Arbeiter für Unruhen in der Moskauer Voznesenskaja Baumwollspinnerei mitverantwortlich machte. Auf Initiative des Zaren wurde der Moskauer Manufakturrat damit beauftragt, sich mit diesen Mißständen zu befassen. Nach einer eingehenden Untersuchung sprachen sich auch die dort vertretenen Industriellen für ein Nachtarbeitsverbot für Kinder unter 12 Jahren aus. Ein entsprechender Beschluß des Ministerkomitees vom 7. August 1845 wurde jedoch nicht in den offiziellen Gesetzeskodex aufgenommen. Da es auch keinerlei Kontrollen vorsah, geriet dieses Verbot bald wieder

---

⁴⁵ Andreev, Rabota maloletnich, S. 152-160
⁴⁶ Zapiski grafa Benkendorfa, in: Istoričeskij Vestnik 91(1903), S. 37-65, hier S. 38-39 über den Besuch des Zaren 1835 auf der Moskauer Industrieausstellung.
⁴⁷ Tugan-Baranowsky, M. I.: Geschichte der russischen Fabrik, Berlin 1900 (Sozialgeschichtliche Forschungen. Ergänzungshefte zur Zeitschrift für Sozial- und Wirtschaftsgeschichte, Heft V/VI), S. 203-204; Pintner, W.: Russian Economic Policy under Nicholas I, Ithaca, New York 1967, S. 99-101; Kinjapina, Politika, S. 401-402.

in Vergessenheit und diente auch späteren Gesetzgebungsbemühungen nicht mehr als Anknüpfungspunkt.[48]

Das magere Ergebnis dieser Initiative macht deutlich, daß die russische Regierung bis zur Jahrhundertmitte weder den politischen Willen noch die praktischen Möglichkeiten besaß, ein eigenes Konzept zu formulieren, wie die Fabrikarbeit von Kindern reguliert werden könnte, und dieses dann auch durchzusetzen. Da man allgemein nur sehr wenig über die Kinderarbeit wußte, begriff man sie in den Petersburger Kanzleien noch kaum als soziales Problem, sondern wurde allenfalls auf extreme Mißstände in einzelnen Fabriken aufmerksam. Mit diesen aber, so schien es, würde man am besten in Abstimmung mit den Beratungsgremien der Industrie fertigwerden. Solange aber weder in der Industrie selbst die Einsicht wuchs, die Kinderarbeit beschränken zu müssen, noch eine wie auch immer geartete öffentliche Meinung zu einer schärferen Gangart hätte drängen können, mußte die Aktivität der Regierung auf punktuelle und letztlich wirkungslose Vorstöße beschränkt bleiben.

Es bedurfte der Aufbruchstimmung der Reformära, um hier einen grundlegenden Wandel herbeizuführen. Überraschend schnell bildete sich ein allgemeiner Konsens zwischen Regierung und Industrie heraus, daß mit der im Zuge der Bauernbefreiung notwendig gewordenen Neuregelung der freien Lohnarbeit in den Fabriken auch die Kinderarbeit erheblich eingeschränkt werden müsse. In allen Regierungskommissionen, die sich in den zwanzig Jahren von 1859 bis 1878 unter wechselndem Vorsitz und in wechselnder Zusammensetzung mit diesem Problemkreis beschäftigten, spielte die Kinderarbeit daher eine zentrale Rolle. Zwar waren die jeweiligen Vorschläge meist heftig umstritten, die Notwendigkeit eines gesetzgeberischen Eingriffs an sich wurde jedoch allgemein anerkannt. Da allerdings keines dieser Projekte noch während der Regierungszeit Alexanders II. verwirklicht wurde, sollen uns die einzelnen Bestimmungen hier weniger interessieren als ihre Motive, die Reaktionen der Industrie und die längerfristigen, bewußtseinsbildenden Wirkungen, welche von ihnen ausgingen.[49]

Der erste Anstoß kam von einer Kommission beim Petersburger Generalgouverneur, die 1859 alle Petersburger Fabriken untersuchte, um auf dieser

---

[48] PSZ 2 Bd. XX Nr. 19262; Tugan-Baranowsky, Geschichte der russischen Fabrik, S. 207; Kinjapina, Politika S. 409-410; Rybakov, Ju. Ja.: Promyšlennoe zakonodatel'stvo Rossii pervoj poloviny XIX veka, Moskau 1986, S. 45-46; Zelnik, Labor and Society, S. 35-36.

[49] Auszüge aus den Materialien der einzelnen Kommissionen finden sich in Andreev, Rabota maloletnich, S. 4-40. Ausführliche Diskussionen bei Tugan-Baranowsky, Geschichte der russischen Fabrik, S. 438-454; Balabanov, Očerki, Bd. 2, S. 313-322 und S. 332-365; Giffin, F.: In Quest of an Effective Program of Factory Legislation in Russia: The Years of Preparation, 1859-1880, in: The Historian 29(1967), S. 175-185.

Grundlage allgemeine Sicherheitsregeln zu erarbeiten. Die umfassenden Vorschläge zur Beschränkung der Kinderarbeit waren dabei eher ein Nebenprodukt, entstanden aus der erstmaligen direkten Konfrontation von Regierungsbehörden mit dem Phänomen der Kinderarbeit in allen seinen Ausprägungen.[50]

Diese Initiative wurde zu Beginn der sechziger Jahre von der Kommission unter dem Vorsitz des Grafen Stackelberg aufgegriffen. War der ursprüngliche Vorschlag vor allem einer humanitären Regung entsprungen, so begründete diese ihre weitaus umfassenderen Maßnahmen damit, daß die Kinderarbeit dem Allgemeinwohl (*obščestvennaja pol'za*) zuwiderlaufe. Sie sei eine unnatürliche Erscheinung, da die Fabrikanten die „Geldgier und Kurzsichtigkeit" der Eltern zu ihrem eigenen Vorteil ausnützten. Bei einer Beschränkung der Kinderarbeit sei zwar mit höheren Preisen zu rechnen, „aber dafür werden sich die Preise aus normaleren Produktionsbedingungen ergeben, dafür wird die Gesellschaft nicht den Verlust an Energie, Kräften und Fähigkeiten einer ganzen Generation von Kindern tragen, die jetzt zu ungelernter Fabrikarbeit verdammt sind."[51]

Konkret schlug die Kommission ein allgemeines Arbeitsverbot für Kinder unter zwölf und einen Zehnstundentag mit Nachtarbeitsverbot für alle Kinder und Jugendlichen unter achtzehn Jahren vor.[52] Außerdem sollten alle größeren Betriebe dazu verpflichtet werden, Grundschulen (*škola gramotnosti*) für Arbeiterkinder zu errichten.[53] Entstanden aus dem allgemeinen Reformgeist der Epoche, der das Fundament eines von Grund auf erneuerten Rußland schaffen wollte, gingen diese Vorschläge sogar noch über das hinaus, was der westeuropäische Arbeiterschutz bis zu diesem Zeitpunkt hervorgebracht hatte.

Während die Stackelberg-Kommission ihre Reformvorschläge in kritischer Distanz gegenüber den Fabrikbesitzern ausgearbeitet hatte, bemühten sich die Kommissionen unter dem Vorsitz Ignat'evs und Valuevs in den siebziger Jahren darum, einen Kompromiß zwischen der unbestritten gesundheitsschädigenden Wirkung der Kinderarbeit und den Erfordernissen industrieller Produktion zu finden. Von pragmatischen Rücksichten stärker beeinflußt als von theoretischen Überlegungen ging man nunmehr davon aus, daß ein plötzlicher und radikaler

---

[50] Für Kinder unter zwölf Jahren sollte nach einer Übergangszeit die Fabrikarbeit ganz verboten werden, Zwölf- bis Vierzehnjährige maximal zehn Stunden pro Tag arbeiten dürfen. Für Kinder und Jugendliche unter 16 Jahren sollte ein allgemeines Nachtarbeitsverbot gelten: Trudy kommissii, učreždennoj dlja peresmotra ustavov fabričnago i remeslennago, Bd. 2, St. Petersburg 1863, S. 275; Andreev, Rabota maloletnich, S. 4-5 und S. 12.
[51] Trudy kommissii, Bd. 1, S. 356-358; Andreev, Rabota maloletnich, S. 14.
[52] Für eine Übergangszeit von zwei Jahren sollten bereits beschäftigte 10-11-Jährige zwar noch maximal sechs Stunden täglich arbeiten dürfen, aber nicht mehr neu eingestellt werden: Trudy kommissii, Bd. 1, S. 359 und S. 511.
[53] Fabriken mit über 100 Arbeitern sollten auf eigene Kosten Schulen bauen, kleinere Betriebe anderweitig den Schulbesuch minderjähriger Arbeiter gewährleisten: Ebenda, S. 6; Trudy kommissii, Bd. 2, S. 275.

Einschnitt nicht nur nicht im Interesse der Industrie, sondern noch weniger im Interesse der Arbeiterkinder selbst läge, die auf ihre Arbeitslöhne zum Überleben angewiesen waren. Also wurde für die höheren Altersgruppen eine Reihe abgestufter Regelungen entworfen, die deutlich hinter dem Entwurf der Stackelberg-Kommission zurückblieben. Nur an dem Verbot der Fabrikarbeit für Kinder unter zwölf Jahren wurde durchweg festgehalten.[54]

Von sowjetischen wie von westlichen Historikern ist wiederholt der Eindruck erweckt worden, daß alle diese Reformvorschläge an dem massiven Einspruch der Unternehmer, allen voran der Moskauer Industriellen, gescheitert seien.[55] Einer differenzierten Betrachtung hält diese These jedoch nicht stand. Die Reaktion der Industrie war bei weitem nicht einheitlich, und kritische Stellungnahmen wurden von der Regierung meist rundheraus abgelehnt. Gerade Petersburger Industrielle setzten sich mehrfach für die Vorschläge der einzelnen Kommissionen ein, soweit sie nicht sogar direkt an ihrer Formulierung beteiligt waren. Die drei in der Petersburger Kommission von 1859 vertretenen Fabrikanten billigten die vorgeschlagenen Beschränkungen, und von 22 befragten Industriellen sprachen sich nur fünf dagegen aus.[56] Auch die Entwürfe der übrigen Kommissionen wurden von den jeweiligen Mitgliedern aus der Petersburger Industrie weitgehend begrüßt, unter der Bedingung jedoch, daß sie für ganz Rußland gelten müßten, um eine Verzerrung des Wettbewerbs zu vermeiden.[57]

Mitunter regten einzelne Industrielle sogar von sich aus eine gesetzliche Beschränkung der Kinderarbeit an. So ersuchte 1867 der Direktor der Kränholmschen Textilwerke bei Narwa, einer der größten Textilbetriebe des Reiches, um eine gesetzliche Beschränkung der Kinderarbeit. Dahinter stand die Überlegung, daß sich über eine solche Maßnahme die phasenweise Überproduktion von Garnen durch kleinere Betriebe und die damit einhergehende Verschärfung

---

[54] Die Ignat'ev-Kommission sah vor, daß Zwölf- bis Vierzehnjährige maximal acht Stunden täglich oder alternativ vier Stunden nachts, Vierzehn- bis Siebzehnjährige bis zu zehn Stunden im reinen Tagbetrieb oder je vier Stunden tagsüber und nachts arbeiten dürften. Dagegen schlug die Valuev-Kommission vor, die maximale Arbeitszeit für Zwölf- bis Vierzehnjährige auf sechs Stunden und für Vierzehn- bis Sechzehnjährige auf acht Stunden zu beschränken. Bereits beschäftigte Kinder unter 12 Jahren sollten für eine zweijährige Übergangsfrist an ihrem Arbeitsplatz bleiben dürfen, um ihnen einen effektiven Schulbesuch zu ermöglichen: Andreev, Rabota maloletnich, S. 6-11 und S. 21-24; Tatarov, Klassovaja bor'ba, S. 80-96.

[55] Tugan-Baranowsky, Geschichte der russischen Fabrik, S. 451-454; Tatarov, Klassovaja bor'ba, S. 95-96; Balabanov, Očerki, Bd. I, S. 227-229; Giffin, In Quest, S. 175-185. Dagegen argumentiert Zelnik, Labor and Society, S. 150-157. Zurückhaltend auch Laveryčev, Carizm, S. 54.

[56] Tugan-Baranowsky, Geschichte der russischen Fabrik, S. 438-446.

[57] Andreev, Rabota maloletnich, S. 13. Zum Gutachten des Manufakturrats in Petersburg zum Projekt der Stackelberg-Kommission: Ebenda S. 15-21.

konjunktureller Zyklen verhindern ließe, welche große Fabriken wesentlich härter trafen als kleinere Werkstätten, die in der Planung ihrer Produktion meist flexibler waren.[58] Erstmals begegnen wir hier dem Phänomen, daß sich ein Teil der russischen Industriellen aus konjunkturellen Gründen für Maßnahmen im Arbeiterschutz aussprach, die ihnen zugleich einen Wettbewerbsvorteil sichern würden. Aus der Perspektive der Fabrikgesetzgebung sollte sich dieser Aspekt wiederholt als ausgesprochen produktiv erweisen.

Widerstand gegen die Vorschläge der unterschiedlichen Kommissionen kam hingegen von zentralrussischer Seite. Wie wir gesehen haben, beschäftigten die Moskauer Industriellen tendenziell zwar weniger Kinder als ihre Petersburger und Lodzer Konkurrenz. Es lag jedoch auf der Hand, daß die zentralrussische Industrie aufgrund ihrer langen, in der Textilproduktion oft ununterbrochenen Betriebszeiten von einer zeitlichen Beschränkung der Kinderarbeit oder gar einem Nachtarbeitsverbot für Kinder vergleichsweise hart getroffen würde. Als das Projekt der Petersburger Kommission von 1859 zur Begutachtung an zentralrussische Industrielle verschickt wurde, wandten sich vor allem die Gebrüder Chludov gegen die vorgeschlagenen Regelungen. Erstmals formulierten sie öffentlich einen Großteil der Argumente, welche in den Augen der Industrie gegen eine Beschränkung der Kinderarbeit sprachen: der Arbeitslohn der Kinder sei für die Familien unentbehrlich, nur durch die Praxis könnten Kinder von klein auf ausgebildet werden. Bei einem Verbot, mit ihren Eltern in den Fabriken zu arbeiten, würden Arbeiterkinder hingegen gänzlich dem Müßiggang und der Verwahrlosung überlassen. Außerdem würden die Kinder ja freiwillig beziehungsweise im Einverständnis mit ihren Eltern arbeiten, ein Verbot verstoße also gegen die Freiheit privater Vertragsabschlüsse.[59] In einer privaten Resolution zu den Beschlüssen der Valuev-Kommission wies der prominente Textilmagnat T. S. Morozov darauf hin, daß die Arbeit von Kindern allein im Interesse der Arbeiterfamilien sei und ein Verbot in ländlichen Gegenden, wo Kinder von klein auf in der Landwirtschaft mithalfen, auf völliges Unverständnis stoßen müßte.[60] Nicht ganz zu Unrecht zielten diese Argumente darauf ab, daß Kinderarbeit ein gewachsener Bestandteil traditioneller ländlicher Lebensformen sei, in denen auch die Fabrikarbeiter noch fest verwurzelt waren. Diese Verwurzelung war in Zentralrußland sicher noch spürbarer als in den städtischen Industriegebieten St. Petersburgs und des

---

[58] Tugan-Baranowsky, Geschichte der russischen Fabrik, S. 454-455.
[59] Trudy kommissii, Bd. 2, Anhang 4. Die Meinung der Fabrikanten des Gouvernements Tver' zu den Vorschlägen der Stackelberg-Kommission, versehen mit den Kommentaren des Vizegouverneurs, des Satirikers Saltykov-Ščedrin, sind veröffentlicht in Žuravlev, N.: K istorii fabričnago zakonodatel'stva v 1861 g., in: KA 92(1939), S. 133-150; Freeze, G.: From Supplication to Revolution. A Documentary Social History of Imperial Russia, New York, Oxford 1988, S. 165-166.
[60] Balabanov, Očerki, Bd. 2, S. 355-356.

Baltikums. Solche Argumente wurden von den zentralrussischen Industriellen deshalb nicht nur vorgebracht, um ihr unbestreitbares Eigeninteresse an einer möglichst uneingeschränkten Nutzung der Kinderarbeit zu bemänteln. Vielmehr entsprachen sie auch einer zumindest oberflächlichen Sorge um das gewachsene soziale und wirtschaftliche Gefüge der Region, mit der gerade die patriarchalischen Unternehmer Zentralrußlands auch vor sich selbst den Einsatz von Kindern in ihren Fabriken rechtfertigten.

Da die verschiedenen Regierungskommissionen trotz aller Zugeständnisse im Detail an einer generellen Beschränkung der Kinderarbeit festhielten, änderte sich diese Haltung jedoch bald. Statt eine gesetzliche Regelung grundsätzlich abzulehnen, verlegten sich die Moskauer Industriellen mit Erfolg darauf, Altersgrenzen und Arbeitszeiten durchzusetzen, welche den in Zentralrußland üblichen Schichtbetrieb möglichst wenig beeinträchtigen würden. Dabei verwiesen sie immer wieder darauf, daß die beschäftigten Kinder selbst unter der mit einer Arbeitszeitverkürzung einhergehenden Lohnminderung zu leiden hätten und außerdem lange Stunden ohne jegliche Aufsicht blieben. Zudem seien viele Tätigkeiten für Kinder gar nicht schädlich und müßten aus technischen und organisatorischen Gründen notwendigerweise von diesen ausgeübt werden. Diese Argumentation ging so weit, daß die drohende Stillegung ganzer Produktionszweige an die Wand gemalt wurde, falls die vorgesehenen Regelungen Wirklichkeit würden. Deshalb müsse in dieser Sache äußerst vorsichtig vorgegangen werden.[61] Obwohl viele dieser Ausführungen für die Regierung nicht unmittelbar nachprüfbar waren, galten sie doch als übertrieben. Auch wenn man nach wie vor daran festhielt, gemeinsam mit führenden Unternehmern möglichst praxisnahe und für die Industrie verträgliche Formulierungen zu finden, wurden zumindest die Darlegungen der Moskauer Industriellen zu Recht mit kritischer Distanz beurteilt, wie die spätere Entwicklung zeigen sollte.

Nicht so sehr das Prinzip einer gesetzlichen Beschränkung der Kinderarbeit war also zwischen Regierung und Industrie umstritten, sondern deren Ausmaß. Für die obere Altersgrenze konnte man sich im Lauf der Jahre auf sechzehn Jahre einigen. Bei der Festlegung der Altersgrenze für ein absolutes Verbot kann

---

[61] Als Kompromiß zu der Vorlage der Stackelberg-Kommission schlug die Moskauer Abteilung des Manufakturrats vor, die Fabrikarbeit allenfalls für Kinder bis zu einem Alter von fünfzehn Jahren zu beschränken, und auch das allenfalls auf zwölf Stunden täglich. Eine eigene Untersuchung der Abteilung kam 1869 zu dem Ergebnis, daß ein allgemeines Arbeitsverbot für Kinder unter elf Jahren eine für alle Seiten zumutbare Lösung darstellen würde. Elf- bis Fünfzehnjährige sollten hingegen zehn Stunden am Tag arbeiten dürfen, im ununterbrochenen Schichtbetrieb bis zu acht Stunden. In der Valuev-Kommission schließlich lehnte eine Minderheit aus Fabrikanten und Regierungsbeamten unter Führung Moskauer Industrieller das Mindestalter von zwölf Jahren ebenso ab wie die nach Altersgruppen abgestufte Beschränkung, erarbeitete aber einen Gegenentwurf, wonach Kinder unter sechzehn Jahren maximal neun Stunden täglich, im Schichtbetrieb je vier Stunden tags und nachts arbeiten dürften.: Andreev, Rabota maloletnich, S. 24-37.

die in der Valuev-Kommission noch umstrittene Einbeziehung der Elfjährigen kaum ein prinzipielles Hindernis gewesen sein, zumal die Moskauer Abteilung des Manufakturrates zehn Jahre zuvor gegen ein Verbot bis zum Alter von zwölf Jahren keine Einwände gehabt hatte.[62] Mithin stellte die Dauer der täglichen Arbeitszeit den heikelsten Punkt dar, ohne daß auch diese Frage prinzipiell unlösbar schien.

Alles in allem blieb die Beschränkung der Kinderarbeit jedoch ein zweitrangiges Problem der Kommissionsberatungen, welche durchweg von der umfassenderen Frage dominiert wurden, wie die allgemeinen Bedingungen des Lohnvertrags zu regeln seien. Letztendlich scheiterten die verschiedenen Projekte nicht an dem Widerstand der Moskauer Industriellen gegen die Details einer Regelung der Kinderarbeit, sondern an diesem Anspruch, die gesamte Industriegesetzgebung in einem Guß zu reformieren. Dagegen hatte gerade die Diskussion um die Kinderarbeit gezeigt, daß Teillösungen bei entsprechendem politischen Willen durchaus im Bereich des Möglichen gewesen wären. Die Chance, das Problem der Kinderarbeit in einem vergleichsweise frühen Stadium industrieller Entwicklung in Anlehnung an westeuropäische Vorbilder zumindest teilweise zu lösen, wurde damit vorerst vertan.

Gleichwohl hatte die jahrelange Kommissionsarbeit langfristig erhebliche Bedeutung, denn hier wurden wichtige Vorentscheidungen für die spätere Gesetzgebung getroffen. Indem die Möglichkeiten einer Regelung ausgelotet wurden und sich einzelne Standpunkte herausbilden konnten, waren um 1880 die inhaltlichen Voraussetzungen für eine Regelung der Kinderarbeit bereits geschaffen, die ein Mindestmaß gesetzlichen Schutzes darstellten, ohne die Interessen der Industrie massiv zu beeinträchtigen. Wenn schon vorläufig keine wirksame Regelung zustandekam, so war es doch auch dieser Vorarbeit zu danken, daß das spätere Gesetz vom 1. Juni 1882 schließlich innerhalb weniger Monate sämtliche gesetzgeberischen Hürden nehmen konnte.

3. Die öffentliche Diskussion: Industrie und technische Intelligenz

Mit den Reformen Alexanders II. hatte sich das allgemeine Bewußtsein, daß auch die Kinderarbeit in das Reformwerk einbezogen werden müsse, zuerst innerhalb der Spitze der Bürokratie durchgesetzt. Zugleich gingen jedoch von den verschiedenen Regierungskommissionen wichtige Impulse für die Entstehung einer öffentlichen Diskussion über die Kinderarbeit aus. Die Arbeiten

---

[62] Die Untersuchung des Moskauer Zemstvo hatte insgesamt 137 Kinder unter elf Jahren und 188 Elfjährige in Moskauer Textilfabriken festgestellt, bei 11.992 erfaßten Arbeitern ein Anteil von 1,14 % bzw. 1,57 %. Andreev, Rabota maloletnich, S. 201-204.

aller Kommissionen wurden publiziert und von der Öffentlichkeit aufmerksam und kritisch zur Kenntnis genommen.[63] Auch die Industrie selbst sowie ihr nahestehende Kreise aus Beamtenschaft und technischer Intelligenz nahmen die Diskussion auf und trugen sie an die Öffentlichkeit.

Daß zumindest Teile der Industrie einer gesetzlichen Beschränkung der Kinderarbeit trotz aller Vorbehalte grundsätzlich positiv gegenüberstanden, hatten bereits die Petersburger Kommission von 1859 sowie die Stellungnahmen zu dem Projekt der Stackelberg-Kommission gezeigt. Als die Arbeit der Stackelberg-Kommission 1865 eingestellt wurde, erlahmte jedoch vorerst auch die öffentliche Aufmerksamkeit für die Kinderarbeit. Erst gegen Ende der sechziger Jahre wurde dieses Problem in Industriekreisen im Rahmen einer umfassenderen Diskussion über Entwicklungsperspektiven der russischen Industrie wieder aufgegriffen. Ausgangspunkt derartiger Überlegungen war der Kreis Petersburger Maschinenbauer, Ingenieure und Journalisten, der sich um die 1866 gegründete Kaiserliche Russische Technische Gesellschaft bildete und aus den praktischen Erfordernissen der metallverarbeitenden Industrie heraus einen Katalog notwendiger Rahmenbedingungen einer aus eigenen Kräften getragenen Industrialisierung Rußlands erarbeitete. Dazu gehörte auch die Frage, wie die Produktivität der Arbeit angehoben werden könnte. Mögliche Lösungswege wurden dabei in der Verbesserung der materiellen Lage der Arbeiter, vor allem aber im Aufbau eines umfassenden Bildungssystems gesehen. Damit rückte aber auch das Problem der Kinderarbeit wieder ins Blickfeld. Bereits auf der Vollversammlung der Technischen Gesellschaft von 1867 wurde die Einrichtung einer Sanitär- und Fabrikinspektion diskutiert, deren zentrale Aufgabe unter anderem die Aufsicht über die Beschäftigung von Kindern in Fabriken und ihr Schutz vor Mißbrauch und Willkür sein sollte.[64]

Auch der von der Russischen Industriegesellschaft und der Technischen Gesellschaft gemeinsam veranstaltete erste Allrussische Industriekongreß, der 1870 in St. Petersburg stattfand, griff das Problem der Kinderarbeit auf. Hier waren es vor allem die Vertreter der technischen Intelligenz, welche im Rahmen der lebhaften Diskussion um die fachliche Bildung und die sittliche Erziehung der Arbeiter auch eine Beschränkung der Kinderarbeit zur Debatte stellten. Dagegen verhielten sich die wenigen Industriellen auf dem Kongreß eher

---

[63] Trudy kommissii, učreždennoj dlja peresmotra ustavov fabričnago i remeslennago, 3 Bde., St. Petersburg 1863-65; Vestnik Evropy, Dez. 1871, S. 850-854. Besondere Aufmerksamkeit widmeten die „Otečestvennye zapiski", die „Biblioteka dlja čtenii" und die „Sovremennaja letopis'" den Arbeiten der Stackelberg-Kommission. Tageszeitungen wie die „Birževyja Vedomosti", „Golos" oder die „Severnaja počta" vermerkten zumindest ihr Erscheinen: Rybakov, Promyšlennoe zakonodatel'stvo, S. 135; Zelnik, Labor and Society, S. 96-97.
[64] Zelnik, Labor and Society, S. 289 und S. 294-296.

zurückhaltend oder sprachen sich, wie der Moskauer Tuchfabrikant Syromjatnikov, sogar ausdrücklich gegen eine solche Maßnahme aus.[65] In der Abschlußdiskussion gewannen schließlich jedoch die Befürworter einer Regelung die Oberhand. In einer seiner Resolutionen drückte der Kongreß die Hoffnung aus, daß die von der Regierung beratenen Bestimmungen über die Arbeit von Minderjährigen an die Regelungen in den übrigen europäischen Staaten angepaßt würden.[66] Auch die Russische Industriegesellschaft billigte nach längerer Diskussion 1871 die Vorschläge der Ignat'ev-Kommission, obwohl sich einige prominente Industrielle wie A. P. Šipov für niedrigere Altersgrenzen ausgesprochen hatten.[67]

Diese Resolutionen zeigen, daß die Regierung mit ihren Vorschlägen bezüglich der Arbeitszeitbeschränkungen auf die Zustimmung der in diesen Institutionen organisierten technischen Intelligenz zählen konnte. Auch wenn die öffentliche Forderung nach einer Regelung der Kinderarbeit vorerst nur der Ausdruck elitären Avantgarde-Bewußtseins einiger Ingenieure und Professoren war, ging von ihr doch ein Impuls aus, der allmählich auch die Spitzen der Industrie erreichte. Die folgenden Jahre sollten zeigen, daß die unterschiedlichen Auffassungen von Industrie und technischer Intelligenz über das Verhältnis zur Arbeiterschaft zwar einerseits eine gewisse Entfremdung hervorriefen, daß dadurch aber andererseits auch immer wieder einzelne Industrielle für eine aktive Arbeiterschutzpolitik gewonnen werden konnten.

So entwickelte vor allem der von der Technischen Gesellschaft aufgeworfene Bildungsaspekt eine Dynamik, die bis in das Gesetzgebungsverfahren von 1881/82 hineinwirkte. Ausgangspunkt ihrer Aktivitäten waren die Bemühungen E. N. Andreevs und der von ihm geleiteten Kommission für technische Bildung, Arbeiterkindern und minderjährigen Arbeitern eine solide Volksschulbildung zu vermitteln, auf der später eine technische Fachausbildung würde aufbauen können. Diesem Kreis um Andreev und den späteren Leiter des Manufakturreferats im Finanzministerium, A. G. Nebolsin, erschien die Bildung der Arbeiterschaft als Schlüssel im Kampf gegen den Teufelskreis von Unbildung, Armut und Ausbeutung:

„Solange der Arbeiter so arm ist wie bei uns und so mit Arbeit überhäuft, hat er weder Zeit noch Lust, sich mit Wissen zu bereichern; solange er unentwickelt und leseunkundig ist, ist er nicht nur machtlos gegenüber dem extremsten Mißbrauch durch das Kapital, sondern auch ein schlechter Arbeiter und muß sich

---

[65] Ebenda, S. 318-326.
[66] Andreev, Rabota maloletnich, S. 42.
[67] TOS 1(1872), otd. 1 S. 8-9; Laveryčev, Carizm, S. 39; King, V.: The Emergence of the St. Petersburg Industrial Community, 1870-1905: The Origins and Early Years of the Petersburg Society of Manufacturers, Diss. Phil. University of California, Berkeley 1982, S. 264 und S. 461, Anm. 45.

notwendigerweise mit einem Hungerlohn zufriedengeben. [...] Die Verbreitung technischen Wissens unter den Arbeitern, welche die Arbeit produktiver macht, zieht natürlicherweise eine Erhöhung des materiellen Lebensstandards des Arbeiters nach sich, vermindert die Zahl seiner Arbeitsstunden und gibt ihm die nötige Freizeit. Eine allgemeine Bildung hingegen gibt ihm nicht nur die Möglichkeit, notwendige praktische Fähigkeiten zu erwerben, sondern gewinnt ihn auch für neuen Geschmack, zeigt ihm neue Möglichkeiten der Zerstreuung und Vergnügungen außer dem Alkohol und bereichert allgemein die sittliche Welt des Arbeiters."[68]

Dieses Engagement trug jedoch nicht nur die eigene, 1869 gegründete Schule. Vielmehr münzte die Kommission die dabei gewonnenen Erfahrungen in konkrete politische Forderungen um. Schon der von ihr initiierte Industriekongreß von 1870 bezeichnete einen regelmäßigen Unterricht für Arbeiterkinder und minderjährige Arbeiter in Fabrikschulen als nützlich und wünschenswert. Konkretisiert wurde dieser Ansatz durch eine Studie, mit der Andreev den Petersburger Statistiker Ju. E. Janson beauftragt hatte. Auf der Basis einer Umfrage in 135 Fabriken legte Janson der Kommission einen Gesetzentwurf vor, an dessen Beratung auch sechs Petersburger Industrielle sowie ein Vertreter des Finanzministeriums teilnahmen.[69]

Das Ergebnis war eine Resolution, die erstmals die Beschäftigung von Kindern mit der Pflicht koppelte, täglich mindestens drei Stunden eine Schule zu besuchen. Diese Schulen sollten durch eine Abgabe von allen Fabriken in Höhe von 0,5 – 2 % der ausbezahlten Lohnsumme finanziert werden. Selbst Fabriken, die keine Minderjährigen beschäftigten, sollten diese Abgabe zahlen, da auch sie von einem höheren allgemeinen Bildungsniveau der Arbeiterschaft profitieren würden. Um einen effektiven Unterricht zu ermöglichen, sollten Kinder zwischen zwölf und fünfzehn Jahren maximal fünf Stunden täglich arbeiten dürfen.[70] Diese Vorschläge trafen in der Öffentlichkeit auf lebhafte Resonanz und wurden auch von der Valuev-Kommission ausgiebig gewürdigt.[71] Darüber hinaus wurden sie dem Kongreß der russischen Maschinenbauer vorgelegt, den die Technische Gesellschaft 1875 in St. Petersburg veranstaltete.

Im Hinblick auf die Frage der Kinderarbeit verdient dieser Kongreß besondere Beachtung. Erstmals trafen sich hier die Unternehmer der Metallindustrie, des Schlüsselsektors schlechthin für eine erfolgreiche Industrialisierung, mit den Spitzen der Regierungsbürokratie und der technischen Intelligenz, um öffentlich und umfassend über die Lage des russischen Maschinenbaus zu beraten

---

[68] P. E. Abramov in einem Vortrag vor dem Kongreß der Technischen Gesellschaft 1882 in Moskau: Trudy s-ezda gg. členov Imperatorskago Russkago Tehničeskago Obščestva v Moskve 1882 goda, Bd. 3, St. Petersburg 1883, S. 286-287.
[69] P. und V. Vargunin, Cheshire, Višnevskij, Shaw und Didkovskij sowie F. G. Thörner für das Finanzministerium.
[70] Andreev, Rabota maloletnich, S. 43-63.
[71] Siehe z. B. Vestnik Evropy, Okt. 1874, S. 833-838 und Okt. 1875, S. 820-826.

und Maßnahmen zu diskutieren, wie man seine Entwicklung fördern könne. Die Themen des Kongresses waren folglich nicht auf die engen Interessen einer einzelnen Branche beschränkt, sondern umfaßten die gesamte Bandbreite ökonomischer, politischer und sozialer Maßnahmen, die den Maschinenbau zur Lokomotive der Industrialisierung des Reiches machen sollten. Dazu gehörte auch die von Andreev aufgeworfene und eng mit dem Problem der Kinderarbeit verknüpfte Frage der Ausbildung eines Stammes qualifizierter Facharbeiter.

Dieser Problemkreis wurde erneut weitgehend von den Vertretern der technischen Intelligenz beherrscht, während viele Industrielle sich anfangs eher distanziert verhielten. Schon in den über 120 Stellungnahmen aus der Industrie, welche bei der Technischen Gesellschaft zu der Studie Jansons eingegangen waren, war die Einführung einer Pflichtabgabe zur Finanzierung eines umfassenden Fabrikschulprogramms mehrheitlich abgelehnt worden. Eine zu Kongreßbeginn von 18 führenden Teilnehmern aus der Industrie verfaßte Resolution, welche diese als Leitlinie für die bevorstehenden Beratungen der einzelnen Programmpunkte verstanden wissen wollten, sprach der Technischen Gesellschaft ihren Dank aus, daß sie dem Kongreß so wichtige Fragen wie Arbeiterbildung, Verkehrswegebau oder Kreditgewährung vorgelegt hatte. Zugleich aber wies sie darauf hin, daß sich die Industrie von einer Lösung dieser Probleme keinerlei persönlichen Nutzen erwarte. Allein ein hoher Importzoll zum Schutz vor ausländischer Konkurrenz könne die Lage des russischen Maschinenbaus spürbar verändern.[72] Diese Resolution läßt erkennen, mit welch kritischer Distanz viele Industrielle die Reformbemühungen der Technischen Gesellschaft betrachteten. Ihre Perspektive blieb auf die konkreten ökonomischen Bedingungen ihrer Wettbewerbsfähigkeit beschränkt. Langfristige infrastrukturelle Maßnahmen begrüßten sie zwar, fühlten sich selbst aber nicht dafür zuständig.

Volksbildung, so lautete denn auch der Tenor der Industriellenbeiträge auf dem Kongreß, sei eine Aufgabe der gesamten Gesellschaft, an der sich die Industrie gerne freiwillig, keinesfalls aber gezwungenermaßen beteiligen wolle. Am deutlichsten brachte der Moskauer Maschinenbauindustrielle D. P. Šipov diese Haltung zum Ausdruck:

„Jeder kann und muß Sympathie für die Bildung aufbringen. Auch ich habe Schulen und finanziere sie aus eigenen Mitteln, aber freiwillig, und ich würde nicht wollen, daß man mich dazu verpflichtet."[73]

Dies entsprach ganz der Haltung vieler patriarchalischer Fabrikherren, die Ausgaben für soziale Zwecke zwar nicht generell scheuten, aber keine äußeren Eingriffe in ihren persönlichen Machtbereich dulden wollten.

---

[72] Trudy Vysočajše utverždennago s-ezda glavnych po mašinostroitel'noj promyšlennosti dejatelej, Bd. 2, St. Petersburg 1875, S. 16-22.
[73] Ebenda, S. 253

Einzelne Unternehmerpersönlichkeiten wie Ludwig Nobel hingegen zeigten einen außergewöhnlichen Sinn für die Einbettung der Industrie in gesellschaftliche Zusammenhänge und entwickelten daraus ein oft stark patriotisch gefärbtes Engagement, welches einer Beschränkung der Kinderarbeit durchaus zugute kam. Mehr als alle anderen Branchen, so Nobel, sei der Maschinenbau auf gebildete Arbeiter angewiesen. Solange aber die Bildung auf einzelne Privatinitiativen beschränkt bleibe, wäre das Problem, daß auf eigene Kosten ausgebildete Arbeiter zur Konkurrenz abwanderten, nicht zu lösen. Nur ein alle Betriebe umfassendes Fabrikschulprogramm könne hier Abhilfe schaffen. Geschickt verknüpfte Nobel diese wirtschaftlichen Überlegungen mit einem Appell an den Stolz der Industriellen als Träger der Erneuerung des Landes:

„Wir freuen uns, daß man uns als erste dazu aufruft, Gelder für die Volksbildung zu bezahlen."[74]

Mit seinem Engagement brachte Nobel den Stein ins Rollen: die Mehrzahl der Industriellen ließ sich schließlich doch von den Vorteilen eines staatlich geförderten Fabrikschulbaus überzeugen. Die Forderung Andreevs nach einer Zwangsabgabe der Industrie für den Bau von Fabrikschulen wurde am Ende einstimmig in die Resolution des Kongresses aufgenommen. Allerdings lag der vorgeschlagene eine Rubel jährlich pro Arbeiter an der Untergrenze dessen, was Andreev sich ursprünglich vorgestellt hatte.[75]

Die besondere Bedeutung dieser Resolution für die Frage der Kinderarbeit lag darin, daß die aktive Förderung des Fabrikschulwesens offensichtlich nur dann einen Sinn machte, wenn Arbeiterkinder auch die Möglichkeit bekamen, diese Schulen zu besuchen. Deshalb verknüpfte Andreev seine Initiative mit der Forderung, daß Kinder unter fünfzehn Jahren nur dann in Fabriken beschäftigt werden dürften, wenn ihnen die Möglichkeit eingeräumt würde, täglich mindestens drei Stunden eine Schule zu besuchen.[76] Einen ähnlichen Entwurf legte auch das Rigaer Börsenkomitee dem Kongreß vor.[77] Unterstützt wurden diese Forderungen schließlich durch den auf dem Kongreß heftig diskutierten Antrag, die allgemeine Arbeitszeit auf acht Stunden zu verkürzen.[78] Anstatt jedoch einen eigenen Vorschlag zur Kinderarbeit zu entwerfen, beschränkte sich

---

[74] Ebenda, S. 59. Nobel hatte schon vorher mit privaten Spenden wesentlich zur Finanzierung der Schule der Technischen Gesellschaft beigetragen. Daß sein Engagement dazu gedient haben könnte, ein empfundenes nationales Manko zu kompensieren, das ihm aus seiner schwedischen Herkunft erwuchs, deutet Manfred Späth an: Späth, M.: Fach- und Standesvereinigungen russischer Ingenieure 1900-1914, in: Forschungen zur osteuropäischen Geschichte 35(1984), S. 131.
[75] Trudy Vysočajše utverždennago s-ezda, Bd. 2, S. 254 und S. 66-68.
[76] Ebenda, S. 62.
[77] Ebenda, Bd. 1, S. 353-356
[78] Siehe unten Kapitel VII.

der Kongreß schließlich darauf, gegenüber der Regierung darum zu ersuchen, daß möglichst bald ein entsprechendes Gesetz erarbeitet werde.[79]

Vor allem die Aktivitäten Andreevs und Nobels führten also dazu, daß trotz aller ursprünglichen Skepsis von seiten der Industrie schließlich eine Resolution zustande kam, die eine Beschränkung der Kinderarbeit nicht um ihrer selbst willen, sondern als Bedingung eines an den Bedürfnissen nationaler Industrialisierung orientierten Arbeiterbildungsprogramms forderte. Waren es bisher nur einzelne prominente Textilfabrikanten gewesen, die sich in den jeweiligen Kommissionen positiv zu den Regierungsprojekten geäußert hatten, so konnten die Befürworter eines Kinderschutzgesetzes von nun an für sich in Anspruch nehmen, von der technischen Intelligenz und der Metallindustrie als den wichtigsten Agenten dieser Industrialisierung unterstützt zu werden. Mit ihrem Eintreten für eine Beschränkung der Kinderarbeit als Grundvoraussetzung der Arbeiterbildung, für das vor allem der Name Andreevs stand, verlieh die Technische Gesellschaft der Diskussion um die Kinderarbeit neben der humanitären eine langfristige ökonomische Dimension, der sich auch die Spitzen der Industrie nicht entziehen konnten und die maßgeblich zu der baldigen Verabschiedung des Gesetzes von 1882 beitrug.[80] Nicht zu Unrecht verbuchte der Sekretär der Kommission für technische Bildung Abramov dieses Gesetz 1882 als Erfolg seiner Gesellschaft:

„Und jetzt, wo das Gesetz vom 1. Juni dieses Jahres herausgegeben wurde, kann die Gesellschaft mit Recht stolz auf den Erfolg dieser Sache sein, welche – ohne zu übertreiben – ihr dafür verpflichtet ist, daß sie jetzt beschlossen wurde, und nicht erst 10 oder 15 Jahre später."[81]

4. Die öffentliche Diskussion: Zemstva und Sanitärmedizin

Waren schon die Diskussionen in Regierung und Industrie von der interessierten Öffentlichkeit zur Kenntnis genommen und unterstützt worden, so erhielt der Protest gegen die gängigen Formen der Kinderarbeit gerade in den Gebieten ländlicher Industrialisierung, also vor allem in den Gouvernements Moskau und Vladimir, noch zusätzlichen Auftrieb durch die Tätigkeit der lokalen Selbstverwaltung. Zemstva und Stadtdumen waren zwar nicht direkt für industrielle Fragen zuständig, konnten aber aus ihrer Arbeit auf den Gebieten

---

[79] Trudy Vysočajše utverždennago s-ezda, Bd. 2, S. XI-XII; Andreev, Rabota maloletnich, S. 64-67.
[80] Siehe auch Russkaja Mysl' 1(1880) Bd. 4, Vnutr. Obozr., S. 26.
[81] Trudy s-ezda gg. členov Imperatorskago Russkago Tehničeskago Obščestva v Moskve 1882 goda, Bd. 3, S. 294.

der Hygiene und des Schulwesens einen gewissen Einfluß ableiten. Die Perspektive der Zemstvo-Intelligenz, die über die konkrete organisatorische Arbeit sehr schnell zu einem kritischen Denken in größeren sozialen Zusammenhängen fand, wurde beispielhaft von V. Ju. Skalon formuliert, der von 1875 bis 1883 der Zemstvoverwaltung des Bezirks Moskau vorstand:

> „Unsere Zeit ist eine organisatorische Zeit – wir bauen Schulen, die es vor der Gründung der Zemstvoinstitutionen nicht gab; aber um etwas Dauerhaftes, Zufriedenstellendes zu schaffen, muß man die Lebensumstände kennenlernen, in die die Schule gestellt wird [...] Deshalb halte ich es für wichtig, die ökonomische Seite der Schulfrage aufzuklären, denn sie bedingt viele Erscheinungen in der Schule."[82]

Auch wenn mit dieser Äußerung nicht speziell das Fabrikschulwesen gemeint war, so nimmt es doch nicht wunder, daß auch in den Zemstva die Frage auftauchte, inwieweit Kinderarbeit einen regelmäßigen Unterricht verhinderte.

Aufgenommen wurde dieses Problem zuerst im Gouvernement Vladimir. Wegen der Konzentration großer Textilbetriebe wurden hier die Bemühungen der Zemstva um das Schulwesen am frühesten mit dem Problem massenhafter Kinderarbeit konfrontiert. 1874 beauftragte der Gouverneur die Zemstva der einzelnen Bezirke, einen Vorschlag auszuarbeiten, wie die Fabrikarbeit von Kindern beschränkt und der Bau von Fabrikschulen verbindlich gemacht werden könnte. Die verschiedenen Stellungnahmen wurden von der Gouvernements-Zemstvoversammlung zu einem Gesuch an die Regierung zusammengefaßt, welches ein allgemeines Arbeitsverbot für Kinder unter vierzehn Jahren und für Vierzehn- bis Siebzehnjährige einen Acht-Stunden-Tag und ein absolutes Nachtarbeitsverbot forderte. Alle Fabriken mit mehr als einhundert Arbeitern sollten dazu verpflichtet werden, eine eigene Fabrikschule zu errichten.[83] Zur selben Zeit ersuchte die Stadtduma von Ivanovo-Voznesensk gemeinsam mit der örtlichen Abteilung der Russischen Technischen Gesellschaft darum, von den lokalen Fabriken eine jährliche Steuer in Höhe von 50 Kopeken pro Arbeiter zu erheben, um die geplante technische Schule zu finanzieren. Eine solche Steuer wurde auch von dem Komitee für Handel und Manufakturen in Ivanovo-Voznesensk ausdrücklich unterstützt.[84] Etwa zeitgleich mit den Aktivitäten Andreevs in St. Petersburg läßt sich also auch hier das Bestreben erkennen, die technische Bildung von Arbeitern zu fördern, wobei die Initiative jedoch

---

[82] Veselovskij, B.: Istorija zemstva za sorok let, Bd. 4, St. Petersburg 1911, S. 525.

[83] Andreev, Rabota maloletnich, S. 42-43; Janžul, Očerki, Bd. 2, S. 147-150. Ein erneutes Gesuch um Beschränkung der Kinderarbeit wurde von dem Gouvernementszemstvo in Vladimir im September 1881 vorgelegt: Laveryčev, Carizm, S. 57.

[84] Andreev, Rabota maloletnich, S. 70-72. Siehe dagegen die ablehnende Stellungnahme der Moskauer Abteilung des Rates für Handel und Manufakturen zu einem Rundschreiben des Finanzministeriums zur Frage der Fabrikschulfinanzierung: RGIA f. 1149 1882 g. d. 58 ll. 84-85.

anders als in der Hauptstadt von den Organen der Selbstverwaltung ausging und von Anfang an bereitwilliger von der Industrie unterstützt wurde. Somit deutete sich in dem ländlichen Industriegebiet von Ivanovo-Voznesensk die Möglichkeit fruchtbarer Zusammenarbeit zwischen Industrie und lokaler Selbstverwaltung in sozialen Fragen an, der aber aufgrund der Zentralisierung der Kompetenzen in der Hauptstadt die notwendige Unterstützung versagt blieb.[85]

Auch in der Valuev-Kommission von 1874/75 waren es Vertreter der Zemstva wie D. A. Naumov aus Moskau und Fürst S. V. Volkonskij aus Rjazan', aber auch der konservative L. P. Tomara aus Poltava und Baron P. L. Korff aus St. Petersburg, die dem Projekt einer weitgehenden Beschränkung der Kinderarbeit durch ihr Votum eine Mehrheit sicherten.[86] Allerdings blieben konkrete Initiativen der Selbstverwaltung für eine gesetzliche Regelung der Kinderarbeit auf diese wenigen Ausnahmen beschränkt. Nur wenige Zemstva waren auf dem Gebiet der Schulbildung in den siebziger Jahren überhaupt so aktiv wie das von Vladimir, und nur in wenigen Gouvernements war die Industrialisierung schon so weit fortgeschritten, daß die Fabrikarbeit von Kindern gleichrangig neben anderen organisatorischen Problemen des Schulwesens stand.

Mehr noch als über ihren Einfluß auf den Gesetzgebungsprozeß trug die lokale Selbstverwaltung jedoch ganz erheblich zu einer Intensivierung öffentlicher Diskussion über die Kinderarbeit bei, indem sie die Untersuchung von Industriebetrieben unter sanitärmedizinischen Gesichtspunkten förderte.[87] Bereits in den sechziger Jahren hatte die Gruppe von Sanitärärzten um die Zeitschrift „Archiv für Gerichtsmedizin und gesellschaftliche Hygiene" (*Archiv sudebnoj mediciny i obščestvennoj gigieny*) als Konsequenz ihrer Untersuchungen der sanitären Verhältnisse in Petersburger Fabriken eine Regelung der Kinderarbeit nach englischem Vorbild gefordert.[88] Eine breitere öffentliche Resonanz fand das Problem der Kinderarbeit jedoch erst infolge der sanitären Studien, die ab 1879 im Auftrag des Moskauer Gouvernementszemstvo unter der Leitung Erismanns durchgeführt wurden. Besonders die Ausführungen über die Arbeit von Kindern und Frauen wurden in den Rezensionen der großen Journale

---

[85] Andreev, Rabota maloletnich, S. 42.
[86] Najdenov, N. A.: Vospominanija o vidennom, slyšannom i ispytannom, Bd. 2, Moskau 1905, S. 149. Pavel Leopol'dovič Korff, Petersburger Bürgermeister von 1878-1881, langjähriger Präsident der Freien Ökonomischen Gesellschaft und späterer Vorsitzender des Petersburger Zentralkomitees der Oktobristen, war ein entfernter Verwandter des Bildungsreformers N. A. Korff, der Ende der sechziger Jahre mit Volksbildungsexperimenten in Südrußland in ganz Rußland auf sich aufmerksam gemacht hatte.
[87] Auch unabhängig von Zemstva, Regierungsprojekten und Industriekongressen wurde die Kinderarbeit in den siebziger Jahren immer mehr Gegenstand von Zeitungsberichten, wie z. B. in Russkija Vedomosti 1879, Nr. 285 und Otečestvennyja Zapiski 1877, Nr. 9.
[88] Zelnik, Labor and Society, S. 276-278.

oft ausführlich wiedergegeben, und lösten eine Welle der Entrüstung über diese unwürdigen Verhältnisse aus.[89] Sozusagen als Nebeneffekt ihrer sanitären Studien das Ausmaß und die Bedeutung der Kinderarbeit für eine ganze Region aufgedeckt, wissenschaftlich erschlossen und in seiner ganzen Schärfe einer breiteren Öffentlichkeit bewußt gemacht zu haben, darin liegt ein besonderes Verdienst vor allem der frühen Bände dieser Untersuchung.

Einzelne Ergebnisse der Studie fanden sogar direkten Eingang in die Gesetzgebung. So lieferte der erste, 1881 veröffentlichte Band über den Bezirk Klin wichtige statistische Grundlagen für den Gesetzentwurf über die Kinderarbeit. Ein Gesuch von zehn Glasfabrikanten an die Valuev-Kommission, das darauf hinwies, wie unverzichtbar in der Glasherstellung die praktische Ausbildung von Kindesbeinen an sei, konnte mit Verweis auf die Untersuchungen Erismanns als unbegründet verworfen werden. Insofern diente die Zemstvostatistik in einzelnen Fällen als wichtiges Korrektiv für das bisherige Monopol von Industriellen auf Informationen über die Arbeitsbedingungen in den Fabriken.[90]

Das landläufige Bild, daß der reformerische Elan der sechziger Jahre in den späteren Regierungsjahren Alexanders II. allmählich einer allgemeinen Ernüchterung gewichen sei, erweist sich somit, was die Regulierung der Kinderarbeit angeht, als zu einfach. War die ursprüngliche Initiative für eine Beschränkung der Kinderarbeit von einem allgemeinen Modernisierungsstreben der Regierung ausgegangen, geriet der für die Ära der großen Reformen so typische Anspruch einer umfassenden Gesetzesreform von oben für den Bereich der Fabrikgesetzgebung immer mehr ins Stocken und mußte spätestens 1878 als gescheitert gelten. Gleichzeitig aber ermöglichte erst die gesellschaftliche Öffnung, die einen wesentlichen Bestandteil der Reformen Alexanders II. ausgemacht hatte, daß sich allmählich eine breitere, von unabhängigen gesellschaftlichen Institutionen wie der Technischen Gesellschaft oder der lokalen Selbstverwaltung getragene öffentliche Diskussion einzelner politischer und sozialer Probleme wie der Kinderarbeit entwickelte. Diese war teilweise von den Regierungsberatungen angestoßen worden und reflektierte diese. Darüber hinaus entwickelte sie aber auch ihre eigene Dynamik und wies gerade durch die Verknüpfung mit dem Bildungsgedanken der geplanten Beschränkung der Kinderarbeit eine konkrete Aufgabe zu.

Daß die Gesetzgebung dennoch nicht von der Stelle kam, mußte diese Öffentlichkeit mit zunehmender Ungeduld erfüllen. Als der Petersburger Professor Nisselovič im September 1881 in einem Vortrag vor der Russischen Industriegesellschaft forderte, daß eine Enquête-Kommission die Frage der Kinderarbeit und der Arbeitsbedingungen in den Fabriken untersuchen solle, wurde dieser Vorschlag von einer Mehrheit abgelehnt. Jetzt sei nicht mehr die

---

[89] Siehe oben Kapitel II.
[90] RGIA f. 1149 1882 g. d. 58 ll. 44-46 und ll. 86-99.

Zeit für Untersuchungen. Alles notwendige Material sei vorhanden, nun müsse endlich zur Tat geschritten werden.[91]

5. Ein gesetzgeberisches Experiment: Das Gesetz vom 1. Juni 1882 über die Regelung der Kinderarbeit

Zu diesem Zeitpunkt, im September 1881, wurde im Finanzministerium bereits intensiv an einem Gesetzentwurf zur Kinderarbeit gearbeitet. Mit einem Reichsratsbeschluß vom 12. Mai 1880, der die Beratungen über eine Reform des Arbeitsrechts in einzelne Teilbereiche aufgelöst hatte, war ein Weg aus der Sackgasse einer an Detailproblemen erstickenden Totalreform des Arbeitsrechts eröffnet worden, wie sie die Kommissionen der sechziger und siebziger Jahre angestrebt hatten. Der Amtsantritt Nikolaj Bunges als Finanzminister im Mai 1881 verlieh den Reformbestrebungen innerhalb der Regierung den nötigen Schwung. Eine Beschränkung der Kinderarbeit bot sich ihm als einer der Gesetzgebungsbereiche an, in denen ein schneller Erfolg am einfachsten zu haben war, denn gerade hier war die Diskussion am weitesten gediehen. In der Öffentlichkeit wurde schon seit längerem nach einer Reform gedrängt, verschiedene Vorschläge lagen fertig auf dem Tisch, und die jeweiligen Standpunkte der Betroffenen waren allgemein bekannt. Es galt also nur noch, das Material, das sich über die Jahre angesammelt hatte, zu einem praktikablen Entwurf zusammenzuführen.

Wer schließlich diese Aufgabe übernahm, läßt sich in der Rückschau nicht mehr zweifelsfrei rekonstruieren.[92] Es lohnt sich jedoch, den Gang der Beratungen im Verlauf des Jahres 1881 genauer zu untersuchen, um die Beweggründe aufzuhellen, welche die Regierung dazu brachten, dieses Problem schließlich mit der gebührenden Dringlichkeit zu behandeln. Ein erster Beleg, daß das Finanzministerium auf eine baldige Beschränkung der Kinderarbeit hinarbeitete, findet sich in einem Gesetzentwurf zur Gründung einer Fabrikinspektion vom Sommer 1881. Mit seinem Bezug auf das Kaiserliche Manifest vom 29. April 1881, dessen festes Bekenntnis zur Autokratie den Orientierungspunkt für die Herrschaft Alexanders III. bot, liefert dieser Entwurf zudem den einzigen direkten Hinweis darauf, daß die Fabrikgesetzgebung der darauffolgenden Jahre aus

---
[91] TOS 13(1883) II, S. 34-68; Andreev, Rabota maloletnich, S. 72-88.
[92] Bereits im Oktober 1879 hatte Andreev im Rat für Handel und Manufakturen darum ersucht, einen Gesetzentwurf über die Kinderarbeit auszuarbeiten. Daß von diesem Vorstoß wesentliche Impulse für die Ausarbeitung des Gesetzes über die Kinderarbeit ausgingen, ist angesichts der Rolle dieses Gremiums und des Standes der Beratungen 1879 allerdings eher unwahrscheinlich. Sie zeigt jedoch, welch direkten Kanal der Rat auch für Mitglieder der technischen Intelligenz darstellte, auf die Regierungsarbeit Einfluß zu nehmen: RGIA f. 20 op. 2 d. 1784 ll. 1-2.

dem Bemühen entstand, die politische Konsolidierung unmittelbar nach dem Zarenmord auch auf reformerischem Wege zu untermauern. Neben dem allgemeinen Ziel, über eine Verbesserung der Lebensverhältnisse der Arbeiterschaft der revolutionären Bewegung den Boden zu entziehen und die Produktivität der Fabrikarbeit zu erhöhen, kam einer Beschränkung der Kinderarbeit die Aufgabe zu, die Bildungsmöglichkeiten für Arbeiter zu verbessern.[93] Dieser Verweis auf den Bildungsaspekt macht die Absicht der Regierung deutlich, ihren Rückhalt in der ökonomisch interessierten Öffentlichkeit zu stärken, indem sie ihre Fähigkeit unter Beweis stellte, seit langem geforderte wirtschaftliche Reformen zu verwirklichen. Daraus erklärt sich auch, weshalb das Finanzministerium im Jahr 1881 nicht länger vor den Risiken für die ökonomische Stabilität zurückschreckte, die mit einer Regelung der Kinderarbeit verbunden waren:

„In jedem Fall wird eine Beschränkung der Arbeit von Minderjährigen nachdrücklich von so wichtigen und wirklichen Interessen des Staates, der Industrie und der Arbeiter gefordert, daß es ungerecht wäre, vor den vorübergehenden Schwierigkeiten haltzumachen, die sie hervorrufen könnte."[94]

Es wäre jedoch eine unzulässige Verkürzung, die Initiative Bunges bei der Fabrikgesetzgebung allein als Demonstration zu sehen, daß die Autokratie nach wie vor dazu in der Lage sei, dringende soziale Reformen anzupacken und durchzusetzen. Vielmehr fügte sich die Beschränkung der Kinderarbeit unmittelbar in das Grundkonzept Bunges ein, der den Schlüssel zu einem wirtschaftlichen Aufschwung Rußlands darin sah, die Lage breiter Bevölkerungsschichten zu verbessern, um so die Grundlage für langfristige Wachstumsimpulse zu schaffen.[95] In Anlehnung an die Arbeiten Andreevs übernahm das Finanzministerium im Gesetzentwurf vom Dezember 1881 den Schulbesuch arbeitender Kinder als zentrales Motiv der vorgeschlagenen Maßnahmen, stellte ihn jedoch in einen breiteren sozialen Zusammenhang. Nun ging es nicht mehr allein darum, die Industrie mit qualifizierten Facharbeitern zu versorgen. Vielmehr sah das Ministerium in erweiterten Bildungsmöglichkeiten für Fabrikarbeiter ein Mittel, die Lebensverhältnisse der Arbeiterschaft und der Bevölkerung insgesamt zu verbessern:

„Die vorzeitige und lang anhaltende Beschäftigung in Industriebetrieben, welche die physischen Kräfte der Kinder zerstört, beraubt diese der Möglichkeit, sich einerseits in der Schule feste Grundlagen des Glaubens und der Sittlichkeit (*nravstvennost'*) und andererseits die Kenntnisse anzueignen, die für die Ausbildung guter Facharbeiter notwendig sind. [...] Der Mangel an Wissen und

---

[93] RGIA f. 20 op. 4 d. 4892 ll. 27-29.
[94] Ebenda l. 29.
[95] Pesda, J.: N. K. Bunge and Russian Economic Development, 1881-1886, Diss. Phil. Kent State University 1971; Stepanov, V. L.: Rabočij vopros v social'no-ėkonomičeskich vozzrenijach N. Ch. Bunge, in: Vestnik Moskovskogo Universiteta, Serija 8. Istorija, 1987, Heft 3, S. 17-26.

Kunstfertigkeit beraubt die Arbeiterklasse der Möglichkeit, einen Überschuß zu bilden, der den Lebensunterhalt der Familie sichert, und dient als Haupthindernis für das Wachstum des Reichtums des Volkes (*narodnoe bogatstvo*). [...] Schulische Ausbildung wird für Kinder nur bei einer Begrenzung der Arbeitszeit zugänglich."[96]

Überlegungen zur Wehrtauglichkeit der Arbeiterschaft und zu ihrer Anfälligkeit für sozialistische Lehren wurden zwar ebenfalls als Begründung für den Gesetzentwurf vorgebracht, nahmen aber gegenüber dem Ziel, die allgemeine Wohlfahrt der Arbeiterschaft anzuheben, nur sekundären Rang ein.

Die Bestimmungen zum Schulbesuch machten denn auch einen zentralen Bestandteil des Gesetzentwurfes aus, der im Dezember 1881 in den Reichsrat eingebracht wurde.[97] Jedem in einer Fabrik beschäftigten Minderjährigen unter siebzehn Jahren sollte von dem Fabrikbesitzer die Möglichkeit garantiert werden, mindestens zwei Stunden täglich oder zwölf Stunden in der Woche eine Schule zu besuchen. Selbst Kinder, die bereits einen Grundschulabschluß besaßen, sollten am Schulbesuch nicht gehindert werden dürfen. Falls im Umkreis von zwei Werst keine geeignete Schule existierte, sollte der Fabrikbesitzer dazu verpflichtet werden, innerhalb von sechs Monaten nach Inkrafttreten des Gesetzes eine solche Schule auf eigene Kosten zu gründen. Gleichzeitig sollte in den Zentren der Textilindustrie, den Gouvernements St. Petersburg, Moskau und Vladimir, eine Fabrikinspektion eingerichtet werden, welche von den Fabriken durch eine besondere, nach der Zahl der Arbeiter gestaffelte Steuer finanziert werden würde.[98]

Aufbauend auf den Vorstellungen der Technischen Gesellschaft ging der Gesetzentwurf bezüglich des Schulbesuchs also deutlich über das hinaus, was bislang in Regierungszirkeln diskutiert worden war. Bei der Regelung der eigentlichen Arbeitszeit hingegen kam der Entwurf der Industrie weit entgegen. Kinder zwischen zwölf und vierzehn Jahren sollten bis zu acht Stunden täglich oder vier Stunden nachts, Jugendliche von vierzehn bis siebzehn Jahren maximal zehn oder nachts sechs Stunden arbeiten dürfen. Für Kinder unter zwölf Jahren sollte ein Einstellungsstopp verfügt werden, bereits beschäftigte Kinder unterhalb dieser Altersgrenze sollten jedoch nicht entlassen werden müssen. Hinzu kam eine komplizierte Pausenregelung beim Wechsel der Kinder zwischen Tag- und Nachtschicht.[99]

---

[96] RGIA f. 1149 1882 g. d. 58 ll. 52-53.
[97] Ebenda ll. 2-60. Formell wurde der Entwurf von den vier Ministerien für Finanzen, Inneres, Justiz und Volksbildung gemeinsam eingebracht, um den langwierigen Abstimmungsprozeß zwischen den Ministerien abzukürzen. Federführend war jedoch das Finanzministerium.
[98] RGIA f. 1149 1882 g. d. 58 ll. 57-60 Art. 4-13.
[99] Ebenda ll. 57-60 Art. 1-3.

Vergleicht man diese Bestimmungen mit den Vorschlägen der verschiedenen Regierungskommissionen der siebziger Jahre sowie den jeweiligen Stellungnahmen der Industrie, dann zeigt sich, daß das Finanzministerium gerade bei den bisher so heftig umstrittenen Arbeitszeitbeschränkungen zu erheblichen Zugeständnissen bereit war. Indem man die für die Industrie günstigsten Bestimmungen aus den verschiedenen Vorschlägen kombiniert hatte, war man zu einem Regelwerk gekommen, welches den zuletzt in der Valuev-Kommission geäußerten Vorschlägen der Moskauer Industriellen ausgesprochen nahe kam. Auf dieser Grundlage schien es möglich, schnell zu einem Kompromiß mit der Industrie zu finden.

Da das Finanzministerium das Gesetz bald verabschiedet sehen wollte, waren keine zeitraubenden Kommissionen unter Beteiligung von Fabrikanten mehr für die Ausarbeitung des Gesetzentwurfs eingerichtet worden. Statt dessen wurden vierzehn Industrielle aus verschiedenen Industriegebieten eingeladen, den Reichsrat bei der Beurteilung des Gesetzentwurfs zu beraten. Dabei bemühte sich das Finanzministerium, mit Persönlichkeiten wie dem Petersburger Maschinenbauer F. K. San-Galli, dem Tuchfabrikanten Ja. D. Thornton, dem Vorsitzenden des Moskauer Börsenkomitees N. A. Najdenov sowie den Textilindustriellen T. S. Morozov und S. I. Četverikov möglichst die Prominenz der russischen Industrie zu hören. Darüber hinaus wurden mit dem aufstrebenden Moskauer Stadtverordneten N. A. Alekseev, dem Moskauer Juwelier P. A. Ovčinnikov und dem Vorsitzenden der Technischen Gesellschaft, Fürst Kočubej, ausgewiesene Befürworter der Arbeiterbildung hinzugezogen.[100]

Weniger als ein repräsentatives Bild davon, wie die Industrie zu der geplanten Beschränkung der Kinderarbeit stand, erhoffte sich das Finanzministerium von dieser Anhörung möglichst zuverlässigen Aufschluß über die zu erwartenden Folgen. Da es abgesehen von den ersten Bänden der Moskauer Zemstvostudie nach wie vor an grundlegenden statistischen Erhebungen zur Kinderarbeit mangelte, die wirtschaftlichen Folgen der vorgeschlagenen Beschränkungen für Industrie und Arbeiterschaft also nicht einmal annähernd geschätzt werden konnten, kam den Stellungnahmen der geladenen „Experten" im Reichsrat besonderes Gewicht zu.[101] Während unter den Industriellen weitgehende Einigkeit darüber herrschte, daß Kinder unter zwölf Jahren langfristig nicht mehr zur Fabrikarbeit zugelassen werden sollten, wurde die zweistufige Arbeitszeitbeschränkung für Zwölf- bis Siebzehnjährige heftig kritisiert. Einmütig forderten sowohl die Moskauer wie die Petersburger Fabrikanten,

---

[100] RGIA f. 20 op. 2 d. 1784 ll. 16-17; Četverikov, S.: Bezvozvratno ušedšaja Rossija. Neskol'ko stranic iz knigi moej žizni, Berlin o. J., S. 41-42.
[101] Siehe dazu die Kritik des Wirtschaftsstatistikers und Reichsratsmitglieds G. P. Nebolsin an dem Gesetzentwurf: RGIA f. 1149 1882 g. d. 58 ll. 63-64.

Jugendliche über fünfzehn Jahren von der vorgeschlagenen Regelung auszunehmen, da sie sonst von Erwachsenen aus ihren Tätigkeiten verdrängt würden. Ebenso einheitlich sprachen sie sich dafür aus, die Arbeitszeiten für Kinder unterhalb dieser Altersgrenze an gängige Betriebszeiten und Schichtwechsel so anzupassen, daß nicht mehr als vier Schichten pro Tag notwendig würden. Dies schloß auch die Forderung ein, die Nachtarbeit für Kinder nicht gänzlich zu verbieten.[102]

Daß der Reichsrat den Industriellen schließlich in allen diesen Punkten entgegenkam, hatte seinen Grund in der konstruktiven Art, mit der diese ihre Argumente vorgetragen hatten. Zudem akzeptierte man, daß der erste Schritt auf derart unbekanntem Terrain Raum für die unterschiedlichen Bedürfnisse einzelner Branchen lassen mußte, sollte die industrielle Entwicklung des Landes nicht beeinträchtigt werden. Einer Minderheit, die unter Berufung auf medizinische Erwägungen eine möglichst strenge Formulierung des Gesetzes forderte, hielt die Reichsratsmehrheit deshalb das Prinzip einer flexiblen Ausgestaltung des Gesetzes entgegen:

> „Sechzehn Mitglieder urteilten, daß jedes Gesetz, welches die Aufgabe hat, die wirtschaftliche Struktur des Staates zu regulieren, nicht in einer zu bedingungslosen Form ausgedrückt werden darf. Wirtschaftliche Erscheinungen sind so vielfältig und veränderlich, daß es definitiv unmöglich ist, alle Fälle im Gesetz vorzusehen, die in diesem Bereich vorkommen können. Deshalb wird ein Gesetz, das ohne Rücksicht auf praktische Erfordernisse keinerlei individuelle Abweichungen erlaubt, bei aller Gerechtigkeit von theoretischer Seite sehr häufig entweder nicht ausgeführt werden oder statt des erhofften Nutzens Schaden verursachen."[103]

Derart pragmatische Überlegungen bewogen den Reichsrat schließlich dazu, eine einstufige Regelung zu verabschieden, die für Zwölf- bis Fünfzehnjährige einen Arbeitstag von maximal acht Stunden und ein generelles Nacht- und Sonntagsarbeitsverbot vorsah. Zugleich wurde den Ministerien die Vollmacht gegeben, einerseits für eine Übergangszeit von zwei Jahren in Einzelfällen Kinder ab zehn Jahren zur Fabrikarbeit sowie bis zu vier Stunden Nachtarbeit zuzulassen, andererseits die Kinderarbeit in besonders gesundheitsschädlichen Branchen völlig zu unterbinden.[104]

Das Streben nach möglichst flexiblen Lösungen prägte auch die Beratungen über den Schulbesuch minderjähriger Arbeiter. In dieser Frage waren die Meinungen der Industriellen geteilt. Während San-Galli und Najdenov sich

---

[102] Ebenda ll. 128-131. Der Entwurf des Finanzministeriums hätte für Zwölf- bis Vierzehnjährige bis zu fünf Schichten pro Tag erforderlich gemacht: RGIA f. 20 op. 2 d. 1784, ll. 22-25.
[103] RGIA f. 1149 1882 g. d. 58 l. 119.
[104] Ebenda ll. 120-121; PSZ 3 Bd. II Nr. 931.

grundsätzlich gegen jede Belastung der Industrie mit Bildungsaufgaben wehrten, sprachen sich Morozov, Ovčinnikov, Alekseev und schließlich auch Fürst Kočubej dafür aus, die Industrie über eine Sondersteuer zumindest an der Finanzierung des Volksschulwesens zu beteiligen, dessen Organisation aber ganz der lokalen Selbstverwaltung zu überlassen.[105] Dieser Meinung schloß sich auch der Reichsrat an. Da bislang jedoch keinerlei Angaben über die zu erwartenden Kosten eines umfassenden Fabrikschulwesens vorlagen, die Erhebung einer entsprechenden Steuer also jeglicher statistischer Grundlage entbehrte, wurde das Finanzministerium damit beauftragt, diese Frage einer genaueren Untersuchung zu unterziehen. Immerhin bekräftigte der Reichsrat seine Absicht, auch vor einer Reform des Fabrikschulwesens die Arbeiterbildung aktiv zu fördern, indem Fabrikbesitzer dazu verpflichtet wurden, minderjährigen Arbeitern nicht nur zwei, wie im ursprünglichen Entwurf vorgesehen, sondern drei Stunden Schulbesuch täglich zu ermöglichen.[106]

Auch wenn der dringlichste Bereich des Kinderschutzes, nämlich der Schutz der unteren Altersgruppen, kaum angetastet wurde, blieb das Gesetz vom 1. Juni 1882 also nicht zuletzt aufgrund der Einwände der Industriellen in wesentlichen Punkten deutlich hinter dem ursprünglichen Entwurf des Finanzministeriums zurück. Dies lag allerdings weniger an mangelnder Entschlossenheit des Reichsrats in dieser Frage, sondern vor allem daran, daß mit diesem Gesetz in bislang einmaliger Weise in interne Produktionsabläufe der Industrie eingegriffen wurde, von deren Vielfalt selbst das Finanzministerium kaum eine Ahnung hatte. Hier konnten die Industriellen ihre überlegene Sachkenntnis ausspielen, um eine flexible Ausgestaltung des Gesetzes zu erreichen. Mit Rücksicht auf die Stabilität der industriellen Entwicklung des Reiches entschloß sich der Reichsrat deshalb zu einer Politik des experimentellen Vorantastens, anstatt blind und ohne Kenntnis der zu erwartenden Folgen in komplizierte, gewachsene wirtschaftliche Strukturen einzugreifen. Insofern liegt die Bedeutung industrieller Beteiligung nicht allein in der unbestreitbaren Abschwächung des ursprünglichen Entwurfs, sondern auch und vor allem darin, daß erst auf diese Weise ein Bewußtsein für praktische Probleme geschaffen wurde, welches die Grundlage für eine flexible, experimentelle Ausgestaltung des Gesetzes bildete. Dieses Spannungsverhältnis zwischen der Verteidigung wirtschaftlicher Interessen einerseits und dem Beitrag zu einer konstruktiven Ausgestaltung des Arbeiterschutzes andererseits machte die Diskussion über die Kinderarbeit zu einem charakteristischen Beispiel dafür, welchen prägenden Einfluß die

---

[105] RGIA f. 1149 1882 g. d. 58 ll. 131-134. Zu dieser Debatte siehe auch einen Brief Najdenovs an Pobedonoscev vom 16. 10. 1882: [Pobedonoscev, K. P.]: K. P. Pobedonoscev i ego korrespondenty. Pis'ma i zapiski, Moskau 1923, S. 294-296.
[106] RGIA f. 1149 1882 g. d. 58 ll. 121-123.

Beteiligung der Industrie an der Formulierung der russischen Fabrikgesetze besaß.

6. Die Praxis des Kinderschutzes

Die eigentliche Bedeutung des Gesetzes vom 1. Juni 1882 liegt allerdings nicht allein in den schließlich verabschiedeten Bestimmungen, sondern auch und vor allem darin, daß damit überhaupt ein Durchbruch beim Aufbau eines Arbeiterschutzes in Rußland erzielt worden war. Damit die Einhaltung des Gesetzes durch seine flexible Formulierung jedoch nicht unterminiert wurde, mußten die Anwendung konsequent überwacht und die Bestimmungen entsprechend angepaßt werden. Dieser Prozeß dauerte mehrere Jahre und wurde erst mit einem Gesetz vom 24. April 1890 abgeschlossen.[107]

Da das Gesetz vom 1. Juni 1882 über die Regulierung der Kinderarbeit den ersten wirksamen Eingriff in das Verhältnis zwischen Arbeitern und Fabrikanten in Rußland überhaupt darstellte, nimmt es nicht wunder, daß viele Fabrikanten es in seiner Einführungsphase entweder gar nicht erst zur Kenntnis nahmen oder sich mit den unterschiedlichsten Mitteln gegen das Vorgehen der neugegründeten Fabrikinspektion zu wehren suchten. Gerade bei der Überwachung der Kinderarbeit stießen die Inspektoren auch in den Folgejahren auf besondere Schwierigkeiten, da die betroffenen Kinder selbst und ihre Eltern mindestens ebensosehr wie die Fabrikanten daran interessiert waren, den bisherigen Zustand aufrechtzuerhalten. Trotz intensiver Bemühungen gelang es den Inspektoren nur selten, gegenüber den Kindern in den Fabriken ein Vertrauensverhältnis aufzubauen und von diesen als Beschützer angenommen zu werden. Viel häufiger wurde allein schon die mit der Ankunft der Inspektoren verbundene Aufregung und viel mehr noch ihre bohrenden Fragen nach Alter und Arbeitszeiten von den Kindern als bedrohlich empfunden, da sie leicht in kürzeren Arbeitszeiten und niedrigeren Löhnen, im schlimmsten Fall sogar mit der Entlassung aus der Fabrik enden konnten. Einschüchterungen und strenge Verhaltensregeln von seiten der Fabrikdirektion taten das Ihre, um die psychologische Barriere von Kindern gegenüber den Inspektoren noch zu erhöhen.[108] Immer wieder mußten diese die Erfahrung machen, daß Kinder sich versteckten oder versteckt wurden. Deshalb bemühten sich die Inspektoren

---

[107] PSZ 3 Bd. X Nr. 6742.
[108] Zum psychologischen Aspekt des Verhältnisses zwischen Kindern und Fabrikinspektoren siehe Adolphs, L.: Industrielle Kinderarbeit im 19. Jahrhundert unter Berücksichtigung des Duisburger Raumes. Ein Beitrag zur Geschichte der Wirtschafts- und Sozialpädagogik, Duisburg 1972, S. 61-66.

darum, möglichst überraschend in den Fabriken zu erscheinen.[109] Aber auch dann mußten sie damit rechnen, daß Kinder jegliche Auskunft verweigerten oder unglaubwürdige Angaben über ihr Alter und die Dauer ihrer Arbeit machten. Erschwerend kam hinzu, daß das Alter minderjähriger Fabrikarbeiter erst dann zuverlässig bestimmt werden konnte, als es nach einigen Jahren gelang, für die Anstellung in der Fabrik die Vorlage eines Auszugs aus dem Taufregister verbindlich durchzusetzen.[110]

Kennzeichnend für die Einführungsphase des Gesetzes von 1882 war jedoch nicht nur der Widerstand der Arbeiter wie der Fabrikanten, sondern auch eine allgemeine Unsicherheit, wie die konkreten Bestimmungen des Gesetzes eigentlich lauteten und welche wirtschaftlichen Folgen daraus erwuchsen. In einer ersten Reaktion entließen deshalb viele Fabriken ihre Minderjährigen, um klare Verhältnisse zu schaffen. Innerhalb von zwei Jahren fiel die Zahl von Kindern unter fünfzehn Jahren in der russischen Industrie um bis zu zwei Drittel. Hatte Andreev 1882/83 allein in der Textilindustrie bei nur 507 erfaßten Betrieben mit immerhin 237.733 Arbeitern noch 30.171 Minderjährige (12,7 %) gezählt, so kam sein Nachfolger Michajlovskij nur zwei Jahre später bei 1.102 inspizierten Textilbetrieben mit 292.631 Arbeitern nur noch auf 14.828 Minderjährige (5,1 %).[111] Eine nicht unerhebliche Zahl von Fabriken griff zwar in den folgenden Jahren wieder auf Kinder zurück, so daß deren Zahl von 1886 bis 1888 wieder auf etwa zwei Drittel des ursprünglichen Niveaus anstieg. Von da an sank ihr Anteil an der Fabrikarbeiterschaft jedoch erneut und diesmal kontinuierlich auf 1,5 % im Jahr 1904.[112] Auch wenn in diesen Zahlen ein langfristiger Abbau der Kinderarbeit zum Ausdruck kommt, der sich überwiegend auf technische Innovationen vor allem in der Textilindustrie zurückführen läßt, trug das Gesetz vom 1. Juni 1882 doch ganz erheblich dazu bei, die Kinderarbeit zu vermindern, und sie dort, wo sie beibehalten wurde, wenigstens etwas erträglicher zu machen. Damit aber wurde zumindest ein wesentliches Ziel des Gesetzes erreicht.

Dagegen war die erste Entlassungswelle unmittelbar im Gefolge des Gesetzes von 1882 nicht im Sinne der Regierung gewesen. Im Gegenteil, die angekündigten Ausnahmeregelungen hatten eigentlich den Übergang für die Fabriken erleichtern und die massenhafte Entlassung von Kindern verhindern sollen. Als es der neugegründeten Inspektion nicht gelang, diese Regelungen bis zum Frühjahr 1883 fertigzustellen, sah sich das Finanzministerium gezwungen,

---

[109] So berichtet Klepikov, daß er in entlegenen Gebieten dazu überging, das Glöckchen an seiner Kutsche oder seinem Schlitten festzubinden, um sich nicht schon von weitem zu verraten: Gvozdev, Zapiski, S. 52.
[110] Ebenda, S. 49-52.
[111] Andreev, Rabota maloletnich, S. 160; Michajlovskij, O dejatel'nosti, S. 34. Siehe auch Janžul, Iz vospominanij, S. 111.
[112] RGIA f. 20 op. 2 d. 1806 ll. 68-69 und ll. 87-89; Balabanov, Očerki, Bd. 3, S. 148.

Die Praxis des Kinderschutzes 135

die Einführung des Gesetzes um ein ganzes Jahr auf den 1. Mai 1884 zu verschieben.[113] Die Auswertung der verschiedenen Übergangsmaßnahmen, die schließlich in das Gesetz vom 24. April 1890 mündete, zeigt exemplarisch, wie sich das Finanzministerium allmählich in eine endgültige Regelung hineintastete, die gleichermaßen den Bedürfnissen der Arbeiterkinder, wie das Finanzministerium sie verstand, und den Interessen der Industrie gerecht werden sollte.[114]

So hatte das Ministerium auf Vorschlag Andreevs erlaubt, daß bereits beschäftigte Kinder ab zehn Jahren in der Textil-, Papier-, Glas- und Tabakindustrie an ihrem Arbeitsplatz bleiben, seit 1886 aber nicht mehr neu eingestellt werden durften.[115] Bis 1888 ging die Zahl der Arbeiter in dieser Altersgruppe dementsprechend um über zwei Drittel auf 315 Kinder zurück, die überwiegend in der Tabakindustrie und in der Glasfabrikation arbeiteten. Daß sich das Problem innerhalb dieser zwei Jahre nicht überhaupt von selbst erledigte, lag allein daran, daß die Fabrikinspektion immer wieder auf bislang nicht erfaßte Kleinbetriebe stieß, denen man diese Übergangsregelung nicht vorenthalten wollte. Bei diesem Vorgehen hatte die Inspektion vor allem die soziale Absicherung der betroffenen Kinder im Auge, die meist entweder Waisen waren oder zu den Ärmsten der Armen zählten. „Gewinnsüchtige Bestrebungen" der Fabrikanten spielten dagegen laut den Beobachtungen der in diesem Punkt ansonsten äußerst empfindlichen Inspektion bei der Einstellung von Kindern dieser Altersgruppe keine Rolle mehr.[116] 1889 schlug das Finanzministerium sogar vor, auch die Neueinstellung extrem bedürftiger Kinder ab zehn Jahren wieder zu erlauben. Eine derart bewußte Förderung der Kinderarbeit, und sei sie auch von vermeintlich sozialen Überlegungen motiviert, vermochte der Reichsrat allerdings nicht zu billigen. Statt dessen hielt er an der bisherigen

---

[113] Zu dem Schriftverkehr zwischen Najdenov und dem Finanzministerium in dieser Angelegenheit und ihrer Behandlung im Reichsrat siehe RGIA f. 20 op. 2 d. 1790 ll. 32-54; Siehe auch Mikulin, A. A.: Fabričnaja inspekcija v Rossii. 1882-1906, Kiev 1906, S. 21 und S. 27-28; Janžul, Iz vospominanij, S. 38.

[114] PSZ 3 Bd. X Nr. 6742; RGIA f. 20 op. 2 d. 1806 und f. 1149 1890 g. d. 7; Dementjeff, E. M.: Das Arbeiterschutzgesetz vom 24. Februar 1890, in: ASGS 4(1891) S. 197-206 (mit einer deutschen Übersetzung des Gesetzestextes). Zu dem Vorwurf, daß die Industrie die Ausnahmeregelungen genutzt habe, um das Gesetz zu ihren Gunsten abzuschwächen, siehe Tugan-Baranowsky, Geschichte der russischen Fabrik, S. 479; Balabanov, Očerki, Bd. 3, S. 457-463; Šelymagin, I. I.: Fabrično-zavodskoe zakonodatel'stvo v Rossii (2-ja polovina XIX veka), Moskau 1947, S. 140.

[115] RGIA f. 1263 op. 1 d. 4533 ll. 69-70. Die Moskauer Abteilung des Rates für Handel und Manufakturen sprach sich 1883 für, eine Gruppe Petersburger Industrieller gegen eine solche Ausnahmeregelung aus. Das Handels- und Manufakturkomitee von Ivanovo-Voznesensk unterstützte 1883 die Moskauer Forderung, forderte 1887 hingegen ein völliges Verbot der Fabrikarbeit von Kindern unter zwölf Jahren: RGIA f. 20 op. 2 d. 1806 l. 43; Ebenda, d. 1784 ll. 67-68 und ll. 228-229; d. 1790 ll. 43-45.

[116] RGIA f. 20 op. 2 d. 1806 ll. 87-90 und l. 116.

Regelung fest, so daß die Zahl der Kinder unter zwölf Jahren in den Fabriken bis 1900 nahezu auf Null sank.[117] Die bedingte Erlaubnis der Fabrikarbeit von Zehn- bis Zwölfjährigen behielt damit ihren Charakter einer strikten Übergangsregelung, die zwar den direkt betroffenen Kindern eine Weiterbeschäftigung erlaubte, dennoch aber binnen kurzer Zeit die Beschäftigung von Kindern dieser Altersgruppe fast völlig unterband.

Stärker auf die Bedürfnisse der Industrie ausgerichtet waren hingegen die Ausnahmeregelungen, die bezüglich der Arbeitszeitbeschränkungen für Zwölf- bis Fünfzehnjährige erlassen wurden. So ersuchten die Petersburger Textilindustriellen 1883 und 1884 darum, Kinder dieser Altersgruppe bis zu sechs Stunden ohne Pause beschäftigen zu dürfen, da es unmöglich sei, daß Kinder alle vier, Erwachsene hingegen alle sechs Stunden die Schicht wechselten.[118] Ein entsprechender Änderungsentwurf des Finanzministeriums wurde 1884 vom Reichsrat nach heftiger Diskussion verabschiedet.[119] Diese Änderung zielte darauf ab, die Kinderarbeit mit den für Erwachsene üblichen Schichtwechseln vereinbar zu halten, ohne jedoch den Kinderschutz in seinem Kern zu beeinträchtigen. So knüpfte der Reichsrat die Zustimmung zu einer sechsstündigen Schicht an die Bedingung, daß die Kinder danach für den Rest des Tages frei bekämen, in der Hoffnung, damit die Möglichkeiten des Schulbesuchs gegenüber der ursprünglichen Regelung verbessern zu können.[120] Wie die Fabrikinspektion aus der Erfahrung von insgesamt 23 Betrieben berichtete, die diese Regelung in Anspruch nahmen, erholten sich Kinder bei dieser Schichtorganisation besser und gingen deutlich regelmäßiger zur Schule, als bei einem Achtstundentag in zwei Schichten. Deshalb wurde 1890 schließlich auch die bislang in jedem Einzelfall erforderliche Genehmigung durch die Ministerien abgeschafft, die sich als ein wesentliches Hindernis einer weiteren Verbreitung dieser Regelung erwiesen hatte.[121]

---

[117] Ebenda ll. 116-117, l. 127 und ll. 161-162. Im zweiten Halbjahr 1900 stieß die Fabrikinspektion noch auf 41 Fälle, 1901 auf 62 und 1902 schließlich nur noch auf 55 Fälle dieser Art: Svody Otčetov fabričnych inspektorov za vtoruju polovinu 1900 goda, S. 36-37; Ebenda, za 1901 god, S. 116-117; Ebenda, za 1902 god, S. 114-115.

[118] RGIA f. 20 op. 2 d. 1784 ll. 67-68; f. 1149 1884 g. d. 57 l. 57. Letzterem Gesuch schlossen sich auch die Tenteleev-Chemiewerke an. Daß es den meisten Petersburger Industriellen, die das ursprüngliche Gesuch gestellt hatten, weniger um eine konkrete Verlängerung der Kinderarbeit als um die Bewahrung ihres organisatorischen Handlungsspielraums ging, zeigt die Tatsache, daß mit den Spasskaja und Petrovskaja Baumwollmanufakturen nur eine einzige der unterzeichnenden Firmen schließlich eine entsprechende Genehmigung beim Finanzministerium beantragte: RGIA f. 20 op. 2 d. 1801.

[119] PSZ 3 Bd. IV Nr. 2316 Kap. IV.

[120] RGIA f. 20 op. 2 d. 1790 ll. 65-73 und ll. 81-84.

[121] RGIA f. 20 op. 2 d. 1806 ll. 91-92 und ll. 119-120; PSZ 3 Bd. X Nr. 6742, Kap. I, Art. 1.

Auf die Gesuche mehrerer zentralrussischer Textilindustrieller hin wurde 1890 schließlich Fabriken mit einer Betriebszeit von achtzehn Stunden in zwei Schichten erlaubt, Kinder bis zu neun Stunden täglich zu beschäftigen.[122] Damit aber wurde das ursprüngliche Gesetz in einem seiner zentralen Punkte abgeschwächt. Dieses Zugeständnis rechtfertigte man damit, daß der Achtzehnstundenbetrieb, der seit dem Nachtarbeitsverbot für Frauen 1885 den Dauerbetrieb vor allem in Zentralrußland allmählich zu ersetzen begann, für die betroffenen Erwachsenen eine erhebliche Verkürzung ihrer Arbeitszeit bedeutete. Damit eine an ursprünglich anderen Voraussetzungen orientierte Regelung der Kinderarbeit diesen von der Regierung ausdrücklich begrüßten Prozeß nicht behinderte, war diese dazu bereit, eine eng umgrenzte Verlängerung der gesetzlichen Arbeitszeit für Kinder hinzunehmen.[123]

Dagegen stemmte sich der Reichsrat entschieden gegen Bestrebungen aus der Industrie, das Gesetz von 1882 unter dem Deckmantel praktischer Notwendigkeiten inhaltlich auszuhöhlen. So erteilte er etwa 1884 den auch vom Finanzministerium unterstützten Bemühungen Petersburger Industrieller eine klare Absage, die Altersgrenze der Arbeitszeitbeschränkungen auf vierzehn Jahre abzusenken.[124] Ebensowenig Erfolg hatte der Moskauer Textilindustrielle S. I. Četverikov mit seinem Vorschlag, die Begrenzung der täglichen Arbeitszeit auf acht Stunden in eine entsprechende wöchentliche Beschränkung umzuwandeln, um so den Dauerbetrieb mit drei Belegschaften aufrechterhalten zu können.[125] Komplizierter lag der Fall bei der Frage der Nachtarbeit. Gemäß dem Gesetz von 1882 war Spinnereien, Webereien und Glasbläsereien pauschal eine befristete Ausnahmegenehmigung erteilt worden, Kinder zwischen zwölf und fünfzehn Jahren bis zu vier Stunden nachts zu beschäftigen. Als 1885 jedoch die Nachtarbeit von Frauen und Jugendlichen in der Textilindustrie verboten wurde,

---

[122] PSZ 3 Bd. X Nr. 6742, Kap. I, Art. 6; Stellungnahme der Moskauer Abteilung des Rates für Handel und Manufakturen vom 30. 12. 1887: RGIA f. 20 op. 2 d. 1806 ll. 48-52; Brief M. N. Karetnikovs und I. V. Garelins an das Finanzministerium vom 16. 2. 1888: Ebenda l. 45.
[123] So verwies die Moskauer Abteilung des Rates für Handel und Manufakturen darauf, daß die ursprüngliche Festsetzung eines Achtstundentages für Kinder „das Resultat ratender Überlegungen ohne praktische Begründung" gewesen sei. Diese scharf formulierte Kritik entbehrte nicht eines wahren Kerns: RGIA f. 20 op. 2 d. 1806 l. 49. Zur Haltung des Finanzministeriums: Ebenda ll. 123-124.
[124] Vor allem Andreev setzte sich für eine solche Regelung ein: RGIA f. 20 op. 2 d. 1784 ll. 56-57 und ll. 67-68, l. 193 und l. 202; d. 1790 l. 5 und l. 65; f. 1149 1894 g. d. 57 ll. 36-39 und ll. 52-53. Erneute Forderungen aus der Industrie in dieser Richtung wurden 1889 auch vom Finanzministerium abgelehnt: RGIA f. 20 op. 2 d. 1806 ll. 48-52 und ll. 124-125. Siehe auch Janžul, Iz vospominanij, S. 38.
[125] RGIA f. 20 op. 2 d. 1790 ll. 55-57.

verlor diese Ausnahme ihre praktische Bedeutung und wurde 1890 gegen den Widerstand der Moskauer Industriellen aufgehoben.[126]

Dagegen wurde für die Glasindustrie eine Sonderregelung geschaffen, die Kindern bis zu sechs Stunden Nachtarbeit erlaubte. Dieses Zugeständnis knüpfte der Reichsrat allerdings an die Bedingung, daß diese danach mindestens zwölf Stunden zur Erholung haben müßten. Vorangegangen war eine Reihe massiver Hinweise der Glasfabrikanten, daß Kinderarbeit in der zeitlich sehr schwer vorab zu regulierenden Schmelze unabdingbar sei und zudem zur Ausbildung der Kinder beitrage. Zwar widersprach das Finanzministerium dieser Auffassung, erkannte jedoch an, daß ein striktes Verbot unweigerlich zur Entlassung der in der Glasindustrie beschäftigten Kinder führen müßte.[127] Hatte der Reichsrat ansonsten peinlich genau darauf geachtet, daß eine Anpassung des Gesetzes an organisatorische Notwendigkeiten in der Produktion möglichst nicht zu einer Aushöhlung des Gesetzes führte, so gelang es in diesem einen Fall einem Industriezweig, mit der Drohung von Entlassungen ein wesentliches Zugeständnis zu erreichen. Der handwerksähnliche Charakter der Branche, die Abgelegenheit vieler kleiner und schwer zu kontrollierender Betriebe, der Hinweis auf Ausbildungsaspekte und nicht zuletzt die besondere Intensität, mit der die Glasindustriellen ihr Anliegen vortrugen – all das wirkte zusammen, daß hier eine Ausnahme gemacht wurde.

Für die praktische Ausgestaltung des Kinderschutzes ergibt sich somit eine zwiespältige Bilanz. So wurde im Finanzministerium zu keinem Zeitpunkt erwogen, die Beschränkungen der Kinderarbeit stufenweise an den Standard anzunähern, der aus medizinischer Sicht unverzichtbar war und auch immer wieder gefordert wurde. Gerade der gewählte flexible Einstieg in einen gesetzlichen Arbeiterschutz hätte eine ideale Möglichkeit für den schrittweisen Ausbau der Gesetzgebung geboten. Zudem war es nur teilweise gelungen, den Übergang möglichst bruchlos zu gestalten und Entlassungen zu vermeiden. Das erklärte Ziel, ein Mindestmaß an Schutz zu gewährleisten, ohne die wirtschaftliche Entwicklung des Reiches zu belasten, konnte mit diesem Ansatz hingegen weitgehend erreicht werden. Im Großen und Ganzen war es der Regierung in enger Zusammenarbeit mit Vertretern der Industrie gelungen, über eine Reihe von Ausnahmeregelungen der Vielfalt industrieller Produktionsbedingungen einigermaßen gerecht zu werden, ohne den beabsichtigten Kinderschutz in seinem Kern anzutasten.

---

[126] Dagegen hatte sich das Handels- und Manufakturkomitee von Ivanovo-Voznesensk mehrheitlich für ein generelles Nachtarbeitsverbot ausgesprochen: RGIA f. 20 op. 2 d. 1806 l. 7, ll. 43-44, ll. 48-52 und ll. 118-119.

[127] PSZ 3 Bd. X Nr. 6742, Kap. I, Art. 2; RGIA f. 20 op. 2 d. 1808 (zum Gesuch der Glasfabrikanten von 1886); d. 1806 l. 7, ll. 118-119 und l. 163.

Daß die oft heikle Abgrenzung zwischen der sachlichen Aufklärung von Industriellen über organisatorische Notwendigkeiten der Produktion und der Verteidigung ihrer wirtschaftlichen Interessen weitgehend funktionierte, lag zuvorderst an der mangelnden Geschlossenheit der Industrie selbst. So erwies sich das reformorientierte Handels- und Manufakturkomitee von Ivanovo-Voznesensk wiederholt als wichtiges Korrektiv gegenüber den Forderungen Moskauer Industrieller. Mindestens ebenso wichtig war jedoch, daß der Industrie sehr bald in Gestalt der Fabrikinspektion ein gewichtiger Konkurrent erwuchs, der ihr das bisherige Monopol auf sachliche Information der Regierung in Industriefragen streitig machte. Damit wurde die Industrie zwar nicht aus dem Gesetzgebungsprozeß verdrängt, ihr Einfluß ging aber doch erheblich zurück. Diese Leistung der Inspektion wurde 1890 von den Vereinigten Reichsratsabteilungen ausdrücklich anerkannt:

> „Die Abteilungen können nicht umhin, die sorgfältige und umfassende Ausarbeitung aller von dem vorliegenden Entwurf betroffenen Fragen gerecht zu würdigen. Die darin enthaltenen detaillierten und vielfältigen Informationen über die Bedingungen der Fabrikarbeit ebenso wie die von der Fabrikinspektion gesammelten umfassenden statistischen Angaben über die Zusammensetzung der Fabrikbevölkerung und ihre Verteilung auf verschiedene Arten von Fabriken und Werken zeugt von dem unzweifelhaften Nutzen, welche die Einrichtung der Fabrikinspektion für die Erforschung und Regulierung unserer verarbeitenden Industrie gebracht hat. Zugleich beseitigt das dem Reichsrat vorliegende umfassende und wertvolle Material, welches die Bedürfnisse und Besonderheiten unserer Industrie anschaulich erläutert, die Hindernisse, die bislang einer völligen Regulierung der Arbeit von Kindern und Frauen entgegenstanden und eröffnet die Möglichkeit, zur Formulierung fester Regeln auf diesem Gebiet zu schreiten, ohne die berechtigten Interessen der Fabrikherren oder der Arbeiter zu verletzen."[128]

Nicht zuletzt bot auch der Reichsrat in den achtziger Jahren eine Garantie gegen eine allzu enge Orientierung des Kinderschutzes an den Bedürfnissen der Industrie, welcher das Finanzministerium immer wieder zu erliegen drohte.

Vergleicht man, was schließlich erreicht wurde, mit dem ursprünglichen Ziel des Gesetzes, nämlich die Voraussetzungen für einen rapiden Ausbau des Fabrikschulwesens zu schaffen, so fällt die Bilanz allerdings deutlich negativer aus. Indem die Regierung zwar die Arbeitszeit verkürzte, darüber hinaus die Einrichtung von Fabrikschulen aber nur in wenigen Ansätzen förderte, blieb sie im Grunde genommen auf halbem Wege stehen. 1882 hatte der Reichsrat noch bewußt die vage Formulierung gewählt, daß Fabrikbesitzer Kindern ohne Volksschulabschluß einen Schulbesuch von mindestens drei Stunden täglich ermöglichen mußten, um der beim Finanzministerium in Auftrag gegebenen Regelung nicht vorzugreifen. Diese Bestimmung war von vielen Fabrikanten als

---

[128] RGIA f. 20 op. 2 d. 1806 ll. 160-161.

Verpflichtung verstanden worden, selbst entsprechende Schulen einzurichten, so daß sich in den folgenden beiden Jahren eine deutliche Zunahme von Fabrikschulen beobachten ließ.[129] Demgegenüber stellten die Bestimmungen vom 12. Juni 1884 über den Schulbesuch minderjähriger Arbeiter einen deutlichen Rückschritt dar. Nunmehr wurde ausdrücklich festgelegt, daß der Bau einer Fabrikschule für den Fabrikbesitzer freiwillig sei. Auch die ursprünglich geplante Schulsteuer wurde fallengelassen. Statt dessen beauftragte der Reichsrat die Fabrikinspektion, sich gegenüber den örtlichen Schulverwaltungen für den Bau besonderer Schulen einzusetzen und darauf hinzuwirken, daß die Schulzeiten bestehender Einrichtungen an die Schichtwechsel benachbarter Fabriken angepaßt würden.[130]

Die häufig vertretene Auffassung, daß diese Abkehr von dem ursprünglichen Bildungsziel auf entsprechende Einflüsse vor allem von seiten Moskauer Industrieller zurückzuführen sei, hält einer näheren Betrachtung allerdings nicht stand.[131] So ging das Finanzministerium durchweg davon aus, daß eine Schulsteuer, mit der alle Betriebe an der Finanzierung von Arbeiterschulen beteiligt werden sollten, nicht auf den Widerstand der Industrie stoßen würde, da sich vor allem das Handels- und Manufakturkomitee von Ivanovo-Voznesensk ebenso wie die Mehrheit der 1882 im Reichsrat gehörten Fabrikanten wiederholt für die Erhebung einer solchen Steuer ausgesprochen hatten.[132] Daß auf eine Schulsteuer schließlich doch verzichtet wurde, hatte seine Ursache vielmehr in grundsätzlichen steuersystematischen Überlegungen, da „eine derartige Spezialisierung von Staatseinkünften nicht zulässig" sei und zudem allzu leicht über eine Senkung der Löhne auf die Arbeiter abgewälzt werden könnte.[133] Vielmehr baute das Ministerium darauf, den Bau von Arbeiterschulen über höhere Steuereinnahmen aus der bevorstehenden Gewerbesteuerreform finanzieren zu können. Aber auch die ursprüngliche Absicht, Fabrikanten, Inspektoren, lokale Selbstverwaltung und Schulbehörden über eine gesetzliche Schulpflicht minderjähriger Arbeiter zu einer Übereinkunft über eine

---

[129] Janžul, Iz vospominanij, S. 113-114; Ders.: Fabričnyj byt Moskovskoj gubernii. Otčet za 1882-1883 g. fabričnago inspektora nad zanjatijami maloletnych rabočich Moskovskago okruga, St. Petersburg 1884, S. 62-65; RGIA f. 20 op. 2 d. 1784 ll. 240-241; Andreev, Rabota maloletnich, Priloženija, S. 8-12. Als Beispiel einer solchen Schule siehe die 1884 gegründete Einrichtung in der Zavorovskaja Manufaktur P. M. Rjabušinskijs: Torgovoe i promyšlennoe delo Rjabušinskich, Moskau 1913, S. 143-154.

[130] PSZ 3 Bd. IV Nr. 2316, Kap. I. Zur Kritik an diesem Gesetz siehe Janžul, Iz vospominanij, S. 51-53.

[131] Janžul schreibt diesen Wandel in seinen Erinnerungen dem Einfluß Najdenovs auf den Direktor der Abteilung für Handel und Manufakturen Ermakov zu: Janžul, Iz vospominanij, S. 113-114.

[132] RGIA f. 20 op. 2 d. 1784 ll. 228-229.

[133] RGIA f. 20 op. 2 d. 1790 l. 27.

den örtlichen Bedingungen angemessene Organisation des Fabrikschulwesens zu zwingen, wurde schließlich fallengelassen. Gegen das Finanzministerium schloß sich der Reichsrat der Meinung von Innenminister Tolstoj an, daß eine auf eine einzige Bevölkerungsgruppe beschränkte Schulpflicht der bisherigen Gesetzgebung im Bildungswesens zuwiderlaufe und deshalb eine Lösung dieser Frage nur im Zusammenhang einer allgemeinen Reform der Volksschulbildung möglich sei.[134]

Damit blieb die Einrichtung von Fabrikschulen auch nach 1884 ganz der Initiative einzelner Fabrikanten überlassen. In manchen Fällen kam es dabei schließlich auch zu einer fruchtbaren Zusammenarbeit mit den Zemstva, der orthodoxen Kirche oder anderen Schulträgern, wie sie das Gesetz von 1884 angestrebt hatte.[135] Da es arbeitenden Kindern aber auch nach sechs bis acht Stunden täglich in der Fabrik kaum möglich war, aufmerksam am Unterricht teilzunehmen, bemühte sich die Fabrikinspektion in den folgenden Jahren vor allem darum, daß überhaupt nur noch Kinder eingestellt würden, die bereits einen Volksschulabschluß vorweisen konnten. Die eigentliche Tätigkeit der Fabrikschulen lag deshalb im Unterricht der Kinder von Arbeitern. So waren im Jahr 1898 32.958 von 44.385 Schülern in insgesamt 446 Fabrikschulen Kinder von Fabrikarbeitern, während nur 4.307 selbst Fabrikarbeit verrichteten. Damit erhielt nach Berechnungen des Finanzministeriums nur etwa jeder siebte minderjährige Arbeiter regelmäßig Unterricht, eine Zahl, die weit von den hochfliegenden Plänen der achtziger Jahre entfernt war.[136]

„Angesichts der elementaren Wichtigkeit für die Erfolge der Industrie, minderjährigen Arbeitern die nötige Freizeit für die Hebung des Niveaus ihrer allgemeinen und beruflichen Bildung zu gewähren", unternahm das Finanzministerium 1899 erneut einen Versuch, eine allgemeine Schulpflicht für minderjährige Arbeiter ohne Volksschulabschluß durchzusetzen, ihre Arbeitszeit auf maximal sechs Stunden täglich zu begrenzen und den gesetzlichen Rahmen für die Zusammenarbeit von Industrie und Selbstverwaltung in diesem Bereich zu

---

[134] RGIA f. 1149 1884 g. d. 57 l. 41 und f. 20 op. 2 d. 1790 ll. 73-75.

[135] So wurden 1898 von 446 Fabrikschulen 82 von der lokalen Selbstverwaltung, 76 von der Kirche und 288 vom Staat getragen, deren Kosten zu 93 % die Industrie, 3 % Arbeiter und Dorfgemeinden und 2 % die Zemstva übernahmen: RGIA f. 150 op. 1 d. 641 l. 3. Siehe auch Gvozdev, Zapiski, S. 9-10 und S. 53; Russkaja Mysl' 10(1889), Nr. 10, Vnutr. Obozr., S. 234-235.

[136] RGIA f. 150 op. 1 d. 641 l. 3; Gvozdev, Zapiski, S. 53; Otčet činov fabričnoj inspekcii Vladimirskoj gubernii 1894-1897. Vtoraja – special'naja – čast' (tablicy i priloženija), Vladimir 1899, S. 400-401; Mikulin, Fabričnaja inspekcija, S. 37-39. Zum Fabrikschulwesen im Bergbau siehe Wynn, C.: Workers, Strikes, and Pogroms. The Donbass-Dnepr Bend in Late Imperial Russia, Princeton, N. J. 1992, S. 74-75.

präzisieren.[137] Obwohl die Beratungsgremien der Industrie diesen Vorschlag mit Ausnahme der Moskauer Abteilung des Rates für Handel und Manufakturen durchweg positiv aufnahmen, ließ das Finanzministerium aber auch dieses Projekt bald wieder fallen, da sich das Problem mit dem fortschreitenden Rückgang der Kinderarbeit allmählich von selbst zu erledigen schien.[138]

Indem sich die Regierung auf dem Gebiet des Arbeiterschulwesens dermaßen zurückhielt, entstand somit an einer der Schnittstellen zwischen Arbeiterschutz und einer langfristigen Industrialisierungspolitik eine schwer erklärbare Lücke. Dies ist umso auffälliger, als gerade in diesem Bereich wiederholt die Bereitschaft der Industrie offenkundig geworden war, sich auch finanziell erheblich zu engagieren. Anstatt konsequent die Chance zu nutzen, zumindest für eine gesellschaftliche Gruppe beispielhaft eine allgemeine Schulpflicht einzuführen, zog man sich immer wieder hinter steuersystematische und bildungspolitische Überlegungen zurück oder verwies auf scheinbar unüberwindliche praktische Schwierigkeiten.

Dieses Versäumnis hatte seinen Grund zum einen darin, daß die Regierung trotz aller Offenheit gegenüber unterschiedlichen Schulträgern offensichtlich in Fabrikschulen kein Modell für die Zukunft sah.[139] Zum anderen aber zeigte sich, daß das Schutzmotiv, das ursprünglich gegenüber dem Bildungsargument nur sekundären Rang eingenommen hatte, sich bald in den Vordergrund schob, sobald der erste Schritt getan war. Bereits 1883 stellte das Finanzministerium in dem Gesetzentwurf über den Schulbesuch rückblickend fest, daß vor allem humanitäre und erzieherische Motive zu dem Gesetz von 1882 geführt hätten:

> „Der Herausgabe des Gesetzes vom 1. Juni 1882 über Kinder, die in Fabriken, Werken und Manufakturen arbeiten, lag vor allem die Absicht zugrunde, die physischen Kräfte der Kinder vor der zerstörerischen Wirkung zu schützen, welche die vorzeitige und dauerhafte Beschäftigung in industriellen Einrichtungen mit sich bringt, und ihnen zugleich die Möglichkeit zu geben, feste Grundlagen des Glaubens und der Moral zu erwerben."[140]

---

[137] Vorlage der Abteilung für Handel und Manufakturen vom Oktober 1899: RGIA f. 150 op. 1 d. 641 ll. 1-5; Zitat l. 4.

[138] RGIA f. 150 op. 1 d. 641 ll. 7-17. Siehe auch die Stellungnahme Glezmers von der Petersburger Fabrikantengesellschaft: Ebenda l. 6 und f. 150 op. 1 d. 46 l. 107 und l. 114. In der „Besonderen Ministerbesprechung" vom 9. 3. 1902 über die Grundlinien der Fabrikgesetzgebung kündigte das Finanzministerium zwar an, demnächst dem Reichsrat einen Gesetzentwurf über die Schulbildung von minderjährigen Arbeitern vorzulegen, ohne daß es allerdings vor 1905 zu diesem Schritt gekommen wäre: RGIA f. 1282 op. 1 d. 696 ll. 17-19.

[139] Nolte, H. und Schramm, G.: Die Schulen und Hochschulen, in: Schramm G. (Hg.): Handbuch der Geschichte Rußlands, Bd. 3/2, Stuttgart 1992, S. 1577-1661, hier S. 1596-1607.

[140] RGIA f. 20 op. 2 d. 1790 l. 19. Ähnlich argumentierte das Finanzministerium auch 1884: f. 1149 1884 g. d. 57 l. 67.

Aus diesem Wandel in der Beurteilung des eigenen Gesetzes durch das Finanzministerium wird deutlich, daß die Beschränkung der Kinderarbeit zwar entscheidend durch Impulse aus der Bildungsdiskussion angestoßen worden war, demgegenüber aber bald an Eigengewicht gewann und schließlich aus humanitären Gründen durchgeführt wurde, nicht als Mittel zum Zweck, sondern um ihrer selbst willen.

IV. FORTSCHRITT AUS KONKURRENZ: DAS NACHTARBEITSVERBOT FÜR FRAUEN UND JUGENDLICHE IN DER TEXTILINDUSTRIE

Das Verbot der Nachtarbeit für Frauen und Jugendliche unter siebzehn Jahren in den wichtigsten Branchen der Textilindustrie, das mit dem Gesetz vom 3. Juni 1885 verwirklicht wurde, nimmt in der Geschichte der russischen Fabrikgesetzgebung einen besonderen Platz ein. Anders als die übrigen Arbeiterschutzgesetze, die in der ersten Hälfte der achtziger Jahre während der Amtszeit Bunges als Finanzminister erarbeitet wurden, ging die Initiative zu diesem Gesetz nämlich nicht von der Regierung aus, sondern direkt von der Industrie. Unter dem Druck einer schwerwiegenden Absatzkrise forderten Petersburger Textilfabrikanten ab 1883, die Nachtarbeit von Frauen und Jugendlichen zu verbieten. Dadurch sollte vor allem ihre zentralrussische Konkurrenz, die noch immer extensiv von der Nachtarbeit Gebrauch machte, zur Drosselung ihrer Produktion gezwungen werden. Da die Moskauer Fabrikanten eine solche Regelung mehrheitlich ablehnten, kam es zu einer heftigen Diskussion innerhalb der Industrie, die schließlich in das Gesetz vom 3. Juni 1885 mündete. In dieser Diskussion, so die häufige Schlußfolgerung, seien humanitäre Argumente letztlich nur benutzt worden, um regionale wirtschaftliche Interessen zu kaschieren. Zwar hätten sich die Petersburger Industriellen vorläufig durchsetzen können. Unter dem Druck der zentralrussischen Industrie habe die Regierung das Gesetz in wesentlichen Punkten jedoch bald wieder abgeschwächt.[1]

Dieser Zusammenhang zwischen wirtschaftlicher Konkurrenz und gesetzlichem Arbeiterschutz macht das Gesetz über die Beschränkung der Frauenarbeit zu einem besonders reizvollen Objekt einer Untersuchung der Wechselwirkungen zwischen der Regierung und einer traditionell stark personalisierten

---

[1] Glickman, R.: Russian Factory Women: Workplace and Society, 1880-1914, Berkeley 1984, S. 145-150; Stites, R.: The Women's Liberation Movement in Russia: Feminism, Nihilism and Bolshevism, 1860-1930, Princeton 1978, S. 165-166; Balabanov, M.: Očerki po istorii rabočego klassa v Rossii, Bd. 2, Moskau 1925, S. 375-384. Als zusätzliche Faktoren betont Giffin humanitäre Motive und die generelle Bereitschaft der Regierung, die Beziehung zwischen Arbeitern und Fabrikanten zu regulieren, während Laveryčev auf Streiks als einen der Auslöser des Gesetzes hinweist: Giffin, F.: The Prohibition of Night Work for Women and Young Persons: The Factory Law of June 3, 1885, in: Canadian Slavic Studies 2(1968), S. 208-218: Laveryčev, V. Ja.: Carizm i rabočij vopros v Rossii (1861-1917 gg.), Moskau 1972, S. 63-67.

Vertretung der Industrie. Besonderes Augenmerk wird deshalb nicht nur auf die Motive für die Haltung der Beteiligten zu richten sein, sondern auch auf die Faktoren, welche den jeweiligen Argumenten zum Durchbruch verhalfen. Nicht zuletzt steht auch die Frage im Raum, welche Bedeutung dem Erfolg der Petersburger Industriellen in dieser Frage für die weitere Entwicklung industrieller Organisationsformen zukam.

1. Frauenarbeit in der russischen Textilindustrie

Da Rose Glickman und Barbara Alpern Engel die Lebens- und Arbeitsverhältnisse russischer Arbeiterinnen in den Jahren ab 1880 ausführlich dargestellt haben, können sich die folgenden Ausführungen auf eine kurze Skizze der Bestimmungsgründe industrieller Frauenarbeit beschränken.[2]

Obwohl Frauenarbeit auch in anderen Branchen der russischen Industrie wie der Tabakverarbeitung oder der Papierherstellung weit verbreitet war, soll uns im folgenden nur die Textilindustrie näher interessieren. Allein in dieser Branche waren nämlich mehr als drei Viertel aller Fabrikarbeiterinnen beschäftigt, was das Textilgewerbe mit Abstand zum bedeutendsten industriellen Arbeitgeber für Frauen machte (Tab. 4. 1.).[3] Zudem erstreckte sich das Nachtarbeitsverbot vom 3. Juni 1885 nur auf die wichtigsten Branchen der Textilindustrie, die Verarbeitung von Baumwolle, Leinen und Wolle.

Um zu erklären, warum die Frauenarbeit in der russischen wie in der westeuropäischen Textilindustrie so verbreitet war, wird meist ein ganzes Bündel von Ursachen herangezogen.[4] So gehörte gerade die Herstellung von Textilien traditionell zu den typisch weiblichen Aufgaben und hatte alte Wurzeln in der bäuerlichen Heimarbeit und der Hausindustrie.[5] Mit der Mechanisierung von

---

[2] Glickman, Russian Factory Women. Für eine kurze Zusammenfassung: Glickman, R.: The Russian Factory Woman, 1880-1914, in: Atkinson, D., Dallin, A. und Lapidus, G. (Hgg.): Women in Russia, Stanford 1977, S. 63-83. Engel, B.: Between the Fields and the City. Women, Work and Family in Russia, 1861-1914, Cambridge 1994. Einzelne Kapitel finden sich in Dies.: Women, Work and Family in the Factories of Rural Russia, in: RH 16(1989), S. 223-237; Dies.: Prostitutes in Late Nineteenth Century St. Petersburg: A Personal and Social Profile, in: RR 48(1989), S. 21-44.

[3] Michajlovskij, Ja. T.: O dejatel'nosti fabričnoj inspekcii: Otčet za 1885 god glavnago fabričnago inspektora, St. Petersburg 1886, S. 36.

[4] Siehe dazu allgemein: Stockmann, R.: Gewerbliche Frauenarbeit in Deutschland 1875-1980. Zur Entwicklung der Beschäftigtenstruktur, in: Geschichte und Gesellschaft 11(1985), S. 459-460.

[5] Zur Hausindustrie von Frauen siehe Pallot, J.: Women's Domestic Industries in Moscow Province, 1880-1900, in: Clements, B., Engel, B. und Worobec, C. (Hgg.): Russia's Women. Accommodation, Resistance, Transformation, Berkeley 1991, S. 163-184; Glickman, R.: Peasant Women and Their Work, in: Farnsworth, B. und Viola, L. (Hgg.): Russian Peasant Women, Oxford 1992, S. 54-72.

Tabelle 4.1. Anteil von Frauen 1885 an der russischen Arbeiterschaft nach Branchen*

Branche	inspiz. Betriebe	darin Arbeiter[a]	davon Frauen[a]	in %	Branchenanteil an weibl. Arbeiterschaft in %
Verarbeitung von:					
Textilfasern	1 102	292 631	117 112	40,0	78,1
Holz	186	10 351	2 612	25,2	1,7
Metallen	474	42 469	1 157	2,7	0,8
Mineralien[b]	484	35 020	6 388	18,2	4,3
Lebensmitteln[c]	1 161	82 611	22 601	27,4	15,1
org. Produkten[d]	421	11 109	1 458	13,1	1,0
übrigen[e]	426	11 412	1 217	10,7	0,9
Summe	4 264	485 603	149 933	30,9	100,0

[a] Erwachsene und Minderjährige
[b] v.a. Streichhölzer, Porzellan, Ziegel, Glas, Keramik, Chemie
[c] v.a. Tabak, Backwaren, Zucker, Alkohol
[d] v.a. Kerzen, Seife, Lederwaren
[e] Handwerksbetriebe, v.a. Druckereien
Zusammengestellt nach Michajlovskij, Otčet, S.34-36 und 49-50.

* Dieselben Angaben finden sich bei Balabanov, Očerki, S.155, die Branchenanteile wurden von mir selbst berechnet.

Produktionsabläufen, welche die reine Körperkraft als Produktionsfaktor immer mehr in den Hintergrund treten ließ, wurde eine wichtige Voraussetzung dafür geschaffen, Frauen auch in der Fabrikindustrie zu beschäftigen. Sie arbeiteten vor allem als Strickerinnen, an Waterspinnmaschinen und an mechanischen Webstühlen, wo sie die in der Handweberei vorherrschenden Männer fast völlig verdrängten.[6] Aber auch nicht mechanisierte Tätigkeiten wie die kraftraubende Wollwäscherei wurden überwiegend von Frauen verrichtet. Über den Zusammenhang von Körperkraft und Mechanisierung allein läßt sich das Phänomen industrieller Frauenarbeit also kaum erklären.[7]

Anders als die Kinderarbeit war die Arbeit von Frauen aber auch keine vorübergehende Erscheinung, die mit fortschreitender Entwicklung der Technik

---
[6] Johnson, R.: The Nature of the Russian Working Class: Social Characteristics of the Moscow Industrial Region, 1880-1900, Diss. Phil., Cornell University, 1975, S. 93-95.
[7] Glickman, Russian Factory Women, S. 108-109.

allmählich wieder in den Hintergrund gedrängt worden wäre. Im Gegenteil läßt sich bei aller Vorsicht, mit der die Angaben aus den frühen Jahren der Fabrikinspektion zu bewerten sind, eine langsame, aber doch kontinuierliche Zunahme der Frauenarbeit in der Textilindustrie beobachten. 1885, also direkt vor dem Einsetzen des Nachtarbeitsverbots, zählte der Hauptfabrikinspektor Michajlovskij 117.112 oder 40,1 % Frauen in dieser Branche, wobei die absolute Zahl vermutlich zu niedrig, der Anteil hingegen etwas zu hoch angesetzt sein dürfte.[8] Bis 1900 stieg diese Zahl bereits auf 271.500 Frauen oder 44,3 %.[9] Diese Entwicklung, die sich auch in Deutschland beobachten läßt, nahm nach der Jahrhundertwende an Geschwindigkeit sogar noch zu, so daß 1913 schließlich 478.800 Frauen 53,4 % der Arbeiterschaft in der russischen Textilindustrie stellten.[10] An den technischen wie den ökonomischen Bedingungen der Frauenarbeit hatte das Nachtarbeitsverbot von 1885 also offensichtlich wenig geändert.

Diese kontinuierliche Zunahme der Frauenarbeit, die auch in anderen Branchen beobachtet wurde, ließ sich nach Ansicht des Fabrikinspektors von Vladimir nicht nur, wie in der Spinnerei, aus technischen Innovationen erklären, sondern beispielsweise in der Weberei auch aus „der größeren Aufmerksamkeit, Fleiß und Zurückhaltung von Frauen, aber auch aus ihrer Nachgiebigkeit und ihren geringeren Ansprüchen bezüglich des Lohnes."[11] In der Tat waren ökonomische Gründe die wichtigste Ursache für die Verbreitung industrieller Frauenarbeit. In der Textilindustrie lagen die Löhne für Arbeiterinnen durchschnittlich um 30 – 50 % unter denen ihrer männlichen Kollegen.[12]

Diese Differenz erklärt sich zum einen daraus, daß Frauen in schlecht bezahlten Tätigkeiten, die geringere Qualifikationen verlangten, meist deutlich

---

[8] Michajlovskij, O dejatel'nosti, S. 34. Nur zwei Jahre später kam die Fabrikinspektion auf einen Anteil von nur noch 38,3 %. Da insgesamt jedoch bereits 160.700 Frauen erfaßt wurden, drückt diese Zahl weniger einen relativen Rückgang der Frauenarbeit infolge des Nachtarbeitsverbotes von 1885 aus, als eine wesentlich höhere Zahl erfaßter kleinerer Betriebe mit einem vergleichsweise niedrigen Frauenanteil: Siehe Rašin, A. G.: Formirovanie rabočego klassa Rossii. Istoriko-ėkonomičeskie očerki, Moskau 1958, S. 215. Zu einem etwas niedrigeren Wert kommt auch Glickman, da sie die polnische Textilindustrie mit ihrem hohen Frauenanteil ausklammert: Glickman, Russian Factory Women, S. 75.
[9] Rašin, Formirovanie, S. 223-224.
[10] Ebenda, S. 230. Zur Entwicklung der Frauenarbeit in Deutschland siehe Stockmann, Gewerbliche Frauenarbeit, S. 455; Ellerkamp, M.: Industriearbeit und Geschlecht. Zu den sozialen Kosten der Industrialisierung: Bremer Textilarbeiterinnen 1870-1914, Göttingen 1991.
[11] Svod otčetov fabričnych inspektorov za 1901 god, St. Petersburg 1903, S. IV. Zu weiteren Beispielen derartiger Erklärungen siehe Glickman, Russian Factory Women, S. 88.
[12] Zur geschlechtsbedingten Differenz bei den Löhnen und zu Ansätzen ihrer Erklärung siehe Glickman, Russian Factory Women, S. 106-114.

überrepräsentiert waren. Aber selbst bei gleicher Tätigkeit lassen sich niedrigere Löhne beobachten. Daß Frauen auch bei gleicher Leistung schlechter bezahlt wurden als Männer, erschien als eine Selbstverständlichkeit, die auch von der überwiegenden Mehrzahl der Frauen nicht in Frage gestellt wurde. Welche Ausmaße diese Benachteiligung annehmen konnte, zeigte sich daran, daß sich immer wieder einzelne Frauen als Männer verkleideten, um entsprechende Löhne für ihre Arbeit zu erhalten.[13] Allenfalls dort, wo Stücklöhne bezahlt wurden und kein Raum für soziale Wertvorstellungen bei der Festsetzung des Lohnes blieb, konnten Frauen weitgehend mit Männern gleichziehen.[14] Nicht zuletzt hatten Frauen aber auch weniger Alternativen als Männer, ihren Lebensunterhalt zu verdienen, und mußten sich schon deshalb mit niedrigeren Löhnen zufrieden geben. Denn trotz der niedrigeren Löhne war die Fabrikarbeit vor allem in den ländlichen Industriegebieten vor allem für jüngere, familiär noch nicht gebundene Frauen immer noch attraktiver als die Arbeit daheim oder auf dem Feld.[15]

Schließlich wird auch der Abbau der Kinderarbeit als Ursache für die Zunahme der Frauenarbeit angeführt.[16] Tatsächlich wurden Frauen vermehrt dort als billige Arbeitskräfte zu Hilfsarbeiten herangezogen, wo die Beschäftigung von Kindern mit der gesetzlichen Regulierung von 1882 und 1884 unrentabel geworden war. Allerdings stellt diese Erklärung letztlich nur eine Variante des Argumentes niedriger Löhne dar. Darüber hinaus wurden viele ursprünglich von Kindern ausgeübte Tätigkeiten aufgrund technischer Innovationen ohnehin langfristig überflüssig, mußten also nach der Regulierung von 1882 allenfalls vorübergehend von Frauen verrichtet werden. Schließlich, und das ist wohl der wichtigste Gesichtspunkt in dieser Frage, kann die gesetzliche Beschränkung der Kinderarbeit allenfalls eine Zunahme der Frauenarbeit in der Übergangsphase Mitte der achtziger Jahre erklären, nicht aber die deutliche, den Rückgang der Kinderarbeit weit übersteigende Verschiebung hin zur Frauenarbeit, die sich weit über die Jahrhundertwende hinaus beobachten läßt.

---

[13] Stites, The Women's Liberation Movement, S. 163.

[14] Kir'janov, Ju. I.: Žiznennyj uroven' rabočich Rossii (konec XIX – načalo XX v.), Moskau 1979, S. 100; Dement'ev, E. M.: Fabrika. Čto ona daet naseleniju i čto ona u nego beret, Moskau 1893, S. 127-128; Johnson, The Nature, S. 93; Balabanov, Očerki, Bd. 2, S. 128. Siehe auch die ausdifferenzierte, wenn auch lückenhafte Aufstellung bei Michajlovskij, O dejatel'nosti, Tablica V. Wie Johnson für das Moskauer Industriegebiet gezeigt hat, blieben Frauen in ländlichen Industriegebieten häufig schon deshalb auf einfache Tätigkeiten beschränkt, weil sie oft nur für wenige Jahre in die Fabriken kamen, um dann wieder in ihre Heimatdörfer zurückzukehren und Familien zu gründen: Johnson, R.: Peasant and Proletarian: The Working-Class of Moscow in the late 19th Century, Leicester 1983, S. 55-56 und S. 60-61.

[15] Engel, Between the Fields and the City, S. 101-125.

[16] Glickman, Russian Factory Women, S. 77 und S. 84-86.

Auch die These, daß Frauen weniger anfällig für Streiks und Unruhen gewesen seien als Männer, läßt sich aus den wenigen verfügbaren Quellen nur bedingt belegen, auch wenn dies der subjektiven Einschätzung vieler Fabrikbesitzer und Fabrikinspektoren entsprochen haben dürfte.[17] Eine Betrachtung von Streiks nach Branchen, die als einzige zumindest einige Hinweise auf die Streikbereitschaft von Frauen liefert, läßt zumindest keinen eindeutigen Zusammenhang zwischen dem Anteil an Arbeiterinnen in einzelnen Branchen und ihrer jeweiligen Streikanfälligkeit erkennen. Zwar wurden Branchen mit einem hohen Frauenanteil in den achtziger Jahren tatsächlich relativ selten von Streiks heimgesucht, und die von Frauen fast völlig dominierte Seidenindustrie blieb auch in dem folgenden Jahrzehnt von 1895 bis 1904 von Streiks weitgehend verschont.[18] In der wesentlich bedeutenderen Baumwollverarbeitung hingegen mit ihrem ebenfalls sehr hohen Anteil an Frauen hatten diese bezüglich der Streikbereitschaft bereits weitgehend mit ihren männlichen Kollegen gleichgezogen. So wurde zwar in der Baumwollspinnerei, in der besonders viele Frauen beschäftigt waren, tendenziell wiederum etwas seltener gestreikt als in der stärker männlich dominierten Weberei. Dennoch lagen beide in ihrer Streikbereitschaft deutlich über dem Durchschnitt und machten die Baumwollverarbeitung zu einer der streikanfälligsten Branchen überhaupt.[19]

Ein unmittelbarer Zusammenhang zwischen der Streikanfälligkeit und dem Frauenanteil läßt sich auch für die übrigen Branchen nicht belegen. Selbst wenn Frauen vor allem in der Frühphase der Industrialisierung etwas weniger streikbereit waren als Männer, so spielte dieser Unterschied gegenüber anderen Faktoren wie der Betriebsgröße, dem Ausbildungsstand der Arbeiter und der Nähe zu städtischen Zentren bald kaum noch eine Rolle. Allenfalls bei den Motiven für Streiks läßt sich ein Zusammenhang zur Geschlechterverteilung in einer Branche herstellen. So waren Streiks in der Textilindustrie weitaus häufiger auf defensive Ziele gerichtet als beispielsweise im Druckereiwesen oder auch in der Metallindustrie, wo Arbeiter über aggressive Streiks eine Verbesserung ihrer ökonomischen Lage zu erreichen suchten.[20] Dieser vage Befund läßt sich auch mit entsprechenden Beobachtungen in der deutschen Textilindustrie in Einklang bringen. Auch hier streikten Frauen kaum seltener als Männer, ihre Streiks waren jedoch eher eine spontane Auflehnung gegen

---

[17] Die russische Statistik unterschied bei Streiks nicht zwischen männlichen und weiblichen Fabrikarbeitern. Zum sozialen Protest von Fabrikarbeiterinnen in Rußland vor 1905: Glickman, Russian Factory Women, S. 156-167.
[18] Johnson, Peasant and Proletarian, S. 144-147.
[19] Varzar, V. E.: Statističeskija svedenija o stačkach rabočich na fabrikach i zavodach za desjatiletie 1895-1904 goda, St. Petersburg 1905, S. 27 und Tabelle VIII.
[20] Varzar, Statističeskija svedenija, S. 56-61.

empfundenes Unrecht als ein organisierter Kampf für langfristige wirtschaftliche Ziele.[21]

Wie bereits erwähnt, spielte bei dem Verbot der Nachtarbeit für Frauen und Jugendliche von 1885 die Konkurrenz zwischen den verschiedenen Industrieregionen Rußlands eine maßgebliche Rolle. Allerdings beschäftigten die Petersburger Textilindustriellen, die ein solches Verbot forderten, gar nicht weniger Frauen als ihre zentralrussische Konkurrenz. Im Gegenteil, die Moskauer Textilindustrie lag mit einem Frauenanteil von 34,4 % ihrer Arbeiterschaft am unteren Ende der Skala, während die technisch hochentwickelte Petersburger Textilbranche mit 42,4 % Frauen einen Spitzenplatz einnahm (Tab. 4. 2.).[22] Der Konflikt zwischen beiden Regionen in dieser Frage hatte seinen Grund vielmehr in den regional unterschiedlichen Betriebszeiten. Während vor allem die großen Textilbetriebe Zentralrußlands zu Beginn der achtziger Jahre noch in zwei Schichten rund um die Uhr arbeiteten, war die Mehrzahl Petersburger Fabriken längst zum reinen Tagbetrieb mit nur einer Schicht übergegangen.

Ursache dafür war die bereits mehrfach erwähnte Differenz zwischen Kapital- und Arbeitskosten in den jeweiligen Industriegebieten. So konnten die Petersburger Textilfabriken aufgrund der Nähe zu Westeuropa ihre maschinelle Ausrüstung deutlich billiger beziehen, hatten also erheblich niedrigere Investitionskosten als ihre zentralrussische Konkurrenz. Deren Fixkosten wurden zusätzlich noch dadurch in die Höhe getrieben, daß ihre Fabriken überwiegend in ländlichen Gebieten lagen und anders als in Petersburg eigene, meist kasernenähnliche Unterkünfte für ihre Arbeiter erforderten.[23] Dagegen lagen die Arbeitslöhne in Zentralrußland deutlich unter dem Niveau der Hauptstadt. Für die Textilindustriellen in Moskau, Tver' oder Ivanovo-Voznesensk bot es sich deshalb an, diesen Vorteil niedriger Löhne durch möglichst lange Betriebszeiten zu nutzen, um so ihre höheren Kapitalinvestitionen zu kompensieren. Selbst

---

[21] Ellerkamp, Industriearbeit, S. 236-241.

[22] Dabei lassen sich auch innerhalb einer Region erhebliche Unterschiede zwischen verschiedenen Betrieben beobachten. So waren auf dem Land tendenziell mehr Frauen beschäftigt als in den Städten: Glickman, Russian Factory Women, S. 75 (nach den Angaben der Bezirksfabrikinspektoren für 1885). Den hohen Frauenanteil in der Petersburger Textilindustrie erklärt Glickman mit einem Mangel an Alternativen industrieller Frauenarbeit in der Hauptstadt: Ebenda, S. 79-83.

[23] Olga Crisp schätzt, daß die Kosten für Arbeiterunterkünfte in der Textilindustrie zusätzliche Kapitalkosten in Höhe von etwa 25 % verursachten: Crisp, O.: Labour and Industrialization in Russia, in: The Cambridge Economic History of Europe, Bd. VII, Cambridge, London, New York Melbourne 1978, S. 308-415, hier S. 405. Zu einer Aufschlüsselung der unterschiedlichen Produktionskosten in der Moskauer und Petersburger Textilindustrie siehe Gately, M.: The Development of the Russian Cotton Textile Industry in the Pre-Revolutionary Years, 1861-1913, Diss. Phil., University of Kansas 1968, S. 116-117.

Tabelle 4.2. Anteil an Frauen in der russichen Textilindustrie nach Fabrikbezirken

Bezirk	Arbeiter in Textilindustrie	davon Frauen in %
Moskau	94.263	34,4
Vladimir	85.988	39,3
Warschau	46.431	49,4
St. Petersburg	27.889	42,4
Voronež	12.959	37,1
Kazan'	8.597	34,4
Wilna	7.468	38,2
Char'kov	6.301	44,0
Kiev	2.665	33,3
Summe	292.561	40,1

Zusammengestellt nach Michajlovskij, Ja. T.: O dejatel'nosti fabričnoj inspekcii: Otčet za 1885 god glavnago fabričnago inspektora, St. Petersburg 1886, S.34-37. Die Differenz zu den Angaben Glickmans erklärt sich vermutlich daraus, daß in den Angaben Michajlovskijs auch weibliche Minderjährige enthalten sind. Siehe Glickman, The Russian Factory Woman, S.66

der Rückgriff auf die an sich wenig produktive Nachtarbeit lohnte sich für zentralrussische Fabriken, weil sie dort wegen der niedrigen Arbeitslöhne noch Gewinn abwarf, während sie sich in den polnischen Industriegebieten oder in St. Petersburg schon seit einiger Zeit nicht mehr rentierte.[24] Ein gesetzliches Verbot der Nachtarbeit von Frauen und Jugendlichen mußte also den Standortvorteil der Moskauer Industrie erheblich verringern.

Mehr noch als für die Kinderarbeit gilt für die Fabrikarbeit von Frauen aber auch, daß Fabrikarbeiterinnen für ihren eigenen Lebensunterhalt ebenso wie für den ihrer Familie unbedingt auf den Arbeitslohn angewiesen waren.[25] Insofern lag ein Nachtarbeitsverbot kaum im Interesse der Betroffenen, falls es die Beschäftigungsmöglichkeiten für Frauen verminderte oder gar zu Entlassungen

---

[24] Siehe erstmals bei Tugan-Baranowsky, M. I.: Geschichte der russischen Fabrik, Berlin 1900 (Sozialgeschichtliche Forschungen. Ergänzungshefte zur Zeitschrift für Sozial- und Wirtschaftsgeschichte, Heft V/VI), S. 461-463.

[25] Etwa 80 % aller Arbeiterfamilien bedurften des Einkommens beider Ehepartner, um die elementarsten Bedürfnisse des Alltags zu befriedigen: Glickman, Russian Factory Women, S. 121 und S. 129-130.

führte. Dieser Aspekt konnte auch dadurch nicht wettgemacht werden, daß die Nachtarbeit besondere Belastungen für die Gesundheit und das Familienleben der Textilarbeiterinnen mit sich brachte. Waren sie bereits tagsüber gesundheitlichen Gefährdungen durch Staub, Lärm, eine häufig unnatürliche Körperhaltung und in einigen Bereichen durch Feuchtigkeit und giftige Dämpfe ausgesetzt, kam nun noch die dauernde Übermüdung und nervliche Anspannung hinzu. Ein durchweg höherer Krankenstand, der bei den weitgehend vergleichbaren Arbeitsbedingungen in der westeuropäischen Textilindustrie für Fabrikarbeiterinnen gegenüber ihren männlichen Kollegen festgestellt wurde, deutet darauf hin, daß Frauen, und vor allem schwangere Frauen, unter diesen Belastungen besonders litten.[26]

Besonders schwierig war die Situation für junge Mütter. Nicht nur konnte es sich kaum eine Wöchnerin leisten, auch nur für einige Tage den Arbeitsplatz zu verlassen. Erst recht gab es in kaum einer Fabrik die Möglichkeit, Säuglinge regelmäßig zu stillen oder gar in Kinderkrippen abzuliefern, so daß die meisten Neugeborenen an Ammen gegeben werden mußten oder völlig unversorgt blieben.[27] Unhaltbare sanitäre Zustände, ungesunde Ernährung und die allgemein prekäre gesundheitliche Verfassung von Fabrikarbeiterinnen taten das Ihre, daß die Säuglingssterblichkeit auch in russischen Industriegebieten erheblich höher lag als auf dem Land.[28]

Hinzu kam für Mädchen und junge Frauen häufig noch die Gefahr sexueller Belästigungen in der Fabrik, die von der täglichen, entwürdigenden Durchsuchung beim Verlassen der Fabrik durch meist männliche Vorarbeiter bis hin zu Vergewaltigungen gingen. Oft nutzten diese Vorarbeiter ihre Macht, um Arbeiterinnen zu „Gefälligkeiten" zu zwingen, und sie im Extremfall in die Prostitution zu treiben.[29] Sexuelle Gewalt stellte schließlich neben der

---

[26] Ellerkamp, Industriearbeit, S. 45-63. Für Rußland liegen keine Angaben vor.

[27] Glickman, Russian Factory Women, S. 124-125.

[28] Ellerkamp, Industriearbeit, S. 45-73; Zur Diskussion in Rußland über die gesundheitlichen Belastungen der Industriearbeit für Frauen siehe Èrisman, F. F.: Professional'naja gigiena, in: Ders.: Izbrannye proizvedenija, Bd. 2, Moskau 1959, S. 100-106; Janžul, I. I.: Ženščiny-materi na fabrikach, in: Ders.: Očerki i izsledovanija. Sbornik statej po voprosam narodnago chozjajstva, politiki i zakonodatel'stva, Bd. 1, Moskau 1884, S. 348-397, hier S. 380-397; Dement'ev, E. M.: Ženskij fabričnyj trud v Rossii, in: Promyšlennost' i Zdorov'e 1(1902/03), Nr. 3, S. 1-22; Glickman, Russian Factory Women, S. 144-145.

[29] Berichte über sexuelle Belästigung von Arbeiterinnen finden sich in nahezu allen Darstellungen der Frauenarbeit in Rußland: Gvozdev, S.: Zapiski fabričnago inspektora. Iz nabljudenii i praktiki v period 1894-1908 gg., Moskau 1911, S. 110 und S. 119-120; Kočergin, K. I.: 90-e gody na fabrike „Rabočij", in: Krasnaja letopis' 43(1931), Heft 3, S. 103; Bonnell, V. (Hg.): The Russian Worker. Life and Labor under the Tsarist Regime, Berkeley 1983, S. 196-198; Gately, The Development, S. 94; Balabanov, Očerki, Bd. 2, S. 160-162; Glickman, Russian Factory Women, S. 141-143. Zur Prostitution siehe: Engel, Between the Fields and the City, S. 166-197; Stites, R.: Prostitute and Society in Pre-Revolutionary Russia, in: JfGO 31(1983), S. 348-364.

überdurchschnittlich hohen Zahl außerehelicher Partnerschaften auch eine der Ursachen für die verhältnismäßig hohe Zahl unehelicher Geburten in der städtischen Bevölkerung auch unter Fabrikarbeiterinnen dar.[30] Dennoch darf nicht übersehen werden, daß die Lohnarbeit in der Fabrik vielen Frauen die Möglichkeit gab, sich zumindest vorübergehend aus der patriarchalischen Bevormundung bäuerlicher Familienverhältnisse zu lösen und, wenn auch meist nur für einige Jahre, auf eigenen Füßen zu stehen und ihr Leben selbst zu bestimmen.[31]

2. Arbeiterschutz oder Konjunkturpolitik? Die Beratungen über ein Nachtarbeitsverbot für Frauen und Jugendliche

Während die industrielle Kinderarbeit in den meisten Staaten Westeuropas bereits in einem relativ frühen Stadium der Industrialisierung gesetzlich geregelt wurde, verhinderte das Prinzip der individuellen Vertragsfreiheit lange Zeit, daß eine Beschränkung der Frauenarbeit überhaupt zur Sprache kam. Das erste gesetzliche Nachtarbeitsverbot für Frauen, das 1847 in England erlassen wurde, war über zweieinhalb Jahrzehnte das einzige seiner Art. Erst ab dem Ende der siebziger Jahre setzten sich entsprechende Regelungen auch auf dem Kontinent durch, so 1877 in der Schweiz, 1885 in Österreich, 1891 in Deutschland und 1892 in Frankreich.[32] Das russische Gesetz von 1885 fügte sich also nahtlos in eine gesamteuropäische Entwicklung ein.

---

[30] Fieseler, B.: „Ein Huhn ist kein Vogel – ein Weib ist kein Mensch". Russische Frauen (1860-1930) im Spiegel historischer Forschung, in: Fieseler, B. und Schulze, B. (Hgg.): Frauengeschichte: Gesucht – Gefunden? Auskünfte zum Stand der historischen Frauenforschung, Köln, Wien, Weimar 1991, S. 214-235, hier S. 226-227; Engel, Between the Fields and the City, S. 119 und 126-131; Dement'ev, Ženskij fabričnyj trud, S. 6-11.
[31] Löwe, H.: Die arbeitende Frau: Traditionelle Räume und neue Rollen, Rußland 1860-1917, in: Martin, J. und Zoepffel, R. (Hgg.): Aufgaben, Rollen und Räume von Frau und Mann, Freiburg, München 1989, S. 937-972, hier S. 959; Engel, Between the Fields and the City, S. 149-165. Um 1880 waren in der Moskauer Industrie etwa 52 % aller Arbeiterinnen unverheiratet, 1906 noch etwa 38 %: Glickman, Russian Factory Women, S. 95.
[32] Rose, S.: Limited Livelihoods. Gender and Class in Nineteenth-Century England, Berkeley, Los Angeles 1992, S. 50-75; Stewart, M. L.: Women, Work and the French State. Labour Protection and Social Patriarchy, 1879-1919, Kingston, Montreal, London 1989. Kritisch gegenüber Wirksamkeit und Konzeption staatlichen Arbeiterinnenschutzes in Deutschland zuletzt: Schmitt, S.: Der Arbeiterinnenschutz im deutschen Kaiserreich. Zur Konstruktion der schutzbedürftigen Arbeiterin, Stuttgart, Weimar 1995; Braun, K.: „Schutz für die Unmündigen, die Frauen..." Politische Interaktion und Reorganisation des Geschlechterverhältnisses in der frühen Arbeiterschutzgesetzgebung, in: Feministische Studien 12(1994), S. 33-43.

Verglichen mit den jahrzehntelangen Auseinandersetzungen um die Beschränkung der Kinderarbeit wurde die Fabrikarbeit von Frauen auch in Rußland allerdings erst spät Gegenstand öffentlicher Diskussion. Dies lag unter anderem daran, daß selbst die frühe Frauenbewegung das Thema entweder gar nicht aufgriff, oder zumindest nicht unter dem Aspekt einer besonderen Schutzwürdigkeit, sondern ganz im Gegenteil im Sinne einer innerbetrieblichen Gleichberechtigung der Frau:

„Als Arbeiterin unterscheidet sich die Frau durch nichts vom Mann. Wenn sie arbeitet, dann müssen ihr auch dieselben Rechte zugestanden werden, deren der Mann sich erfreut."[33]

Dagegen stand der spätere Finanzminister Bunge mit seiner frühen Sympathiebekundung für die englischen Arbeitszeitbeschränkungen für Frauen Ende der sechziger Jahre noch weitgehend allein.[34] Konkrete Forderungen nach einem gesetzlichen Schutz von Fabrikarbeiterinnen auch in Rußland wurden vielmehr zuerst von medizinischer Seite erhoben. So verlangte erstmals Friedrich Erismann 1877, die Arbeitszeit von Frauen aus gesundheitlichen Gründen nach englischem Vorbild auf zehn Stunden zwischen sechs Uhr morgens und sechs Uhr abends zu beschränken.[35]

Seit Beginn der 1880er Jahre erreichte diese Forderung ein breiteres Publikum. In Anknüpfung an Erismanns Sanitärstudien im Gouvernement Moskau forderten unter anderem die Feministin E. Michajlova und der Moskauer Ökonomieprofessor und spätere Fabrikinspektor Janžul ein Nachtarbeitsverbot für Frauen, wobei sie sich ebenfalls am Vorbild Englands und der Schweiz orientierten und sich darüber hinaus auch für die Einführung von Mutterschaftsurlaub einsetzten.[36] Mehr aus der Auseinandersetzung mit westeuropäischen Vorbildern als aus einer Entrüstung über die Zustände in russischen Fabriken gespeist,

---

[33] Aus einer Rezension der von Tkačev herausgegebenen russischen Übersetzung von Penny, V.: The Employment of Women, Boston 1863; Otečestvennyja Zapiski 182(1869) Sovr. Obozr., S. 107-114, Zitat S. 114; Siehe auch Glickman, Russian Factory Women, S. 222-226.

[34] Bunge, N.: Policejskoe pravo. Vvedenie i gosudarstvennoe blagoustrojstvo. Tom I, Kiev 1869, S. 261-262; Stepanov, V. L.: Rabočij vopros v social'no-ėkonomičeskich vozzrenijach N. Ch. Bunge, in: Vestnik Moskovskogo Universiteta, Serija 8. Istorija, 1987, Heft 3, S. 17-26, hier S. 20-22.

[35] Ėrisman, Izbrannye proizvedenija, Bd. 2, S. 105-106; Glickman, Russian Factory Women, S. 227-229.

[36] Michajlova, E.: Položenie fabričnych rabotnic na moskovskich fabrikach i uezdnych, in: Drug Ženščin 3(1884), Nr. 5, S. 108-125; Janžul, I. I.: Detskij i ženskij fabričnyj trud v Anglii i Rossii, in: Ders., Očerki, Bd. 2, Moskau 1884, S. 1-212, hier S. 125-127 und S. 159 (erstmals veröffentlicht 1880 in den Otečestvennyja Zapiski); Ders.: Ženščinymateri na fabrikach, in: Ebenda, Bd. 1, S. 348-397; Ders.: Ženskij fabričnyj trud, in: Drug Ženščin 3(1884), Nr. 5, S. 91-107 (erstmals veröffentlicht in: Vestnik Promyšlennosti 4(1884), S. 1-23); Portugalov, V.: Ženskij trud v sanitarnom otnošenii, in: Drug Ženščin 3(1884), Nr. 1, S. 65-74, Nr. 2, S. 88-94; N. M.: Položenie ženščin po inostrannomu

wurde eine Beschränkung der Frauenarbeit somit zwar nach 1880 allmählich Teil eines in der Öffentlichkeit diskutierten Gesamtprogramms notwendiger Arbeitsschutzmaßnahmen. Die Intensität der Debatte um eine Regelung der Kinderarbeit erreichte sie jedoch nicht.

Auch in den Regierungsberatungen spielte eine Regelung der Frauenarbeit bis in die achtziger Jahre kaum eine Rolle. Zwar hatte Bunge bereits 1880 gegenüber Alexander II. eine Beschränkung der Arbeitszeiten vorgeschlagen, die nach englischem Vorbild vor allem Kinder und Frauen betreffen würde.[37] In den folgenden Entwürfen des Finanzministeriums dagegen wurde die Frauenarbeit nur am Rande erwähnt. So sah der Sekretär des Rates für Handel und Manufakturen Orbinskij in seinem Projekt vom Frühjahr 1882 zwar vor, daß Sonderregelungen zur Frauenarbeit Bestandteil der jeweiligen Fabrikordnungen sein müßten und daß die *gemeinsame* Nachtarbeit von Männern und Frauen untersagt werden sollte. Zugleich betonte er jedoch, daß die Arbeitszeit erwachsener Fabrikarbeiter keiner staatlichen Regelung unterliegen könne.[38] Allein das Reichsratsmitglied G. P. Nebolsin erhob im Frühjahr 1882 im Zusammenhang mit den Beratungen über die Kinderarbeit die Forderung, nach englischem Vorbild auch Frauen in eine gesetzliche Regelung der Arbeitszeiten einzubeziehen.[39]

Im Vergleich zu der langjährigen Diskussion um die Kinderarbeit wird gerade an dieser Lücke in den ansonsten relativ weitgehenden Projekten des Finanzministeriums dieser Jahre deutlich, welch enger Zusammenhang zwischen einer öffentlichen Diskussion und der Formulierung von Regierungsprojekten bestand. So hatte sich die Regierung bei der jahrzehntelangen Debatte über die Kinderarbeit schließlich ausgesprochen empfänglich für die Anregungen der öffentlichen Meinung gezeigt. Fehlte jedoch wie im Fall der Frauenarbeit dieser öffentliche Druck, so konnte sich selbst unter einem reformfreudigen Finanzminister wie Bunge auch innerhalb der Bürokratie kein konkretes Problembewußtsein entwickeln.

Der Impuls, der schließlich die Gesetzesberatungen zu dem Nachtarbeitsverbot für Frauen und Jugendliche in Gang setzte, kam von einem eng begrenzten Kreis Petersburger Baumwollindustrieller. Als Grund für ihre Initiative wird generell die Absatzkrise angeführt, welche die russische Textilindustrie zu

---

zakonodatel'stvu, in: Drug Ženščin 3(1884), Nr. 2, S. 78-87; Glickman, Russian Factory Women, S. 229-230.
[37] [Pogrebinskij, A. P.]: Finansovaja politika carizma v 70-80-ch godach XIX v., in:Ističeskij Archiv 6(1960), Heft 2, S. 130-144, hier S. 136; Stepanov, Rabočij vopros, S. 22.
[38] RGIA f. 20 op. 2 d. 4892 ll. 22-24 und l. 2.
[39] RGIA f. 1149 1882 g. d. 58 ll. 63-64.

Beginn der achtziger Jahre infolge eines Angebotsüberhangs durchlebte. Ursache dieser Krise nach einer Phase rapiden Wachstums am Ende der siebziger Jahre war der Verfall der Weltmarktpreise für Getreide, welcher die Kaufkraft innerhalb des Reiches verminderte und zu einem Rückgang der Nachfrage nach Konsumgütern aller Art führte. Den daraus folgenden Preisverfall versuchten die Petersburger Industriellen zu bekämpfen, indem sie ihre zentralrussische Konkurrenz über ein Verbot der dort noch weit verbreiteten Nachtarbeit zwingen wollten, ihre Produktion einzuschränken.[40] Schon ein Verbot, das nur Frauen und Jugendliche betraf, schien somit ein geeignetes Mittel zu sein, die Last der Krise fast völlig auf die Moskauer Textilindustrie abzuwälzen.

Die Initiative Petersburger Industrieller für einen Ausbau der Fabrikgesetzgebung war jedoch nicht ausschließlich von konjunkturellen Überlegungen motiviert. So ersuchte bereits im Januar 1883 eine Gruppe von vier Petersburger Textilfabrikanten beim Finanzministerium als Reaktion auf das Gesetz über die Kinderarbeit darum, im Rahmen einer allgemeinen Arbeitszeitverkürzung die Nachtarbeit von Frauen und Jugendlichen generell zu verbieten:

> „Da die Beschränkung der Kinderarbeit einer Verbesserung der Lage der Arbeiterklasse im allgemeinen dienen muß, ist unserer Meinung nach die Zeit gekommen, auf gesetzlichem Weg die Dauer des Arbeitstages festzusetzen, umso mehr, als die Petersburger Fabrikanten schon seit langem den Nachteil der Lage verspüren, in der sie sich befinden, indem sie sich üblicherweise nur mit dem Tagbetrieb begnügen, während die Moskauer Fabrikanten die verderbliche Praxis fortsetzen, Tag und Nacht zu arbeiten. Dieses System ist für die Arbeiter ebenso ungesund und schädlich, wie es von keinerlei Notwendigkeit in der Manufakturindustrie hervorgerufen wird.
> Das neue Gesetz muß allen Fabrikherren dieselben Bedingungen vorschreiben und die Anzahl der Arbeitsstunden vernünftig reduzieren, um den Arbeitern im allgemeinen die Möglichkeit zu geben, ausreichend Zeit zur Erholung zu haben.

---

[40] Diese Erklärung folgt der Argumentation Bunges in einem Brief an Pobedonoscev vom 14. 11. 1885: [Pobedonoscev, K. P.]: K. P. Pobedonoscev i ego korrespondenty. Pis'ma i zapiski, Moskau 1923, S. 541-543. Das tatsächliche Ausmaß der Produktionseinbußen ist in der Forschung umstritten. So konstatiert Gately für die Jahre von 1882 bis 1886 einen Preisverfall für Baumwollprodukte von etwa 30 %, der in der Spinnerei zu leichten und in der Weberei und Färberei zu massiven Produktionseinbußen geführt habe. Demgegenüber betont Pažitnov, der die Jahre 1879 und 1884 einander gegenüberstellt, daß die Wachstumsbranche Baumwollverarbeitung nach wie vor Zuwachsraten verzeichnet und ihren Beschäftigungsstand sogar noch erheblich ausgeweitet habe. Dieser Befund wird auch von den Indexreihen untermauert, die Haumann für verschiedene Branchen der russischen Industrie aufgestellt hat. Sie zeigen nach einem schnellen Aufschwung Ende der siebziger Jahre für die Jahre von 1880 bis 1886 erhebliche Schwankungen auf hohem Niveau, bevor 1887 eine neue Wachstumsphase eingeläutet wurde: Gately, The Development, S. 107-108; Pažitnov, K. A.: Očerki istorii tekstil'noj promyšlennosti dorevoljucionnoj Rossii: Chlopčatobumažnaja, l'no-pen'kovaja i šelkovaja promyšlennost', Moskau 1958, S. 88-89; Haumann, H.: Die Wirtschaft, in: Schramm, G. (Hg.): Handbuch der Geschichte Rußlands, Bd. 3/2, Stuttgart 1992, S. 1198-1201.

Das würde der ganzen Arbeiterklasse unerläßlichen Nutzen bringen und sich wohltätig auf ihre Gesundheit und auf ihre gesellschaftliche Lage auswirken. Was die Arbeit von Frauen und Jugendlichen beider Geschlechter (bis 18 Jahre) betrifft, so halten wir es für vollkommen unumgänglich, daß Frauen und allen jungen Menschen die Arbeit zwischen acht Uhr abends und sechs Uhr morgens bedingungslos verboten wird."[41]

Obwohl ein Nachtarbeitsverbot hier noch nicht als Mittel zur Bekämpfung einer Konjunkturkrise gesehen wurde, war diese Petition bereits deutlich gegen die Moskauer Konkurrenz gerichtet und zielte darauf ab, Arbeiterschutzmaßnahmen als Mittel im Wettbewerb einzusetzen. Aber auch wenn der gesundheitliche Schutz der Arbeiter weitgehend vorgeschoben war, sprach aus diesen Forderungen doch eine Bestätigung Petersburger Selbstwertgefühls, man stehe an der Spitze einer wirtschaftlichen Modernisierung, die auch die Lebensverhältnisse der Arbeiterschaft nicht ausklammere. Mit ihrem Gesuch gaben die Petersburger Fabrikanten auch der Genugtuung Ausdruck, daß der Moskauer Konkurrenz nun allmählich Maßnahmen zum Schutz ihrer Arbeiter aufgezwungen wurden, welche sich in der Hauptstadt aus ökonomischen Gründen schon seit längerem durchgesetzt hatten.

Diese erste Petersburger Petition wurde im Finanzministerium vorläufig nicht weiter beachtet. Ihre Bedeutung liegt vor allem darin, daß sie in Reaktion auf das Gesetz über die Kinderarbeit einen ersten Ansatz der Organisation Petersburger Textilindustrieller darstellte und allein ihre Formulierung schon dazu beitrug, in der Frage der Nachtarbeit innerhalb der Petersburger Industrie einen Konsens zu schaffen. Dieser kam noch im selben Jahr unter veränderten Umständen zum Tragen. Als im November 1883 der Petersburger Stadthauptmann Gresser die Besitzer Petersburger Spinnereien einlud, um gemeinsam über Ursachen von Arbeitszeitverkürzungen und Entlassungen in der Petersburger Textilindustrie und über Mittel zu ihrer Bekämpfung zu beraten, verwiesen diese auf ein übergroßes Angebot an Textilien als Ursache der Krise. Das einzige Mittel, so die geladenen Industriellen, läge in einem allgemeinen und gleichzeitigen Verbot der Nachtarbeit.[42] Gemeinsam mit dem Stadthauptmann formulierte eine Gruppe von nunmehr elf Textilfabrikanten einen Gesetzentwurf, der im Januar 1884 mit einem erneuten Gesuch beim

---
[41] Materialy po izdaniju zakona 2 ijunja 1897 goda ob ograničenii i raspredelenii rabočago vremeni v zavedenijach fabrično-zavodskoj promyšlennosti, St. Petersburg 1905, S. 108; Siehe auch RGIA f. 20 op. 2 d. 1784 ll. 67-68. Unterzeichner dieser Petition waren die Direktoren der Nevskaja, der Starosampsonievskaja, der Petrovskaja und der Spasskaja Baumwollmanufakturen. Siehe oben Kapitel II.
[42] RGIA f. 20 op. 2 d. 1794-a ll. 1-2.

Finanzministerium eingereicht wurde.[43] Anders als ein Jahr zuvor verwiesen sie nun ganz unmißverständlich auf die konjunkturelle Krise als Grund für ein Nachtarbeitsverbot:

„Im entgegengesetzten Fall wird die bislang äußerst stabile Spinnerei unsicher und viele ihrer Arbeiter verfallen der Armut. Natürlich folgen Konkurse, Arbeiterunruhen, Verarmung infolge einer natürlichen Verringerung des Preises für ihre Arbeit usw. [...] Wir kennen alle Fabriken in Rußland, und wir kennen das Ausmaß ihrer Produktion. Außerdem sind wir auch mit den Forderungen des Marktes sehr gut vertraut. Diese beiden Umstände reichen völlig aus, um zu dem unzweifelhaften Schluß zu kommen, daß eine sofortige Verringerung der Produktion notwendig ist. Die beste Maßnahme dafür ist eine Einstellung der Nachtarbeit."

Die Schädlichkeit der Nachtarbeit für Gesundheit und Moral der Arbeiter, so argumentierten sie weiter, sei seit langem bekannt, und da sie die Produktionskosten senke, verzerre sie die Wettbewerbsbedingungen. Dabei sei es völlig ausreichend, die Nachtarbeit von Frauen und Kindern zu verbieten, da damit ein Dauerbetrieb generell unmöglich gemacht werde.[44]

In einer Überangebotskrise, wie sie hier als Ursache des Gesuches angeführt wurde, hätte an sich die Gründung eines reichsweiten Textilkartells nähergelegen als das Ersuchen um ein gesetzliches Nachtarbeitsverbot. So trat beispielsweise in Deutschland ab 1891 das Kartell Deutscher Jute-Industrieller der drohenden Überproduktion über eine koordinierte Arbeitszeitverkürzung der angehörigen Betriebe entgegen.[45] Dem Aufbau eines solchen Kartells stand in Rußland jedoch die Tatsache entgegen, daß Preis- und Mengenabsprachen gesetzlich verboten waren, auch wenn spätere Kartellgründungen in der Metallindustrie und im Bergbau zeigten, daß dieses Hindernis nicht unüberwindbar war.

---

[43] Die Unterzeichner dieses Gesuchs waren E. M. Meier (Sampsonievskaja Manufaktura), K. Österreich (Ekateringofskaja Manufaktura), A. Grube (Nevskaja Manufaktura), B. Wishaw (Novaja Manufaktura), I. Bang (Ochtenskaja Manufaktura), E. Blessig und V. Gromme (Rossijskaja Manufaktura), N. Il'in (Mitrofanievskaja Manufaktura), N. Ju. Miliotti (Novosampsonievskaja Manufaktura), K. V. Parish (Šlissel'burgskaja, Petrovskaja und Spasskaja Manufaktury), V. I. Koževnikov und V. Rothermund (Kattundruckerei Jakob Luetschg): RGIA f. 20 op. 2 d. 1794-a l. 6. Die spätere Aussage E. Bonstedts, er habe dieses Gesuch mit unterzeichnet, bezog sich folglich nicht auf seine Person, sondern auf die von ihm geleitete Sampsonievskaja-Manufaktur; Siehe King, V.: The Emergence of the St. Petersburg Industrial Community, 1870-1905: The Origins and Early Years of the Petersburg Society of Manufacturers, Diss. Phil., Berkeley 1982, S. 459.

[44] RGIA f. 20 op. 2 d. 1794-a ll. 3-6. Darüber hinaus hörte die Kommission beim Petersburger Stadthauptmann im Februar 1884 eine Reihe von Industriellen unterschiedlicher Branchen zu verschiedenen Fragen des Arbeiterschutzes, unter anderem auch zur Frage der Arbeitszeit. Dabei sprach sich eine Mehrheit der Fabrikanten für ein allgemeines Nachtarbeitsverbot aus, sofern dieses auch für ihre Konkurrenz außerhalb Petersburgs gelten würde. Die Kommission stimmte einem solchen Verbot nur bedingt zu. Für die Ausarbeitung des Gesetz vom 3. Juni 1885 spielten diese Beratungen allerdings keine Rolle: RGIA f. 1405 op. 70 1872 g. d. 7290 ll. 260-261 und l. 268.

[45] Ellerkamp, Industriearbeit, S. 277 Anm. 85.

Schwerer wog, daß keinerlei institutionelles Forum der Textilindustrie bestand, auf dessen Basis bindende Absprachen hätten verwirklicht werden können. Allenfalls die Moskauer Industriellen verfügten mit ihrem Börsenkomitee und der Abteilung des Rates für Handel und Manufakturen über Ansätze regionaler Vertretungsorgane. Für die Petersburger Textilfabrikanten bedeuteten die erwähnten Gesuche hingegen erst die allerersten, zaghaften Ansätze industrieller Organisation, und auch die polnischen Textilmagnaten hatten noch keinerlei gemeinsame Institutionen entwickelt. Waren schon die Traditionen regionaler Zusammenarbeit in der Industrie relativ schwach entwickelt, so mußte ein reichsweites Textilkartell, wie es für eine wirkungsvolle Beschränkung der Überproduktion unerläßlich gewesen wäre, geradezu utopisch erscheinen.

Von der institutionellen Schwäche der russischen Industrie einmal abgesehen sprachen aus der Sicht der Petersburger Industriellen aber vor allem ökonomische Überlegungen gegen ein solches Kartell. Für die Petersburger Fabrikanten bot es sich an, die Nachtarbeit in Zentralrußland als „Ausbeutung der Arbeiter" anzuprangern und gegenüber der Regierung als Wettbewerbsverzerrung und als eigentliche Ursache der Überproduktion darzustellen. Ließ sich unter dem Vorwand des Arbeiterschutzes eine gesetzliche Verkürzung der Betriebszeiten und damit ein Rückgang der Produktion erreichen, so war derselbe Effekt zu erwarten wie bei einem Kartell, nur daß dieser Produktionsrückgang größtenteils von der zentralrussischen Textilindustrie zu tragen gewesen wäre.

Auch diese erneute Initiative der Petersburger Industriellen wurde vom Finanzministerium nur zögerlich aufgegriffen. So wurde erst einmal die Moskauer Abteilung des Rates für Handel und Manufakturen um eine Stellungnahme gebeten. Wie zu erwarten war, wiesen die Moskauer Industriellen ein Nachtarbeitsverbot entschieden zurück. Sie gestanden zwar die Existenz einer Krise zu, lehnten es aber ab, vorübergehende konjunkturelle Erscheinungen mit dauerhaften Regierungsmaßnahmen zu bekämpfen. Außerdem – so ihr Argument - stelle die weite Verbreitung der Nachtarbeit im Moskauer Industriegebiet keine Verzerrung des Wettbewerbs dar, sondern sei vielmehr notwendig, um strukturelle Nachteile der zentralrussischen Industrie auszugleichen und ihre Konkurrenzfähigkeit zu erhalten.[46]

Daraufhin stellte das Finanzministerium die Angelegenheit vorläufig zurück. Erst im Januar 1885, unmittelbar nach dem großen Textilarbeiterstreik in den Morozov-Werken in Orechovo-Zuevo, griff Bunge die Frage auf und bat die Moskauer Abteilung um eine erneute Stellungnahme.[47] Diese begriff die Gefahr

---

[46] Stellungnahme der Moskauer Abteilung des Rates für Handel und Manufakturen vom 17. April 1884: RGIA f. 20 op. 2 d. 1794-a ll. 15-16.
[47] RGIA f. 20 op. 2 d. 1794-a l. 24. Den Morozov-Streik hebt Šelymagin als eigentliche Ursache des Nachtarbeitsverbots hervor: Šelymagin, I. I.: Fabrično-zavodskoe zakonodatel'stvo v Rossii (2-ja polovina XIX veka), Moskau 1947, S. 74-77. Zum Verlauf des Streiks siehe unten Kapitel V.

und versammelte über siebzig Textilindustrielle aus dem gesamten zentralrussischen Industriegebiet, um die Meinung möglichst aller betroffenen Fabrikanten zu hören. Anstatt machtvoll eine einheitliche Ablehnung zu demonstrieren, sprach sich jedoch eine Minderheit durchaus für das vorgeschlagene Nachtarbeitsverbot aus, als vorübergehende Maßnahme zur Bekämpfung der Krise oder gar als dauerhaftes Verbot, um die Qualität der Produktion zu steigern.[48] Selbst der einflußreiche und ansonsten ausgesprochen industriefreundliche Moskauer Publizist Katkov befürwortete ein Nachtarbeitsverbot aus konjunkturellen Gründen.[49] Bereits 1883 hatte schließlich auch Peskov, der Fabrikinspektor von Vladimir, berichtet, daß eine Mehrzahl der örtlichen Fabrikanten ein Nachtarbeitsverbot als Mittel zur Bekämpfung der Absatzkrise befürwortete.[50] Auch kleinere, ländliche Betriebe sahen in einem solchen Verbot zumindest während der Sommermonate durchaus ein Mittel, um dem Preisverfall entgegenzuwirken und den Arbeitern die Möglichkeit zu geben, sich der Feldarbeit zu widmen. So schrieb der Besitzer einer mittleren Textilfabrik in Kinešma im Gouvernement Kostroma an Bunge:

> „Durch eine solche Verordnung würde allen mittleren Fabrikanten und dem gesamten arbeitenden Volk großer Nutzen erwiesen, da nur die Überflüssigen in die Industrie gehen und die Landwirtschaft von den Bauern bearbeitet wird. Eine solche Verordnung trifft nur eine Minderheit großer Kapitalisten, welche mit ihrem Kapital die mittleren Fabrikanten offen in der Börse oder in den Versammlungen unterdrücken, ganz wie es ihnen paßt, aber sagen darf man das nicht, um nicht mächtige Feinde zu haben, weil sie überall schalten und walten, an der Börse und in den Banken."[51]

Ein solcher Ausdruck sozialer und wirtschaftlicher Spannungen auch innerhalb des zentralrussischen Industriegebiets mußte natürlich den Anspruch der Moskauer Abteilung des Rates für Handel und Manufakturen untergraben, für die gesamte zentralrussische Industrie zu sprechen, und ihre Position gegenüber der Regierung schwächen.

---

[48] Befürworter eines solchen Verbots waren V. D. Aksenov, V. K. Krestovnikov, D. S. Sopov, T. S. Morozov und I. I. Butikov. Stellungnahme der Moskauer Abteilung des Rates für Handel und Manufakturen vom 22. 2. 1885: RGIA f. 20 op. 2 d. 1794-a l. 22; Eine weitere Stellungnahme der Petersburger Industriellen brachte kaum neue Aspekte: Ebenda ll. 17-19.
[49] Siehe die Leitartikel Katkovs in den „Moskovskija Vedomosti" vom 12. 2., vom 22. 2., vom 19. 4. und vom 4. 6. 1885: Katkov, M. N.: Sobranie peredovych statej Moskovskich vedomostej. 1885 god, Moskau 1898, S. 81-83, S. 103-105, S. 187-188 und S. 266-268.
[50] Peskov, P. A.: Fabričnyj byt Vladimirskoj gubernii. Otčet za 1882-1883 g. fabričnogo inspektora nad zanjatijami maloletnych rabočich Vladimirskago okruga, St. Petersburg 1884, S. 59-60; Tugan-Baranowsky, Geschichte der russischen Fabrik, S. 472-473.
[51] RGIA f. 20 op. 2 d. 1794-a ll. 32-33.

Um jetzt möglichst bald zu einer Entscheidung zu kommen, übergab Bunge die Frage eines Nachtarbeitsverbots der kurz zuvor gegründeten Kommission unter Vorsitz Plehwes, die seit dem Februar 1885 über eine Reform des Arbeitsrechts beriet.[52] Diese lud am 16. März sechzehn Petersburger und Moskauer Industrielle, um zu dem Für und Wider eines Nachtarbeitsverbots für Frauen und Jugendliche Stellung zu nehmen.[53] Während die Mehrheit der Moskauer Industriellen wiederum mit den bekannten Argumenten gegen ein Nachtarbeitsverbot opponierte, sprach sich Nobel als Bevollmächtigter der Petersburger Baumwollindustriellen für eine solche Maßnahme aus. Dabei variierte er das bisherige konjunkturelle Argument, indem er ein Nachtarbeitsverbot um seiner selbst willen befürwortete und die Absatzkrise als günstigen Zeitpunkt einer solchen Maßnahme darstellte. Aber auch von einer Minderheit Moskauer Industrieller wurde eine Beschränkung der Nachtarbeit befürwortet. So stellte S. I. Četverikov die geplante Verkürzung der Arbeitszeit in seinen Betrieben auf zwei Schichten zu je neun Stunden als ein Modell vor, um die Produktivität der Arbeit zu erhöhen. Darin wurde er auch von V. I. Jakunčikov und N. A. Alekseev mit dem Hinweis auf die gesundheitlichen Belastungen der Nachtarbeit unterstützt.

Derartige Reformüberlegungen, die auf eine Erhöhung der Arbeitsproduktivität und auf den gesetzlichen Schutz von Frauen und Jugendlichen abzielten, gaben schließlich den Ausschlag gegenüber konjunkturellen oder auch polizeilichen Motiven. Zwar hatte der Morozov-Streik im Januar 1885 deutlich gemacht, daß Lohnsenkungen infolge der Wirtschaftskrise zu erheblichen Unruhen führen konnten. Dieser Aspekt wurde auch von der Plehwe-Kommission hervorgehoben.[54] Ob ein Nachtarbeitsverbot ein wirkungsvolles Mittel war, um zukünftige Unruhen zu verhindern, erschien allerdings zweifelhaft. Mit einem gewissen Recht wiesen die Moskauer Gegner eines Verbots immer wieder darauf hin, daß dieses eher zu Entlassungen führen würde, als sie zu vermeiden, ein Argument, dem sich auch die Plehwe-Kommission nicht völlig verschließen konnte.[55] Zudem hatten die Ausführungen Četverikovs und

---

[52] Siehe unten Kapitel V.
[53] Von seiten der Moskauer Industriellen nahmen N. A. Alekseev, I. I. Baranov, N. N. Konšin, A. L. Losev, P. P. Maljutin, N. A. Najdenov, S. I. Četverikov und V. I. Jakunčikov sowie A. N. Lenivov aus Kostroma teil, von seiten der Petersburger Industriellen wurden F. F. Winberg, F. F. Krauskopf, D. I. Meier, F. K. San-Galli, Ja. D. Thornton, Grube und mit dem besonderen Mandat der Petersburger Textilfabrikanten L. E. Nobel gehört. Von einer Unterrepräsentation der Petersburger Industriellen, wie King sie annimmt, kann also keine Rede sein: RGIA f. 20 op. 2 d. 1794-a ll. 9-22; King, The Emergence, S. 263-264.
[54] RGIA f. 20 op. 2 d. 1794-a ll. 53-54. Die Bekämpfung der Wirtschaftskrise als Mittel zur Vermeidung weiterer Unruhen wird auch von Tugan-Baranovskij als Hauptmotiv für das Gesetz gesehen: Tugan-Baranowsky, Geschichte der russischen Fabrik, S. 469-474.
[55] RGIA f. 20 op. 2 d. 1794-a l. 11, l. 15, l. 22 und l. 53-54.

Alekseevs deutlich gemacht, daß ein Nachtarbeitsverbot nicht zwingend zu einem Rückgang der Produktion führen mußte. Darin gab ihnen auch die Entwicklung der folgenden Jahre weitgehend recht. Mit ihren Argumenten war es vielmehr gelungen, dem Nachtarbeitsverbot den Charakter einer kurzfristigen konjunkturellen Maßnahme zu nehmen und es als Maßnahme langfristiger ökonomischer Modernisierung und des Arbeiterschutzes zu präsentieren.

Das Finanzministerium rückte in seinem Gesetzentwurf vom 1. Mai 1885 schließlich in Anlehnung an entsprechende westeuropäische Gesetze ganz die gesundheitlichen und moralischen Aspekte eines Nachtarbeitsverbots in den Vordergrund:

> „Die Nachtarbeit in Fabriken und Werken ist eine unnormale Erscheinung, welche die natürliche Lebensweise des Menschen stört. Sie ist ohne Zweifel schädlich für die Gesundheit der Arbeiter im allgemeinen, aber besonders zerstörerisch wirkt sie auf Kinder, Jugendliche und Frauen. Zudem hat diese Arbeit bekanntermaßen sehr schlechten Einfluß auf die Arbeiter in sittlicher Hinsicht. Deshalb ist es sehr wünschenswert, die Nachtarbeit in den Fabriken und Werken zu beschränken und sie nur soweit zuzulassen, wie sie aufgrund technischer Besonderheiten der Produktion selbst wirklich notwendig ist."[56]

Demgegenüber nahmen ökonomische Argumente nur sekundären Rang ein. So schloß sich das Finanzministerium zwar der Petersburger Argumentation an, daß die mit einem Nachtarbeitsverbot einhergehenden Produktionsrückgänge aus konjunkturellen Gründen durchaus wünschenswert seien und daß ein für alle verbindliches Verbot keine Verzerrung des Wettbewerbs darstelle. Von Četverikov hingegen wurde das Argument übernommen, daß ein Verbot der Nachtarbeit nur zu geringen Produktionseinbußen führen würde, da die Nachtarbeit an sich schon wenig produktiv sei. Dementsprechend schlug das Ministerium vor, die Nachtarbeit von Frauen und Jugendlichen unter siebzehn Jahren in der Baumwoll- und der Wollindustrie sowie der Leinenweberei zwischen neun Uhr abends und fünf Uhr morgens zu verbieten und eine Ausdehnung dieses Verbots auf andere Branchen dem gemeinsamen Beschluß von Finanz- und Innenministerium anheimzustellen.

Damit wird deutlich, daß das Finanzministerium mit seinem Gesetzentwurf nicht einer Forderung Petersburger Industrieller nachgab. Vielmehr nutzte es diese als Anregung und als Argumentationshilfe, um den Arbeiterschutz entsprechend den ursprünglichen Vorstellungen Bunges über die Beschränkung der Kinderarbeit hinaus weiterzuentwickeln. Der von seiten der Industrie erwartete Einfluß auf die konjunkturelle Entwicklung wurde somit in den Augen der Regierung nicht zum eigentlichen Zweck des Gesetzes, sondern diente nur als

---

[56] Ebenda l. 65.

willkommener Beleg dafür, daß die geplante Maßnahme der wirtschaftlichen Entwicklung zumindest nicht schaden würde.[57]
Dieser Argumentation schlossen sich auch die Vereinigten Reichsratsdepartaments an:

> „Die derzeitige industrielle Krise stellt zweifellos einen sehr günstigen Moment für die Einführung beschränkender Maßnahmen bezüglich der Fabrikarbeit dar."[58]

In Anlehnung an die Gesetze über die Kinderarbeit beschloß der Reichsrat jedoch, das Nachtarbeitsverbot vorerst auf drei Jahre zu beschränken, um der Regierung die Möglichkeit zu geben, „alle Angaben und Informationen zu sammeln, die notwendig sind, um eine Ordnung einzuführen, welche ihren Bestrebungen und Ansichten entspricht und die Industrie möglichst wenig einengt."[59] In dieser Form wurde das Gesetz schließlich vom Reichsrat verabschiedet und am 3. Juni 1885 vom Zar bestätigt.[60]

Wenn es der Regierung aber primär um den Ausbau des Arbeiterschutzes ging, dann stellt sich die Frage, warum in ihren Augen Frauen besonders schutzwürdig waren. Welches Frauenbild lag dem Gesetz von 1885 zugrunde? Die eigentlichen Gesetzgebungsakten geben hierzu erstaunlich wenig Auskunft. So gingen sowohl die Plehwe-Kommission als auch das Finanzministerium und schließlich der Reichsrat wie selbstverständlich davon aus, daß die Nachtarbeit für Frauen ebenso wie für Kinder besonders gesundheitsschädlich sei, ohne diese Annahme irgendwie näher zu begründen.[61] Offensichtlich leuchtete es den beteiligten Regierungsbeamten unmittelbar ein, daß Frauen aufgrund ihrer „zarteren und empfindsameren" Natur durch die Belastungen der Fabrik- und besonders der Nachtarbeit gesundheitlich stärker gefährdet seien als Männer, wie Janžul schon 1880 argumentiert hatte:

> „Aufgrund ihrer schwachen physischen Konstitution müssen Frauen im Lauf ihres Lebens eine gegenüber den Männern gleichen Alters verminderte Zahl

---

[57] Auch im Rückblick sah das Finanzministerium den Arbeiterschutz als Hauptursache des Gesetzes, während die Konjunkturkrise nur einen besonders günstigen Zeitpunkt darstellte: RGIA f. 20 op. 2 d. 1806 ll. 120-121 (Gesetzentwurf des Finanzministeriums vom 22. 1. 1890). Daß Bunge Ende 1885 in seiner Rechtfertigung des Gesetzes gegenüber Pobedonoscev vor allem auf die konjunkturpolitische Motivation hinwies, hat seine Ursache darin, daß es Bunge darum ging, Einwände von seiten der Industrie zu entkräften: K. P. Pobedonoscev i ego korrespondenty, S. 541-543.
[58] RGIA f. 20 op. 2 d. 1794-a l. 92.
[59] Ebenda l. 92.
[60] PSZ 3 Bd. V Nr. 3013.
[61] RGIA f. 20 op. 2 d. 1794-a l. 49, l. 53 und l. 65.

von Arbeitsstunden, ein Verbot der Nachtarbeit und einige besondere Privilegien speziell für schwangere Frauen genießen."[62]

Aber nicht nur als Mütter wurden Frauen unter den Schutz des Staates gestellt. Vielmehr setzte man Frauen in körperlicher Hinsicht grundsätzlich ohne weiteres mit Kindern und Jugendlichen gleich und leitete daraus eine besondere staatliche Fürsorgepflicht ab. So förderlich das Nachtarbeitsverbot für die Gesundheit von Fabrikarbeiterinnen auch war, stellte man damit letztlich indirekt ihre Mündigkeit infrage.[63]

Mehr noch als auf gesundheitliche Bedenken beriefen sich Industrielle wie Regierungsbeamte allerdings darauf, daß die gemeinsame Nachtarbeit mit Männern für Frauen eine besondere sittliche Gefährdung darstelle. Dieses Argument wurde auch von der Frauenbewegung aufgenommen.[64] Dem hielt der Moskauer Fabrikant Maljutin, der unter anderem für seine vorbildlichen Einrichtungen für arbeitende Mütter mit dem St. Stanislaus-Orden dekoriert worden war, entgegen, daß die Nachtarbeit für Frauen besonders geeignet sei, damit diese tagsüber ungestört der Hausarbeit nachgehen könnten.[65] Weniger als auf wissenschaftlichen Untersuchungen baute die Diskussion um die Nachtarbeit von Frauen auf traditionellen Rollenvorstellungen auf und trug erheblichen disziplinierenden und erzieherischen Charakter. Besonders der Hinweis auf die Gefahren der Fabrikarbeit für die sittliche Entwicklung vor allem von Frauen macht die Skepsis deutlich, die viele Staatsbeamte, Industrielle, aber auch Vertreter einer progressiven Öffentlichkeit angesichts der allmählichen Auflösung traditioneller bäuerlicher Familienstrukturen empfanden. Unter diesem Gesichtspunkt war das Nachtarbeitsverbot von 1885 auch Ausdruck einer unausgesprochenen Absicht, Frauen in einem sozialen Umfeld zurückzudrängen, das trotz aller Entbehrungen und gesundheitlichen Belastungen auch neue und bisher ungeahnte persönliche Freiheiten mit sich bringen konnte und dem Ideal der bürgerlichen Familie diametral gegenüberstand.

---

[62] Janžul, Detskij i ženskij trud, S. 159; Dieser Artikel Janžuls war von Bunge mit besonderer Aufmerksamkeit zur Kenntnis genommen worden: Janžul, I. I.: Iz vospominanij i perepiski fabričnago inspektora pervago prizyva. Materialy dlja istorii russkago rabočago voprosa i fabričnago zakonodatel'stva, St. Petersburg 1907, S. 24; Ders.: Ženščiny-materi na fabrikach, S. 381. Siehe auch Glickman, Russian Factory Women, S. 151-152 und S. 228-229.

[63] Am weitesten ging in dieser Hinsicht der Hauptfabrikinspektor Michajlovskij, der Ende 1885 forderte, das Gesetz vom 1.6. 1882 über die Beschränkung der Kinderarbeit aus gesundheitlichen Gründen auch auf Frauen auszudehnen: RGIA f. 20 op. 2 d. 1794-a ll. 174-178.

[64] RGIA f. 20 op. 2 d. 1794-a ll. 1-2, l. 5, l. 49, l. 53 und l. 65; Glickman, The Russian Factory Woman, S. 77. Dagegen argumentierte die Moskauer Abteilung des Rates für Handel und Manufakturen wenig überzeugend, daß nächtliche Fabrikarbeit immer noch besser für die Moral sei, als der Aufenthalt in Gaststätten: Ebenda ll. 15-16.

[65] RGIA f. 20 op. 2 d. 1794-a l. 29.

3. Die Ausgestaltung des Nachtarbeitsverbots

Da dem Finanzministerium bei der Ausarbeitung des gesetzlichen Nachtarbeitsverbots kaum statistische Informationen über das Ausmaß der Frauenarbeit in Rußland vorgelegen hatten, ließ sich die Bedeutung eines so schwerwiegenden Eingriffes in industrielle Strukturen, wie ihn das Nachtarbeitsverbot für Frauen und Minderjährige vor allem für das zentralrussische Industriegebiet darstellte, kaum zuverlässig abschätzen. Zudem war in der Anhörung der Industriellen vor der Plehwe-Kommission ausschließlich der Sinn eines Nachtarbeitsverbotes diskutiert worden. Dagegen war die Frage weitgehend offengeblieben, wie ein solches Verbot ausgestaltet werden müßte. Um auch in diesem Fall eine möglichst praxisnahe Lösung zu finden, hatte der Reichsrat ähnlich wie in den Gesetzen zur Kinderarbeit eine dreijährige Erprobungsfrist vorgesehen, in der das Finanzministerium alle notwendigen Angaben für eine endgültige Formulierung des Gesetzes sammeln sollte.

Am deutlichsten machte sich der Mangel an zuverlässigen Informationen im Gesetzgebungsprozeß in der Frage bemerkbar, zu welchem Zeitpunkt das Gesetz einzuführen sei. In der Annahme, daß Arbeitsverträge generell halbjährlich zu Ostern und zum 1. Oktober abgeschlossen würden, hatte das Finanzministerium den 1. Oktober 1885 als Termin festgesetzt, an dem das Gesetz in Kraft treten sollte. Noch im Juni ersuchte jedoch eine Reihe zentralrussischer Textilmanufakturen darum, das Gesetz bis zum 1. April 1886 aufzuschieben, da sie wie immer ihre Arbeitsverträge für ein ganzes Jahr abgeschlossen hätten. Diese Angabe wurde von den Petersburger Industriellen jedoch in geradezu polemischer Weise bestritten, und das Finanzministerium fand keinerlei Möglichkeit, sich aus unabhängiger Quelle über die übliche Vertragsdauer zu informieren.[66] In Absprache mit dem Justiz- und dem Innenministerium wies Bunge dieses Gesuch schließlich mit dem Hinweis zurück, daß der Industrie in den Gesetzesberatungen ausreichend Möglichkeiten gegeben worden seien, ihre Meinung zu dem Nachtarbeitsverbot zu äußern und daß deshalb ein solcher Aufschub des Gesetzes nicht gerechtfertigt sei.[67] Dieser Vorgang macht deutlich, wie sehr die Regierung noch in der Frühphase der Fabrikinspektion bei der Formulierung von Fabrikgesetzen auf Informationen von seiten der Industrie angewiesen war. Zugleich zeigte sich aber auch, daß allein schon

---

[66] Ebenda ll. 94-107. Die Petersburger Textilindustriellen argumentierten mit Unterstützung des Petersburger Börsenkomitees, daß derartige Jahresverträge in Moskau allenfalls bewußt abgeschlossen worden seien, um einen Aufschub des Gesetzes erwirken zu können: Ebenda ll. 104-105; Auch die „Moskovskija Vedomosti" wandten sich gegen einen solchen Aufschub: Katkov, Sobranie peredovych statej, S. 301-303 (Leitartikel vom 25. 6. 1885).

[67] RGIA f. 20 op. 2 d. 1794-a ll. 113-122.

die Tatsache industrieller Anhörungen im Gesetzgebungsprozeß ein gewichtiges Argument darstellen konnte, um die nachträgliche Abschwächung eines Arbeiterschutzgesetzes abzuwehren.

Wesentlich empfänglicher für Einwände aus der Industrie erwies sich das Finanzministerium in der Frage, wie die Nachtarbeit zeitlich zu definieren sei. Das Gesetz von 1885 selbst machte hierzu keine Angaben. In Anlehnung an die vorangegangenen Gesetze zur Kinderarbeit ging man jedoch allgemein davon aus, daß die Zeit zwischen neun Uhr abends und fünf Uhr morgens als Nacht zu rechnen sei. Dagegen ersuchten einige Moskauer Industrielle im August 1885 darum, Frauen und Jugendliche im Zweischichtbetrieb zwei Stunden länger, nämlich zwischen vier Uhr morgens und zehn Uhr abends beschäftigen zu dürfen.[68] Daß die Regierung diesem Gesuch schließlich stattgab, ist häufig als Zugeständnis an die Industrie gesehen worden, mit dem man im Arbeiterschutz mit einer Hand wieder rückgängig gemacht habe, was mit der anderen soeben erst gewährt worden war.[69] An dem Moskauer Gesuch fällt jedoch auf, daß sich unter seinen Unterzeichnern mit S. I. Četverikov und N. A. Alekseev zwei Industrielle befanden, die sich vor der Plehwe-Kommission ausdrücklich für ein Nachtarbeitsverbot ausgesprochen hatten. Diesen ging es nicht darum, das Nachtarbeitsverbot zu unterlaufen. Vielmehr waren sie bestrebt, es an die neu erprobte Betriebsform in zwei Schichten zu je neun Stunden anzupassen, mit der sie die Arbeitsproduktivität erhöhen wollten. Da diese Betriebsform mit einer erheblichen Verkürzung der Arbeitszeit einherging, standen Finanz- und Innenministerium dem Gesuch grundsätzlich wohlwollend gegenüber, hielten es allerdings prinzipiell für unvereinbar mit dem Gesetz.

Eine Vorentscheidung wurde kurz darauf von den Textilarbeiterinnen in Ivanovo-Voznesensk erzwungen, die angesichts des bevorstehenden Nachtarbeitsverbots erhebliche Lohnkürzungen und Entlassungen befürchteten. Ab dem 24. September 1885 traten etwa 6.000 Arbeiterinnen und Arbeiter in den ersten Massenstreik in der Geschichte dieses Industriegebiets.[70] Die einzige Möglichkeit, die erwarteten Lohnausfälle in erträglichen Grenzen zu halten und den Einsatz der bereits herbeigerufenen Truppen zu vermeiden, sah der Gouverneur von Vladimir in einer Verkürzung der Nacht auf die Zeit von zehn Uhr abends bis vier Uhr morgens. Angesichts drohender Unruhen gaben Finanz- und Innenministerium dieser Forderung unverzüglich nach.[71] Inwieweit dieser Streik möglicherweise von den örtlichen Industriellen gezielt benutzt wurde,

---

[68] Ebenda ll. 129-130 und l. 138.
[69] Glickman, Russian Factory Women, S. 149; Stites, The Women's Liberation Movement, S. 165-166; Balabanov, Očerki, Bd. 3, S. 457-463.
[70] Ėksempljarskij, P. M.: Istorija goroda Ivanova. Čast' 1. Dooktjabrskij period, Ivanovo 1958, S. 146-147.
[71] RGIA f. 20 op. 2 d. 1794-a ll. 132-141 und ll. 145-146; Zirkular des Innenministeriums Nr. 2500 vom 12. 10. 1885; Glickman, Russian Factory Women, S. 158-159.

um eine Revision des Nachtarbeitsverbots zu erzwingen, läßt sich aus den vorliegenden Quellen nicht beantworten. Aber auch so wurde der Regierung spätestens infolge des Streiks klar, daß die mit dem Achtzehnstundenbetrieb verbundene Verkürzung der Arbeitszeit auch im Interesse der Arbeiter war und an dem Nachtarbeitsverbot für Frauen und Jugendliche nicht scheitern durfte.

Daß eine entsprechende Abwandelung des gesetzlichen Nachtarbeitsverbots nur in Verbindung mit einer Verkürzung der täglichen individuellen Arbeitszeit in Frage kam, wurde auch in den folgenden Beratungen immer wieder hervorgehoben. Sowohl das Warschauer Manufakturkomitee als auch das Handels- und Manufakturkomitee von Ivanovo-Voznesensk sprachen sich 1886 und 1887 eindeutig in diesem Sinne aus. Dagegen forderte die Moskauer Abteilung des Rates für Handel und Manufakturen, eine Verkürzung des Nachtarbeitsverbots an keinerlei Bedingungen zu knüpfen, um den Betrieben möglichst großen Spielraum interner Organisation zu lassen, und versuchte 1887 sogar durchzusetzen, daß das Nachtarbeitsverbot für Frauen über 21 Jahren ganz abgeschafft würde.[72] Allein der Moskauer Fabrikinspektor Janžul verlangte für Frauen eine gesetzliche Arbeitszeit von maximal zwölf Stunden, um die zentralrussischen Industriebetriebe dazu zu zwingen, zum reinen Tagbetrieb mit nur einer Schicht überzugehen. Indem er sich darauf berief, daß die damit verbundene Drosselung der Produktion angesichts der konjunkturellen Krise durchaus wünschenswert sei, ließ er indirekt erkennen, daß er dafür sogar die Entlassung größerer Zahlen von Arbeitern in Kauf nehmen würde.[73] Wenn es um den Ausbau des Arbeiterschutzes ging, konnte Janžul in einem Maße kompromißlos sein, das nicht nur an den Bedingungen industrieller Entwicklung in Zentralrußland, sondern letztlich auch an den Interessen der betroffenen Arbeiter vorbeizugehen drohte.

In den folgenden Jahren zeigte sich allerdings, daß sich der Achtzehnstundenbetrieb in zwei Schichten nur langsam durchsetzen konnte.[74] Dennoch förderte die Regierung diese Betriebsform angesichts der damit verbundenen Steigerung der Arbeitsproduktivität auch weiterhin und zog die Konsequenz, für solche Betriebe auch Kinderarbeit bis zu neun Stunden täglich zuzulassen.[75] Einer generellen Beschränkung des Nachtarbeitsverbots auf die Zeit von zehn Uhr abends bis vier Uhr morgens, wie das Finanzministerium sie in Anlehnung an die Forderungen der Moskauer Abteilung des Rates für Handel und Manufakturen vorschlug, mochte der Reichsrat bei der Überarbeitung des Gesetzes

---

[72] RGIA f. 20 op. 2 d. 1794-a ll. 191-195 und ll. 202-205; op. 2 d. 1806 ll. 43-44 und ll. 48-52.
[73] RGIA f. 20 op. 2 d. 1794-a ll. 34-46.
[74] 1888 arbeiteten etwa 50 Betriebe überwiegend in den Gouvernements Moskau und Vladimir in dieser Betriebsform: RGIA f. 20 op. 2 d. 1806 l. 93; siehe unten Kapitel VII.
[75] RGIA f. 20 op. 2 d. 1806 ll. 120-123; Siehe oben Kap. III.

1890 jedoch nicht folgen, so daß dieses Zugeständnis an den Achtzehnstundenbetrieb in zwei Schichten geknüpft blieb.[76] Damit war sichergestellt, daß der Arbeiterschutz durch diese Abwandlung des Gesetzes nicht beeinträchtigt wurde, da sie ausschließlich den Betrieben mit den kürzesten individuellen Arbeitszeiten in der Textilindustrie zugute kam.

Solange die Einhaltung des Gesetzes auf lange Sicht gewährleistet blieb, war das Finanzministerium in der Einführungsphase allerdings auch dazu bereit, einzelnen Betrieben durch vorübergehende Zugeständnisse die Umstellung zu erleichtern, statt die kompromißlose Einhaltung des Gesetzes zu erzwingen. So forderte der Direktor der Abteilung für Handel und Manufakturen Ermakov den Moskauer Fabrikinspektor Janžul im Oktober 1885 dazu auf, im Einzelfall gelegentlich ein Auge zuzudrücken:

> „Man muß in Betracht ziehen, daß sich für die Inspektoren bei einigen der im genannten Gesetz aufgeführten Fabriken angesichts der oben erwähnten Schwierigkeiten die Notwendigkeit ergibt, in der ersten Zeit eine Verteilung der Arbeitszeit zuzulassen, welche nicht völlig der genannten Verfügung [der Begrenzung der Nacht auf die Zeit zwischen 22 und 4 Uhr; J. P.] entspricht. Wenn derartige Verstöße durch den Wunsch der Fabrikdirektion hervorgerufen werden, alle beschäftigten Arbeiter zu behalten und sie nicht ihres Lohnes zu berauben, soll man dies mit Nachsicht behandeln, und vor allem im Auge behalten, daß es wünschenswert ist, daß im Interesse beider Seiten, der Fabrikanten wie der Arbeiter, die Durchführung des Gesetzes vom 3. Juni dieses Jahres ohne jegliche Verwirrungen und Unruhen vor sich geht."[77]

Auch wenn diese Kompromißbereitschaft einen Verfechter des Arbeiterschutzes wie Janžul enttäuschen mußte, ließ sie sich doch aus den praktischen Erfordernissen eines derartigen Eingriffes in der Anfangsphase rechtfertigen. In seinem Kern wurde das Gesetz dadurch nicht beschädigt. Nach wenigen Jahren der Eingewöhnung konnten die Fabrikinspektoren kaum noch Verstöße gegen das Nachtarbeitsverbot feststellen, war es doch an Klarheit eigentlich

---

[76] RGIA f. 20 op. 2 d. 1806 l. 123 und ll. 162-163; PSZ 3 Bd. X Nr. 6742, Kap. I, Art. 6 (Gesetz vom 24. 4. 1890); Dementjeff, E. M.: Das Arbeiterschutzgesetz vom 24. Februar 1890, in: ASGS 4(1891), S. 197-206.

[77] RGIA f. 22 op. 2 d. 1794-a ll. 153-154. Anlaß dieser Mahnung, die von Janžul mit äußerster Bitterkeit aufgenommen wurde, war das Gesuch der Balašinskaja Baumwollspinnerei in Moskau, bis zu Fertigstellung ihrer neuen Fabrikgebäude im Frühjahr 1886 den Zwanzigstundenbetrieb in zwei Schichten mit Frauen aufrechterhalten zu dürfen, um diese nicht entlassen zu müssen. Obwohl sich auch der Moskauer Generalgouverneur für eine entsprechende Ausnahmeregelung aussprach, wurde sie auf Drängen des Innenministeriums im Januar 1886 verweigert. Diese Ablehnung wurde Janžul von Bunge jedoch erst im März 1886 mitgeteilt, so daß sie praktisch unwirksam war: Ebenda ll. 150-168, ll. 182-190 und ll. 209-212; Janžul, Iz vospominanij, S. 100-104.

nicht zu überbieten und bot anders als andere Arbeiterschutzgesetze wenig Möglichkeiten, es zu unterlaufen.[78]

Wie schnell der Aspekt des Arbeiterschutzes bei dem Nachtarbeitsverbot von Frauen und Jugendlichen die konjunkturelle Motivation verdrängt hatte, zeigte sich darin, daß 1890 das Verbot unabhängig von der Wirtschaftslage auf unbefristete Zeit verlängert wurde. Allerdings zeigte sich die Regierung nun dazu bereit, das Gesetz in einzelnen Punkten abzuschwächen. So konnten Betriebe in Ausnahmefällen bei den Gouvernementsfabrikbehörden beantragen, für eine beschränkte Zeit Frauen und Jugendliche auch nachts beschäftigen zu dürfen, um Produktionsausfälle infolge von Unfällen wieder wettzumachen, oder die erhöhte Nachfrage im Vorfeld von Messen zu befriedigen. Diese Ausnahmen wurden allerdings an die Bedingung geknüpft, daß die Betroffenen am nächsten Morgen bis zum Mittag arbeitsfrei bekamen. Außerdem wurde die Nachtarbeit von Frauen und Jugendlichen erlaubt, wenn sie gemeinsam mit dem Familienoberhaupt arbeiteten, um das Familienleben der Betroffenen nicht zu sehr zu beeinträchtigen.[79] Schließlich wurde die Ausweitung des Gesetzes auf die gesamte Leinenindustrie gesetzlich verankert und den Ministerien die Möglichkeit gegeben, seine Gültigkeit auf administrativem Weg auch auf weitere Branchen auszudehnen.[80] Damit bestätigte die Regierung im wesentlichen die Praxis, die sich seit dem ursprünglichen Erlaß des Gesetzes im Jahr 1885 herausgebildet hatte.

Zusammenfassung

Die Beratungen über die Beschränkung der Kinderarbeit ebenso wie über das Nachtarbeitsverbot für Frauen und Jugendliche in der Textilindustrie zeigen, wie sehr die Regierung bei der Entwicklung eines wirksamen Arbeiterschutzes auf die Zusammenarbeit mit der Industrie angewiesen war. Vor allem die jahrzehntelange Diskussion um die Kinderarbeit hatte deutlich gemacht, daß der

---

[78] Nach 1901 belief sich die Zahl der Verstöße gegen das Nachtarbeitsverbot auf reichsweit achtzehn Fälle, 1902 waren es nur noch vierzehn, so daß das Gesetz zu den am strengsten befolgten Arbeiterschutzmaßnahmen überhaupt zählte: Svod otčetov fabričnych inspektorov za 1901 god, St. Petersburg 1903, S. 116-117; Svod otčetov fabričnych inspektorov za 1902 god, St. Petersburg 1904, S. 114-115.

[79] PSZ 3 Bd. X Nr. 6742, Kap. I, Art. 5. Die Befürchtung, daß das Nachtarbeitsverbot aufgrund dieser schwer kontrollierbaren Ausnahmeregelung massiv unterlaufen worden sei, läßt sich aus der Praxis des Gesetzes nicht bestätigen: Dementjeff, Das Arbeiterschutzgesetz, S. 200-201; Gvozdev, Zapiski, S. 59-60.

[80] Die Ausdehnung auf die gesamte Leinenindustrie war bereits per Zirkular des Finanzministeriums vom 10. 3. 1886 erfolgt, um die ursprüngliche, versehentliche Einbeziehung nur der Leinenweberei zu korrigieren: RGIA f. 20 op. 2 d. 1794-a l. 171 und ll. 197-200; Sobranie uzakonenij i rasporjaženij Pravitel'stva 1886, Nr. 34.

von langfristigen Modernisierungsüberlegungen und humanitären Aspekten geprägte Reformwille der Regierung allein nicht ausreichte, um zu einer Lösung zu kommen. Erst als Teile der Industrie sich aus wirtschaftlichen Gründen für eine Regelung aussprachen und auch die Öffentlichkeit unter dem Eindruck unerträglicher Zustände in den Fabriken das Einschreiten des Staates forderte, kam ein gesetzliches Verbot endlich zustande. Noch deutlicher wurde die ausschlaggebende Rolle der Industrie bei dem Nachtarbeitsverbot für Frauen und Jugendliche, dem Bunge ursprünglich nur geringe Priorität eingeräumt hatte und das folglich anfangs gar nicht auf der Liste der Reformprojekte des Finanzministeriums gestanden hatte. Diese Kooperation zwischen Regierung und Industrie war möglich, weil das System einer stark personalisierten und in der Breite wenig repräsentativen Vertretung der Industrie einzelnen Unternehmerpersönlichkeiten zu besonderem Einfluß verhalf, deren Vorstellungen wirtschaftlicher Modernisierung des Reiches auch soziale Reformen nicht ausklammerten, die in den jeweiligen Arbeiterschutzmaßnahmen aber vor allem ein Mittel sahen, um konkrete wirtschaftspolitische Ziele zu erreichen.

Beiden Gesetzen war aber auch gemein, daß die Regierung relativ bald humanitäre Aspekte in den Vordergrund rückte und die eigentlichen Absichten der jeweiligen Initiatoren in den Hintergrund gedrängt wurden. So mußte der Beitrag des Nachtarbeitsverbots zur Überwindung der Konjunkturkrise in der Textilindustrie relativ gering bleiben, da die Regierung aus Rücksicht auf die zentralrussischen Industriellen schließlich eine Formulierung des Gesetzes vermied, welche dort zu erheblichen Produktionsausfällen geführt hätte. Auch im Bereich des Kinderschutzes wurde das ursprüngliche Ziel verfehlt, arbeitenden Kindern einen regelmäßigen Schulbesuch zu ermöglichen. Daß die Regierung diese wirtschaftlichen Aspekte bald wieder aus den Augen verlor, macht deutlich, daß diese letztlich nur den Einstieg in einen Arbeiterschutz erleichterten, der sich bald verselbständigte. Innerhalb weniger Jahre hatte der Arbeiterschutz ein solches Eigengewicht gewonnen, daß auch ein so industriefreundlicher Finanzminister wie Vyšnegradskij hinter den erreichten Stand nicht mehr zurückkonnte. Auch wenn das Gesetz vom 24. April 1890 keine Perspektiven für eine weitere Entwicklung des Schutzes von Frauen und Kindern aufzeigte, stellte es doch eine wichtige Konsolidierung der bisherigen Maßnahmen dar.

Gerade in der Frühphase des Arbeiterschutzes war die Kooperation mit der Industrie aber auch zwingend geboten. So fehlten der Regierung zu Beginn der jeweiligen Gesetzgebungsverfahren immer wieder die notwendigen Informationen, um die Auswirkungen der angestrebten Maßnahmen für die Industrie zu beurteilen. Hier konnte nur eine Anhörung einzelner Industrieller die notwendigen Auskünfte liefern. Dennoch wurde es notwendig, die beiden Gesetze vorerst provisorisch zu formulieren, und sie in dauerndem Kontakt mit der Industrie schrittweise zu revidieren. Sowohl bei den jeweiligen Anhörungen wie bei der Umsetzung der Gesetze in die Praxis erwies sich die Regierung als Ganzes dabei als hinreichend unabhängig, um sich einzelnen Wünschen vor allem der Moskauer Fabrikanten nach Veränderungen zu widersetzen, die den Kern des Arbeiterschutzes angetastet hätten, auch wenn der Reichsrat das Finanzministerium gelegentlich bei seinen Zugeständnissen korrigieren mußte.

Obwohl diese Zusammenarbeit mit der Industrie in wichtigen Bereichen, vor allem bezüglich der Altersgrenzen für Kinder, zu Lasten der zu schützenden Arbeiter ging, durfte die Regierung bei der Formulierung der Gesetze die grundsätzlichen ökonomischen Bedingungen nicht ignorieren, unter denen industrielle Frauen- und Kinderarbeit entstanden waren. In beiden Fällen zeigte sich, daß Hinweise aus der Industrie auf die Gefahr von Lohnkürzungen und Entlassungen zwar erheblich übertrieben waren, aber doch keine leeren Drohungen darstellten. Nur wenn diese vermieden werden konnten, durfte man darauf rechnen, daß die jeweiligen Maßnahmen auch von der Arbeiterschaft akzeptiert würden, in deren Interesse sie erlassen worden waren. Daß es der Regierung weitgehend gelang, sich unter Verzicht auf eine Konfrontation mit der Industrie in Lösungen hineinzutasten, die den einzelnen Betrieben auch im Interesse ihrer Arbeiter eine schnelle und im allgemeinen schmerzlose Umstellung ermöglichte, trug erheblich dazu bei, zumindest in zwei zentralen Bereichen binnen weniger Jahre einen elementaren Arbeiterschutz im allgemeinen Bewußtsein des Landes zu verankern, der seinen westeuropäischen Vorbildern nur wenig nachstand.

ARBEITERSCHUTZ UND STREIKBEWEGUNG:
LEISTUNGEN UND GRENZEN
AUTOKRATISCHER FABRIKGESETZGEBUNG

Der besondere Charakter der russischen Fabrikgesetzgebung bestand, so will es zumindest die Meinung einer Mehrheit von Historikern, in einem „konservativen Patriarchalismus"[1], einer „fürsorglichen Bevormundung" (*popečitel'stvo*)[2] von Arbeitern wie Unternehmern durch eine polizeistaatlich geprägte Regierung, welche die Regulierung der Fabrikarbeit als das „natürliche Objekt staatlicher Kontrolle" ansah und Unternehmern wie Arbeitern kaum Freiraum ließ, ihre Konflikte offen auszutragen und in direkter Auseinandersetzung zu lösen.[3] Die russische Fabrikgesetzgebung erscheint aus dieser Perspektive als langfristig zum Scheitern verurteilter Versuch einer von zunehmenden Arbeiterunruhen erschütterten Autokratie, das Verhältnis zwischen Arbeitern und Unternehmern durch den regulierenden, zugleich aber auch repressiven Eingriff des Staates zu ordnen, um so die Arbeiter vor den Auswüchsen kapitalistischer Ausbeutung zu schützen, der Entwicklung eines Industrieproletariates wie in Westeuropa vorzubeugen und langfristig das Vertrauen der Arbeiterschaft in den autokratischen Staat wiederzugewinnen. In dieser Argumentation nehmen alle diejenigen Maßnahmen und Gesetze zentrale Bedeutung ein, welche die Stellung des Arbeiters in Fabrik und Gesellschaft definierten: das Gesetz über den Lohnvertrag vom 3. Juni 1886, der Ausbau der noch jungen Fabrikinspektion zu einem staatlichen Kontrollinstrument, die gesetzliche Arbeitszeitbeschränkung von 1897, die Vorschläge direkter Eingriffe in das Arbeitsverhältnis durch lokale Polizeiorgane, das Experiment Zubatovs mit polizeilich protegierten Arbeiterorganisationen, das gesetzliche Streikverbot und nicht zuletzt die schon in ihrem Ansatz meist als Totgeburt bewertete Einrichtung von Fabrikältesten im Jahre 1903.

Diese Deutung sieht in den Arbeiterunruhen, welche das Zarenreich seit den siebziger Jahren des neunzehnten Jahrhunderts zu erschüttern begannen, die zentrale Antriebskraft und das prägende Element russischer Fabrikgesetzgebung vor 1905. Dabei wird jedoch selten beachtet, daß die Regierung bei der Formulierung ihrer Arbeiterschutzgesetze auf eine lange Tradition von Reformvorschlägen zurückgreifen konnte, die bis in die sechziger Jahre zurückreichte und auf eine Verrechtlichung des Lohnvertrags abzielte. Elemente dieser

---

[1] Hildermeier M. und Beyrau, D.: Von der Leibeigenschaft zur frühindustriellen Gesellschaft (1856-1890), in: Schramm, G. (Hg.): Handbuch der Geschichte Rußlands, Bd. 3, Stuttgart 1983, S. 5-201, hier S. 133-135.

[2] Laveryčev, V. Ja.: Carizm i rabočij vopros v Rossii (1861-1917 gg.), Moskau 1972, S. 75

[3] Rimlinger, G.: Labour and State on the Continent, 1800-1939, in: The Cambridge Economic History of Europe, Bd. VIII, Cambridge 1989, S. 549-606, hier S. 598; Ders.: Autocracy and the Factory Order in Early Russian Industrialization, in: JEconHist 20(1960), S. 67-92; Ders.: The Management of Labor Protest in Tsarist Russia, 1870-1905, in: International Review of Social History 5(1960), S. 226-248; Giffin, F.: The „First Russian Labor Code": The Law of June 3, 1886, in: RH 2(1975), S. 83-100; McDaniel, T.: Autocracy, Capitalism and Revolution in Russia, Berkeley 1988.

Tradition fanden sich auch in den späteren Gesetzen an zentraler Stelle wieder. So wurde dem individuellen Arbeiter mit den Gesetzen über den Lohnvertrag und den Maximalarbeitstag ein klar definierter Rechtsstatus innerhalb der Fabrik eingeräumt, der ihm einklagbare Rechte und umfassenden Schutz vor Willkürmaßnahmen von seiten des Fabrikbesitzers garantierte. Mit der Fabrikinspektion wurde ein wirksames Instrument geschaffen, welches die Einhaltung der Schutzmaßnahmen überwachen und der Regierung wichtige Informationen für einen Ausbau der Fabrikgesetze liefern sollte. Darüber hinaus hofften Regierung und Industrie, über eine Regulierung der Arbeitszeit die Produktivität der Arbeit und damit langfristig auch das Lohnniveau der Arbeiter anheben zu können. Die Einrichtung von Fabrikältesten schließlich sollte ursprünglich dazu dienen, der Fabrikinspektion Möglichkeiten einer friedlichen Schlichtung von Arbeitskonflikten zu eröffnen, wie sie bereits von der Stackelberg-Kommission diskutiert worden waren. Alle diese Elemente entsprangen nicht so sehr einer spezifisch russischen Fürsorge des Staates für seine Arbeiter, sondern reihten sich nahtlos in einen allgemeinen Aufschwung des Arbeiterschutzes ein, der innerhalb weniger Jahrzehnte nahezu ganz Europa erfaßt hatte.

Dennoch sind die repressiven Elemente des russischen Arbeitsrechts nicht zu übersehen. So wurde den Arbeitern auch im Gesetz vom 3. Juni 1886 die rechtliche Gleichstellung mit den Fabrikbesitzern verweigert, indem ihnen bei Vertragsbruch mit einer Haftstrafe gedroht wurde. Vor allem aber wurde es ihnen mit dem strikten Verbot organisierter Arbeitervertretungen und dem repressiven Vorgehen gegen Streikende unmöglich gemacht, gegenüber den Fabrikbesitzern eine Machtposition aufzubauen, die sie auch faktisch zu gleichberechtigten Partnern des Lohnvertrages hätte werden lassen. Einer Politik, den Protest der Arbeiterschaft in ökonomische Bahnen zu lenken und ihm damit seine politische Stoßkraft zu nehmen, waren damit enge Grenzen gesetzt.

Zwei Fragenkomplexe gilt es deshalb im folgenden zu klären. Zum einen: inwieweit haben Arbeiterunruhen nur den letzten Anstoß zur Verabschiedung von Arbeiterschutzmaßnahmen gegeben, oder haben sie auch deren Inhalt maßgeblich geprägt? Und zum zweiten: welche Möglichkeiten boten sich vor 1905, die repressiven Elemente des russischen Arbeitsrechts abzubauen und zu einer Politik des freien Ausgleichs kollektiv organisierter Interessen zu finden, wie sie sich in Westeuropa allmählich durchzusetzen begann?

V. VERRECHTLICHUNG ALS ARBEITERSCHUTZ: DAS RUSSISCHE ARBEITSRECHT VOM 3. JUNI 1886

1. Der Morozov-Streik von 1885: Auslöser der Gesetzgebung

Um fünf Uhr früh am 7. Januar 1885 begann in einer der größten Fabriken des Russischen Reiches, der Nikol'skaja-Textilmanufaktur T. S. Morozovs in Orechovo-Zuevo im Gouvernement Vladimir, ein Streik, der alle bisher bekannten Dimensionen sprengte und das innere Gefüge des Reiches nachhaltig erschüttern sollte. Mehrere Tausend Textilarbeiter verweigerten die Arbeit, um gegen die immer härter werdenden Arbeitsbedingungen in der Fabrik zu protestieren, die von Morozov mit selbst für russische Verhältnisse außergewöhnlicher Strenge geleitet wurde. Stärker noch als in den umliegenden Fabriken waren in der Nikol'skaja-Manufaktur in den vorangegangenen Krisenjahren die Arbeitslöhne herabgesetzt worden, für einzelne Tätigkeiten bis auf die Hälfte des Lohnniveaus der späten fünfziger Jahre, während gleichzeitig die verhängten Fabrikstrafen und Lohnabzüge um das Anderthalbfache gestiegen waren und bis zu einem Viertel des Lohnes ausmachen konnten. Die Forderungen der Streikenden schienen deshalb mehr als gerecht: Rückkehr auf das Lohnniveau von 1884, feste Lohntaxen für bestimmte Tätigkeiten, Begrenzung der Fabrikstrafen auf höchstens fünf Prozent des Lohnes, Rückzahlung aller seit Ostern 1884 verhängten Strafen und Einhaltung der bereits 1835 gesetzlich festgelegten, zweiwöchigen Kündigungsfrist. Darüber hinaus forderten die Streikenden die Erlaubnis, eigene Fabrikälteste wählen zu dürfen, sowie die Möglichkeit, die Entlassung besonders brutaler und grausamer Vorarbeiter zu erzwingen.[4]

Dieser Ausstand weckte die Sympathien weiter Teile der russischen Öffentlichkeit, vor allem wegen der offenkundigen Mißstände in der Fabrik Morozovs

---

[4] Owen, T.: Capitalism and Politics in Russia. A Social History of the Moscow Merchants 1855-1905, Cambridge 1981, S. 126-128; Pankratova, A. M. (Hg.): Rabočee dviženie v Rossii v XIX veke, Bd. 3/1, Moskau 1963, S. 123-30; Kantor, R.: Morozovskaja stačka 1885 goda, in: Archiv istorii truda v Rossii 2(1922), S. 44-53; Rakovskij, M.: Nekotorye materialy k istorii Morozovskoj stački 1885 g., in: Materialy po istorii professional'nogo dviženija v Rossii, Bd. 2, Moskau 1924, S. 269-285; Nevskij, V. (Hg.): Morozovskaja stačka 1885 g., Moskau 1925.

und der allgemein nachvollziehbaren Forderungen der Streikenden.⁵ Die Behörden ließen sich davon jedoch nicht beeindrucken. Als streikende Arbeiter das Fabrikgelände stürmten, den Fabrikladen plünderten, Fensterscheiben einwarfen und in den Werkshallen mutwillige Zerstörungen anrichteten, entsandte der Gouverneur von Vladimir auf Anforderung Morozovs mehrere Abteilungen Kosaken, die den Streik nach einer Woche unblutig niederschlugen. Mehrere hundert Arbeiter wurden entlassen und in ihren Heimatort ausgewiesen, fünfzig Arbeiter wurden vor Gericht gestellt. Aufgrund der ungeheuren Sympathien in der Öffentlichkeit wurden jedoch nur gegen siebzehn Angeklagte relativ milde Strafen verhängt, während die übrigen von den Geschworenen freigesprochen und daraufhin auf administrativem Weg in das Gouvernement Archangel'sk verbannt wurden.⁶

Über die Mißstände in den Fabriken, die durch diesen Streik offenkundig geworden waren, und die Gefahr für die öffentliche Ordnung, die von ihnen ausging, konnte auch die Regierung nicht länger hinwegsehen. In Anerkennung der Tatsache, daß diese Mißstände nur durch gesetzgeberische Maßnahmen beseitigt werden könnten, wurde auf Initiative des Innenministers Dmitrij Tolstoj Anfang Februar 1885 eine interministerielle Kommission unter Vorsitz des stellvertretenden Innenministers Plehwe und unter Teilnahme von Vertretern des Finanz- und des Justizministeriums gebildet, welche die Aufgabe zugewiesen bekam, die geltende Fabrikgesetzgebung von Grund auf zu überarbeiten.⁷ Innerhalb von nur zwei Monaten erstellte diese Kommission ein neues Fabrikstatut, das bereits am 14. Mai 1885 in den Reichsrat eingebracht wurde. Zugleich wurden die Grundlagen des Projekts am 14. und 16. Mai 1885 einer Auswahl führender Industrieller vorgelegt. Ihre Stellungnahme ging als

---

⁵ Vestnik Evropy, Februar 1885, S. 896-899. Sogar der reaktionäre Moskauer Publizist Katkov forderte unter dem Eindruck des Streiks eine Reform der Fabrikgesetzgebung: Moskovskija Vedomosti, 18. 1. 1885 und 19. 4. 1885.
⁶ Owen, Capitalism and Politics, S. 127-128; Vestnik Evropy, Juli 1886, Vnutr. Obozr., S. 373-378. Zur Verbannung der Freigesprochenen siehe die Rezension Struves zu Rosenberg, G.: Zur Arbeiterschutzgesetzgebung in Rußland, Leipzig 1895, in: ASGS 9(1896), S. 297-304, hier S. 303.
⁷ Mitglieder dieser Kommission waren für das Innenministerium als Vorsitzender der stellvertretende Innenminister V. K. von Plehwe, der Direktor des Polizeidepartements P. N. Durnovo, A. Višnjakov sowie als Geschäftsführer der Direktor des Wirtschaftsdepartements I. I. Kaufmann. Aus dem Justizministerium nahm Senator N. S. Tagancev teil. Das Finanzministerium entsandte den Direktor der Abteilung für Handel und Manufakturen Ermakov. Mit beratender Stimme nahmen der Hauptfabrikinspektor Michajlovskij sowie auf besonderen Wunsch Bunges der Moskauer Fabrikinspektor Janžul teil: RGIA f. 20 op. 2 d. 1802 l. 7 und l. 103; Janžul, I. I.: Iz vospominanij i perepiski fabričnago inspektora pervago prizyva. Materialy dlja istorii russkago rabočago voprosa i fabričnago zakonodatel'stva, St. Petersburg 1907, S. 66.

Anlage zu dem Kommissionsentwurf ebenfalls dem Reichsrat zu.[8] Trotz der Dringlichkeit des Gesetzes ließ sich das außergewöhnliche Tempo, welches die Plehwe-Kommission in ihren Beratungen vorgelegt hatte, nicht durchhalten, da das Gutachten des Justizministeriums aufgrund einiger kritischer Anmerkungen über ein halbes Jahr auf sich warten ließ.[9] Der Reichsrat trat deshalb erst im Frühjahr 1886 in die Beratungen des Projektes ein. Am 3. Juni 1886 konnte das fertige Gesetz schließlich dem Kaiser zur Bestätigung vorgelegt werden.[10]

Dieses Gesetz vom 3. Juni 1886, oft auch als das „erste russische Arbeitsrecht" bezeichnet, stellte zweifelsohne bis 1917 das Kernstück der russischen Fabrikgesetzgebung dar.[11] Erstmals wurden hier zentrale Fragen des Lohnarbeitsrechts wie die Auszahlung der Löhne, die Verhängung von Fabrikstrafen, der Betrieb von Fabrikläden und die Modalitäten der Kündigung umfassend im Sinne eines effizienten Arbeiterschutzes geregelt. Daneben enthielt das Gesetz aber auch eindeutig repressive Elemente: die vorzeitige Vertragsauflösung durch den Arbeiter wurde unter Strafe gestellt und das gesetzliche Streikverbot von 1845 erheblich verschärft. In den wichtigsten Industriegebieten des Reiches, in den Gouvernements Moskau, Vladimir und St. Petersburg, wurde die bisher nur für die Überwachung der Kinderarbeit zuständige Fabrikinspektion zu einem Instrument umfassender Aufsicht über die gegenseitigen Beziehungen zwischen Arbeitern und Fabrikanten ausgebaut und in den folgenden Jahren schrittweise über das ganze Reich ausgedehnt. Auf der Grundlage bisheriger Erfahrungen wurde das Gesetz schließlich in einer Ergänzung vom 8. Juni 1893 in einzelnen Punkten präzisiert.

Dieser Aufriß der wichtigsten Bestimmungen des Gesetzes legt den Eindruck nahe, daß die Regierung hier zügig und umfassend auf einen Massenstreik reagierte, indem sie die Mißstände abstellte, welche die Unruhen hervorgerufen hatte, und zugleich zukünftige derartige Arbeitsniederlegungen

---

[8] An dieser Anhörung nahmen teil: für die Petersburger Industriellen die Maschinenbauer Ludwig Nobel und F. K. San-Galli, der Textilindustrielle D. I. Meier, der Direktor der Expedition für die Herstellung von Staatspapieren F. F. Winberg, sowie F. F. Krauskopf, für die zentralrussischen Industriellen der Vorsitzende des Moskauer Börsenkomitees und der Abteilung des Rates für Handel und Manufakturen N. A. Najdenov, die Textilindustriellen N. A. Alekseev, N. N. Konšin, S. I. Četverikov, V. I. Jakunčikov, A. L. Losev, I. I. Baranov und P. P. Maljutin, A. N. Lenivov aus Kostroma sowie ein nicht näher identifiziertes Mitglied der Familie der Prochorovs: RGIA f. 20 op. 2, d. 1802, ll. 53-54. Zu den Beratungen der Plehwe-Kommission und den anschließenden Diskussionen im Reichsrat siehe auch Otčet po Gosudarstvennomu Sovetu za 1886 god, St. Petersburg 1886, S. 426-463.
[9] Das Justizministerium kritisierte vor allem, daß der Gesetzentwurf nicht ausreichend mit dem gleichzeitig beratenen Projekt über die Lohnarbeit von Landarbeitern abgestimmt worden war: RGIA f. 1152 op. X 1886 g. d. 211 ll. 70-97.
[10] PSZ 3 Bd. VI Nr. 3769.
[11] Giffin, The „First Russian Labor Code", S. 83-100; Laue, T. von: Factory Inspection under the „Witte System" 1892-1903, in: ASEER 19(1960), S. 347-362.

durch verschärfte Strafandrohungen zu unterdrücken suchte. Allerdings war das schnelle Ergebnis vor allem der Beratungen der Plehwe-Kommission nur möglich gewesen, weil diese auf umfangreiche Vorarbeiten zurückgreifen konnte. So war ein Teil der 1886 verwirklichten Maßnahmen bereits in den siebziger Jahren in den Kommissionen Ignat'evs und Valuevs beraten worden. Anfang 1882 hatte der Sekretär des Rates für Handel und Manufakturen im Finanzministerium, Robert Orbinskij, ein Reglement konzipiert, das ebenfalls wesentliche Elemente des Gesetzes vom 3. Juni 1886 vorwegnahm und deutlich macht, welche Reformen Anfang der achtziger Jahre im Finanzministerium erwogen wurden.[12] Den größten Einfluß hatten schließlich die Regelwerke, die 1884 von zwei Kommissionen beim Petersburger Stadthauptmann und beim Moskauer Oberpolizeimeister unter Beteiligung führender Industrieller und wissenschaftlicher Experten erarbeitet worden waren und von der Plehwe-Kommission zur Grundlage ihrer Beratungen genommen wurden.[13]

Es stellt sich also die Frage, inwieweit die von der Plehwe-Kommission erarbeiteten und später in das Gesetz vom 3. Juni 1886 übernommenen Regeln inhaltlich ausschließlich eine Reaktion auf die Unruhen von 1884 und 1885 darstellten, oder ob diese Unruhen nicht vielmehr nur den letzten Anstoß lieferten, lange diskutierte und im Grunde längst entscheidungsreife Reformen endlich in ein Gesetz umzusetzen, das auch von seiner ganzen Konzeption her weit über die reine Sicherung der öffentlichen Ordnung hinauswies. Diese Frage gilt es im folgenden anhand einer Untersuchung der langfristigen Tendenzen russischer Fabrikgesetzgebung zu klären.

2. Anfänge eines Lohnarbeitsrechts unter Nikolaus I.

Bereits die ersten Ansätze, die aufkommende industrielle Lohnarbeit gesetzlich zu regulieren, waren gekennzeichnet von der Spannung zwischen dem Bestreben, die öffentliche Ordnung im Reich durch den Aufbau fester Rechtsgrundlagen zu sichern und zugleich dieses Recht aus einem übersteigerten

---

[12] RGIA f. 20 op. 4 d. 4892 ll. 1-24. Der Entwurf selbst ist nicht datiert, bezieht sich aber auf die laufenden Beratungen des Gesetzes über die Kinderarbeit, welches im Dezember 1881 in den Reichsrat eingebracht wurde.

[13] In Moskau tagte bereits seit 1878 eine Kommission beim Generalgouverneur unter Vorsitz M. A. Sablins, welche ausführlich die westeuropäische Gesetzgebung studiert hatte, bevor sie ein eigenes Regelwerk erarbeitete. Dieses diente einer 1884 eingerichteten Kommission beim Moskauer Oberpolizeimeister als Anknüpfungspunkt für eine eigene Verordnung, die am 26. 2. 1885 in Kraft trat und in weiten Teilen dem Petersburger Projekt ähnelte: Janžul, Iz vospominanij, S. 9-11. Zur Gründung der Petersburger Kommission und zu ihren Reformvorschlägen siehe RGIA f. 1405 op. 70 1872 g. d. 7290. Zum direkten Rückgriff der Plehwe-Kommission auf die von beiden Kommissionen ausgearbeiteten Regelwerke: Ebenda ll. 274-278; Janžul, Iz vospominanij, S. 67 und S. 72.

Sicherheitsbedürfnis der Autokratie heraus nicht zum Schutz des Individuums, sondern als Instrument umfassender sozialer Kontrolle zu benutzen.[14] Vor allem der Aspekt politischer Stabilisierung ist von der Forschung immer wieder hervorgehoben worden.[15] So sah sich die zarische Regierung seit der Mitte der dreißiger Jahre erstmals im eigenen Lande mit Anzeichen der Entstehung eines Fabrikproletariats konfrontiert, wie es bislang nur aus Westeuropa bekannt war. Zwar gab es innerhalb der Regierung starke Kräfte vor allem um den langjährigen Finanzminister Kankrin, der die Auffassung vertrat, daß die russische Fabrikarbeiterschaft nur äußerlich dem europäischen Industrieproletariat gleiche, wegen ihrer engen Bindung an das Dorf aber keinerlei Gefahr für die innere Stabilität des Reiches darstelle. Ihnen stand jedoch eine Gruppe von „Pessimisten" um den Innenminister und späteren Moskauer Militärgouverneur Zakrevskij gegenüber, die ähnlich wie Zar Nikolaus selbst vor allem seit den europäischen Revolutionen von 1848 in der Entstehung der Arbeiterschaft eine ernste Gefahr für die innere Stabilität Rußlands sahen. Zwar stellten Arbeiterunruhen, wie sie seit dem Beginn des Jahrhunderts vereinzelt auch in Rußland beobachtet werden konnten, zu keinem Zeitpunkt eine ernsthafte Bedrohung der öffentlichen Ordnung im Reiche dar. Angesichts des hohen Stellenwerts, den Ruhe und Ordnung im politischen Denken Nikolaus' I. besaßen, lassen sich die unter seiner Herrschaft verabschiedeten Fabrikgesetze jedoch durchaus als Versuch verstehen, „den Charakter der Entwicklung der städtischen Arbeiterschaft durch institutionelle und gesetzgeberische Maßnahmen zu kontrollieren".[16]

So suchte die russische Regierung bereits in einem vergleichsweise frühen Stadium industrieller Entwicklung nach Wegen, potentielle Konfliktfelder innerhalb der Fabriken zu entschärfen. Wichtigstes Instrument staatlicher Gewalt war dabei auch in Rußland nicht der willkürliche polizeiliche Eingriff in fabrikinterne Verhältnisse, sondern eine allmähliche Verrechtlichung der Beziehungen zwischen Fabrikbesitzern und Arbeitern, die zuerst an der Sicherung des Vertrages einsetzte und darüber hinaus allmählich diejenigen Bereiche gesetzlicher Regelung unterwarf, die von den Vereinbarungen zwischen Arbeitern und

---

[14] Zum Problem des Rechtsbewußtseins in der Ära Nikolaus' I. siehe grundlegend Wortman, R.: The Development of a Russian Legal Consciousness, Chicago 1976

[15] Zur Frühphase der russischen Fabrikgesetzgebung unter Nikolaus I. siehe Zelnik, R.: Labor and Society in Tsarist Russia. The Factory Workers of St. Petersburg 1855-1870, Stanford 1971, S. 21-43; Rybakov, Ju. Ja.: Promyšlennoe zakonodatel'stvo Rossii pervoj poloviny XIX veka (istočnikovedčeskie očerki), Moskau 1986; Kinjapina, N. S.: Politika russkogo samoderžavija v oblasti promyšlennosti 20-50e gody XIX v., Moskau 1968, S.376-431; Pintner, W.: Russian Economic Policy under Nicholas I, Ithaca 1967, S. 91-111 und S. 232-237; Kazancev, B. N.: Istočniki po razrabotke zakonov o naemnom promyšlennom trude v krepostnoj Rossii (30-e – načalo 60-ch godov XIX v.), in: Problemy istočnikovedenija 11(1963), S. 80-112.

[16] Zelnik, Labor and Society, S. 42.

Fabrikbesitzern nicht erfaßt wurden. Das zarische Rußland stellte in dieser Hinsicht unter den europäischen Ländern in der Frühphase der Industrialisierung nur insofern einen Sonderfall dar, als noch bis 1861, wenn auch mit deutlich abnehmender Tendenz, in Bergwerken und Possessionsfabriken überwiegend zugeschriebene leibeigene Bauern arbeiteten, die keiner vertraglichen Regelung unterlagen.[17]

Daneben existierte jedoch schon seit dem achtzehnten Jahrhundert eine rasch wachsende Schicht von persönlich freien Lohnarbeitern sowie Leibeigenen fremder Gutsherren, welche von diesen die Erlaubnis erwirkt hatten, sich für eine bestimmte Frist in einer Fabrik zu verdingen. Als die Leibeigenschaft 1861 aufgehoben wurde, machten freie Lohnarbeiter bereits über achtzig Prozent der gesamten Arbeiterschaft aus.[18] Das Arbeitsverhältnis zwischen den Fabrikbesitzern und diesen Lohnarbeitern oder ihren Gutsherren war in einem privatrechtlichen Vertrag begründet, der nur den allgemeinen Bestimmungen des Zivilrechts unterlag. Es ist bezeichnend für die Orientierung der russischen Fabrikgesetzgebung an der Vertragsfreiheit, daß das erste Gesetz, welches in Rußland die freie Lohnarbeit betraf, eine Verordnung des Ministerkomitees vom 16. Juni 1825 war, welche es Gutsbesitzern verbot, für ihre Leibeigenen in fremden Fabriken selbst einen Lohnvertrag abzuschließen. Ausgangspunkt aller Fabrikgesetzgebung war somit der Schutz der Vertragsfreiheit zwischen Arbeiter und Fabrikbesitzer, nicht deren Beschränkung.[19] Diese zivilrechtliche Vertragsfreiheit stellte in den Augen vieler am westeuropäischen Recht geschulter Regierungsbeamter ein hohes Gut dar. Die Schwelle, in ein privates Rechtsverhältnis einzugreifen, lag vor allem im Finanzministerium bis zum Ende des Alten Regimes auch in Rußland sehr hoch.

In der Regel umfaßte der Arbeitsvertrag allerdings nur die wichtigsten Elemente des Arbeitsverhältnisses, nämlich die Art der Tätigkeit, die Höhe des Lohnes und die Dauer der Anstellung. Alle übrigen Bereiche des Arbeitslebens wie Arbeitszeiten, Pausenregelungen, Lohnzahlungsfristen, Fabrikstrafen usw. wurden dagegen einseitig vom Fabrikbesitzer vorgegeben und unterlagen weder der Mitsprache durch die Arbeiter noch einer irgendwie gearteten äußeren Kontrolle. Damit soll allerdings nicht gesagt sein, daß die russische Fabrik zu Beginn des neunzehnten Jahrhunderts einen rechtsfreien Raum darstellte. Der gegenseitige Umgang zwischen Fabrikanten und Arbeitern wurde vielmehr

---

[17] Zu den Possessionsfabriken siehe immer noch grundlegend: Tugan-Baranowsky, M.: Geschichte der russischen Fabrik, Berlin 1900, S. 120-195; Zelnik, R.: The Peasant and the Factory, in: Vucinich, W. (Hg.), The Peasant in Nineteenth Century Russia, Stanford 1968, S. 158-190.

[18] Zelnik, Labor and Society, S. 19.

[19] PSZ 1, Bd 40, Nr. 30385; Rybakov, Promyšlennoe zakonodatel'stvo, S. 32-33. In der Praxis zeigte dieses Gesetz bis zur Abschaffung der Leibeigenschaft jedoch nur beschränkte Wirkung: Zelnik, Labor and Society, S. 36.

von einer Vielzahl ungeschriebener, inhaltlich allenfalls vage definierter sozialer Normen geregelt, welche tief in den Traditionen der Leibeigenschaft und eines religiös geprägten Patriarchalismus verwurzelt waren.

Auch wenn Nikolaus I. sowie einige seiner führenden Minister die allmähliche Entwicklung eines städtischen Industrieproletariats auch in Rußland mit einer gewissen Sorge betrachteten, spielten Überlegungen, wie dieser Prozeß verhindert oder zumindest kanalisiert werden könnte, bis 1848 keine maßgebliche Rolle in der russischen Innenpolitik. Daß dennoch allmählich ein Rückgriff auf staatliche Obrigkeit als eine Quelle der die Verhältnisse in den Fabriken regulierenden Normen einsetzte, läßt sich aus verschiedenen Ursachen erklären. Zum einen war die aufkommende industrielle Lohnarbeit mit zunehmender Größe der Fabriken durch ein zunehmend unpersönliches und zeitlich befristetes Verhältnis zwischen Fabrikbesitzer und Arbeiter gekennzeichnet. Hinzu kommt, daß die Konzentration einer großen Anzahl von Menschen auf engstem Raum sowie ein von der Mechanisierung in der Fabrik vorgegebener Arbeitsrhythmus den Arbeitern eine hohe und gerade für Neuankömmlinge ungewohnte Disziplin abforderten. Hier entstanden Konflikte, die sich auch auf dem Weg traditionaler Fürsorge eines idealtypisch patriarchalischen Fabrikherren nicht ohne weiteres lösen ließen, zumal mit dem Aufkommen neuer Unternehmerschichten mit bäuerlichem und handwerklichem Hintergrund die Tradition patriarchalischer Fürsorglichkeit deutlich hinter einen autoritär-disziplinarischen Führungsstil zurücktrat.[20]

Um solche fabrikinternen Konflikte zu lösen, blieb sowohl den Arbeitern wie den Fabrikbesitzern als *ultima ratio* oft nur der Rückgriff auf die staatliche Obrigkeit als einzige Instanz, welche die Mittel besaß, Ruhe und Ordnung zu gewährleisten sowie die Einhaltung des Arbeitsvertrages sicherzustellen. Davon zeugt vor allem eine Vielfalt von Petitionen unzufriedener Arbeiter an staatliche Behörden, in denen sich nicht nur die Verhältnisse in den Fabriken widerspiegelten, sondern auch die Hoffnung der Arbeiter, von staatlicher Seite in ihren Anliegen unterstützt zu werden.[21] Demgegenüber beschweren sich Fabrikbesitzer vorrangig darüber, daß ihre Arbeiter unerlaubt die Fabrik verließen oder von ihren Gutsherren zurückgerufen wurden. Derartige Petitionen schärften nicht nur das Auge der Behörden für Mißstände in den Fabriken, sondern machten auch das Problem deutlich, daß in Ermangelung detaillierter, schriftlicher Arbeitsverträge keine Rechtsgrundlage bestand, aufgrund derer eine gerichtliche Entscheidung überhaupt möglich gewesen wäre. Anstatt also im Einzelfall gegen offensichtliche Mißstände vorzugehen, bemühte sich die

---

[20] Rimlinger, Autocracy, S. 70.
[21] Eine Fülle solcher Petitionen findet sich in der von A. Pankratova herausgegebenen Quellenedition: Rabočee dviženie v Rossii v XIX veke, Bd. 1, Moskau 1955.

Regierung vielmehr darum, das Arbeitsverhältnis einer rechtlichen Überprüfung im Konfliktfall zugänglich zu machen.

Ausgangspunkt einer solchen Regulierung des Lohnvertrags in Rußland war ein Gesetz vom 24. Mai 1835. Dieses Gesetz, das auf eine Initiative des Moskauer Generalgouverneurs D. V. Golicyn zurückging, legte erstmalig fest, daß die Fabrikbesitzer besondere Verzeichnisse über ausbezahlte Löhne führen und an deutlich sichtbarer Stelle eine Fabrikordnung aushängen sollten. Ursprünglich hatte Golicyn sogar angeregt, einen schriftlichen Arbeitsvertrag in Form eines Abrechnungsblattes zu verlangen, welches dem Arbeiter auszuhändigen sei. Dieser Vorschlag wurde aufgrund eines Einspruchs der im Manufakturrat vertretenen Fabrikanten abgeschwächt, denn diese wiesen zu Recht darauf hin, daß eine solche Bestimmung in kleineren Betrieben, in denen oft nicht einmal der Besitzer, geschweige denn die Arbeiter lesen und schreiben könnten, nahezu undurchführbar sei. Außerdem wurden die Möglichkeiten, den Arbeitsvertrag vorzeitig aufzulösen, gesetzlich eingeengt. Den Arbeitern wurde ein Abzug von der Fabrik vor Vertragsablauf ebenso verboten, wie Gutsbesitzer fortan ihre in fremden Fabriken beschäftigten Leibeigenen nicht mehr vorzeitig zurückrufen durften. Parallel dazu wurde das Kündigungsrecht der Fabrikbesitzer auf den Fall beschränkt, daß der Arbeiter seine Aufgaben nicht erfüllte oder sich ungebührend betrug. Selbst dann sollte jedoch eine Kündigungsfrist von mindestens zwei Wochen beachtet werden müssen.[22]

Wenn man dieses Gesetz allein vom Standpunkt der widerstreitenden Interessen von Arbeitern und Fabrikbesitzern aus betrachtet, so ist Tugan-Baranovskijs Urteil, „dass die Interessen der Fabrikanten darin ein entschiedenes Uebergewicht gewannen", sicherlich berechtigt.[23] Eine solche Betrachtungsweise verführt jedoch dazu, spätere Maßstäbe eines umfassenden Arbeiterschutzes anzulegen und dabei die Tendenz der Verrechtlichung des Arbeitsvertrags zu übersehen, die in diesem Gesetz erstmals zum Ausdruck kam.[24] Denn dessen Bestimmungen richteten sich primär darauf, den in freier Übereinkunft abgeschlossenen Arbeitsvertrag überhaupt erst zum eigentlichen Maßstab des Arbeitsverhältnisses werden zu lassen, ihn klar von der Bindung des bäuerlichen Arbeiters an seinen Gutsherren zu scheiden und schließlich zu gewährleisten, daß er auch von beiden Seiten eingehalten würde. Der Vorrang, welcher der Verrechtlichung des Arbeitsverhältnisses gegenüber einer inhaltlichen Regulierung

---

[22] PSZ 2 Bd. X Nr. 8157; Zelnik, Labor and Society, S. 31-34 (mit weiterführenden Literaturhinweisen).
[23] Tugan-Baranowsky, Geschichte der russischen Fabrik, S. 202.
[24] In Baden beispielsweise wurden schriftliche Fabrikordnungen erst mit dem Gewerbegesetz vom 20. September 1862 verpflichtend: Bocks, W.: Die badische Fabrikinspektion. Arbeiterschutz, Arbeiterverhältnisse und Arbeiterbewegung in Baden 1879-1914, Freiburg, München 1978, S. 5.

eingeräumt wurde, zeigte sich schließlich auch darin, daß Golicyns ursprünglicher Vorschlag umfassender polizeilicher Eingriffsmöglichkeiten verworfen wurde.²⁵

Über ein Minimum an Rechtssicherheit hinaus, welche das Gesetz von 1835 gewährleisten sollte, begründeten seine Bestimmungen zum Kündigungsschutz jedoch zugleich eine dauerhafte Tradition gesetzlich festgeschriebener Ungleichberechtigung der Arbeiter. Ihnen wurde das Recht verweigert, von sich aus den Lohnvertrag, und sei es unter Einhaltung bestimmter Fristen, vorzeitig zu kündigen, während dies den Fabrikbesitzern zumindest in eingeschränkter Form erlaubt blieb. Diese für die Dauer des Vertrages unauflösliche Bindung des Arbeiters an die Fabrik wurzelte zum einen in der Tradition der Leibeigenschaft, indem das Verlassen der Fabrik nicht nur als Vertragsbruch, sondern wie die Flucht eines leibeigenen Bauern von seinem Gutsherren betrachtet wurde. Zum anderen war die unbedingte Verpflichtung des Arbeiters, den einmal eingegangenen Vertrag auch einzuhalten, eine Konsequenz aus dem Bestreben, diesen zur unumstößlichen Rechtsgrundlage der Beziehungen zwischen Fabrikbesitzer und Arbeiter zu machen, wobei allein dem Fabrikbesitzer die Kündigung als letztes Mittel einer Disziplinierung seiner Arbeiter vorbehalten blieb. Schließlich entsprach das ungleiche Kündigungsrecht dem Interesse der Industriellen, sich ein festes Arbeitskräftepotential zu sichern. Dieser Eindruck wurde noch dadurch verstärkt, daß führende Industrielle maßgeblich an den Gesetzesberatungen beteiligt gewesen waren. Daß eine Verrechtlichung des Arbeitsverhältnisses nicht zwangsläufig die Gleichberechtigung der Vertragspartner nach sich zog, sollte auch in den folgenden Jahrzehnten immer wieder deutlich werden.

Diese Überlagerung einer Verrechtlichung des Arbeitsverhältnisses durch die Disziplinierung der Arbeiter wurde in den letzten Jahren der Herrschaft Nikolaus' I. immer deutlicher. So konnte sich der Moskauer Generalgouverneur Fürst Ščerbatov 1847 mit seinem erneuten Vorschlag nicht durchsetzen, von Fabrikbesitzern die Führung eines schriftlichen Arbeitsvertrags zu verlangen, der auch den Arbeitern in Form eines Abrechnungsblattes ausgehändigt werden sollte.²⁶ Dagegen einigte sich die Regierung bereits 1849 darauf, die von dem neuen Moskauer Militärgouverneur Zakrevskij vorgeschlagenen Abrechnungshefte *(rasčetnaja tetrad', rasčetnaja knižka)* probehalber für drei Jahre in Moskau und St. Petersburg einzuführen. Zakrevskijs Vorschlag verwandelte

---

[25] Um die Fabrikanten zu schriftlichen Verträgen zu zwingen und in der Annahme, daß die Mehrzahl von Arbeiterbeschwerden auf eine „Ungerechtigkeit von seiten der Fabrikherren" zurückginge, hatte Golicyn vorgeschlagen, daß die Polizeibehörden bei Beschwerden zukünftig immer dann den Arbeitern Recht geben sollten, wenn kein schriftlicher Vertrag vorlag: Kinjapina, Politika, S. 395-396.
[26] Tugan-Baranowsky, Geschichte der russischen Fabrik, S. 209

den schriftlichen Arbeitsvertrag in ein Instrument strengster Disziplinierung, indem er ein für alle Fabriken einheitliches Reglement vorsah, welches deren innere Ordnung bis in einzelne Details polizeilich zu regeln suchte. Arbeiter sollten zum regelmäßigen Kirchgang gezwungen werden, der Gebrauch von Schimpfwörtern wurde unter Strafe gestellt, die Fabrikquartiere sollten abends nicht verlassen werden dürfen, und die Fabrikanten sollten ihren Arbeitern regelmäßig frische Nahrung zur Verfügung stellen. Die bisherige Tendenz, eine solide rechtliche Grundlage für den Arbeitsvertrag zu schaffen, wurde somit um ein starkes Element polizeilicher Reglementierung und Kontrolle des Fabrikalltags ergänzt. Diese Entwicklung ist zwar für die späte Regierungszeit Nikolaus' I., die „dunklen sieben Jahre" (*mračnoe semiletie*), charakteristisch, konnte sich jedoch auf die Dauer nicht durchsetzen. Mit dem Ausbruch des Krimkrieges wurde 1854 die weitere Beratung der Projekte Zakrevskijs zuerst aufgeschoben und schließlich ganz fallengelassen. Einige Bestimmungen wurden allerdings bis in die achtziger Jahre hinein in Moskauer Fabriken angewandt.[27]

Konsequent zu Ende gedacht hätte die Politik Nikolaus' I., den Konflikten innerhalb der industriellen Arbeitswelt durch eine Verrechtlichung des Lohnarbeitsverhältnisses zu begegnen, dazu führen müssen, die Forderung nach einer schriftlichen Festlegung der Arbeitsbedingungen, sei es nun in einer Fabrikordnung, einer Lohnliste oder einem Arbeitsbuch, um die Einrichtung von Institutionen zu ergänzen, welche auf dieser Basis eine Schlichtung vornehmen konnten. So wurden seit den dreißiger Jahren Vorschläge für die Einrichtung von Gewerbegerichten (*manufakturnye raspravy*) in Regierungskreisen beraten. 1845 regte der Moskauer Gouverneur Kapnist sogar an, gewählte Arbeitervertreter als Schlichter (*posredniki*) zuzulassen. Alle diese Überlegungen wurden zwar mit dem Ausbruch der Revolutionen in Westeuropa im Frühjahr 1848 vorläufig begraben. Dennoch zeigte sich, daß die wichtigsten Elemente eines Arbeitsrechts, welches auf der Vorstellung freier, nur durch Vertragsbeziehungen gebundener Individuen beruhte, bereits in der ersten Hälfte des neunzehnten Jahrhunderts konstruktiv diskutiert und in Teilen auch verwirklicht wurden, wenn auch mit nur mäßigem Erfolg. Hier sollten die Reformer der sechziger Jahre wieder anknüpfen können.

Indem die Regierung darüber hinaus begann, sich zumindest oberflächlich auch gestaltend in die Lebens- und Arbeitsbedingungen in den Fabriken einzumischen, erkannte sie zudem implizit an, daß die Freiwilligkeit der Vertragsabschlüsse aufgrund der extrem unterschiedlichen Machtverhältnisse zwischen Fabrikbesitzern und Arbeitern eine Fiktion darstellte und die Arbeiter deshalb

---

[27] Zelnik, Labor and Society, S. 39-40; Tugan-Baranowsky, Geschichte der russischen Fabrik, S. 214-217; Trudy kommissii, učreždennoj dlja peresmotra ustavov fabričnago i remeslennago, Bd. 2: Materialy, St. Petersburg 1863, S. 179-245.

eines besonderen Schutzes bedurften. Bereits 1835 beauftragte Finanzminister Kankrin in einer Denkschrift die Moskauer Abteilung des Manufakturrates damit, Regeln zu erarbeiten, mit denen die Arbeitsbedingungen in den Fabriken zu verbessern wären. Die Industriellen sollten eigene Vorschläge machen: wie beispielsweise die Qualität der oft äußerst stickigen Atemluft in Fabrikgebäuden zu verbessern sei, wie separate Schlafräume für Fabrikarbeiter einzurichten wären, wie der exzessive Genuß von Alkohol vermindert werden könnte, kurz: wie die moralische Entwicklung von Arbeitern und Arbeiterkindern zu fördern wäre.[28] Derartige Vorschläge stellten einen ersten, wenn auch wenig konsequent verfolgten Ansatz der zarischen Regierung dar, die internen Verhältnisse in den Fabriken so zu regulieren, daß die Arbeiter zumindest vor den schlimmsten Exzessen unternehmerischer Willkür geschützt würden. Alle diese Maßnahmen waren zugleich von dem Bemühen vor allem des Finanzministeriums gekennzeichnet, eine Verbesserung der Lebensverhältnisse in den Fabriken möglichst im Einvernehmen mit den Spitzen der Industrie zu erzielen.

Parallel zu dem Bemühen, die rechtliche wie die materielle Lage der Arbeiter zu verbessern, wurden jedoch seit dem Ende der vierziger Jahre des neunzehnten Jahrhunderts auch die Grundlagen für eine Strategie massiver Repressionen gelegt, welche das Bild der Regierungszeit Nikolaus' I. verdunkelte und weit über seinen Tod hinaus Abscheu erregte. Dazu zählten vor allem polizeiliche Maßnahmen gegen „entlaufene" Arbeiter, aber auch die strafrechtliche Sanktion jeglicher Form von Streiks. 1845, mit der Veröffentlichung des neuen Strafgesetzbuches, wurde jeglicher kollektiver Ungehorsam von Arbeitern als Akt der Rebellion gegen die Autorität der Regierung ebenso unter Strafe gestellt wie der Versuch, durch Arbeitsniederlegung höhere Löhne zu erreichen (Art. 1791 und 1792).[29] Auch wenn diese Gesetze vor 1870 nicht zur Anwendung kamen, wurde mit dieser Verbindung von Elementen der Verrechtlichung, Disziplinierung, staatlicher Arbeiterschutzmaßnahmen und strafrechtlicher Repression in der Ära Nikolaus' I. bereits der Keim gelegt für die gesamte spätere Entwicklung des russischen Arbeitsrechts.

3. Der repressive Rechtsstaat: Rechtfertigungen staatlicher Regulierung des Lohnvertrags

Die Spannung zwischen den Tendenzen einer Verrechtlichung des Arbeitsverhältnisses und dem autoritär regulierenden Eingriff des Staates, wie sie

---

[28] Tugan-Baranowsky, Geschichte der russischen Fabrik, S. 203-206. Zelnik, Labor and Society, S. 34-35. Siehe oben Kapitel III.
[29] Uloženie o nakazanij ugolovnych i ispravitel'nych: PSZ 2 Bd. XX Nr. 19283; Poljanskij, N. N.: Stački rabočich i ugolovnyj zakon, St. Petersburg 1907, S. 363-365. Zu den Ursprüngen des Streikverbots siehe ausführlich Kapitel VIII.

bereits in der Epoche Nikolaus' I. aufscheint, prägte auch die Beratungen der Kommissionen, die sich zwischen 1860 und 1886 mit der Regulierung des Lohnvertrags beschäftigten und die schließlich in das Gesetz vom 3. Juni 1886 mündeten. Im Geist der Reformära unter Alexander II. gewannen dabei zunächst diejenigen Überlegungen die Oberhand, die auf eine umfassende Modernisierung des Rechtsverhältnisses zwischen Arbeiter und Fabrikbesitzer gerichtet waren. So zielte das neue Industriestatut, das zwischen 1860 und 1865 von einer Kommission unter Vorsitz des Grafen Stackelberg entworfen wurde, vor allem darauf ab, „der Initiative aufgeklärter Personen aus der Mitte des industriellen Standes (*promyšlennoe soslovie*) und dem unternehmerischen Geist des Volkes möglichst breiten Raum zu geben."[30] Dafür war es nach Ansicht der Kommission erforderlich, die Rechtssphären von Arbeitern und Unternehmern präzise zu definieren. Eine solche Verrechtlichung des Arbeitsverhältnisses käme vor allem den Arbeitern zugute, ohne daß dadurch die legitimen Interessen der Fabrikbesitzer verletzt würden:

> „Das ist keine Einmischung in private Interessen oder die Verletzung selbständiger Persönlichkeitsrechte der einen oder der anderen Seite; das ist nur der Versuch, einer Verletzung der Ordnung und des gegenseitigen Vertrauens zwischen beiden Seiten vorzubeugen, ein Versuch, die Rechte beider Seiten, und besonders die Arbeit des Arbeiters vor der Unterdrückung durch den Kapitalisten zu schützen."[31]

Die Überzeugung, dem Staat komme bei der Gestaltung fabrikinterner Beziehungen nur eine beschränkte Rolle zu, setzte sich im Ansatz auch in der Ignat'ev-Kommission von 1870/71 noch einmal durch. Diese hob deutlich hervor, daß es nicht die Aufgabe des Staates sei, den Inhalt des Arbeitsvertrags zu beeinflussen, sondern allein, die Grenzen aufzuzeigen, die von keiner Seite überschritten werden dürften.[32]

Aufbauend auf diesen frühen Reformüberlegungen wurde in den siebziger Jahren vor allem im Innenministerium die Überzeugung weiterentwickelt, die Regierung müsse gestaltend in die internen Verhältnisse in den Fabriken eingreifen, um die Arbeiter vor Willkürakten der Fabrikanten zu schützen, ohne daß sich das Innenressort vorläufig allerdings mit dieser Auffassung innerhalb der Regierung durchsetzen konnte.[33] Erst mit dem Morozov-Streik sowie den vorangegangenen Unruhen in zwei weiteren Fabriken wurde die Notwendigkeit

---

[30] Trudy kommissii, učreždennoj dlja peresmotra ustavov fabričnago i remeslennago, Bd. 1, S. 148-149.
[31] Ebenda, S. 287.
[32] RGIA f. 20 op. 2 d. 1802 l. 44.
[33] Siehe ein Schreiben des Innenministeriums an das Finanzministerium vom 19. 4. 1878 anläßlich der Unruhen in der Novaja Baumwollspinnerei und -weberei: RGIA f. 1405 op. 70 d. 7290 ll. 85-87.

Der repressive Rechtsstaat 189

offenkundig, diejenigen Bereiche des Arbeitsverhältnisses gesetzlich zu regeln, die vom Arbeitsvertrag nicht erfaßt wurden, um einer willkürlichen Ausbeutung der Arbeiter einen Riegel vorzuschieben.[34] So begründete Innenminister Tolstoj im Februar 1885 die Einberufung der Plehwe-Kommission mit folgenden Worten:

„Genannte Streiks, die die Ausmaße ernster Unruhen anzunehmen drohten, wurden hauptsächlich durch das Fehlen allgemeiner Bestimmungen in unserer Gesetzgebung verursacht, auf deren Grundlage die gegenseitigen Beziehungen zwischen Fabrikanten und Arbeitern bestimmt werden könnten. Eine solche Lücke in der Gesetzgebung, die unterschiedliche Verhältnisse in den Fabriken hervorruft, öffnet willkürlichen, zum Nachteil der Arbeiter neigenden Anordnungen der Fabrikanten weiten Raum und versetzt erstere in eine extrem schwierige Lage. [...] Die Gesamtheit aller dargelegten und vieler anderer Gründe zieht, wie die Erfahrung der jüngsten Ereignisse gezeigt hat, die Entstehung von Unruhen nach sich, und die Notwendigkeit, zu ihrer Beendigung auf die Hilfe der Armee zurückzugreifen, zeugt meiner Meinung nach in ausreichendem Maße von der Dringlichkeit, bereits jetzt zur Zusammenstellung solcher Normalregeln in Weiterentwicklung der gültigen Fabrikgesetzgebung zu schreiten, welche, indem sie in bestimmtem Maße die Willkür der Fabrikanten einschränkt, zur Vorbeugung gegen eine zukünftige Wiederholung der betrüblichen Ereignisse beiträgt, wie sie sich in den Gouvernements Moskau und Vladimir zugetragen haben."[35]

Diese Argumentation zeigt, wie sehr der Morozov-Streik den Mangel an wirksamen Arbeitsrechtsbestimmungen bewußt gemacht hatte. Unter dem Eindruck der Arbeiterunruhen wurde aber auch die bisherige, an liberalen Rechtsprinzipien orientierte Formulierung eines modernen Lohnarbeitsrechts von der Vorstellung überlagert, eine staatliche Regulierung des Lohnverhältnisses müsse vor allem dem Zweck dienen, die Ursachen solcher Unruhen zu vermeiden.

Das Instrument staatlicher Regulierung blieb jedoch nach wie vor dasselbe: die Verrechtlichung der Verhältnisse in den Fabriken. So betonten Finanz- und Justizministerium in ihren Stellungnahmen, daß es vor allem darum gehe, beide Seiten zur Einhaltung ihrer vertraglichen Pflichten zu zwingen:

„Die Bestimmungen des Projektes schützen die Arbeiter industrieller Einrichtungen vor möglicher Willkür und Unterdrückung von seiten der Unternehmer, sichern aber letztere auch durch eine Reihe von Strafmaßnahmen vor Fällen leichtfertiger oder auch böswilliger Einstellung des Arbeiters gegenüber den Pflichten, die er selbst auf sich genommen hat."[36]

---

[34] In den Voznesenskaja und Izmajlovskaja Baumwollspinnereien D. S. Lepeškins und Gills, beide in der Umgebung von Moskau. Auch diese Streiks konnten erst durch einen unblutigen Einsatz der Armee beendet werden: Iz istorii fabrik i zavodov Moskvy i Moskovskoj gubernii (konec XVIII-načalo XX v.). Obzor dokumentov, Moskau 1968, S. 126-127; Vestnik Evropy, Februar 1885, S. 900.
[35] Brief Tolstojs an Bunge vom 4. 2. 1885: RGIA f. 20 op. 2 d. 1802 ll. 3-4. Veröffentlicht in KA 91(1938), S. 162-163 und in Pankratova, A. M. (Hg.): Rabočee dviženie, Bd. 3/1, S. 703-704.
[36] RGIA f. 20 op. 2 d. 1802 l. 108.

Auch im Gesetz vom 3. Juni 1886 ging es also vorrangig darum, den Arbeitsvertrag als unerschütterliche Grundlage des Lohnverhältnisses zu schützen. Ließ sich der Anspruch auf eine staatliche Regulierung des Lohnvertrags allerdings noch mit dem Prinzip der Vertragsfreiheit in Einklang bringen? Der größte Mangel des bisherigen Arbeitsrechts bestand nach Ansicht der Plehwe-Kommission darin, daß sich der einzelne Arbeiter, wenn er den Arbeitsvertrag unterzeichnete, gegenüber dem Fabrikbesitzer in einer weitgehend machtlosen Lage befand. Eine der wichtigsten Aufgaben staatlichen Arbeiterschutzes mußte es deshalb sein, dieses Ungleichgewicht soweit auszugleichen, daß es in einzelnen Fragen nicht mehr zu einer Erpressung des Arbeiters durch den Fabrikbesitzer kommen konnte:

> „Daß die Lebensverhältnisse [der Arbeiter] nicht gesichert sind, stellt eine Folge der unvollkommenen Ordnung in Fabriken und Werken allgemein dar, da weder die Interessen der Beschäftigten (*nanimaemye*) noch die Interessen der Beschäftiger (*nanimateli*) in ausreichendem Maße vom Gesetz geschützt werden. [...] Angesichts dieser Lage verdienen aus einer Reihe von Maßnahmen, die man zur Beseitigung der festgestellten Mängel in der Frage des Lohnvertrags in den Fabriken vorschlagen kann, diejenigen besondere Aufmerksamkeit, welche – ohne eine der Vertragsseiten in eine privilegierte Lage zu versetzen – die Aufgabe der Einmischung der Regierung in die wohleingerichtete Ordnung in den Fabriken (*pravitel'stvennoe vmešatel'stvo v delo porjadka i blagoustrojstva na fabrikach*) nicht als Schutz irgendwelcher Interessen definiert, sondern diese mittels einer möglichst genauen Reglementierung derjenigen Beziehungen aufeinander abstimmt (*soglasovanie*), welche in der Praxis häufiger als andere Anlaß zu gegenseitiger Unzufriedenheit gegeben haben."[37]

Vertragsfreiheit und Arbeiterschutz waren aus der Sicht der Plehwe-Kommission ohne weiteres miteinander vereinbar, da sie – wie aus dieser Formulierung deutlich wird – keinen grundlegenden Widerspruch in den gegenseitigen Interessen von Fabrikbesitzern und Arbeitern sah. Vielmehr hielt sie es für möglich, in einzelnen konfliktträchtigen und vertraglich nicht geregelten Bereichen wie den Modalitäten der Lohnauszahlung oder der Verhängung von Fabrikstrafen usw. Regelungen zu finden, die beiden Seiten gerecht würden und die Möglichkeiten willkürlicher Erpressung der Arbeiter durch die Fabrikbesitzer weitestgehend beschränkten. Dagegen wurden die Kernbereiche des Arbeitsvertrags, nämlich die Höhe des Lohnes und die Dauer der Arbeitszeit, von dem vorgelegten Projekt überhaupt nicht berührt. Was nach außen wie eine Einschränkung der Vertragsfreiheit aussah, sollte also eigentlich dazu dienen, dieser in der Praxis zu ihrem Recht zu verhelfen.

---

[37] RGIA f. 20 op. 2 d. 1802 l. 26. Siehe dazu auch den Auszug aus der Begründung des Gesetzes bei Vernadsky, G. (Hg.): A Source Book for Russian History from Early Times to 1917, Bd. 3, New Haven, London 1972, S. 753-754.

Bis zu diesem Punkt unterschied sich das Gesetz vom 3. Juni 1886 also kaum von seinen westeuropäischen Pendants. Die eigentliche Besonderheit des russischen Arbeitsrechts war nicht so sehr ein Anspruch auf staatliche Regulierung einzelner Bereiche des Lohnarbeitsverhältnisses, sondern das strikte und mit scharfen Strafandrohungen bewehrte Verbot, Interessenkonflikte offen auszutragen. Das überragende Interesse des Staates an der Aufrechterhaltung von Ruhe und Ordnung verbot, daß Arbeiter ihrer Unzufriedenheit massiv Ausdruck verliehen. Deshalb wurde der zivilrechtliche Arbeitsvertrag zu einer öffentlichen Angelegenheit erklärt:

> „Es wäre sehr einseitig, den Lohnvertrag in den Fabriken allein als einen privaten Vertrag anzusehen, bei dem es beiden Seiten ermöglicht wird, vor Gericht ihre gegenseitigen Ansprüche vorzutragen, wenn sie sich in irgendeinem Punkt geschädigt sehen. Der Lohnvertrag spiegelt die Beziehungen zwischen Massen von Arbeitern und großen Industrieeinrichtungen wider, d. h. zwischen zwei Seiten, welche beide stark genug sind, um sich nicht nur gegenseitig, sondern auch der öffentlichen Ruhe und Ordnung erheblichen Schaden zuzufügen. Vor der an Kapital und Einfluß reichen Fabrik sind die Arbeiter machtlos, wenn sie den Lohnvertrag abschließen; sie können die Opfer gewinnsüchtiger Willkür werden, wenn das Gesetz, ihr einziger Beschützer, ihnen den Schutz versagt. Aber einmal in der Fabrik versammelt, stellen eben diese Arbeiter eine gefährliche Macht dar, besonders wenn sie Grund haben, wegen schlechter Behandlung Unzufriedenheit zu nähren. Daraus folgt der bereits erwähnte Schluß, daß diejenigen Bestimmungen des Zivilrechts unzureichend sind, welche die Lohnarbeit als privaten Vertrag regeln; Unumgänglich sind Bestimmungen des Strafrechts, welche Handlungen unter Strafe stellen, die als verbrecherisch angesehen werden müssen, weil sie entweder die direkte Quelle von Fabrikunruhen oder deren deutlichen Ausdruck darstellen."[38]

Daß der maßgebliche Impuls zur Verabschiedung eines Lohnarbeitsrechts von schweren Arbeiterunruhen ausging, führte dazu, daß bisherige Modernisierungsüberlegungen in den Dienst der Sicherung von Ruhe und Ordnung gestellt und um ein erhebliches Element staatlicher Regulierung und Repression ergänzt wurden: die Strafandrohung für Streiks wurde verschärft und der Vertragsbruch durch den Arbeiter mit einer Haftstrafe bedroht. Dadurch wurde die bisherige Tendenz zu einer Modernisierung des Arbeitsrechts nach liberalen Grundsätzen bereits in seinem Anspruch massiv durch eine repressive Ausrichtung überlagert, aber nicht völlig verdrängt. Der individuelle Lohnvertrag wurde in seiner Funktion als wichtigster Maßstab des Verhältnisses zwischen Arbeiter und Fabrikbesitzer gestärkt, strafrechtlich geschützt und zugleich in wichtigen Bereichen fabrikinternen Lebens um staatliche Regulierungen ergänzt. Dieses spannungsreiche Verhältnis zwischen Verrechtlichung, Repression und Regulierung gilt es nun anhand der einzelnen Bereiche des Gesetzes vom 3. Juni 1886 im Detail aufzuklären.

---

[38] RGIA f. 20 op. 2 d. 1802 l. 38.

4. Arbeiterschutz durch Rechtssicherheit: Die Verschriftlichung des Lohnvertrags

Mit der Forderung des Gesetzes von 1835, daß alle Industriebetriebe an zentraler Stelle eine Fabrikordnung aushängen sollten, war ein erster Schritt getan worden, die Bestimmungen des Arbeitsvertrags schriftlich festzulegen und im Streitfall einer gerichtlichen Überprüfung zugänglich zu machen. Diese Maßnahme reichte jedoch bei weitem nicht aus, um den Gerichten eine zuverlässige Entscheidungsgrundlage zu liefern, denn über die Fabrikordnung allein konnte weder festgestellt werden, wie die individuellen Vertragsbedingungen aussahen, noch welche Löhne bereits ausbezahlt worden waren.

Im allgemeinen wurden Streitigkeiten in Arbeitsangelegenheiten in einem mündlichen Schlichtungsverfahren (*slovesnyj sud*) verhandelt. Diese Form der Schlichtung stieß jedoch spätestens gegen Ende der fünfziger Jahre an die Grenzen ihrer Leistungsfähigkeit, so daß immer mehr förmliche Gerichtsverfahren in Arbeitsangelegenheiten angestrengt wurden, die eine schriftliche Beweisaufnahme verlangten.[39] So mußte um 1880 ein Fabrikarbeiter in Petersburg in der Regel etwa zwei Monate auf ein Urteil warten, wenn er seinen Arbeitgeber wegen Unregelmäßigkeiten bei der Lohnabrechnung oder wegen sonstiger Vertragsverletzungen verklagte, ohne eindeutige schriftliche Beweise vorlegen zu können. Diesen Zeitraum konnten vor allem die vielen auswärtigen Arbeiter finanziell kaum überbrücken.[40] Obwohl in den zwei Jahrzehnten zwischen 1860 und 1880 sowohl die Alphabetisierung der Bevölkerung als auch die Ausgabe schriftlicher Abrechnungshefte spürbar zugenommen hatten, konnte man nicht darauf hoffen, daß sich das Problem in absehbarer Zeit von selbst lösen würde. Noch im Dezember 1881 mußte der Petersburger Oberpolizeimeister A. A. Kozlov feststellen, daß eine erhebliche Anzahl an Fabriken bewußt keine schriftlichen Verträge ausstellte, da sie den bürokratischen Aufwand durch die eventuellen Vorteile einer gerichtlichen Überprüfbarkeit des Lohnverhältnisses im Streitfall nicht gerechtfertigt sahen und insgesamt wenig Vertrauen in den Rechtsweg hatten.[41]

---

[39] 1881 erhoben allein in St. Petersburg über 3000 Fabrikarbeiter und Handwerksgesellen Klage gegen ihre Arbeitgeber: RGIA f. 1405 op. 70 1872 g. d. 7290 l. 184; RGIA f. 20 op. 2 d. 1802 l. 41. Erst mit der Einführung der Fabrikinspektion nahm die Überbelastung der Friedensrichter mit „Arbeiterklagen" ab: Bykov, A. N.: Fabričnoe zakonodatel'stvo i razvitie ego v Rossii, St. Petersburg 1909, S. 181.

[40] Brief des Vorsitzenden des Petersburger Friedensrichterkongresses Lichačev an das Justizministerium vom 4. 2. 1882: RGIA f. 1405 op. 70 1872 g. d. 7290 ll. 168-173; Brief Justizminister Nabokovs an das Innenministerium vom 16. 8. 1882: Ebenda ll. 236-241.

[41] Brief Kozlovs an das Justizministerium vom 21. 12. 1881: RGIA f. 1405 op. 70 1872 g. d. 7290 ll. 151-154.

Um die Rechtssicherheit der Arbeiter zu verbessern, forderte zu Beginn der sechziger Jahre die Stackelberg-Kommission in ihrem Projekt eines Industriestatuts von den Fabrikanten, ihren Arbeitern auf Wunsch einer der Vertragsparteien ein Abrechnungsheft auszuhändigen. Darin sollten alle Vertragsbedingungen und alle vorgenommenen Zahlungen und Abzüge verzeichnet sein.[42]

An den Reaktionen der Industrie wird deutlich, daß die Verrechtlichung betriebsinterner Verhältnisse bislang nur Teile der Wirtschaft hatte erfassen können. So begrüßten die Moskauer Fabrikanten die Abrechnungshefte als Möglichkeit, ungerechtfertigten Ansprüchen von Arbeitern mit juristischen Mitteln zu begegnen:

> „Es besteht kein Zweifel daran, daß diese Maßnahme von allen Besitzern industrieller Einrichtungen mit besonderer Sympathie begrüßt werden wird. Sie wünschen eine feste Stütze gegen die Arbeiter, da diese oft äußerst fordernd sind."[43]

Dagegen stießen die Abrechnungshefte vor allem bei ländlichen Kleinbetrieben, die über keinen festen Arbeiterstamm verfügten und allenfalls Ansätze einer schriftlicher Buchführung entwickelt hatten, auf heftigen Widerstand. So verwies eine besondere Kommission in Kursk auf das Beispiel einer Wollwäscherei:

> „Wenn man Arbeiter braucht, dann benachrichtigen die Vorarbeiter die örtlichen Bewohner, und wer will, der kommt, arbeitet, erhält eine Abrechnung für die gesamte Zeit, die er gearbeitet hat: der eine für einen Tag, der andere für eine Woche; die einen gehen wieder, andere bleiben, einige kommen auch wieder zurück; es gibt auch welche, die Monate und Jahre lang arbeiten. So arbeiten mehr als 100 Personen am Tag. Was kann man da für Bücher und Aufzeichnungen führen?"[44]

Die Pflicht, ein schriftliches Dokument als Nachweis der Lohnvertragsbedingungen zu führen, mußte in solchen Betrieben, wo oft weder der Arbeiter noch der Besitzer selbst über ausreichende Schreib- und Lesekenntnisse verfügten, für lange Zeit auf erhebliche Probleme stoßen. Allerdings war zu erhoffen, daß eine staatliche Pflicht zur Führung von Abrechnungsheften der Verbreitung von Schriftlichkeit und damit der Verrechtlichung betriebsinterner Verhältnisse erheblichen Schub verleihen würde.

Die Stackelberg-Kommission verzichtete schließlich darauf, eine Pflicht zur Führung von Abrechnungsheften in ihren Entwurf aufzunehmen. Aber auch in den folgenden Jahren spielte die Frage immer wieder eine wichtige Rolle,

---

[42] Trudy kommissii, učreždennoj dlja peresmotra ustavov fabričnago i remeslennago, Bd. 1, S. 286-299; Bd. 2, S. 23-27.
[43] Trudy kommissii, Bd. 3, S. 25.
[44] Ebenda, S. 29. Wer in dieser Kursker Kommission saß, geht aus den Quellen nicht hervor.

inwieweit die Ausstellung schriftlicher Vertragsnachweise reichsweit überhaupt möglich sei. In seinem 1882 für das Finanzministerium entworfenen Projekt forderte Orbinskij nur, daß beim Abschluß mündlicher Verträge dem Arbeiter ein Exemplar der Fabrikordnung auszuhändigen sei.[45] Auch der Reichsrat mochte 1886 dem Vorschlag der Plehwe-Kommission nicht folgen, die Ausstellung von Abrechnungsheften allgemein verbindlich vorzuschreiben, sondern beschränkte diese Pflicht auf die wichtigsten industriellen Gouvernements.[46] Mit diesen Abrechnungsheften, in denen Vertragsdauer, Lohnhöhe, eventuelle Abzüge, ausbezahlte Löhne und verhängte Strafen verzeichnet sein mußten, wurde der Mehrzahl der Arbeiter endlich ein schriftliches Dokument in die Hand gegeben, das jederzeit als Nachweis der wichtigsten Vertragsbedingungen sowie seiner finanziellen Ansprüche an die Fabrik dienen konnte. Darüber hinaus mußten alle weiteren Arbeitsbedingungen wie Arbeitsbeginn und Arbeitsende, Feiertage, Pausen, Sicherheitsvorschriften, Strafandrohungen usw. in einer vom Fabrikinspektor zu beglaubigenden Fabrikordnung ausgehängt werden. Von nun an waren also nahezu alle wichtigen Bereiche des Verhältnisses zwischen Arbeiter und Fabrikdirektion schriftlich erfaßt.[47]

Von den am Gesetzgebungsprozeß beteiligten Industriellen wurde die Pflicht zur Ausgabe von Abrechnungsheften allgemein begrüßt, wobei vor allem N. A. Alekseev sich als Befürworter einer möglichst weitgehenden Verrechtlichung der Beziehungen zwischen Arbeitern und Fabriken auszeichnete.[48] In Detailfragen kam es hingegen durchaus zu Meinungsverschiedenheiten mit der Regierung wie innerhalb der Industrie selbst. Dabei trug die Regierung allerdings nur solchen Einwänden Rechnung, die den mit der Ausstellung dieser Hefte verbundenen bürokratischen Aufwand verminderten, ohne den Rechtsschutz der Arbeiter wesentlich abzuschwächen. So setzte sich die Mehrheit der Industriellen mit dem Argument durch, daß es sinnvoll wäre, nur ein Abrechnungsheft pro Arbeiter zu führen, und ihm während der Zeit, in der sich dieses zu Eintragungen im Kontor befand, allenfalls eine Pfandmarke

---

[45] RGIA, f. 20 op. 4 d. 4892 ll. 21-22.
[46] PSZ 3, Bd. VI, Nr. 3769, Pravila, Art. 7 v), Art. 21 und Art. 29; RGIA f. 20 op. 2 d. 1802 l. 31; RGIA f. 1152 op. X 1889 g. d. 211 l. 101.
[47] Ein von der Plehwe-Kommission vorgeschlagenes Verbot, von dem Arbeiter eine andere als im Vertrag vorgesehene Arbeit zu verlangen, wurde vom Reichsrat trotz der Zustimmung einer Mehrheit der gehörten Industriellen mit der Begründung abgelehnt, daß sich dies aus den allgemeinen Gesetzesbestimmungen ergebe: RGIA f. 20 op. 2 d. 1802 l. 54 und ll. 96-103, Art. 7; f. 1152 op. X 1886 g. d. 211 l. 101.
[48] Alekseev sprach sich dafür aus, auch Familienangehörigen und Mitgliedern von Artelen ein jeweils gesondertes Abrechnungsheft auszustellen. Dagegen setzten sich jedoch San-Galli, Maljutin, Lenivov und Najdenov mit dem Argument durch, daß dies eine unnötig aufwendige Prozedur darstelle: RGIA f. 20 op. 2 d. 1802 ll. 54-55.

statt eines aufwendig zu führenden Zweitexemplars auszuhändigen.[49] Ebenso erreichten die im Südrussischen Bergbauverband organisierten Bergbauindustriellen 1888/89, daß in die Übertragung des Gesetzes auf den Bergbau spezifische Sonderregelungen für die in diesem Sektor besonders verbreiteten Artele und Subunternehmer (*podrjadčiki*) aufgenommen wurden.[50] Wenig Aussicht hatten hingegen solche Einwände, die mit der bürokratischen Vereinfachung auch die Rechtssicherheit der Arbeiter beeinträchtigt hätten. Weder konnten sich die Petersburger Industriellen mit ihrer Forderung durchsetzen, keine festen Löhne in das Abrechnungsheft aufzunehmen, noch wurden die von den Bergbauindustriellen geforderten Lockerungen bei der kollektiven Anwerbung von Arbeitergruppen aus weit von den Bergwerken entlegenen Dörfern angenommen.[51]

Der Verlauf dieser Diskussionen zeigte, daß in dem Prozeß der Meinungsbildung zwischen Regierung und Industrie in dieser Frage erstere durchweg die Oberhand behielt und sich letztlich von der Industrie mehr beraten ließ, als sie an der Ausformulierung des Gesetzestextes zu beteiligen. Allerdings waren zumindest die von der Regierung gehörten Großindustriellen mit den Grundzügen der 1886 beschlossenen Regelung bezüglich der Abrechnungshefte von vornherein weitgehend einverstanden gewesen. Dagegen waren die Gegner der Abrechnungshefte im Gesetzgebungsverfahren gar nicht zu Wort gekommen.[52] In den großen Fabriken, deren Buchführung von sich aus schon die Führung von Abrechnungsheften nahelegte, gab es dementsprechend auch kaum Probleme mit der Durchführung dieser Bestimmungen. Nur in einzelnen Fällen kam es in der Einführungsphase zu ernsthaften Konflikten zwischen Industriellen und Fabrikinspektion, beispielsweise über die Frage, welche

---

[49] RGIA f. 1405 op. 70 1872 g. d. 7290 ll. 256-260; f. 20 op. 2 d. 1802 ll. 96-103, Art. 16; PSZ 3 Bd. VI Nr. 3769, Pravila, Art. 25. Nicht durchsetzen konnten sich Nobel und San-Galli mit dem Einwand, selbst diese Kontramarken seien zu aufwendig und würden das Mißtrauen der Arbeiter gegenüber der Fabrikdirektion schüren: RGIA f. 20 op. 2 d. 1802 l. 54.

[50] Im Gesetz vom 9. 3. 1892 wurde festgelegt, daß für Artele zwar nur ein gemeinsames Abrechnungsheft ausgestellt wurde, in dem schriftlichen Arbeitsvertrag aber sämtliche Mitglieder des Artels aufgenommen wurden. Bezüglich der Subunternehmer wurde beschlossen, daß die Fabrik in allen Streitfällen für eventuelle Lohnrückstände des Subunternehmers gegenüber den Arbeitern haftete: PSZ 3, Bd. XII, Nr. 8402, Teil II, Art. 4, 5 und 10; PSZ 3, Bd. VI, Nr. 3769, Pravila, Art. 24 Anm.; RGIA f. 37 op. 5 d. 2055, l. 129, ll. 227-228, l. 300, ll. 302-307, ll. 312-313, ll. 355-356.

[51] RGIA f. 37 op. 5 d. 2055 ll. 226-244.

[52] So hatte sich beispielsweise die Lodzer Textilmanufaktur Karl Scheibler bereits 1882 gegen die verbindliche Führung von Abrechnungsheften ausgesprochen: RGIA f. 20 op. 2 d. 1784 ll. 146-148.

Gesetzesartikel in das Abrechnungsheft eingetragen werden müßten.[53] Grobe Gesetzesverstöße wurden von den Inspektoren allenfalls in kleineren Betrieben mit ihrer weniger entwickelten Buchführung und den noch stark verwurzelten, auf der persönlichen Beziehung zwischen Fabrikherr und Arbeiter aufgebauten patriarchalischen Verhältnissen festgestellt.[54]

Inwieweit die Rechtssicherheit der Arbeiter auch faktisch durch die Ausstellung von Abrechnungsheften verbessert wurde, läßt sich nur erahnen. So lieferten sie den Inspektoren vor allem bei Streitigkeiten über die Höhe der ausbezahlten Löhne und der verhängten Strafen eine zuverlässige Beurteilungsgrundlage. Inwieweit Fabrikarbeiter in der Praxis allerdings auch vor Gericht ihre Rechtsansprüche durchsetzen konnten, ist bislang unklar.[55]

Schließlich bot die in vielen Großbetrieben nahezu unvermeidliche Vielzahl unbeabsichtigter formaler Verstöße gegen die Vorschriften über die Abrechnungshefte den Inspektoren immer wieder willkommene Möglichkeiten, auf die Besitzer einen gewissen Druck auszuüben, die Lage ihrer Arbeiter insgesamt etwas zu verbessern.[56] Nur zu oft mußten harmlose Verletzungen der Bestimmungen über das Abrechnungsheft dafür herhalten, den Mangel an wirksamen Sanitär- und Sicherheitsbestimmungen oder die fehlende Strafandrohung anderer Gesetze zu kompensieren.[57] Es ist bezeichnend für die Schwäche des russischen Rechtssystems, daß die mit der Verschriftlichung des Arbeitsvertrags einhergehende Bürokratisierung des Lohnverhältnisses somit in der Praxis unversehens auch zu einem wichtigen Element staatlicher Kontrolle wurde, die dem angestrebten Ziel größerer Rechtssicherheit im Kern zuwiderlief.

5. Rechtssicherheit als Ordnungsfaktor: Kündigungsschutz und Strafandrohung

Mit der Betonung des individuellen Arbeitsvertrags als unerschütterlicher Grundlage des Lohnarbeitsverhältnisses wurden in dem Gesetz vom 3. Juni

---

[53] RGIA f. 37 op. 5 d. 2055 ll. 32-33 und l. 38; Vtoroj doklad Soveta Moskovskago Otdelenija Obščestva dlja sodejstvija russkoj promyšlennosti i torgovle Obščemu Sobraniju Otdelenija po voprosu o neudobstvach vstrečennych pri primenenii zakona 3-go ijunja i „Pravil o nadzore" vsledstvie izlišnych i neprav il'nych trebovanij fabričnoj inspekcii, Moskau 1887.

[54] Gvozdev, S. [A. K. Klepikov]: Zapiski fabričnago inspektora. Iz nabljudenii i praktiki v period 1894-1908 gg., Moskau 1911, S. 104.

[55] So schätzte Mikulin, daß beispielsweise nur jeder zehnte ungerechtfertigt entlassene Arbeiter tatsächlich Klage erhob: Mikulin, A. A.: Očerki iz istorii primenenija zakona 3-go ijunja 1886 goda o najme rabočich, na fabrikach i zavodach Vladimirskoj gubernii, Vladimir 1893, S. 77-78; Wortwörtlich übernommen in Ders.: Fabričnaja inspekcija v Rossii. 1882-1906, Kiev 1906, S. 68-69.

[56] Gvozdev, Zapiski, S. 44 und S. 100.

[57] Ebenda, S. 43-44; Mikulin, Očerki, S. 44.

1886 auch die Möglichkeiten seiner vorzeitigen Auflösung erheblich eingeschränkt: befristete Arbeitsverträge konnten zukünftig nur noch in wenigen begründeten Ausnahmefällen und unbefristete Verträge nur mit einer Frist von mindestens zwei Wochen gekündigt werden.[58] Damit wurde ein elementarer Kündigungsschutz durchgesetzt, der vor allem den Arbeitern ein Minimum an Rechtssicherheit garantieren sollte.

Die Mittel, mit denen dieser Kündigungsschutz durchgesetzt wurde, waren hingegen höchst ungleich verteilt: Fabrikarbeitern, die ihren Arbeitsplatz vor Vertragsablauf ohne besondere Rechtfertigung verließen (*samovol' nyj uchod* oder *samovol' nyj otkaz*), drohte zukünftig eine Strafe von bis zu einem Monat Arrest.[59] Mit dieser Bestimmung, dem späteren Artikel 51[4] des Strafkodexes, verletzte das neue russische Arbeitsrecht bewußt das allgemein anerkannte Prinzip, daß der Verstoß gegen die Bestimmungen eines zivilrechtlichen Vertrages, also auch eines Arbeitsvertrages, allenfalls einen Entschädigungsanspruch des geschädigten Vertragspartners nach sich ziehen könne, keinesfalls aber eine staatliche Sanktion. Zwar konnte sich die Regierung darauf berufen, daß eine solche Strafandrohung bereits für Handwerksgesellen bestand.[60] Auch in einigen westeuropäischen Ländern hatte es solche Bestimmungen gegeben, und in Deutschland forderte die Industrie bis in die neunziger Jahre, den Bruch des Arbeitsvertrags unter Strafe zu stellen.[61] Dennoch war der Widerspruch zu den Prinzipien des Zivilrechts unübersehbar, zumal allein die Arbeiter mit Arrest bedroht wurden, während vertragsbrüchige Fabrikanten betroffenen Arbeitern nur den entstandenen Lohnausfall vergüten mußten.[62] Wie war dieses ungleiche Kündigungsrecht in ein Gesetz gekommen, das erklärtermaßen die Arbeiter vor der Willkür der Fabrikanten schützen und zukünftigen Fabrikunruhen vorbeugen wollte?

Seitdem die vertragliche Lohnarbeit mit der Aufhebung der Leibeigenschaft zur einzigen Form des Arbeitsverhältnsses geworden war, entwickelte die Regierung eine Reihe von Vorschlägen, wie Fabrikanten und Großgrundbesitzer davor geschützt werden könnten, daß ihre Arbeiter vor Vertragsablauf die Fabrik oder das Gut verließen, um anderswo bessere Arbeitsbedingungen zu erhalten oder zu Erntearbeiten in ihr Heimatdorf zurückzukehren. Die an sich

---

[58] PSZ 3 Bd. VI Nr. 3769, Kap. I, Art. 13 und Art. 19-21.
[59] Ebenda, Kap. IV, Art. 1.
[60] RGIA f. 1152 op. X 1886 g. d. 211 l. 106.
[61] Born, K.: Staat und Sozialpolitik seit Bismarcks Sturz. Ein Beitrag zur Geschichte der innenpolitischen Entwicklung des Deutschen Reiches 1890-1914, Wiesbaden 1957, S. 103-104. Die preußische Gewerbeordnung von 1845 beispielsweie sah vor, daß gegen Gesellen und Fabrikarbeiter, die ihren Arbeitsplatz eigenmächtig verließen, bis zu 20 Taler Geldbuße oder vierzehn Tage Gefängnis verhängt werden konnten (§ 184): Wissell, Koalitionen, S. 739-742.
[62] PSZ 3 Bd. VI Nr. 3769, Kap. I, Art. 13 und Art. 21.

naheliegende und mit den Grundsätzen des Zivilrechts konforme Lösung, von vertragsbrüchigen Arbeitern einen Schadensersatz gegenüber dem Arbeitgeber zu fordern, versprach wenig Wirkung, da die meisten Arbeiter dazu materiell gar nicht in der Lage waren. Auch der Vorschlag des Innenministeriums, die gesamte Familie des Arbeiters haftbar zu machen, stellte keinen tragfähigen Ausweg dar.[63] In den siebziger Jahren wurden deshalb verschiedene Mittel diskutiert, die Vertragserfüllung durch den Arbeiter zu erzwingen: die Ausstellung eines Arbeitsnachweises, die Androhung einer Haftstrafe sowie als drastischster Ausweg die zwangsweise Rückführung des Arbeiters an seinen bisherigen Arbeitsplatz.

So schlug die Ignat'ev-Kommission von 1870/71 die Führung eines Arbeitsbuches (*rabočaja knižka*) vor, wie es in einem provisorischen Gesetz von 1863 für Landarbeiter bereits eingeführt worden war, wenn auch nur mit geringem Erfolg.[64] Dieses Arbeitsbuch sollte von den örtlichen *Volost'*-Behörden ausgestellt und vom Arbeiter der Fabrik vorgelegt werden. Dort würde es dann gegen Ausgabe eines Abrechnungsblattes bis Vertragsablauf aufbewahrt. Die Neueinstellung in einer anderen Fabrik sollte nur dann möglich sein, wenn ein ordnungsgemäß geführtes Arbeitsbuch vorgelegt werden konnte, das einen Vermerk über die volle Erfüllung des bisherigen Arbeitsvertrags enthielt. Damit wurde das Arbeitsbuch zu einem „Nachweis über das Recht zu arbeiten."[65]

Mit diesem Vorschlag reagierte die Regierung auf die zunehmende Kritik der Gerichte an der bislang allgemein üblichen Praxis der Fabrikkontore, den Paß des Arbeiters bei der Einstellung einzuziehen und erst nach der vollen Erfüllung des Vertrages wieder auszuhändigen.[66] Es schien also nur folgerichtig, angesichts der geplanten Liberalisierung des restriktiven Paßrechts den Fabriken in Form des Arbeitsbuches eine andere effiziente Möglichkeit an die Hand zu geben, die Vertragserfüllung durch die Arbeiter zu erzwingen und zu verhindern, daß das knappe Angebot von Arbeitskräften zu einer hohen und für die einzelnen Betriebe nachteiligen Fluktuation der Arbeiterschaft führte.

Ein solches Arbeitsbuch konnte seinen Zweck allerdings nur dann erfüllen, wenn es für alle Fabriken verbindlich eingeführt wurde. Darüber kam es über Jahre zu heftigen Diskussionen, deren Fronten quer durch alle beteiligten Gruppen verliefen. Das Innenministerium unter Timašev und die Vertreter der adeligen Gutsbesitzer setzten sich konsequent dafür ein, alle Arbeitgeber zur Führung von Arbeitsbüchern zu verpflichten. Ja, Timašev sprach sich sogar dafür aus, eventuelle Entlassungsgründe in das Arbeitsbuch einzutragen, um

---

[63] RGIA f. 20 op. 2 d. 1802 l. 46; Balabanov, Očerki, Bd. 2, S. 335.
[64] Vestnik Evropy, Nov. 1885, S. 406-409; Balabanov, Očerki, Bd. 2, S. 333.
[65] Innenminister Timašev in einem Gegenentwurf zum Projekt der Ignat'ev-Kommission: Balabanov, Očerki, Bd. 2, S. 335.
[66] RGIA f. 20 op. 2 d. 1802 l. 48.

so dem Arbeitgeber die Möglichkeit zu geben, schon vor einer Einstellung Disziplin und Zuverlässigkeit eines Arbeiters zu beurteilen.[67] Der Petersburger Stadthauptmann Trepov sprach sich hingegen prinzipiell gegen das Arbeitsbuch aus, das seiner Meinung nach die Arbeiter benachteiligte und zu Unruhen führen würde, da es zu sehr an die Epoche der Leibeigenschaft mit ihrer unauflöslichen Bindung der Bauern und Arbeiter an ihren jeweiligen Grund- oder Fabrikherren erinnerte. Dieser Meinung schlossen sich auch liberale Presseorgane wie der „Vestnik Evropy" oder die „Birževye Vedomosti" an, während Katkovs „Moskovskie Vedomosti" sich wiederum massiv für das Arbeitsbuch einsetzten.[68]

Dagegen zeigten vor allem die Reaktionen aus der Industrie, daß sich die feste Bindung des Arbeiters an seine Fabrik unter den Bedingungen freier Lohnarbeit allmählich überlebt hatte. Vor allem den Besitzern moderner Großbetriebe erschien die in den siebziger Jahren so häufig beklagte Abwanderung von Arbeitern vor Vertragsablauf gegenüber dem Aufwand, der mit der Führung der Arbeitsbücher verbunden war, immer noch als das geringere Übel. Die Moskauer Abteilung des Manufakturrates hielt 1870 ein Arbeitsbuch ohnehin für sinnlos, solange die Mehrzahl der Arbeiter weder lesen noch schreiben könne.[69] Auch in Petersburg waren es mehrheitlich die Besitzer größerer Betriebe, die den Verwaltungsaufwand scheuten. Dagegen sahen vor allem kleinere Betriebe die Vorteile einer festen Bindung des Arbeiters an die Fabrik.[70]

Dieser Entwicklung trug schließlich auch der Reichsrat Rechnung, indem er 1876 und endgültig 1880 eine Pflicht zur Führung eines Arbeitsbuches ablehnte. Diese Entscheidung wurde mit der überraschenden Überlegung begründet, daß sich der allgemeine Mangel an Arbeitskräften, der bislang immer wieder als wichtigstes Argument *für* die mit den Arbeitsbüchern einhergehende Bindung des Arbeiters an die Fabrik angeführt worden war, mit der Einführung von Arbeitsbüchern sogar noch verschärfen würde, da sie den Abschluß neuer Arbeitsverträge nur noch zusätzlich erschweren. Vielmehr werde gerade ein möglichst deregulierter Arbeitsmarkt die besten Voraussetzungen dafür bieten, die verfügbare Arbeitskraft effizient zu nutzen und nach Möglichkeit zu erweitern.[71] Damit hatte sich zumindest in dieser Frage die ökonomische

---

[67] Balabanov, Očerki, Bd. 2, S. 334-335 und S. 343. Zu Gesuchen einzelner Zemstva über eine weitere Verschärfung der Bestimmungen über das Arbeitsbuch siehe Ebenda, S. 333-334.

[68] Laveryčev, Carizm, S. 39 und S. 45-46; Vestnik Evropy, Feb. 1876, S. 806-810; Balabanov, Očerki, Bd. 2, S. 353-355.

[69] Auch der Vorsitzende des Moskauer Börsenkomitees Najdenov, der noch 1872 ein verpflichtendes Arbeitsbuch gefordert hatte, sprach sich 1876 dafür aus, dessen Führung dem Gutdünken des Fabrikbesitzers zu überlassen: Balabanov, Očerki, Bd. 2, S. 346-347 und S. 357.

[70] RGIA f. 1405 op. 70 1872 g. d. 7290 l. 256 und ll. 262-263.

[71] Balabanov, Očerki, Bd. 2, S. 346 und S. 358-359.

Vernunft gegenüber der Tendenz zu bürokratischer Regulierung der Industrie durchgesetzt.[72]

Dennoch sah auch der Reichsrat die wichtigste Ursache für die Probleme der Industrie im „Fehlen einer festen gesetzlichen Garantie für den Arbeitgeber, daß der Vertrag von seiten der Beschäftigten erfüllt wird."[73] Um die Vertragstreue der Arbeiter zu erzwingen, hatte bereits die Ignat'ev-Kommission angeregt, daß die betroffenen Fabrikbesitzer vor Gericht eine Haftstrafe oder gar die zwangsweise Rückführung des Arbeiters fordern sollten, falls dieser keine Entschädigung leisten konnte. Das Innenministerium schlug sogar vor, „entlaufene" Arbeiter grundsätzlich mit einer Haftstrafe zu bedrohen oder sie unverzüglich und ohne Gerichtsbeschluß von der Polizei zurückführen zu lassen. Da eine Haftstrafe von seiten der Industrie als wenig sinnvoll abgelehnt wurde, entschied sich der Reichsrat 1876 und 1880 für zwangsweise Rückführungen, wie sie in den Anhörungen vor allem von den Gutsbesitzern verlangt worden waren.[74]

Dieser Entscheidung wurde allerdings von juristischer Seite erheblicher Widerstand entgegengesetzt. Bereits in den Reichsratsanhörungen hatte der Vorsitzende der Moskauer Zemstvoverwaltung, D. A. Naumov, darauf hingewiesen, daß zwangsweise Rückführungen dem freiwilligen Charakter des Arbeitsvertrags widersprächen.[75] Eine ähnliche Ansicht vertrat schließlich 1884 auch die Redaktionskommission zur Neufassung des Strafgesetzbuchs. Sie lehnte es aus rechtstheoretischen Überlegungen ab, aus der Verletzung des zivilrechtlichen Arbeitsvertrags eine strafrechtliche Verantwortung abzuleiten.[76] Damit schien

---

[72] In dem Regelwerk der Kommission beim Petersburger Stadthauptmann von 1884 wurde die Frage allerdings noch einmal aufgegriffen, als diese gegen den Widerspruch vor allem der Besitzer großer Industriebetriebe beschloß, daß alle Fabriken die Pässe ihrer Arbeiter einziehen und erst nach Vertragsablauf wieder ausgeben sollten. In der Plehwe-Kommission setzte sich bei der Vorbereitung des Gesetzes vom 3. Juni 1886 schließlich die Meinung durch, daß beim Eintritt in die Fabrik zwar die Wohnungsregistrierung (*vid na žitel'stvo*) vorgelegt werden mußte, daß die Fabriken diese jedoch nur für diejenigen Arbeiter aufbewahren sollten, die in Arbeiterunterkünften direkt auf dem Fabrikgelände wohnten: RGIA f. 1405 op. 70 1872 g. d. 7290 l. 256 und ll. 262-263; f. 20 op. 2 d. 1802 ll. 96-103, Art. 11.

[73] Bykov, Fabričnoe zakonodatel'stvo, S. 145.

[74] Die Möglichkeit zwangsweiser Rückführung war im ursprünglichen Vorschlag der Ignat'ev-Kommission nicht vorgesehen und wurde auf Initiative des Justizministeriums aufgenommen. Für eine Bestrafung bzw. Rückführung sprachen sich in den Reichsratsanhörungen der Vorsitzende der Rjazaner Zemstvoverwaltung, Fürst S. V. Volkonskij, der Moskauer Adelsmarschall Graf A. V. Bobrinskij sowie der Vorsitzende der Petersburger Zenstvoverwaltung Baron P. L. Korff aus. Dagegen lehnte Najdenov eine Haftstrafe ab und forderte die sofortige Rückführung vertragsbrüchiger Arbeiter: Balabanov, Očerki, Bd. 2, S. 335-336, S. 341-343, S. 347-348 und S. 357-360.

[75] Ebenda, S. 357-358.

[76] Vestnik Evropy, Februar 1885, S. 840.

auch die Frage zwangsweiser Rückführung oder einer Strafandrohung für die vorzeitige Kündigung durch den Arbeiter endgültig vom Tisch zu sein.

Daß sich die Diskussion, wie der Arbeiter zur Einhaltung eines einmal unterzeichneten Vertrages gezwungen werden könnte, schließlich auf eine rein juristische Ebene verlagerte, lag unter anderem an der schweren Wirtschaftskrise, welche die russische Industrie zu Beginn der achtziger Jahre heimsuchte. Aufgrund erheblicher Absatzschwierigkeiten wurden viele Fabriken dazu gezwungen, ihre Produktion deutlich zu drosseln und einen Teil ihrer Arbeiter zu entlassen oder zu Kurzarbeit überzugehen, wie das Beispiel der Warschauer Metallindustrie zeigt. Hier war allein im Verlauf eines halben Jahres, zwischen dem ersten Juli und dem ersten Dezember 1884, 1.375 von ursprünglich 7.708 Arbeitern (17,8 %) wegen starker Produktionsrückgänge gekündigt worden, während weitere 1.800 Arbeiter (23,3 %) zum Teil erhebliche Einkommenseinbußen wegen Kurzarbeit hatten hinnehmen müssen.[77] Solchen Entlassungen, Arbeitszeit- und Lohnkürzungen waren die betroffenen Arbeiter meist schutzlos ausgeliefert. Zwar forderte das Gesetz von 1835 von beiden Seiten die unbedingte Einhaltung des Arbeitsvertrags. Das Schlupfloch der Fabrikbesitzer, einem Arbeiter aus disziplinarischen Gründen mit zweiwöchiger Frist zu kündigen, war in der Praxis jedoch kaum zu kontrollieren. Dagegen waren die Arbeiter unbedingt zur Einhaltung des Vertrages verpflichtet und konnten sich auch gegen Kurzarbeit oder eine willkürliche Veränderung der Lohntabellen nicht durch Kündigung entziehen. Entlassungen und Lohnkürzungen waren folglich mit die häufigsten Ursachen für die Fabrikunruhen dieser Jahre.[78]

In den folgenden Gesetzesberatungen mußte es also darum gehen, ein Gleichgewicht zwischen den jeweiligen Rechten der Arbeiter und der Fabrikbesitzer herzustellen. Einerseits mußten die Kündigungsmöglichkeiten für Arbeiter erweitert werden, um sie vor einer willkürlichen Veränderung der Vertragsbedingungen zu schützen. Andererseits galt es, ihnen einen wirksameren Kündigungsschutz als bisher zu gewähren. Bereits Orbinskij in seinem Gesetzentwurf von 1882 sowie die Kommissionen beim Petersburger Stadthauptmann und beim Moskauer Oberpolizeimeister hatten in ihren Regelwerken jeweils einen Katalog von Gründen aufgestellt, die eine vorzeitige Kündigung des Arbeitsvertrags durch den Arbeiter oder den Fabrikanten rechtfertigen sollten.[79] Die einfachste und gerechteste Lösung wurde hingegen von den streikenden Arbeitern der Morozov-Werke vorgeschlagen. Sie forderten, den

---

[77] RGIA f. 20 op. 2 d. 1802 ll. 12-15.
[78] Kantor, Morozovskaja stačka, S. 46.
[79] RGIA f. 20 op. 4 d. 4892 ll. 21-22; f. 1405 op. 70 1872 g. d. 7290 ll. 247-251, Art. 7-9, ll. 257-258 und ll. 264-265; Vestnik Evropy, Februar 1885, S. 899.

1835 gesetzlich festgelegten Kündigungsschutz von zwei Wochen in eine allgemeine Kündigungsfrist umzuwandeln, um ihrerseits die Fabrik jederzeit verlassen zu können.[80]

Dieser Tendenz, die Möglichkeiten einer vorzeitigen Vertragsauflösung zu erweitern, setzte die Plehwe-Kommission unter dem Eindruck des Morozov-Streiks das Prinzip entgegen, daß allein die strenge Einhaltung des Arbeitsvertrags das Rechtsbewußtsein auf beiden Seiten fördern und damit zukünftige Unruhen vermeiden würde. Sie legte fest, daß beide Seiten bis zum Vertragsende unabänderlich an alle Vertragsbestimmungen gebunden sein sollten. Weder die Lohnhöhe noch die vereinbarte Arbeitszeit durften einseitig verändert werden.[81] Der Katalog der Möglichkeiten, einem Arbeiter fristlos zu kündigen, wurde gegenüber früheren Vorschlägen erheblich eingeschränkt und präzisiert, um eine willkürliche Auslegung durch die Fabrikdirektion möglichst zu vermeiden. Außer in dem Fall, daß ein Arbeiter mehr als drei Tage hintereinander unentschuldigt fehlte, war eine Kündigung nur erlaubt,

– falls gegen den betreffenden Arbeiter verhängte Fabrikstrafen aufgrund schlechter Arbeit oder Verletzung der Fabrikordnung ein Drittel seines Monatslohnes überstiegen,
– falls gegen ihn ein Strafverfahren eingeleitet wurde (was natürlich auch Strafverfahren wegen der Teilnahme an einem Streik beinhaltete),
– falls er durch schlechtes Benehmen (*durnoe povedenie*) die Gesundheit oder das Eigentum des Fabrikbesitzers oder seiner Angestellten bedroht hatte, oder
– falls die Fabrik wegen eines Unfalles vorübergehend geschlossen werden mußte.[82]

Der Arbeiter hingegen sollte kündigen dürfen,

– falls ihm der Lohn nicht rechtzeitig ausbezahlt worden war,
– falls er zur Armee eingezogen wurde,

---

[80] RGIA f. 20 op. 2 d. 1802 ll. 96-103 Art. 19; f. 1405 op. 70 1872 g. d. 7290 ll. 257-258 und ll. 264-265; Balabanov, Očerki, Bd. 2, S. 340.

[81] RGIA f. 20 op. 2 d. 1802 ll. 96-103 Art. 19 und 20. PSZ 3 Bd. VI Nr. 3769, Kap. I, Art. 11.

[82] RGIA f. 20 op. 2 d. 1802 ll. 96-103 Art. 39 e) und Art. 40. Im Gesetz wurden schließlich noch administratives Exil sowie das Auftreten einer ansteckenden Krankheit als Kündigungsgründe mitaufgenommen, während ein laufendes Strafverfahren nur dann Kündigungsgrund sein sollte, falls dem Angeklagten eine mit Gefängnisstrafe bedrohte Straftat vorgeworfen wurde. Die Teilnahme an einem Streik fiel also nach wie vor unter diese Vorschrift: PSZ 3 Bd. VI Nr. 3769, Kap. I, Art. 19 d) und 19 z) und Art. 20.

Mit der Novellierung des Gesetzes im Jahr 1893 schließlich wurde der Kündigungsschutz insofern abgeschwächt, als nunmehr auch eine ungerechtfertigte Abwesenheit von mehr als sechs Tagen im Monat oder bei Vorliegen eines triftigen Grundes eine Abwesenheit von mehr als zwei Wochen die Kündigung rechtfertigte: PSZ 3 Bd. XIII Nr. 9767, Kap. I, Art. 110.

- falls er schweren Beleidigungen oder gar Prügel durch ein Mitglied der Fabrikdirektion ausgesetzt war,
- falls diese gegen die Regeln über die Bereitstellung von Verpflegung und Unterkunft verstoßen hatte,
- falls die Arbeit seine Gesundheit gefährdete, oder
- falls ein Familienmitglied verstarb oder zur Armee eingezogen wurde, was gerade für Arbeiter aus bäuerlichen Familien besonders wichtig war.[83]

Lohnsenkungen und Arbeitszeitverkürzungen aus konjunkturellen Gründen, wie sie den Morozov-Streik mitverursacht hatten, waren somit in Zukunft bei befristeten Arbeitsverträgen ausgeschlossen. Unbefristete Verträge konnten hingegen von beiden Seiten innerhalb von zwei Wochen ohne Angabe besonderer Gründe gekündigt werden.[84] Damit stellten diese Vorschläge eine in Rußland bisher nicht gekannte Präzisierung des Kündigungsrechtes dar, die vor allem der Rechtssicherheit der Arbeiter zugute kam.

Entscheidend für eine Stärkung der Rechtssicherheit war jedoch nicht nur die Formulierung der Schutzbestimmungen, sondern auch die Frage, nach welchem Verfahren ungerechtfertigte Kündigungen behandelt werden sollten. Bezüglich der Vertragsbrüche durch die Fabrikdirektionen hielt sich auch die Plehwe-Kommission an zivilrechtliche Grundsätze: falls diese dem Arbeiter aus ungerechtfertigten Gründen kündigte oder den Lohn nicht rechtzeitig ausbezahlt hatte, konnte der Betroffene vor Gericht eine Entschädigung einklagen, die nach den ursprünglichen Vorschlägen der Plehwe-Kommission den gesamten Lohn für die verbliebene Vertragsdauer umfassen sollte, vom Reichsrat aber schließlich auf maximal zwei Monatslöhne beschränkt wurde.[85] Wie eingangs bereits erwähnt, wurde bezüglich vertragsbrüchiger Arbeiter jedoch von diesem Grundsatz abgewichen. Ihnen wurde eine Haftstrafe von bis zu einem Monat Arrest angedroht.[86]

Wie läßt sich dieser Entschluß erklären, nachdem doch die Redaktionskommission zur Reform des Strafkodexes einer Strafandrohung für Vertragsbrüche noch kurz zuvor eine scheinbar endgültige Abfuhr erteilt hatte? Auf den möglichen Einfluß einzelner Industrieller läßt sich diese Entscheidung nicht zurückführen. Nicht nur hatten diese schon früher kein Interesse an einer

---

[83] RGIA f. 20 op. 2 d. 1802 ll. 96-103 Art. 39 g) und Art. 41; PSZ 3 Bd. VI Nr. 3769, Kap. I, Art. 19 e) und Art. 21.
[84] PSZ 3 Bd. VI Nr. 3769, Kap. I, Art. 10.
[85] RGIA f. 20 op. 2 d. 1802 ll. 96-103 Art. 22 und Art. 40; PSZ 3 Bd. VI Nr. 3769, Kap. I, Art. 13 und Art. 20 Anm.
[86] Die Plehwe-Kommission hatte für diesen Fall sogar bis zu drei Monate Arrest vorgesehen. Aufgrund eines Einwands des Justizministeriums wurde diese Strafandrohung im Reichsrat auf einen Monat gesenkt: RGIA f. 20 op. 2 d. 1802 ll. 96-103 Art. 47; f. 1152 op. X 1886 g. d. 211 ll. 94-96; PSZ 3 Bd. VI Nr. 3769, Kap. IV, Art. 1.

Haftstrafe für vertragsbrüchige Arbeiter gezeigt. Sie wurden auch in der Plehwe-Kommission zu hoheitlichen Fragen, wie sie strafrechtliche Bestimmungen darstellten, grundsätzlich gar nicht befragt.[87]

Die Erklärung liegt vielmehr in der unterschiedlichen Zielsetzung, welche die jeweiligen Regierungskommissionen verfolgten. In der Strafrechtskommission berieten vor allem ausgewiesene Juristen wie der prominente Senator N. S. Tagancev oder das Reichsratsmitglied E. V. Frisch, denen es vor allem darum ging, den noch unter den Bedingungen der Leibeigenschaft formulierten Strafkodex in ein modernes, einer bürgerlichen Gesellschaft entsprechendes Strafrecht umzubauen.[88] Zwar saß Tagancev als Vertreter des Justizministeriums auch in der Plehwe-Kommission. Hier dominierten mit Plehwe, Durnovo und Ermakov jedoch die Vertreter des Innen- sowie des Finanzministeriums. Unter dem Eindruck des Morozov-Streiks gewannen polizeiliche Überlegungen nunmehr gegenüber rechtstheoretischen Argumenten erneut die Oberhand.

Zwar räumte auch die Plehwe-Kommission ein, daß eine Strafandrohung im Widerspruch zu den Grundsätzen des Zivilrechts stünde. Allerdings, so die Argumentation, handele es sich bei einem Arbeitsvertrag nicht allein um eine zivilrechtliche Angelegenheit. Vielmehr erfordere die Sicherung von Ruhe und Ordnung, daß Arbeitsverträge strikt eingehalten würden. Eine Strafandrohung gegenüber vertragsbrüchigen Arbeitern sei das einzige wirksame Mittel, dies zu gewährleisten:

„Es ist kaum möglich, in der vorliegenden Frage allein auf der Grundlage juristischer Ansichten über Vertragsbeziehungen zu verbleiben und diese als den Erscheinungen des staatlichen Lebens entsprechend anzuerkennen, welche die dringende Notwendigkeit hervorgerufen haben, die Beziehungen zwischen Fabrikarbeitern und ihren Fabrikherren zu regulieren. Obwohl der persönliche Lohnvertrag in Fabriken und Werken gänzlich in den Bereich der zivilrechtlichen Beziehungen gehört, stellt er nichtsdestoweniger wegen der bedeutenden staatlichen Interessen, die damit verbunden sind, einen wichtigen Gegenstand polizeilicher guter Ordnung dar und muß wegen seiner Bedeutung für die öffentliche Ordnung dem Bereich der besonderen Fürsorge und Aufsicht durch die Regierung zugeordnet werden. Die Aufgabe der staatlichen Gewalt erschöpft sich in diesem Fall nicht darin, die Existenz von Vertragsbeziehungen anzuerkennen und den Parteien, welche diese abgeschlossen haben, die üblichen Möglichkeiten gerichtlichen Schutzes zu gewähren. Sie muß vielmehr darüber hinausgehen und, indem sie die Dauerhaftigkeit des Vertrages schützt, im Hinblick auf die Ziele öffentlicher Ruhe, Ordnung und Wohlstand nach Möglichkeit sowohl den Nutzen, der von den Parteien aus dieser Übereinkunft gezogen wird, als auch die Beschränkungen persönlicher Rechte und sogar der Bequemlichkeiten, denen die

---

[87] Siehe den Fragenkatalog in RGIA f. 20 op. 2 d. 1802 l. 53.
[88] Weitere Mitglieder dieser Kommission waren N. A. Nekljudov, E. N. Rozin, I. Ja. Fojnickij und V. P. Lickij sowie der Geschäftsführer E. Ju. Nolde. Siehe dazu K. K.: Proekt ugolovnago uloženija, in: BE, Bd. 25 (Halbband 49), St. Petersburg 1898, S. 363-365.

Vertragsparteien sich freiwillig unterwerfen müssen, ausgleichen. Die Kommission meint, daß nur in der persönlichen und dabei ausreichend schwerwiegenden Verantwortlichkeit des Arbeiters für eine eigenmächtige Auflösung des Vertrages eine der Festsetzung materieller Verantwortlichkeit des Fabrikanten entsprechende Maßnahme gefunden werden kann, welche Fällen von leichtfertiger oder sogar böswilliger Haltung des Arbeiters zu den von ihm übernommenen Verpflichtungen vorbeugen kann."[89]

Aus dieser Begründung wird zweierlei deutlich: Zum einen vollzog die Regierung unter dem Eindruck zunehmender Arbeiterunruhen eine teilweise Abkehr von der langfristigen Tendenz zur Modernisierung des Arbeitsrechts auf rechtsstaatlicher Basis. Zwar sah sie deutlicher als zuvor in der Garantie des Arbeitsvertrags das wichtigste Mittel, um das Rechtsbewußtsein der Arbeiter zu stärken und damit zukünftigen Unruhen vorzubeugen. Dennoch glaubte sie, diese Garantie nur über eine Strafandrohung gewährleisten zu können, die rechtsstaatlichen Prinzipien ebenso Hohn sprach, wie sie das Gerechtigkeitsempfinden der Arbeiter verletzen mußte. Damit aber wurde das Rechtsbewußtsein, das eigentlich gestärkt werden sollte, zugleich wieder untergraben.

Zum anderen erklärt dieser Verstoß gegen zivilrechtliche Prinzipien, weshalb die Plehwe-Kommission einen so massiven Anspruch auf eine staatliche Regulierung des Arbeitsvertrags erhob. Dabei ging es ihr nicht darum, eine generelle Lösung von Arbeitskonflikten durch den autoritären Eingriff des Staates zu begründen. Die Definition des Arbeitsvertrags als eines Gegenstandes staatlichen und polizeilichen Interesses wurde vielmehr notwendig, um den Widerstand zu überwinden, den namhafte Juristen wie Tagancev der Strafandrohung bereits in der Kommission entgegengesetzt haben dürften und der auch im Reichsrat zu erwarten war.

Dagegen hatte die Regierung keine prinzipiellen Einwände, daß Arbeiter und Fabrikanten ihre Konflikte vor einem Zivilgericht austrugen. Vielmehr gab sie mit den umfangreichen und präzisen Bestimmungen zum Kündigungsrecht eben diesen Gerichten einen konkreten Katalog zur Hand, anhand dessen Kündigungen überhaupt erst rechtlich beurteilt werden konnten. Das Problem bestand darin, daß die Regierung kein Vertrauen hatte, daß allein auf diese Weise die Einhaltung des Vertrages gewährleistet werden könnte. Daß aber die unbedingte Einhaltung des Arbeitsvertrages ein wesentliches Ziel des Gesetzes vom 3. Juni 1886 war, tritt gerade bei den Bestimmungen zum Kündigungsrecht besonders deutlich hervor.[90] Mehr als von einer administrativen oder polizeilichen Kontrolle der Fabriken erhoffte sich die Regierung hiervon die notwendige Stabilität, die eine Wiederholung der Ereignisse des Morozov-Streiks verhindern sollte.

---
[89] RGIA f. 20 op. 2 d. 1802 ll. 27-28.
[90] Siehe Rimlinger, Autocracy, S. 80.

Auch wenn die Androhung einer Gefängnisstrafe gegenüber vertragsbrüchigen Arbeitern, die später als Artikel 51^4 in das Strafgesetzbuch aufgenommen wurde, das zarische Arbeitsrecht nachhaltig diskreditierte, so war auf lange Sicht seine praktische Bedeutung doch relativ gering. Es konnte nicht verhindert werden, daß Arbeiter vor allem in den ländlichen Industriegebieten im Sommer ihren Arbeitsplatz zu Feldarbeiten verließen und den angedrohten Arrest bewußt in Kauf nahmen. Wesentlich wirkungsvoller als die gesetzliche Strafandrohung waren hingegen von den Fabrikdirektionen ausgelobte Bleibeprämien, wie sie sich beispielsweise im Gouvernement Vladimir für vertragstreue Arbeiter einbürgerten. Damit wurde es diesen ermöglicht, für die heimische Feldarbeit eine Hilfskraft einzustellen, während den Fabriken ihre qualifizierten Arbeitskräfte erhalten blieben.[91] Dagegen läßt der sprunghafte Anstieg von Beschwerden Petersburger Fabrikanten im Streikjahr 1902 vermuten, daß die hauptstädtische Industrie versuchte, über eine Strafverfolgung wegen eigenmächtigen Vertragsbruchs die zunehmend defensive Haltung der Regierung gegenüber Streikenden zu unterlaufen und die Behörden zum Handeln zu zwingen. Diesem Vorgehen war jedoch kein Erfolg beschieden, da die Inspektion solche Beschwerden durchweg als unbegründet ablehnte.[92]

Während in den Anfangsjahren Fabrikdirektionen noch relativ häufig Strafverfahren gegen vertragsbrüchige Arbeiter einleiteten, ging deren Zahl ab 1894 deutlich zurück, nachdem der Senat angeordnet hatte, daß derartige Klagen nicht mehr von den Fabriken selbst, sondern nur noch von der Fabrikinspektion erhoben werden durften. Zudem konnten Arbeiter zukünftig nur noch dann in Haft genommen werden, falls sie ausdrücklich erklärten, nicht mehr in ihre frühere Fabrik zurückkehren zu wollen.[93] Obwohl die Klagen über vertragsbrüchige Arbeiter bei weitem den größten Teil der Beschwerden von

---

[91] Siehe die Berichte der Fabrikinspektoren von Vjatka und Vladimir: Svod otčetov fabričnych inspektorov za 1901 god, St. Petersburg 1903 S. VII-IX.

[92] 1901 wurden in St. Petersburg 440 Beschwerden gegen vertragsbrüchige Arbeiter vorgebracht, von denen 36 (8 %) als unbegründet abgelehnt, 136 (31 %) als aussichtslos und 27 (6 %) auf Bitten des Fabrikanten eingestellt wurden, während in 123 (28 %) Fällen eine friedliche Übereinkunft vermittelt und 118 (27 %) Fälle vor Gericht angeklagt wurden.

1902 hingegen stieg die Zahl der Beschwerden auf 507, von denen 359 (71 %) als unbegründet abgelehnt, 9 (2 %) als aussichtslos und 26 (5 %) auf Bitten des Fabrikanten eingestellt wurden, während in 46 (9 %) Fällen eine friedliche Übereinkunft vermittelt und nur noch 67 (13 %) Fälle vor Gericht angeklagt wurden: Svod otčetov fabričnych inspektorov za 1901 god, S. 46 und Svod otčetov fabričnych inspektorov za 1902 god, S. 44.

[93] Senatsentscheidung vom 3. 10. 1894: Gvozdev, Zapiski, S. 112-113; Litvinov-Falinskij, V. P.: Fabričnoe zakonodatel'stvo i fabričnaja inspekcija v Rossii, St. Petersburg 1904, S. 130-138. Bereits am 7. 11. 1889 hatte der Senat entschieden, daß der Arbeiter auch dann keiner Haftstrafe unterlag, wenn er zwar einen Arbeitsvertrag abgeschlossen, die Arbeit aber noch überhaupt nicht angetreten hatte.

Fabrikanten gegenüber der Fabrikinspektion darstellten, wurde nur ein Bruchteil der Beschuldigten von der Inspektion vor Gericht gezogen, und auch dann kam es nur in etwa der Hälfte der Fälle zu einer Verurteilung. Vielmehr bemühte sich die Inspektion, wo immer es möglich war eine freiwillige Übereinkunft zu vermitteln.[94]

Diese Entwicklung wurde seit den achtziger Jahren noch dadurch verstärkt, daß die Industrie immer mehr zu unbefristeten Arbeitsverträgen überging, für welche die Strafandrohung wegen der beiderseitigen gesetzlichen Kündigungsfrist von zwei Wochen nur noch von geringer Bedeutung war.[95] Zwar bot diese Kündigungsfrist den Arbeitern nur einen geringen Schutz gegen Entlassungen aus konjunkturellen und disziplinarischen Gründen. Gleichwohl nahmen unbefristete Verträge erheblich zu, je mehr sich eine ständige, vom Dorf weitgehend abgelöste Fabrikarbeiterschaft herausbildete, so daß in den industriellen Zentren um die Jahrhundertwende saisonal befristete Verträge gegenüber unbefristeten bereits eine Ausnahme darstellten.[96] Insofern hatte das repressive strafrechtliche Element des russischen Arbeitsrechts in der Praxis weitaus geringeres Gewicht, als es seine rechtstheoretische Bedeutung vermuten läßt. Dem trug auch das Finanzministerium Rechnung, indem es die Anwendung des Artikels 51^4 immer weiter einschränkte und 1905 schließlich ganz untersagte.[97]

---

[94] So richteten sich im zweiten Halbjahr 1900 von insgesamt 2.745 Fabrikantenbeschwerden 1.345 (49 %) gegen vertragsbrüchige Arbeiter. Davon wurden 842 Arbeiter von der Inspektion gemäß Art. 51^4 angeklagt und 393 schließlich verurteilt: Svod otčetov fabričnych inspektorov za vtoruju polovinu 1900 goda, St. Petersburg 1902, S. II-III, S. 12-13 und S. 62-63. Im gesamten Berichtsjahr 1901 kam es zu 640 und 1902 nur noch zu 561 Gerichtsverfahren, wobei keine Angaben über den Anteil der Verurteilungen vorliegen: Svod otčetov fabričnych inspektorov za 1901 god, S. 46-47 und Svod otčetov fabričnych inspektorov za 1902 god, S. 44-45.

[95] Hatte das Gesetz vom 3. Juni 1886 generell die vorzeitige Vertragsauflösung unter Strafe gestellt, so war diese Bestimmung mit der Novellierung vom 8. Juni 1893 dahingehend präzisiert worden, daß bei unbefristeten Arbeitsverträgen nur die Mißachtung der zweiwöchigen Kündigungsfrist durch den Arbeiter unter diesen Paragraphen fiel. Eine Erhöhung der Strafandrohung war damit jedoch nicht verbunden: PSZ 3 Bd. XIII, Nr. 9767, Kap. III, Art. 51^4; Löwe, H.-D.: Von der Industrialisierung zur ersten Revolution.1890-1904, in: Schramm, Handbuch, Bd. 3/1, S. 203-335, hier S. 259.

[96] Gvozdev, Zapiski, S. 86 und S. 105-111; RGIA f. 1405 op. 70 1872 g. d. 7290 ll. 264-265. Befristete Verträge blieben vor allem in ländlichen Industriegebieten mit einem saisonal geprägten Arbeitsrhythmus sowie in Branchen wie der ukrainischen Zuckerindustrie üblich, wo Arbeitskräfte von weither angeworben wurden. Während des Winters waren solche unkündbaren Verträge für die Arbeiter von Vorteil, während der landwirtschaftlichen Saison im Sommer hingegen von Nachteil, so daß sich auch in ländlichen Gebieten unbefristete Verträge durchzusetzen begannen: Svod otčetov fabričnych inspektorov za 1901 god, St. Petersburg 1903, S. VI-IX.

[97] 1901 verfügte die Hauptfabrikbehörde, daß der Fabrikbesitzer selbst beweisen mußte, daß der beschuldigte Arbeiter seinen Arbeitsplatz eigenmächtig verlassen hatte, so daß die Zahl der Beschwerden mit Ausnahme St. Petersburgs erheblich abnahm: Zirkular

6. Der Kern des Arbeiterschutzes: Die Sicherung des Arbeitslohnes

Wohl einer der schwerwiegendsten Mißstände, welche die Unruhen in den Morozov-Werken offenkundig gemacht hatten, waren die hohen Fabrikstrafen und Lohnabzüge, die oft bis zu zwanzig Prozent des gesamten Arbeitslohnes ausmachten und in Einzelfällen sogar noch weit darüber hinausgehen konnten.[98] Strafen wurden für alle nur denkbaren Verstöße gegen die Fabrikordnung verhängt: für Verspätungen und undiszipliniertes Benehmen, vor allem aber für die Produktion von Ausschußware.[99] Bei der Bewertung des fertigen Produkts waren der Willkür der Fabrikdirektion keinerlei rechtliche Grenzen gesetzt, und hier entzündete sich am häufigsten der Unwille der Arbeiter.[100]

Aber nicht nur Strafen verminderten den vertraglich vereinbarten Lohn. Hinzu kamen alle möglichen Abzüge für Verpflegung, Werkzeuge und andere Arbeitsmaterialien, Beleuchtung, Unterkunft, Heizung, die Benutzung von Bädern und oft auch für medizinische Behandlung, obwohl die Behandlung in einem Fabrikkrankenhaus seit 1866 eigentlich kostenfrei sein mußte. Darüber hinaus wurde ein erheblicher Anteil des Arbeitslohns oft nicht in Geld ausbezahlt, sondern im sogenannten Trucksystem, also in Gebrauchswaren, Lebensmitteln, Wertpapiercoupons oder Berechtigungsscheinen für die Fabrikläden, die oft überteuerte Waren anboten und auf diese Weise einen ganz erheblichen Beitrag zum Umsatz der Fabrik leisteten.[101] Aber selbst Geldlöhne wurden häufig nur unregelmäßig und mit erheblicher Verzögerung ausbezahlt, so daß viele

---

des Finanzministeriums Nr. 4815 vom 21. 4. 1901: Svod otčetov fabričnych inspektorov za 1902 god, St. Petersburg 1904, S. XI; Gvozdev, Zapiski, S. 113.

[98] In der Gerichtsverhandlung über den Morozov-Streik traten Fabrikstrafen bis zu fünfzig Prozent des Lohnes zutage: Kantor, Morozovskaja stačka, S. 47; Vestnik Evropy, Juli 1886, Vnutr. Obozr., S. 375.

[99] Siehe beispielsweise: Mesjac na zavode, in: Otečestvennyja zapiski 199(Dez. 1871), S. 453-468. Peskov zählte in seiner Untersuchung der Moskauer Textilindustrie von 1882-1884 Spiele, Streitereien, Unsauberkeit und Verzicht auf den Kirchgang als häufige Gründe auf, für die Strafen verhängt werden: Pogožev, A.: Iz žizni fabričnago ljuda v stolice, in: Russkaja Mysl' 6(1885), Bd. 5, S. 1-17, hier S. 14. In einer Fabrik wurden Arbeiter dafür bestraft, „daß sie nicht genug Eifer gezeigt hatten, *so schien es dem Fabrikherrn*, das im Dreck versunkene Fuhrwerk des Herrn herauszuziehen." Ebenda, S. 15 (Kursiv im Text). Siehe auch den Bericht des Generalleutnants Šebeko über die Ursachen von Unruhen in Bergwerken im Gouvernement Ekaterinoslav im Jahr 1887: RGIA f. 37 op. 5 d. 2055 ll. 98-104.

[100] Von Webern wurde zum Beispiel häufig verlangt, einige Probestücke anzufertigen, bevor die Höhe des zukünftigen Stücklohns festgesetzt wurde. Waren die Weber damit nicht zufrieden, hatten sie den günstigsten Zeitpunkt, sich anderswo eine Arbeitsstelle zu suchen, meist schon verpaßt und mußten sich mit dem Angebot zufriedengeben: Pogožev, Iz žizni, S. 12.

[101] Mikulin, Očerki, S. 84-88; Ders., Fabričnaja inspekcija, S. 73-76; Rakovskij, Nekotorye materialy, S. 275.

Fabrikarbeiter bei ihrer Fabrik Kredit aufnehmen mußten, allein schon um ihre Steuern bezahlen zu können. Auf diese Weise gerieten viele Arbeiter geradezu zwangsläufig in finanzielle Abhängigkeit von ihrem Arbeitgeber, die sie dazu zwang, ihre Verträge immer wieder zu verlängern, weil sie anders ihre Schulden nicht abzahlen konnten.[102]

Diese Art der Bindung des Arbeiters an seine Fabrik stellte kein typisch russisches Phänomen dar, sondern war in der Anfangsphase der Industrialisierung auch in Westeuropa weit verbreitet. Wirksame Truckverbote gab es in einzelnen deutschen Staaten seit den sechziger Jahren, im übrigen Europa seit den siebziger und achtziger Jahren des neunzehnten Jahrhunderts. Parallel dazu enthielten die jeweiligen Gewerbeordnungen Bestimmungen über eine regelmäßige Lohnauszahlung sowie über die Androhung von Fabrikstrafen und Lohnabzügen. Nur das Schweizer Eidgenössische Fabrikgesetz von 1877 kannte allerdings eine Begrenzung der Fabrikstrafen sowie eine Pflicht, die Strafgelder sozialen Einrichtungen der Arbeiter, vorrangig Unterstützungskassen, zuzuführen. In den übrigen Staaten wurde meist nur festgelegt, daß Strafen allein auf der Basis von Fabrikordnungen oder vertraglichen Abmachungen verhängt werden durften. Wie im folgenden deutlich werden wird, fügte sich das russische Arbeitsrecht von 1886 in dieser Hinsicht also relativ frühzeitig in eine allgemeine europäische Entwicklung ein und stellte sich in einzelnen Teilbereichen des Arbeiterschutzes sogar mit an deren Spitze.[103]

Ein erster Schritt zur Sicherung des Arbeitslohnes war die Forderung, Strafen und Lohnabzüge schriftlich festzulegen, um sie so der Willkür der Fabrikanten zu entziehen. Dementsprechend war die Verpflichtung, alle Strafandrohungen in den jeweiligen Fabrikordnungen verbindlich aufzuführen, ein wichtiger Bestandteil aller Reformvorschläge.[104] Sie wurde ebenso in das Gesetz vom 3. Juni 1886 aufgenommen wie die Vorschrift, daß alle verhängten

---

[102] Kantor, Morozovskaja stačka, S. 47.

[103] In England existierte ein formelles Truckverbot zwar seit 1831, wirksam wurde es jedoch erst mit einer Novelle von 1887. In Deutschland waren Preußen mit einem Gesetz von 1849 sowie Sachsen und Württemberg die Vorreiter bei der Bekämpfung des Trucksystems, bis 1869 das preußische Truckverbot in die Gewerbeordnung des Norddeutschen Bundes übernommen wurde. In Frankreich wurde das Truckverbot hingegen erst 1905 gesetzlich verankert. Siehe die Artikel „Arbeiterschutzgesetzgebung" und „Trucksystem", in: Handwörterbuch der Staatswissenschaften, 3. Aufl., Bd. 1, Jena 1909, S. 591-783 und Bd. 7, Jena 1911, S. 1267-1274.

[104] Für die Kommission beim Petersburger Generalgouverneur von 1859 siehe Trudy kommissii, učreždennoj dlja peresmotra ustavov fabričnago i remeslennago, Bd. 1, S. 263-264. Für die Stackelberg-Kommission: Ebenda, Bd. 3, S. 168. Für das Projekt Orbinskijs von 1882: RGIA f. 20 op. 4 d. 4892 ll. 21-22. Für die Kommission beim Petersburger Stadthauptmann von 1881: RGIA f. 1405 op. 70 1872 g. d. 7290 ll. 247-251. Für die Plehwe-Kommission: RGIA f. 20 op. 2 d. 1802 ll. 96-103.

Strafen in das Abrechnungsheft einzutragen seien.[105] Auch die Forderung nach regelmäßigen Lohnzahlungen war seit einem entsprechenden Vorschlag der Ignat'ev-Kommission immer wieder erhoben worden.[106]

Da derartige Bestimmungen, wären sie verwirklicht worden, jedoch allenfalls ein Mindestmaß an Rechtssicherheit des Arbeiters gegen die Willkür des Fabrikanten garantieren konnten, wurden schon früh Überlegungen angestellt, wie Strafen und Lohnabzüge auch inhaltlich geregelt werden könnten. So hatten schon die Vorschläge Zakrevskijs und der Stackelberg-Kommission Lohnvorauszahlungen an Arbeiter begrenzt, um deren Abhängigkeit von der Fabrik zu verringern.[107] Auch ein Truckverbot war seit dem Reglement Zakrevskijs immer wieder gefordert worden.[108] Angesichts der Fabrikunruhen gegen Ende der siebziger Jahre setzte sich in Regierungskreisen zudem die Einsicht durch, daß auch die weitverbreitete Praxis völlig ungeregelter Fabrikstrafen gesetzlich eingeschränkt werden müßte.[109] Als erster Schritt wurde 1883 die Auszahlung von Löhnen in Wertpapiercoupons verboten, da es hier wiederholt zu Mißbrauch von Seiten der Fabrikanten gekommen war.[110] Hingegen hatte die Anregung des Petersburger Papierfabrikanten Vargunin gegenüber der Valuev-Kommission, daß Fabrikstrafen dem Staat oder dem örtlichen Zemstvo, nicht aber der Fabrik zugute kommen sollten, vorläufig keine Resonanz gefunden.[111]

Damit waren die wichtigsten Arbeiterschutzbestimmungen im Bereich der Lohnsicherung relativ früh schon diskutiert worden, ohne jedoch Niederschlag in konkreten Gesetzgebungsmaßnahmen zu finden. Hier brachte der Morozov-Streik einen Umschwung. Die Regelungen, die von der Plehwe-Kommission

---

[105] PSZ 3 Bd. VI Nr. 3769, Pravila, Art. 34 und Art. 24 e). Auch die Forderung, verhängte Strafen in die Abrechnungshefte einzutragen findet sich bereits in allen früheren Kommissionen, die Abrechnungshefte vorschrieben.

[106] Balabanov, Očerki, Bd. 2, S. 336; RGIA f. 20 op. 4 d. 4892 ll. 21-24 (Projekt Orbinskijs).

[107] Trudy kommissii, Bd. 3, S. 30 § 46, S. 99-100 und S. 169 § 45.

[108] Bestimmungen über ein Truckverbot finden sich in den Vorschlägen der Ignat'ev-Kommission, des Gouvernements-Zemstvo von Vladimir von 1877 sowie dem Projekt Orbinskijs: Balabanov, Očerki, Bd. 2, S. 336; Tugan-Baranowsky, Die russische Fabrik, S. 215 und S. 458-459; RGIA f. 20 op. 4 d. 4892 ll. 21-24.

[109] Brief des Finanz- an das Justizministerium vom 13.5.1878: RGIA f. 1405 op. 70 1872 g. d. 7290 ll. 75-81. In seinem Projekt von 1881 nahm Orbinskij bereits auch die wohltätige Zweckbestimmung von Fabrikstrafen vorweg: RGIA f. 20 op. 4 d. 4892 ll. 57-60.

[110] Gesetz vom 10.6.1883: PSZ 3 Bd. III Nr. 1626. Mißbrauch wurde vor allem mit Wertpapieren getrieben, deren aktueller Kurswert wegen ihrer langen Laufzeit oft deutlich unter dem Nennwert lag, zu dem sie den Arbeitern ausgegeben wurden: RGIA f. 1149 op. X 1883 g. d. 46 l. 10-13. 1885 wurde das Verbot noch einmal verschärft: PSZ 3 Bd. V Nr. 3048; Polovcov, Dnevnik, Bd. 1, S. 528.

[111] King, V.: The Emergence of the St. Petersburg Industrial Community, 1870-1905, Diss. Phil., Berkeley 1982, S. 268.

erarbeitet wurden und am 3. Juni 1886 Gesetzeskraft erhielten, waren in den Worten eines Fabrikinspektors „der vollendetste Teil unserer ganzen Fabrikgesetzgebung"[112] und stellten zu diesem Zeitpunkt neben den entsprechenden Bestimmungen des Schweizer Gesetzes von 1877 den umfassendsten Schutz des Arbeitslohns in Europa dar. Im allgemeinen, für das gesamte Reich gültigen Gesetzesteil wurde festgelegt, daß Löhne mindestens einmal, bei unbefristeten Arbeitsverträgen sogar mindestens zweimal monatlich ausbezahlt werden mußten. Erlaubt waren nur Zahlungen in barem Geld. Für ärztliche Hilfe, die Beleuchtung von Werkstätten und die Benutzung von Werkzeug durfte kein Anteil vom Lohn abgezogen werden. Um den Lebensunterhalt der Arbeiter zu sichern, konnte gegenüber finanziellen Ansprüchen Dritter höchstens ein Drittel, bei Verheirateten sogar nur ein Viertel des Lohnes verpfändet werden. Gleichermaßen durften nur solche Schulden der Fabrikarbeiter gegenüber der Fabrikdirektion direkt aus dem Lohn getilgt werden, für die sie Lebensmittel und andere lebensnotwendige Konsumgüter aus dem Fabrikladen bezogen hatten. Ab 1893 schließlich fielen auch Lohnvorauszahlungen unter diese Beschränkungen. Zinsen durfte die Fabrik dafür allerdings nicht erheben.[113]

Obwohl das Truckverbot mit der Erlaubnis zur Kreditierung von Lebensmitteln in einem wesentlichen Punkt halbherzig und unvollständig blieb, boten diese Bestimmungen doch zumindest einen elementaren Schutz, da den Inspektoren ein erhebliches Maß an Kontrollmöglichkeiten eingeräumt wurde. Die Mieten für Arbeiterwohnungen, die Gebühren für die Benutzung von Bädern, Teestuben, Speiseräumen usw. sowie das Lebensmittelangebot der Fabrikläden mußten fortan von den Inspektoren bestätigt werden. Auch die Tabellen, auf denen alle Strafandrohungen bei Verstößen gegen die Fabrikordnung aufgeführt sein mußten, bedurften der Bestätigung durch die Inspektion. Welche Arten von Fabrikstrafen zulässig waren, wurde ausführlich geregelt, wobei die Arbeiter vor allem vor Strafen für Verspätungen oder mangelhafte Arbeit geschützt wurden, die sie nicht selbst zu verantworten hatten. Dies galt etwa, falls sie selbst oder enge Familienangehörige erkrankten oder wenn die geringe Qualität des fertigen Produkts nicht durch Nachlässigkeit, sondern durch mangelhaftes Material verursacht worden war. Zwar wurde die Höhe der einzelnen Strafen gesetzlich nicht festgelegt. Die Summe aller verhängten Strafen durfte im Monat jedoch nicht mehr als ein Drittel des Lohnes des jeweiligen Arbeiters betragen. Wurde diese Grenze überschritten, stand es dem Fabrikanten allenfalls frei, den betreffenden Arbeiter zu entlassen. Die starke Stellung des Inspektors

---

[112] Gvozdev, Zapiski, S. 122.
[113] PSZ 3 Bd. VI Nr. 3769, Kap. I, Art. 11, 12, 14-17; Bd. XIII Nr. 9767, Kap. I, Art. 105.

wurde noch dadurch unterstrichen, daß Arbeiter sich nicht bei der Fabrikdirektion gegen Strafen beschweren konnten, sondern bei Gesetzesverstößen den Fabrikinspektor einschalten sollten.

Um schließlich das Vertrauen der Arbeiter zu stärken, daß Fabrikstrafen nach objektiven Maßstäben verhängt wurden, mußte bei jeder Fabrik ein besonderes Wohltätigkeitskapital gebildet werden, in das alle Strafgelder einbezahlt wurden. Mit Ausnahme der Schweiz war eine solche Regelung einmalig in Europa, worauf viele Inspektoren mit Recht stolz waren. Schließlich mußten alle verhängten Strafen binnen drei Tagen in das Abrechnungsheft des Bestraften sowie in ein besonderes Buch bei der Fabrikdirektion eingetragen werden, um jederzeit eine Kontrolle durch den Inspektor zu ermöglichen.[114]

Diese umfangreichen Bestimmungen stellten den eigentlichen Kern des Arbeiterschutzes dar, mit dem die Regierung „die Arbeiter industrieller Einrichtungen gegen die mögliche Willkür und Unterdrückung von seiten der Unternehmer" schützen wollte.[115] Weitere Motive wie die Erziehung der Arbeiter zu einem regelmäßigeren und „moralischeren" Lebenswandel sowie die Sicherung ihrer Fähigkeit, Steuern zu bezahlen, traten demgegenüber deutlich in den Hintergrund.[116] Zugleich berührte dieser Eingriff in fabrikinterne Verhältnisse aber auch das patriarchalische Selbstverständnis vieler Industrieller. Bereits in früheren Kommissionen hatten sich die beteiligten Fabrikanten immer wieder mit Erfolg gegen Vorschläge gewandt, die ihre Freiheit bei der Gestaltung der Löhne beschränkt hätten, und sei es nur durch das Aushängen verbindlicher Lohntabellen.[117] Der Freiheit der Lohngestaltung wurde im Gesetz vom 3. Juni 1886 dementsprechend Rechnung getragen, indem der Lohn ganz der vertraglichen Vereinbarung zwischen Arbeiter und Fabrikdirektion überlassen blieb. Nur wenn diese keine eindeutige Abmachung enthielt, zum Beispiel weil Stücklöhne bezahlt wurden, sollten die allgemeinen Lohntabellen der Fabrik als Berechnungsgrundlage dienen. Da der Fabrikinspektor diese Tabellen

---

[114] PSZ 3 Bd. VI Nr. 3769, Pravila, Art. 26, 27, 30-39. Siehe auch von Laue, Factory Inspection, S. 358-359.

[115] RGIA f. 20 op. 2 d. 1802 l. 108.

[116] Ebenda ll. 3-4, ll. 32-34 und ll. 55-56. Auf Anordnung des Finanzministeriums wurde der Arbeitslohn auch vor Steuerforderungen des Fiskus geschützt, welche zusammen mit anderen Forderungen zukünftig ebenfalls nur ein Drittel bzw. bei Verheirateten ein Viertel des Lohnes ausmachen durften. Diese Auffassung wurde durch ein Gesetz vom 22. Mai 1895 bestätigt: PSZ 3 Bd. XV Nr. 11702; Mikulin, Očerki, S. 22-23.

[117] Trudy kommissii, učreždennoj dlja peresmotra ustavov fabričnago i remeslennago, Bd. 2, S. 263-264; Ebenda, Bd. 3 S. 28, S. 96 und S. 168-169. In den Anhörungen der Petersburger Kommission von 1881 wandten sich einige Industrielle sogar dagegen, daß feste Lohnberechnungsgrundlagen in das Arbeitsbuch eingetragen würden, da dies die Arbeitsmoral des dermaßen abgesicherten Arbeiters untergraben könne: RGIA f. 1405 op. 70 1872 g. d. 7290 ll. 257-258.

zwar inhaltlich nicht bestätigen durfte (*utverždat'*), sie aber erst durch seine Beglaubigung Gültigkeit erhielten (*svidetel' stvovat'*), eröffnete sich hier jedoch in der Praxis der Inspektion ein weites Feld für eine informelle Einflußnahme auf die Gestaltung der Löhne, ohne daß dies für die Industriellen in den Anhörungen der Plehwe-Kommission bereits abzusehen war.[118]

Zentrum der Auseinandersetzung zwischen Regierung und Industrie waren jedoch die Bestimmungen über die Fabrikstrafen. Der Moskauer Fabrikinspektor Janžul, der an den Beratungen der Plehwe-Kommission maßgeblichen Anteil hatte, berichtete in seinen Erinnerungen eindringlich von den Versuchen des Vorsitzenden des Moskauer Börsenkomitees Najdenov, Fabrikstrafen als elementaren Bestandteil der patriarchalischen Ordnung in den Fabriken zu verteidigen. Während Janžul und Tagancev eine Regulierung als Schutz gegen einzelne Willkürakte verteidigten, griff N. A. Alekseev, der sich mit seinen fortschrittlichen Ansichten zum persönlichen Intimfeind Najdenovs gemacht hatte, die patriarchalische Ordnung als solche an. Er verwies auf den erschreckenden Gesundheitszustand der Arbeiter, den die allgemeine Wehrpflicht offengelegt habe:

> „Sowohl das Wachstum als auch der Brustumfang bei den Rekruten vermindern sich in den Industriegouvernements merklich und schnell. Offensichtlich kränkelt die Bevölkerung und schickt einen immer höheren Prozentsatz Untauglicher zum Wehrdienst. Offensichtlich sind die angeblich patriarchalischen Verhältnisse unserer Fabrikarbeit nicht so unschädlich, wie der Vorsitzende des Börsenkomitees sie zu verteidigen versucht hat."[119]

Diesem Generalangriff auf die patriarchalische Ordnung, so Janžul, hatte Najdenov nichts mehr entgegenzusetzen, so daß das Projekt der Plehwe-Kommission ohne wesentliche Abstriche verabschiedet wurde.

Auch das offizielle Protokoll der Anhörung läßt erkennen, daß es immer wieder das Eintreten Alekseevs sowie seines Schwagers S. I. Četverikov für eine möglichst weitgehende gesetzliche Regelung war, welches die widerstrebende Haltung der übrigen Industriellen überwinden half. Unter ihrem Einfluß sprach sich die Mehrheit der Industriellen sogar dafür aus, Fabrikstrafen zukünftig auf höchstens 25 % des Lohnes zu begrenzen und unter Verzicht auf eine Entschädigung für eventuell entstandene Schäden aus mangelhafter Arbeit einem wohltätigen Zweck zuzuführen. Dieser Haltung schloß sich schließlich auch Najdenov an, so daß am Ende nur noch der Petersburger F. K. San-Galli „im Interesse der Erhaltung einer gewissen Patriarchalität (*patriarchal' nost'*) in den Beziehungen zwischen den Arbeitern und dem Fabrikherrn" auf völlig unbeschränkten

---

[118] Zur Kritik an dieser Bestimmung siehe Bezobrazov, V. P.: Nabljudenija i soobraženija otnositel'no novych fabričnych uzakonenij i fabričnoj inspekcii, St. Petersburg 1888, S. 59-65.
[119] Janžul, Iz vospominanij, S. 70.

Fabrikstrafen beharrte.[120] Auch bezüglich der Lohnzahlungsfristen war sich die Mehrheit der Industriellen einig, daß dem häufigen Mißbrauch durch eine gesetzliche Regelung Einhalt geboten werden müsse. Allerdings konnten sie keine Übereinstimmung erzielen, ob eine wöchentliche oder eine monatliche Lohnzahlung praktikabler sei und positiveren Einfluß auf die Lebensweise der Arbeiter ausüben würde. Allein in der Frage des Truckverbots konnte Alekseev sich nicht durchsetzen: die Mehrheit der Industriellen hielt unbeirrt und letztlich erfolgreich an dem Standpunkt fest, daß eine Überwachung der Fabrikläden durch die Inspektion ebenso undurchführbar sei wie ein Verbot, Arbeitern Kredite zu geben, da diese dann dazu genötigt seien, anderswo zu wesentlich ungünstigeren Konditionen Geld zu leihen.[121]

Auf den ersten Blick mag der geringe Widerstand überraschen, den die Vertreter der Industrie in der Plehwe-Kommission letztlich einem so weitreichenden Eingriff in die internen Verhältnisse der Fabriken entgegensetzten, wie ihn die Regelung der Lohnauszahlung und der Fabrikstrafen darstellte. Der Grund dafür lag in der Form des Anhörungsverfahrens. Wie üblich wurden auch in die Plehwe-Kommission nur einzelne Spitzen der Industrie geladen. Diese gaben ohne weiteres zu, daß in vielen Fabriken beispielsweise bei der Lohnauszahlung erhebliche Mißstände herrschten.[122] Angesichts des nur wenige Monate zurückliegenden Streiks in den Morozov-Werken konnten sie kaum die Praktiken verteidigen, die zu den Unruhen geführt hatten, ohne ihre Stellung als „Experten" und damit ihren Einfluß auf die Gesetzgebung zu gefährden. Vermutlich erkannten auch sie, daß eine Wiederholung solcher Unruhen nicht im Interesse der Industrie liegen konnte. Darüber hinaus aber machten gerade die Beratungen in der Plehwe-Kommission deutlich, daß diese Form der Anhörung ein gemeinsames Auftreten der Industrie verhinderte und einzelnen, fortschrittlich gesinnten Industriellen wie Alekseev und Četverikov eine Bedeutung zumaß, die ihrem Gewicht innerhalb der Industrie nicht entsprach.

In welchem Ausmaß sich die Industrie mit diesen Regelungen abfinden konnte, mußte also letztlich die Praxis erweisen. In der Frage des Trucksystems zeigte sich, daß die wenn auch halbherzigen Maßnahmen des Gesetzes zumindest dort Wirkung zeigten, wo sie vor Ort von den Inspektoren durchgesetzt wurden. Dies war allerdings bei der anfangs sehr schwachen personellen Ausstattung der Inspektion nur an einzelnen Schwerpunkten möglich. Vor

---

[120] RGIA f. 20 op. 2 d. 1802 l. 57. Den anwesenden Industriellen war zu diesem Zeitpunkt nicht bekannt, daß die Plehwe-Kommission bereits eine Beschränkung der Strafen auf ein Drittel des Lohnes beschlossen hatte.
[121] Ebenda ll. 55-56.
[122] Ebenda ll. 55-56.

allem kleine und entlegene Betriebe verstießen nach wie vor häufig gegen das Truckverbot, so daß hier nur ein energisches Auftreten des Inspektors den erhofften Erfolg bringen konnte.[123] Zumindest in den Großbetrieben der zentralen Industriegebiete scheint es allerdings trotz immer wiederkehrender Beschwerden über gesetzwidrige Lohnabzüge (beispielsweise für medizinische Behandlung) zu einer weitgehend effektiven Kontrolle gekommen zu sein.[124] Darüber hinaus lieferten die Maßnahmen zur Bekämpfung des Truckverbots einen erheblichen Impuls für die Gründung von Konsumgenossenschaften, mit denen Fabrikbesitzer die Beschränkungen zu umgehen hofften.[125] Auch wenn die Auszahlung des Arbeitslohnes in Waren sich auf die Dauer nicht völlig abstellen ließ, ging sie doch ganz erheblich zurück. Daß die Kreditierung von Lebensmitteln erhalten blieb und vor allem in entlegenen Gebieten wohl auch erhalten bleiben mußte, schränkte die Möglichkeiten einer effektiven Bekämpfung des Trucksystems allerdings erheblich ein.[126]

Gerade in den Anfangsjahren überschritten die Inspektoren sogar regelmäßig die Kompetenzen, die ihnen durch das Gesetz vom 3. Juni 1886 übertragen worden waren. Bereits 1887 beschwerten sich die Moskauer Industriellen gegen den Übereifer, den manche Inspektoren bei der Kontrolle des Warenangebots in den Fabrikläden an den Tag legten und daß sie offensichtlich nicht davor zurückschreckten, auch die Preise einer Bestätigungspflicht zu unterwerfen.[127] 1892 mußte Plehwe zugeben, daß es gängige Praxis der Inspektion war, auch die Preise in den Fabrikläden zu kontrollieren, so daß schließlich noch im selben Jahr eine Bestätigungspflicht für die Bergwerke und 1893 für die Fabrikindustrie erlassen wurde.[128] Trotz gewisser Erfolge konnte jedoch auch diese Preisregulierung nicht verhindern, daß im langjährigen Durchschnitt die

---

[123] Gvozdev, Zapiski, S. 18-19, S. 31 und S. 137-139; Bykov, Fabričnoe zakonodatel'stvo, S. 178; Mikulin, Očerki, S. 88-93; Ders., Fabričnaja inspekcija, S. 77-80. Allerdings wurde das Vorgehen der Inspektoren dadurch behindert, daß die Inspektion nur formale Verstöße selbst ahnden durfte, während die Frage nach der Schuld des Fabrikherren oder der Direktion von einem Gericht geklärt werden mußte: Gvozdev, Zapiski, S. 45.
[124] Siehe zum Beispiel: Čistjakov, I.: Strachovanie rabočich v Rossii. Opyt istorii strachovanija rabočich v svjazi s nekotorymi drugimi merami ich obespečenija, Moskau 1912, S. 157.
[125] Pažitnov, K. A.: Očerk razvitija rabočej potrebitel'skoj kooperacii, in: Trud v Rossii 1(1924), S. 205-214, hier S. 207. In anderen Fällen wurden Fabrikläden untervermietet, um sie der Kontrolle durch die Inspektion zu entziehen: Mikulin, Očerki, S. 32-33.
[126] Gvozdev, Zapiski, S. 140; Bonnell, V. (Hg.): The Russian Worker. Life and Labor under the Tsarist Regime, Berkeley 1983, S. 138-140.
[127] RGIA f. 37 op. 5 d. 2055 l. 37 und l. 47; Mikulin, Očerki, S. 66; Bezobrazov, Nabljudenija, S. 60 und S. 71-72. Zur übertriebenen Regelung des Warenangebotes siehe auch Gvozdev, Zapiski, S. 140.
[128] RGIA f. 37 op. 5 d. 2055 l. 357; PSZ 3 Bd. XII Nr. 8402, Kap. II, Art. 9. (Gesetz vom 9. 3. 1892); PSZ 3 Bd. XIII, Nr. 9767 Kap. I Art. 141 (Gesetz vom 8. 6. 1893).

dem allgemeinen Preisniveau angepaßten Preissteigerungen in den Fabrikläden einen Großteil des Lohnzuwachses der Arbeiter wieder aufzehrten.[129]

Das Verbot von Lohnabzügen führte allerdings auch dazu, daß die in Zentralrußland weitverbreitete Verpflegung durch Verköstigungsartele (*prodovol'stvennye arteli*), die bislang direkt von der Fabrik aus den Löhnen der Arbeiter bezahlt worden waren, erheblich zurückging.[130] Dieses Beispiel zeigt an einem einzelnen, konkreten Sachverhalt, inwieweit das Gesetz vom 3. Juni 1886 dazu beitrug, die Arbeitsverhältnisse in den Fabriken nicht nur zu regulieren, sondern damit auch zu vereinheitlichen und regionale Besonderheiten des Fabriklebens einzuebnen. Dies war der wohl unvermeidliche Preis dafür, daß es mit dem Gesetz vom 3. Juni 1886 offensichtlich gelang, zumindest an den Brennpunkten industriellen Lebens die Abhängigkeit der Arbeiter von den Fabrikdirektionen erheblich einzuschränken und die freie Verfügung der Arbeiter über ihren Lohn zu gewährleisten.

Auch auf dem schwierigen Gebiet der Fabrikstrafen konnte das Gesetz vom 3. Juni 1886 trotz des heftigen Protests vieler Fabrikanten beachtliche Erfolge verzeichnen.[131] Innerhalb kurzer Zeit stellten viele Fabriken die Bestrafung ihrer Arbeiter ganz ein und gingen statt dessen dazu über, die Disziplin in den Fabriken über ein System von Prämien aufrechtzuerhalten, die gesetzlich nicht reguliert waren. Aber auch in den zentralrussischen Gouvernements, in denen Fabrikstrafen noch am konsequentesten beibehalten wurden, erreichten sie im Durchschnitt nur noch ein halbes Prozent der Lohnsumme.[132] Diese Leistung des Gesetzes wurde von den Arbeitern auch durchaus anerkannt.[133] Dennoch lösten vor allem die Lohnabzüge für die Produktion von Ausschuß, die sechzig, in Webereien sogar bis zu achtzig Prozent aller Fabrikstrafen ausmachten, auch weiterhin immer wieder Unzufriedenheit und Unruhen aus.[134]

Nicht zuletzt wurde mit der Bestimmung, daß die Fabrikstrafen zu wohltätigen Zwecken verwendet werden mußten, der erste, wenn auch sehr zaghafte

---

[129] Gvozdev, Zapiski, S. 103.
[130] Bykov, Fabričnoe zakonodatel'stvo, S. 190.
[131] Die meisten Fabrikanten sahen Fabrikstrafen als eine gerechte Entschädigung für den Schaden an, der ihnen aus Unvorsichtigkeiten, Bummelei usw. erwachse. Diese Auffassung wurde jedoch von den in der Plehwe-Kommission gehörten Industriellen verworfen: RGIA f. 20 op. 2 d. 1802 l. 57; Mikulin, Očerki, S. 8-10 und S. 56-58; Ders., Fabričnaja inspekcija, S. 58-60.
[132] Um 1900 wurden nur noch in 27 % aller Fabriken überhaupt Strafen verhängt. Im Durchschnitt betrugen sie 24,5 Kopeken pro 100 Rubel ausbezahlter Löhne, wobei selbst die Spitzenwerte, die in den Gouvernements Kostroma und Vladimir erzielt wurden, nur 63,4 bzw. 55,6 Kopeken pro 100 Rubel erreichten: Svod otčetov fabričnych inspektorov za vtoruju polovinu 1900 goda, S. 64-81. Siehe auch Mikulin, Očerki, S. 102.
[133] Gvozdev, Zapiski, S. 123-124.
[134] Ebenda, S. 124-126; Geyer, D.: Lenin in der russischen Sozialdemokratie, Köln, Graz 1962, S. 64-65.

Schritt hin zu einer staatlichen Sozialpolitik getan. In einer Verordnung des Finanzministeriums vom 4. Dezember 1890 wurde festgelegt, daß das Strafkapital bei den Fabriken vorrangig für die Unterstützung kranker und invalider Arbeiter, schwangerer Arbeiterinnen in den zwei Wochen vor und nach der Geburt sowie bei dem Verlust von Eigentum bei Feuer oder Unfällen verwendet werden sollte.[135] Ab 1895 flossen auch die von der Inspektion gegenüber einzelnen Fabrikanten verhängten Strafen in einen zusätzlichen, staatlich verwalteten Fonds zur Unterstützung kranker und verkrüppelter Arbeiter.[136] In der Folge wurden diese Regeln durch Verordnungen der einzelnen Gouvernementsfabrikbehörden sowie bezüglich des staatlichen Fonds durch ein Gesetz vom 8. Juni 1901 weiter präzisiert. Über eine möglichst weitgehende Regelmäßigkeit und Einheitlichkeit der Zahlungen sollte – wenn schon nicht formell, so doch zumindest in der Praxis – ein Anspruch bedürftiger Arbeiter auf derartige Unterstützungen begründet werden, der aus dem Gesetz von 1886 eigentlich nicht abzuleiten war.[137] Besondere Erfolge konnten dabei dort verzeichnet werden, wo die Inspektion gezielt die Hilfsleistungen auf einzelne soziale Probleme konzentrierte. So gelang es beispielsweise im Gouvernement Kostroma, wo der Schwerpunkt der Hilfszahlungen bei der Unterstützung werdender Mütter gesetzt wurde, einen vierwöchigen Mutterschutz in der Praxis fest zu verankern, auch wenn die Zuwendungen aus dem Hilfskapital den Lohnausfall nur zu zwei Dritteln ausgleichen konnten.[138] Insgesamt wurden allein im Jahr 1905 549.000 Rubel an Unterstützungen aus diesem Kapital ausbezahlt.[139] Diese Summe reichte zwar bei weitem nicht aus, um alle Bedürfnisse zu decken. Vor allem für die Unterstützung kranker und dauerhaft arbeitsunfähiger Arbeiter standen mit gerade 81.000 Rubeln nur geringe Mittel bereit. Dennoch machen diese Zahlen deutlich, daß es nicht nur gelang, die Fabrikstrafen der Willkür der Fabrikanten weitgehend zu entziehen, sondern daß zumindest in vielen Einzelfällen eine effektive Hilfeleistung von staatlicher Seite möglich wurde.

---

[135] RGIA f. 150 op. 1 d. 544 l. 13; Mikulin, Očerki, S. 38-39.
[136] Gesetz vom 29.5.1995: PSZ 3 Bd. XV Nr. 11739; Gvozdev, Zapiski, S. 135-136; Bykov, Fabričnoe zakonodatel'stvo, S. 218.
[137] PSZ 3 Bd. XXI Nr. 20343; Verordnung des Finanzministeriums vom 22.5.1902: Promyšlennost' i Zdorov'e 1(1902/03), Nr. 3, S. 137-139. So bestimmte eine Verordnung der Petersburger Fabrikbehörde vom 26. April 1895, daß die jährlichen Einnahmen aus Fabrikstrafen auch tatsächlich wieder ausgegeben werden mußten und legte die Höhe der Unterstützung auf einheitlich 50 % des Lohnes fest, soweit noch Kapital zur Verfügung stand: RGIA f. 150 op. 1 d. 544 l. 13-14; Mikulin, Očerki, S. 60-62.
[138] Solche Schwerpunkte wurden auch in den Gouvernements Vologda, Jaroslavl' und Vladimir gesetzt, während ansonsten die Hilfszahlungen gleichmäßig über die verschiedenen Gruppen bedürftiger Arbeiter gestreut wurden: Svod otčetov fabričnych inspektorov za vtoruju polovinu 1900 goda, S. 80-81; Gvozdev, Zapiski, S. 128-131; Mikulin, Očerki, S. 102-104.
[139] Bykov, Fabričnoe zakonodatel'stvo, S. 218.

Mit dem Gesetz vom 3. Juni 1886 kam die Entwicklung eines modernen Lohnarbeitsrechts, das seit der Abschaffung der Leibeigenschaft einer umfassenden Neuregelung harrte, zu einem vorläufigen Abschluß. Nach jahrzehntelangen Diskussionen wurde endlich eine der wichtigsten Lücken im russischen Rechtssystem geschlossen.[140] Auch wenn der Fabrikant nach wie vor der „Herr im Hause" blieb, wurde dem Arbeiter mit der Verschriftlichung des Arbeitsvertrags ein Rechtsstatus eingeräumt, der es ihm jederzeit ermöglichte, seine vertraglichen Rechte gegenüber dem Fabrikbesitzer einzuklagen. Darüber hinaus wurden die Arbeiter mit einer ganzen Reihe gesetzlicher Regelungen vor Willkürmaßnahmen von seiten der Fabrikdirektion geschützt.

Dieser moderne Arbeiterschutz wurde von vielen russischen Staatsmännern bewußt als Versuch gesehen, über eine fürsorgliche Politik der Regierung die schweren sozialen Auseinandersetzungen zu vermeiden, welche die Industrialisierung in Westeuropa, gegen Ende des Jahrhunderts zunehmend aber auch in Rußland begleiteten. So förderlich dieser ideologische Unterbau für den schnellen Aufbau des russischen Arbeitsrechts auch war, so wenig konnte er dieses jedoch inhaltlich entscheidend prägen. Ein Großteil der Bestimmungen, die mit dem Gesetz vom 3. Juni 1886 verwirklicht wurden, hatte seinen Ursprung ebensosehr in den Reformbestrebungen der sechziger wie in den Fabrikunruhen der späten siebziger und achtziger Jahre. In vielen Bereichen wirkten diese Unruhen nur noch als Auslöser, um langwierige Gesetzesprojekte endlich zum Abschluß zu bringen. Selbst die Strafbarkeit eigenmächtiger Arbeitsniederlegung, eines der repressivsten Element des russischen Arbeitsrechts, war das Ergebnis einer im Grunde veralteten Diskussion, die durch die Fabrikunruhen der vorangegangenen Jahre erst wiederbelebt und zugespitzt, nicht aber primär verursacht wurde.

Gemeinsamer Nenner aller Bestimmungen des Gesetzes vom 3. Juni 1886 war die Stärkung des Rechtsbewußtseins der Arbeiter. Klar definierte Rechte und Pflichten sollten ihre Überzeugung stärken, daß sie der Willkür ihrer Fabrikherren nicht schutzlos ausgeliefert waren, daß sie aber auch ihrerseits einmal eingegangene Verpflichtungen erfüllen mußten.

Von einer gestaltenden Sozialpolitik war dieser Ansatz allerdings noch weit entfernt. So zeigte das Gesetz vom 3. Juni 1886 keinerlei Perspektiven, wie die Lebensverhältnisse der Arbeiter verbessert werden könnten. Sanitäre Fragen und Sicherheitsbestimmungen blieben von den Gesetzen der achtziger Jahre weitgehend unberührt, obwohl sie bereits seit langem diskutiert worden waren. Umso weniger noch wurden die Wohnverhältnisse der Arbeiter, die medizinische Versorgung oder gar die Absicherung gegen soziale Risiken geregelt. Zudem konnte eine ausschließlich an Rechtsprinzipien orientierte Politik,

---

[140] Eine Woche später wurde mit dem Gesetz vom 12. 6. 1886 auch die Lohnarbeit von Landarbeitern geregelt: PSZ 3 Bd. VI Nr. 3803.

welche nicht nur die bestehende Ungleichheit festschrieb, sondern die Arbeiter darüber hinaus in der Frage des Vertragsbruchs eklatant ungerecht behandelte, weder soziale Spannungen entschärfen, noch langfristig das Vertrauen der Arbeiter in den Staat stärken. Auf absehbare Zeit mußte die Verrechtlichung des Lohnverhältnisses deshalb um legale Möglichkeiten der Lösung von Arbeitskonflikten sowie um eine aktive Sozialpolitik ergänzt werden. Diese Ansätze sollen in den verbleibenden Kapiteln untersucht werden.

VI. IMPULSE AUS DER PRAXIS: DER AUFBAU EINER FABRIKINSPEKTION

Im Rahmen des Gesetzes vom 1. Juni 1882 über die Kinderarbeit war erstmals in Rußland eine Fabrikinspektion gegründet worden, um über die Einhaltung der neuen Bestimmungen zu wachen. Mit dem Gesetz vom 3. Juni 1886 wurde diese nun zu einer mit umfassenden Kompetenzen ausgestatteten Behörde ausgebaut, deren Tätigkeitsbereich in den folgenden zwanzig Jahren über das gesamte europäische Rußland einschließlich Polens und des Kaukasus ausgedehnt wurde. An ihrer Tätigkeit muß sich der Erfolg, aber auch der Charakter des russischen Arbeiterschutzes messen lassen. In welchem Maß gelang es der neuen Einrichtung, die Bestimmungen des Gesetzes von 1886 in die Tat umzusetzen? Mehr noch, inwieweit wuchs sie dabei über ihre eigentlichen Kompetenzen eines Aufsichtsorgans in die Funktion eines staatlichen Kontrollinstruments hinein, das aktiv gestaltend in die Interessenkonflikte zwischen Arbeitern und Unternehmern eingriff?[1]

Der Aufbau einer staatlichen Fabrikinspektion war keine Besonderheit des Zarenreiches. Fast alle europäischen Staaten hattten mit dem Einsetzen der Arbeiterschutzgesetzgebung derartige Institute eingeführt, die in jüngerer Zeit verstärkt Gegenstand historischer Forschung geworden sind.[2] Eine staatliche

---

[1] Zur russischen Fabrikinspektion siehe Janžul, I. I.: Iz vospominanij i perepiski fabričnago inspektora pervago prizyva. Materialy dlja istorii russkago rabočago voprosa i fabričnago zakonodatel'stva, St. Petersburg 1907; Gvozdev, S. [A. K. Klepikov]: Zapiski fabričnago inspektora. Iz nabljudenii i praktiki v period 1894-1908 gg., Moskau 1911; Mikulin, A. A.: Fabričnaja inspekcija v Rossii. 1882-1906, Kiev 1906; Aleksandrov, M. [A. Mikulin]: Fabričnaja inspekcija v Rossii, in: Promyšlennost' i Zdorov'e 1(1902/03), Nr. 8, S. 1-41; Ozerov, I. Ch.: Politika po rabočemu voprosu v Rossii za poslednie gody, Moskau 1906; Litvinov-Falinskij, V. P.: Fabričnoe zakonodatel'stvo i fabričnaja inspekcija v Rossii, 2. Ausgabe, St. Petersburg 1904, S. 281-344; Giffin, F.: I. I. Yanzhul, Russia's First District Factory Inspector, in: SEER 49(1971), S. 80-91; Laue, T. H. von: Factory Inspection under the „Witte System" 1892-1903, in: ASEER 19(1960), S. 347-362; Vovčik, A. F.: Politika carizma po rabočemu voprosu v predrevoljucionnyj period (1895-1904), L'vov 1964, S. 215-249.

[2] Karl, M.: Fabrikinspektoren in Preußen: das Personal der Gewerbeaufsicht 1854-1945. Professionalisierung, Bürokratisierung und Gruppenprofil, Opladen 1993; Buck-Heilig, L.: Die Gewerbeaufsicht. Entstehung und Entwicklung, aufgezeigt am Beispiel des Regierungsbezirkes Detmold, Diss. Phil. Konstanz 1988; Pohl, K. H.: Sozialdemokratie und Gewerbeinspektion. Zum Verhältnis von Staat, Arbeiterbewegung und Arbeitgebern in Süddeutschland zwischen 1890 und 1914, in: VSWG 75(1988), S. 457-482; Simons,

Fabrikinspektion bildete „die unerläßliche Ergänzung des gesetzlichen Arbeiterschutzes".[3] Bereits das englische Gesetz über den Schutz von Minderjährigen in der Woll- und Baumwollindustrie von 1802 sah ehrenamtliche Fabrikinspektoren vor, die sogenannten „visitors". Aufgrund ihrer schwachen Stellung war ihnen allerdings ebensowenig Erfolg beschieden wie ihren 1845 geplanten Pendants in Preußen, den Lokalkommissionen, oder den 1870 eingerichteten ehrenamtlichen Inspektoren in Baden.[4] Bald setzte sich die Einsicht durch, daß Arbeiterschutzgesetze nur dann wirksam werden konnten, wenn ihre Einhaltung von besonderen, staatlichen Fabrikinspektoren überwacht wurde. Erstmals wurde deshalb in Großbritannien 1833 eine staatliche Inspektion eingerichtet. Ihre Zuständigkeit umfaßte nur die Gesetze zum Schutz von Frauen und Kindern, wurde aber mit dem allmählichen Ausbau der englischen Fabrikgesetzgebung bald auch auf Sicherheits- und Sanitärvorschriften sowie die Einhaltung des Truckverbotes ausgedehnt. 1853 wurden in Preußen die ersten staatlichen Fabrikinspektoren eingesetzt, 1872 folgte Sachsen, 1874 Frankreich, 1877 die Schweiz und 1878 das Deutsche Reich. Weitere Staaten zogen in den achtziger und neunziger Jahren nach. Auch hier läßt sich also zeigen, daß das Zarenreich relativ früh eine gesamteuropäische Entwicklung mitvollzog.[5]

Die Aufgaben der Inspektion beschränkten sich generell nicht allein darauf, die Einhaltung der Arbeiterschutzgesetze zu überwachen. Die Inspektoren sollten auch die soziale Lage der Arbeiterschaft beobachten, die Öffentlichkeit informieren, neue Gesetze vorschlagen und sich eine Vertrauensstellung bei den Arbeitern wie bei den Unternehmern erarbeiten, die es ihnen erlauben

---

R.: Staatliche Gewerbeaufsicht und gewerbliche Berufsgenossenschaften. Entstehung und Entwicklung des dualen Aufsichtssystems im Arbeiterschutz in Deutschland von den Anfängen bis zum Ende der Weimarer Republik, Frankfurt 1984; Gresser, A.: Die Entstehung der bayerischen Gewerbeaufsicht. „Arbeiterschutz" und „Arbeiterverhältnisse" bis 1914, Diss. Phil., Regensburg 1984; Bocks, W.: Die badische Fabrikinspektion. Arbeiterschutz, Arbeiterverhältnisse und Arbeiterbewegung in Baden 1879-1914, Freiburg, München 1978.

[3] Albrecht, G.: Sozialpolitik, Göttingen 1955, S. 151.

[4] Poerschke, S.: Die Entwicklung der Gewerbeaufsicht in Deutschland, Jena 1913, S. 12-17; Bocks, Die badische Fabrikinspektion, S. 6-7.

[5] In Preußen war die Einrichtung der Fabrikinspektion anfangs nur fakultativ. Vor 1874 existierten Inspektoren nur in den niederrheinischen Bezirken Aachen, Düsseldorf und Arnsberg. Ab 1874 wurden Inspektoren auch in Berlin, Schlesien, Pommern usw. eingesetzt. In einzelnen Staaten der USA wurde die staatliche Fabrikinspektion ab 1873 (Illinois) und 1883 (New Jersey) eingerichtet, in Österreich 1883, in Schweden und in den Niederlanden 1889, in Norwegen 1892, in Ungarn 1893, in Belgien 1895, in Italien und in Spanien 1896: Kähler, W.: Gewerbeinspektion, in: Handwörterbuch der Staatswissenschaften, 3. Aufl., Bd. 4, Jena 1909, S. 986-993; Borchers, P.: Vergleichende Untersuchung über das Gewerbeinspektorat in Deutschland und im Auslande, insbesondere in Großbritannien, Frankreich, der Schweiz und in Österreich, Halle 1904.

würde, Spannungen abzubauen und Unruhen vorzubeugen.[6] Damit wurden die Inspektoren zu „Boten des unparteiischen Staates zur Förderung des sozialen Friedens."[7] Wie am Beispiel Badens gezeigt wurde, konnte eine effektive Inspektion, die sich engagiert für die Belange der Arbeiter einsetzte, durchaus auch eine vorrangig auf die Stabilisierung des politischen Systems ausgerichtete Sozialpolitik erheblich modifizieren und im Sinne eines wirksamen Arbeiterschutzes weiterentwickeln.[8] Auch an diesem Maßstab muß sich die russische Fabrikinspektion messen lassen.

Erste Überlegungen, in Rußland eine Fabrikinspektion einzurichten, gingen auf die Arbeit der Kommission beim Petersburger Generalgouverneur von 1859 zurück. Als Ergänzung ihrer Vorschlägen zur Sicherheit in den Fabriken und zur Kinderarbeit regte sie an, nach englischem Vorbild einen Inspektor und zwei Gehilfen zu ernennen. Diese sollten das Recht haben, jederzeit die Fabriken zu besuchen, Beschäftigungs- und Lohnlisten einzusehen und die Abdeckung gefährlicher Teile zu fordern. Allerdings sollten sie selbst keine Strafen verhängen, sondern bei Gesetzesverstößen als Ankläger vor Gericht auftreten.[9] Trotz erheblicher Proteste von Seiten zentralrussischer Industrieller wurden diese Bestimmungen in das Projekt der Stackelberg-Kommission für das gesamte Reich übernommen.[10] Vorschläge, mit der Begründung eines gesetzlichen Minderjährigenschutzes eine staatliche Aufsichtsinstitution einzurichten, kamen Mitte der siebziger Jahre auch von der Kommission für technische Bildung der Kaiserlichen Technischen Gesellschaft, vom Kongreß der Maschinenbauer sowie von den Ärzten, die als Experten an den Beratungen der Valuev-Kommission teilnahmen.[11] Eine regierungsamtliche Sanitär- und Sicherheitsaufsicht wurde seit der Mitte der siebziger Jahre von einer Rigaer Fabrikantenkommission, von dem Sanitärmediziner Friedrich Erismann und anderen Ärzten sowie 1880 vom Rat

---

[6] Albrecht, Sozialpolitik, S. 151; Bocks, Die badische Fabrikinspektion, S. 12.
[7] Kähler, Gewerbeinspektion, S. 987.
[8] Bocks, Die badische Fabrikinspektion, S. 43, S. 417-418 und S. 556-566.
[9] Trudy kommissii, učreždennoj dlja peresmotra ustavov fabričnago i remeslennago, Bd. 2, S. 292-318 (§§ 73-78). Auch die Fabrikinspektionen in Deutschland konnten keine Strafen verhängen, sondern meldeten Gesetzesverstöße an die örtliche Polizei.
[10] Trudy kommissii, Bd. 3, S. 183-184 (§§ 116-122). Zu den Protesten der Industrie siehe Ebenda, Bd. 2, S. 298-316 und Bd. 3, S. 44-48. Zur Orientierung am englischen Vorbild siehe Ebenda, Bd. 1, S. 360.
[11] RGIA f. 1149 1882 g. d. 58 ll. 19-24; Mikulin, Fabričnaja inspekcija, S. 4-5. Konkrete Vorschläge zur Einrichtung einer Inspektion wurden jedoch von der Valuev-Kommission ebensowenig wie von der vorangegangenen Ignat'ev-Kommission vorgelegt: King, V.: The Emergence of the St. Petersburg Industrial Community, 1870-1905: The Origins and Early Years of the Petersburg Society of Manufacturers, Diss. Phil., Berkeley 1982, S. 183-186.

für Handel und Manufakturen gefordert.[12] Zur gleichen Zeit erwog schließlich auch die Kommission beim Moskauer Generalgouverneur die Einrichtung einer Inspektion nach englischem Vorbild, welches der junge Ökonomieprofessor I. I. Janžul der russischen Öffentlichkeit mahnend vor Augen gestellt hatte.[13]

Der Gedanke, Arbeiterschutzgesetze von einer staatlichen Inspektion überwachen zu lassen, stellte also von Anfang an einen wichtigen Bestandteil verschiedenster Reformprojekte dar. Es war deshalb nur folgerichtig, daß auch bei der Konzipierung der ersten russischen Fabrikgesetze im Sommer 1881 die Einrichtung eines Aufsichtsorgans konkret ins Auge gefaßt wurde. Angesichts der selbst im europäischen Rußland ungeheuren Entfernungen und der geringen verfügbaren finanziellen Mittel mußte es jedoch geradezu utopisch anmuten, eine auch nur einigermaßen flächendeckende Inspektion binnen kurzer Zeit aus dem Boden stampfen zu wollen. Deshalb erwog man anfangs im Finanzministerium, an bereits bestehende lokale Institutionen des eigenen Ressorts anzuknüpfen und diesen die nötigen Aufsichtsfunktionen zu übertragen. In Betracht gezogen wurden die örtlichen Schatzämter (*kazennaja palata*) sowie die Gouvernementsmechaniker. Parallel dazu sollten spezielle Fabrikomitees aus Mitgliedern lokaler Behörden und der Selbstverwaltung gegründet werden, welche die Durchführung der Fabrikgesetze überwachen könnten.[14] Zwar bestach dieses Konzept durch die geringen Kosten, die mit seiner Verwirklichung verbunden gewesen wären. Doch auf Dauer ließ sich eine wirksame Fabrikaufsicht von einer solchen Kombination von Institutionen, die von ihrer eigentlichen Bestimmung her der Fabrikgesetzgebung relativ fernstanden, kaum erwarten, so daß dieser Ansatz bald wieder verworfen wurde.[15]

Statt dessen schlug das Finanzministerium in seinem Gesetzentwurf über die Beschränkung der Kinderarbeit vom 30. Dezember 1881 vor, eine eigenständige Fabrikinspektion zu schaffen, sich dabei aber in den Anfangsjahren auf die wichtigsten Industriegebiete, nämlich auf die Gouvernements Moskau, Vladimir und St. Petersburg zu beschränken.[16] Dieser Vorschlag stieß allerdings auf

---

[12] Der Rigaer Vorschlag sah sogar die paritätische Besetzung einer solchen Sanitärkommission aus Arbeitern und Industriellen vor: Trudy Vysočajše utverždennago s-ezda glavnych po mašinostroitel'noj promyšlennosti dejatelej, 2 Bde., St. Petersburg 1875, S. 353-356; Andreev, E.: Rabota maloletnich v Rossii i v Zapadnoj Evrope, St. Petersburg 1884, S. 61-62; Èrisman, F. F.: Izbrannye proizvedenija, Bd. 2, Moskau 1959, S. 85; RGIA f. 20 op. 4 d. 4892 l. 102.
[13] Janžul, Iz vospominanij, S. 15.
[14] RGIA f. 20 op. 4 d. 4892 l. 31 und ll. 43-45.
[15] 1883 griff der Hauptfabrikinspektor Andreev noch einmal den Gedanken auf, andere Behörden des Finanzministeriums, nämlich die örtlichen Beamten der Akziseverwaltung mit Inspektionsaufgaben zu betrauen. Auch dieser Vorschlag wurde jedoch vom Reichsrat teilweise verworfen: RGIA f. 20 op. 2 d. 1784 ll. 100-101; d. 1790 l. 26 und l. 76.
[16] RGIA f. 1149 1882 g. d. 58 ll. 55-60.

den Widerstand der im Reichsrat angehörten Industriellen, namentlich T. S. Morozovs und S. I. Četverikovs. Sie befürchteten, daß eine solche Konzentration auf einzelne Gebiete zu Wettbewerbsverzerrungen führen würde.[17] Der Reichsrat schloß sich dieser Meinung an und erteilte dem Finanzministerium den Auftrag, die Grundlagen einer solchen reichsweiten Inspektion auf dem Gesetzgebungsweg vorzulegen. Damit dieses ehrgeizige Ziel jedoch nicht auf unbestimmte Zeit hinausgeschoben wurde, schuf man als vorläufige Maßnahme mit Wirkung vom 1. Juli 1882 das Amt eines Hauptfabrikinspektors sowie von vier Bezirksfabrikinspektoren.[18] Das Finanzministerium schlug vor, die Inspektion als interministerielle Institution unter die gemeinsame Leitung des Finanzministeriums sowie der örtlichen Polizeibehörden zu stellen und dem Innenministerium bei der Besetzung der Stellen ein erhebliches Mitspracherecht einzuräumen. Der Reichsrat beschloß jedoch, die Inspektion als nachgeordnete Behörde des Finanzministeriums unter ausschließlicher Leitung durch die Abteilung für Handel und Manufakturen zu gründen.[19] Diese Entscheidung legte den Grundstein für einen raschen und konsequenten Aufbau der neuen Behörde unter einer einheitlichen politischen Leitung. Zugleich setzte damit aber auch ein zäher und dauerhafter Konflikt zwischen den Ministerien über die Leitung der Inspektion ein.

Zum ersten Hauptfabrikinspektor wurde am 29. Juli 1882 der Vorsitzende der Kommission für technische Bildung bei der Kaiserlichen Technischen Gesellschaft, E. N. Andreev, ernannt. Mit dieser Entscheidung für den profiliertesten öffentlichen Verfechter einer Beschränkung der Kinderarbeit setzte das Finanzministerium ein deutliches Zeichen dafür, wie ernst es der Regierung mit der Fabrikgesetzgebung war und welch hohen Stellenwert sie der Fabrikinspektion beimaß. Zudem zeigte sich damit, daß die Regierung von Anfang an eine enge Zusammenarbeit mit den führenden Kräften aus Wissenschaft und technischer Intelligenz anstrebte. Diese Politik schlug sich auch in den übrigen Ernennungen nieder: auf Vorschlag Andreevs wurde im September 1882 der junge Professor Janžul zum Moskauer Fabrikinspektor ernannt, der sich in der Kommission für Fabrikangelegenheiten beim Moskauer Generalgouverneur mit

---

[17] Ebenda l. 134.
[18] PSZ 3 Bd. II Nr. 931 Kap. II Art. 1 und Kap. V. Als Bezirke waren vorläufig St. Petersburg, Moskau, Vladimir und Warschau mit den jeweils angrenzenden Gouvernements vorgesehen: Janžul, Iz vospominanij, S. 24.
[19] Der ursprüngliche Vorschlag des Finanzministeriums hatte vorgesehen, daß die Fabrikinspektoren dem Petersburger Oberpolizeimeister bzw. dem Moskauer Generalgouverneur und dem Gouverneur von Vladimir unterstellt sein sollten (§ 9). Von den jeweiligen Inspektoren und ihren je zwei Gehilfen sollte mindestens je einer aus dem Finanzministerium ernannt werden (§ 8). Die Instruktionen der Inspektion sollten gemeinsam vom Finanz- und vom Innenministerium erarbeitet werden: RGIA f. 1149 1882 g. d. 58 ll. 55-57.

einer vielbeachteten Studie über die englische Fabrikinspektion sowie einer Veröffentlichung zur Kinder- und Frauenarbeit in den „Otečestvennye Zapiski" einen Namen gemacht hatte. Binnen kurzer Zeit sollte Janžul der prominenteste, aber auch umstrittenste aller russischen Fabrikinspektoren werden.[20] Auf seine Empfehlung wiederum ging die Ernennung des Sanitärmediziners P. A. Peskov zum Bezirksfabrikinspektor des Gouvernements Vladimir zurück. Peskov hatte sich bereits in den siebziger Jahren als führendes Mitglied der Kazaner Ärztegesellschaft einen Namen gemacht, welche die Entwicklung der Sozialmedizin in Rußland maßgeblich vorangetrieben hatte.[21] Zudem hatte er zu Beginn der achtziger Jahre gemeinsam mit Janžul an den Studien der Kommission beim Moskauer Generalgouverneur über die sanitären Verhältnisse in den Fabriken teilgenommen und galt neben Erismann als einer der führenden Fachleute auf diesem Gebiet.[22] Erster Petersburger Fabrikinspektor schließlich wurde der deutschstämmige Maschinenbauindustrielle G. V. Struckhof, technischer Ingenieur beim Petersburger Stadthauptmann und Mitglied der Petersburger Fabrikkommission von 1881. Der Posten des Warschauer Bezirksinspektors blieb vorläufig unbesetzt.[23]

Erste und wichtigste Aufgabe der neuen Institution war es, ein umfassendes Bild über das Ausmaß der Kinderarbeit in Rußland zu gewinnen. Bisherige Statistiken, amtliche ebenso wie private, hatten diesem Phänomen bislang wenig Aufmerksamkeit geschenkt, so daß im Gesetzgebungsverfahren trotz der Anhörung einiger prominenter Industrieller im Reichsrat keine konkrete Vorstellung darüber bestand, welche Auswirkungen von dieser Regelung eigentlich zu erwarten waren. Zudem mußte das Gesetz über die Kinderarbeit überhaupt erst in den Fabriken bekannt gemacht werden. Deshalb ließ Andreev Anfang Oktober 1882 einen Fragebogen an alle großen Industriebetriebe des Reiches verschicken, in welchem er nach der Zahl der beschäftigten Kinder,

---

[20] Janžul, I. I.: Anglijskoe fabričnoe zakonodatel'stvo, Moskau 1880; Ders.: Detskij i ženskij fabričnyj trud v Anglii i Rossii, in: Ders.: Očerki i izsledovanija, Moskau 1884, Bd. 2, S. 1-212. Zur Tätigkeit Janžuls als Moskauer Fabrikinspektor siehe seine Memoiren: Janžul, Iz vospominanij; sowie in gekürzter Fassung: Ders.: Vospominanija, Kap. V, in: Russkaja Starina (April 1910), S. 67-101; Giffin, I. I. Yanzhul; Ščetinin, B. A.: Akademik I. I. Janžul, in: Istoričeskij Vestnik 139(1915), Nr. 3, S. 894-911. Eine Bibliographie der wichtigsten Arbeiten Janžuls findet sich in: Istorija russkoj ėkonomičeskoj mysli, Bd. 2: Ėpocha domonopolističeskogo kapitalizma. Čast' pervaja, Moskau 1959, S. 503-504.
[21] Ėrisman, Izbrannye proizvedenija, Bd. 1, Moskau 1959, S. 11.
[22] Peskovs Studie wurde 1885 veröffentlicht: Peskov, P. A.: Sanitarnoe izsledovanie fabrik po obrabotke voloknistych veščestv. 1882-1884, Moskau 1885.
[23] Als Warschauer Fabrikinspektor war vorübergehend der Zoologe Semaško im Gespräch, der aber offensichtlich nur geringes Interesse zeigte. Erster Warschauer Fabrikinspektor wurde 1884 A. M. Blumenfeld: Janžul, Iz vospominanij, S. 31.

aber auch nach den zu erwartenden Folgen des Gesetzes fragte.[24] Um sich darüber hinaus vor Ort ein eigenes Bild von den Zuständen in den Fabriken zu machen, unternahm Andreev noch bevor die ersten Antworten eintrafen eine mehrwöchige Reise, die ihn von September bis November 1882 nach Kiew, Warschau und Riga führte. Auf der Grundlage seiner Beobachtungen sowie der über dreitausend Antworten, die bis Mitte 1883 im Finanzministerium auf seine Fragebögen einliefen, erarbeitete er unter Hochdruck die bereits mehrfach erwähnte Dokumentation zur Kinderarbeit. Daneben erstellte er den vom Reichsrat verlangten Gesetzentwurf über den Aufbau einer flächendeckenden Fabrikinspektion. Diese doppelte Aufgabe brachte ihn an den Rand völliger Erschöpfung.[25] Zur physischen Überbelastung kamen grundsätzliche Meinungsverschiedenheiten mit seinem Vorgesetzten Ermakov sowie Finanzminister Bunge über die Schwerpunkte seiner Arbeit. Zermürbt trat Andreev Ende April 1883 zurück.[26] Seine Nachfolge wurde dem Pädagogen Ja. T. Michajlovskij anvertraut, der bislang Lehrer an einem Frauengymnasium gewesen war und den Ermakov aus langjähriger gemeinsamer Tätigkeit im Petersburger Alphabetisierungskomitee kannte. Dieser war zwar eine etwas blassere Persönlichkeit als sein Vorgänger. Immerhin gelang es ihm, in seiner ruhigen Art die Fabrikinspektion unbeschadet durch die Neuorganisation des Jahres 1886 und die darauffolgenden Angriffe der Moskauer Industriellen zu leiten.[27]

Auch die Bezirksfabrikinspektoren verbrachten das erste Jahr ihrer Tätigkeit vorrangig damit, Angaben über die Lage der Arbeiter zu sammeln, da das Finanzministerium in den Worten Janžuls nach Informationen in diesem Bereich geradezu dürstete.[28] Ihre Berichte, die Anfang 1884 veröffentlicht wurden, beschränkten sich nicht allein auf eine Beschreibung der Kinderarbeit, sondern versuchten, der Öffentlichkeit ein möglichst umfassendes und einprägsames

---

[24] Zirkular vom 9. Oktober 1882.
[25] RGIA f. 20 op. 2 d. 1784 ll. 153-184 (Entwurf Andreevs vom 20. Februar 1883) und d. 1790 ll. 3-31 (Gesetzentwurf des Finanzministeriums vom 14. März 1883). Obwohl ihm zeitweilig fünf junge Leute bei der Auswertung der Fragebögen zur Hand gingen, mußte sich Andreev Anfang 1883 wegen „vollständigen Verfalls der Kräfte und fortschreitender nervlicher Zerrüttung" für einige Wochen beurlauben lassen: RGIA f. 20 op. 2 d. 1784 l. 239.
[26] Janžul, Iz vospominanij, S. 39. Janžul selbst warf Andreev vor, über die Konzentration auf die Dokumentation zur Kinderarbeit die Ausarbeitung der Instruktion für die Fabrikinspektion vernachlässigt zu haben.
[27] Zur Biographie Michajlovskijs siehe den Eintrag in: BE, Bd. 19 (Halbband 38), S. 493-494; Zu seiner Tätigkeit als Sekretär und ab 1886 als Präsident des Petersburger Alphabetisierungskomitees siehe Dikson, K. und Ketric, B.: S.-Peterburgskij komitet gramotnosti (1861-1911). Istoričeskij očerk i vospominanija Konst. Diksona i B. Ketrica, St. Petersburg 1912, S. 19, S. 22 und S. 54.
[28] Janžul, Iz vospominanij, S. 105.

Der Aufbau einer Fabrikinspektion 227

Bild der Arbeiterschaft zu präsentieren. Diese Veröffentlichungen der neugegründeten Fabrikinspektion weckten nicht nur im Inland, sondern auch in Westeuropa ungeheure Resonanz, und trugen ganz erheblich dazu bei, die Arbeiterschaft in das Zentrum des öffentlichen Bewußtseins zu rücken.[29] Nachdem die Berichte des Jahres 1885 die öffentliche Diskussion weiter angeheizt hatten, wurden weitere Veröffentlichungen jedoch vorläufig eingestellt. Erst ab 1899 erschienen wieder Zusammenfassungen über die Tätigkeit der Fabrikinspektion, die sich jedoch auf statistische Angaben beschränkten und Schilderungen über die Zustände in den Fabriken vermieden.[30]

Bereits 1884 wurde die bislang nur provisorische Struktur der Fabrikinspektion erheblich ausgebaut. Das europäische Rußland und Polen wurden in neun Fabrikbezirke unterteilt, die von jeweils einem Bezirksfabrikinspektor und einem Gehilfen betreut wurden.[31] Damit war eine der äußeren Form nach

---

[29] Peskov, P.A.: Fabričnyj byt Vladimirskoj gubernii. Otčet za 1882-1883 g. fabričnago inspektora nad zanjatijami maloletnych rabočich Vladimirskago okruga, St. Petersburg 1884; Janžul, I. I.: Fabričnyj byt Moskovskoj gubernii. Otčet za 1882-1883 g. fabričnago inspektora nad zanjatijami maloletnych rabočich Moskovskago okruga, St. Petersburg 1884. Zur öffentlichen Resonanz siehe Vestnik Evropy, Feb. 1885, S. 879-881 und Mai 1885 S. 375-376. Janžuls Bericht wurde von der Russischen Geographischen Gesellschaft sogar mit einer Goldmedaille ausgezeichnet und diente den Fabrikinspektoren in den folgenden Jahren als Muster für ihre Tätigkeit: Janžul, Iz vospominanij, S. 43-44. Zu den Berichten des Jahres 1885 siehe Michajlovskij, Ja. T.: O dejatel'nosti fabričnoj inspekcii: Otčet za 1885 god glavnago fabričnago inspektora, St. Petersburg 1886, S. 7; Janžul, Iz vospominanij, S. 104-116. Eine Zusammenfassung in deutscher Sprache findet sich in Buck, T.: Volkswirtschaftliche Korrespondenz aus St. Petersburg, in: Vierteljahrschrift für Volkswirthschaft 24(1887), Bd. II, S. 199-221, hier S. 208-221.

[30] Erstmalig wurde 1899 eine statistische Übersicht über die Tätigkeit der Fabrikinspektion von Vladimir veröffentlicht: Otčet činov fabričnoj inspekcii Vladimirskoj gubernii 1894-1897. Vtoraja – special'naja – čast' (tablicy i priloženija), Vladimir 1899. An reichsweiten Zusammenfassungen erschienen bis 1905 drei derartige Berichte: Svod otčetov fabričnych inspektorov za vtoruju polovinu 1900 goda, St. Petersburg 1902; Svod otčetov fabričnych inspektorov za 1901 god, St. Petersburg 1903; Svod otčetov fabričnych inspektorov za 1902 god, St. Petersburg 1904; Siehe auch Antonova, S. I.: Statistika fabričnoj inspekcii kak istočnik po istorii proletariata, in: Rabočij klass i rabočee dviženie v Rossii 1861-1917, Moskau 1966, S. 314-344.

[31] 1) Bezirk St. Petersburg mit den Gouvernements St. Petersburg, Novgorod, Olonec, Archangel'sk, Pskov, Estland und Livland;
2) Bezirk Moskau mit den Gouvernements Moskau, Tver', Kaluga, Tula, Rjazan' und Smolensk;
3) Bezirk Vladimir mit den Gouvernements Vladimir, Nižnij-Novgorod, Kostroma, Jaroslavl' und Vologda;
4) Bezirk Kazan' mit den Gouvernements Kazan', Perm', Vjatka, Simbirsk, Orenburg und Ufa;
5) Bezirk Voronež mit den Gouvernements Voronež, Orel, Kursk, Penza, Tambov, Saratov, Samara und Astrachan';

weitgehend zentralisierte Struktur geschaffen worden. Da aber die Kompetenzen der jeweiligen Ebenen vom Gesetz nur rudimentär definiert worden waren, zeichnete sich bald eine Tendenz zur Verselbständigung der Bezirksinspektoren ab, der Michajlovskij nur wenig entgegenzusetzen hatte.[32]

Diese Dezentralisierung wurde mit der umfassenden Reform der Inspektion durch das Gesetz vom 3. Juni 1886 noch weiter vorangetrieben. Die Bezirksinspektoren unterstanden zukünftig nicht mehr allein dem Finanzministerium, sondern auch neu zu gründenden Gouvernementsfabrikbehörden (*Gubernskoe po fabričnym delam prisutstvie*), die nach dem Vorbild der Kommissionen beim Petersburger Stadthauptmann und beim Moskauer Generalgouverneur gebildet wurden. Sie tagten unter dem Vorsitz des Gouverneurs und bestanden aus den Leitern der örtlichen Polizei- und Justizbehörden, dem Bezirksfabrikinspektor sowie zwei Vertretern der örtlichen Industrie oder der lokalen Selbstverwaltung.[33] Mit dieser Zusammensetzung sollte, so die offizielle Begründung, eine

---

6) Bezirk Char'kov mit den Gouvernements Char'kov, Ekaterinoslav, Černigov, Poltava und dem Don-Gebiet;
7) Bezirk Kiew mit den Gouvernements Kiew, Wolhynien, Podolien und Cherson;
8) Bezirk Wilna mit den Gouvernements Wilna, Kovno, Grodno, Minsk, Mogilev, Vitebsk und Kurland;
9) Bezirk Warschau mit den polnischen Gouvernements.
Für die Gouvernements Taurien und Bessarabien wurde die Inspektion dem Bezirksingenieur des Südwestlichen Bergbaubezirks übertragen: PSZ 3 Bd. IV Nr. 2316, Kap. I, Art. 11.

[32] Janžul, Vospominanija, S. 93.

[33] Mitglieder waren der Vizegouverneur, der Bezirksstaatsanwalt, der Leiter der Gouvernementsgendarmerie, der Bezirksfabrikinspektor und je ein gewählter Vertreter der Gouvernementszemstvoverwaltung und der städtischen Selbstverwaltung. In den Hauptstädten wurden die Vertreter der Selbstverwaltung durch je zwei Mitglieder des Rates für Handel und Manufakturen bzw. seiner Moskauer Abteilung ersetzt, ebenso in Städten, in denen Komitees für Handel und Manufakturen bestanden. In Moskau und St. Petersburg wurden besondere hauptstädtische Fabrikbehörden eingerichtet, in denen anstelle des Gouverneurs und des Vizegouverneurs der Stadthauptmann bzw. der Oberpolizeimeister und ihre jeweiligen Stellvertreter an den Sitzungen teilnahmen: PSZ 3 Bd. VI Nr. 3769, Pravila, Art. 2. Die Vertreter der lokalen Selbstverwaltung wurden 1899 durch vier Industrielle ersetzt, die entweder von den örtlichen Beratungsgremien der Industrie gewählt oder, wo diese nicht existierten, vom Vorsitzenden der Fabrikbehörde ernannt wurden: PSZ 3 Bd. XIX Nr. 17122, Kap. II, Art. 3 und Art. 7. Zur Kritik Janžuls an der Einbeziehung von Fabrikanten in die Fabrikbehörden siehe Janžul, Iz vospominanij, S. 77-78. Bei der Abgrenzung der Kompetenzen zwischen Gouvernements- und hauptstädtischen Fabrikbehörden kam es in der Einführungsphase teilweise zu erheblichen Diskussionen: RGIA f. 1405 op. 86 1885 g. d. 2963 ll. 164-172. Zur Vorbildfunktion der Petersburger und Moskauer Kommissionen: RGIA f. 20 op. 2 d. 1802 l. 28. Zur Tätigkeit der Fabrikbehörden siehe Mikulin, A. A.: Očerki iz istorii primenenija zakona 3-go ijunja 1886 goda o najme rabočich, na fabrikach i zavodach Vladimirskoj gubernii, Vladimir 1893, S. 16-42.

hohe fachliche Kompetenz der Behörden gesichert werden.[34] Von nun an sollten sie die Arbeit der Fabrikinspektion mit der Tätigkeit der anderen Behörden des Gouvernements, vor allem der polizeilichen Dienststellen, koordinieren und dem Gouverneur ein gehöriges Maß an Einfluß auf die Inspektion gewähren. In der Praxis sah es schließlich meist so aus, daß die Tätigkeit der Behörden weitgehend von dem jeweiligen Gouverneur dominiert wurde. Von seiner politischen Einstellung zur Industrie und zum Arbeiterschutz hing es letztendlich ab, ob die Behörde der Fabrikinspektion die nötige Rückendeckung gab oder ob sie diese vielmehr zu kontrollieren und einzuschränken suchte.[35]

Die Gouvernementsfabrikbehörden sind ein typisches Beispiel für die in der Lokalverwaltung des ausgehenden Zarenreiches weitverbreiteten „Gemischten Kammern", die überwiegend bürokratische Kontrollfunktionen ausübten, aber auch Elemente einer Verwaltungsjustiz in sich trugen.[36] Eine ihrer wichtigsten Aufgaben war es, den lokalen Bedingungen der Industrie entsprechende Verordnungen über den Schutz von Leben und Gesundheit der Arbeiter herauszugeben. Damit versuchte die Regierung der Tatsache Rechnung zu tragen, daß es unmöglich sei, „in einem einzigen, allgemeinen Gesetz all die vielfältigen Beziehungen zu regeln, die aus dem Lohnvertrag entstehen und die von den Eigentümlichkeiten der verschiedenen Dienste abhängen, die den Gegenstand des Lohnvertrags bilden."[37]

Erst durch diese Dezentralisierung wurde es möglich, das Problem mangelnder Sicherheitsvorschriften sowie unzureichender medizinischer Versorgung der Arbeiter wenigstens ansatzweise in den Griff zu bekommen. Auch wenn die Erarbeitung solcher Vorschriften anfangs nur zäh vorankam und meist einige Jahre in Anspruch nahm, wurden auf diese Weise in den wichtigsten Industriezentren elementare Regeln zum Schutz vor Unfällen, und, wie später noch ausführlich darzustellen sein wird, im Bereich der medizinischen Versorgung der Fabrikarbeiter erlassen.[38] Dieser Vorteil dezentraler Kompetenzen ließ sich auch beim Erlaß sanitärer Vorschriften vor allem für den Bau von

---

[34] RGIA f. 20 op. 2 d. 1802 ll. 28-30 und ll. 108-109.
[35] Gvozdev, Zapiski, S. 21-26; Laue, Factory Inspection, S. 351-352.
[36] Derartige „Gemischte Kammern" existierten als Aufsichtsorgane über Stadt- und Zemstvoverwaltungen, in der Steuer-, Schul- und Wehrpflichtverwaltung. Siehe dazu mit weiterführenden Literaturangaben: Liessem, P.: Verwaltungsgerichtsbarkeit im späten Zarenreich. Der Dirigierende Senat und seine Entscheidungen zur russischen Selbstverwaltung (1864-1917), Frankfurt/M. 1996, S. 129-141 und S. 214-219; Plaggenborg, S.: Versuche zur Modernisierung der russischen Provinzialverwaltung im ausgehenden 19. Jahrhundert, in: JfGO 36(1988), S. 321-340.
[37] RGIA f. 20 op. 2 d. 1802 ll. 108-109.
[38] Beispielsweise in St. Petersburg 1889, Vladimir 1892, Moskau 1894 und Kostroma 1897. Insgesamt wurden Sicherheitsvorschriften in über zwanzig Gouvernements erlassen: Bykov, Fabričnoe zakonodatel'stvo, S. 208-210; Gvozdev, Zapiski, S. 43; Mikulin, Očerki, S. 48-51. Siehe unten Kapitel X.

Arbeiterkasernen beobachten, die überwiegend in der Zuständigkeit der Städte und ab 1890 auch der Zemstva lagen. Mit Mindeststandards von etwa drei Quadratmetern Wohnfläche pro Arbeiter und 17°C Raumtemperatur setzte die lokale Selbstverwaltung zumindest in den industriellen Zentren eine nach damaligen Maßstäben wesentliche Verbesserung der Wohnverhältnisse der Arbeiter durch.[39]

Daß allein eine weitgehende Dezentralisierung die Möglichkeit bot, solche Probleme überhaupt in Angriff zu nehmen, zeigte sich nach der Reform des Jahres 1899. Da vor allem die Moskauer Industriellen von den unterschiedlichen Regelungen eine Verzerrung des Wettbewerbs befürchteten[40], aber auch, um die Politik des Finanz- und des Innenministeriums bezüglich der Inspektion besser zu koordinieren, wurde 1899 eine Hauptfabrikbehörde (*Glavnoe po fabričnym i gornozavodskim delam prisutstvie*) geschaffen, der unter anderem die alleinige Kompetenz übertragen wurde, allgemeine technische und sanitäre Vorschriften zu erlassen.[41] Diese war von der selbstgestellten Aufgabe, ein alle relevanten Bereiche umfassendes Regelwerk zu erarbeiten, jedoch offensichtlich überfordert und gab bis 1905 nur einige marginale Erläuterungen und Instruktionen heraus.[42]

---

[39] Verordnungen über die sanitären Verhältnisse in den Fabriken wurden bis 1901 insgesamt von zwölf Stadtdumen, darunter in Mcensk (1874), Brjansk (1879), St. Petersburg (1885), Boroviči, Białystok und Kovno (1893), Stavropol' und Šavli (1895) sowie von den Gouvernementszemstva in St. Petersburg und Vladimir (1892), Tver' (1893), Rjazan'(1896), Vjatka, Perm', Smolensk (1897) und Moskau (1898) herausgegeben: RGIA f. 1235 op. 1 d. 1 ll. 31-33. Wesentlich kritischer: Veselovskij, B.: Istorija zemstva za sorok let, Bd. 1, St. Petersburg 1909, S. 315-320; Gvozdev, Zapiski, S. 152-153; Pokrovskaja, M. I.: Žilišča rabočich i zakonodatel'nyja mery k ich ulučšeniju, in: Vestnik Evropy, Dez. 1899, S. 506-523.

[40] RGIA f. 37 op. 5 d. 2055 ll. 37-38; TOS 22(1893), otd. III, S. 444-454.

[41] PSZ 3 Bd. XIX Nr. 17122, Položenie, Art. 13. Die Hauptfabrikbehörde tagte unter dem Vorsitz des Finanzministers und bestand aus Vertretern des Finanz-, Innen-, Reichsdomänen-, Kriegs- und Justizministeriums sowie den Bezirksfabrikinspektoren und neun Fabrik- und Bergbauindustriellen: Ebenda, Art. 3. Zum Ursprung der Hauptfabrikbehörde in den Diskussionen zwischen dem Innen- und dem Finanzministerium über die Rolle der Fabrikinspektion: RGIA f. 1282 op. 1 d. 696 l. 14.

[42] Insgesamt tagte die Hauptfabrikbehörde bis 1905 nur sechs Mal für jeweils einige Tage. Dabei wurden vor allem Beschwerden gegen Maßnahmen lokaler Fabrikbehörden entschieden: Mikulin, Fabričnaja inspekcija, S. 114-122. Siehe auch Bykov, Fabričnoe zakonodatel'stvo, S. 203 und S. 256-257; Gvozdev, Zapiski, S. 177. Parallel dazu beriet die Regierung bereits seit der Mitte der neunziger Jahre über eine Neufassung der Regeln zur Einrichtung von Industriebetrieben, die auch Sanitärbestimmungen umfassen sollten, aber bis 1905 zu keinem Abschluß kamen: Kerčiker, I.: Professional'nyja bolezni rabočich, in: Vestnik Evropy, Nov. 1898, S. 228-263; Dez. 1898, S. 490-518, hier S. 508-509; RGIA f. 1235 op. 1 d. 1. Ebensowenig Erfolg brachte eine 1898 im Auftrag des Finanzministeriums gebildete Gesetzgebungskommission, in der im Gouvernement Kostroma Fabrikinspektoren und Fabrikanten einen Gesetzentwurf über Sicherheitsbe-

Somit ergibt sich bezüglich der Organisation der Fabrikinspektion genau das entgegengesetzte Bild wie im vergleichsweise kleinräumigen Deutschland. Dort förderte die dezentrale Organisation beispielsweise der preußischen Fabrikinspektion die Tendenz zur Erfüllung rein polizeilicher Aufgaben, während gerade die straff zentralistisch aufgebaute badische Inspektion über ihre einheitliche Leitung auch konzeptionellen Einfluß auf die Sozialpolitik nehmen konnte.[43] In Rußland hingegen bedurfte es wegen der Schwerfälligkeit des zentralen Apparates und der Vielfältigkeit lokaler wirtschaftlicher Verhältnisse einer überwiegend dezentralen Organisation, um den Arbeiterschutz über den gesetzlich vorgegebenen Rahmen hinaus zu entwickeln. Aufgrund des Bedürfnisses der Industrie, auf einem einheitlichen Markt unter einheitlichen Wettbewerbsbedingungen zu konkurrieren, wurde dieser an sich sinnvolle sozialpolitische Ansatz jedoch teilweise abgeblockt.

Mit ihren Kompetenzen zur Kontrolle der Fabrikinspekteure nahmen die Gouvernementsfabrikbehörden auch erheblichen Einfluß auf die Praxis des Arbeiterschutzes. Die Inspektoren durften nämlich, wenn sie Verstöße gegen gesetzliche Bestimmungen feststellten, nur ein Protokoll aufnehmen. Über die Bestrafung formaler Verstöße entschied die Fabrikbehörde selbst, während die Ahndung schuldhafter Vergehen den ordentlichen Gerichten vorbehalten blieb. Damit lag es im wesentlichen im Ermessen der Gouvernementsfabrikbehörden und damit oft des Gouverneurs selbst, wie streng der Arbeiterschutz in ihrem Zuständigkeitsbereich gehandhabt wurde. Über die Höhe des Strafmaßes konnten sie dem Inspektor den Rücken entweder decken oder seine Bemühungen unterlaufen.[44]

Von ähnlicher Bedeutung waren die bereits angedeuteten Ansätze administrativ-juristischer Kompetenzen der Fabrikbehörden. So konnten Fabrikbesitzer gegen die Entscheidungen eines Fabrikinspektors bei der Gouvernementsfabrikbehörde und ab 1899 gegen deren Entscheidung bei der Hauptfabrikbehörde Beschwerde einlegen.[45] In den Anfangsjahren war der Charakter der Fabrikbehörden als Organe einer Verwaltungsjustiz allerdings erheblich dadurch eingeschränkt, daß einerseits der Fabrikant seine Beschwerde nicht persönlich vortragen konnte, während andererseits der betroffene Inspektor mit beratender und sein Vorgesetzter, der Bezirksfabrikinspektor, sogar mit entscheidender Stimme an der Sitzung teilnahmen. Hier wurde mit der Reform von 1899 jedoch

---

stimmungen für das gesamte Reich erarbeiten sollten: RGIA f. 20 op. 15 d. 106; Gvozdev, Zapiski, S. 176-177.
[43] Bocks, Die badische Fabrikinspektion, S. 44-49.
[44] Gvozdev, Zapiski, S. 42-43.
[45] PSZ 3 Bd. VI Nr. 3769, Pravila, Art. 5 v) und Art. 10; PSZ 3 Bd. XIX Nr. 17122, Kap. II, Art. 11. Die Fabrikbehörden wurden mitunter auch explizit als Organe der Verwaltungsjustiz bezeichnet: Osvoboždenie 1902, Nr. 5, S. 72.

Abhilfe geschaffen.⁴⁶ Auch wenn die Inspektoren sich oft zu Recht darüber beklagten, daß damit ihre Bemühungen um einen effektiven Arbeiterschutz unterlaufen würden, war ein solches Mindestmaß rechtlicher Kontrolle über ihre Tätigkeit doch notwendig, um die Fabrikgesetzgebung nicht in den Ruf staatlicher Willkür zu bringen.⁴⁷

Das Gesetz vom 3. Juni 1886 legte auch den Grundstein für den rapiden personellen Ausbau der Fabrikinspektion. In nur siebzehn Jahren, von 1882 bis 1899, wuchs sie von ursprünglich vier Beamten auf 251 Inspektoren. Damit wurde sie zur umfangreichsten Einrichtung dieser Art in Europa. Ein derartig schnelles Wachstum war die Folge der zwar schrittweisen, aber doch sehr raschen Ausdehnung des Gesetzes vom 3. Juni 1886 von ursprünglich drei Gouvernements auf das gesamte europäische Rußland einschließlich Polens.⁴⁸ Begleitet wurde dieser Prozeß von einer fortlaufenden inneren Umstrukturierung der Inspektion: 1894 wurde das Amt des Hauptfabrikinspektors durch drei Fabrikrevisoren im Finanzministerium abgelöst und pro Gouvernement ein Oberinspektor (*staršij fabričnyj inspektor*) eingesetzt.⁴⁹ Um die Koordination der Arbeit der Inspektoren in den einzelnen Gouvernements zu verbessern, wurden 1899 anstelle der erst zwei Jahre zuvor abgeschafften Fabrikbezirke sechs neue Bezirke eingerichtet, an deren Spitze sechs Bezirksinspektoren als

---

⁴⁶ PSZ 3 Bd. XIX Nr. 17122, Kap. II, Art. 8 und 9.
⁴⁷ Gvozdev, Zapiski, S. 40 und S. 138-139.
⁴⁸ Ozerov, Politika, S. 8. Bereits zum 1. September 1886 wurden zehn zusätzliche Inspektoren eingestellt, um die Überwachung der Bestimmungen des Gesetzes vom 3. Juni 1886 in den Gouvernements Moskau, Vladimir und St. Petersburg zu gewährleisten: PSZ 3 Bd. VI Nr. 3769, Kap. VII. 1891 wurde das Gesetz auf die polnischen Gouvernements ausgedehnt, die in die zwei Fabrikbezirke Warschau und Petrikau geteilt wurden (Gesetz vom 11. 6. 1891): PSZ 3 Bd. XI Nr. 7818, Kap. IV. Mit der Ausdehnung des Gesetzes von 1886 auf den Bergbau wurden die Aufgaben der Inspektion den Bezirksingenieuren übertragen und sechs Bergbaubehörden gegründet (Gesetz vom 9. 3. 1892): PSZ 3 Bd. XII Nr. 8402. 1894 kamen die Fabriken in dreizehn weiteren Gouvernements (Wolhynien, Grodno, Kiew, Kostroma, Livland, Nižnij-Novgorod, Podolien, Rjazan', Tver', Char'kov, Cherson, Estland und Jaroslavl') vollständig unter die Aufsicht der Inspektion: PSZ 3 Bd. XIV Nr. 10420. 1896 kamen noch einmal acht Gouvernements hinzu (Wilna, Vitebsk, Kaluga, Kovno, Orel, Tambov, Tula und Smolensk), allerdings wurden die privaten Eisenbahnen von der Fabrikinspektion ausgenommen (Gesetze vom 6. 5. und 12. 2. 1896): PSZ 3 Bd. XVI Nr. 12887 und Nr. 12523. Mit der gesetzlichen Beschränkung der Arbeitszeit von 1897 wurde die Fabrikinspektion schließlich auf alle übrigen Gouvernements des europäischen Rußlands ausgedehnt, um eine einheitliche Anwendung aller Fabrikgesetze zu gewährleisten (Gesetz vom 2. 6. 1897): PSZ 3 Bd. XVII Nr. 14232.
⁴⁹ PSZ 3 Bd. XIV Nr. 10420 (Gesetz vom 14. 3. 1894). Bereits 1893 war das Gesetz von 1886 auf den uezd Egor'evsk im Gouvernement Rjazan' ausgedehnt worden (Kaiserlicher Befehl vom 30. Juli 1893): Ebenda Bd. XIII Nr. 9906.

Aufsichtsbeamte über die örtlichen Inspektoren eingesetzt wurden.[50] In den nächsten Jahren wurde schließlich auch der Kaukasus einbezogen, so daß der flächendeckende Aufbau der Inspektion bis 1905 weitgehend abgeschlossen war.[51]

Wie ließ sich dieser schnelle Ausbau personell bewältigen? Wie wir bereits gesehen haben, wich das Finanzministerium schon mit der Ernennung der ersten Inspektoren von der üblichen Praxis ab, neue Posten mit Beamten aus der Regierungsbürokratie zu besetzen. Nur wenn es gelang, Personen zu gewinnen, die eine hohe technische Qualifikation und solide Kenntnisse des Fabriklebens mit einer gehörigen Portion an Lebenserfahrung, Takt, personeller Unabhängigkeit und vor allem mit der Fähigkeit vereinten, „sich völlig in die hoch-humanitäre Idee des Gesetzes zu vertiefen", glaubte man, der neuen Institution die nötige Autorität sichern und einer rein formalen Erfüllung der Gesetze vorbeugen zu können.[52] Da auch in der Selbstverwaltung und in den freien Berufen nur wenige Personen alle diese Anforderungen gleichzeitig erfüllten, bemühte man sich von Anfang an, Ärzte, Techniker und Pädagogen in einem ausgewogenen Verhältnis zu gewinnen und in den verschiedenen Bezirken Inspektoren unterschiedlicher Herkunft zusammenzuspannen. So waren unter den Inspektoren des Jahres 1886 vierzehn Techniker, zehn Ärzte, drei Pädagogen, darunter der Ökonomieprofessor Janžul, und zwei Juristen.[53] Mit ihrer Sachkenntnis und ihrem unbestechlichen und engagierten Einsatz für einen möglichst effizienten Arbeiterschutz erwarben sich diese Inspektoren schnell die Sympathie der progressiven öffentlichen Meinung.

Mit dem schnellen Ausbau der Inspektion, der Erweiterung ihrer Aufgaben über den Kinderschutz hinaus auf allgemeine Fragen des Arbeitsrechts und mit der Übernahme der Dampfkesselaufsicht änderten sich auch die Anforderungen an die Inspektoren. 1894 wurde festgeschrieben, daß Bewerber einen Hochschulabschluß vorweisen mußten, der vorzugsweise technischer Art sein sollte. Gleichzeitig wurden zehn Kandidatenstellen zur Ausbildung zukünftiger Inspektoren ausgeschrieben.[54] Dementsprechend gewannen in der

---

[50] St. Petersburg, Moskau, Warschau, Wolga, Kiew und Char'kov: Gesetz vom 7. 6. 1899: PSZ 3 Bd. XIX Nr. 17122. Zur Kritik am Bezirkssystem: Litvinov-Falinskij, Fabričnoe zakonodatel'stvo, S. 295-296; Mikulin, Fabričnaja inspekcija, S. 135.

[51] Ausdehnung auf das Gouvernement Baku: PSZ 3 Bd. XIX Nr. 17122, Kap. III (Gesetz vom 7. 6. 1899); Ausdehnung auf Kutaisi und das Schwarzmeergouvernement: PSZ 3 Bd. XXI Nr. 20775 (Gesetz vom 26. 11. 1901); Ausdehnung auf Tiflis: Ebenda, Nr. 20901 (Gesetz vom 25. 12. 1901);) Ausdehnung auf Batumi und Suchumi: Ebenda Bd. XXIV Nr. 24557 (Gesetz vom 17. 5. 1904).

[52] Michajlovskij, O dejatel'nosti, S. 1.

[53] Ebenda, S. 5.

[54] Gesetz vom 14. 3. 1894: PSZ 3 Bd. XIV Nr. 10420 Kap. III Punkt b) und Kap. VIII Art. 1. Mikulin, Fabričnaja inspekcija, S. 98-102.

Folgezeit jüngere Ingenieure innerhalb der Inspektion allmählich die Oberhand.[55] Typisch für einen Fabrikinspektor der zweiten Generation war A. K. Klepikov, Absolvent einer technischen Hochschule, der vier Jahre lang als Ingenieur in einer Textilfabrik bei Moskau gearbeitet hatte, bevor er 1894 Fabrikinspektor im Gouvernement Kostroma wurde. Unter dem Pseudonym S. Gvozdev hinterließ Klepikov aufschlußreiche Erinnerungen an seine Zeit als Fabrikinspektor.[56]

Über die Masse der überwiegend technisch ausgebildeten Inspektoren in den Gouvernements hinaus gelang es dem Finanzministerium aber auch immer wieder, prominente Gelehrte sowie Angehörige der lokalen Selbstverwaltung zu gewinnen, die der Sozialpolitik wichtige Impulse verleihen konnten. Aus der Wissenschaft kamen beispielsweise V. P. Litvinov-Falinskij, Fabrikinspektor in Petersburg und führendes Mitglied des Technikerverbandes (*Obščestvo Technologov*), sowie A. N. Bykov, Professor für Mechanik am Technologischen Institut in St. Petersburg, stellvertretender Vorsitzender der Abteilung für technische Bildung der Kaiserlichen Technischen Gesellschaft und Oberinspektor im Gouvernement Char'kov und in Livland in die Inspektion.[57] Ein Beispiel für die Rekrutierung von Inspektoren aus der Selbstverwaltung war der Mitbegründer der russischen Industriestatistik V. E. Varzar, der Anfang der siebziger Jahre in Zürich an der populistischen Zeitschrift „Vpered" um Lavrov mitgearbeitet hatte. Nach seiner Rückkehr nach Rußland war Varzar beinahe zwanzig Jahre lang als Statistiker beim Gouvernementszemstvo von Černigov angestellt. 1894 schließlich wechselte er als Fabrikinspektor des Gouvernements Estland ins Finanzministerium, wo er maßgeblichen Anteil an der Formulierung der

---

[55] Um 1900 waren allein 1/5 aller Inspektoren Absolventen der Kaiserlichen Moskauer Technischen Schule. Hinzu kam ein erheblicher Anteil von 1894 in die Inspektion übernommenen ehemaligen Gouvernementsmechanikern. Von den vor 1894 ernannten, für ihr soziales Ethos immer wieder gerühmten Inspektoren der ersten Generation war um 1905 immerhin noch knapp die Hälfte im Dienst: Mikulin, Fabričnaja inspekcija, S. 100-103; Späth, M., Fach- und Standesvereinigungen russischer Ingenieure 1900-1914, in: Forschungen zur osteuropäischen Geschichte 35(1984), S. 370.

[56] Gvozdev, S. [A. K. Klepikov]: Zapiski fabričnago inspektora. Iz nabljudenii i praktiki v period 1894-1908 gg., Moskau 1911. 1894 kamen nach Gvozdev auf die 130 neuen Stellen etwa 1000 Bewerber: Ebenda, S. 8.

[57] Späth, Fach- und Standesvereinigungen, S. 237, S. 416 und S. 430. Litvinov-Falinskij war in den neunziger Jahren Fabrikinspektor in St. Petersburg, Bykov begann seine Karriere innerhalb der Inspektion in Moskau. Von Litvinov-Falinskij und Bykov stammen die beiden wichtigsten zeitgenössischen Darstellungen der russischen Fabrikgesetzgebung: Litvinov-Falinskij, V. P.: Fabričnoe zakonodatel'stvo i fabričnaja inspekcija v Rossii, 2. Aufl. St. Petersburg 1904; Bykov, A. N.: Fabričnoe zakonodatel'stvo i razvitie ego v Rossii, St. Petersburg 1909. Siehe auch Bykovs anschauliche Schilderung der Tätigkeit eines Inspektors: Pavlov, F. F.: Ten Years of Experience (Excerpts from Reminiscences, Impressions and Observations of Factory Life), in: Bonnell, V. (Hg.): The Russian Worker. Life and Labor under the Tsarist Regime, Berkeley 1983, S. 113-152.

Arbeitszeitbeschränkung von 1897 hatte. 1899 rückte er erst zum Leiter des Manufakturreferats und nach dessen Auflösung 1900 zum Fabrikrevisor auf.[58] Daneben sei hier noch der Zemstvo-Arzt E. M. Dement'ev genannt, der in seiner Amtszeit als Fabrikrevisor von 1894 bis 1911 die Politik des Finanzministeriums zur Verbesserung der Krankenversorgung in den Fabriken bestimmte und uns an entsprechender Stelle noch ausführlicher beschäftigen wird. Auch wenn das Finanzministerium bei der Gründung der Inspektion alle Forderungen zurückgewiesen hatte, die lokale Selbstverwaltung institutionell einzubeziehen, wurde somit doch eine enge und fruchtbare personelle Verbindung zwischen diesen beiden Tätigkeitsbereichen hergestellt.[59]

Dadurch gewann die russische Fabrikinspektion ein politisches Profil, das den meisten ihrer stärker technisch orientierten westeuropäischen Pendants fremd war. Aufgrund ihres weit über technische Fragen hinausgehenden Horizontes gelang es den Spitzen der Inspektion relativ bald, sich innerhalb des Finanzministeriums erheblichen konzeptionellen Einfluß zu sichern und wichtige sozialpolitische Impulse zu liefern. Die Inspektoren wurden zu den wichtigsten Auskunftsorganen der Regierung, wenn es um die Lage der Arbeiter und um notwendige Weiterentwicklungen der Fabrikgesetzgebung ging. Da sie mit der ganzen Vielfalt industrieller Branchen vertraut waren und zugleich in dem Ruf hoher personeller Unabhängigkeit und Integrität standen, konnten die Inspektoren in späteren Gesetzgebungsverfahren wesentlich sachbezogener und überzeugender argumentieren als einzelne Industrievertreter. Dies machte sich besonders in der Bewertung bisheriger Erfahrungen mit der Beschränkung der Frauen- und Kinderarbeit im Gesetz vom 24. 4. 1890 und den intensiven Beratungen des Frühjahrs 1897 über die gesetzliche Arbeitszeitverkürzung bemerkbar. Mit ihrer Kenntnis der technischen und ökonomischen Gegebenheiten, der geltenden Arbeitszeitverteilung und der ortsüblichen Feiertage in unterschiedlichsten Fabriken konnten sie wiederholt die Einsprüche von Industriellen gegen vorgeschlagene Maßnahmen widerlegen. Vor allem auf den Einfluß der Fabrikrevisoren E. M. Dement'ev, F. V. Fomin und V. I. Michajlovskij sowie der Inspektoren V. E. Varzar (Estland), A. S. Astaf'ev (Vladimir), I. A. Fedorov (Moskau), N. Ja. Ivanisov (Warschau) und G. I. Rykovskij (St. Petersburg) war

---

[58] Zur Biographie Varzars siehe Evdokimov, V. T.: Varzar, Vasilii Egorovich, in: MERSH, Bd. 41, S. 196. Zu den wichtigsten Arbeiten Varzars als Industriestatistiker zählen: Varzar, V. E.: Statističeskija svedenija o fabrikach i zavodach po proizvodstvam, ne obložennym akcizom za 1900 god., St. Petersburg 1903; Ders.: Statističeskija svedenija o stačkach rabočich na fabrikach i zavodach za desjatiletie 1895-1904 goda, St. Petersburg 1905; Očerki osnov promyšlennoj statistiki, 2 Bde., Leningrad 1925-1927. Nach der Oktoberrevolution arbeitete Varzar als Statistiker beim Obersten Volkswirtschaftsrat (VSNCh) und der Zentralen Statistischen Verwaltung (CSU).
[59] Vestnik Evropy, Mai 1885, S. 374-378; RGIA f. 20 op. 2 d. 1784 ll. 102-102 (Bericht Andreevs vom 28. 1. 1883).

beispielsweise zurückzuführen, daß trotz des massiven Widerstands Moskauer Fabrikanten keine Sonderregelungen für große Handwebereien getroffen wurden. Auf ihr Drängen hin wurde auch der Vorschlag des Innenministeriums zurückgewiesen, die Arbeitszeitbegrenzung mit einer staatlichen Lohnregulierung zu koppeln. Schließlich war es auch den Argumenten der Inspektoren zu verdanken, daß sich die Kovalevskij-Kommission schließlich für eine für alle Branchen einheitliche Arbeitszeitbegrenzung entschied.[60] Nur mit Mühe konnte Kovalevskij die Inspektion deshalb gegen den Vorwurf des Moskauer Industriellen G. A. Krestovnikov verteidigen, sie habe die Beratungen der Regierung mit der Industrie in unzulässiger Weise dominiert.[61]

Auch die übrigen Bereiche der Fabrikgesetzgebung wurden maßgeblich von einzelnen Inspektoren geprägt. Wie wir bereits gesehen haben, stammte der Entwurf zum Gesetz vom 12. Juni 1884 über die Schulbildung minderjähriger Arbeiter ebenso von dem ehemaligen Hauptfabrikinspektor Andreev wie die Übergangsregelung für Kinder unter zwölf Jahren. Der Entwurf für ein Gesetz über die Krankenversorgung der Arbeiter vom Ende der neunziger Jahre stammte aus der Feder des Fabrikrevisors Dement'ev. Der Programmentwurf Wittes für die Zulassung von Streiks und Arbeiterorganisationen schließlich, die berühmte „Zapiska Witte", die uns später noch ausführlicher beschäftigen wird, wurde von A. S. Astaf'ev, zu diesem Zeitpunkt Moskauer Bezirksfabrikinspektor, verfaßt.[62] Schließlich wurden auch auf den 1899 eingerichteten Bezirkskonferenzen der Inspektion, die ursprünglich nur der Abstimmung unter den Inspektoren dienen sollten, zunehmend Forderungen nach umfassender Reform der Fabrikgesetzgebung erhoben. Diese Konferenzen wurden zwar 1902 auf Druck der Gouverneure vorläufig wieder eingestellt. Zu diesem Zeitpunkt war die Fabrikinspektion jedoch auch ohne institutionalisierte Diskussionsforen schon längst eine der wichtigsten Triebkräfte der Sozialgesetzgebung in Rußland geworden.[63]

Wie aber sah es mit der Kontrolle der Fabrikgesetze vor Ort, in den Fabriken selbst aus? Vor allem in den Anfangsjahren bestand das drängendste Problem darin, mit dem relativ geringen personellen Bestand eine auch nur im Ansatz

---

[60] RGIA f. 797 op. 67 otd. I st. 1 d. 45 ll. 149-151, ll. 160-164 und ll. 181-19; f. 20 op. 3 d. 1908. Entgegen der sonstigen Haltung des Finanzministeriums zeigte sich Kovalevskij einer solchen Regulierung der Arbeitslöhne Anfang 1897 in gewissem Maße aufgeschlossen.

[61] RGIA f. 797 op. 67 otd. I st. 1 d. 45 ll. 189-190. Zu den Beratungen der Unterkommissionen: Ebenda ll. 219-278. Siehe dazu auch Mikulin, Fabričnaja inspekcija, S. 109.

[62] Potolov, S. I.: Carizm, buržuazija i rabočij klass Rossii v načale XX v. (političeskij aspekt), in: Reformy ili revoljucija? Rossija 1861-1917. Materialy meždunarodnogo kollokviuma istorikov, St. Petersburg 1992, S. 90 Anm. 9.

[63] Mikulin, Fabričnaja inspekcija, S. 125-130; Laue, Factory Inspektion, S. 303. Derartige Konferenzen traten erst ab 1905 wieder zusammen.

Der Aufbau einer Fabrikinspektion 237

effiziente Aufsicht zu gewährleisten. Weil in seiner Zeit als Techniker in einer Textilfabrik bei Moskau in den Jahren von 1890 bis 1894 sein Betrieb nicht ein einziges Mal inspiziert worden war, kam der spätere Inspektor Klepikov zu dem Urteil, daß trotz aller Hochachtung vor den Inspektoren der ersten Generation diese „wegen ihrer geringen Zahl keinerlei Möglichkeit hatten, ernsthaft auf das Leben in den Fabriken einzuwirken".[64] Daß die achtzehn Inspektorenstellen, die 1884 geschaffen wurden, kaum ausreichten, wenn jeder Inspektor nicht mehr als die allgemein als absolute Obergrenze anerkannte Zahl von 200 Betrieben betreuen sollte, hatte Andreev bereits 1883 kritisiert.[65] Dementsprechend konnten 1885, im ersten Berichtsjahr der Inspektion, nur knapp 20 % aller Betriebe inspiziert werden, in denen allerdings bereits über die Hälfte aller Arbeiter unter Aufsicht der Inspektion beschäftigt waren. Lange Wege, die nicht nur in den entlegeneren Gebieten größtenteils in der Kutsche zurückgelegt werden mußten, und meist widrige klimatische Bedingungen prägten lange Zeit das Tätigkeitsbild des Inspektors.[66]

Mit dem personellen Ausbau der Inspektion gelang es jedoch relativ bald, eine flächendeckende Aufsicht zumindest der größeren Betriebe sicherzustellen. Allein im zweiten Halbjahr 1900 statteten die inzwischen über zweihundert Inspektoren mehr als 50 % aller unterstellten Industriebetriebe mit etwa 76 % aller Fabrikarbeiter unter Aufsicht der Inspektion einen und oft sogar mehrere Besuche ab.[67] Damit erreichte die personalstarke russische Inspektion trotz der großen Entfernungen nahezu denselben Stand, wie ihre westeuropäischen Pendants.[68]

Dieser Erfolg war jedoch nur möglich, indem man darauf verzichtete, die Fabrikinspektion wie in Westeuropa zu einer umfassenden Gewerbeinspektion

---

[64] Gvozdev, Zapiski, S. 7-8.
[65] RGIA f. 20 op. 2 d. 1784 ll. 103-107. Ermakov war 1882 noch von 49 Inspektoren ausgegangen. 1884 hielt das Finanzministerium bereits 85 Beamte für notwendig, um allein die Kinderarbeit zu kontrollieren, beantragte jedoch nur 18 Stellen, da die Akziseinspektoren mit der Überwachung des Gesetzes beauftragt werden sollten. Dies ließ sich jedoch nur teilweise verwirklichen: RGIA f. 1149 1882 g. d. 58 l. 109 und f. 20 op. 2 d. 1790 l. 26.
[66] Janžul, Iz vospominanij, S. 37, S. 74-77 und S. 110-111; Gvozdev, Zapiski, S. 29-31; Michajlovskij, O dejatel'nosti, Tabelle I.
[67] Svod otčetov fabričnych inspektorov za vtoruju polovinu 1900 goda, St. Petersburg 1902, S. I-II und Tabelle IV.
[68] In Deutschland, Österreich und Frankreich wurde um 1900 jeder unterstellte Betrieb durchschnittlich alle zwei Jahre inspiziert. Nur in England und der Schweiz gelang es bereits vor der Jahrhundertwende, den jährlichen Besuch jedes Betriebes sicherzustellen. Machte ein russischer Fabrikinspektor um 1900 jährlich im Durchschnitt allerdings nur 77,6 Besuche, so kamen ihre deutschen Kollegen bereits auf 246 und die englischen und französischen Inspektoren sogar auf jeweils über tausend Besuche pro Jahr: Borchers, Vergleichende Untersuchung, S. 85, S. 124-125 und S. 175; Siehe auch Mikulin, Fabričnaja inspekcija, S. 33-34.

auszubauen. So blieb in Rußland die Aufsicht über kleine und kleinste Betriebe nach wie vor ein ernstes Problem. Das veraltete Fabrikgesetzbuch definierte alle Betriebe mit mehr als fünfzehn, seit 1901 mit mehr als zwanzig Arbeitern oder einem mechanischen Antrieb in Anlehnung an steuerliche Kriterien als Fabrik. Darüber hinaus waren alle diejenigen Betriebe der Fabrikinspektion unterworfen, in denen aufgrund ihrer besonderen Gefährlichkeit keine Kinder beschäftigt werden durften. Eine praxisnahe Abgrenzung zwischen Handwerk und Fabrikindustrie blieb im Einzelfall den Ministerien und den Gouvernementsfabrikbehörden überlassen, um eine flexible und den örtlichen Bedingungen angepaßte Handhabung des Gesetzes zu ermöglichen.[69] Obwohl das Handwerk somit weitestgehend aus der Inspektion ausgeklammert war, stand diese trotzdem vor dem Dilemma, eine hohe Anzahl kleiner und kleinster Betriebe beaufsichtigen zu müssen, ohne daß die personellen Kräfte dafür überall bereitstanden. Um 1900 beschäftigten 30 % aller Betriebe unter Aufsicht der Inspektion weniger als sechzehn und weitere 40 % weniger als fünfzig Arbeiter.[70] Vor allem in Gegenden mit überwiegend kleinen Fabriken wie den Gouvernements Vitebsk, Rjazan' oder Kazan' gelang es deshalb noch um die Jahrhundertwende kaum, auch nur ein Drittel der Betriebe wirksam zu überwachen.[71] Hinzu kam, daß die Fabrikinspektion ab 1894 mit der Aufsicht über die Sicherheit von Dampfkesseln beauftragt worden war, eine Aufgabe, die ungeheuer zeitaufwendig war, ohne daß Unfällen und Explosionen zuverlässig vorgebeugt werden konnte.[72] Der Verzicht auf die Einbeziehung des Handwerkes in das Inspektionssystem war deshalb angesichts der weiten Wege und der schlechten Verkehrsverhältnisse und trotz einer vergleichsweise hohen Zahl an Inspektoren der unvermeidliche Preis dafür, daß zumindest in den größeren Fabriken eine regelmäßige Inspektion stattfinden konnte.

Was schließlich sollten und was konnten die Inspektoren in den Betrieben an wirklichen Verbesserungen erreichen? Gemäß dem Gesetz vom 3. Juni 1886

---

[69] Gesetz vom 3. 6. 1886: PSZ 3, Bd. VI Nr. 3769 Pravila Art. 43; Gvozdev, Zapiski, S. 39. So wurden über diese Bestimmung beispielsweise an sich dem Handwerk zugeordnete große Handwebereien in Lodz der Fabrikinspektion unterstellt: RGIA f. 797 op. 67 otd. I st. 1 d. 45 l. 165. Zu den Mängeln der Abgrenzung siehe Janžul, Iz vospominanij, S. 57-58; Mikulin, Fabričnaja inspekcija, S. 119-120; Baryšnikov, N.: K voprosu o podčinjaemosti promyšlennych zavedenij pravitel'stvennomu fabričnomu nadzoru, Petrozavodsk 1901, S. 1-2.
[70] Svod otčetov fabričnych inspektorov za vtoruju polovinu 1900 goda, S. II.
[71] Ebenda, Tabelle III und IV.
[72] Gesetz vom 14. 3. 1894: PSZ 3 Bd. XIV Nr. 10420 Kap. VIII Art. 9; Späth, Fach- und Standesvereinigungen, S. 253, S. 324 und S. 372. Etwa dreißig Prozent aller Inspektionsbesuche entfielen auf die Dampfkesselaufsicht: Svod otčetov fabričnych inspektorov za vtoruju polovinu 1900 goda, S. 7-8; Da sich die Dampfkesselaufsicht durch die Inspektion nicht bewährte, wurde sie 1910 an spezielle Vereine der Industriellen übertragen: Späth, Fach- und Standesvereinigungen, S. 372.

bestand ihre erste und wichtigste Aufgabe darin, darüber zu wachen, daß die Gesetze über die Beziehungen zwischen Arbeitern und Fabrikbesitzern eingehalten wurden. Daneben sollten die Inspektoren Streiks und Arbeiterunruhen vorbeugen, indem sie deren eventuelle Ursachen erforschten und sie schon im Vorfeld durch Schlichtungsbemühungen verhinderten. Hinzu kam ab 1894 noch die bereits erwähnte Dampfkesselaufsicht und die Sammlung statistischer Daten für das Finanzministerium.[73] Mit der doppelten Aufgabe, dem Schutz der Arbeiterinteressen einerseits und der Verhinderung von Unruhen andererseits, wurde die Inspektion nach Meinung vieler Beobachter zum Instrument staatlicher Regulierung des Arbeitsverhältnisses. Damit sei ihr ein Spagat zwischen den ökonomischen Interessen der Arbeiterschaft einerseits und dem Streben des Staates nach Ruhe und Ordnung sowie seinem Bedürfnis nach industrieller Modernisierung andererseits abverlangt worden, den sie auf Dauer nicht habe leisten können.[74]

Sicherlich wurde die Tätigkeit der Inspektoren im Sinne eines umfassenden Arbeiterschutzes erheblich dadurch behindert, daß zentrale Konfliktfelder zwischen Arbeitern und Unternehmern von dem Gesetz von 1886 gar nicht erfaßt wurden. Dies betraf zum einen die häufig fehlenden Sanitär- und Sicherheitsbestimmungen, zum anderen aber auch solche offensichtlichen Mängel, daß das Gesetz von 1886 zwar Lohnzahlungsfristen festschrieb, Verstöße gegen diese Bestimmung aber nicht unter Strafe stellte. Auch die von den Arbeitern als entwürdigend empfundenen täglichen Leibesvisitationen beim Verlassen der Fabrik waren nicht verboten worden.[75] Dagegen geht der Vorwurf ins Leere, die Inspektion habe Unruhen schon deshalb nicht vorbeugen können, weil die wichtigsten Ursachen von Streiks, nämlich die Lohnhöhe, die Verteilung der Arbeitszeiten und das autoritäre und oft brutale Verhalten von Vorarbeitern und Fabrikdirektoren nicht gesetzlich geregelt gewesen seien.[76] Derart weitreichende Kompetenzen, welche das Fundament der Wirtschaftsordnung untergraben hätten, wurden der Inspektion bewußt nie eingeräumt. Einer staatlichen Regulierung des Arbeitsverhältnisses waren auch in Rußland trotz des übersteigerten Sicherheitsbedürfnisses der Autokratie enge Grenzen gesteckt.

---

[73] PSZ 3 Bd. VI Nr. 3769, Pravila, Art. 7; PSZ 3 Bd. XIV Nr. 10420, Kap. VIII, Art. 4 und Art. 9; Ab 1895 war es auch Aufgabe der Inspektoren, Unfälle in den Fabriken statistisch zu erfassen: Gvozdev, Zapiski, S. 183.
[74] Rimlinger, G.: The Management of Labor Protest in Tsarist Russia, 1870-1905, in: International Review of Social History 5(1960), S. 226-248, hier S. 238-243; Ders.: Labour and State on the Continent, 1800-1939, in: The Cambridge Economic History of Europe, Bd. VIII, Cambridge 1989, S. 549-606, hier S. 598-599; Laue, Factory Inspection, S. 352-353.
[75] Gvozdev, Zapiski, S. 46 und S. 116-117; Mikulin, Očerki, S. 42-43.
[76] Rimlinger, The Management, S. 238-239.

Daß im Zuständigkeitsbereich des Finanzministeriums wirtschaftliches Wachstum letztlich gegenüber der Sicherung von Ruhe und Ordnung Vorrang hatte, wird auch aus der Praxis der Inspektion deutlich. Von Anfang an verfolgten das Finanzministerium und die Spitzenbeamten der Inspektion das Ziel, die örtlichen Inspektoren nicht so sehr zu Hütern des Gesetzes und schon gar nicht zu einer Art Fabrikpolizei, sondern zu Agenten des sozialen Fortschritts in den Industriebetrieben zu machen.[77] Vor allem in den Anfangsjahren war die Tätigkeit der Inspektion dadurch geprägt, die Arbeiterschutzgesetze in den Fabriken durch aufklärende Gespräche bekannt zu machen und vorrangig durch persönliche Überzeugungskraft durchzusetzen. Protokolle und Strafen hingegen blieben nur ein äußerstes und relativ selten notwendiges Mittel der Inspektoren gegen uneinsichtige Fabrikdirektoren.[78] Dies sollte auch in den folgenden Jahren so bleiben. In einer Instruktion an die Fabrikinspektoren von 1894 rief Finanzminister Witte dazu auf, nicht so sehr durch Strafen, sondern vor allem durch moralische Autorität (*nravstvennyj avtoritet*), vernünftigen Rat (*razumnyj sovet*) und verständige Hinweise (*tolkovoe ukazanie*) auf die Fabrikdirektoren einzuwirken. Diese Politik wurde von der Inspektion konsequent verwirklicht.[79]

Welchen Erfolg dieser kooperative Ansatz gegenüber der Industrie haben würde, hing maßgeblich davon ab, wie diese auf die Einführung einer Fabrikaufsicht reagieren würde. In seinen Erinnerungen hat vor allem der erste Moskauer Fabrikinspektor Janžul mit dunklen Farben dargestellt, wie ablehnend, ja feindselig sich die Moskauer Fabrikanten gegenüber den Inspektoren verhalten hätten. Dieses Bild hat die sowjetische, aber auch die westliche Historiographie maßgeblich geprägt.[80] Dabei hatte sich die Industrie im Gesetzgebungsverfahren gar nicht grundsätzlich gegen die Einrichtung einer Inspektion gewandt. Allerdings läßt sich vor allem in den frühen Diskussionen beobachten, daß die zentralrussischen Industriellen aus einem altertümlichen Denken in sozialen Schichten, vor allem aber aus einem gewissen Eigennutz heraus versuchten, die Aufsicht in die eigenen Hände zu nehmen, statt sie einer

---

[77] Zu diesem Berufsethos vor allem der ersten Generation von Inspektoren siehe Janžul, Iz vospominanij, S. 17. Janžul selbst sah die weitere Entwicklung der Inspektion nach dem Rücktritt Bunges allerdings sehr kritisch: Ebenda, S. 13-14.

[78] Michajlovskij, O dejatel'nosti, S. 6-7; Mikulin, Očerki, S. 47-48. Bekannt wurde vor allem der Prozeß gegen den Moskauer Getränkehersteller N. P. Lanin: Janžul, Iz vospominanij, S. 87-92; [San-Galli, F. K.]: Curriculum vitae zavodčika i fabrikanta Franca Karloviča San-Galli, St. Petersburg 1903, S. 56-57.

[79] Gvozdev, Zapiski, S. 20-21. Siehe auch Ozerov, Politika, S. 164-166,

[80] Janžul, Iz vospominanij, S. 85-95 und S. 165-216. Balabanov, Očerki, Bd. 2, S. 395-401 und Bd. 3, S. 443-449; Laveryčev, Carizm i rabočij vopros v Rossii (1861-1917 gg.), Moskau 1972, S. 78-85; Giffin, I. I. Yanzhul.

staatlichen Behörde zu übertragen. Bereits auf den Vorschlag der Kommission beim Petersburger Generalgouverneur von 1859 hin forderten einige Moskauer Fabrikanten, die jeweiligen Abteilungen des Manufakturrats mit der Inspektion zu beauftragen:

> „Das Mißtrauen gegenüber den Fabrikanten, sie zu Richtern in ihrer eigenen Sache zu machen, wäre dem Mißtrauen [gegenüber der Tradition] gleichzusetzen, daß ein Kaufmann über Kaufleute, ein Adliger über Adlige, ein Russe über Russen richtet."[81]

Gegenüber diesem Ansatz, die Abwehr einer staatlichen Inspektion mit der Konstituierung der Fabrikantenschaft als in sich abgeschlossener, selbstverwalteter sozialer Gruppe innerhalb einer ständisch strukturierten Gesellschaft zu verbinden, trat jedoch bald die Befürchtung in den Vordergrund, eine staatliche Inspektion würde das innere Gefüge der Fabriken aus dem Gleichgewicht bringen. Dies wird in der Reaktion der Moskauer Industriellen auf die Vorschläge der Stackelberg-Kommission deutlich:

> „Die Ernennung eines Inspektors und seine Einmischung in die Angelegenheiten der Fabrik im Sinne eines Schutzes der Rechte des Arbeiters wird zu einer Einschränkung für den Fabrikherrn. Folglich kann hier kein Gleichgewicht der Beziehungen zwischen Fabrikherren und Arbeitern bestehen. Daß ein Gleichgewicht der Beziehungen bei einer solchen Einmischung nicht aufrechterhalten werden kann, das ist völlig natürlich: entweder verliert der Fabrikherr in den Augen des Arbeiters jegliche Bedeutung (wenn der offizielle Beamte sich auf die Seite des letzteren stellt), oder der Fabrikherr, der sich die Gunst des Beamten erworben hat, beginnt den Arbeiter zu unterdrücken und versteckt sich dabei hinter der Autorität des Inspektors. Kurzum, das Ziel wird nicht erreicht."[82]

Auch die Moskauer forderten ebenso wie eine Kursker Kommission die Einrichtung der Inspektion unter Leitung des als Nachfolger des Manufakturrats vorgeschlagenen Industrierats, ohne daß die Stackelberg-Kommission allerdings näher darauf einging.[83] In den Gesetzgebungsverfahren von 1882 und 1885/86 spielten solche Forderungen nach einer Inspektion durch die Fabrikanten selbst allerdings keine wesentliche Rolle mehr.[84] Vielmehr verlangten gerade die Mos-

---

[81] Trudy kommissii, učreždennoj dlja peresmotra ustavov fabričnago i remeslennago, Bd. 2, S. 299. Dieselbe Auffassung wurde auch von den Textilmagnaten Chludov, den Tverer Fabrikanten sowie der Moskauer Abteilung des Manufakturrats vertreten: Ebenda, S. 298-306 und S. 314. Siehe auch Žuravlev, N.: K istorii fabričnogo zakonodatel'stva v 1861 g., in: KA 92(1939), S. 133-150.
[82] Trudy kommissii, Bd. 3, S. 45.
[83] Ebenda, S. 46-48 und S. 110-111.
[84] In den siebziger Jahren hatte das Handels- und Manufakturkomitee von Ivanovo-Voznesensk noch einmal den Vorschlag gemacht, für die Aufsicht über Fabrikschulen eine besondere Industriellenkommission einzurichten: RGIA f. 1149 1882 g. d. 58 l. 24. Ende 1882 schließlich schlug die Lodzer Textilmanufaktur Scheibler vor, die Fabrikinspektion durch beratende Komitees der Industrie zu unterstützen, ohne daß dieser Vorschlag jedoch im Finanzministerium aufgegriffen worden wäre: RGIA f. 20 op. 2 d. 1784 l. 147.

kauer Industriellen, wie wir bereits gesehen haben, aus Wettbewerbsgründen mit Erfolg die reichsweite Einführung der geplanten staatlichen Inspektion.[85] Der ursprüngliche Widerstand schien also weitgehend abgeflaut.

Umso heftiger war dann allerdings der Protest, als die ersten Inspektoren tatsächlich in den Fabriken erschienen. Viele Fabrikanten weigerten sich anfangs, die Beschränkung der Kinderarbeit und das Auftreten der Inspektoren ernst zu nehmen, sofern sie bei dem ersten Besuch eines Beamten überhaupt schon von der gesetzlichen Regulierung erfahren hatten.[86] Während solche Formen passiven Protestes der Industrie noch relativ einfach von den Inspektoren zu überwinden waren, hinterließ der massive, organisierte Widerstand prominenter zentralrussischer Industrieller gegen die neue Institution in der Regierung, vor allem aber in der russischen Öffentlichkeit einen nachhaltigen, negativen Eindruck. Dabei vermengte sich in den Proklamationen der Fabrikanten eine grundsätzliche Ablehnung gesetzlicher Regulierung ihrer Beziehung zu ihren Arbeitern mit Beschwerden gegen ein allzu forsches Auftreten der Inspektoren. So beklagte sich eine Kommission Moskauer Industrieller, die im Frühjahr 1887 unter dem Vorsitz N. K. Krestovnikovs bei der Moskauer Abteilung der russischen Industriegesellschaft eingerichtet worden war:

> „Vom Beginn der Anwendung des neuen Fabrikgesetzes an sind zwischen den Fabrikanten und der Inspektion Meinungsverschiedenheiten und Streitigkeiten aufgetreten, welche sich immer weiter verschärft haben und nicht spurlos an den gegenseitigen Beziehungen zwischen Fabrikherren und Arbeitern und allgemein am Gang des Fabrikwesens vorübergehen konnten. Polemische Zeitungsartikel und offizielle Beschwerden gegen die Inspektion aufgrund ihrer überflüssigen Strenge – die mit dem Gesetz völlig unvereinbar ist und den Arbeitern keinerlei Nutzen bringt, für deren Schutz die Fabrikinspektion angeblich eintritt, dabei aber nur die Fabrikanten und die Arbeiter einengt und den eigentlichen Produktionsprozeß erschwert – haben den Eindruck einer Art Kampf zwischen der Inspektion als vermeintlicher Verteidigerin der Arbeiter und den Fabrikherren als ihren vermeintlichen Ausbeutern im extremsten Sinne des Wortes erweckt. 'Endlich haben auch unsere Arbeiter ihren 19. Februar erlebt!' ruft das Mitglied der Moskauer Fabrikbehörde, Staatsanwalt Obninskij, in einem Artikel des 'Juridičeskij Vestnik' aus."[87]

---

[85] RGIA f. 1149 1882 g. d. 58 l. 134.

[86] Siehe den Reisebericht des ersten Hauptfabrikinspektors Andreev: RGIA f. 20 op. 2 d. 1784 ll. 58-65; sowie Janžul, Iz vospominanij, S. 33-34 und S. 46-47. Siehe auch Gvozdev, Zapiski, S. 15-19 über die Einführungsphase der Inspektion im Gouvernement Kostroma 1894/95.

[87] Doklad Soveta Moskovskago Otdelenija Obščestva dlja sodejstvija russkoj promyšlennosti i torgovle Obščemu Sobraniju Otdelenija po voprosu o neudobstvach vstrečennych pri primenenii zakona 3-go ijunja i „Pravil o nadzore" vsledstvie izlišnych i neprvil'nych trebovanij fabričnoj inspekcii, Moskau 1887, S. 3. Siehe auch TOS 19(1888), S. 323-324; Litvinov-Falinskij, Fabričnoe zakonodatel'stvo, S. 307-310. Eine freiere Übersetzung ins Deutsche findet sich bei Tugan-Baranowsky, M. I.: Geschichte der russischen Fabrik, Berlin 1900, S. 478; Siehe auch Owen, T.: Capitalism and Politics

Dieser Bezug auf die Bauernbefreiung macht deutlich, wie sehr das Gesetz vom 3. Juni 1886 und die Einführung der Inspektion außerhalb der Industrie als eine Befreiung der Arbeiter aus überkommener Unfreiheit und Unterdrückung, als Aufbruch in eine neue Ära von Freiheit und Selbstbestimmung gesehen wurde. Diese Auffassung mußte jedoch das Selbstverständnis der Industriellen von der Gemeinsamkeit der Interessen zwischen Arbeitern und Fabrik massiv verletzen. Als Anwälte des Rechts, die von einem Vertrauensverhältnis zwischen Fabrikanten und Arbeitern ausgingen und einzelne Gesetzesverstöße allenfalls als Versehen betrachteten, waren die Inspektoren für die Fabrikpatriarchen erträglich. Als Anwälte der Arbeiter, die in jeder Regelverletzung Ausdruck eines systematischen, prinzipiellen Interessengegensatzes zwischen Arbeit und Kapital sahen, waren sie es nicht.

Während sich diese Moskauer Kommission nur gegen die engagierte Auslegung des neuen Arbeitsrechts durch die Inspektoren wandte, stellte eine Petition der „Allrussischen Kaufleute der Nižnij-Novgoroder Börse" vom August 1887 das Gesetz insgesamt in Frage:

„Die russischen Industriellen, die auf eine lange ruhige und patriarchalische Vergangenheit der russischen Industrie zurückblicken, wagen es zu denken, daß sie bei der Staatsmacht mehr Vertrauen verdient haben, als das, was ihnen mit der Einführung des neuen Fabrikgesetzes erwiesen wurde. Dieses beengt sowohl sie als auch ihre Arbeiter und liefert oft ein ganzes Unternehmen der Gnade oder Ungnade einer Person aus, die in Fabrikangelegenheiten völlig inkompetent ist und nichts mit den Interessen des Staates oder den Bedürfnissen der Industrie gemein hat. Die Messekaufmannschaft und die Produzenten haben nichts gegen die Einmischung des Staates in die gegenseitigen Beziehungen zwischen Fabrikanten und Arbeitern und sind bereit, ebenso ein Gesetz zu begrüßen, das diese Beziehungen in guter Weise regelt, wie dessen Ausleger (*istolkovateli*), die sich darum bemühen, Friede, Ruhe und Liebe in den Fabriken herzustellen. Aber sie meinen, daß das gegenwärtige Gesetz diesem Ideal nur sehr wenig nahekommt."[88]

Unterstützt wurden diese Angriffe auf die Inspektion und auf die Politik des Finanzministeriums unter Bunge von einer beispiellosen Pressekampagne, aus der vor allem die Attacken Katkovs auf Bunge in den „Moskovskie Vedomosti" sowie die Schriften V. P. Bezobrazovs und S. F. Šarapovs herausragen.

---

in Russia. A Social History of the Moscow Merchants 1855-1905, Cambridge 1981, S. 130. Obninskij benutzte den von einem Zemstvoaktivisten gezogenen Vergleich zur Bauernbefreiung als Aufhänger, um vor einer schleichenden Aushöhlung des Gesetzes vom 3. Juni 1886 und einer drohenden Bürokratisierung der Inspektion zu warnen: Obninskij, P. N.: Novyj zakon ob organizacii fabričnago nadzora v Moskve, in: Juridičeskij Vestnik, 1887, Nr. 11/12, S. 115-120.

[88] Zloba torgovago dnja. Dokladnaja zapiska torgujuščago na Nižegorodskoj jarmarke kupečestva gospodinu Upravljajuščemu Ministerstvom Finansov i otvet na nee, Moskau 1887; zitiert nach Janžul, Iz vospominanij, S. 3. Siehe auch Bykov, Fabričnoe zakonodatel'stvo, S. 192.

Dieser Feldzug trug maßgeblich zum Rücktritt Bunges am 1. Januar 1887 bei.[89] Obwohl der neue Finanzminister Vyšnegradskij den Beschwerden der Industrie anfangs einige Sympathien entgegenbrachte und unter ihrem Eindruck vorübergehend sogar eine Übertragung der Inspektion an das Innenministerium erwog, kam es letztlich jedoch zu keinen wesentlichen Änderungen der Regierungspolitik, so daß die Klagen weitgehend verpufften.

Es wäre jedoch falsch, aus diesen Protesten zu schließen, die Industrie habe sich gegenüber der Inspektion generell ablehnend verhalten. Bereits Bezobrazov hatte in seiner Streitschrift gegen die Inspektion darauf hingewiesen, daß auch diejenigen Industriellen die grundsätzliche Berechtigung gesetzlicher Arbeiterschutzmaßnahmen anerkannten, die heftig über einzelne Einschränkungen klagten.[90] Und selbst der Moskauer Inspektor Janžul, der mit seinem kompromißlosen sozialpolitischen Engagement ein gut Teil zu der Verschärfung des Konfliktes mit der Industrie beigetragen hatte, berichtete im Januar 1883 an seinen Vorgesetzten Andreev, daß viele Industrielle sich gegenüber der Inspektion ausgesprochen kooperativ zeigten:

> „Ich hatte Gelegenheit, mich von der völligen Richtigkeit Ihres Hinweises zu überzeugen, daß Ratschläge und Hinweise des Inspektors auf verschiedene Mängel bezüglich der Minderjährigen, auch wenn sie noch keinerlei bindende Kraft für die Fabrikbesitzer haben, nichtsdestoweniger in vielen Fällen wohlwollend aufgenommen und gerne in die Tat umgesetzt werden. Als ich beispielsweise die Aufmerksamkeit darauf richtete, wie unpassend und geradezu moralisch verderblich gemeinsame Schlafsäle in den allgemeinen Kasernen von Minderjährigen und Erwachsenen sind, haben sich einige Fabrikherren sofort wohlwollend geäußert, wie zum Beispiel Herr Prochorov [...], der sofort befahl, in einem neu zu errichtenden Block einen besonderen Schlafsaal für Minderjährige abzutrennen. Dasselbe ist auch noch in zwei weiteren Fällen passiert."[91]

Ebenso berichteten auch Mikulin und Klepikov, daß es bei der Einführung der Inspektion in Vladimir und Kostroma nur in der Anfangsphase Probleme mit einzelnen Fabrikanten gab, und auch hier überwiegend mit den Besitzern kleinerer Betriebe. In den großen Fabriken reichten hingegen meist schon einige deutliche Hinweise aus, um eine zumindest formale Erfüllung des Gesetzes zu erwirken, da deren Besitzer aus Prestigegründen darum bemüht waren,

---

[89] Janžul, Iz vospominanij, S. 4-5, S. 14 und S. 165-218; Mikulin, Očerki, S. 63; Bezobrazov, V. P.: Nabljudenija i soobraženija otnositel'no novych fabričnych uzakonenij i fabričnoj inspekcii, St. Petersburg 1888; Giffin, F. C.: Russian Factory Legislation in the 1880s, Diss. Phil., Ann Arbor 1965, S. 183-186.

[90] Bezobrazov, Nabljudenija, S. 11.

[91] Aus einem Bericht Janžuls an Andreev vom 23.1.1883, aufgenommen in einen Brief Andreevs an Finanzminister Bunge vom 5.5. 1883: RGIA f. 20 op. 2 d. 1784 ll. 240-241. Weitere von Janžul angeführte Beispiele für die kooperative Haltung der Industriellen betrafen die Neueinstellung von Kindern unter zwölf Jahren und den Bau von Fabrikschulen. Siehe auch Janžul, Fabričnyj byt Moskovskoj gubernii, S. 57-61.

eine Strafe möglichst zu vermeiden.[92] Vielmehr versuchten viele Fabrikanten, sich die Inspektoren mit subtilen Methoden gefügig zu machen, indem sie sie zu privaten Festen einluden und ihnen Übernachtungsmöglichkeiten, frische Pferde usw. anboten. Obwohl schon die geographischen Gegebenheiten es oft unmöglich machten, diese zweckgerichtete Gastfreundschaft abzulehnen, geriet die Fabrikinspektion dennoch zu keinem Zeitpunkt in den Ruf, korrupt zu sein.[93]

Insofern dürfen die Beschwerden der Moskauer Industriellen aus den Jahren 1886 und 1887 weder als repräsentativ für die gesamte russische Industrie gewertet noch über die Einführungsphase der Inspektion hinaus verallgemeinert werden. Nach nur zwei Jahren, im Herbst 1889, gab die „Russkaja Mysl'" ihrem Erstaunen darüber Ausdruck, wie schnell die Proteste abgeflaut waren: „Man könnte meinen, daß die Fabrikinspektion ihre Tätigkeit eingestellt hat – so still ist es um sie geworden."[94] Dementsprechend richtete sich 1893 die Kritik der Moskauer Abteilung der Industriegesellschaft auch nicht mehr gegen die Inspektion selbst, sondern gegen die Wettbewerbsverzerrungen, welche die jeweils unterschiedliche Auslegung des Gesetzes von 1886 durch die einzelnen Gouvernementsfabrikbehörden mit sich brachte.[95] Sicher blieb vor allem in kleineren Betrieben, aber auch bei einigen großen Fabrikpatriarchen, ein erhebliches Maß an Mißtrauen gegenüber der Inspektion bestehen, das sich in regelmäßigen Eingaben an die Regierung äußerte, ohne allerdings nennenswerte politische Wirkung zu erzielen.[96] War die schmerzliche Gewöhnung an die staatliche Aufsicht über die von ihren Besitzern als privatester Bereich betrachteten Fabriken erst einmal vollzogen, so stand der Inspektion kaum noch Widerstand von seiten der Industrie entgegen.

Ihre Strategie, aufgedeckte Mißstände anzumahnen, ohne sofort mit Strafen zu drohen, verhalf den meisten Inspektoren sogar zu einer moralischen Autorität, die es ihnen ermöglichte, weit über die eigentlichen Bestimmungen des Gesetzes hinaus für die Belange der Arbeiterschaft tätig zu werden. So

---

[92] Gvozdev, Zapiski, S. 15-21 und S. 43; Mikulin, Očerki, S. 45-47 und S. 54-59; Ders., Fabričnaja inspekcija, S. 24-25 und S. 57-61. Nur in etwa sechs Prozent der Fälle, in denen Inspektoren eine Gesetzesverletzung feststellten, wurden Strafen verhängt. In allen übrigen Fällen genügten Hinweise und Verwarnungen: Svod otčetov fabričnych inspektorov za vtoruju polovinu 1900 goda, S. VII-VIII und Tabelle XIV.
[93] Gvozdev, Zapiski, S. 19. Dort auch Berichte über einzelne Bestechungsversuche, ebenso bei Janžul, Iz vospominanij, S. 35-36 und S. 141-143.
[94] Russkaja Mysl' 10(1889), Nr. 10, Vnutr. Obozr., S. 234-235.
[95] TOS 22(1893), otd. III, S. 444-454. Diese Forderung wurde auch von der Lodzer Abteilung unterstützt: Ebenda, S. 463-465. Siehe auch Bezobrazov, Nabljudenija, S. 30-31.
[96] Siehe beispielsweise den Brief eines ungenannten Moskauer Industriellen vermutlich an Pobedonoscev vom 15. 1. 1897, in dem der Inspektion vorgeworfen wurde, selbst Streiks anzustiften: RGIA f. 797 op. 67 otd. I st. 1 d. 45 ll. 28-29.

setzten sich Inspektoren für eine Verbesserung der Wohnverhältnisse ein, wiesen auf technische Mängel und Unfallgefahren hin und versuchten in mühevoller Kleinarbeit, über die Kontrolle der Fabrikordnungen die alltäglichen Arbeitsbedingungen zu verbessern. Über ihre gesetzlichen Kompetenzen hinaus setzten sie eine Kontrolle der Preise in den Fabrikläden durch, regten die Gründung von Konsumgenossenschaften an und bemühten sich um häufigere Lohnzahlungen und um die Fortzahlung der Löhne bei einem betriebsbedingten Stillstand der Fabrik.[97] Obwohl das Gesetz bewußt keinerlei Regulierung des Arbeitslohnes vorsah, nutzten Inspektoren zudem die formale Bestätigung von Lohntabellen, um eine Erhöhung außergewöhnlich niedriger Löhne zu erreichen:

> „Nicht eine einzige Lohntabelle ging ohne eine äußerst aufmerksame inhaltliche Beurteilung – wozu das Gesetz uns nicht verpflichtet – und ohne die Nutzung aller nur möglichen Umstände für eine mögliche Erhöhung der Löhne durch unsere Hände."[98]

Auch die Versuche, andere Arten von Streitigkeiten zu schlichten, waren durch harte und oft erfolglose Überzeugungsarbeit gekennzeichnet. Dabei stand die Verbesserung der Lebensverhältnisse der Arbeiter im Berufsethos der Inspektoren gleichrangig neben der Verhinderung von Konflikten:

> „Es ist diese Arbeit hinter den Kulissen, die von niemandem bemerkt und von niemandem gewürdigt wird, welche ungeheure Bedeutung bei der Ordnung der Beziehungen zwischen den beiden Seiten und der Verbesserung der rechtlichen Lage der Arbeiter in den Fabriken besitzt. Diese Arbeit hat den Arbeitern zweifellos wesentlichen Nutzen gebracht und in vielen Fällen Konflikte und Komplikationen zwischen den beiden Seiten verhindert."[99]

Daß sich die Inspektion auf diese Weise langfristig auch in der Arbeiterschaft ein gewisses Maß an Vertrauen erwerben konnte, zeigt die Fülle von Beschwerden, mit der sich Arbeiter an sie wandten. Damit brachten sie zum Ausdruck, daß sie sich von ihr eine Verbesserung ihrer Lage erhofften.[100]

Dieses Vertrauen war die Grundlage für die schlichtende und vermittelnde Tätigkeit, welche Fabrikinspektoren auch bei Unruhen zumindest in den Anfangsjahren oftmals ausüben konnten. Obwohl dieser Aspekt eine Schlüsselrolle spielt, wenn man den Charakter der Inspektion beurteilen will, liegt dazu nur wenig Material vor, so daß bislang allenfalls einige Grundzüge erkennbar

---

[97] Gvozdev, Zapiski, S. 93, S. 96-97, S. 115-116, S. 153-156, S. 178 und S. 187-188; Pavlov, Ten Years of Experience, S. 130-152; Michajlovskij, Otčet, S. 64-69.
[98] Gvozdev, Zapiski, S. 86-87; Mikulin, Očerki, S. 17-18 und S. 58-59.
[99] Gvozdev, Zapiski, S. 116.
[100] Svod otčetov fabričnych inspektorov za vtoruju polovinu 1900 goda, S. 16-21; Gvozdev, Zapiski, S. 227-240; Aleksandrov, Fabričnaja inspekcija, S. 34-35. Dementsprechend ging nach Einführung der Inspektion die Zahl der Klagen von Arbeitern bei den Friedensrichtern deutlich zurück: Bykov, Fabričnoe zakonodatel'stvo, S. 181; Laue, Factory Inspection, S. 360-361. Siehe dagegen Mikulin, Fabričnaja inspekcija, S. 68-69.

werden.[101] So hatte die Fabrikinspektion drei Aufgaben, die eng miteinander verwandt waren und doch immer wieder in Widerspruch zueinander gerieten. Zum einen, und dies war das ursprüngliche Ziel aller Fabrikinspektionen auch in Westeuropa, sollte sie darüber wachen, daß die Gesetze über die Lohnarbeit von den Fabrikbesitzern wie den Arbeitern konsequent eingehalten wurden. Zum anderen mußte die Inspektion unter den besonderen Bedingungen Rußlands, wo die Arbeiter im Grunde erst mit dem Gesetz vom 3. Juni 1886 innerhalb der Fabrik einen Status als Rechtssubjekt erhalten hatten, überhaupt erst ein Bewußtsein dafür schaffen, daß es gesetzliche Bestimmungen waren, die das Verhältnis zwischen den Fabrikbesitzern und den Arbeitern bestimmten, und nicht ein traditionelles Gewohnheitsrecht. Somit mußte sie gegenüber beiden Seiten als Erzieher auftreten, um ein Rechtsempfinden (*čuvstvo zakonnosti*) in den Fabriken zu verankern.[102] Das bedeutete unter anderem, daß die Inspektion streikende Arbeiter davon überzeugen sollte,

> „daß nicht nur die Ungesetzlichkeit von Ansprüchen, sondern auch das Streben nach gesetzlichen Rechten auf gesetzwidrigem oder gewaltsamem Weg unweigerlich nicht zu einer Verbesserung, sondern zu einer Verschlechterung ihrer Lage führen würden, da die Regierung unter solchen Umständen die Erfüllung der Wünsche der Arbeiter nicht zulassen kann, auch dann nicht, wenn die Fabrikanten unter dem Einfluß von Drohungen oder aus Gutmütigkeit ihre Bereitschaft zu Zugeständnissen bekundet haben."[103]

Teil der erzieherischen Aufgabe der Inspektoren war es somit, Streiks nach Möglichkeit zu unterbinden, um keinerlei Präzedenzfälle entstehen zu lassen.

Schließlich wurde es der Inspektion zur Aufgabe gemacht, vor Ort die Ursachen solcher „Mißverständnisse" zu erforschen und nach Möglichkeit eine friedliche Übereinkunft zu vermitteln.[104] Diese Aufgabe war zwar im Grunde

---

[101] Die wichtigsten Quellen zur Rolle der Fabrikinspektion bei Streiks sind die Auseinandersetzungen zwischen Finanz- und Innenministerium in den Jahren 1896-1898 im Zusammenhang mit der Diskussion um die Arbeitszeitverkürzung und dem Bericht des Generals Panteleev: Protokoll der „Besonderen Besprechung" unter Vorsitz Pobedonoscevs im Dezember 1896: RGIA f. 878 op. 1 d. 35 ll. 6-27. Instruktion des Finanzministeriums an die Fabrikinspektion vom 19. 4. 1897: Ebenda l. 37. Stellungahme des Finanzministeriums zu dem Bericht Panteleevs: RGIA fond pečatnych zapisok, papka 3099. Akte des Innenministeriums über die Projekte zur Einrichtung einer Regierungsaufsicht über die Fabriken: RGIA f. 1282 op. 1 d. 696; Gvozdev, Zapiski, S. 205-227.
[102] Siehe auch Ozerov, Politika, S. 24.
[103] Zirkular des Finanzministeriums vom 5. 12. 1895: Ozerov, Politika, S. 25. Siehe auch Poljanskij, N. N.: Stački rabočich i ugolovnyj zakon, St. Petersburg 1907, S. 374-375.
[104] Witte in der „Besonderen Besprechung" unter Vorsitz Pobedonoscevs im Dezember 1896: Materialy po izdaniju zakona 2 ijunja 1897 goda ob ograničenii i raspredelenii rabočago vremeni v zavedenijach fabrično-zavodskoj promyšlennosti, St. Petersburg 1905, S. 99-102. Siehe auch Gvozdev, Zapiski, S. 205-206.

mit dem Auftrag unvereinbar, streikende Arbeiter ohne jegliche Zugeständnisse zur Rückkehr an ihre Arbeit zu überreden. Da eine Vermittlerrolle dem Selbstverständnis vieler Inspektoren gleichwohl mehr entsprach und am ehesten auf eine schnelle Beendigung der Unruhen hoffen ließ, bemühten sich die Inspektoren in der Praxis meist darum, durch eine Schlichtung eine schnelle Lösung zu vermitteln. Dabei scheuten sie auch nicht davor zurück, ihre Stellung gegenüber den Fabrikbesitzern auszunutzen, um auf diese einen gewissen Druck auszuüben, auch wenn sie keinerlei gesetzliche Handhabe besaßen, den Konfliktparteien eine Lösung zu diktieren.

Solange Fabrikunruhen - wie im Falle des Morozov-Streiks von 1885 - aufgrund konkreter Mißstände in einzelnen Fabriken ausbrachen und sich gegen Willkürmaßnahmen der Fabrikdirektion richteten, waren die erzieherischen und die schlichtenden Aufgaben der Inspektion noch weitgehend miteinander vereinbar, da sie letztlich alle darauf abzielten, dem Arbeitsvertrag als einziger Rechtsgrundlage des Lohnarbeitsverhältnisses unbedingte Gültigkeit zu verschaffen. Als die Arbeiterbewegung sich jedoch um die Mitte der neunziger Jahre organisatorisch zu konsolidieren begann und Streiks immer häufiger darauf abzielten, die Bedingungen geltender Arbeitsverträge zu verändern, gerieten die einzelnen Funktionen der Inspektion immer stärker in Widerspruch zueinander. Forderten streikende Arbeiter mehrerer Fabriken geschlossen eine Verkürzung der Arbeitszeit, wie dies auf breiter Basis erstmals 1896 in Petersburg geschah, so konnte die Inspektion keine schlichtende Rolle mehr übernehmen, ohne die Verbindlichkeit bestehender Verträge in Frage zu stellen. Gefangen in ihren engen Vorstellungen von Recht und Gesetzlichkeit sahen Finanzministerium und Fabrikinspektion unter diesen Umständen keinerlei Möglichkeiten mehr für eine Vermittlung, da diese notwendigerweise die Bestimmungen des Arbeitsvertrags zum Inhalt gehabt hätte. Statt dessen drängten sie nunmehr darauf, jegliche Zugeständnisse von Seiten der Unternehmer an streikende Arbeiter zu unterbinden, solange die Unruhen nicht beendet wären:

> „Wenn Arbeiter streiken, können sogar ihre gerechten Forderungen während des Streiks nicht angehört werden; von ihnen können keinerlei Bitten angenommen werden, denn Streikende, die eigenmächtig gemeinsam die Arbeit niederlegen, handeln **gesetzwidrig**."[105]

Zwar wechselte das Finanzministerium bei dem folgenden Streik im Januar 1897 insofern den Kurs, als es den betroffenen Industriellen in der Frage der Arbeitszeit einen Kompromiß mit den Arbeitern nahelegte. Dennoch hielt es

---

[105] Aus dem Aufruf des Finanzministers an die streikenden Petersburger Arbeiter vom 15. Juni 1896: RGIA f. 23 op. 30 d. 25 l. 112 (Fettdruck im Text). Veröffentlicht in Lenin, V. I.: Sočinenija, 3. Ausgabe, Bd. 1, Moskau 1934, S. 481-482. Zur Rolle der Fabrikinspektion während des Streiks siehe T. I. S.: K istorii peterburgskoj stački tekstil'ščikov v 1896 g., in: Krasnaja Letopis' 20(1931), Nr. 2, S. 94-107; Ozerov, Politika, S. 126-130.

sich und die Inspektion auch in Zukunft konsequent davon fern, einen solchen Kompromiß während der Unruhen selbst zu vermitteln. Vielmehr wurde die Fabrikinspektion am 8. April 1897 angewiesen, streikende Arbeiter unbedingt zur Rückkehr an ihren Arbeitsplatz zu bewegen:

> „Beim Auftreten von Streiks sind alle Maßnahmen zu ergreifen, um die Arbeiter davon zu überzeugen, die unterbrochene Arbeit sofort wieder aufzunehmen, indem ihnen die ganze Strenge der Strafe erläutert wird, die sie sich für ihre ungesetzliche Handlung zuziehen, und indem ihnen klar gemacht wird, daß ihre Erklärungen solange nicht angenommen und zur Kenntnis genommen werden können, wie sie nicht zu ihren üblichen Beschäftigungen zurückkehren und die gesetzlich verbotenen Unruhen beenden."[106]

Von dieser Maßnahme war es dann nur noch ein kleiner Schritt zu einem Geheimzirkular des Innenministeriums vom 12. August 1897, mit dem die Fabrikinspektion völlig aus ihrer früheren Vermittlerrolle herausgedrängt und die Behandlung von Streiks gänzlich den örtlichen Polizeiorganen übertragen wurde.[107] Da diese den Auftrag hatten, keinerlei Zugeständnisse an streikende Arbeiter zuzulassen, konnten Fabrikinspektoren allenfalls noch inoffiziell versuchen, beim Ausbruch von Unruhen möglichst schnell eine Übereinkunft zu vermitteln, bevor die Polizei am Ort des Geschehens eintraf. Solche Bemühungen waren allerdings nur selten von Erfolg gekrönt. Obwohl Vertreter des Finanz- und des Innenministeriums bereits 1901 eine vorläufige Übereinkunft darüber erreichten, daß die Inspektion bei Streiks künftig selbst nach Lage der Dinge entscheiden solle, ob sie eine friedliche Übereinkunft vermitteln oder die Arbeiter von der Ungesetzlichkeit ihres Tuns überzeugen wollte, gewann diese erst mit der Rücknahme des Zirkulars von 1897 sowie der Aufhebung des Streikverbots im Dezember 1905 die Grundlage ihrer früheren Vermittlerrolle zurück.[108]

Der Verzicht auf jegliche offizielle Schlichtungsfunktion der Inspektion, der mit der Zuspitzung der Arbeiterunruhen einherging, wurde vom Finanzministerium vorerst uneingeschränkt unterstützt. Dagegen brach mit dem Zirkular von 1897 ein bereits seit längerem schwelender Streit zwischen Finanz- und Innenministerium über die Abgrenzung der Kompetenzen zwischen Polizei

---

[106] RGIA f. 878 op. 1 d. 35 l. 37; Veröffentlicht bei Ozerov, Politika, S. 25-28. Siehe dazu auch ein Zirkular des Finanzministeriums an die Fabrikinspektion vom Frühjahr 1896: Lenin, Sočinenija, Bd. 1, S. 480-481.
[107] RGIA f. 878 op. 1 d. 35 ll. 42-43; Veröffentlicht in Ozerov, Politika, S. 29-33 und Pankratova, Rabočee dviženie, Bd. 4/1, S. 828-831. Siehe auch Gvozdev, Zapiski, S. 206-207.
[108] Aus dem Gesetzentwurf über die Fabrikältesten vom 14. 3. 1903: RGIA f. 1153 op. 1 1903 g. d. 153 l. 2; Veröffentlicht in: Zakonodatel'nye materialy k zakonu o starostach v promyšlennych predprijatijach, Stuttgart 1903, S. 1; Gvozdev, Zapiski, S. 206-220.

und Fabrikinspektion aus. Die Wurzeln dieser Auseinandersetzung reichten bis in die Gründungsphase der Inspektion zurück. 1882 hatte der Reichsrat entschieden, die neugegründete Inspektion ganz dem Finanzministerium zu unterstellen und entgegen dessen ursprünglichen Vorstellungen völlig von den Polizeibehörden zu trennen.[109] Als mit dem Gesetz vom 3. Juni 1886 die Kompetenzen der Fabrikinspektion erheblich ausgeweitet wurden, erhoben sich im Reichsrat allerdings erste Stimmen, die eine Übertragung der Fabrikaufsicht an die Polizei oder zumindest eine Unterordnung der Inspektion unter die Polizeibehörden forderten. Da sich die alleinige Leitung der Inspektion durch das Finanzressort bislang jedoch bewährt hatte und das Innenministerium selbst sich vorerst mit der zentralen Stellung des Gouverneurs in den örtlichen Fabrikbehörden zufriedengab, konnte sich diese Forderung nicht durchsetzen.[110]

Dieser Konsens zwischen Finanz- und Innenressort wurde jedoch schnell brüchig. Bereits im Januar 1887 forderte Innenminister Tolstoj von dem neuen Finanzminister I. A. Vyšnegradskij, die Fabrikinspektion der Polizei und damit dem Innenministerium zu unterstellen.[111] Vyšnegradskij zog eine solche Übertragung angesichts der scharfen Kritik, die der Inspektion aus den Reihen der Unternehmerschaft entgegenschlug, anfangs durchaus in Betracht. Da eine solche Lösung jedoch von der Industrie erst recht abgelehnt wurde, entschied das Finanzministerium schließlich doch, die Fabrikinspektion in eigener Zuständigkeit zu behalten. Da diese Diskussion vorerst noch keinem grundsätzlichen Richtungsstreit zwischen den Ministerien entsprang, war das Thema damit auch für das Innenressort vorläufig erledigt.[112]

Die Abgrenzung der Kompetenzen zwischen den Fabrikinspektoren und den Polizeibehörden vor Ort blieb hingegen reichlich unbestimmt. Laut Gesetz unterstand die Fabrikinspektion dem Finanzministerium, die Verantwortung für die „wohleingerichtete Ordnung" in den Fabriken lag hingegen beim Gouverneur, der sich dabei der Fabrikbehörden, der Inspektion und der Polizei bedienen sollte.[113] Das prekäre und reibungsvolle Gleichgewicht, das sich auf dieser Basis zwischen Polizei und Inspektion herausbildete, wurde allerdings

---

[109] RGIA f. 1149 1882 g. d. 58 ll. 55-57. Hierzu und zum folgenden siehe Mikulin, Fabričnaja inspekcija, S. 137-168.

[110] RGIA f. 20 op. 2 d. 1802 ll. 156-163; Ozerov, Politika, S. 166-167; [Polovcov, A. A.]: Dnevnik gosudarstvennogo sekretarja A. A. Polovcova, Moskau 1966, Bd. 1, S. 425. Zudem hatte Plehwe noch in den Beratungen der Reichsratsdepartaments das polizeiliche Element in den Fabrikbehörden gestärkt, indem er die Mitgliedschaft der Chefs der Gouvernementsgendarmerie durchsetzte: RGIA f. 1152 1886 g. d. 211 l. 99.

[111] Janžul, Iz vospominanij, S. 175-176 und S. 201-203. Darin wurde er auch von einer erneuten Kommission unterstützt, die im November 1887 unter Vorsitz Plehwes zusammentrat: Balabanov, Očerki, Bd. 2, S. 395 und Bd. 3, S. 446-447.

[112] Mikulin, Fabričnaja inspekcija, S. 141-142; Balabanov, Očerki, Bd. 3, S. 448.

[113] PSZ 3 Bd. VI Nr. 3769, Pravila, Art. 1.

empfindlich gestört, als ab der Mitte der neunziger Jahre Streiks und Unruhen in den Fabriken an Schärfe zunahmen. Im Rahmen der grundsätzlichen Auseinandersetzung zwischen dem Innen- und dem Finanzministerium über die Politik der Regierung gegenüber der Arbeiterschaft versuchte das Innenministerium vor allem während der Amtszeit I. L. Goremykins (1895-1899) wiederholt, die Fabrikinspektion zu einer Art Fabrikpolizei umzufunktionieren, um potentielle Streikursachen bereits im Vorfeld durch administrative Eingriffe in den Fabriken auszuräumen. Bereits im August 1896 forderte Goremykin Finanzminister Witte dazu auf, nicht erst eine gesetzliche Begrenzung der Arbeitszeit abzuwarten, sondern die Inspektion anzuweisen, die Gründe für mögliche Unruhen in den Fabriken jeweils im Einzelfall abzustellen. Nur so könne man „den Arbeitern das Vertrauen in die Möglichkeit geben, ihre Interessen auf gesetzlichem Weg zu schützen, und gleichzeitig der Polizei größte Hilfe in ihrem Kampf mit den Erscheinungen revolutionärer Aktivität gewähren".[114] Das Finanzministerium ging auf diese Unterordnung der Inspektion unter polizeiliche Interessen allerdings ebensowenig ein wie auf Goremykins Vorschlag in der „Besonderen Ministerbesprechung" vom Dezember 1896, die Inspektion einer besonderen Fabrikgendarmerie zuzuordnen. Eine derartige Vereinigung der Fabrikinspektion mit der Polizei lehnte Witte kategorisch ab:

„Damit verliert die Inspektion die moralische Autorität, welche ihre wichtigste Stärke in der gegenwärtigen Zeit darstellt. Die Fabrikinspektion in eine Polizei umzuwandeln würde bedeuten, dieses Organ völlig nutzlos zu machen."[115]

Während sich Justizminister Murav'ev ganz hinter Witte stellte, erhielt Goremykin von Pobedonoscev als Vorsitzendem der Besprechung nur schwache Unterstützung, so daß die Frage vorerst vertagt wurde.

Mit dieser Entscheidung gab sich Goremykin auf Dauer jedoch nicht zufrieden. In dem bereits erwähnten Zirkular vom 12. August 1897, welches das Verhalten von Polizei und Fabrikinspektion bei Streiks regelte, wies er die Polizei unter anderem an, Mißstände in den Fabriken aufzuspüren und zu beseitigen.[116] Hinzu kam ein Bericht des Generalleutnants Panteleev, der im

---

[114] Brief Goremykins an Witte vom 14. 8. 1896: RGIA f. 878 op. 1 d. 35 ll. 2-5; Zitat l. 5.
[115] Protokoll der „Besonderen Besprechung" unter Vorsitz K. P. Pobedonoscevs vom 20. 12. 1896: Materialy po izdaniju zakona 2 ijunja 1897 goda, S. 93-107, Zitat S. 101.
[116] RGIA f. 878 op. 1 d. 35 ll. 42-43 und f. 1282 op. 1 d. 696 ll. 28-35. Gemäß Punkt 2 dieses Zirkulars sollte die Polizei „strengste Aufsicht über Fabriken und Wohngebiete der Arbeiter ausüben und rechtzeitig das Aufkommen unruhiger Stimmungen unter den Arbeitern melden, wobei sie die Ursachen der Unruhe aufklären und nach Möglichkeit die Anlässe für die Unzufriedenheit in den Fällen beseitigen [sollte], in denen die Arbeiter Grund dazu haben, sich über Unterdrückung und Ungerechtigkeiten des Fabrikanten oder der Fabrikdirektion zu beschweren": Ebenda l. 28; Ozerov, Politika, S. 31.

Frühjahr 1898 nach einer Rundreise durch mehrere zentralrussische Industriegebiete unter anderem den Vorschlag einer speziellen Fabrikgendarmerie wieder auf den Tisch gebracht hatte und damit das Wohlwollen, wenn auch nicht die volle Unterstützung Goremykins fand.[117] Zudem zeichnete sich bereits im Frühjahr 1898 ab, daß die Moskauer Polizei unter dem Einfluß des dortigen Chefs der Geheimpolizei Zubatov zunehmend ihre Autorität für eine Verbesserung der Lage der Arbeiter einzusetzen begann, ohne eine grundsätzliche politische Entscheidung der Regierung abzuwarten.[118] Das Finanzministerium protestierte gegen diese erneuten Versuche, die Tätigkeit der Fabrikinspektion mit polizeilichen Mitteln zu unterlaufen, vor einer wiederum unter dem Vorsitz Pobedonoscevs eingerichteten Ministerbesprechung, die eigentlich die Frage einer Arbeiterversicherung beraten sollte:

> „Bei einer Übertragung der Aufgaben der Fabrikinspektion an die Polizei," so argumentierte Witte, „muß man eines von zwei Extremen befürchten: Entweder eine Vernachlässigung der gerechten Interessen der Industrie und eine Nötigung der Fabrikanten (mit den verschiedenen direkten und indirekten Mitteln, die der Polizei immer zur Verfügung stehen), das auszuführen, was nach Meinung der Polizeiorgane für die Beruhigung der Arbeiter notwendig ist, oder eine solche Einschüchterung der Arbeiter mit repressiven Mitteln, daß der Regierung ihre wirklichen Nöte und Bedürfnisse verborgen bleiben."[119]

Wieder war es Justizminister Murav'ev, der Witte beisprang und als Kompromiß eine strikte Trennung der Kompetenzen von Polizei und Fabrikinspektion vorschlug. Demnach sollte die Inspektion allein für das Verhältnis zwischen Arbeitern und Fabrikanten zuständig sein, während die Polizei sich ausschließlich darum kümmern sollte, die revolutionäre Propaganda zu bekämpfen und im Falle von Unruhen die öffentliche Ordnung wiederherzustellen.[120] Daraufhin ließ Goremykin auch den Vorschlag Panteleevs fallen. Zwar konnte das Finanzministerium nicht verhindern, daß die Polizeikräfte in den Industriegebieten verstärkt und Polizeieinheiten direkt in den Fabriken selbst stationiert wurden.[121] Die Frage polizeilicher Eingriffe in die Arbeitsverhältnisse selbst,

---

[117] Gemäß dem Vorschlag Panteleevs sollte die Fabrikinspektion dem Innenministerium unterstellt und allein auf die technische Aufsicht beschränkt werden: RGIA f. 1282 op. 1 d. 696 ll. 2-6; Mikulin, Fabričnaja inspekcija, S. 147-150; Ozerov, Politika, S. 150-152.
[118] Siehe die Beschwerde der Moskauer Inspektion vom 2. 4. und den Vortrag Wittes beim Zaren vom 10. 4. 1898: Schneiderman, J.: Sergej Zubatov and Revolutionary Marxism. The Struggle for the Working Class in Tsarist Russia, Ithaca und London 1976, S. 82-86. Zu Zubatov siehe unten Kapitel VIII.
[119] RGIA fond pečatnych zapisok, papka 3099 S. 28.
[120] RGIA f. 1282 op. 1 d. 696 ll. 13-14. Folgerichtig wurde die Fabrikinspektion zukünftig ausdrücklich aus dem Kampf gegen revolutionäre Propaganda herausgehalten: Zirkular vom 5. 5. 1901: Ozerov, Politika, S. 121.
[121] Gesetz vom 1. 2. 1899: PSZ 3 Bd. XIX Nr. 16439; Ozerov, Politika, S. 134-142 und S. 157-164; Vovčik, Politika, S. 266-282.

sei es durch besondere Einheiten oder durch eine der Polizei untergeordnete Fabrikinspektion, war damit jedoch offiziell im Sinne Wittes entschieden, ohne daß es damit allerdings gelang, den im Schutz des Moskauer Generalgouverneurs, des Großfürsten Sergej Aleksandrovič agierenden Zubatov wirkungsvoll zu zügeln.

Aber auch abgesehen von den Aktivitäten Zubatovs blieb das Problem einer besseren Koordination zwischen der Fabrikinspektion und den örtlichen Polizeibehörden nach wie vor ungelöst. Ab dem Frühjahr 1901 wurden im Innenministerium erneut Stimmen laut, die eine engere Koordination zwischen Gouverneuren und Fabrikinspektoren forderten. So wies im Frühjahr 1901 der Chef des Gendarmenkorps, Fürst Svjatopolk-Mirskij, in einem Bericht an den Zaren auf den geringen Einfluß hin, den die Gouverneure auf die Inspektion ausübten, und verlangte, daß Anweisungen des Finanzministeriums künftig nur noch über den Gouverneur an die Inspektoren zu richten seien.[122] Diese Forderung wurde Ende 1901 vom Nachfolger Goremykins, Innenminister Sipjagin, um den Vorschlag ergänzt, die Gouverneure sollten künftig auch in Personalfragen der Inspektion einbezogen werden und dieser verbindliche Weisungen erteilen können.[123] Da diese Forderung mit einer ganzen Reihe von Reformvorschlägen für die Fabrikgesetzgebung verbunden war, gelang es dem Finanzministerium, diese Fragen an sich zu ziehen und vorerst auf Eis zu legen. Bereits im Sommer 1902 sprach sich der Nachfolger des ermordeten Sipjagin im Innenministerium Plehwe für eine völlige Übertragung der Inspektion an das Innenministerium aus.[124] Als er im Frühjahr 1903 im Rahmen der Diskussion um die Einrichtung von Fabrikältesten das Problem dem Reichsrat vortrug, wurde der Verschleppungstaktik des Finanzministeriums ein Ende gesetzt.[125] Am 30. Mai 1903 schlugen Witte und Plehwe gemeinsam dem Zaren einen Kompromiß vor, mit dem die Arbeit der Fabrikinspektion enger mit den Gouverneuren koordiniert werden sollte. Demnach sollten die Gouverneure nicht nur jederzeit Berichte zur Lage fordern können und bei der Ernennung von Inspektoren gehört werden, sondern in dringenden Fällen auch Anweisungen der Inspektion „im Interesse der öffentlichen Ordnung" aufheben dürfen.[126] Dies war ein Kompromiß, mit dem beide Seiten eigentlich leben konnten. Das Finanzministerium erkannte die übergeordnete Zuständigkeit der Polizeibehörden bei der Beilegung von Unruhen an, ohne daß jedoch die Unabhängigkeit

---

[122] RGIA f. 1282 op. 1 d. 699 l. 16. Veröffentlicht in: KA 76(1936), S. 53-66; Siehe dazu auch Hogan, H.: Forging Revolution. Metalworkers, Managers, and the State in St. Petersburg, 1890-1914, Bloomington 1993, S. 59-61.
[123] RGIA f. 22 op. 5 d. 237 ll. 47-49; Mikulin, Fabričnaja inspekcija, S. 157-158.
[124] Janžul, I. I.: Vospominanija, in: Russkaja Starina 41(1910), Bd. 144, S. 271-272 und S. 498-499.
[125] RGIA f. 1153 op. 1 1903 g. d. 153 ll. 98-99 und ll. 210-214.
[126] Zirkular vom 31. 5. 1903: RGIA f. 22 op. 1 d. 628 l. 1; Ozerov, Politika, S. 168.

und Handlungsfreiheit der Inspektion in ihrem Kern angetastet wurde. In der Praxis hing es allerdings nach wie vor maßgeblich von der Persönlichkeit des jeweiligen Gouverneurs ab, wie sich seine Beziehungen zur Fabrikinspektion gestalteten.[127] Weitere Bemühungen Plehwes, im Frühjahr 1904 bei der Ernennung Kokovcovs zum Finanzminister eine völlige Übertragung der Inspektion an das Innenressort zu erreichen, scheiterten schließlich trotz der prinzipiellen Billigung durch den Zaren am energischen Widerstand Kokovcovs.[128]

Diese wiederholten Angriffe auf die Unabhängigkeit der Inspektion, aber auch die Standhaftigkeit, mit der das Finanzministerium sich dagegen wehrte, machen deutlich, daß die Inspektion weit davon entfernt war, im Stil einer Fabrikpolizei als Instrument eines staatlichen Interessenausgleichs zwischen Arbeitern und Unternehmern zu fungieren. Vielmehr beschränkte sie sich auch während der großen Streiks ab 1896 ausschließlich darauf, die Einhaltung der Arbeiterschutzgesetze und der geltenden Bestimmungen des Arbeitsvertrags zu überwachen. Einer Schlichtung von Arbeitskämpfen auf freiwilliger Basis, wie sie sie in ihren Anfangsjahren immer wieder erfolgreich praktizieren konnte, stand jedoch spätestens ab 1897 die repressive Haltung der Regierung, allen voran des Innenministeriums, gegenüber jeder Form von Unruhen im Weg. Daß die Inspektion dieser repressiven Politik nicht nur wenig Widerstand entgegensetzte, sondern sich dafür benutzen ließ und sich in vielen Fällen sogar aktiv daran beteiligte, war der Preis, den Finanzministerium und Fabrikinspektion dafür entrichten mußten, daß der Kern der Wirtschaftsordnung, die Autonomie des Arbeitsvertrags, vor direkten Eingriffen der Polizei geschützt blieb.

---

[127] Gvozdev, Zapiski, S. 27; Mikulin, Fabričnaja inspekcija, S. 158-161. Die Bewertung von Laues, der in dieser Entscheidung eine völlige Unterordnung der Inspektion unter die Gouverneure und damit die Niederlage des „Witte-Systems" in seiner Anwendung auf die Arbeiterschaft sieht, scheint mir weit überzogen: Laue, Factory Inspection, S. 355-356.

[128] Kokovcov, V. N.: Iz moego prošlogo. Vospominanija 1903-1919 gg., Moskau ²1992, Bd. 1, S. 52-54; Mikulin, Fabričnaja inspekcija, S. 161-167; Ozerov, Politika, S. 166-173; Rabočij vopros v kommissii Kokovcova v 1905 g., o. O. 1926, S. 9-10.

VII. STAATSINTERVENTION ALS ORGANISATIONSERSATZ: DIE GESETZLICHE ARBEITSZEITSZEITBESCHRÄNKUNG VOM 2. JUNI 1897

Anders als bei der Regulierung der Kinder- und Frauenarbeit, des Lohnvertrags und der Unfallhaftung konnte Rußland mit der gesetzlichen Arbeitszeitbeschränkung vom 2. Juni 1897 nicht an eine allgemeine europäische Entwicklung anknüpfen. Zwar hatten die meisten westeuropäischen Staaten eine allgemeine Sonntagsruhe vorgeschrieben. Eine generelle Begrenzung der Arbeitszeit, wie sie vor dem Ersten Weltkrieg neben Rußland nur Frankreich, die Schweiz, Österreich und ab 1901 auch Neuseeland kannten, konnte sich jedoch nicht allgemein durchsetzen. Vielmehr blieb die Arbeitszeit frei auszuhandelnder Bestandteil des individuellen Lohnvertrags oder kollektiver Tarifverträge, wie sie sich in Westeuropa seit der Jahrhundertwende durchzusetzen begannen.[1]

In Rußland wurde die tägliche Arbeitszeit mit dem Gesetz vom 2. Juni 1897 auf elfeinhalb, vor Sonn- und Feiertagen und bei Nachtarbeit auf zehn Stunden beschränkt. Außerdem wurde die Arbeit an Sonntagen und vierzehn kirchlichen Feiertagen weitgehend verboten.[2] Mehr als jedes andere Gesetz ist gerade dieses auf den Druck der Arbeiterbewegung, namentlich der großen Petersburger Textilarbeiterstreiks vom Juni 1896 und vom Januar 1897 zurückgeführt worden. Die Unruhen, so die gängige Meinung, hätten der Regierung deutlich gemacht, daß eine sofortige gesetzliche Regelung der Arbeitszeit unabdingbar sei, wenn man der rasch wachsenden Arbeiterbewegung Herr werden wollte. Das Ausmaß der möglichen Arbeitszeitbeschränkung habe sich dann aus einem Kompromiß zwischen den weitreichenden Vorstellungen vor allem Petersburger

---

[1] In Frankreich war eine maximale Arbeitszeit von zwölf Stunden schon 1848 gesetzlich festgeschrieben worden, in der Schweiz knüpfte der 1873 bundesweit verfügte Normalarbeitstag von elf Stunden an entsprechende Regelungen vor allem der deutschsprachigen Kantone an. In Österreich war 1885 ebenfalls der Elfstundentag eingeführt worden, während Neuseeland 1901 eine Achtundvierzigstundenwoche mit höchstens $8\,^3/_4$ Stunden täglicher Arbeitszeit vorschrieb: Arbeiterschutzgesetzgebung, in: HdSW, 3. Aufl., Bd. 1, Jena 1909, S. 591-783; Deutschmann, C.: Der Weg zum Normalarbeitstag. Die Entwicklung der Arbeitszeiten in der deutschen Industrie bis 1918, Frankfurt/M. 1985; Ebert, K.: Die Anfänge der modernen Sozialpolitik in Österreich. Die Taaffesche Sozialgesetzgebung für die Arbeiter im Rahmen der Gewerbeordnungsreform, Wien 1975, S. 176-219.

[2] PSZ 3 Bd. XVII Nr. 14231. Eine deutsche Übersetzung findet sich in: [Struve, P. B.]: Die neue Fabrikgesetzgebung Rußlands, in: ASGS 12(1898), S. 512-515.

und polnischer Industrieller und dem Widerstand ihrer Moskauer Konkurrenten ergeben, die von einer Arbeitszeitverkürzung eine erhebliche Verschlechterung ihrer Wettbewerbsposition befürchteten. Gedacht als Zugeständnis an die Arbeiterschaft, um weitere Streiks zu verhindern, erscheint das Gesetz vom 2. Juni 1897 somit als Musterbeispiel autoritärer Fabrikgesetzgebung, die jede Form autonomer Lösung ökonomischer Interessenkonflikte abgelehnt habe.[3]

Diese Deutung läßt jedoch offen, weshalb die Regierung während des Streiks vom Januar 1897 plötzlich von ihrer bisherigen harten Haltung abwich und das Finanzministerium den Industriellen sogar nahelegte, sich selbst mit den streikenden Arbeitern zu einigen. Unter diesem ungewohnten Druck nutzten die Besitzer achtzehn großer Petersburger Textilbetriebe das organisatorische Forum, das ihnen eine bereits seit längerem bestehende Kommission Petersburger Industrieller bot, und einigten sich auf eine koordinierte Arbeitszeitverkürzung, welche das spätere Gesetz vom 2. Juni 1897 inhaltlich weitgehend vorwegnahm.[4] Was nach gängigen Erklärungsmustern als kurzfristige Schwäche der Regierung erscheint, wurde somit zugleich zur Geburtsstunde der ersten Arbeitgeberorganisation in Rußland. Erst als die schützende Hand der Staatsmacht vorübergehend ausfiel, waren die Industriellen gezwungen, sich gegenüber der streikenden Arbeiterschaft zusammenzuschließen, um ihre eigenen Interessen wirkungsvoll zu wahren.

Dieser einmalige Vorgang lenkt den Blick auf das Verhältnis zwischen Regierung und Industrie in der Frage der Arbeitszeitverkürzung. Offensichtlich war die russische Industrie in diesem Punkt nur unter außergewöhnlichen Umständen zu einer koordinierten Vorgehensweise imstande. Wie wir im folgenden sehen werden, erwies sich gerade diese Schwäche neben dem Sicherheitsbedürfnis des autokratischen Staates als einer der Hauptgründe für den gesetzgeberischen Eingriff in einen Kernbereich marktwirtschaftlicher Ordnung. Welches Interesse aber hatte die Industrie überhaupt an einer Verkürzung der Arbeitszeit?

---

[3] Geyer, D.: Lenin in der russischen Sozialdemokratie. Die Arbeiterbewegung im Zarenreich als Organisationsproblem der revolutionären Intelligenz 1890-1903, Köln, Graz 1962, S. 87-90; Tugan-Baranowsky, M.: Geschichte der russischen Fabrik, Berlin 1900, S. 483-499; Balabanov, M.: Očerki po istorii rabočego klassa v Rossii, Bd. 3, Moskau 1925, S. 464-485; Owen, T.: Capitalism and Politics in Russia. A Social History of the Moscow Merchants 1855-1905, Cambridge 1981, S. 132-133; Vovčik, A. F.: Politika carizma po rabočemu voprosu v predrevoljucionnyj period (1895-1904), L'vov 1964, S. 172-187; Laveryčev, V. Ja.: Carizm i rabočij vopros v Rossii (1861-1917 gg.), Moskau 1972, S. 92-99.

[4] Protokolle der Versammlungen in der Kommission Petersburger Industrieller zur Frage der Unfallhaftung (der späteren Fabrikantengesellschaft) vom 6., 7. und 11. Januar 1897: RGIA f. 150 op. 1 d. 42 ll. 89-91.

1. Arbeitszeit, Wachstum und Konjunktur: Frühe Initiativen zur Verkürzung der Arbeitszeit

Als in den siebziger Jahren des neunzehnten Jahrhunderts die Arbeiterschaft in das Bewußtsein der russischen Öffentlichkeit zu dringen begann, setzte auch die Kritik an den oft überlangen Arbeitszeiten in den Fabriken ein. Ärzte wie Friedrich Erismann brachten erstmals einer breiteren Öffentlichkeit zu Bewußtsein, wie schädlich lange Arbeitszeiten und vor allem die Nachtarbeit für die Gesundheit der Arbeiter seien und forderten eine gesetzliche Regulierung der Arbeitszeit als Schutzmaßnahme gegen die uneingeschränkte Ausbeutung der Arbeitskraft durch eine vermeintlich naturgemäß an möglichst langen Arbeitszeiten interessierte Industrie. Auch in der lokalen Selbstverwaltung fanden solche Argumente Gehör.[5]

Von größerem Interesse für uns ist jedoch die Debatte, die sich innerhalb der Industrie selbst entwickelte. Diese war von Anfang an eng mit der Diskussion um die Schulbildung von Arbeiterkindern und eine Beschränkung der Kinderarbeit verknüpft, und auch hier kam der erste Anstoß aus den Kreisen der technischen Intelligenz. So beschränkte sich die auf dem ersten russischen Industriekongreß von 1870 verabschiedete Resolution zur Arbeitszeit nicht allein auf minderjährige Arbeiter, sondern bezog in ihrer vagen Formulierung auch erwachsene Arbeiter ein. Darin wurde die Regierung aufgefordert, die Arbeitszeit „entsprechend den Gesetzen in anderen Staaten" zu verkürzen. Ziel einer solchen Maßnahme sollte es sein, das „geistige und sittliche Niveau" der Arbeiter zu heben.[6]

Zur vollen Entfaltung kamen diese Ideen jedoch erst, als es gelang, sie mit ökonomischen Erwägungen innerhalb der Industrie zu verknüpfen. Als Brennpunkt derartiger Überlegungen erwies sich einmal mehr der Vorsitzende der Kommission für technische Bildung bei der Russischen Technischen Gesellschaft und spätere erste Hauptfabrikinspektor, E. N. Andreev. Auf seinen Vorschlag hielt der Maschinenbauindustrielle I. E. Golubev Ende Dezember 1874 einen Vortrag bei der Technischen Gesellschaft über die Möglichkeiten,

---

[5] Èrisman, F. F.: Professional'naja gigiena ili gigiena umstvennogo i fizičeskogo truda, St. Petersburg 1877, wieder abgedruckt in: Ders.: Izbrannye proizvedenija, Bd. 2, Moskau 1959, S. 5-174; zum Problem der Arbeitszeit siehe S. 94-100; Janžul, I. I.: Ženščiny-materi na fabrikach, in: Ders.: Očerki i izsledovanija, Bd. 1, Moskau 1884, S. 348-397, hier S. 374-375. Zur Debatte in der lokalen Selbstverwaltung siehe beispielsweise die Forderung eines Abgeordneten der Petersburger Stadtduma 1881 nach einer staatlichen Regulierung der Arbeitszeit: LGIA f. 792 op. 1 d. 3144 (Auszug aus dem Journal der Petersburger Stadtduma vom 30. 1. 1881).

[6] Andreev, E.: Rabota maloletnich v Rossii i v Zapadnoj Evrope, St. Petersburg 1884, S. 41-43; Tugan-Baranowsky, Geschichte der russischen Fabrik, S. 456; Zelnik, R.: Labor and Society in Tsarist Russia. The Factory Workers of St. Petersburg 1855-1870, Stanford 1971, S. 302-330.

den russischen Maschinenbau zu fördern. Unter anderem schlug Golubev vor, die in Rußland ausgesprochen hohe Zahl religiöser Feiertage zusammenzustreichen und zugleich die Arbeitszeit auf acht Stunden täglich, von halb neun Uhr morgens bis halb fünf Uhr abends, zu verkürzen. Golubev stammte selbst aus einer Arbeiterfamilie und kannte also die drückenden Lebensverhältnisse in den Fabriken nicht nur aus der Perspektive des Unternehmers. Die Bedeutung seines Vorschlags lag jedoch darin, daß er nicht die Last der Betroffenen in den Vordergrund rückte, sondern eine für Rußland neuartige ökonomische Überlegung vortrug. Er ging davon aus, daß bei den bisherigen überlangen Arbeitszeiten von elf und mehr Stunden selbst im Petersburger Maschinenbau allenfalls sechs Stunden effektiv gearbeitet würde. Aus einer Arbeitszeitverkürzung auf acht Stunden täglich würde also den Fabrikanten nicht nur keinerlei Verlust erwachsen, sie würden vielmehr von verminderten Betriebskosten für Licht, Heizung, Schmierstoffe usw. sogar noch profitieren. Langfristig, so Golubev, ließe sich über kürzere Arbeitszeiten also die Arbeitsproduktivität erhöhen. Lohneinbußen der Arbeiter seien folglich nicht zu befürchten.

Soweit dieser erhoffte Produktivitätszuwachs jeder einzelnen Fabrik betriebswirtschaftliche Vorteile versprach, hätte Golubev auf die Sogwirkung des guten Beispiels vertrauen können. Den eigentlichen Sinn einer Verkürzung, der den Appell an ein gemeinschaftliches Handeln der Industriellen notwendig machte, sah Golubev darin, auf breiter Basis eine in geordneten Verhältnissen lebende Facharbeiterschaft heranzuziehen, der über die Fabrikarbeit hinaus genügend Zeit bliebe, sich ihrer Familie, ihrer Ausbildung und ihren religiösen Bedürfnissen zu widmen:

> „Wenn wir gute Arbeiter wollen, dann müssen wir vor allem daran denken, daß sie zu Menschen werden. Das kann man nur dann erwarten, wenn der Arbeiter seinen eigenen Winkel hat, und damit er seinen eigenen Winkel hat, ist es notwendig, daß er Zeit hat, die er diesem Winkel widmen kann. Bis halb neun Uhr morgens, wenn er zuhause ist, kann er sich seiner Wirtschaft widmen und dann, nach dem Frühstück, bis halb fünf Uhr arbeiten gehen. Nachdem er gegessen und sich ausgeruht hat, ist er dann Familienvater, und nur dann ist eine Verbesserung seiner Lebensverhältnisse möglich. [...] Auf diese Weise ergäbe sich eine Möglichkeit für den Arbeiter, einige Zeit auf seine eigene Entwicklung und auf die seiner Familie zu verwenden. Dadurch würde sich zusammen mit einer Verbesserung seiner Lebensverhältnisse auch die Arbeitsproduktivität erhöhen."

Vor allem aber – so Golubev – ließe sich über kürzere Arbeitszeiten der vermeintliche Mangel an Arbeitskräften in Rußland beheben:

> „Derzeit gibt es bei uns in Rußland keine Arbeiterklasse; es sind Zuwanderer aus den Dörfern, welche bei dem ungeheuren Lohn, den sie erhalten, zwei, drei Rubel für ihre Unterkunft bezahlen, und den Rest des Geldes vertrinken sie. Derzeit gibt es wenige wirklich gute Arbeiter; mit den übrigen Arbeitern aber werden wir kaum in der Lage sein, den Maschinenbau wirklich voranzubringen, wenn wir ihnen nicht die Arbeitszeit verkürzen. [...] Wenn dieser Vorschlag verwirklicht wird, das

heißt wenn die Arbeitszeit verringert wird, dann muß dem Arbeiter, der etwas freie Zeit bekommen hat, auch eine Möglichkeit gegeben werden, die seine geistige und moralische Entwicklung fördert. Man muß sich darum bemühen, diese freie Zeit für seine Entwicklung zu nutzen, wofür besondere Gesprächskreise, Vorlesungen usw. wünschenswert wären. [...] Das ist das, was wir brauchen, meine Herren, und das ist umso wichtiger für die Fabrikanten, weil zusammen mit der Verbesserung der Lebensverhältnisse der Arbeiter sich auch ihr eigener Wohlstand vermehrt. Gerade an Arbeitskraft mangelt es bei uns also nicht. Es gibt bei uns Mängel, die man beseitigen muß, aber Arbeitskraft ist vorhanden."[7]

Mit seinem Vortrag wollte Golubev einen Anstoß für die Förderung des Maschinenbaus durch die gemeinschaftliche Initiative der führenden Industriellen der Branche geben, ohne sich bereits konkrete Gedanken darüber zu machen, wie eine gemeinschaftliche Arbeitszeitverkürzung organisatorisch zu bewerkstelligen sei. Da die Ausbildung von Facharbeitern den jeweiligen Betrieben jedoch zunächst einmal Kosten verursachte, war vorherzusehen, daß ein solcher Vorschlag bei der Mehrheit der angesprochenen Industriellen auf erhebliche Bedenken stoßen würde, ob er sich unter dem Druck der Konkurrenz verwirklichen ließe.

Auf dem Kongreß der russischen Maschinenbauer im Frühjahr 1875 riefen Golubevs Ideen denn auch lebhafte Diskussionen hervor. Während die Ingenieure auf dem Kongreß und vor allem Andreev, der die Sitzungen zu diesem Thema leitete, diese Initiative mit dem Hinweis auf den erwarteten Produktivitätszuwachs unterstützten, stieß sie bei einem Teil der Industriellen, namentlich bei Ludwig Nobel und S. I. Mal'cev auf erheblichen Widerspruch.[8] Interessant sind in diesem Zusammenhang vor allem die Argumente Nobels, der mit einer schrittweisen Reduzierung der täglichen Arbeitszeit in seinen Betrieben von ursprünglich vierzehn auf nunmehr zehneinhalb Stunden trotz leichter Verluste nach eigenem Bekunden prinzipiell gute Erfahrungen gemacht hatte.[9] Obwohl er sich grundsätzlich bereit erklärte, diesen Weg weiter zu gehen, lehnte Nobel eine weitere Verkürzung ab, solange andere Betriebe seinem

---

[7] Techničeskaja beseda 28 dekabrja 1874 goda po soobščeniju dejstvit. člena I. E. Golubeva o „vozmožnosti uspěšnago razvitija mašinostroitel'nago dela v Rosssii", in: Trudy kommissii, učreždennoj pri Imperatorskom Russkom Techničeskom Obščestve dlja izsledovanija položenija v Rossii mašinostroenija i otraslej promyšlennosti, imejuščich k nemu neposredstvennoe otnošenie, St. Petersburg 1875, S. 119-149, Zitat S. 124-125.

[8] Zverinskij hielt den Vortrag zur Frage der Arbeitszeitverkürzung, wobei er sich ganz auf die Argumentation Golubevs stützte: Trudy Vysočajše utverždennago s-ezda glavnych po mašinostroitel'noj promyšlennosti dejatelej, Bd. 1, St. Petersburg 1875, S. 107-112. Siehe auch die stenografischen Protokolle der Sitzung vom 25. April: Ebenda, Bd. 2, S. 35-48; King, V.: The Emergence of the St. Petersburg Industrial Community, 1870-1905: The Origins and Early Years of the Petersburg Society of Manufacturers, Diss. Phil., Berkeley 1982, S. 165-213.

[9] Ähnlich gute Erfahrungen hatten nach Auskunft Andreevs auch die Baltischen Schiffbauwerke und die Werkstätten der Artilleriebehörde gemacht: Trudy Vysočajše utverždennago s-ezda, Bd. 2, S. 41.

Beispiel nicht folgten und den Arbeitern keine sinnvollere Freizeitbeschäftigung angeboten würde, als ihre Abende in den Schenken zu verbringen. Wie auch für andere Vertreter der Industrie war deshalb für Nobel die Frage von zentraler Bedeutung, inwieweit Kleinbetriebe, Handwerker und die Betriebe anderer Branchen ebenfalls einer solchen Maßnahme unterworfen würden.[10]

Da selbst dem Maschinenbau in Rußland vorläufig alle organisatorischen Strukturen fehlten, um eine allgemein verbindliche Arbeitszeitverkürzung selbst durchzuführen, lag es nahe, ein entsprechendes Gesetz zu fordern. Das Problem, ob es überhaupt Angelegenheit des Staates sei, sich in die Regelung der Arbeitszeit einzumischen, wurde dabei nur unter pragmatischen, nicht aber unter prinzipiellen Gesichtspunkten diskutiert. So erschien selbst Nobel eine gesetzliche Regelung der Arbeitszeit allenfalls als „unbequem".[11] Da derart grundsätzliche Erwägungen aber keine zentrale Rolle spielten, konzentrierte sich die weitere Diskussion im wesentlichen auf die Dauer eines gesetzlichen Maximalarbeitstags. Der Kompromißvorschlag Andreevs, bei der Regierung um die Einführung eines gesetzlichen Zehnstundentags für alle Branchen zu ersuchen, wurde schließlich nahezu einstimmig angenommen.[12]

Damit war es Andreev und Golubev offensichtlich gelungen, die Mehrzahl der auf dem Kongreß anwesenden Industriellen von den betriebswirtschaftlichen Produktivitätsvorteilen zu überzeugen, die eine individuelle Arbeitszeitverkürzung mit sich brachte. Mit ihrer ökonomischen Argumentation und mit dem Verweis auf die positiven Erfahrungen im Ausland wie in einigen inländischen Betrieben wurde es möglich, die bisherige Kluft zwischen technischer Intelligenz und Industrie in dieser Frage zumindest ansatzweise zu überbrücken. Zugleich erreichten sie aber auch breite Zustimmung für eine weitergehende Beschränkung, welche auf dem Weg über die Verbesserung der Lage der Arbeiter allenfalls langfristigen, gesamtwirtschaftlichen Nutzen versprach. Dabei war jedoch von Anfang an klar, daß ein bloßer Appell an die auf dem Kongreß erstmals versammelten Industriellen kaum ausreichen würde, alle Anwesenden auf freiwilliger Basis zu einer so tiefgreifenden Änderung in ihren jeweiligen Betrieben zu bewegen, wie sie die Umstellung auf einen Zehn- oder gar Achtstundentag bedeutete. Erst recht erschien es schwierig, die auf dem Kongreß gar nicht anwesenden Besitzer kleinerer Betriebe zu erreichen. Hier

---

[10] Siehe auch den Redebeitrag des Direktors der bei Nižnij-Novgorod gelegenen Metallwerke in Sormovo, Okunev: Ebenda, S. 43.

[11] Ebenda, S. 39. Ähnlich auch die Argumentation Mal'cevs: Ebenda, S. 44.

[12] Ebenda, S. 66. Der Kompromißvorschlag Andreevs beruhte auf einem Projekt, das bereits 1874 von einer Kommission der Russischen Technischen Gesellschaft ebenfalls unter seinem Vorsitz ausgearbeitet worden war: Andreev, Rabota maloletnich, S. 43 und S. 53-54.

lag der Ursprung für die Bereitschaft der Industrie, um der erhofften gesamtwirtschaftlichen Vorteile willen eine gesetzliche Beschränkung der Arbeitszeit nicht nur in Kauf zu nehmen, sondern sogar aktiv zu befürworten.

Während sich zuerst nur die Metallindustrie mit ihren für russische Verhältnisse sowieso relativ kurzen Arbeitszeiten für eine gesetzliche Arbeitszeitbeschränkung aussprach, fand dieser Gedanke zu Beginn der achtziger Jahre Befürworter auch innerhalb der Textilindustrie. 1883 ersuchten die Vertreter von vier großen Petersburger Baumwollspinnereien beim Finanzministerium darum, die Arbeitszeit in allen Spinnereien und Webereien zwischen sechs und neunzehn Uhr auf maximal zwölf Stunden pro Tag und siebzig Stunden pro Woche zu beschränken. Dieser Vorschlag stand in direktem Zusammenhang mit der Forderung nach einem Nachtarbeitsverbot für Frauen und Minderjährige und war Teil eines allgemeinen Programms, die Fabrikgesetzgebung in Anknüpfung an den soeben erst verabschiedeten Kinderschutz weiterzuentwickeln.[13]

Wie bei den Debatten über das Nachtarbeitsverbot für Frauen und Jugendliche spielten auch bei der Diskussion über die Dauer des Arbeitstags Konkurrenzüberlegungen eine wichtige Rolle. Es lag auf der Hand, daß die Moskauer Textilindustrie von einer gesetzlichen Verkürzung der Arbeitszeiten besonders betroffen sein würde, da sie ihre höheren Kapitalinvestitionen nicht mehr über längere Betriebszeiten würde ausgleichen können. Das Petersburger Argument, daß der Konkurrenzdruck keiner Fabrik erlaube, von sich aus eine Vorreiterrolle zu übernehmen, war zwar richtig und ließ sich auch im Sinne des Arbeiterschutzes durchaus vertreten. Dennoch ist nicht zu übersehen, daß die Petersburger Textilindustriellen von der geforderten gesetzlichen Arbeitszeitverkürzung erheblich profitieren würden, während ihre zentralrussische Konkurrenz die Hauptlast zu tragen gehabt hätte.

Es wäre jedoch eine Vereinfachung, die Petersburger Forderung nach einer gesetzlichen Arbeitszeitverkürzung allein auf den Wettbewerb mit der zentralrussischen Textilindustrie zurückzuführen. Da ein Teil der Petersburger Textilbetriebe selbst während der Krise der achtziger Jahre bis zu dreizehn Stunden täglich arbeitete, hätte die vorgeschlagene Begrenzung auf einen Zwölfstundentag auch in Petersburg selbst zu Produktionseinbußen geführt.[14] Zudem stand die Forderung nach einer allgemeinen Arbeitszeitverkürzung in engem zeitlichen Zusammenhang mit den Gesuchen um ein Nachtarbeitsverbot für Frauen und Jugendliche und blieb auf die Krisenjahre 1883 und 1884 beschränkt. Deshalb liegt die Vermutung nahe, daß die Forderung der Petersburger Textilindustriellen auch von konjunkturellen Überlegungen gespeist wurde.

---

[13] Siehe oben Kapitel III und IV.
[14] Michajlovskij, Ja. T.: O dejatel'nosti fabričnoj inspekcii: Otčet za 1885 god glavnago fabričnago inspektora, St. Petersburg 1886, S. 73-80.

Gegen das Wettbewerbsmotiv spricht schließlich, daß auch in der Kommission, die 1884 unter Vorsitz des Petersburger Stadthauptmanns ein Regelwerk über die Fabrikarbeit erarbeitete, eine Arbeitszeitverkürzung auf zwölf Stunden täglich in der Anhörung der Industriellen ohne längere Diskussionen gebilligt wurde, wobei einige Industrielle sich für ein Maximum von elf oder sogar zehn Stunden aussprachen.[15] Es deutet einiges darauf hin, daß eine solche, allein auf die Hauptstadt beschränkte Regulierung nicht nur aus Konkurrenzüberlegungen vorgebracht wurde, sondern daß einzelnen Industriellen ein effektiver Arbeiterschutz durchaus ein ernstes Anliegen war oder daß sie zumindest ihren technologischen Vorsprung nutzen wollten, um sich gegenüber den Behörden als Vorreiter des Arbeiterschutzes zu profilieren.

Die Regierung stand derartigen Initiativen für eine generelle Arbeitszeitverkürzung zwar wohlwollend, aber vorläufig doch eher abwartend gegenüber. Zwar hatte Innenminister Timašev bereits 1878 in seiner Reaktion auf Unruhen in der Novaja Baumwollspinnerei gefordert, der Willkür von Fabrikanten durch ein Gesetz über einen maximalen Arbeitstag einen Riegel vorzuschieben, war damit jedoch nur auf geringe Resonanz gestoßen.[16] Mehr Wirkung zeigten die Überlegungen der Industrie, daß über eine Arbeitszeitverkürzung nicht nur die Lebensverhältnisse und die Gesundheit der Arbeiterschaft verbessert, sondern langfristig auch die Produktivität der Arbeit und damit der materielle Lebensstandard der Arbeiter gehoben werden könnte. So zirkulierten 1881 im Finanzministerium Pläne für einen allgemeinen Zehnstundentag.[17] Begründet wurden derartige Überlegungen mit dem westeuropäischen Beispiel:

„Wie dies durch unzählige Erfahrungen im Westen bewiesen ist, zieht eine Beschränkung der Dauer des Arbeitstags nicht nur keine Verminderung der Produktion nach sich, sondern ruft nicht selten deren Erhöhung hervor, ebenso wie eine Erhöhung der Löhne, sogar bei Akkordarbeit. Diese Erfahrung zeigt, daß die Arbeiter bei einer Verkürzung des Arbeitstages wesentlich fleißiger tätig sind, verläßlich zur festgesetzten Zeit erscheinen und sich darum bemühen, nicht eine Minute zu verlieren, während die Arbeiter früher, bei einer langen Dauer des Arbeitstages, schlampig gearbeitet und viel Zeit, sogar ganze Stunden, durch Verspätungen, häufige Abwesenheit, Gespräche und Ausbesserung von Fehlern verschwendet haben, die infolge von Erschöpfung und mangelnder Aufmerksamkeit aufgetreten waren. Die direkte Folge eines Gesetzes, das die Zahl der Arbeitsstunden pro Tag reguliert, wird also nicht eine Verkürzung, sondern viel eher eine Verlängerung der tatsächlichen Arbeit bei einer Verringerung der

---

[15] RGIA f. 1405 op. 70 d. 7290 ll. 252 und l. 261.
[16] Ebenda ll. 85-87.
[17] RGIA f. 20 op. 4 d. 4892 ll. 36-42 („Vremennoe položenie o fabrikach", vermutlich von 1881).

nominalen sein, was zum beiderseitigen Nutzen der Fabrikanten und der Arbeiter ist."[18]

Auch im Finanzministerium sah man also das Potential, das in einer Intensivierung der Arbeit durch eine Arbeitszeitverkürzung für die Entwicklung der Wirtschaft steckte. Demgegenüber setzte sich jedoch schnell die prinzipielle Erwägung durch, daß diese Entwicklung zwar von der Regierung gefördert, nicht aber dekretiert werden durfte. So setzte der Sekretär des Rates für Handel und Manufakturen Orbinskij in einem Entwurf vom Frühjahr 1882 den bisherigen Überlegungen das Prinzip der Vertragsfreiheit entgegen:

„Natürlich kann niemand einem volljährigen Arbeiter das Recht nehmen, über seinen Arbeitstag frei zu verfügen, so wie er dies für sich selbst für nützlich hält, sich zu einer Zeit zu verdingen, in der es nötig wäre, auszuruhen, seine Arbeitszeit zu verlängern usw. Ebenso hat niemand das Recht, dem Arbeitgeber oder dem Fabrikherren zu verbieten, seine diesbezüglichen Forderungen bis zu extremen Grenzen auszudehnen; alle diesbezüglichen Vereinbarungen der vertragsschließenden Parteien müssen sich nur in eine bestimmte, gesetzlich festgelegte Form kleiden, um gültig zu sein."[19]

Dementsprechend dürfe eine gesetzliche Beschränkung der Arbeitszeit allenfalls in Kraft treten, falls die Parteien in ihrem Vertrag nichts anderes vereinbart hätten.

Die Orientierung an der Vertragsfreiheit prägte auch 1884 die Haltung der Kommission beim Petersburger Stadthauptmann. In einer Regelung der Arbeitszeit, vor allem in einem bedingten Verbot der Nacht- und der Feiertagsarbeit, sah man dort die Möglichkeit, der freien Übereinkunft zwischen Arbeitern und Fabrikanten durch eine liberale Ausnahmeregelung überhaupt erst zu ihrem Recht zu verhelfen:

„Mit diesem Vorschlag beabsichtigte die Unterkommission, dem Verbot nur die Bedeutung einer allgemeinen Regel zuzumessen, welche erhebliche Ausnahmen zuläßt. Ein solches Verbot, das der Industrie im Wesen keinerlei Schaden zufügt, führt die Frage der Nacht- und Feiertagsarbeit bis zu einem gewissen Grad der schon lange gewünschten Entscheidung zu, bei der diese Arbeiten die Folge einer freien Übereinkunft der beiden Seiten sind und nicht einer vom Fabrikherren ausgehenden Nötigung."[20]

Dementsprechend billigte sie zwar die Forderung der Industriellen nach einer gesetzlichen Normierung der Arbeitszeit, schwächte sie jedoch gegenüber den

---

[18] Ebenda l. 28 (Unterstreichungen im Original). Der Begriff der Produktivität (*proizvoditel' nost'*) wird in den Quellen nicht konsequent im heutigen ökonomischen Sinne als Arbeitsproduktivität, d. h. als Relation zwischen Produktionsmenge und Arbeitseinsatz, sondern oft auch als Synonym für die Produktionsmenge verwendet. Die Übersetzung erfolgt deshalb sinngemäß.
[19] Ebenda l. 1.
[20] RGIA f. 1405 op. 70 d. 7290 l. 268.

Vorschlägen der Mehrheit der Fabrikanten soweit ab, daß sie allenfalls den Rahmen individueller Arbeitszeitverkürzungen bot, ohne einzelne Betriebe zu sehr einzuengen.

Damit bildete sich in dem Jahrzehnt zwischen 1874 und 1884 sowohl in der Industrie als auch in der Regierung eine Konstellation heraus, welche die Diskussionen der neunziger Jahre über eine Arbeitszeitverkürzung maßgeblich bestimmen sollte. Angeregt durch Überlegungen innerhalb der technischen Intelligenz sahen vor allem Petersburger Industrielle in einer Arbeitszeitverkürzung die Möglichkeit, konjunkturelle und wachstumspolitische Ziele zu verwirklichen. Da eine solche Maßnahme eine engere Koordination industriellen Handelns erforderlich machte, als sie bei den bestehenden Institutionen und regionalen Differenzen möglich war, sollte diese strukturelle Schwäche durch eine staatliche Regulierung der Arbeitszeit kompensiert werden. Entgegen den Vorstellungen einer in individuellen Rechtsprinzipien verwurzelten Ministerialbürokratie wurde damit die freie Übereinkunft der Vertragsparteien über die Arbeitszeit von der Industrie selbst in den Bereich staatlicher Regelungskompetenz gerückt.

2. Spielräume individueller Arbeitszeitverkürzung: Entwicklungen in der Textilindustrie 1885-1896

So wenig das Finanzministerium sich in den achtziger Jahren für eine generelle gesetzliche Arbeitszeitbeschränkung entscheiden konnte, so sehr setzte man doch darauf, daß die betriebswirtschaftlichen Vorteile arbeitsintensiverer Produktion die Industrie allmählich davon überzeugen würden, die Arbeitsdauer zu verkürzen. Mit den Gesetzen der achtziger Jahre über die Frauen- und Kinderarbeit waren darüber hinaus bewußt Anreize geschaffen worden, die allgemeine Arbeitszeit zu beschränken.

Leitbild der Gesetzgebung war dabei der erstmals von S. I. Četverikov 1885 in seiner Gorodiščenskaja Tuchmanufaktur im Gouvernement Moskau eingeführte Achtzehnstundenbetrieb in zwei Schichten. Indem er bei einem durchschnittlichen Arbeitstag von nur neun Stunden eine erheblich verbesserte Erholung seiner Arbeiter gewährte und auf die unproduktive und unfallträchtige Nachtarbeit weitgehend verzichtete, hoffte Četverikov, die Arbeitsproduktivität in einem Ausmaß zu steigern, das es ihm erlauben würde, bei wesentlich besserer Qualität den bisherigen Produktionsumfang und damit auch das bisherige Lohnniveau aufrechterhalten zu können.[21] Erste Erfahrungen schienen

---

[21] Četverikov 1885 vor der Plehwe-Kommission: RGIA f. 20 op. 2 d. 1794-a ll. 9-10. Im Widerspruch zu seinen Aussagen vor der Plehwe-Kommission datiert Četverikov die Einführung des Achtzehnstunden-Betriebs in seinen Memoiren wohl irrtümlich auf das

ihm dabei recht zu geben.[22] Die folgenden Jahre mußten nun zeigen, ob diese Demonstration betriebswirtschaftlicher Vorteile ausreichte, um vor allem in der zentralrussischen Textilindustrie mit ihren extrem langen Arbeits- und Betriebszeiten, aber auch in anderen Regionen eine freiwillige Verminderung der Arbeitszeit auf breiterer Basis zu bewirken.

In der direkten Umstellungsphase nach dem Nachtarbeitsverbot für Frauen 1885 ließ sich tatsächlich eine deutliche Tendenz hin zum Achtzehnstundenbetrieb in zwei Schichten beobachten. So berichtete der Moskauer Fabrikinspektor Janžul 1886, einige große Baumwollunternehmen in seinem Bezirk hätten ihre tägliche Betriebszeit auf zweimal neun Stunden verkürzt, ohne nennenswerte Produktionsrückgänge hinnehmen zu müssen.[23] Allerdings zeigte sich bald, daß diese Betriebsform zwar für einige große Textilbetriebe eine interessante Alternative zum bisherigen Dauerbetrieb darstellte, daß die Mehrzahl der zentralrussischen Manufakturen es jedoch vorzog, die Nachtarbeit nun mit rein männlichen Belegschaften fortzusetzen. Bei der Revision der Gesetze zur Kinder- und Frauenarbeit 1890 mußte das Finanzministerium deshalb einsehen, daß der Übergang von bislang fünfzig Textilbetrieben zum Achtzehnstundenbetrieb zwar einen gewissen Erfolg darstellte, daß sich eine generelle Entwicklung in diese Richtung jedoch nicht abzeichnete.[24]

Eine Untersuchung der Fabrikinspektion für 1894-95 zeigte denn auch, daß der Achtzehnstundenbetrieb in zwei Schichten allenfalls in der zentralrussischen Baumwollverarbeitung eine nennenswerte, wenn auch bei weitem nicht dominierende Rolle spielte. Nur 21 % aller Baumwollspindeln in dieser Region waren auf achtzehn Stunden umgestellt worden, während 62 % weiter rund um die Uhr arbeiteten. Nur in der Baumwollweberei hatte der Achtzehnstundenbetrieb in Zentralrußland mit 28 % aller Webstühle gegenüber dem Dauerbetrieb mit 31 % nahezu gleichziehen können. In der Leinenindustrie

---

Ende der siebziger Jahre: Četverikov, S.: Bezvozvratno ušedšaja Rossija, Berlin o. J., S. 41.

[22] Brief Janžuls an das Finanzministerium vom 26. 3. 1886: Ebenda l. 37. Siehe auch Janžul, I. I.: VII Moskovskij Fabričnyj Okrug. Otčet za 1885 god fabričnogo inspektora, St. Petersburg 1886. In der Spinnerei ging die Produktion um 10-12 % zurück, in der Weberei sogar nur um 2 %: Proekt zakonodatel'noj normirovki rabočago vremeni v fabričnych i remeslennych zavedenijach Rossii, vyrabotannyj Pravleniem Lodzinskago Otdelenija Obščestva dlja sodejstvija russkoj promyšlennosti i torgovle i odobrennyj Obščim Sobraniem členov tago-že Otdelenija, na zasedanii ot $^{12}/_{24}$ Janvarja 1894 goda, in: TOS 23(1895), otd. IV, S. 105-148, hier S. 134-135.

[23] Brief Janžuls an das Finanzministerium vom 26. 3. 1886: RGIA f. 20 op. 2 d. 1794-a ll. 34-46.

[24] RGIA f. 20 op. 2 d. 1806 ll. 90-93 und ll. 121-122.

spielte der Achtzehnstundenbetrieb hingegen nur eine geringe und in der Wollverarbeitung so gut wie überhaupt keine Rolle.[25]

Daß die Entwicklung hin zu einer Einschränkung der Nachtarbeit so zögerlich vonstatten ging, hatte seine Ursache in handfesten ökonomischen Nachteilen, die eine solche Umstellung mit sich bringen konnte. So stellte sich heraus, daß der Zuwachs an Arbeitsproduktivität bei einer Arbeitszeitverkürzung von 25 %, wie sie der Übergang von zwei Zwölf- zu zwei Neunstundenschichten darstellte, die Verminderung der Arbeitszeit nur in günstigen Ausnahmefällen wettmachen konnte. Meist kam es hingegen zu realen Produktionsrückgängen von zehn bis fünfzehn Prozent. Um die Arbeiter für den neuen Produktionsrhythmus zu gewinnen, mußten deshalb die Stücklohnsätze ebenfalls um zehn bis fünfzehn Prozent heraufgesetzt werden, damit das bisherige Lohnniveau auch bei den kürzeren Arbeitszeiten gehalten werden konnte. Aufgrund der Erfahrungen, die Mitte der achtziger Jahre mit dieser Form der Arbeitszeitverkürzung gemacht wurden, rechnete man in der Baumwollspinnerei mit einer Zunahme der Produktionskosten pro Pud gesponnenes Garn um 8-13 %, in der Weberei günstigstenfalls mit einem Zuwachs um nur 4 %.[26] Auch die erheblich bessere Qualität der Produkte, die mit der Beschränkung der Nachtarbeit einherging, konnte diesen Kostenzuwachs nicht völlig wettmachen, so daß die Umstellung von vierundzwanzig auf achtzehn Stunden Betriebszeit für den einzelnen Betrieb ein unternehmerisches Wagnis blieb. Eine kontinuierliche

---

[25] Prodolžitel'nost' rabočago dnja i zarabotnaja plata rabočich v 20 naibolee promyšlennych gubernijach Evropejskoj Rossii, St. Petersburg 1896, Priloženie, Tabelle I-VII (nach eigenen Berechnungen). In der Baumwollspinnerei konnte sich der Achtzehnstundenbetrieb zumindest in den weniger technisierten Vorbereitungsarbeiten einigermaßen durchsetzen, wie das Beispiel der Nikol'skaja Manufaktur zeigte: Ebenda, S. 42-47; Obščestvo dlja sodejstvija ulučšeniju i razvitiju manufakturnoj promyšlennosti. Trudy prjadil'no-tkackago otdela kommissii po voprosu o normirovke rabočago vremeni, Moskau 1896, S. 132-135. Siehe dazu auch den erfolgreichen Versuch der Papierfabrik des Fürsten Paskevič bei Gomel', über die Umstellung des Dauerbetriebs von zwei auf drei Schichten den Achtstundentag ohne Lohnverluste für die Arbeiter zu verwirklichen: Scholkow, C.: Achtstundentag in einer russischen Fabrik, in: Soziale Praxis. Centralblatt für Sozialpolitik IV(1894), S. 361-363.

[26] Trudy prjadil'no-tkackago otdela, S. 27-28 (Berechnungen Anofrievs), S. 79 (Berechung Perlovs) und S. 111 (Berechung des Direktors der Nikol'skaja Manufaktur Savva Morozovs, N. N. Aljančikov). Die Reutovskaja Manufaktur im Gouvernement Moskau mußte 1887 bei ihrer Betriebsumstellung von 24 auf 18 Stunden trotz steigender Arbeitsproduktivität einen Produktionsrückgang von 13,2 % hinnehmen. Da die Stücklohnsätze um 15 % erhöht wurden, stieg das Lohnniveau leicht an. Einen Produktionsrückgang von nur 10 % erlebte 1885 die Vysokovskaja Manufaktur im selben Gouvernement, während in der Balašinskaja Manufaktur der Produktionsrückgang 1886 proportional zur Arbeitszeitverkürzung war, also keine Produktivitätssteigerung erzielt werden konnte: Prodolžitel'nost' rabočago dnja, S. 105-106. Siehe auch Gvozdev, S. [A. K. Klepikov]: Zapiski fabričnago inspektora. Iz nabljudenii i praktiki v period 1894-1908gg., Moskau 1911, S. 65.

Entwicklung weg von der Nachtarbeit hin zum Achtzehnstundenbetrieb war ohne eine gezielte Förderung also trotz aller Anfangserfolge in der zentralrussischen Baumwollverarbeitung nicht zu erwarten.

Attraktiv wurde der Achtzehnstundenbetrieb hingegen in den neunziger Jahren für Betriebe unterschiedlicher Regionen, die bisher nur tagsüber produziert hatten und hierin eine willkommene Möglichkeit sahen, ihre Produktion kurzfristig und ohne große Investitionen auszuweiten. So gingen in St. Petersburg die Mitrofanievskaja Baumwollspinnerei (1894) und die Baumwollspinnereien Small und Gerhardi (1895), im Gouvernement Moskau die Baumwollweberei Morgunov (1896), im Gouvernement Kostroma die Volžskaja Baumwollweberei (1895), im Gouvernement Vladimir die Pereslavskaja Manufaktur und in Tschenstochau die Faden- und Jutefabrik Oderfeld (1895) vom bisherigen Einschichtbetrieb auf den Achtzehnstundenbetrieb in zwei Schichten über. Mit Ausnahme der Mitrofanievskaja Manufaktur gelang es allen Betrieben, ihre Produktion überproportional zur Verlängerung der Betriebszeit zu steigern. Da jedoch auch in diesen Fällen eine höhere Arbeitsproduktivität meist nur über eine Anhebung der Lohnsätze zu erreichen war, ging diese Form der Expansion ebenfalls mit höheren Stückkosten einher, so daß sie allenfalls als Reaktion auf kurzfristige Nachfragesteigerungen geeignet war.[27] Auch wenn der Achtzehnstundenbetrieb eine Steigerung der Arbeitsproduktivität versprach, schienen die langfristigen ökonomischen Möglichkeiten dieser Betriebsform um die Mitte der neunziger Jahre also vorläufig ausgereizt.

Größerer Erfolg war hingegen der Verkürzung der Arbeitszeit im reinen Tagbetrieb beschieden. So verringerte eine ganze Reihe von Betrieben unterschiedlicher Branchen und Regionen ihre Arbeitszeit um eine halbe oder eine ganze Stunde, ohne wesentliche Produktionsrückgänge hinnehmen zu müssen.[28] Da derartige Arbeitszeitverkürzungen meist ohne eine entsprechende

---

[27] In den zentralrussischen Betrieben stieg die Produktion pro Stunde um 4-5 %, bei Oderfeld um 3,5 %, bei Small und Gerhardi in St. Petersburg bei gleichbleibenden Lohnsätzen um 1 %: Prodolžitel'nost' rabočago dnja, S. 79-80, S. 105, S. 132-135 und S. 212. Die Morozovsche Nikol'skaja Baumwollmanufaktur im Gouvernement Vladimir wechselte in der Spinnerei je nach Auftragslage und Garnsorte zwischen 24 und 18-Stunden-Betrieb: Ebenda, S. 47. In der Mitrofanievskaja Baumwollspinnerei ging die Produktion pro Stunde bei gleichbleibenden Lohnsätzen um 0,3 % zurück, da die höhere Produktivität der Frühschicht durch die niedrigere der Spätschicht ausgeglichen wurde. Die Leinenfabrik Lebedev in St. Petersburg brach einen entsprechenden Versuch 1895 trotz steigender Produktivität ab, da die nötige Anzahl zusätzlicher qualifizierter Weber nicht zur Verfügung stand: Ebenda, S. 209 und S. 212.
[28] In St. Petersburg bereits 1877 Hubbards Petrovskaja Baumwollmanufaktur, später die Mitrofanievskaja Baumwollspinnerei (1890), die Rossijskaja Baumwollspinnerei (1892), die Tuchfabrik Auch (1893), die Russisch-Amerikanische Gummimanufaktur (1892), die Maschinenbauwerke Pahl und die Franko-Russischen Werke sowie einige Betriebe der Lebensmittelverarbeitung; im Gouvernement Petrikau die Textilwerke Schei-

Erhöhung der Lohnsätze durchgeführt wurden, ein Lohnausgleich also allein über die Steigerung der Arbeitsproduktivität erzielt werden konnte, waren derartige Umstellungen nicht nur mit einem geringeren Risiko verbunden, sie versprachen der Fabrik auch über niedrigere Betriebsausgaben eine Senkung der Produktionskosten und damit eine Verbesserung der Wettbewerbsfähigkeit.

Auf diese Weise näherten sich im Tagbetrieb die Arbeitszeiten in der Textilindustrie in den verschiedenen Regionen des Reiches mit Ausnahme Polens erheblich aneinander an. 1894/95 war die durchschnittliche Arbeitszeit in den Petersburger Baumwollspinnereien mit 13 Stunden nahezu ebenso hoch wie im Tagbetrieb in Moskau und Tver' mit 13,5 Stunden, während sie im Gouvernement Petrikau nur knapp über 12 Stunden betrug.[29] Eine ähnliche Entwicklung ließ sich auch in der Baumwollweberei, in der Wollverarbeitung sowie in der Metallindustrie beobachten. Dagegen arbeiteten in der zentralrussischen Textilindustrie nur knapp ein Drittel der Arbeiter im Tagbetrieb, zwei Drittel hingegen im Schichtbetrieb, der in St. Petersburg und in Lodz eine Ausnahme darstellte.[30] Bezüglich der Arbeitszeit lag um die Mitte der neunziger Jahre der wesentliche Unterschied zwischen den Industrieregionen also darin, daß in der zentralrussischen Textilverarbeitung die wenig produktive und besonders gesundheitsschädliche Nachtarbeit aufgrund des niedrigen Lohnniveaus noch Gewinne brachte, während sie in den übrigen Regionen bereits seit langem unwirtschaftlich geworden war. Die Nachtarbeit hatte ihre Wurzeln in den grundlegenden ökonomischen Bedingungen Zentralrußlands. Solange dort das Lohnniveau ausgesprochen niedrig blieb, konnten die gesetzlichen

---

bler, Poznański und Heinzel und Kunitzer; in Moskau die Textilbetriebe Rabenek (1891) und Mettik (1894) sowie die Maschinenbauwerke Smit, Bromley, Hopper und Krasnov (alle 1895); im Gouvernement Jaroslavl' die Bol'šaja Jaroslavskaja Textilmanufaktur und im Gouvernement Vladimir die Textilbetriebe Balin, Solov'ev, Demidov sowie einige Abteilungen der Nikol'skaja Manufaktur. Mit ähnlichen Erfolgen verkürzten in Moskau 1885 die Trechgornaja Baumwollweberei Prochorovs und 1895 die Baumwollweberei Zanegin, sowie in Tver' die Tverskaja Manufaktur ihren Betrieb von zwei Schichten à 12 auf zwei Schichten à 11 Stunden: Prodolžitel'nost' rabočago dnja, S. 42-46, S. 105-106, S. 132-135, S. 164, S. 205 und S. 209-211.

[29] In den Gouvernements Moskau und Tver' arbeiteten 29 % bzw. 26 % aller Spindeln im Tagbetrieb, im Gouvernement Vladimir dagegen nur ein einzelner Kleinbetrieb (12 Stunden), in den übrigen zentralrussischen Gouvernements überhaupt keine Baumwollspinnereien: Prodolžitel'nost' rabočago dnja, Tabelle I. Siehe auch die Angaben bei Langovoj, aus denen sich jedoch keine für einen Vergleich ausreichend präzisen Durchschnittswerte ernitteln lassen: Langovoj, N. P.: Normirovanie prodolžitel'nosti rabočago vremeni na fabrikach, obrabatyvajuščich voloknistyja veščestva, St. Petersburg 1897, S. 4-9.

[30] 1897 waren in der Moskauer Baumwollindustrie 69 % der Arbeiter nachts beschäftigt, in der Petersburger Textilindustrie hingegen nur 17 % und in Petrikau 20 %: Langovoj, Normirovanie, S. 12.

Beschränkungen für Frauen und Kinder daran letztlich ebensowenig ändern wie das Angebot des Achtzehnstundenbetriebs.

So begrüßenswert der Trend zur Arbeitszeitverkürzung in sozialer und volkswirtschaftlicher Hinsicht auch war, so erschienen doch die Möglichkeiten eines aus einer derartigen Intensivierung der Produktion gespeisten Wachstums eher gering. Auch wenn die russische Textilindustrie in den achtziger und neunziger Jahren technisch erhebliche Fortschritte machte, läßt sich doch nur in wenigen Fällen eine direkte Verknüpfung einer Arbeitszeitverkürzung mit technischen oder organisatorischen Innovationen beobachten.[31] Die Frage, inwieweit der Einsatz moderner Spinnmaschinen und Webstühle überhaupt Spielräume für eine Steigerung der Arbeitsproduktivität durch Arbeitszeitverkürzung ließ, oder ob die Arbeitsproduktivität nicht vielmehr ausschließlich von der Geschwindigkeit der jeweiligen Maschinen abhing, war unter den Fabrikdirektoren umstritten.[32] Insgesamt blieben die Möglichkeiten beschränkt, Produktionsabläufe anstelle technischer Innovationen allein über eine Beschränkung des Arbeitstages wirtschaftlicher zu gestalten. Das Wachstum, das die russische Textilindustrie zwischen der Mitte der achtziger und der Mitte der neunziger Jahre erlebte, speiste sich also mehr aus der Ausdehnung der Produktion und aus ihrer technischen Modernisierung als aus einer insgesamt eher zögerlichen Arbeitszeitverkürzung.[33]

---

[31] So verband die Nikol'skaja Textilmanufaktur 1894 die Verkürzung der Arbeitszeit für Sortierer und Wicklerinnen in der Baumwollspinnerei um 1 $^1/_2$ auf 11 Stunden täglich mit einer umfassenden Reorganisation der Arbeitsabläufe und erreichte damit einen Produktivitätszuwachs um 33 %: Prodolžitel'nost' rabočago dnja, S. 42. Derartige Beispiele kombinierter Innovationen waren jedoch eher selten.

[32] Siehe beispielsweise die Argumente Perlovs, Denisovs und Golgofskijs: Trudy prjadil'no tkackago otdela, S. 66-68 und S. 74-83; sowie der Lodzer Abteilung der Industriegesellschaft: Proekt zakonodatel'noj normirovki, S. 140-143.

[33] So wuchs die Produktion von Baumwollgarnen von 1884 bis 1890 um 35,2 %, die Zahl der Arbeiter und der Spindeln aber nur um 17,1 % bzw. 15 %. Der Produktionszuwachs entstand also zu gleichen Teilen aus einer Extensivierung wie einer Intensivierung der Produktion, letztere vor allem über die zunehmende Verbreitung und Verbesserung von Waterspinnmaschinen: Pažitnov, K. A.: Očerki istorii tekstil'noj promyšlennosti dorevoljucionnoj Rossii: Chlopčatobumažnaja, l'no-pen'kovaja i šelkovaja promyšlennost', Moskau 1958, S. 88-89 und S. 93-95, dort auch zu Wachstum und Innovationen in der Baumwollweberei. Siehe auch Gately, M.: The Development of the Russian Cotton Textile Industry in the Pre-Revolutionary Years, 1861-1913, Diss. Phil. University of Kansas, 1968, S. 110-116 und S. 141-142. Zu Produktionssteigerungen aufgrund höherer Arbeitsproduktivität in Deutschland siehe Blumberg, H.: Die deutsche Textilindustrie in der industriellen Revolution, Berlin (Ost) 1965, S. 340-344; Ditt, K.: Arbeitsverhältnisse und Betriebsverfassung in der deutschen Textilindustrie des 19. Jahrhunderts, unter besonderer Berücksichtigung der Bielefelder Leinenindustrie, in: Archiv für Sozialgeschichte 21(1981) S. 55-75, v. a. S. 61-66.

3. Arbeitszeit, Streikbewegung und Arbeiterschutz: Die Entscheidung für eine gesetzliche Regelung

1894 sorgte die Lodzer Abteilung der Russischen Industriegesellschaft mit einer neuen Initiative für einen gesetzlichen Maximalarbeitstag für Aufsehen. Zu einem Zeitpunkt, als die Möglichkeiten freiwilliger Arbeitszeitverkürzungen an ihre Grenzen zu stoßen schienen, zugleich aber in der Arbeiterschaft die ersten, vorerst noch zaghaften Forderungen nach einer kürzeren Arbeitszeit laut wurden, schlugen die Lodzer Industriellen vor, die tägliche Arbeitszeit allgemein auf zwölf, in der Metallindustrie auf elf und im Bergbau sogar auf zehn Stunden zu beschränken und die Nachtarbeit zwischen zehn Uhr abends und vier Uhr morgens weitgehend zu verbieten, so daß allenfalls noch ein Zweischichtbetrieb von achtzehn Stunden möglich blieb.[34]

Dieses Gesuch begründeten die Lodzer Fabrikanten erneut mit der intensiveren und qualitativ besseren Arbeit, die sie sich von einer Verbesserung der Lebensverhältnisse der Arbeiter erhofften. Dabei beriefen sie sich auf eine Reihe wissenschaftlicher Studien, die in Westeuropa zu diesem Thema von den Ökonomen Schulze-Gävernitz, Brassey, Brentano, Roscher und dem Züricher Fabrikinspektor Schuler angestellt worden waren und in Rußland aufmerksam zur Kenntnis genommen wurden.[35] Erste Erfahrungen der beiden Fabrikinspektoren Janžul und Rykovskij schienen darauf hinzudeuten, daß sich auch in Rußland über eine Verkürzung der Arbeitszeit eine höhere Arbeitsproduktivität erreichen ließ:

> „Ein Mensch, der von dreizehn- bis fünfzehnstündiger Arbeit ausgezehrt und der schlecht ernährt ist, der weder genügend Zeit für seine Erholung noch für Vergnügungen hat und während der Arbeitspausen kaum seine kärgliche Mahlzeit zu sich nehmen kann, der kann kaum die nötige Kraft noch Lust zu seiner Arbeit haben. Meist noch lange vor Sonnenaufgang geht er aus seiner engen und stickigen Unterkunft in die Fabrik, nur um nach einer übermäßig langen Arbeit erschöpft und halb schlafend heimzukehren und, nachdem er schnell zu Abend gegessen hat, sich sofort für einige Stunden schlafen zu legen, um die Kräfte für die neue Arbeit des nächsten Tages zu sammeln. Dabei kann er mit seinem Leben nicht zufrieden sein, er kann die Arbeit nicht lieben, die sich ihm als unerträgliche Zwangsarbeit (*katorga*) darstellt. Unwillkürlich entwickelt er eine Abscheu gegenüber dieser Arbeit und bemüht sich gerade so sehr, wie ihn die

---

[34] Proekt zakonodatel'noj normirovki, S. 105-148; Struve, P. B.: Das Lodzer Projekt einer gesetzlichen Regelung der Arbeitszeit, in: Sozialpolitisches Centralblatt 4(1895), S. 45-46.

[35] Brassey, Th.: Work and Wages, London 1872; Schulze-Gävernitz, G. von: Der Großbetrieb: ein wirtschaftlicher und sozialer Fortschritt. Eine Studie auf dem Gebiete der Baumwollindustrie, Leipzig 1892; Brentano, L.: Über das Verhältnis von Arbeitslohn und Arbeitszeit zur Arbeitsleistung, Leipzig 1876; Roscher, W.: Grundlagen der Nationalökonomie, 20. Auflage, Stuttgart 1892; Schuler, F.: Der Normalarbeitstag in seinen Wirkungen auf die Produktion, in: ASGS 4(1891), S. 82-102.

Notwendigkeit zwingt, irgendwelche Mittel zum Lebensunterhalt zu bekommen. [...]
Von Arbeitern, die sich in solchen Lebensbedingungen befinden, kann man solange weder besondere Intelligenz noch eine hohe Moral noch eine übermäßig intensive und eifrige Arbeit erwarten, wie ihre betrüblichen Lebensverhältnisse nicht geändert werden."[36]

Auch die Lodzer Industriellen strebten also nach einer Verbesserung der Lebensverhältnisse der Arbeiter, weil sie sich davon eine höhere Arbeitsproduktivität erhofften. Anders als ihre Vorgänger aus den siebziger Jahren dachten sie dabei jedoch nicht so sehr an die Ausbildung eines Stammes qualifizierter Fachkräfte, sondern an eine veränderte innere Einstellung der Arbeiter zu ihrer Tätigkeit.

Diese leichte Verschiebung in der Argumentation der Industriellen hatte ihre Ursache vor allem in den wachsenden sozialen Spannungen im polnischen Industriegebiet. Erstmals hatten die Lodzer Textilarbeiter im Gefolge der Maifeier 1892 in einem Generalstreik eine Verkürzung der Arbeitszeit gefordert. Als dieser Streik in einen blutigen Judenpogrom mündete, war er zwar vom Militär gewaltsam niedergeschlagen worden.[37] Dennoch erkannten die weitsichtigeren unter den Lodzer Industriellen, daß der hier zutage getretene soziale Zündstoff langfristig nur durch Zugeständnisse in der Frage der Arbeitszeit entschärft werden konnte. Auch wenn es nicht offen ausgesprochen wurde, ging das Bestreben, die industrielle Entwicklung über eine Erhöhung der Arbeitsproduktivität zu fördern, hier erstmals Hand in Hand mit dem Bemühen, die innere Stabilität in den Fabriken nach Möglichkeit wiederherzustellen.

Zugleich muß das Gesuch der Lodzer Fabrikanten vor dem Hintergrund der publizistischen Auseinandersetzung mit der Moskauer Industrie um die jeweiligen Wettbewerbsbedingungen gesehen werden, die in den achtziger Jahren aufgeflammt war und vor allem von Moskauer Seite unter dem Einfluß S. F. Šarapovs von aggressiv nationalistischen Tönen begleitet wurde. Bei diesem Streit ging es vorrangig um eine von den Moskauern geforderte Veränderung von Zöllen, Steuern und Eisenbahntarifen, welche angebliche Wettbewerbsnachteile ausgleichen sollte.[38] Daß die Lodzer Industriellen nun umgekehrt über eine gesetzliche Verkürzung der Arbeitszeit versucht hätten, die Wettbewerbsbedingungen der polnischen Textilindustrie gegenüber ihrer

---

[36] Proekt zakonodatel'noj normirovki, S. 138.
[37] Zum Lodzer Streik 1892 siehe Samuś, P.(Hg.): „Bunt Łódzki" 1892 roku. Studia z dziejów wielkiego konfliktu społecznego, Lodz 1993; Próchnik, A.: Bunt łódzki w roku 1892, Warschau 1950; Puchlov, N. N.: Rabočee dviženie v korolevstve Pol'skom v 90-e gody XIX veka, in: VopIst 1954, Nr. 2, S. 45-46; Pankratova, A. M. (Hg.): Rabočee dviženie v Rossii v XIX veke. Sbornik dokumentov i materialov, Bd. 3/2, Moskau 1953, S. 154-164. Zu den anschliessenden Judenpogromen: Die Judenpogrome in Rußland, Bd. 1, Köln, Leipzig 1910, S. 151-161.
[38] Siehe oben Kap. II.

zentralrussischen Konkurrenz zu verbessern, hat vor allem Tugan-Baranovskij herausgestrichen.[39] Dabei hatten die Lodzer Industriellen selbst darauf hingewiesen, daß von einer an pragmatischen Gesichtspunkten orientierten Begrenzung der Arbeitszeit, wie sie ihnen vorschwebte, allenfalls in einer Übergangsphase ein Rückgang der Produktion zu erwarten sei. Gerade im Hinblick auf die Arbeitszeiten in Zentralrußland befürworteten sie zudem eine vorsichtige, schrittweise Umstellung, die bewußt Raum auch für den in Lodz kaum praktizierten Achtzehnstundenbetrieb in zwei Schichten ließ.[40] Selbst von Moskauer Seite wurde nur vereinzelt der Vorwurf erhoben, die Lodzer seien bei ihrem Vorschlag von Konkurrenzüberlegungen geleitet worden.[41] Schließlich war abzusehen, daß auch im Gouvernement Petrikau ein erheblicher Anteil vor allem der Spinnereien von der vorgeschlagenen Maßnahme betroffen sein würde.[42] Eine gesetzliche Arbeitszeitverkürzung, so argumentierten die Lodzer

---

[39] Tugan-Baranowsky, Geschichte der russischen Fabrik, S. 485-486; Owen, T.: The Russian Industrial Society and Tsarist Economic Policy, 1867-1905, in: JEconHist 45(1985), S. 587-606, hier S. 602.

[40] „Wir halten es für nötig, vor allem festzustellen, daß diese Beschränkung nicht sofort zu weit gehen darf, um nicht plötzlich eine zu scharfe Veränderung in den Lebensbedingungen der Arbeiter zu verursachen und um ihnen die Möglichkeit zu geben, sich nach und nach an die intensivere Arbeit zu gewöhnen. Da der Arbeitstag in der Mehrheit der Fabriken immer noch dreizehn Stunden dauert und in vielen, vor allem kleineren Betrieben und Handwerkstätten sogar noch länger, manchmal sogar fünfzehn oder sechzehn Stunden erreicht, wäre es vorläufig wünschenswert, die Arbeitszeit für alle Industriebetriebe, die keine Nachtarbeit einsetzen, auf zwölf Stunden am Tag zu beschränken": Proekt zakonodatel'noj normirovki, S. 145. Zum Achtzehnstundenbetrieb: Ebenda, S. 145-146.

[41] Diesen Vorwurf erhob vor allem der Sekretär der Moskauer Abteilung der Industriegesellschaft Šarapov, der bereits in den vorangegangenen Jahren die polnische Industrie publizistisch heftig angegriffen hatte: Materialy, sobrannye Moskovskim Otdeleniem Vysočajše utverždennago Obščestva dlja sodejstvija Russkoj Promyšlennosti i Torgovle po povodu proekta Lodzinskago Otdelenija o zakonodatel'noj normirovke rabočago vremeni v fabričnych i remeslennych zavedenijach Rossii (Zapiska pervaja), Moskau 1895; Doklad kommissii Moskovskago Otdelenija Vysočajše utverždennago Obščestva dlja sodejstvija Russkoj Promyšlennosti i Torgovle po povodu proekta Lodzinskago Otdelenija o zakonodatel'noj normirovke rabočago vremeni v fabričnych i remeslennych zavedenijach Rossii, Moskau 1895. Unter den von der Moskauer Manufakturgesellschaft befragten zentralrussischen Textilindustriellen meinte dagegen nur eine Minderheit, daß ihre Lodzer Konkurrenten bei der Formulierung ihres Gesuches Hintergedanken hatten: Trudy prjadil'no-tkackago otdela, S. 5, S. 24-25, S. 57-58 und S. 94, sowie die Stellungnahme der Moskauer Abteilung des Rates für Handel und Manufakturen Anfang 1897: Materialy po izdaniju zakona 2 ijunja 1897 goda ob ograničenii i raspredelenii rabočago vremeni v zavedenijach fabrično-zavodskoj promyšlennosti, St. Petersburg 1905, S. 139.

[42] In der Baumwollspinnerei wären 26 % der Spindeln im Gouvernement Petrikau von einer Arbeitszeitverkürzung gemäß dem Lodzer Gesuch von 1894 betroffen gewesen, in der Wollspinnerei sogar 63 % (*kadrnoe*), 94 % (Kammgarn) bzw. 50 % (Vigognegarn).

Fabrikanten, sei nicht nur notwendig, weil die Probleme der Umstellung individuelle Initiativen verhinderten, sondern auch, um zu vermeiden, daß Nachbarbetriebe den Vorreitern die zu intensiverer Arbeit erzogenen Fachkräfte abwarben.[43] Ebensosehr wie gegen die Moskauer Konkurrenz richtete sich das Gesuch der Lodzer Industriellen also gegen diejenigen Betriebe in ihrer unmittelbaren Nachbarschaft, die sich der Einsicht in die ökonomische und soziale Notwendigkeit kürzerer Arbeitszeiten verschlossen.

Mit ihrem Vorschlag setzten die Lodzer Fabrikanten eine lebhafte Diskussion in Gang, die bald weite Kreise der Industrie erfaßte und bis in die Regierung hineinwirkte. Während die Moskauer Abteilung der Industriegesellschaft eine Arbeitszeitverkürzung unter Berufung auf das Prinzip des freien Vertragsabschlusses rundheraus ablehnte [44], gingen die in der Moskauer Manufakturgesellschaft (*Obščestvo dlja sodejstviju ulučšeniju i razvitiju manufakturnoj promyšlennosti*) organisierten Textilindustriellen Zentralrußlands sogar über den Lodzer Vorschlag hinaus, indem sie neben einem allgemeinen Zwölfstundentag den Elfstundentag für mechanische Spinnereien und Webereien forderten.[45] Im Zentrum der Diskussionen stand jedoch die Frage der Nachtarbeit. Die breite Mehrheit der Fabrikanten und Direktoren sprach sich prinzipiell dafür aus, sie langfristig völlig abzuschaffen: Sie schade die Gesundheit der Arbeiter, zerstöre traditionelle familiäre Beziehungen und sei darüber hinaus wenig produktiv.[46] Teilweise hatte diese Ablehnung der Nachtarbeit ihre Wurzeln auch darin, daß einige der befragten Fabrikdirektoren selbst in jungen Jahren als Angestellte Nachtschicht hatten leisten müssen und die damit verbundenen Belastungen am eigenen Leibe erlebt hatten.[47]

In der Baumwollweberei betraf das Gesuch hingegen nur 2 % aller Webstühle, in der Wollweberei 10 %: Prodolžitel'nost', Anhang, Tabellen I-VII.

[43] Proekt zakonodatel'noj normirovki, S. 143-144.

[44] Materialy, sobrannye Moskovskim otdeleniem Obščestva dlja sodejstvija russkoj promyšlennosti i torgovle, Moskau 1895.

[45] Die Kommission für Spinnereien und Webereien unter Vorsitz des Direktors der Morozovschen Nikol'skaja-Manufaktur hatte sich ursprünglich sogar für einen Übergang zum Zehnstundentag innerhalb von fünf Jahren ausgesprochen. In der abschließenden Beratung war man jedoch den Vorstellungen der parallel tagenden Kommission der Färbereien und Bleichereien unter Vorsitz des Fabrikanten S. I. Prochorov entgegengekommen, die wegen der Vielzahl mehrstündiger und nicht beliebig veränderbarer chemischer Produktionsabläufe an dem von den Lodzern vorgeschlagenen Zwölfstundentag festhalten wollte. Eine dritte Kommission für mechanische Werke unter Vorsitz S. M. Bakastovs verhielt sich gegenüber dem Lodzer Vorschlag neutral, da die vorgeschlagene Obergrenze in der Moskauer Metallindustrie sowieso nicht erreicht würde: Trudy prjadil'no-tkackago otdela, S. 126-127; Materialy po izdaniju, S. 111-118.

[46] Trudy prjadil'no-tkackago otdela, S. 5-6. Für einige prägnante Beispiele: Ebenda, S. 17-18, S. 59-60, S. 66-68, S. 74-77 und S. 95. Nur zwei Fabrikanten betonten dagegen, daß sie die Nachtarbeit prinzipiell für unschädlich hielten: Ebenda, S. 84-86 und S. 94.

[47] Ebenda, S. 21-22.

Anders als die Lodzer Fabrikanten sahen die Moskauer Industriellen hingegen in der erwarteten Verbesserung der Produktivität nicht so sehr das eigentliche Ziel einer Arbeitszeitverkürzung, sondern vielmehr den notwendigen Ausgleich, der kürzere Betriebszeiten erst möglich mache. Da in Zentralrußland die Arbeitszeit bislang nur vereinzelt Gegenstand der Forderungen streikender Arbeiter geworden war, darf die konstruktive Haltung der Moskauer jedoch auch nicht einseitig als Zugeständnis an eine wachsende Arbeiterbewegung gesehen werden.[48] Vielmehr entsprang ihre Zustimmung zu einer gesetzlichen Arbeitszeitverkürzung einer eigentümlichen Verbindung aus patriarchalischer Fürsorge für die Arbeiterschaft und dem Bestreben, die eigene Industrie nach westeuropäischem Vorbild zu modernisieren, wobei beide Aspekte durchaus als Einheit begriffen wurden. Am prägnantesten kam diese Denkweise in der abschließenden Begründung ihres Vorschlags durch die Manufakturgesellschaft zum Ausdruck:

> „Die in der Mehrheit unserer Fabriken und Werke festgesetzte Dauer der Arbeitszeit pro Tag muß als viel zu hoch angesehen werden; deshalb muß man im Interesse der Unternehmer und der Arbeiter, das heißt *im Interesse der Industrie selbst*, wünschen, daß ein Gesetz herausgegeben wird, welches die Arbeitszeit nicht nur von Frauen und Kindern, sondern auch von erwachsenen Männern normiert."[49]

Ebenso wie bereits zwanzig Jahre zuvor auf den Beratungen des Maschinenbauerkongresses wurde auch hier der Einwand, daß es nicht Sache des Staates sei, die vertragliche Arbeitszeit zu regulieren, allenfalls aus pragmatischen, nicht aber aus prinzipiellen Gründen vorgebracht.[50] Die Mehrheit der Industriellen ebenso wie die befragten Ärzte und Fabrikinspektoren versprachen sich von einem freiwilligen Appell an die Eigeninitiative der Industrie nur geringe Resultate und sahen in einer gesetzlichen Regulierung die einzig wirksame Lösung.

---

[48] Im Juni 1893 forderten erstmals in Zentralrußland die Weber der Manufakturen in Šuja im Gouvernement Vladimir eine Reduzierung der Arbeitszeit, worauf diese auf die nachdrückliche Aufforderung des Gouverneurs hin ab dem 1. Oktober 1893 auf zwölf Stunden verkürzt wurde: Pankratova, Rabočee dviženie, Bd. 3/2, S. 367-376; Prodolžitel'nost', S. 43. In den Diskussionen der Moskauer Manufakturgesellschaft 1895 spielte diese Erfahrung jedoch keine Rolle. Insgesamt blieben Streiks für eine Verkürzung vertraglich festgelegter Arbeitszeiten vor 1896 eine seltene Ausnahme: Varzar, V. E.: Statističeskija svedenija o stačkach rabočich na fabrikach i zavodach za desjatiletie 1895-1904 goda, St. Petersburg 1905, Anhang, Tabelle X.
[49] Materialy po izdaniju, S. 116 (Hervorhebung von mir).
[50] Trudy prjadil'no-tkackago otdela, S. 6. So hielt es der Fabrikdirektor Minof'ev, selbst ein Befürworter einer Arbeitszeitverkürzung, angesichts der zu erwartenden breiten Unterstützung der Industrie für eine solche Maßnahme für „zweckmäßiger", auch deren Durchführung den Fabrikanten selbst zu überlassen: Ebenda, S. 22.

Auch in den höheren Rängen der Inspektion gewann die Idee einer gesetzlichen Arbeitszeitverkürzung ihre Befürworter. So legte der Arzt und Fabrikrevisor Dement'ev 1895 in einem Vortrag vor der Gesellschaft für Volksgesundheit (*Russkoe obščestvo ochranenija narodnogo zdravija*), die von der Moskauer Manufakturgesellschaft um eine Stellungnahme gebeten worden war, den Zusammenhang zwischen langen Arbeitszeiten und wirtschaftlicher Unterentwicklung dar und forderte eine energische Einmischung des Staates, um diesen Teufelskreis aufzubrechen.[51]

Damit war also bereits um die Mitte der neunziger Jahre eine intensive Diskussion um eine gesetzliche Arbeitszeitverkürzung entfacht worden. Mit dem großen Streik der Petersburger Textilarbeiter vom 27. Mai bis 15. Juni 1896 erhielt diese Debatte jedoch eine völlig neue Dimension.[52] Auslöser dieses wohl berühmtesten Streiks vor 1905, der erstmals in Rußland die Arbeiter einer ganzen Branche für ein fest umrissenes Ziel mobilisierte und die sozialdemokratischen Agitationszirkel in Kontakt mit einer Massenbewegung der Arbeiter brachte, waren die Feierlichkeiten aus Anlaß der Krönung Nikolaus' II. im Mai 1896. Aus einer mißverständlichen Anordnung des Stadthauptmanns Clayhills hatten einige Petersburger Textilfabriken herausgelesen, daß sie nicht verpflichtet seien, für alle Feiertage den vollen Lohn zu bezahlen. Dies führte dazu, daß am 27. Mai die Arbeiter der Textilmanufaktur König und der Ekateringofskaja Baumwollmanufaktur die Arbeit verweigerten. Binnen kurzer Zeit erfaßte der Streik fast die gesamte Textilindustrie der Hauptstadt. Am 3. Juni, dem Höhepunkt des Streiks, waren nach offiziellen Angaben über vierzehntausend, nach Schätzungen des illegalen „Kampfbundes zur Befreiung der Arbeiterklasse" sogar bis zu 30.000 Arbeiter auf den Straßen.[53] Überraschend war jedoch nicht allein die schiere Zahl der Streikenden, sondern vor allem die Disziplin und Zielstrebigkeit, mit der sie ihre zentrale Forderung vorbrachten: die Arbeitszeit in den Petersburger Textilbetrieben solle auf $10\frac{1}{2}$ Stunden pro Tag verkürzt werden. Erstmals richtete sich ein Massenstreik in Rußland

---

[51] RGIA f. 22 op. 5 d. 238.
[52] Zu diesem Streik siehe T. I. S.: K istorii peterburgskoj stački tekstil'ščikov v 1896 g., in: Krasnaja Letopis' 20(1931), Heft 2, S. 94-107; Tachtarev (Tar), K. M.: Očerk peterburgskogo rabočego dviženija 90-ch godov, Petrograd 1921, S. 34-56; Pankratova, Rabočee dviženie, Bd. 4/1, S. 219-266; Katin-Jarcev, V.: Teni prošlogo. Vospominanija, in: Byloe 25(1924), S. 101-118; Surh, G.: 1905 in St. Petersburg. Labor, Society, and Revolution, Stanford 1989, S. 53-65; Pipes, R.: Social Democracy and the St. Petersburg Labor Movement, 1885-1897, Cambridge, Mass. 1963, S. 99-116; Geyer, Lenin, S. 68-70.
[53] Pravitel'stvennyj Vestnik Nr. 158 vom 19. 6. 1896, S. 1-2; Pankratova, Rabočee dviženie, Bd. 4/1, S. 843 Anm. 72.

nicht gegen Willkürmaßnahmen und Vertragsverletzungen von seiten der Fabrikanten, sondern darauf, die Macht des Streiks für konkrete wirtschaftliche Interessen der Arbeiter einzusetzen.[54]

Der Wucht dieses Streiks standen Unternehmer und Behörden relativ hilflos gegenüber, zumal die Streikenden jegliche Ausschreitungen vermieden, die Anlaß für ein Eingreifen der Polizei geboten hätten. Getreu der Maxime, daß erst nach Beendigung der illegalen Arbeitsniederlegung über eventuelle Zugeständnisse verhandelt werden könne, legten sich Fabrikinspektion und Polizei allerdings schon früh darauf fest, auf eine Vermittlung zwischen Arbeitern und Fabrikanten zu verzichten. Zudem sollten die Unternehmen von jeglichen Zugeständnissen an die Streikenden abgehalten werden, in der Hoffnung, daß die Bewegung über kurz oder lang von selbst zusammenbrechen werde.

Dennoch konnten sich auch die Behörden der Einsicht nicht verschließen, daß die so heftig zutage tretende Unzufriedenheit ihre Wurzeln in den harten Lebensverhältnissen der Arbeiterschaft hatte und daß eine dauerhafte Beruhigung ohne langfristige Maßnahmen zur Verbesserung ihrer Lage nicht gelingen würde.[55] Bereits am 4. Juni versprach der Stadthauptmann, daß die Anliegen der Arbeiter nach Beendigung des Streiks in der hauptstädtischen Fabrikbehörde beraten würden.[56] Auch das Finanzministerium sah die Notwendigkeit, sich zukünftig verstärkt um die Belange der Arbeiter zu kümmern. Dabei lag es nahe, auf die jüngsten Gesuche aus der Industrie nach einer gesetzlichen Arbeitszeitverkürzung zurückzugreifen. Noch während des Streiks wurde daher beschlossen, diese Frage einer gründlichen Untersuchung zu unterziehen.[57] Diese Taktik gipfelte nach Beendigung des Streiks in einem Aufruf des inzwischen von der Allrussischen Industrieausstellung in Nižnij-Novgorod herbeigeeilten Witte an die Arbeiter, „Aufwieglern" kein Gehör zu schenken und ganz auf die Regierung zu vertrauen, der „die Angelegenheiten der Unternehmer ebenso teuer seien wie die der Arbeiter".[58]

---

[54] Zur Diskussion, welche Rolle der Petersburger Kampfbund bei der Formulierung dieser Forderungen gespielt hat, siehe Pipes, Social Democracy, S. 103-105; Wildman, A. K.: The Making of a Workers' Revolution. Russian Social Democracy, 1891-1903, Chicago, London 1967, S. 73-78. Geyer, Lenin, S. 59-72.

[55] Pankratova, Rabočee dviženie, Bd. 4/1, S. 232-242 (Protokoll der Versammlung von Inspektoren in der Abteilung für Handel und Manufakturen vom 7. Juni 1896).

[56] T. I. S., K istorii, S. 99.

[57] Pankratova, Rabočee dviženie, Bd. 4/1, S. 241. Sofort nach Beendigung des Streiks gab das Finanzministerium die bereits mehrfach zitierten Untersuchungen in Auftrag, die als statistische Grundlage des Gesetzgebungsverfahrens dienten: Prodolžitel'nost' rabočago dnja (gestützt auf Angaben der Fabrikinspektion); Langovoj, Normirovanie. Zur Eile, mit der diese Untersuchungen zusammengestellt wurden siehe Gvozdev, Zapiski, S. 63.

[58] Abgedruckt bei Lenin, V. I.: Sočinenija, 3. Ausgabe, Bd. 1, Moskau 1934, S. 481-482.

Die Absicht des Finanzministeriums, nun konkret auf eine gesetzliche Verkürzung der Arbeitszeiten hinzuarbeiten, wurde von seiten der Industrie durchaus begrüßt. Schon während des Streiks hatten einzelne Fabrikanten die Bereitschaft geäußert, den Forderungen der Arbeiter entgegenzukommen, waren dabei aber auf den heftigen Widerstand der Behörden gestoßen.[59] Als Witte Anfang Juli die Besitzer der bestreikten Fabriken ins Ministerium lud, um die Ursachen des Streiks zu erfahren, zeigten diese sich erneut bereit, die Arbeitszeit in ihren Fabriken zu verkürzen. Bedingung für derartige Zugeständnisse sei jedoch, daß sie dadurch im Wettbewerb nicht schlechter gestellt würden:

„Eine Verkürzung der Arbeitszeit ist nur unter der Bedingung möglich, daß sie ausnahmslos für alle Baumwollfabriken des Reiches verpflichtend gemacht wird. Im entgegengesetzten Fall würde es denjenigen, die sich mit einer Verringerung der Arbeitsstunden einverstanden erklären, um die Arbeit zu erleichtern, unmöglich gemacht werden, die Konkurrenz von Seiten der Fabriken auszuhalten, die dem nicht zustimmen. Deshalb muß die maximale Dauer des Arbeitstages im ganzen Reich allgemein verbindlich sein und von der Regierung auf dem Gesetzgebungsweg festgesetzt werden."[60]

Diese Forderung machte erneut die organisatorische Schwäche der russischen Industrie deutlich, die auch gegenüber ernsten wirtschaftlichen Problemen gar nicht erst versuchte, von sich aus zu einer geschlossenen Haltung zu finden. Wie schon aus Anlaß der Konjunkturkrise zu Beginn der achtziger Jahre reagierte sie nun also auch gegenüber der Herausforderung einer organisierten Massenbewegung der Arbeiterschaft: mit dem Hilferuf an den Staat.

So einig sich die Petersburger Industriellen auch über das Prinzip gesetzlicher Arbeitszeitverkürzung waren, so wenig konnten sie sich auf deren Ausmaß einigen. Während die Mehrheit der in der Petersburger Fabrikantenkommission organisierten Industriellen sich dafür aussprachen, die Obergrenze bei 11 $^{1}/_{2}$ Stunden festzusetzen, votierte eine von dem Direktor der Nevskaja Baumwollspinnerei, Rudolf Hammerschmidt, angeführte Minderheit ebenso wie die Petersburger Zentrale der Russischen Industriegesellschaft für einen Zwölfstundentag.[61] War diese Haltung von der Überlegung bestimmt, gegenüber den bereits im Achtzehnstundenbetrieb arbeitenden Fabriken Zentralrußlands, die von der gesetzlichen Regelung nicht betroffen würden, keinen zu großen Nachteil zu erleiden, votierte eine weitere Gruppe um den Direktor der Sampsonievskaja Baumwollspinnerei, E. L. Bonstedt, sogar dafür, die

---
[59] Siehe dazu den Bericht des Petersburger Kreisstaatsanwalts vom 5. 6. 1896: RGIA f. 1405 op. 98 1897g. d. 4448 ll. 7-12.
[60] Materialy po izdaniju, S. 119; RGIA f. 150 op. 1 d. 43 l. 82.
[61] Materialy po izdaniju, S. 122-123; RGIA f. 150 op. 1 d. 43 l. 91. Zur Stellungnahme der Industriegesellschaft: Predstavlenie Gospodinu Ministru Finansov po voprosu o normirovke rabočago vremeni v fabričnych i remeslennych zavedenijach, in: TOS 24(1898), otd. I, S. 10-13; sowie Materialy po izdaniju, S. 124-127.

Nachtarbeit von Frauen und Minderjährigen zwischen acht Uhr abends und sechs Uhr morgens ganz zu verbieten und damit den Achtzehnstundenbetrieb in der Textilindustrie weitgehend unrentabel zu machen.[62] Zwar waren alle beteiligten Industriellen peinlich darauf bedacht, daß die bevorstehende gesetzliche Regelung ihre eigene Wettbewerbsposition nicht beeinträchtigte. Der Versuch Bonstedts, die Arbeitszeitbeschränkung als Waffe gegen die Moskauer Konkurrenz zu nutzen, war allerdings zu durchsichtig, um selbst innerhalb der Petersburger Industrie eine Mehrheit zu gewinnen.

Aus der Vielfalt von Stellungnahmen der Industrie galt es nun, eine einheitliche Meinung herauszukristallisieren. Da das Finanzministerium jegliche öffentliche Diskussion über eine gesetzliche Arbeitszeitverkürzung ablehnte, um die Unruhe unter den Arbeitern nicht noch zusätzlich zu schüren, hatte es noch im August verboten, daß dieses Thema auf dem Allrussischen Industriekongreß in Nižnij-Novgorod beraten würde.[63] Statt dessen wurden 32 Industrielle aus den wichtigsten Industriegebieten des Reiches zusammen mit Fabrikinspektoren und Fabrikrevisoren für den 15. und 20. Dezember zu einer Versammlung im Finanzministerium unter Vorsitz des Direktors der Abteilung für Handel und Manufakturen Kovalevskij einberufen.[64] Hier zeigte sich, daß das gemeinsame Interesse an einer Arbeitszeitverkürzung die Differenzen zwischen den Vertretern einzelner Regionen bei weitem überwog. In den späteren Beratungen lobte Kovalevskij diesen hoffnungsvollen Ansatz:

> „Niemals war ich Zeuge einer solch konstruktiven Haltung zu einer Frage, die, wie es schien, die Anwesenden hätte auseinanderdividieren, oder zumindest Meinungsverschiedenheiten und unterschiedliche Schattierungen in ihren Ansichten aufgrund des Unterschieds der Interessen hätte hervorrufen müssen."[65]

In Anlehnung an das Projekt der Manufakturgesellschaft einigte sich die Versammlung auf eine nach Branchen differenzierte Begrenzung der Arbeitszeit. Als allgemeine Obergrenze wurden zwölf Stunden, für Spinnereien und Webereien $11\,{}^1/_2$ und für die Metallindustrie $10\,{}^1/_2$ Stunden festgesetzt. Hingegen

---

[62] Zajavlenie peterburgskich fabrikantov, in: TOS 24(1898), otd. I, S. 14-17; Materialy po izdaniju S. 121; RGIA f. 150 op. 1 d. 43 l. 91.

[63] Die neue Fabrikgesetzgebung Rußlands, S. 480; Gvozdev, Zapiski, S. 64. Zumindest informell sprach sich der Kongreß allerdings deutlich für eine gesetzliche Regelung aus: Vestnik Evropy, Okt. 1896, Vnutr. Obozr., S. 808-809.

[64] Wer die Teilnehmer dieser Versammlung waren, läßt sich nur noch in Ansätzen rekonstruieren. So nahmen von seiten der Petersburger Fabrikantengesellschaft S. P. Glezmer, R. B. Hammerschmidt und E. L. Bonstedt, von seiten der Moskauer Industriellen S. T. Morozov teil: RGIA f. 150 op. 1 d. 543 l. 12; f. 797 op. 67 otd. I st. 1 d. 45 ll. 186-187.

[65] RGIA f. 797 op. 67 otd. I st. 1 d. 45 l. 145. Siehe auch Kovalevskij, V. I.: Vospominanija. Hg. von L. E. Šepelev, in: Russkoe Prošloe 2(1991), S. 5-96, hier S. 50-53.

wurde auf ein generelles Nachtarbeitsverbot verzichtet. Arbeiter, die auch nur teilweise zwischen neun Uhr abends und fünf Uhr morgens beschäftigt waren, sollten jedoch allenfalls neun Stunden arbeiten. Erneut bestanden die teilnehmenden Industriellen auch darauf, daß ausnahmslos alle Betriebe, also auch die staatlichen, dem neuen Gesetz unterworfen sein müßten.[66]

Mit dieser Einigung innerhalb der Industrie war die wichtigste Voraussetzung für eine schnelle gesetzliche Regelung geschaffen. Noch am selben Abend telegrafierten die abreisenden Industriellen vom Hauptbahnhof ein Dankschreiben an den Minister, das die Aufbruchstimmung dieses Tages spüren läßt:

„Die auf Ihren Wunsch versammelten Vertreter der vaterländischen Industrie und die Personen, welche Sie damit beauftragt haben, die Interessen dieser Industrie unter unparteiischer und gerechter Beachtung der Interessen sowohl der Arbeiter als auch der Arbeitgeber zu verwalten, übermitteln Eurer Hochwohlgeboren ihre aufrichtige Dankbarkeit für Ihre Anteilnahme und sind überzeugt davon, daß dieser gute Anfang zu einer friedlichen und glücklichen Lösung der komplizierten Aufgabe des Ausgleichs unterschiedlicher Interessen führen wird.
Ein Hurra unserem Finanzminister."[67]

Der Einigung in der Industrie mußte nun die Einigung innerhalb der Regierung folgen. Da die Frage der Arbeitszeitverkürzung seit dem Textilarbeiterstreik vom Sommer 1896 untrennbar mit dem Problem verknüpft war, wie der revolutionären Bewegung zu begegnen sei und somit eine politische Grundsatzentscheidung erforderte, hatte sich Witte vom Zaren ermächtigen lassen, ebenfalls für den 20. Dezember eine „Besondere Besprechung" mit Innenminister Goremykin und Justizminister Murav'ev unter Vorsitz des Oberprokurors des Heiligen Synod Pobedonoscev einzuberufen. Das zentrale Problem, das Witte von dieser Versammlung entschieden sehen wollte, war die Frage nach der Haltung, die der Staat künftig gegenüber Interessenkonflikten zwischen Arbeitern und Unternehmern einnehmen sollte:

„Die höchste Regierung muß jetzt notwendigerweise eine präzise Antwort geben: Soll sie sich der Einmischung in diesen Bereich enthalten und sich auch zukünftig darauf beschränken, den Lauf der Dinge zu beobachten, und in den entsprechenden Fällen die öffentliche Ordnung aufrechterhalten, oder soll sie auf dem Weg der gesetzgeberischen Einmischung in den genannten Bereich der Vertragsbeziehungen diejenigen äußersten Grenzen der Dauer des Arbeitstages festsetzen, welche die genannten Vertragsbeziehungen nicht überschreiten dürfen."[68]

---

[66] Materialy po izdaniju, S. 128; RGIA f. 797 op. 67 otd. I st. 1 d. 45 l. 145.
[67] RGIA f. 150 op. 1 d. 543 l. 13.
[68] Materialy po izdaniju, S. 93.

Das Finanzministerium selbst verhielt sich in dieser Frage ausgesprochen zurückhaltend. Schon in seinem Vortrag gegenüber dem Zaren vom 6. Dezember 1896 hatte Witte darauf hingewiesen, daß eine gesetzliche Arbeitszeitverkürzung von den Arbeitern als Zugeständnis an ihre Forderungen und damit als Ermunterung zu weiteren Streiks aufgefaßt werden könnte.[69] Aus dieser Überlegung heraus vertrat er auch in der „Besonderen Besprechung" der Minister die Auffassung, daß es keinesfalls darum gehe, Forderungen der Arbeiter zu erfüllen, sondern daß eine gesetzliche Regelung allenfalls dazu dienen dürfe, die Bestrebungen innerhalb der Industrie nach einer Verkürzung der Arbeitszeit zu unterstützen:

> „Diese Maßnahme darf nur die vernünftigen Grenzen gesetzlich festschreiben, welche in der Praxis schon in vorbildlich eingerichteten Industriebetrieben festgelegt sind und den Grund beseitigen, nämlich die Furcht vor der Konkurrenz, welcher derzeit die weniger entschlossenen Fabrikanten davon abhält, diese Normen freiwillig bei sich einzuführen. Damit wird sie nur für eine relative Minderheit der Fabrikanten Zwangscharakter haben, welche sich den Arbeitern gegenüber nicht entsprechend verhalten."[70]

Unter dem Eindruck der Streikbewegung setzte sich das Finanzministerium schließlich also über seine prinzipiellen Bedenken hinweg und entschied sich für einen staatlichen Eingriff in diesen Kernbereich einer freien Wirtschaftsordnung. Dabei ging es jedoch nicht darum, der Industrie ein Zugeständnis an die Arbeiterschaft aufzuzwingen. Vielmehr machte sich das Finanzministerium die Argumentation der Spitzen der Industrie zu eigen, welche in einer gesetzlichen Rahmenregelung die Grundvoraussetzung für individuelle Arbeitszeitverkürzungen sahen.

Innenminister Goremykin begrüßte grundsätzlich eine Einmischung der Regierung in Fabrikangelegenheiten, deren Ziel er darin sah, revolutionären Agitatoren den Boden zu entziehen. Dabei ließ er sich jedoch nicht auf eine Diskussion darüber ein, wie weit eine gesetzliche Regulierung der Arbeitszeit gehen sollte, von der allein er eine Beruhigung der Arbeiterschaft sowieso nicht erwartete. Vielmehr forderte er umfassende Vollmachten, mit polizeilichen Maßnahmen in die internen Beziehungen zwischen Arbeitern und Fabrikanten einzugreifen.[71]

Die Frage nach dem prinzipiellen Problem, wie weit der Staat bei der Regelung der Arbeitszeit überhaupt gehen dürfe, wurde angesichts dieser Diskussion überhaupt nicht erörtert. Da sich alle Seiten schließlich grundsätzlich für eine gesetzliche Maßnahme aussprachen, wurde eine besondere Kommission aus Vertretern aller betroffenen Ministerien und unter Teilnahme

---

[69] Ebenda, S. 90.
[70] Ebenda, S. 95.
[71] Siehe oben Kapitel VI.

führender Industrievertreter verschiedener Branchen unter Vorsitz Kovalevskijs gebildet, die den Auftrag erhielt, innerhalb von drei Monaten dem Reichsrat einen Gesetzentwurf vorzulegen.

Die Entscheidungen, die auf den beiden Versammlungen vom 20. Dezember 1896 getroffen wurden, stellten den Wendepunkt in einer nunmehr über zwanzigjährigen Entwicklung dar. Wiederholt hatten einzelne Gruppen fortschrittlich gesinnter Industrieller versucht, den Staat für eine Arbeitszeitverkürzung zu gewinnen, die zwar im volkswirtschaftlichen Interesse lag, unter Wettbewerbsbedingungen aber nur möglich schien, wenn sie gleichmäßig und für alle bindend durchgeführt wurde. In Rußland war die Industrie jedoch aufgrund der Vielfalt regionaler wirtschaftlicher Interessen und sozial unterschiedlich geprägter unternehmerischer Mentalitäten und Traditionen zu zersplittert, die Ansätze industrieller Organisation viel zu schwach entwickelt, als daß auch nur einzelne Branchen wie die Textilindustrie dazu in der Lage gewesen wären, auf die in einer Arbeitszeitverkürzung liegenden Wachstumschancen, die Herausforderung der Konjunkturkrise der achtziger oder die Streikbewegung der neunziger Jahre von sich aus mit einer allgemeinverbindlichen Arbeitszeitverkürzung zu reagieren.

Als Ausweg bot sich der Staat an, der als einziger dazu in der Lage war, alle Konkurrenten auf einem das ganze Reich umfassenden Markt einer solchen Maßnahme zu unterwerfen. Dieser Rückgriff auf die Regierung entsprach der Mentalität einer Unternehmerschaft, die bereits in den Diskussionen um Zölle und Eisenbahntarife immer wieder den Staat als Garant wirtschaftlicher Entwicklung in Anspruch genommen hatte. Gerade für die Befürworter einer Arbeitszeitverkürzung bot sich eine gesetzliche Rahmenregelung aber auch deshalb an, weil sie den eigenen Spielraum innerbetrieblicher Regelungen nicht entscheidend antastete. Damit blieb der Industrie die mühsame Formulierung eines allgemeinen Kompromisses erspart, der den patriarchalischen Traditionen gerade der Textilindustrie im Grunde nicht entsprach.

Das zuständige Finanzministerium hatte sich gegenüber derartigen Avancen lange Zeit aus prinzipiellen Erwägungen eher zurückhaltend verhalten. Erst als der Petersburger Textilarbeiterstreik innerhalb der Industrie die Befürworter einer Arbeitszeitverkürzung stärkte und innerhalb der Regierung die Notwendigkeit einer politischen Reaktion auf die Arbeiterbewegung erkannt wurde, faßte auch Witte eine gesetzliche Regelung konkret ins Auge. Dennoch hielt er daran fest, daß eine solche Maßnahme nur zur Unterstützung industrieller Initiativen dienen sollte, anstatt der Industrie nachträglich ein Zugeständnis an die Arbeiterschaft aufzuzwingen, das ihr während des Streiks selbst ausdrücklich verboten worden war. Damit setzte das Finanzministerium unter Witte selbst angesichts der Streikbewegung konsequent seine Haltung um, daß es nicht Aufgabe der Regierung sei, auf gesetzlichem Weg in das Verhältnis zwischen Arbeiter und Fabrikherren einzugreifen, sondern daß es allein darum ging, der

Industrie den Anreiz und den gesetzlichen Rahmen zu liefern, ihre Probleme selbst zu lösen.

4. Perspektiven der Arbeitgeberorganisation

Daß zum Jahresende 1896 eine gesetzliche Arbeitszeitverkürzung in greifbare Nähe gerückt war, blieb auch der Öffentlichkeit nicht völlig verborgen. Dabei vermittelten Berichte in verschiedenen Zeitungen den Petersburger Textilarbeitern den Eindruck, daß nach den Versprechungen vom vergangenen Sommer spätestens zum Jahreswechsel auf ihre Forderungen eingegangen würde.[72] Als dies jedoch ausblieb, brachte der angestaute Unmut das Faß erneut zum Überlaufen. Am 2. Januar begannen die Arbeiter der Petrovskaja und der Spasskaja Baumwollmanufakturen Maxwells erneut für kürzere Arbeitszeiten zu streiken. Binnen kurzem griff der Streik auf weitere Textilbetriebe der Hauptstadt über.[73]

Doch diesmal bröckelte die harte Haltung der Behörden. Da eine gesetzliche Arbeitszeitverkürzung im Grunde ja bereits beschlossene Sache war, sah die Mehrzahl der Regierungsbeamten auf einer besonderen Versammlung aus Fabrikinspektoren und führenden Industriellen der Hauptstadt, die am 3. Januar im Finanzministerium zusammentrat, nur wenig Sinn darin, die Industriellen von Zugeständnissen abzuhalten, die eine Beruhigung der Lage verhießen.[74] In einem Rundschreiben an die Petersburger Textilindustriellen vom selben Tag rief Witte sogar indirekt dazu auf, den Arbeitern freiwillig entgegenzukommen, auch wenn der Streik gesetzwidrig sei.[75] Dermaßen auf sich gestellt wurden die Petersburger Industriellen erstmals zur Koordinierung ihres Vorgehens gegenüber den streikenden Arbeitern gezwungen. Am 6. Januar beschlossen achtzehn Textilfabrikanten, die Arbeitszeit mit Wirkung vom 16. April einheitlich auf 11 $^1/_2$ Stunden täglich zu verkürzen und die übrigen Textilbetriebe dazu

---

[72] Tachtarev, Očerk, S. 60-62.

[73] Zum Verlauf des Petersburger Textilarbeiterstreiks vom Januar 1897 siehe Tachtarev, Očerk, S. 56-69; Pankratova, Rabočee dviženie, Bd. 4/1, S. 542-555; Korol'čuk, E. und Sokolova, E.: Chronika revoljucionnogo rabočego dviženija v Peterburge, Leningrad 1940, S. 232-237. Mit Betonung auf der Reaktion der Industrie: King, The Emergence, S. 305-314.

[74] Die einzige Quelle zu dieser Versammlung sind die Erinnerungen des Mitglieds des Petersburger Kampfbundes Tachtarev, dessen detaillierter Bericht aus zuverlässiger Quelle zu stammen scheint: Tachtarev, Očerk, S. 62-64.

[75] Ebenda, S. 62-64. Ein Original des Rundschreibens befindet sich in RGIA f. 150 op. 1 d. 543 l. 15.

aufzufordern, sich dieser Maßnahme anzuschließen.[76] Darin wurden sie auch von den in der Petersburger Fabrikantenkommission organisierten Industriellen unterstützt. Diese verpflichteten sich am folgenden Tag, „sich fest an die Beschlüsse zu halten, die von der Allgemeinen Versammlung vom 6. Januar getroffen wurden, den Arbeitern keinerlei Zugeständnisse zu machen, weder im Hinblick auf eine Verringerung der Arbeitsstunden, noch im Hinblick auf eine frühere Einführung dieses Beschlusses und in keinerlei Verhandlungen über eine Erhöhung der Löhne einzutreten, in ihren weiteren Handlungen einheitlich zu handeln und keinerlei ernsthafte Maßnahmen zu treffen, ohne sie vorab in den Sitzungen der Kommission beraten zu haben."[77] Auf Initiative Königs wurden schließlich erste Initiativen ergriffen, sich gegenseitig über die Personalien von Arbeitern zu informieren, die im Gefolge der Streiks entlassen wurden, um diesen die Wiedereinstellung in benachbarten Fabriken der Hauptstadt zu erschweren.[78]

Die Zugeständnisse der Textilindustriellen und ihr geschlossenes Auftreten riefen bei den Arbeitern unterschiedliche Reaktionen hervor. Während in den Maxwellschen Manufakturen die Arbeit nach Veröffentlichung der versprochenen Zugeständnisse wieder aufgenommen wurde, zerrissen die Streikenden

---

[76] RGIA f. 150 op. 1 d. 543 l. 17. Inwieweit das Finanzministerium an der Formulierung dieses Beschlusses beteiligt war, ist nicht ganz eindeutig. Hammerschmidt berichtete der Fabrikantenkommission im Zusammenhang mit dem Beschluß von einer Versammlung im Finanzministerium am 4. 1., ohne jedoch irgendwelche Hinweise auf eine direkte Aufforderung oder gar Anordnung des Finanzministers zu einer solchen Maßnahme zu geben. Vielmehr beschlossen die Fabrikanten, das Finanzministerium von ihrem Beschluß in Kenntnis zu setzen: RGIA f. 150 op. 1 d. 42 l. 89 (Protokoll der Sitzung der Petersburger Fabrikantenkommission vom 6. 1. 1897). Auch in den weiteren Gesetzgebungsberatungen wurde der Beschluß ganz den Textilindustriellen selbst zugeschrieben. Tachtarev berichtet hingegen von einer angeblichen Versammlung im Finanzministerium am 5. 1., die eine gesetzliche Arbeitszeitverkürzung mit Wirkung vom 16. 4. beschlossen habe. Da er jedoch explizit darauf hinweist, daß er keine genauen Informationen über diese Versammlung habe und seine Angaben im Widerspruch zu den amtlichen Quellen über den Gesetzgebungsprozeß stehen, hat diese Erinnerung nur geringen Wert: Tachtarev, Očerk, S. 64. Mißverständlich scheint mir auch die Aussage eines Flugblattes des Sojuz russkich social-demokratov vom Mai 1897, der den Beschluß zur Arbeitszeitverkürzung ab dem 16. April einer Ministerbesprechung zuspricht: Pankratova, Rabočee dviženie, Bd. 4/1 S. 526-530. Dennoch legt dieser Befund nahe, daß der Beschluß der Textilfabrikanten zwar nicht auf Anordnung des Finanzministeriums, aber doch in enger Koordination mit den Regierungsbehörden erfolgte. Siehe auch Pankratova, Rabočee dviženie, Bd. 4/1, S. 854, Anm. 147; King, The Emergence, S. 307.

[77] Protokoll der Sondersitzung der Kommission vom 7. 1. 1897: RGIA f. 150 op. 1 d. 42 l. 90; veröffentlicht in Kočergin, K. I.: 90-e gody na fabrike „Rabočij", in: Krasnaja Letopis' 43(1931), Heft 3, S. 116-117.

[78] RGIA f. 150 op. 1 d. 42 l. 91. Es sind jedoch nur wenige Fälle bekannt, in denen Fabrikanten der Kommission die Namen entlassener Arbeiter mitteilte. Alles in allem scheint sich diese Maßnahme also nicht durchgesetzt zu haben: RGIA f. 150 op. 1 d. 543 ll. 22-23; King, The Emergence, S. 309-310.

anderswo die Aushänge der Fabrikanten vor den Augen der Polizei.[79] Doch auch in diesen Fabriken zeigten die angedrohten Entlassungen schließlich ihre Wirkung, so daß der Streik bis zum 10. Januar weitgehend zusammenbrach.

In der Fabrikantenkommission, die ursprünglich aus Anlaß der Diskussionen um die Unfallentschädigung von Fabrikarbeitern gegründet worden war, fanden die Petersburger Industriellen somit einen Organisationskern vor, der ihnen in dem Moment ein geschlossenes Auftreten gegenüber streikenden Arbeitern ermöglichte, als die Regierung vorübergehend ihre schützende Hand von den Unternehmern abzog und zugleich den für Zugeständnisse an die Arbeiter nötigen Spielraum schuf. Unter dem Druck des Streiks vom Januar 1897 begann diese Kommission also erstmals, sich von einer Interessenvertretung gegenüber der Regierung zu einem Kampfverband der Arbeitgeber gegenüber der Arbeiterschaft zu wandeln.

Auf den Verlauf des eigentlichen Gesetzgebungsverfahrens hatte der Streik vom Januar 1897 hingegen kaum direkte Auswirkungen, da das weitere Vorgehen bereits im Dezember abgesteckt worden war. Am 23. Januar billigte der Zar die von der Besonderen Ministerbesprechung am 20. Dezember vorgeschlagene Einrichtung einer besonderen Regierungskommission unter Vorsitz des Direktors der Abteilung für Handel und Manufakturen Kovalevskij, die am 31. Januar erstmals zusammentrat und über die Prinzipien des Gesetzentwurfs beriet.[80] Die eigentliche Ausarbeitung des Gesetzes fand hingegen vom 5. bis 11. Februar in sieben technischen Unterkommissionen statt, an denen 128 von über 200 geladenen Industriellen unterschiedlichster Branchen teilnahmen.[81] Der Sinn dieser Mammutveranstaltung lag nach Kovalevskij darin, die spezifischen Interessen und Produktionsbedingungen jeder einzelnen Branche zu berücksichtigen, „damit wir nachher nicht eine unbedachte Entscheidung sei es

---

[79] RGIA f. 150 op. 1 d. 42 l. 90; f. 1574 op. 2 d. 180 l. 2 (Schreiben vermutlich A. D. Obolenskijs an Pobedonoscev vom 7. 1. 1897); Tachtarev, Očerk, S. 65-66.

[80] Mitglieder dieser Kommission waren Vertreter aller Ministerien mit Ausnahme des Reichskontrollurs, wobei die Vertreter des Finanzministeriums sowie die Fabrikinspektoren eindeutig dominierten: RGIA f. 797 op. 67 otd. I st. 1 d. 45 ll. 142-143. Vertreter der Industrie wurden hingegen nur in den Abschlußsitzungen vom 19.-21. 2. gehört. Zu den Protokollen der Kovalevskij-Kommission: RGIA f. 797 op. 67 otd. I st. 1 d. 45 ll. 140-213; veröffentlicht in: Tajnye dokumenty, otnosjaščijasja k zakonu 2-go ijunja 1897 goda. Izdanie Rossijskoj Social'-demokratičeskoj Rabočej Partii, Genf 1898, S. 19-66.

[81] Es wurde je eine Unterkommission für folgende Branchengruppen eingerichtet: Textilien, Papier und Druck, Holzverarbeitung, Metallverarbeitung, Verarbeitung von Mineralstoffen und organischen Produkten sowie Lebensmittelverarbeitung und Chemie. Beim Ministerium für Landwirtschaft und Reichsdomänen tagte eine besondere Unterkommission für den Bergbau. Zu den Protokollen und Teilnehmern dieser Unterkommissionen siehe Materialy po izdaniju, S. 143-190.

auch nur in Bezug auf einige Branchen der Industrie bedauern müssen."[82] Die Ergebnisse dieser Beratungen wurden schließlich vom 19. bis 21. Februar in der Kovalevskij-Kommission unter Teilnahme führender Vertreter der einzelnen Branchen abschließend beraten.

In diesen Beratungen brach der in der Versammlung vom 20. Dezember 1896 so vielversprechend zugedeckte Konflikt zwischen dem zentralrussischen Industriegebiet und den Randregionen erneut auf. Ein wichtiger Streitpunkt war die Frage des Geltungsbereichs einer gesetzlichen Regulierung der Arbeitszeit, da die Moskauer Industriellen eine Ausnahme auch für größere Handwebereien verlangten. Gerade im Großraum Moskau war die Handweberei als stark saisonal geprägter Nebenerwerb zur Landwirtschaft noch weit verbreitet. Da die Weber meist von der Fabrik nur die Webstühle und das Rohmaterial zur Verfügung gestellt bekamen und für Stücklöhne arbeiteten, wurden ihre Arbeitszeiten ganz von den Bedingungen der Feldarbeit diktiert. Gerade im Sommer waren sie also äußerst unregelmäßig und kaum kontrollierbar. Da sich der einzelne Weber seine Arbeitszeit weitgehend frei einteilen konnte, sahen die Moskauer Industriellen wenig Sinn darin, sie in eine als Schutz von Fabrikarbeitern vor einer überlangen Festsetzung der Arbeitszeit durch die Fabrikdirektion konzipierte Regelung einzubeziehen. Im Gegenteil, so argumentierten S. T. Morozov, G. A. Krestovnikov und N. A. Najdenov, würde eine Beschränkung der Arbeitszeit für die Kustarbetriebe Zentralrußlands den wirtschaftlichen Ruin bedeuten. Dagegen forderten die Beamten des Finanzministeriums eine möglichst einheitliche Regelung, die den privaten Interessen individueller Fabrikanten möglichst wenig Schlupflöcher lassen würde, wobei sie auch von den Industriellen anderer Gebiete unterstützt wurden.[83] Während sich in der entsprechenden Unterkommission noch eine Mehrheit dafür fand, für Handweber eine tägliche Arbeitszeit von vierzehn Stunden zuzulassen, entschied Kovalevskij in der Abschlußsitzung der Kommissionssitzung autoritativ, daß die vorgebrachten Argumente nicht überzeugend genug seien, um eine Ausnahmeregelung für größere Handwebereien zu rechtfertigen.[84] Wie gering die Bereitschaft vieler Regierungsbeamter, aber auch vieler Fabrikanten war, sich in die spezifischen Verhältnisse anderer Industrieregionen hineinzudenken, zeigt die Argumentation, mit der Morozov die geforderte Sonderregelung verteidigte:

> „Sie glauben, daß die Fabrikanten für diese Ordnung stehen, weil sie ihnen Vorteile bringt? Überhaupt nicht. Für mich ist sie völlig unvorteilhaft. Ich würde

---

[82] RGIA f. 797 op. 67 otd. I st. 1 d. 45 l. 158.
[83] Ebenda ll. 159-167 und ll. 214-218; Materialy po izdaniju, S. 147-150.
[84] RGIA f. 797 op. 67 otd. I st. 1 d. 45 l. 167. Da die Arbeitszeitregulierung nur für Betriebe galt, die der Fabrikinspektion unterstanden, blieben Handwebereien mit weniger als 16 Arbeitern ohne jegliche Beschränkung.

anstelle solcher Wanderarbeiter (šaguny), die heute soundsoviel Stunden arbeiten und morgen mehr oder weniger, viel lieber Arbeiter sehen, die dieselbe Anzahl von Arbeitsstunden beschäftigt sind, aber hier ist die Rede von einer Form der Industrie, welche als Unterstützung zur Hauptbeschäftigung unserer ländlichen Bevölkerung dient, das heißt der Landwirtschaft, und die ganze Angelegenheit hängt davon ab, ob es wünschenswert ist, diese Industrie aufrechtzuerhalten, oder nicht. Wenn wir sie aufrechterhalten wollen, dann müssen wir ihr etwas größeren Raum bei der Arbeitszeit geben, aber wenn wir sie in dieser Hinsicht einschränken, dann bringen wir sie umso schneller um."[85]

Weniger als die privaten Interessen Morozovs sprach aus diesen Worten die Sorge um das wirtschaftliche Gleichgewicht einer Region, deren Industrie nur zum Teil den idealtypischen, modernen Großbetrieben entsprach, an denen sich die geplante Arbeitszeitbeschränkung wie die gesamte russische Fabrikgesetzgebung orientierte.

Etwas anders gelagert war der Konflikt über die Zahl der Feiertage. Die Petersburger und die polnischen Industriellen waren daran interessiert, die im internationalen Vergleich relativ hohe Zahl an Feiertagen zu vermindern.[86] Dagegen strebten die zentralrussischen Industriellen danach, daß an orthodoxen Festtagen, von denen sie nicht abrücken zu können glaubten, auch in den anderen Gebieten des Reiches die Arbeit ruhen müsse. Als sich abzeichnete, daß auch in dieser Frage kein Kompromiß innerhalb der Industrie erzielt werden würde, entschied Kovalevskij, daß nur die orthodoxen Feiertage im Gesetz aufgezählt werden sollten, während es Arbeitern anderer Konfessionen und Religionen freistand, an diesen Tagen zu arbeiten und statt dessen ihre eigenen religiösen Festtage zu begehen. Auch bisher, so sein Argument, hätten unterschiedliche Feiertagsregelungen den Wettbewerb ja nicht wesentlich beeinträchtigt, und die völlige Gleichheit der Wettbewerbsbedingungen lasse sich sowieso nicht herstellen.[87]

War in der Frage der Handweber und der Feiertage der Konflikt zwischen den Moskauer und den Petersburger Industriellen von Kovalevskij zugunsten der letzteren entschieden worden, so zeigte sich in der Frage der Überstunden, daß die Industrie der Regierung durchaus Zugeständnisse abtrotzen konnte, wenn sie nur geschlossen auftrat. Vor allem die Fabrikinspektoren bestanden darauf, daß Überstunden nur dann geleistet werden dürften, wenn die Arbeiter in

---

[85] Ebenda 1. 216. Krestovnikov, der sich ebenfalls für die Ausnahmeregelung aussprach, beschäftigte selbst überhaupt keine Handweber: Ebenda 1. 164.
[86] Ebenda 1. 170.
[87] Ebenda ll. 173-174. Im Gesetz wurden der Sonntag und vierzehneinhalb orthodoxe Feiertage (einschließlich des Heiligen Abends) als allgemein verbindlich aufgezählt. Angehörige anderer christlicher Konfessionen waren nicht verpflichtet, diese Feiertage zu begehen, Angehörige anderer Religionen konnten darüber hinaus den Sonntag gegen einen anderen Ruhetag in der Woche gemäß ihrem Glauben eintauschen: PSZ 3 Bd. XVII Nr. 14231, Kap. I, Art. 6 und 7.

jedem Einzelfall zustimmten. Dagegen wandten die Industriellen ein, daß eine allgemeine Zustimmung des Arbeiters bei Vertragsabschluß ausreichen müsse, da es bei technischen Notfällen unmöglich sei, erst in Verhandlungen mit jedem einzelnen Arbeiter einzutreten, und eine solche Regelung überdies das Verhältnis zwischen Arbeiter und Fabrikant grundlegend in Frage stellen würde. So argumentierte der Textilfabrikant E. E. Klassen:

> „Ich meine, daß wenn ich einen Arbeiter auf der Grundlage einer im voraus getroffenen Übereinkunft zu Überstunden heranziehe, dann sieht er, daß ich auf der Grundlage des Gesetzes stehe, und er wird keinerlei Unzufriedenheit fühlen, wenn er die Überstundenarbeit aufnimmt, da er ihr ja selbst zugestimmt hat, und zwischen uns werden die bisherigen, bis zu einem gewissen Grad patriarchalischen Beziehungen fortbestehen. [...] Aber wenn Sie die Forderung festschreiben, die wir im Projekt sehen, dann führen Sie Willkür als unumgängliches Element ein, weil Sie dem Arbeiter die Möglichkeit eröffnen, jeden einzelnen Fall auszuhandeln, und den Fabrikanten zwingen Sie dazu, nicht auf der Grundlage des Gesetzes und der freiwilligen Übereinkunft zu handeln, sondern auf der Grundlage derjenigen Macht oder Gewalt, die er als reicherer und stärkerer Mensch innehat."[88]

Damit brachte Klassen deutlich auf den Punkt, wie sehr freie und gleichberechtigte Verhandlungen mit den Arbeitern gegen das Selbstverständnis der Industrie verstießen, wie sehr aber auch die in ihrem Rechtsbewußtsein verwurzelte patriarchalische Ordnung der Stütze durch das Gesetz bedurfte.

Dem geschlossenen Auftreten der Industrie in dieser Frage gab die Regierung schließlich nach. Für technisch bedingte Überstunden wurde nur die allgemeine Zustimmung des Arbeiters bei Vertragsabschluß vorgeschrieben, während für Überstunden aus rein kommerziellen Gründen, die von den Industriellen sowieso als unnötig bezeichnet worden waren, das Einverständnis des Arbeiters im jeweiligen Einzelfall erforderlich blieb.[89]

Zentraler Streitpunkt in den Kommissionsberatungen war jedoch das Ausmaß der Arbeitszeitbeschränkung. Wie zu erwarten war, hatten die Unterkommissionen für die einzelnen Branchen unterschiedliche Normen ausgearbeitet.[90] Schon hier zeigte sich, daß die Industrie in sich wenig einig war, da die einzelnen Industriellen sich nur für ihre jeweilige Branche zuständig fühlten. Gerade dieser Mangel an Solidarität innerhalb der Industrie war es, welcher

---

[88] RGIA f. 797 op. 67 otd. I st. 1 d. 45 l. 203.
[89] Ebenda ll. 194-206; PSZ 3 Bd. XVII Nr. 14231, Kap. I, Art. 8.
[90] Die Unterkommissionen hatten folgende Begrenzungen vorgeschlagen: Textil: 11 $^1/_2$ Stunden (gegen eine Minderheit für 12 Stunden); Druck und Papier: 11 Stunden (Papierherstellung) bzw. 10 Stunden (Druck); Holzverarbeitung: 11 Stunden (nur für Möbelherstellung); Metallverarbeitung: 10 $^1/_2$ Stunden; Bergbau: 10 $^1/_2$ Stunden; Verarbeitung mineralischer und organischer Stoffe: 12 Stunden; Lebensmittel und Chemie: 10 $^1/_2$ Stunden: Materialy po izdaniju, S. 143-189.

die Einflußmöglichkeiten der Fabrikinspektion verstärkte und somit einzelne Branchen zu erheblichen Zugeständnissen zwang.[91]

In den abschließenden Beratungen stellte sich jedoch heraus, daß weder die Industriellen noch die Regierung es für gerechtfertigt hielten, Unterschiede von einer halben Stunde für verschiedene Branchen festzuschreiben. Als einheitliche Obergrenze schlugen die Moskauer Textilfabrikanten zwölf Stunden vor, da sie ein vorsichtiges und schrittweises Vorgehen für notwendig hielten, wenn das wirtschaftliche Gefüge ihrer Heimatregion nicht empfindlich gestört werden sollte. Morozov war sogar bereit, die Forderung des Petersburger Fabrikanten Bonstedt nach einer Begrenzung auf $11\,^1/_2$ Stunden mitzutragen. Dagegen plädierte die Mehrheit der Industriellen anderer Branchen mit den Fabrikinspektoren für eine niedrigere Norm von $10\,^1/_2$ oder 11 Stunden.[92] In der abschließenden Abstimmung, an der gegen den ausdrücklichen Protest einiger Industrieller auch die Fabrikinspektoren teilnahmen, wurde schließlich eine allgemeine Begrenzung auf elf Stunden täglich festgelegt.[93]

Gegen diese Entscheidung erhoben im folgenden vor allem die Petersburger Textilfabrikanten heftigen Protest, wobei sie auch von den in der Fabrikantenkommission organisierten Vertretern anderer Branchen unterstützt wurden.[94] Die massiven Einsprüche der Textilindustrie bewegten Witte schließlich dazu, den Beschluß der Kommission noch einmal zu revidieren. Dabei überzeugten ihn vor allem die Argumente, mit denen auf die Gefahren eines allzu schnellen Übergangs hingewiesen worden war:

„Auch wenn es keinem Zweifel unterliegt, daß eine vorsichtige Verkürzung des Arbeitstags den Anstoß für eine Vervollkommnung der Produktionstechnik liefern könnte und folglich im allgemeinen der Entwicklung des industriellen Lebens und der Verbesserung der Lebensverhältnisse der Arbeiter dient, dann ist es doch ebenso unstrittig, daß eine zu schnelle, scharfe Verringerung der Dauer des Arbeitstages, wie er derzeit im größten Teil der Fabriken und Werke praktiziert wird, unmittelbar zu einer Erschütterung der Industrie führen würde, die aus der Sicht der Fabrikanten und der Arbeiter ebenso unerwünscht wäre wie aus der der Verbraucher. Die Interessen des Staates und der Gesellschaft, die Interessen der Fabrikanten und die Interessen der Arbeiter werden von der Normierung in

---

[91] Siehe die Beschwerde Krestovnikovs: RGIA f. 797 op. 67 otd. I st. 1 d. 45 l. 186.

[92] RGIA f. 797 op. 67 otd. I st. 1 d. 45 ll. 175-190. Siehe auch die Stellungnahme der Moskauer Abteilung des Rates für Handel und Manufakturen: Materialy po izdaniju, S. 138-143.

[93] Kovalevskij rechtfertigte die Teilnahme der Fabrikinspektoren an der Abstimmung damit, daß es sich nicht um eine endgültige Entscheidung handele, sondern daß er nur ein abschließendes Bild der Meinungen als Entscheidungsgrundlage für die Regierung gewinnen wolle. Von 52 Teilnehmern stimmten 13, also allenfalls knapp die Hälfte der teilnehmenden 29 Industriellen, für einen $11\,^1/_2$-Stunden-Tag: RGIA f. 797 op. 67 otd. I st. 1 d. 45 ll. 190-191.

[94] Materialy po izdaniju, S. 190-200; RGIA f. 150 op. 1 d. 543 l. 42.

sehr unterschiedlicher Weise berührt, was die Schwierigkeit einer Lösung dieser Aufgabe vertieft und zu besonderer Vorsicht Anlaß gibt."⁹⁵

Auch nach den Streiks vom Sommer 1896 und vom Januar 1897 hatte die Förderung der allgemeinen industriellen Entwicklung in der Konzeption Wittes also absolute Priorität. Die gesetzliche Arbeitszeitbeschränkung fügte sich darin nur deshalb nahtlos ein, weil sie ausgehend von den Gesuchen der Industrie den Arbeiterschutz nicht zu ihrem einzigen und eigentlichen Motiv erklärte.

Insofern hatte die Streikbewegung zwar keinen direkten Einfluß auf den Inhalt des Gesetzes. Dennoch läßt sich nicht übersehen, daß sowohl die Meinungsbildung innerhalb der Industrie als auch der eigentliche Gesetzgebungsprozeß durch die Fabrikunruhen erheblich beschleunigt wurde. Nachdem die „Besondere Ministerbesprechung" unter Vorsitz Pobedonoscevs den Kommissionsentwurf Ende März noch einmal abschließend beraten hatte, wurde er auf Befehl des Zaren am 5. April in die laufende Sitzung des Reichsrats eingebracht, obwohl die entsprechende Frist bereits seit drei Wochen abgelaufen war.⁹⁶ Vom 24. April bis 8. Mai wurde der Entwurf dann in den Abteilungen und am 26. Mai in der Vollversammlung des Reichsrats beraten und ohne wesentliche Änderungen am 2. Juni dem Zaren zur Unterschrift vorgelegt.⁹⁷ Während sonstige Gesetzgebungsverfahren meist mindestens ein Jahr, oft aber auch wesentlich länger in Anspruch nahmen, zeigte sich, daß der zarische Beamtenapparat unter Druck durchaus dazu in der Lage war, einen umfassenden Beratungsprozeß einschließlich der Anhörung von über hundert Industriellen innerhalb von nur wenigen Monaten zuende zu bringen.

Zwar ließ das Gesetz vom 2. Juni 1897 von seiner ganzen Konzeption her erheblichen Spielraum für die Ausgestaltung durch die Industrie, nahm aber zugleich den Druck von den Fabrikbesitzern, von sich aus zu einem geschlossenen Vorgehen bezüglich der täglichen Arbeitszeit zu finden. Dies machte sich langfristig auch innerhalb der Petersburger Fabrikantenkommission bemerkbar. Diese hatte zunächst ihr geschlossenes Auftreten gegenüber den Streikenden zu einem allgemeinen Verhaltenskodex ausbauen können, indem

---

⁹⁵ Materialy po izdaniju, S. 53. Siehe auch den Brief Wittes an Pobedonoscev vom 6. 3. 1897: RGIA f. 797 op. 67 otd. I st. 1 d. 45 ll. 6-7 sowie die Stellungnahme des Innenministeriums vom 10. 3. 1897: f. 20 op. 3 d. 1908 ll. 57-58.
⁹⁶ RGIA f. 1152 1897 g. d. 178 l. 1 und ll. 71-72; RGIA f. 797 op. 67 otd. I st. 1 d. 45 l. 27.
⁹⁷ Die wichtigste inhaltliche Änderung bestand darin, daß die Reichsratsdepartaments vier Feiertage aus dem ursprünglichen Gesetzentwurf strichen : RGIA f. 1152 1897 g. d. 178 ll. 70-80.

sich ihre Mitglieder dazu verpflichteten, zukünftig keine weiteren Zugeständnisse zu machen und gerichtlich gegen die Streikenden vorzugehen.[98] Außerdem kamen die Besitzer der bestreikten Textilmanufakturen darin überein, den aus der vereinbarten Arbeitszeitverkürzung zum 16. April erwarteten Lohnrückgang nur zu 75 % durch höhere Stücklohnsätze zu kompensieren, ansonsten aber auf die steigende Arbeitsproduktivität zu vertrauen.[99]

Wesentlich schwieriger gestaltete sich jedoch die geplante einheitliche Regelung der Feiertage, die bislang in den einzelnen Werken äußerst unterschiedlich gehandhabt wurde. So waren im Tagbetrieb bislang je nach Betrieb zwischen 15 und 26 Tagen arbeitsfrei gewesen.[100] Indem sie die Mindestzahl der Feiertage mit dem Gesetz vom 2. Juni 1897 auf vierzehneinhalb Tage weit unterhalb der bisherigen Praxis festsetzte, schuf die Regierung einen Anreiz für die Fabrikanten, diesen Spielraum zu nutzen und sich auf ein einheitliches Vorgehen zu verständigen. Dementsprechend einigten sich die Petersburger Industriellen im Oktober 1897 darauf, eine vorsichtige, vor allem aber eng aufeinander abgestimmte Reduzierung der Feiertage vorzunehmen und künftig nur noch $19\,^1/_2$ Tage frei zu geben, also fünf Tage mehr als gesetzlich vorgeschrieben, in vielen Fabriken aber immer noch erheblich weniger als bisher.[101]

Bereits zu Beginn des Jahres 1898 begannen einzelne Fabriken jedoch, von der beschlossenen Regel abzurücken.[102] Vor allem der Wegfall des 20. Juli (Tag des Propheten Elia) und des 14. September (Tag der Kreuzeserhebung) konnte gegenüber den Arbeitern nicht durchgesetzt werden. In verschiedenen Fabriken kam es an diesen Tagen zu Streiks und vereinzelt sogar zu Ausschreitungen, ohne daß die Polizei eingegriffen hätte, so daß viele Fabriken die Kürzung der Feiertage zurücknahmen.[103] Zwar lehnte die Fabrikantengesellschaft im Januar 1899 den Vorschlag Hammerschmidts ab, die einheitliche Feiertagsregelung formell aufzuheben. Statt dessen wurde bei der Regierung darum ersucht, zukünftig stärker mit polizeilichen Mitteln gegen Streiks vorzugehen.[104] 1900

---

[98] Erklärung der Fabrikanten vom 25. 1. 1897: RGIA f. 150 op. 1 d. 543 l. 25; Protokoll der Kommissionssitzung vom 25. 1. 1897: d. 42 ll. 92-93.
[99] RGIA f. 150 op. 1 d. 42 l. 94 (Beschluß vom 4. 2. 1897); d. 543 l. 50 und d. 43 ll. 102-103 (Beschluß vom 5. 3. 1897); Kočergin, 90-e gody, S. 118.
[100] RGIA f. 150 op. 1 d. 545 ll. 17-19.
[101] Ebenda 545 ll. 2-3 und ll. 9-10 (Protokolle der Versammlungen vom 8. und 15. 10. 1897); King, The Emergence, S. 349-352.
[102] RGIA f. 150 op. 1 d. 46 l. 1 und ll. 5-6 (Protokolle vom 7. und vom 28. 1. 1898).
[103] RGIA f. 150 op. 1 d. 545 ll. 51-197; d. 46 l. 34.
[104] RGIA f. 150 op. 1 d. 46 l. 69 (Protokoll vom 13. 1. 1899); d. 545 l. 198 und ll. 205-206. Ähnliche Erfahrungen machten bereits im Dezember 1897 auch die Textilindustriellen von Ivanovo-Voznesensk. Hier hatte ebenfalls ein Großteil der Fabrikbesitzer das Gesetz über die Arbeitszeitverkürzung zu nutzen versucht, um die Zahl der Feiertage zu verringern. Angesichts eines Streiks von etwa 14.000 Arbeitern sahen auch sie sich jedoch dazu gezwungen, die herkömmliche Feiertagsregelung beizubehalten.

schließlich wurde das Problem von der Hauptfabrikbehörde gelöst, indem sie die umstrittenen Feiertage per Verordnung allgemein für verbindlich erklärte.[105]

Der Versuch, durch geschlossenes Handeln der Industrie die Zahl der Feiertage zu reduzieren, mußte also bald als gescheitert gelten. Wiederum blieb den Fabrikanten nur der Ausweg, sich an den Staat zu wenden, um gemeinschaftliche Interessen durchzusetzen, für die sich innerhalb der Industrie keine handlungsfähige Mehrheit fand.

5. Maximalarbeitstag und Lohnregulierung

Bereits bei den ersten Experimenten mit individuellen Arbeitszeitverkürzungen hatte sich gezeigt, daß diese nur dann erfolgreich sein konnten, wenn sie für die Arbeiter nicht mit Einbußen im Lohnniveau einhergingen. Soweit die kürzere Arbeitszeit nicht durch höhere Arbeitsproduktivität ausgeglichen werden konnte, hatten deshalb nahezu alle Betriebe die Stücklohnsätze entsprechend heraufgesetzt.

Dieses Problem wurde auch von den Regierungsbehörden gesehen. In seinem Vortrag beim Zaren vom 6. Dezember 1896 wies Witte ausdrücklich darauf hin, daß eine gesetzliche Beschränkung der Arbeitszeit weitere Unruhen hervorrufen könnte, falls dadurch das Lohnniveau der Arbeiter sinken würde. Darin läge eine unvermeidliche Gefahr, da die Lohnhöhe „dem Einfluß von Regierungsmaßnahmen unzugänglich" sei.[106] Erst die Hinweise der Industriellenversammlungen vom 15. und 20. Dezember, daß eine vorsichtige, schrittweise Arbeitszeitverkürzung keine wesentlichen Produktionsrückgänge und damit auch keine Lohneinbußen nach sich ziehen würde, konnten Witte deshalb vom Sinn einer gesetzlichen Regelung überzeugen.[107]

Dieser Grundsatz, daß die Regierung auf die Höhe der Arbeitslöhne keinerlei Einfluß nehmen könne und dürfe, wurde vom Innenministerium im Laufe des Gesetzgebungsverfahrens jedoch mehrfach in Frage gestellt. So sollte die besondere Fabrikpolizei, die Innenminister Goremykin in der Ministerbesprechung unter Vorsitz Pobedonoscevs vom 20. Dezember 1896 erfolglos forderte, auch die Löhne der Arbeiter regulieren dürfen.[108]

Inwieweit das Vorgehen der Fabrikanten jeweils aufeinander abgestimmt war, geht aus den verfügbaren Quellen allerdings nicht hervor: Pankratova, Rabočee dviženie, Bd. 4/2, S. 122-128; Čaadaeva, O.: Iz istorii rabočego dviženija konca 90-ch godov i „Sojuzy bor'by za osvoboždenija rabočego klassa", in: KA 93(1939), S. 119-189, hier S. 155-160; Êksempljarskij, P. M.: Istorija goroda Ivanova. Časť 1. Dooktjabrskij period, Ivanovo 1958, S. 199-200.

[105] RGIA f. 150 op. 1 d. 46 l. 125; d. 48 l. 18 und l. 34.
[106] Materialy po izdaniju, S. 91.
[107] Ebenda, S. 94.
[108] Ebenda, S. 98.

Erst Anfang Februar, als die Grundprinzipien des Gesetzentwurfs in der Kommission unter Vorsitz Kovalevskijs beraten wurden, brach dieser Konflikt voll aus. Unter Hinweis auf die steigenden Spannungen zwischen Arbeitern und Fabrikanten forderte der stellvertretende Direktor der Wirtschaftsabteilung des Innenministeriums, S. G. Ščeglovitov [109], im Zusammenhang mit der Arbeitszeitverkürzung, daß die Regierung sich aktiv in die Gestaltung der Löhne einmischen, zumindest aber das gegenwärtige Lohnniveau gesetzlich garantieren solle. Eine solche staatliche Lohnregulierung stellte in den Augen Ščeglovitovs ein zentrales Element der Fürsorge für die Arbeiter durch die Regierung dar, wie sie dem Innenministerium vorschwebte:

> „Die Arbeiterfrage ist bei uns eigentlich nur im Entstehen begriffen, aber die Entfaltung der Industrie, welche in der Gegenwart aufgrund des ihr zuteil werdenden Schutzes sich kundtut, die Hineinziehung eines immer wachsenden Teiles der Arbeiter in die Fabrikindustrie beschleunigen die Entwicklung der Arbeiterfrage, und diese gewinnt immer mehr an Ernst und wird sogar zu einer brennenden; Dabei kann die Regierung ihrerseits nur darauf bedacht sein, daß auch die Fabrikarbeiter, wie es bei dem Landvolk der Fall ist, in ihr eine beständige Beschützerin, eine gerechte und milde Gönnerin erblicken. Bis jetzt griff die Regierung wenig in diese Frage ein, weil dieselbe keine besondere Aufmerksamkeit auf sich zog, aber gegenwärtig wird die Arbeiterfrage mit wachsendem Nachdruck in den Vordergrund gerückt. Deshalb halte ich es für notwendig, darauf aufmerksam zu machen, daß wenn nach dem Erlaß des neuen Gesetzes eine Verkürzung des Arbeitslohnes zu gewärtigen ist (und dieselbe kann überall eintreten, denn es genügt, daß ein Fabrikant die Löhne herabsetzt, damit die anderen nachfolgen), dagegen in einer oder anderen Weise eingeschritten werden muß." [110]

Dagegen lehnten die Vertreter des Finanzministeriums jegliche Einmischung in Fragen der Löhne kategorisch ab. Zum einen, so die Inspektoren, hätten die bisherigen Erfahrungen gezeigt, daß von einer vorsichtigen Verkürzung der Arbeitszeit kein Rückgang der Löhne zu erwarten sei. Zum anderen aber entzöge sich die Lohnhöhe grundsätzlich jeglicher Einwirkung durch das Gesetz. Dies wurde vor allem von dem estländischen Fabrikinspektor Varzar hervorgehoben:

> „Wenn wir diesen Weg betreten werden, so werden wir die fundamentalsten Prinzipien der Produktion verletzen. Wenn wir im Gesetz fixieren, daß der Arbeiter, welches seine Arbeitsleistung auch sei, seine 50 Kopeken immer erhalte, so werden wir die Produktion in ihrer Grundlage vernichten. Die Produktion gründet sich darauf, daß die Entlohnung der Arbeit sich nach der Produktivität derselben richtet." [111]

---

[109] Nicht zu verwechseln mit dem späteren Justizminister I. G. Ščeglovitov.

[110] RGIA f. 797 op. 67 otd. I st. 1 d. 45 l. 146. Zitiert nach [Struve], Die neue Fabrikgesetzgebung, S. 483; dort eine umfassende Wiedergabe der gesamten Diskussion.

[111] RGIA f. 797 op. 67 otd. I st. 1 d. 45 l. 151. Zitiert nach [Struve], Die neue Fabrikgesetzgebung, S. 484.

Allenfalls - so argumentierte auch Varzars Vorgesetzter Kovalevskij - könne der Finanzminister an die Industrie appellieren, das Lohnniveau auch nach Einführung des Gesetzes aufrechtzuerhalten. Ein solcher Appell würde angesichts der starken Stellung des Ministeriums sicher nicht ungehört verhallen.[112]

Obwohl Ščeglovitov auch vom Vizedirektor des Polizeidepartements Semjakin und dem Vertreter des Justizressorts Nosenko unterstützt wurde, wurde die Frage einer gesetzlichen Lohnregulierung von der Mehrheit des Finanzministeriums in der Kommission abschlägig beschieden. Damit war die Frage einer staatlichen Lohnregulierung jedoch nur vorläufig vom Tisch. In einer Vorlage vom März 1898 sprach Generalleutnant Panteleev im Zusammenhang mit der geforderten Aufstellung einer besonderen Fabrikpolizei erneut die Frage an, wie die Regierung die Höhe der Arbeitslöhne in den Fabriken beeinflussen könne. Die Sorge der Regierung um das materielle Wohl der Arbeiter müsse sich, so Panteleev, „vor allem auf eine Erhöhung seines Lohnes als seiner materiellen Existenzgrundlage richten", ohne daß er jedoch in dieser Hinsicht konkrete Maßnahmen vorschlug.[113]

Zur gleichen Zeit wurde die Frage auch vom Gouverneur von Vladimir angesprochen. Dieser störte sich daran, daß die Fabrikinspektoren die Lohntabellen in den Fabriken zwar beglaubigen mußten, offiziell jedoch keinerlei Einfluß darauf nehmen durften und allenfalls versuchen konnten, mittels ihrer persönlichen Überzeugungskraft bei den Fabrikanten auf eine Erhöhung der Löhne hinzuwirken.[114] Da von den Inspektoren beglaubigte Lohnschwankungen im Gouvernement Vladimir erhebliche Unruhen unter den Arbeitern hervorgerufen hatten, forderte der Gouverneur nun, daß die Inspektoren zukünftig die Zustimmung der Gouvernementsverwaltung einholen sollten, bevor sie ihre Unterschrift unter die Lohntabellen setzten.[115]

Eine solche administrative Lohnregulierung wurde von Witte im Ministerkomitee, das vom Zaren mit einer grundsätzlichen Entscheidung dieses Problems beauftragt worden war, jedoch aus praktischen wie prinzipiellen Überlegungen rundheraus abgelehnt:

„Wenn entsprechend dem Gedanken des Gouverneurs von Vladimir auch die Zustimmung der allgemeinen Verwaltung erforderlich wäre, so würde diese Aufgabe in der Praxis dazu führen, daß deren Vertreter, die ja keine Kriterien

---

[112] RGIA f. 797 op. 67 otd. I st. 1 d. 45 l. 147.
[113] RGIA f. 1282 op. 1 d. 696 ll. 3-4.
[114] Siehe oben Kapitel V.
[115] Protokoll der Sitzung des Ministerkomitees vom 28. 4. 1898: RGIA f. 1263 op. 2 1898 g. d. 5331 ll. 77-83. Siehe auch Litvinov-Falinskij, V. P.: Fabričnoe zakonodatel'stvo i fabričnaja inspekcija v Rossii, 2. Aufl. St. Petersburg 1904, S. 143-148; Schneiderman, J.: Sergej Zubatov and Revolutionary Marxism. The Struggle for the Working Class in Tsarist Russia, Ithaca und London 1976, S. 37-38.

zur Beurteilung der gerechten Höhe des Arbeitslohns in dem betreffenden Industriebetrieb haben, dazu gezwungen wären, sich hauptsächlich von Überlegungen der Aufrechterhaltung von Ruhe und Ordnung leiten zu lassen. Unter diesen Bedingungen wären die Unternehmensbesitzer offensichtlich des Vertrauens in die Stabilität ihrer wirtschaftlichen Berechnungen beraubt, wodurch unserer Industrie natürlich ein schwerer und kaum auszugleichender Schlag versetzt würde."[116]

Dieser Meinung schlossen sich auch Pobedonoscev und die übrigen Mitglieder des Ministerkomitees an: Kein „Kulturstaat" kenne eine staatliche Normierung der Löhne, „nicht nur aus praktischer Notwendigkeit, sondern hauptsächlich deshalb, weil eine derartige Normierung die Vertragsfreiheit in ihren Wurzeln erschüttern würde." Aufgabe des Staates sei es, die Vertragsfreiheit zu schützen:

„Umso deutlicher muß deshalb klargestellt werden, daß die Festsetzung der Lohnhöhe allein von der freien Übereinkunft abhängt. Die Aufsicht der Regierungsgewalt muß zur Aufgabe haben, eben diese Freiheit vor fremden Eingriffen zu schützen. Eine staatliche Einmischung kann nur dann stattfinden, wenn die Freiheit der Übereinkunft durch Betrug oder Nötigung zunichte gemacht wird. Eine solche Einmischung aber ist keine Beschränkung der Vertragsfreiheit, sondern ihre Wiederherstellung."[117]

Dies war die unmißverständliche Absage einer in westeuropäischen Rechtstraditionen verwurzelten Bürokratie an die Politik einer bevormundenden Einmischung der Regierung in Fabrikangelegenheiten, wie sie dem Innenministerium vorschwebte. Damit war auch die Vorlage Panteleevs in diesem Punkt erledigt.[118] Das einzige Zugeständnis, das Goremykin erreichen konnte, war die Zusage Wittes, daß die Inspektoren bei außergewöhnlich niedrigen Löhnen zukünftig den Gouverneur verständigen würden, solange klargestellt blieb, daß dieser keinerlei Zwangsgewalt über die Löhne hatte. Damit wurde den Inspektoren bei ihren Versuchen, gegenüber den Fabrikbesitzern auf höhere Löhne zu drängen, der Rücken gestärkt, ohne daß die freie Lohngestaltung in ihrem Kern beeinträchtigt wurde.[119] Obwohl im Innenministerium auch später noch einzelne Forderungen nach einer staatlichen Lohnregulierung vorgebracht wurden, war diese Frage mit dem Beschluß des Ministerkomitees von 1898 endgültig entschieden.[120]

---

[116] RGIA f. 1263 op. 2 1898 g. d. 5331 l. 79.
[117] Ebenda ll. 80-81.
[118] Protokoll der Besonderen Ministerbesprechung unter Vorsitz Pobedonoscevs vom 15. 7. 1898: RGIA f. 1282 op. 1 d. 696 l. 40.
[119] RGIA f. 1263 op. 2 1898 g. d. 5331 ll. 79-80; Gvozdev, Zapiski, S. 84-86.
[120] So regte Innenminister Sipjagin nach seiner Reise durch die zentralrussischen Industriegebiete Ende 1901 die Festsetzung von Mindestlöhnen durch die Inspektion an. Indem das Finanzministerium diese Frage an sich zog, war sie im Grunde schon entschieden, noch ehe es überhaupt zu einer Diskussion kam: RGIA f. 22 op. 5 d. 237 ll. 47-49 und f. 1282 op. 1 d. 696 ll. 17-19. Seine Überlegungen zur Förderung einer

Dieses deutliche Bekenntnis zur Vertragsfreiheit macht ein weiteres Mal deutlich, daß auch die gesetzliche Regulierung der Arbeitszeit, wie sie im Gesetz vom 2. Juni 1897 verwirklicht wurde, ursprünglich nicht dazu gedacht war, der Industrie ein Zugeständnis an eine immer unruhigere und immer besser organisierte Arbeiterschaft aufzuzwingen. Vielmehr knüpfte die Regierung bewußt an die Tradition der Gesetze über die Arbeit von Frauen, Kindern und Jugendlichen an, Fabrikarbeiter vor extremen Formen der Ausbeutung zu schützen. Vor allem aber - und dies war der eigentliche Ausgangspunkt der Gesetzesberatungen gewesen - sollten die Hindernisse beseitigt werden, die aufgrund des Wettbewerbs einer freiwilligen Arbeitszeitverkürzung von seiten der Industrie entgegenstanden. Nur aus dieser Zielsetzung läßt sich auch die nach wie vor sehr hohe, auf alle Fälle aber weit über den Forderungen der Arbeiterbewegung liegende Norm von 11 $^1/_2$ Stunden sowie die sehr zurückhaltende Beschränkung der Nachtarbeit erklären.

In der Frage der Überstunden zeigte sich die Regierung auch nach Abschluß des Gesetzgebungsverfahrens bereit, den Bedürfnissen der Industrie erheblich entgegenzukommen. Zwar war die gesetzlich festgeschriebene Zulassung von maximal 120 Überstunden pro Jahr in der Kovalevskij-Kommission auch unter den Industriellen kaum strittig gewesen.[121] So knapp wie qualifizierte Arbeiter nun einmal waren, zeigte sich jedoch bereits im Frühjahr 1898, daß es einzelnen Branchen wie der Papierindustrie mit dieser Regelung erheblich erschwert wurde, die schwankende Nachfrage gleichmäßig zu befriedigen. Deshalb wies das Finanzministerium die Inspektion an, Überstunden im Bedarfsfall auch über diese Begrenzung hinaus zuzulassen.[122] Dieses Zirkular hat kritische Beobachter immer wieder zu der Bewertung veranlaßt, daß der gesetzliche Maximalarbeitstag auf administrativem Weg sozusagen durch die Hintertür wieder abgeschafft worden sei, kaum daß er in Kraft getreten war.[123] In der Tat ist diese Einschränkung des Gesetzes wohl einer der deutlichsten Belege dafür, daß man im Finanzministerium nicht zu einer Arbeitszeitverkürzung bereit war, die auch nur einzelne Branchen erheblich belasten würde. Dagegen darf jedoch nicht übersehen werden, daß Überstunden nach wie vor nur mit der Zustimmung der Arbeiter möglich waren, wenn sie nicht aus technischen Gründen erforderlich waren. Da sich diese ihr Einverständnis oft mit bis zu

---

Gewinnbeteiligung zog Sipjagin gleich ganz zurück: Šepelev, L. E.: Kopartneršip i russkaja buržuazija, in: Rabočij klass i rabočee dviženie. 1861-1917, Moskau 1966, S. 285-303, hier S. 290-293.

[121] RGIA f. 797 op. 67 otd. I st. 1 d. 45 ll. 194-206.
[122] Sobranie uzakonenij i rasporjaženij pravitel'stva Nr. 34 vom 26. 3. 1898, Nr. 511; RGIA f. 150 op. 1 d. 545 ll. 59-60 und ll. 65-66.
[123] [Struve], Die neue Fabrikgesetzgebung, S. 511-512; Tugan-Baranowsky, Geschichte der russischen Fabrik, S. 499; Bykov, Fabričnoe zakonodatel'stvo, S. 167. Siehe auch das Zirkular vom 15. 5. 1899: Balabanov, Očerki, Bd. 3, S. 483.

eineinhalbfachen Löhnen bezahlen ließen, waren Überstunden schließlich bei den Arbeitern selbst wesentlich beliebter als bei den Fabrikbesitzern. Nicht zuletzt an hohen Lohnforderungen der Arbeiter scheiterten schließlich auch vereinzelte Versuche zentralrussischer Industrieller, über eine Überstundenregelung zum 24-Stunden-Betrieb in zwei Schichten zurückzukehren.[124] Auch wenn die Freigabe der Überstunden formal eine wesentliche Einschränkung des Gesetzes von 1897 darstellte, kann von einer gravierenden Aushöhlung des Gesetzes in der Praxis also nicht die Rede sein.

Die Rechnung, mit einer staatlichen Regelung freiwillige Arbeitszeitverkürzungen der Industrie zu fördern, zugleich aber auch der Arbeiterschaft zu verstehen zu geben, daß die Arbeitszeiten gesetzlich garantiert und somit unangreifbar seien, ging jedoch nur teilweise auf. Zwar führte das Gesetz von 1897 dazu, daß innerhalb einiger Jahre ein Großteil der Textilmanufakturen zum Achtzehnstundenbetrieb in zwei Schichten überging und nur noch ein geringer Bruchteil der Arbeiterschaft tatsächlich volle $11\,^1/_2$ Stunden täglich arbeitete.[125] Zugleich leistete die Arbeitszeitverkürzung einen erheblichen Beitrag zur Intensivierung der Produktion und zur Senkung der Produktionskosten und lieferte damit langfristig diejenigen Wachstumsimpulse, die aufgrund des Wettbewerbsdrucks vor 1897 hatten ausbleiben müssen.[126]

Dennoch ließ sich nach den Streiks von 1896 und 1897 nicht verhindern, daß die gesetzliche Arbeitszeitbeschränkung in der Öffentlichkeit, aber auch in Teilen der Regierung selbst, als Zugeständnis des Staates an die streikenden Arbeiter gewertet wurde. Daß dieser Eindruck überhaupt entstehen konnte, wurde vor allem von Pobedonoscev kritisiert:

„Wenn die Regierung rechtzeitig auf die Gesuche der Fabrikanten eingegangen wäre, dann hätte diese Frage nicht diese Ausmaße erreicht und stünde nicht in einem solchen Licht wie jetzt. Der Vorschlag über eine Verkürzung der Arbeitszeit wird erst jetzt beraten, nach den schweren Unruhen, die im vergangenen Sommer in den Textilfabriken stattgefunden haben, als etwa fünfzehntausend Arbeiter unter dem Einfluß von Aufwieglern wie ein Mann in ungesetzlicher Form die Forderung nach einer Verkürzung des Arbeitstages vorgebracht haben. Unwillkürlich muß man diese Frage in einen Zusammenhang mit den vorangegangenen Ereignissen stellen und sich damit auseinandersetzen, in welchem Maße ein Gesetz über die Normierung der Arbeitszeit auf die Beendigung der Streiks Einfluß nehmen kann. Dieser Blick auf die Angelegenheit ist aber kaum richtig."[127]

---

[124] Gvozdev, Zapiski, S. 68-69 und S. 75-77.

[125] So arbeiteten 1913 nur 5 % der Männer und 3 % der Frauen in der Baumwollindustrie gemäß der gesetzlichen Norm, 55 bzw. 77 % hingegen in 9-Stunden-Schichten. Dementsprechend betrug die durchschnittliche Arbeitszeit in der Baumwollindustrie 9,4, in der Leinenverarbeitung 9,9 und in der Wollindustrie 10,1 Stunden täglich, lag also etwa 30 % unter dem Stand von 1897: Gately, The Development, S. 229.

[126] Gately, The Development, S. 141-142 und S. 149-150.

[127] Protokoll der Besonderen Ministerbesprechung vom 20. 12. 1896: Materialy po izdaniju, S. 105-106. Siehe auch Balabanov, Očerki, Bd. 3, S. 465.

Indem der Staat die Arbeitszeit gesetzlich garantierte, machte er sich - wie Pobedonoscev befürchtet hatte - zum primären Angriffsziel der Arbeiterschaft. Hatten sich die Forderungen nach einer Arbeitszeitverkürzung während des Streiks von 1896 noch ausschließlich an die Fabrikherren gerichtet, so mußten die Arbeiter nun in der Regierung ihren eigentlichen Widerpart sehen. Damit aber wurde die Arbeiterschaft geradezu in die Arme der revolutionären Sozialdemokratie getrieben. Viktor Katin-Jarcev, eines der Mitglieder des Petersburger Kampfbundes, faßte das langfristig bedeutendste Ergebnis des Textilarbeiterstreiks von 1896 in folgenden Worten zusammen:

> „Der Streik im Sommer 1896 spielte eine gewichtige Rolle für die politische Aufklärung der Arbeiter. Zu hitzig hat sich die Regierung in den Streik eingemischt. Die Vertreter der Staatsmacht in der Person des Petersburger Stadthauptmanns Clayhills und des Finanzministers Witte haben sich zu bestimmt auf die Seite der Fabrikherren gestellt.
> Die politischen Schlußfolgerungen drängten sich von selbst auf, und wenn wir schon früher wußten, daß ‚der Klassenkampf ein politischer Kampf‘ ist, auch wenn er äußerlich als ökonomischer Kampf erscheint, so wurde diese Maxime nun auch für den politisch unbewußten Arbeiter offenkundig."[128]

Die Absicht, über einen gesetzlichen Maximalarbeitstag das Bewußtsein der Arbeiter für die Rechtswidrigkeit von Streiks zu fördern, verkehrte sich somit in ihr Gegenteil.[129]

Da vor allem das Finanzministerium erst durch den Streik von 1896 von der Notwendigkeit einer Arbeitszeitverkürzung überzeugt worden war, ließ sich aber auch der ursprüngliche Sinn des Gesetzes als allgemeiner Rahmen einer freiwilligen Arbeitszeitverkürzung durch die Industrie nicht mehr vermitteln. Vielmehr mußte die gesetzliche Norm von $11\,^1/_2$ Stunden als geradezu lächerlich geringes Zugeständnis erscheinen, das eher zu erneuten Forderungen anspornte, als die bisherigen zu befriedigen. Insofern kam die gesetzliche Regulierung der Arbeitszeit zu spät, um die Unruhe in der Arbeiterschaft zu dämpfen. Im Gegenteil: die Politisierung der Arbeiterschaft und ihre Aufnahmebereitschaft für sozialdemokratische Agitation von 1905 wurde durch das Gesetz von 1897 letztlich sogar noch gefördert.

---

[128] Katin-Jarcev, Teni prošlogo, S. 105.
[129] Siehe dazu auch Hogan, H.: Forging Revolution. Metalworkers, Managers, and the State in St. Petersburg, 1890-1914, Bloomington 1993, S. 41-45.

VIII. PERSPEKTIVEN EINER ORGANISATION DER ARBEITERSCHAFT

Die Weigerung, eine unabhängige Interessenvertretung der Arbeiter in Form von Gewerkschaften zuzulassen sowie das gesetzliche Streikverbot stellten bis zur Revolution von 1905 das zentrale Merkmal russischer Fabrikgesetzgebung dar. Zwar waren Streiks und Arbeitervereinigungen auch in Westeuropa im neunzehnten Jahrhundert keine allgemein anerkannte Selbstverständlichkeit. Gerade in Deutschland mußte die Arbeiterbewegung vielmehr auch nach Aufhebung des Sozialistengesetzes 1890 noch lange gegen eine Fülle staatlicher Einschränkungen und damit letztlich um die Anerkennung ihrer Existenzberechtigung kämpfen.[1] Dennoch war mit der gesetzlich verankerten Koalitionsfreiheit zumindest die grundlegende Voraussetzung dafür vorhanden, daß Arbeiter und Arbeitgeber ihre Interessenkonflikte offen austragen konnten. Die ausgehandelten Kompromisse banden alle Beteiligten in Lösungen ein, die zwar meist als unbefriedigend empfunden wurden, langfristig das soziale Gefüge aber trotz bleibender Spannungen stabilisieren halfen.

Die Unfähigkeit des Zarenreiches, einen vergleichbaren Modus für die Lösung von Interessenkonflikten zu finden, wog umso schwerer, als auch der Staat keinerlei Ersatz für einen solchen Ausgleich anbot. Zwar hatte die Regierung mit den Gesetzen von 1886 und 1897 der Ausgestaltung des Arbeitsverhältnisses gewisse Grenzen gezogen. Die zentralen ökonomischen Konfliktfelder des Lohnes und der Arbeitszeit waren von diesen Gesetzen jedoch nur so allgemein erfaßt worden, daß sie eine freiwillige Einigung der Vertragsparteien nicht ersetzen konnten. Dies galt insbesondere für das Gesetz über den Maximalarbeitstag von 1897, das mit seiner hohen Begrenzung auf

---

[1] „Die deutschen Arbeiter haben ein Koalitionsrecht; wenn sie aber davon Gebrauch machen, werden sie bestraft", charakterisierte Lujo Brentano die deutsche Politik gegenüber der Arbeiterbewegung: Ritscher, W.: Koalitionen und Koalitionsrecht in Deutschland bis zur Reichsgewerbeordnung, Dissertation, Stuttgart 1917, S. 268. Die wichtigste Einschränkung des Koalitionsrechts in Deutschland war die Strafbarkeit von Versuchen, Arbeiter zur Teilnahme an einem Streik zu zwingen, und sei es nur durch ehrverletzende Äußerungen, sowie die Möglichkeit der Behörden, Vereinigungen jederzeit aufzulösen, die sich politisch oder sozialpolitisch betätigten, so daß Gewerkschaften bis 1916 auf einer äußerst schwankenden Rechtsgrundlage standen: Saul, K.: Staat, Industrie, Arbeiterbewegung im Kaiserreich, Düsseldorf 1974, S. 46-50 und S. 188-282; Groh, D.: Negative Integration und revolutionärer Attentismus. Die deutsche Sozialdemokratie am Vorabend des Ersten Weltkrieges, Frankfurt/M., Berlin, Wien 1973.

11 $^1/_2$ Stunden zwar einen elementaren Schutz vor überlangen Arbeitszeiten bot, ohne daß jedoch ein Verfahren geschaffen worden wäre, das es den Arbeitern ermöglicht hätte, weitere Arbeitszeitverkürzungen mit der jeweiligen Fabrikdirektion auszuhandeln.

Daß das Beharren auf der unantastbaren Rechtsgültigkeit individueller Arbeitsverträge, das der Fabrikgesetzgebung bis 1905 zugrunde lag, auf Dauer nicht ausreiche, um die wachsenden Spannungen zwischen Arbeiterschaft und Unternehmern aufzufangen, wurde auch in Regierungskreisen durchaus erkannt. Bereits seit Anfang der sechziger Jahre wurden deshalb immer wieder Vorschläge laut, wie ein gesetzlicher Rahmen für die Beilegung ökonomischer Interessenkonflikte in der Industrie aussehen könnte. Ging es in den ersten zwei Jahrzehnten vor allem darum, Unstimmigkeiten über die Bedingungen individueller Arbeitsverhältnisse zu schlichten, so tendierte die Diskussion unter dem Druck einer seit der Mitte der neunziger Jahre zunehmend besser organisierten Arbeiterschaft immer mehr dazu, Formen kollektiven Interessenausgleichs zu legalisieren. Daß diese Politik über erste Ansätze nicht hinauskam, trug erheblich zu einer frühen Radikalisierung der russischen Arbeiterbewegung bei, so daß revisionistischen Strömungen innerhalb der Arbeiterschaft von Anfang an wenig Raum blieb. Deshalb gilt es im folgenden, neben den Ursprüngen und Hintergründen der verschiedenen Vorschläge auch die jeweiligen Ursachen ihres Scheiterns zu untersuchen.

1. Entwürfe staatlicher Schlichtungsorgane

Mit der Einrichtung der Fabrikinspektion schuf sich die zarische Regierung 1882 ein Organ, welches die Einhaltung des gesetzlichen Arbeiterschutzes überwachte. Zwar bemühten sich die Inspektoren häufig darum, über ihre Aufsichtsfunktion hinaus kraft amtlicher und persönlicher Autorität in Konflikten zwischen Arbeitern und Fabrikdirektion zu vermitteln. Eine solche Schlichtung hatte jedoch rein inoffiziellen Charakter. Möglich war sie zudem nur solange, wie sie nicht mit der Aufgabe der Inspektion kollidierte, über die Einhaltung gesetzlicher Bestimmungen in den Fabriken zu wachen und beide Seiten an ihre gesetzlichen Rechte und Pflichten zu erinnern.

Wie die Entwicklung der Fabrikinspektion gezeigt hat, wurde deren Rolle als informelles Schlichtungsorgan mit zunehmender Schärfe der Arbeitskonflikte seit der Mitte der neunziger Jahre nahezu unmöglich. Solange Massenunruhen hingegen in Rußland noch ein eher seltenes Phänomen dargestellt hatten und mehr als Ergebnis extremer Mißstände in einzelnen Fabriken denn als Ausdruck eines umfassenden und organisierten Interessenkonfliktes erschienen waren, hatte es durchaus Raum für Überlegungen gegeben, Institutionen einer formellen Schlichtung von Arbeitskonflikten einzurichten. Bereits in den dreißiger und vierziger Jahren kursierten im Finanzministerium erste Überlegungen, Konflikte über die Auslegung von Arbeitsverträgen eigens eingerichteten Manufakturgerichten (*manufakturnye raspravy*) oder von den Arbeitern gewählten Schiedsleuten (*posredniki*) zu übertragen.[2] Angesichts der zögerlichen Haltung des Finanzministeriums und des entschiedenen Widerstands der Moskauer Industriellen gegen Institutionen, die „den Arbeiter zum Richter seines eigenen Fabrikherrn einsetzen" würden, führten diese Projekte jedoch zu keinem Ergebnis.[3]

Dagegen wurden 1858 und 1860 erstmals in Petersburg und Moskau provisorische Kommissionen zur Verhandlung arbeitsrechtlicher Fälle eingesetzt, in denen neben Vertretern der Behörden auch Mitglieder der ständischen Einrichtungen von Kaufmannschaft, Kleinbürgertum und Handwerkern saßen. Sie sollten aufgrund ihrer besonderen Sachkenntnis und Kompetenz die ordentliche Gerichtsbarkeit entlasten.[4] Bei der Reform des staatlichen Bergbaus 1861 ging die Regierung sogar noch wesentlich weiter. So wurden bei den neuen gesetzlichen Bergarbeitergenossenschaften, die sich um die sozialen Belange der Bergarbeiter kümmerten, spezielle Schlichtungsämter eingerichtet, in denen Vertreter der Arbeiterschaft alle arbeitsrechtlichen Streitigkeiten entschieden.[5]

Dieser Ansatz wurde zu Beginn der sechziger Jahre von der Stackelberg-Kommission erheblich weiterentwickelt. In Anlehnung an die französischen *Conseils de prud' hommes* schlug sie die Gründung besonderer Arbeitsgerichte vor. Dort sollten gewählte Vertreter der Fabrikanten und der Arbeiter paritätisch alle Rechtsstreitigkeiten verhandeln, die den Arbeitsvertrag betrafen, vor allem Fragen der Lohnauszahlung, der Entschädigung von Unfallopfern sowie von Streiks und Aussperrungen.[6] Ziel dieser Reform war eine möglichst kompetente, unabhängige und vertrauenswürdige Arbeitsgerichtsbarkeit, die allein der Kontrolle durch die Öffentlichkeit unterlag. Mit diesem liberalen Ansatz hoffte man, der sozialen Auseinandersetzungen innerhalb der Industrie Herr zu werden:

---

[2] Kazancev, B. N.: Istočniki po razrabotke zakonov o naemnom promyšlennom trude v krepostnoj Rossii (30-e – načalo 60-ch godov XIX v.), in: Problemy istočnikovedenija 11(1963), S. 80-112, hier S. 94-99; Heller, K.: Die Anfänge fabrikgesetzlicher Regelungen im kaiserlichen Rußland, in: VSWG 67(1980), S. 177-199, hier S. 182-183.

[3] Kazancev, Istočniki, S. 98-99.

[4] Trudy kommissii, učreždennoj dlja peresmotra ustavov fabričnago i remeslennago, Bd. 1, St. Petersburg 1863, S. 382-391 und S. 453; RGIA f. 20 op. 2 d. 1802 ll. 41-42; Slovesnyj sud v Moskve, in: Russkij Vestnik, Sept. 1860, Sovr. letopis', S. 80-88. Zelnik geht davon aus, daß nur ein geringer Anteil der vor der Petersburger Kommission behandelten Fälle Fabrikarbeiter betraf: Zelnik, R.: Labor and Society in Tsarist Russia: The Factory Workers of St. Petersburg, 1855-1870, Stanford 1971, S. 161-163.

[5] Gesetz vom 8. 3. 1861: PSZ 2 Bd. XXXVI Nr. 36719; Brun, M.: Stački rabočich, in: BE, Bd. 31 (Halbband 62), S. 522-536, hier S. 535.

[6] Trudy kommissii, Bd. 1, S. 366-460; Kazancev, Istočniki, S. 110.

„Eine Justiz, die nicht nur gerecht, sondern auch einfach, schnell und ökonomisch ist, ist eine der wertvollsten Garantien, die der Arbeiter in seinen Auseinandersetzungen mit dem Fabrikherren wünschen kann."[7]

Ob die vorgeschlagenen Arbeitsgerichte diesem Anspruch langfristig hätten gerecht werden können, ist allerdings zu bezweifeln. Zwar hätten sie die individuelle Rechtssicherheit der Arbeiter und damit auch ihr Rechtsbewußtsein stärken können. Wie das Beispiel der 1891 auf Initiative des preußischen Handelsministers von Berlepsch im Deutschen Reich eingerichteten Gewerbegerichte zeigt, konnten derartige paritätisch besetzte Gremien zudem eine wichtige Schlichtungsfunktion bei Arbeitskämpfen erfüllen und damit ganz erheblich zur friedlichen Beilegung von Streiks beitragen.[8] Dennoch war eine solche Institution denkbar ungeeignet, um kollektive Interessen der Arbeiterschaft durchzusetzen.

Immerhin, und darin lag ihre eigentliche Bedeutung, wäre mit der Einrichtung der Arbeitsgerichte der wichtigste Schritt zu einer Anerkennung der Arbeiterschaft als ein Stand mit eigenen, verbrieften Rechten getan worden. Gewählte Arbeiterrichter und vor allem die Wahlmänner, die von jeweils einhundert Arbeitern gewählt werden sollten, hätten zudem den ersten Ansatzpunkt einer organisierten Vertretung der Arbeiterschaft bieten können, um auch über die Richterwahl hinaus deren Interessen zu artikulieren und ihr eine politische Bühne zu bieten.

Daß das Projekt schließlich scheiterte, lag allerdings nicht an diesen kühnen Perspektiven repräsentativer Arbeitergremien. Da eine berufsständische Gerichtsbarkeit traditionelle Wurzeln in den ständischen Organen der Handwerker und der Kaufmannschaft besaß, sprach in den Augen der Behörden wie der Industriellen eigentlich nichts dagegen, dieses Prinzip nun auch auf die Fabrikindustrie anzuwenden, so daß das Projekt sowohl vom Manufakturrat wie von seiner Moskauer Abteilung grundsätzlich begrüßt wurde. Vielmehr fiel die gesamte von der Stackelberg-Kommission entworfene Gewerbeordnung der zögerlichen Haltung der Regierung zum Opfer, die angesichts zunehmender revolutionärer Umtriebe im unmittelbaren Gefolge der Bauernbefreiung davor zurückschreckte, auch die bestehenden Restriktionen gegenüber der Entstehung einer freien Lohnarbeiterschaft nach westeuropäischem Muster vollends zu

---

[7] Trudy kommissii, Bd. 1, S. 453.
[8] Paritätisch besetzte Gewerbegerichte mit gewählten Arbeitervertretern wurden in Deutschland 1891 auf freiwilliger Basis und 1901 obligatorisch eingerichtet. Auf Antrag der Parteien in einem Arbeitskampf konnten sie als Einigungsämter auftreten: Berlepsch, H.-J. von: „Neuer Kurs" im Kaiserreich? Die Arbeiterpolitik des Freiherrn von Berlepsch 1890-1896, Bonn 1987, S. 84-126. Mit vergleichenden Aspekten Mayer-Maly, T.: Die Entstehung des Zusammenwirkens von Arbeitgeber- und Arbeitnehmervertretern in arbeitsrechtlichen Gremien, in: Stourzh, G. und Grandner, M. (Hgg.): Historische Wurzeln der Sozialpartnerschaft, Wien 1986, S. 265-277.

beseitigen.⁹ Als das Finanzministerium zu Beginn der siebziger Jahre den Vorschlag einer separaten Arbeitsgerichtsbarkeit noch einmal aufnahm, wehrten sich die lokalen Justiz- und Verwaltungsbehörden zudem heftig dagegen, das soeben erst mit der Justizreform von 1864 eingeführte Prinzip einer einheitlichen Gerichtsbarkeit wieder aufzugeben, so daß die Idee schließlich endgültig fallengelassen wurde.¹⁰ Dieses Scheitern eines auf liberalen Rechtsvorstellungen beruhenden Konzepts unabhängiger Schlichtungsorgane war letztlich der deutlichste Ausdruck für die mangelnde Entschlossenheit der Regierung, die Entstehung einer freien Lohnarbeiterschaft voll zu akzeptieren und rechtzeitig die dafür notwendigen rechtlichen Grundlagen zu schaffen, bevor die zunehmenden sozialen Spannungen die Gestaltungsfreiheit des Staates auf diesem Gebiet erheblich einschränken würden.

Bereits als eine erste Streikwelle Ende der siebziger Jahre die Hauptstadt erschütterte, zeigte sich, daß vor allem das Innenministerium unter dem Druck der Unruhen dazu neigte, einen Ausgleich der Interessen zwischen Arbeitern und Unternehmern auf polizeilichem Weg herbeizuführen. Aus Anlaß eines Streiks in der Petersburger Novaja Baumwollmanufaktur im Frühjahr 1878 und erneut im Sommer 1881 forderte das Innenministerium die Gründung einer besonderen Kommission aus Vertretern der verschiedenen Ministerien, welche die Ursachen von Fabrikunruhen untersuchen und auf der Grundlage administrativer Verordnungen beseitigen sollte.¹¹ Dem setzten jedoch das Finanz- und das Justizministerium entgegen, daß der Lohnvertrag als Teil des Zivilrechts keinesfalls administrativen Eingriffen unterliegen dürfe. In Ermangelung effizienter Arbeiterschutzgesetze könne die Aufgabe einer solchen Kommission allenfalls in der Erforschung der Ursachen von Unruhen und in der Erarbeitung entsprechender Gesetzesvorlagen bestehen.¹² Die am 27. November 1881 eingerichtete Kommission beim Petersburger Oberpolizeimeister stellte schließlich einen Kompromiß zwischen diesen beiden Auffassungen dar. Einerseits sollte sie allgemeine Regeln zum Arbeiterschutz erlassen, andererseits wurde ihr in

---

⁹ Zelnik, Labor and Society, S. 194-199.
¹⁰ Zu den Reaktionen auf das ursprüngliche Projekt von 1863 siehe Trudy kommissii, Bd. 3, S. 48-66. Zu den Stellungnahmen der örtlichen Gerichte und Friedensrichterkongresse in den siebziger Jahren siehe RGIA f. 1405 op. 70 1872 g. d. 7290 ll. 12-74; Laveryčev, V. Ja.: Carizm i rabočij vopros v Rossii (1861-1917 gg.), Moskau 1972, S. 40-41.
¹¹ Schreiben des Innenministeriums vom 19. 4. 1878 und vom 10. Oktober 1881: RGIA f. 1405 op. 70 1872 g. d. 7290 ll. 85-87 und ll. 116-121. Siehe dazu auch den Entwurf des Petersburger Stadthauptmanns Baranov von 1881 für die Einrichtung staatlicher Kommissionen zur Aufsicht über das Verhältnis zwischen Arbeitern und Fabrikanten: RGIA f. 1282 op. 1 d. 696 ll. 52-53.
¹² Schreiben des Finanzministeriums vom 13. 5. 1878 und des Justizministeriums vom 31. 10. 1881: RGIA f. 1405 op. 70 1872 g. d. 7290 ll. 75-81 und ll. 136-145.

vagen Worten der Auftrag erteilt, im Rahmen des Zivilrechts Streitigkeiten vorzubeugen und nach Möglichkeit friedlich beizulegen.[13]

Ebenso wie ihr bereits 1878 gegründetes Moskauer Pendant beschränkte sich die Petersburger Kommission jedoch weitgehend darauf, einzelnen Fabriken technische Auflagen zu machen, um die Arbeitsbedingungen zu verbessern und die Unfallgefahr in den Betrieben zu vermindern. Bereits die Tatsache, daß der Staat sich nunmehr in die internen Angelegenheiten der Fabriken einzumischen begann, führte zu einer Beruhigung der Lage.[14] Die eigentliche Bedeutung der beiden Kommissionen lag jedoch darin, daß sie die Ergebnisse ihrer umfangreichen Untersuchungen für den Entwurf zweier Regelwerke nutzten, welche 1884 bzw. 1885 vorgelegt wurden und als Grundlagen für das Gesetz vom 3. Juni 1886 dienten.[15] Dem gemeinsamen Widerstand von Justiz- und Finanzministerium war es damit gelungen, unter Berufung auf rechtsstaatliche Prinzipien die erste Initiative des Innenministeriums für einen polizeilichen Interessenausgleich abzublocken und gleichzeitig für die Erarbeitung eines gesetzlichen Arbeiterschutzes nutzbar zu machen. Auch unter diesem Blickwinkel stellt das Gesetz vom 3. Juni 1886 also ein Ergebnis der Abwehr polizeilicher Einmischung in das Arbeitsverhältnis dar.

Das Problem, wie ökonomische Interessenkonflikte zwischen Arbeitern und Industriellen ausgetragen werden könnten, blieb durch die Regelung des individuellen Arbeitsvertrags nicht nur ungelöst, durch das 1886 verschärfte Streikverbot wurde es sogar noch zugespitzt. Als sich die Streikbewegung im Gefolge des Petersburger Textilarbeiterstreiks im Sommer 1896 schließlich

---

[13] PSZ 3, Bd. I, Nr. 535; Neubauer, H.: Alexander II. und die Arbeiterfrage, in: Ostdeutsche Wissenschaft 7(1960), S. 109-126, hier S. 126. Bereits im Juni 1881 war nach Moskauer Vorbild eine Kommission ebenfalls beim Petersburger Oberpolizeimeister eingerichtet worden, deren Aufgabe darin bestand, die sanitären und technischen Zustände in den Fabriken der Hauptstadt zu untersuchen: RGIA f. 20 op. 3 d. 1924; f. 40 op. 1 d. 33 ll. 23. Die Materialien der späteren, im November gegründeten Kommission deuten darauf hin, daß beide Kommissionen miteinander verschmolzen wurden: LGIA f. 338 (Vremennaja kommissija po fabrično-zavodskim delam pri Peterburgskom gradonačal'nike).

[14] So berichtete der Petersburger Oberpolizeimeister 1882 dem Zaren über die Tätigkeit der Kommission:
„Sowohl die Fabrikherren als auch die Arbeiter sind nunmehr davon überzeugt, daß die gerechten Forderungen beider Seiten erfüllt werden müssen [...] Die Arbeiter haben die Überzeugung gewonnen, daß die Regierung die Verbesserung ihrer materiellen Lage und ihrer sanitären Verhältnisse in ihre Fürsorge mit einbezieht und daß sie von nun an die Möglichkeit besitzen, auf gesetzlichem Wege die Wiederherstellung der manchmal in Bezug auf sie verletzten Gerechtigkeit zu erreichen. Eine solche Stimmung der Arbeiter stellt zweifellos das beste Bollwerk gegen die Möglichkeit dar, unter ihnen bösartige Lehren zu verbreiten, die darauf gerichtet sind, sie von dem Weg der Ordnung und der Ruhe abzubringen."
Daraufhin bemerkte der Zar: „All dies ist sehr tröstlich": RGIA f. 20 op. 2 d. 1802 l. 51.

[15] Siehe oben Kapitel V.

mit voller Wucht entfaltete, unternahm das Innenministerium mit der Vorlage Panteleevs und den Überlegungen zur Regulierung des Arbeitslohnes deshalb erneut mehrere Versuche, die nunmehr verschärft aufbrechenden Interessenkonflikte auf polizeilich-administrativem Weg zu regeln. Das Scheitern dieser Ansätze ist in den Ausführungen zur Fabrikinspektion und zum Arbeitslohn bereits ausführlich dargestellt worden und braucht hier nicht wiederholt zu werden. Wichtig ist in unserem Zusammenhang nur, daß das Innenministerium zu keinem Zeitpunkt innerhalb der Regierung die Zustimmung für eine solche Politik des administrativen Interessenausgleichs erlangen konnte.

Mit der Einrichtung der Petersburger Kommission von 1881 war aber auch die Idee gewählter Arbeitsgerichte oder von Einigungsämtern, wie sie das Justizministerium zuletzt noch 1880 erwogen hatte, endgültig begraben worden. Sowenig das Rechtsverständnis der Regierungsbeamten eine polizeiliche Regelung von Interessenkonflikten zuließ, sowenig konnte sich die zarische Regierung dazu entschließen, selbst unter Beibehaltung des Streikverbots formelle Organe einer freiwilligen Schlichtung von Arbeitskonflikten einzurichten. Hier zeigte sich zum ersten Mal, daß eine rechtliche Modernisierung des Arbeitsverhältnisses umso weniger Chancen besaß, je mehr sie mit dem Sicherheitsbedürfnis des Staates in Konflikt geriet, daß aber andererseits die an westeuropäischen Traditionen geschulten Rechtsvorstellungen zu jedem Zeitpunkt wirksam genug waren, um polizeiliche Eingriffe in den Kernbestand der Vertragsfreiheit abzuwehren.

2. Das „weiche" Streikverbot

Bereits mehrfach ist – in unterschiedlichem Zusammenhang – von dem gesetzlichen Verbot jeglicher Form von Streiks und Arbeitsniederlegungen als einem zentralen Charakteristikum der russischen Fabrikgesetzgebung vor 1905 die Rede gewesen. Dieses Verbot gilt es nun unter dem Gesichtspunkt genauer zu untersuchen, welche Perspektiven sich im vorkonstitutionellen Rußland für die Entwicklung eines Streikrechts nach westeuropäischem Vorbild boten.

Auf den ersten Blick hat die Entwicklung in Rußland genau die entgegengesetzte Richtung genommen wie in Westeuropa. Während im Westen um die Mitte des neunzehnten Jahrhunderts die aus den alten Handwerksordnungen entstandenen Koalitionsverbote mit der Formulierung moderner Gewerbeordnungen weitgehend gelockert oder sogar ganz abgeschafft wurden, kamen derartige Verbote in Rußland, wo sie bislang eher einen Fremdkörper dargestellt hatten, überhaupt erst ab 1870 zur Anwendung.[16] So wurde zwar die Gehorsamsverweigerung gegenüber dem Fabrikherren in der Tradition der

---

[16] In Frankreich wurde ein Koalitionsverbot bereits 1791 eingeführt und 1803 noch

Leibeigenschaft parallel zu den Aufständen von Bauern gegen ihre Gutsherren 1845 einem Aufruhr gegen die Regierung gleichgesetzt und mit Arrest bis hin zur Zwangsarbeit bedroht.[17] Diese Gleichstellung von Streiks und Aufruhr wurde allerdings auf eine Forderung der Stackelberg-Kommission hin bereits 1866 als Relikt der Leibeigenschaft wieder aufgehoben, ohne daß ein Fall bekannt wäre, in dem es je angewandt wurde.[18] Die eigentliche Bedeutung dieses Gesetzes lag vielmehr darin, daß hier eine Mentalität zum Ausdruck kam, Arbeiterstreiks vor allem als Gefährdung der öffentlichen Ordnung zu verstehen, die auch über seine Abschaffung hinaus fortwirkte.

Dagegen wurde das eigentliche Streikverbot, das kollektive, auf eine Lohnerhöhung gerichtete Arbeitsniederlegungen als Vertragsbruch und Nötigung mit Haftstrafen von sieben Tagen bis zu drei Monaten belegte, aus Westeuropa übernommen.[19] Auch dieses Verbot, das ursprünglich weniger die öffentliche Ordnung als die rechtliche Stellung und die Interessen des Fabrikbesitzers schützen sollte, wurde vor 1870 nicht angewandt.[20] In Anlehnung an westeuropäische Vorbilder erhielt das Streikverbot zudem ein Pendant in dem Koalitionsverbot für Fabrikbesitzer. Während Arbeiterstreiks jedoch nach wie vor mit Haftstrafen bedroht blieben, wurde die Verabredung von Fabrikanten mit dem Ziel einer Lohnkürzung nur mit Geldstrafen bis zu 300 Rubel geahndet.[21] Wie wenig sich diese Koalitionsverbote vorläufig in der russischen Rechtspraxis etablieren konnten, macht ein Irrtum deutlich, der 1857 dem Innenminister Bludov bei einer Auskunft gegenüber dem belgischen Gesandten unterlief, als er die Existenz dieser beiden Gesetze – zwölf Jahre nach ihrer Veröffentlichung – schlicht übersah:

> „Bei der noch vergleichsweise geringen Zahl von Fabriken bei uns und der im allgemeinen unbedeutenden Entwicklung der Fabrikindustrie ergab sich keine besondere Notwendigkeit von Bestimmungen, welche Koalitionen zwischen Arbeitern verschiedener Fabrikeinrichtungen oder den Betreibern dieser Einrichtungen –

---

einmal erheblich verschärft: streikenden Arbeitern drohten nunmehr drei Monate, den Rädelsführern sogar bis zu fünf Jahre Gefängnis. Die preußische Gewerbeordnung von 1845 bedrohte Streiks mit bis zu einem Jahr Gefängnis. Weniger krass waren die Strafandrohungen aus Hannover und Württemberg, die jeweils Geldstrafen oder Gefängnis bis zu vier Wochen vorsahen: Wissell, R.: Koalitionen und Koalitionsverbote, in: HdSW, 4. Auflage, Bd. 5, Jena 1923, S. 739-742. Zelnik, Labor and Society, S. 40.

[17] Art. 1791 Uloženie o nakazanijach von 1845 (in späteren Ausgaben Art. 1865.)
[18] Trudy kommissii, učreždennoj dlja peresmotra ustavov fabričnago i remeslennago, Bd. 1, St. Petersburg 1863, S. 481-482. Welche Bedeutung dieser Paragraph in der Praxis gehabt hat, ist strittig: Zelnik, Labor and Society, S. 149; Poljanskij, N. N.: Stački rabočich i ugolovnyj zakon, St. Petersburg 1907, S. 365-366; Tugan-Baranowsky, M. I.: Geschichte der russischen Fabrik, Berlin 1900, S. 207-208 und S. 448-451; Otečestvennyja Zapiski 158(1965), Sovr. Chronika, S. 251-253.
[19] Art. 1792 Uloženie o nakazanijach von 1845 (in späteren Ausgaben Art. 1866)
[20] Zelnik, Labor and Society, S. 149.
[21] Poljanskij, Stački rabočich, S. 366.

der ersteren zum Zweck einer Erhöhung des Lohnes oder einer Verringerung der Arbeitszeit und der letzteren zum Zweck einer Verringerung des Lohnes oder einer Verlängerung der Arbeitszeit – unter Strafe stellen würden."[22]

Während die Staaten Westeuropas zu Beginn der zweiten Jahrhunderthälfte dazu übergingen, Arbeiterstreiks nicht länger als Rechtsbrüche zu bestrafen, und mit der Gewährung von Koalitions- und Vereinigungsfreiheit eine Grundlage für die Entstehung von Gewerkschaften schufen, wurde in Rußland angesichts des überragenden Interesses der Regierung an der Sicherung der öffentlichen Ordnung nur eine Anpassung des Streikverbots an die Bedingungen freier Lohnarbeit vollzogen. So hob man die Gleichstellung von Streiks und Aufruhr auf und begründete das gesetzliche Streikverbot nunmehr ausschließlich mit der prinzipiellen Unverletzlichkeit des individuellen Arbeitsvertrags. Dementsprechend wurde das formelle Streikverbot 1870 von der Ignat'ev-Kommission sowie zu Beginn der achtziger Jahre von der Kommission zur Reform des Strafkodexes prinzipiell bestätigt.[23]

Dieses Streikverbot sah für die Teilnahme an einem Streik mit dem Ziel, den Fabrikbesitzer vor Vertragsablauf zu einer Revision der Vertragsbestimmungen zu zwingen, Arrest von sieben Tagen bis zu drei Wochen, für die Anstifter bis zu drei Monaten vor.[24] Da das Innenministerium diese Strafandrohung 1885 jedoch angesichts der Dimensionen des Morozov-Streiks nicht mehr für ausreichend hielt, wurde sie mit dem Gesetz vom 3. Juni 1886 erheblich verschärft. Zukünftig stand auf die Teilnahme an Streiks bis zu vier Monate Gefängnis. Falls Gewalt angewandt wurde oder arbeitswillige Arbeiter zur Beteiligung an dem Streik gezwungen wurden, drohten bis zu acht Monate, für die Anstifter sogar das jeweils doppelte Strafmaß.[25] Begründet wurde diese Verschärfung mit derselben Kombination individualrechtlicher und staatspolitischer Argumente, die bereits dem Streikverbot von 1845 zugrundegelegen hatten, nämlich daß Streiks den Versuch darstellten, Fabrikbesitzer zu einer Revision der Vertragsbestimmungen zu nötigen und daß von ihnen eine erhebliche Gefahr für die öffentliche Ordnung ausginge.[26] Entsprechend ihrer politischen Motivation wurde die Verschärfung der Strafbestimmungen, anders als die übrigen Artikel des Arbeitsrechts von 1886, zu keinem Zeitpunkt mit den Vertretern der Industrie beraten.

---

[22] Kazancev, Istočniki, S. 94.
[23] Balabanov, M.: Očerki po istorii rabočego klassa v Rossii, Bd. 2, Moskau 1925, S. 336; Vestnik Evropy, Feb. 1885, S. 839-840.
[24] Art. 1358 Uloženie o nakazanijach (Art. 1792 in der Fassung von 1845)
[25] PSZ 3 Bd. VI Nr. 3769, Kap. III, Art. 2-4; später Art. 1358^1-1358^3 des Strafkodexes.
[26] RGIA f. 20 op. 2 d. 1802 ll. 38-39.

Obwohl Gewaltanwendung und Koalitionszwang auch in Westeuropa strafbar blieben, stellte die Beibehaltung eines nunmehr noch verschärften, generellen Streikverbots in Rußland bis 1905 einen Sonderfall in Europa dar. Zusammen mit dem 1874 erlassenen ausdrücklichen Verbot von Arbeitervereinigungen war diese gesetzliche Strafandrohung der sinnfälligste Ausdruck dafür, daß die Autokratie nicht gewillt war, die offene Austragung kollektiver Interessenkonflikte zuzulassen.

Daß die Regierung dabei weniger an den Schutz individueller Arbeitsverträge dachte, sondern in Streiks vor allem eine Gefährdung der öffentlichen Ordnung sah, äußerte sich jedoch nicht nur in der Verschärfung des gesetzlichen Strafmaßes. Von Anfang an reagierte der Staat nämlich nicht so sehr mit den Mitteln des Strafrechts auf Streiks und Fabrikunruhen, sondern – wenn überhaupt – mit polizeilichen, in extremen Fällen schließlich auch mit militärischen Mitteln. Kaum waren im Juni 1870 im Gefolge des Streiks in der Petersburger Nevskaja Baumwollmanufaktur erstmalig Verurteilungen auf der Grundlage des gesetzlichen Streikverbots des Artikels 1358 ausgesprochen worden, wurden die Gouverneure durch kaiserlichen Befehl angewiesen, streikende Fabrikarbeiter ohne jegliches Gerichtsverfahren auf administrativem Weg in entlegene Gouvernements zu verbannen.[27] Als diese Anordnungen 1881 wieder aufgehoben wurden, drohte Streikenden zwar kein Exil mehr, zugleich erhielten die örtlichen Polizeibehörden jedoch gemäß Art. 16 der „Verstärkten Sicherung" (*usilennaja ochrana*) im Rahmen des Ausnahmerechts vom 14. August 1881 das Recht, streikende Arbeiter in ihren Heimatort auszuweisen.[28] Unter dem Eindruck der Streikwelle Mitte der neunziger Jahre ordnete das Innenministerium 1897 schließlich an, diese Bestimmung im Sinne einer schnellen Beilegung aufbrechender Konflikte zur allgemeinen Grundlage polizeilichen Vorgehens zu machen. Von nun an wurden die Anführer von Streiks also generell unter Arrest gestellt und ausgewiesen.[29] Darüber hinaus konnten die Teilnehmer an Fabrikunruhen in besonders schweren Fällen als „staatsgefährdende Personen" gemäß dem Ausnahmezustand von 1881 auf

---

[27] Kaiserlicher Befehl vom 6. 7. 1870. Diese Möglichkeit wurde durch ein Zirkular des Innenministeriums vom 30. 9. 1871 auch auf Arbeiter außerhalb der Fabrikindustrie ausgeweitet: Poljanskij, Stački rabočich, S. 367. Eine englische Übersetzung des Befehls vom 6. 7. 1870 findet sich bei Zelnik, Labor and Society, S. 364.

[28] Ochrana-Bestimmungen vom 14. 8. 1881. Kaiserlicher Ukaz vom 4. 9. 1881: PSZ 3 Bd. I Nr. 350 und 383; Gessen, V. M.: Isključitel'noe položenie, St. Petersburg 1908, S. 361-374. Siehe dazu auch Rabe, V: Der Widerspruch von Rechtsstaatlichkeit und strafender Verwaltung in Rußland 1881-1917. Motive, Handhabung und Auswirkungen der administrativen Verbannung von Revolutionären, Karlsruhe 1985, S. 63-71.

[29] Pankratova, Rabočee dviženie, Bd. 4/1, S. 828-831; Ozerov, I. Ch.: Politika po rabočemu voprosu v Rossii za poslednie gody, Moskau 1906, S. 29-33. Siehe auch die Anregung des Justizministeriums vom Januar 1897, die Befehle von 1870 und 1871 wieder in Kraft zu setzen: RGIA f. 1405 op. 98 1897 g. d. 4448 ll. 21-22.

administrativem Wege bis zu fünf Jahre in entlegene Gouvernements verbannt werden. Auch diese Bestimmung fand vor allem ab der zweiten Hälfte der neunziger Jahre verbreitet Anwendung.[30]

Der Rückgriff auf polizeiliche Methoden, die sich über den Anspruch der Betroffenen auf ein Gerichtsverfahren hinwegsetzten, bedeutete nicht nur eine eklatante Verletzung rechtsstaatlicher Prinzipien. Dieses Vorgehen führte auch dazu, daß das gesetzliche Streikverbot nahezu völlig von administrativen Maßnahmen überlagert wurde und damit seine praktische, wenn auch nicht seine grundsätzliche Bedeutung weitgehend verlor.

Gleichzeitig wurde das Verbot jedoch auch von Seiten der Justiz ausgehöhlt. Entsprechend dem ursprünglichen Verständnis von Streiks als Nötigung waren nur solche Streiks unter Strafe gestellt worden, die darauf abzielten, vor Ablauf eines gültigen Vertrages eine Lohnerhöhung zu erzwingen. Streiks hingegen, mit denen Arbeiter bei Vertragsablauf die Bestimmungen neu auszuhandelnder Verträge zu ihren Gunsten beeinflussen wollten, konnten allenfalls als eigenmächtige Arbeitsniederlegung geahndet werden.[31] Außerdem ließ diese Formulierung des Gesetzes offen, inwieweit auch solche Streiks unter das Verbot fielen, die sich gegen die Bestimmungen unbefristeter Verträge richteten. Mit dem Hinweis darauf, daß das russische Strafrecht keinen Analogieschluß zulasse, argumentierten die Rechtsanwälte streikender Arbeiter für völlige Straffreiheit in diesen Fällen. Diese Auffassung wurde 1899 in einer aufsehenerregenden Entscheidung des Senats bestätigt. Damit aber wurde das Streikverbot für die wachsende Zahl von Arbeitern mit einem unbefristeten Arbeitsvertrag praktisch aufgehoben. Schließlich wurden auch defensive Streiks, die sich gegen eine Vertragsverletzung von seiten der Fabrikdirektion richteten, immer wieder von Gerichten als straflos anerkannt.[32]

Diese Aushöhlung des Streikverbots machte sich auch in der Praxis deutlich bemerkbar. So kam es in den zehn Jahren zwischen 1895 und 1904 nur noch

---

[30] Gemäß Art. 32-36 der „Verstärkten Sicherung": Rabe, Der Widerspruch, S. 67-69, S. 144, S. 170-174 und S. 179-180; Nach Zajončkovskij war zwischen 1881 und 1894 in 146 von 5397 Fällen administrativer Verbannung die Teilnahme an Fabrikunruhen Ursache des Exils. Dabei entfallen über die Hälfte der Fälle allein auf die Jahre 1882 (52) und 1889 (37). Dagegen wurden 1897 bereits 276 und 1901 sogar 1242 Personen wegen der Teilnahme an Fabrikunruhen verbannt: Zaionchkovsky, P. A.: The Russian Autocracy under Alexander III, Gulf Breeze 1976, S. 91; Vovčik, A. F.: Politika carizma po rabočemu voprosu v predrevoljucionnyj period (1895-1904), L'vov 1964, S. 263. Zur Zahl der Ausweisungen liegen keine konkreten Zahlen vor, sie dürfte jedoch um ein Vielfaches über der Zahl der Verbannungen gelegen haben.

[31] Art. 51[4] Uloženie o nakazanijach. Siehe oben Kapitel V.

[32] Poljanskij, Stački rabočich, S. 370-372. Zudem entwickelten Arbeiter - oft mit juristischer Beratung - verschiedene Strategien, um bei Streiks das Ziel einer Lohnerhöhung zu verschleiern, indem sie sich beispielsweise über die Berechnungsgrundlagen beschwerten: Ozerov, Politika, S. 40-43.

nach 39 von insgesamt 1765 von der Fabrikinspektion registrierten Streiks zu einem formellen Gerichtsverfahren. Aber selbst polizeiliche Maßnahmen stellten bei weitem nicht die Regel dar. Nur bei etwa 15 % aller Streiks wurden Teilnehmer in Haft genommen und ausgewiesen, in etwa 19 % aller Fälle wurden Truppen eingesetzt.[33] Zwar sind diese Angaben nur beschränkt aussagekräftig, da sie Angaben weder über die jeweilige Anzahl der Streikenden noch über die Zahl der schließlich Verurteilten oder Ausgewiesenen enthalten. Dennoch zeigt sich, daß in der Mehrzahl der Fälle die Behörden in den Verlauf eines Streiks überhaupt nicht eingriffen, sei es, weil die nötigen Polizeikräfte nicht immer zur Verfügung standen, sei es, weil man keine unnötige Eskalation hervorrufen wollte. So stellte der Petersburger Stadthauptmann Clayhills während des Textilarbeiterstreiks im Januar 1897 fest, daß er keinerlei Handhabe für ein polizeiliches Vorgehen gegen die Streikenden habe, solange diese sich ruhig verhielten. Innenminister Goremykin erklärte sogar, daß ihn die ökonomischen Beziehungen zwischen Arbeitern und Fabrikanten nichts angingen.[34] Den betroffenen Fabrikbesitzern blieb deshalb als einziges Druckmittel oft nur die Möglichkeit, die Streikenden fristlos zu entlassen, wollten sie keine Zugeständnisse machen oder den Streik bis zum Ende aussitzen. Damit aber waren Streiks schon vor 1905 in vielen Fällen de facto bereits auf ihren eigentlichen Kern eines ökonomischen Interessenkonfliktes reduziert, der von der staatlichen Macht zwar offiziell verboten, aus pragmatischen Erwägungen jedoch stillschweigend geduldet wurde.

Aus dieser allmählichen Aushöhlung des gesetzlichen Streikverbots läßt sich jedoch nicht darauf schließen, daß die Regierung langfristig auf seine Abschaffung hinarbeitete. Daß die Behörden in vielen Fällen völlig passiv blieben, in anderen hingegen Streiks mit allen ihnen zur Verfügung stehenden Mitteln unterdrückten, war vielmehr Ausdruck der Tatsache, daß die Regierung in den Jahren vor 1905 in ihrer Haltung gegenüber der Arbeiterbewegung in sich uneins und unentschlossen war. Wie lokale Behörden auf einen Streik reagierten, blieb deshalb meist der willkürlichen Entscheidung untergeordneter Instanzen überlassen. Diese Politik gipfelte schließlich in der nahezu unverhüllten Unterstützung ökonomischer Streiks durch die zentraler Kontrolle weitgehend entrückten Polizeiorgane Zubatovs in Moskau, Minsk und Odessa, von der noch ausführlich die Rede sein wird.

Aufmerksamen Beobachtern, denen der Blick für soziale Entwicklungen nicht durch eine Fixierung auf juristische und staatspolitische Dogmen verstellt

---

[33] Varzar, V. E.: Statističeskija svedenija o stačkach rabočich na fabrikach i zavodach za desjatiletie 1895-1904 goda, St. Petersburg 1905, S. 76-79 und Anhang, Tabelle XV.

[34] Tachtarev (Tar), K. M.: Očerk peterburgskogo rabočego dviženija 90-ch godov, Petrograd 1921, S. 63; RGIA f. 1574 op. 2 d. 180 l. 1.

war, konnte nicht verborgen bleiben, daß diese undurchschaubare Schaukelpolitik zwischen autoritärer Repression und völliger Passivität soziale Konflikte eher verschärfte und keinerlei Beitrag dazu leisten konnte, revolutionärer Agitation in der Arbeiterschaft den Boden zu entziehen. Erste Überlegungen, inwieweit das formelle Streikverbot noch gerechtfertigt und zweckgemäß sei, wurden deshalb bereits in der Kommission zur Reform des Strafkodexes angestellt, die seit 1881 tagte, ohne jedoch vor 1905 zu einem endgültigen Abschluß zu kommen.[35]

Die einzige ernsthafte Initiative vor 1905, das Ruder herumzuwerfen und das gesetzliche Streikverbot aufzuheben, kam aus dem Finanzministerium. Dort zirkulierte vermutlich bereits seit 1901 eine Denkschrift, in der ein grundlegender Kurswechsel in der Politik gegenüber der Arbeiterschaft skizziert wurde und die bei ihrer Veröffentlichung durch die Redaktion des „Osvoboždenie" in Stuttgart 1902 für erhebliches Aufsehen sorgte.[36] Der eigentliche Autor dieser als „Zapiska Witte" bekanntgewordenen Denkschrift war nicht der Finanzminister selbst, sondern der Moskauer Fabrikinspektor Astaf'ev. Da ihre zentralen Punkte im März 1902 auf Drängen Wittes in das von Innenminister Sipjagin angeregte Programm einer Reform der Fabrikgesetzgebung aufgenommen wurde, dürfen wir in ihr jedoch durchaus ein langfristiges Grundsatzprogramm des Finanzministeriums sehen.[37]

In ihren Überlegungen ging diese Denkschrift davon aus, daß 83% aller Streiks eine rein ökonomische Zielsetzung, nämlich die Erhöhung von Löhnen oder die Verkürzung der Arbeitszeit verfolgten und meist völlig friedlich und ohne jede Form von Gewalt verliefen. Fabrikarbeiter, so die Argumentation, seinen von sich aus nicht gewalttätiger als andere Bevölkerungsgruppen:

---

[35] Brun, Stački rabočich, S. 533-534; K. K.: Proekt ugolovnago uloženija, in: BE, Bd. 25 (Halbband 49), S. 363-365. Ein 1903 veröffentlichter Entwurf des neuen Strafkodexes sah sogar eine Verschärfung des Streikverbots und der Strafandrohungen vor: Poljanskij, Stački rabočich, S. 380-382; PSZ 3 Bd. XXIII Nr. 22704, Art. 367.

[36] Veröffentlicht 1902 unter dem Titel: Russkij zakon i rabočij, in: Osvoboždenie, 1902, Nr. 4, S. 49-53, Nr. 5, S. 68-72 und Nr. 6, S. 88-90. Außerdem veröffentlicht in: Struve P. B. (Hg.): Russkij zakon i rabočij, Stuttgart 1902; Samoderžavie i stački, Genf 1902.

[37] RGIA f. 1282 op. 1 d. 696 ll. 17-19. Zur Autorenschaft Astaf'evs: Potolov, S. I.: Carizm, buržuazija i rabočij klass Rossii v načale XX v. (političeskij aspekt), in: Reformy ili revoljucija? Rossija 1861-1917. Materialy meždunarodnogo kollokviuma istorikov, St. Petersburg 1992, S. 90, Anm. 9. Die Redaktion des Osvoboždenie datierte erste Entwürfe für eine Liberalisierung des Streikrechts sogar auf 1898: P. S. [P. B. Struve]: Po povodu predpoloženii M-va Finansov ob otmene nakazanij za stački, in: Osvoboždenie 1902, Nr. 8, S. 119-120. Inwieweit das persönliche Eintreten des Moskauer Ökonomieprofessors Ozerov gegenüber Witte für die Gewährung der Koalitionsfreiheit im Januar 1902 in den Überlegungen innerhalb des Finanzministeriums eine Rolle gespielt haben könnten, läßt sich aus dem vorliegenden Material nicht beantworten: Ozerov, Politika, S. 223-224.

"Der Wunsch, friedlich sein Stück Brot zu verdienen, ist den Fabrikarbeitern nicht weniger eigen als allen anderen Bewohnern des Reiches, und wenn in den Fabriken und Werken Streiks viel häufiger vorkommen als in anderen Arbeitsbereichen, dann muß man die Gründe dafür in den besonderen Strukturbedingungen industriellen Lebens suchen und nicht in einem außergewöhnlich unruhigen Charakter der Fabrikbevölkerung. Das Auftreten von Streiks muß man durch eine allmähliche Verbesserung aller Aspekte der komplizierten Organisation der Industrie bekämpfen, nicht mit der Einschüchterung der Arbeiter durch strenge Strafmaßnahmen für rein zivilrechtliche Verstöße. [...] Der Streik ist eine völlig natürliche Erscheinung, die organisch verbunden ist mit den gegenwärtigen ökonomischen Bedingungen industriellen Lebens und überall dort auftreten kann, wo Lohnarbeit angewandt wird. Sie kann durch Unterdrückung einzelner Fälle nicht beseitigt werden."[38]

Damit aber stellte die Denkschrift das gesamte Fundament bisheriger Regierungspolitik in Frage, die in jedem Streik an sich bereits eine Gefährdung der öffentlichen Ordnung gesehen hatte. Dagegen argumentierte die Denkschrift, daß Gewalt gegen Personen oder Eigentum bereits nach allgemeinen Rechtsnormen strafbar sei. Friedliche Streiks hingegen müßten von der Polizei behandelt werden wie andere Menschenansammlungen auch:

"Seinem Wesen nach ist jeder Streik (natürlich nur, wenn er nicht von Gewalt gegen Personen oder Besitz begleitet wird) eine rein ökonomische Erscheinung, die völlig natürlich ist und keineswegs die öffentliche Ruhe und Ordnung gefährdet. Deren Schutz muß sich in solchen Fällen in Formen vollziehen, wie sie bei Volksfesten, Feierlichkeiten, Schauspielen oder ähnlichen Fällen praktiziert werden, welche die Ansammlung einer ungewöhnlich großen Menschenmenge an einem Ort bedingen, d. h. durch eine Verstärkung des Personals und der Wachsamkeit der Ordnungshüter für den Fall von Gewalttätigkeiten und tatsächlicher (nicht aber nur möglicher) Gefährdungen der öffentlichen Ordnung."[39]

Zudem könnten streikende Arbeiter, so die Denkschrift, nicht dafür verantwortlich gemacht werden, daß sich Revolutionäre in ihren Reihen verbargen. Dagegen würde gerade das bisherige Verhalten der Behörden bei Streiks das Gefühl der Arbeiter verstärken, ungerecht behandelt zu werden, und damit revolutionärer Propaganda zusätzliche Nahrung liefern. Außerdem würde gerade das schnelle Eingreifen der Polizei die wahren Ursachen des Ausstandes eher verdecken, als daß es sie verdeutliche. Damit, so die implizite Schlußfolgerung, sei der Regierung die Möglichkeit genommen, mit gesetzgeberischen Maßnahmen angemessen auf die Bedürfnisse der Arbeiterschaft zu reagieren. Deshalb

---

[38] Osvoboždenie, 1902, Nr. 5, S. 69.
[39] Ebenda, S. 71.

also müsse dringend darüber nachgedacht werden, diejenigen Artikel des Gesetzbuches, die friedliche Streiks unter Strafe stellten, ersatzlos zu streichen und das administrative Vorgehen der Polizei gegen Streikende einzustellen.[40]

Diese Argumentation lief darauf hinaus, Streiks nicht länger als Rechtsbrüche zu ahnden, um ihnen so ihre politische Brisanz zu nehmen und der Entfremdung zwischen der Arbeiterschaft und der Autokratie entgegenzuwirken. Von einer bewußten Gewährung der Koalitionsfreiheit, mit der organisierte Arbeitskämpfe nicht nur als unvermeidliche Begleiterscheinungen industrieller Lebensverhältnisse, sondern als legitime Austragungsform ökonomischer Interessenkonflikte akzeptiert worden wären, war dieser Ansatz gleichwohl noch weit entfernt. Nach wie vor hielt das Finanzministerium an seiner prinzipiellen Auffassung fest, daß die Lohnarbeit ausschließlich ein Rechtsverhältnis zwischen zwei individuellen Vertragspartnern darstelle. Wie bei jedem Vertrag könnten deshalb auch streikende Arbeiter von ihrem Arbeitgeber auf zivilrechtlichem Weg für ihren Vertragsbruch haftbar gemacht werden. Eine Legalisierung von Gewerkschaften, wie sie der Gewährung der Koalitionsfreiheit entsprochen hätte, wurde nach wie vor prinzipiell abgelehnt. Insofern zielte dieser Ansatz allein darauf ab, dem Arbeitsvertrag die Sonderstellung zu nehmen, die er aufgrund der Zuordnung zum Bereich des öffentlichen Rechts gegenüber sonstigen zivilrechtlichen Verträgen einnahm, wie sie vor allem im Gesetz vom 3. Juni 1886 zum Ausdruck gekommen war. Die Haltung des Staates gegenüber den Arbeitern sollte damit normalisiert und entkrampft werden, ohne allerdings das Verhältnis zwischen Arbeitern und Arbeitgebern grundsätzlich neu zu definieren.

Bei derartigen Überlegungen konnte das Finanzministerium sogar auf eine gewisse Unterstützung von seiten einzelner Industrieller rechnen. Selbst der erzkonservative Petersburger Fabrikant San-Galli sprach sich 1903 für ein zurückhaltendes Vorgehen der Polizei aus, da Streiks sich meist von selbst totliefen.[41] Wesentlich weiter ging der Moskauer Textilfabrikant S. I. Četverikov, der sich im Jahr 1903 dafür aussprach, kollektive Arbeitsniederlegungen nicht länger als strafrechtlich relevante Verletzung des Arbeitsvertrages einzustufen, falls die Arbeiter ihre Forderungen in geregelter Form durch gewählte Repräsentanten vorbrachten. Eine solche Reform des Strafrechts entspräche völlig der bereits gängigen Praxis, könne aber erheblich dazu beitragen, die Arbeiterbewegung

---

[40] Ebenda, S. 68-72. Konkret sah die Denkschrift vor, die Artikel 1381 und 1381^1 ebenso wie den umstrittenen Artikel 51^4, der die eigenmächtige Arbeitsniederlegung unter Strafe stellte, ersatzlos zu streichen. Art. 1381^2 und 1381^3, welche die Anwendung von Gewalt im Zusammenhang mit einem Streik unter Strafe stellten, sollten dagegen in Kraft bleiben.

[41] [San-Galli, F. K.]: Curriculum vitae zavodčika i fabrikanta Franca Karloviča San-Galli, St. Petersburg 1903, S. 49-51. Dagegen hielt San-Galli an der Strafverfolgung der Anstifter nach Beendigung des Streiks unverändert fest.

in ruhigere Bahnen zu lenken.[42] Dieser Vorschlag ging sogar noch über die in der „Zapiska Witte" skizzierten Überlegungen hinaus, indem er gewählte Interessenvertreter der Arbeiterschaft als Verhandlungspartner akzeptierte. Auch wenn die Äußerungen Četverikovs sicher nicht als repräsentativ für die Stimmung in der Industrie gelten dürfen und die Überlegungen im Finanzministerium selbst hinter diesen Vorstellungen zurückblieben, darf nicht unterschätzt werden, welches Potential für eine langfristige Neuordnung der Beziehungen zwischen Arbeitgebern und Arbeitern in einer noch so restriktiven Zulassung von Streiks steckte. Waren ökonomisch motivierte Arbeitsniederlegungen erst einmal straffrei, so war abzusehen, daß auch die von der Regierung so sorgsam geschützten individuellen Arbeitsverträge zukünftig mehr und mehr Gegenstand kollektiver sozialer Auseinandersetzungen werden würden. Insofern war die Neuordnung der sozialen Beziehungen in der Industrie, die erst im Gefolge der Revolution von 1905 zum Durchbruch kam, in den langfristigen Plänen des Finanzministeriums bereits angelegt.[43]

Aber auch innerhalb der Regierung fand eine Liberalisierung des Streikrechts Unterstützung. So wurde dieser Punkt von der „Besonderen Ministerbesprechung" vom 9. März 1902 in die langfristigen Pläne der Regierung mit aufgenommen.[44] Auch der bekannt reaktionäre Plehwe spielte nach seinem Amtsantritt als Innenminister im April 1902 wiederholt mit dem Gedanken einer Legalisierung von Streiks.[45] Vorrang erhielten jedoch die Projekte zur Gründung von Selbsthilfekassen und zur Einrichtung von Fabrikältesten. Auch wenn die Überlegungen zu einer Lockerung des Streikverbots schließlich infolge der Stagnation, die mit der Entlassung Wittes im Sommer 1903 eintrat, nicht weiter verfolgt wurden, wurden hier doch sozialpolitische Reformkonzepte entworfen, auf die zwei Jahre später unter dem Druck der Revolution zurückgegriffen werden konnte.

---

[42] Erklärung der Firma Četverikov gegenüber der Moskauer Fabrikinspektion bezüglich der Anwendung des Gesetzes über die Fabrikältesten: RGIA f. 150 op. 1 d. 481 ll. 99-101.

[43] Zur Frage des Aufkommens kollektiver Tarifverträge in Rußland siehe Moskalenko, G. K.: K voprosu o pervom kollektivnom dogovore v Rossii, in: VopIst 1961, Nr. 6, S. 212-213; Leskova, L. I.: Kollektivnye dogovory rabočich s predprinimateljami v 1905-1907 gg. kak istoričeskij istočnik, in: Rabočij klass i rabočee dviženie v Rossii 1861-1917, Moskau 1966, S. 345-357.

[44] RGIA f. 1282 op. 1 d. 696 ll. 18-19; Mikulin, A. A.: Fabričnaja inspekcija v Rossii. 1882-1906, Kiev 1906, S. 155.

[45] Janžul, I. I.: Vospominanija I. I. Janžula o perežitom i vidennom (1864-1909 gg.), in: Russkaja Starina 41(1910), Bd. 144, S. 258-272 und S. 485-500, hier S. 268-272 und S. 497-500. Siehe oben Kapitel II.

3. Die Sprengkraft legaler Organisation: Selbsthilfekassen und Zubatovščina

Der eigentliche Kernpunkt aller sozialpolitischen Diskussionen seit der Jahrhundertwende war die Frage, inwieweit man der Arbeiterschaft gestatten könnte, eigene Organisationen als Träger sozialer Aufgaben oder gar zur Artikulation ihrer Bedürfnisse zu gründen. Die verschiedenen Antworten, die auf diese Frage gegeben wurden, sind für uns von besonderem Interesse, da sich hier die gegensätzlichen Überzeugungen vom Charakter der russischen Arbeiterschaft und von den Vorstellungen über die langfristige soziale Entwicklung des Reiches widerspiegelten. Von dem Ergebnis dieses politischen Grundsatzstreits hing es ab, inwieweit es dem Zarenreich gelingen würde, die im Zuge der Industrialisierung entstandene Arbeiterschaft in die autokratische Gesellschaftsstruktur zu integrieren.[46]

Entsprechend dem gesetzlichen Streikverbot war auch die „Zugehörigkeit zu Gesellschaften, die das Ziel haben, die Feindschaft zwischen Fabrikherren und Arbeitern zu schüren oder zu Streiks aufzurufen", unter Strafe gestellt.[47] Dagegen stand die Regierung solchen Organisationen, die sich dem Allgemeinwohl verpflichteten und keinerlei politische Ziele verfolgten, zwar skeptisch, aber nicht prinzipiell ablehnend gegenüber. Dies galt für Industrieorganisationen und für Vereinigungen der Arbeiterschaft im Grunde ebenso wie für alle anderen gesellschaftlichen Gruppierungen. Da das zarische Rußland vor 1905 allerdings keine gesetzliche Vereinigungsfreiheit kannte, mußte die Satzung jeder Organisation einzeln genehmigt werden, zu welchem Zweck auch immer sie gegründet wurde. Das langwierige bürokratische Genehmigungsverfahren, das damit verbunden war, behinderte jede gesellschaftliche Initiative und zögerte gerade die Gründung sozialpolitischer Institutionen oft um Jahre hinaus. Allein in Polen bot der dort gültige Code Napoléon der Gründung von Selbsthilfekassen eine sichere Rechtsgrundlage.

Die ersten Ansätze einer Organisation der Arbeiterschaft mußten sich also ganz auf deren soziale Belange beschränken. Schon seit der Mitte des neunzehnten Jahrhunderts entstand eine Vielzahl unabhängiger, legaler Selbsthilfeinstitutionen. Ihren Anfang nahm die Gründung derartiger genossenschaftlicher Hilfskassen im jüdischen Handwerk, also vor allem im jüdischen Ansiedlungsgebiet im Westen des Reiches, wo an alte Traditionen jüdischer Wohltätigkeit angeknüpft werden konnte, und im Baltikum. Später schlossen sich auch Angestellte

---

[46] Zur Diskussion während der Reformära, inwieweit im Genossenschaftsprinzip eine spezifisch russische Antwort auf die heraufkommende Arbeiterfrage liegen könnte, siehe Zelnik, Labor and Society, S. 101-108.

[47] Art. 318 Uloženie o nakazanijach von 1874. Die Strafandrohung reichte von acht Monaten Festungshaft bis zum Verlust aller Bürgerrechte und lebenslanger Verbannung nach Sibirien: Poljanskij, Stački rabočich, S. 368.

der Zemstva und andere Berufsgruppen zu solchen Institutionen zusammen.[48] In der Arbeiterschaft faßte der Gedanke institutionalisierter Selbsthilfe hingegen nur langsam Fuß, trotz einer langen Tradition gut organisierter kollektiver Beschäftigungsverhältnisse in Form von Artelen.[49] Eine Zwischenform stellten sogenannte Verköstigungsartele (*prodovol'stvennye arteli*) dar, die vor allem im zentralrussischen Industriegebiet mit seinem hohen Anteil von Arbeiterkasernen direkt auf dem Fabrikgelände weit verbreitet waren.[50] Seit den sechziger Jahren und verstärkt seit den Einschränkungen, die Fabrikläden mit dem Gesetz vom 3. Juni 1886 hinnehmen mußten, kam es dann auch zu einer Reihe erfolgreicher Versuche, Konsumgenossenschaften aufzubauen, die allerdings meist unter dem starken Einfluß der Fabrikdirektionen standen.[51] Betriebliche Selbsthilfekassen schließlich waren vor allem im Bergbau sowie bei einigen Eisenbahnlinien verbreitet. Da sie jedoch keine unabhängigen Arbeiterorganisationen darstellten, sondern meist auf Initiative und unter starker Beteiligung der Betriebsleitung eingerichtet wurden, soll eine genauere Betrachtung im Kontext des Aufbaus sozialpolitischer Institutionen einem späteren Kapitel vorbehalten sein.[52]

Unabhängige, überbetriebliche Selbsthilfeorganisationen der Arbeiter existierten hingegen schon seit der Jahrhundertmitte im Druckergewerbe. 1814 und 1816 wurden in Warschau, Riga und Odessa erste Selbsthilfekassen der Drucker gegründet. 1838 schufen sich deutsche Setzer in St. Petersburg eine Hilfskasse. 1866 folgte eine allgemeine Selbsthilfekasse Petersburger Drucker, drei Jahre später wurde eine ähnliche Kasse auch in Moskau eingerichtet.

---

[48] Tatiščev, S.: Obščestva vzaimopomošči v Rossii, in: Promyšlennost' i Zdorov'e 1(1902/03), Nr. 4, S. 28-62, hier S. 30-33 und S. 37-45; Svjatlovskij, V. V.: Iz istorii kass i obščestv vzaimopomošči rabočich, in: Archiv istorii truda v Rossii 4(1922), S. 32-46; A. Ja.: Vspomogatel'nyja kassy, in: BE, Bd. 7 (Halbband 13), S. 418-422; Löwe, H.: Von „Mildtätigkeit" zu „Sozialpolitik". Jüdische Selbsthilfe in Rußland 1860-1917, in: Haumann, H. und Plaggenborg, S. (Hgg.): Aufbruch der Gesellschaft im verordneten Staat. Rußland in der Spätphase des Zarenreiches, Frankfurt/M. 1994, S. 98-118.

[49] Pažitnov, K. A.: Rabočie arteli, in: Archiv istorii truda v Rossii 10(1923), S. 54-74.

[50] Gvozdev, S. [A. K. Klepikov]: Zapiski fabričnago inspektora. Iz nabljudenii i praktiki v period 1894-1908 gg., Moskau 1911, S. 146-149; Timofeev, P.: What the Factory Worker Lives by, in: Bonnell, V. (Hg.): The Russian Worker. Life and Labor under the Tsarist Regime, Berkeley 1983, S. 72-112, hier S. 80-81. Siehe auch Glickman, R.: Russian Factory Women. Workplace and Society 1880-1914, Berkeley 1984, S. 15-16.

[51] Ozerov, I. Ch.: Obščestva potrebitelej. Istoričeskij očerk ich razvitija v Zapadnoj Evrope, Amerike i Rossii, St. Petersburg 1900; Pažitnov, K. A.: Očerk razvitija rabočej potrebitel'skoj kooperacii, in: Trud v Rossii 1(1924), S. 205-214; Johnson, R.: The Nature of the Russian Working Class: Social Characteristics of the Moscow Industrial Region, 1880-1900, Diss. Phil., Cornell, 1975, S. 168-177.

[52] Tatiščev, Obščestva vzaimopomošči, S. 46-53 und S. 60-62; Tigranov, G. F.: Kassy dlja rabočich na fabrikach, zavodach i promyšlennych predprijatijach Rossii, in: Trudy Vysočajše učreždennago Vserossijskago torgovo-promyšlennago s-ezda 1896 g. v Nižnem-Novgorode, Bd. 1, Vypusk V, St. Petersburg 1896, S. 329-379; A. Ja., Vspomogatel'nyja kassy, S. 419-420.

Seit den achtziger Jahren des neunzehnten Jahrhunderts fand dieses Modell seine Nachahmer auch bei den Druckern weiterer Städte des Reiches, unter anderem in Char'kov, Odessa, Kazan' und Kiew. Vorläufig blieb die Gründung von Selbsthilfeorganisationen der Arbeiter allerdings auf das Druckereigewerbe beschränkt. Zudem übernahmen die Kassen ausschließlich die materielle Unterstützung ihrer Mitglieder und übertrugen Verwaltungsaufgaben meist den örtlichen Fabrikanten, so daß von ihnen vorerst keinerlei Impuls für die weitere Organisation der Arbeiterschaft ausging.[53]

Im Gefolge der Streikwelle der neunziger Jahre erfuhr der Selbsthilfegedanke jedoch einen bisher ungeahnten Aufschwung. Den Anstoß für die Gründung einer Vielfalt von Selbsthilfeorganisationen lieferten die illegalen Streikkassen, die nunmehr in unterschiedlichen Branchen entstanden. Da sich das Prinzip der Selbsthilfe während der Streiks bewährt hatte, zeigten vor allem Facharbeiter bald das Bedürfnis, es auch für die Befriedigung allgemeiner sozialer und kultureller Bedürfnisse zu nutzen und aus der Illegalität herauszutreten. Dieser Entwicklung kam zugute, daß Facharbeiter früher als ungelernte Kräfte eine Gruppenidentität entwickelten, die sich aus dem Selbstbewußtsein besonderer fachlicher Qualifikation speiste und nicht durch den häufigen Wechsel des Arbeitsplatzes und den sonst so typischen steten Zustrom von Neuzugängen aus dem Dorf infragegestellt wurde. Die größte Bedeutung erlangte eine 1898 in Char'kov gegründete Selbsthilfekasse (*Obščestvo vzaimopomošči licam, zanimajuščichsja remeslennym trudom*), die hauptsächlich Arbeiter mechanischer Werkstätten umfaßte und allen weiteren Kassen und Projekten dieser Art zum Vorbild diente. Anders als ihre Vorgänger beschränkten sich die Gründer der Char'kover Kasse nicht länger auf reine Selbsthilfeaufgaben, sondern setzten sich zunehmend für eine allgemeine Verbesserung der Lebensverhältnisse der Arbeiterschaft ein, so daß man von einer ersten Tendenz zu einer legalen Gewerkschaft sprechen kann. 1904 umfaßte die Char'kover Kasse etwa 1.300 Mitglieder und besaß eine Tochterorganisation in Borisoglebsk. 1899 gründeten die Petersburger Elektrotechniker eine ähnliche Organisation, Projekte für vergleichbare Kassen wurden auch von den Maschinenbauern in St. Petersburg, Moskau, Voronež, Sormovo, Baku und Perm', den Rüstungsarbeitern in Tula

---

[53] Zur Geschichte früher Selbsthilfeorganisationen der Drucker siehe Tatiščev, Obščestva vzaimopomošči, S. 33-37. K-cij: Policejskij socializm i socialdemokratija, in: Žizn', Feb. 1902, S. 331-356; Steinberg, M.: Moral Communities. The Culture of Class Relations in the Russian Printing Industry 1867-1907, Berkeley 1992, S. 49-50 und S. 92-104; Bonnell, V.: Roots of Rebellion. Workers' Politics and Organizations in St. Petersburg and Moscow, 1900-1914, Berkeley 1983, S. 76-80. Die Petersburger Kasse hatte um 1890 erst etwa 500 Mitglieder, ihr Moskauer Pendant eher noch weniger. Dagegen waren Anfang 1905 allein in Petersburg etwa 3.000-5.000 Drucker organisiert.

und den Graveuren in Ivanovo-Voznesensk ausgearbeitet, von denen jedoch vor 1905 nur wenige vom Innenministerium genehmigt wurden.[54] Derartige Selbsthilfeorganisationen wurden unter dem Eindruck der Aktivitäten des Chefs der Moskauer Geheimpolizei Zubatov bald zum Gegenstand heftiger Diskussionen innerhalb der Regierung.[55] Aufgrund enger Kontakte zur revolutionären Bewegung in seiner Jugendzeit entwickelte Zubatov ein außergewöhnliches Gespür für die unzufriedene Stimmung in der Arbeiterschaft, welche sie für revolutionäre Agitation empfänglich machte:

> „Erfolge, die durch Streiks erreicht werden, haben eine gefährliche und schädliche staatspolitische Bedeutung. Erfolg im Kampf stärkt das Vertrauen des Arbeiters in seine Kraft, lehrt ihn praktische Kampfmethoden, bringt aus der Menge heraus fähige Anführer hervor, überzeugt den Arbeiter von der Möglichkeit und dem Nutzen einheitlichen Auftretens und allgemein kollektiver Aktionen; Agitation durch Kampf macht ihn empfänglicher für [...] die Ideen des Sozialismus, die ihm bislang als leerer Traum erschienen."[56]

Um den Erfolgen sozialistischer Agitation vorzubeugen, müsse sich der Staat verstärkt um die Belange der Arbeiter kümmern und ihnen Möglichkeiten einräumen, ihre berechtigten Bedürfnisse friedlich und legal zu artikulieren:

> „Um ihn [den Agitator] an seinem Ursprung zu entwaffnen, ist es notwendig, dem Arbeiter einen legalen Ausweg aus den Schwierigkeiten seiner Lage zu weisen, wobei man in Betracht ziehen muß, daß nur der jüngste und energischste Teil der Menge dem Agitator folgt, während der durchschnittliche Arbeiter immer die legale und nicht die glänzende Lösung bevorzugt. Wenn man die Menge auf diese

---

[54] K-cij, Policejskij socializm, S. 334-335; Ėksempljarskij, Istorija goroda Ivanova, Bd. 1, S. 171. Johnson, The Nature, S. 168-177; Die Satzung der Kasse ist veröffentlicht in B-j, V.: Russkija Obščestva vzaimopomošči trudjaščichsja, in: Žizn', Juli 1899, S. 358-367. Ein bereits 1885 ausgearbeitetes Projekt einer Selbsthilfekasse Petersburger Maschinenbauer scheiterte am Widerstand der Regierung und konnte erst 1899 verwirklicht werden: K-cij, Policejskij socializm, S. 345; Tatiščev, Obščestva vzaimopomošči, S. 58. Zu einer 1893 in Rostov am Don gegründeten Selbsthilfekasse, die neben der materiellen Unterstützung Bedürftiger vor allem illegale Literatur verbreitete, siehe Pankratova, Rabočee dviženie, Bd. 3/2, S. 594-595.

[55] Zur Zubatovščina siehe Schneiderman, J.: Sergej Zubatov and Revolutionary Marxism. The Struggle for the Working Class in Tsarist Russia, Ithaca und London 1976; Pospielovsky, D.: Russian Police Trade Unionism. Experiment or Provocation?, London 1971; Sablinsky, W.: The Road to Bloody Sunday: Father Gapon and the St. Petersburg Massacre of 1905, Princeton 1976; McDaniel, T.: Autocracy, Capitalism and Revolution in Russia, Berkeley 1988, S. 64-89; Korelin, A. P.: Krach ideologii „policejskogo socializma" v carskoj Rossii, in: Istoričeskie Zapiski 92 (1973), S. 109-152; Vovčik, Politika, S. 107-156. Einen aufschlußreichen Einblick in die Frühphase der Bewegung und die Rolle der Intelligenz gewähren die Erinnerungen I. Ch. Ozerovs: Ozerov, Politika, S. 195-234.

[56] Bericht Zubatovs an Trepov vom 8. 4. 1898; zitiert nach Schneiderman, Sergei Zubatov, S. 64.

Weise spaltet, verliert sie all ihre Kraft, auf die der Agitator so hofft und von der er abhängig ist."[57]

Diese Politik begann Zubatov schließlich seit 1896 auf eigene Faust mittels polizeilicher Eingriffe in interne Fabrikangelegenheiten zugunsten der Arbeiter umzusetzen. Gedeckt wurde er dabei von dem Moskauer Polizeichef Trepov und dem Moskauer Generalgouverneur Großfürst Sergej Aleksandrovič, dem einflußreichen Onkel Zar Nikolaus' II.

Als 1899 einige Graveure der Moskauer Trechgornaja Textilmanufaktur Prochorovs erstmals um die Erlaubnis baten, eine Selbsthilfekasse nach dem Vorbild der Char'kover Gesellschaft zu gründen, sah Zubatov hierin eine Chance, eine Organisation aufzubauen, die eine Verbesserung der materiellen Lage der Arbeiter ermöglichen könnte, deren Tätigkeit zugleich aufgrund enger Kontrolle durch die Polizei jedoch auf rein ökonomische Fragen beschränkt und von revolutionärer Agitation ferngehalten würde. Den organisatorischen Rahmen dafür sollte eine Selbsthilfekasse der in der mechanischen Produktion beschäftigten Arbeiter (*Moskovskoe Obščestvo vzaimopomošči rabočich v mechaničeskom proizvodstve*) liefern, deren Satzungsentwurf im Frühjahr 1901 bei der Regierung eingereicht wurde.[58]

Unter der aktiven Förderung Zubatovs wuchs diese Organisation jedoch schnell über die Ziele einer reinen Selbsthilfekasse hinaus. Noch bevor ihre Satzung offiziell sanktioniert wurde, regte Zubatov im Frühjahr 1901 eine Reihe regelmäßiger Arbeiterversammlungen mit Vorlesungen zu Themen der Fabrikgesetzgebung an. Sie wurden von I. Ch. Ozerov, einem Schüler des ersten Moskauer Fabrikinspektors Janžul veranstaltet, der diesen auf dem Lehrstuhl für politische Ökonomie an der Moskauer Universität abgelöst hatte. Diese Vorlesungen boten den Moskauer Arbeitern erstmals ein legales Forum, ihre eigenen Bedürfnisse kollektiv zu artikulieren. Ihr Erfolg war so groß, daß innerhalb kurzer Zeit eine Reihe von Tochterorganisationen in verschiedenen Stadtbezirken entstand. Um diese zu koordinieren, ließ Zubatov im August einen gesonderten Arbeiterrat (*Sovet rabočich mechaničeskogo proizvodstva goroda Moskv*y) als Dachorgan der Bezirksversammlungen gründen, den er ausschließlich mit eigenen Agenten besetzte.[59] Noch ehe der Selbsthilfegedanke in der Arbeiterschaft wirksam Fuß gefaßt hatte, wurde somit bereits der entscheidende Schritt zu einer zwar abhängigen, aber doch organisierten Interessenvertretung der Arbeiter vollzogen, die sich bald auch gezielt in die Organisation von Streikmaßnahmen einmischte. Diese von Zubatov zwar aktiv

---

[57] Ebenda, S. 65.
[58] Ozerov, Politika, S. 195-197.
[59] Schneiderman, Sergej Zubatov, S. 115. Die Satzung des Rates ist abgedruckt in: Buchbinder, N.: Zubatovščina v Moskve (Neizdannye materialy), in: Katorga i Ssylka 14(1925), S. 113-114.

geförderte, aber letztlich überwiegend von einem in langen Jahren angestauten Artikulationsbedürfnis der Arbeiterschaft getragene Verquickung des Selbsthilfegedankens mit der Idee einer organisierten Interessenvertretung sollte die weitere Entwicklung nachhaltig prägen.

Das Finanzministerium wie auch Vertreter der Industrie standen der Idee von Selbsthilfeorganisationen der Arbeiter anfangs durchaus aufgeschlossen gegenüber, solange sie sich nicht gegen die Interessen der Industrie richteten. So wurde nach der Char'kover Gesellschaft von 1898 auch die Satzung der von Zubatov inspirierten Moskauer Kasse am 14. 2. 1902 offiziell bestätigt, wobei sie aber strikt auf Aufgaben der Selbsthilfe bei sozialen Notlagen ihrer Mitglieder beschränkt wurde.[60] Diese Bestätigung war insofern konsequent, als das Finanzministerium bereits seit dem Frühjahr 1900 im Zusammenhang mit der Reform der Krankenversorgung über eine Mustersatzung für Selbsthilfekassen der Arbeiter beriet.[61] Auch im Innenministerium wurde diese Idee positiv aufgenommen.[62]

Ihren klarsten Ausdruck fanden diese Überlegungen des Finanzministeriums schließlich in der bereits erwähnten „Zapiska Witte". Darin wurde in Auseinandersetzung mit der Tätigkeit der Zubatov-Organisationen in Moskau ein Konzept für Selbsthilfekassen der Arbeiter entworfen. Sie sollten über die Aufgabe materieller Hilfeleistung hinaus dem Zweck dienen, das Rechtsbewußtsein der Arbeiter zu stärken, eine legale Form der Arbeiterorganisation zu finden und damit den Einfluß revolutionärer Zirkel zurückzudrängen. Dabei wies das Finanzministerium jegliche Form der Einmischung örtlicher administrativer Organe in die Organisation solcher Kassen strikt zurück. Angesichts der Moskauer Erfahrungen sollte vielmehr eine solide gesetzliche Basis in Form einer Normalsatzung verhindern, daß sich die Kassen - sei es aus eigener Initiative oder auf äußeren Einfluß hin - die Funktion eines Vermittlungsorgans zwischen Arbeitern und Fabrikanten anmaßten:

„Die Vermittlung in den gegenseitigen Beziehungen der Arbeitgeber und der Arbeiter stellt eine dermaßen ernsthafte und wichtige Angelegenheit dar, daß es

---

[60] Schneiderman, Sergej Zubatov, S. 126; Ozerov, Politika, S. 225-228. Eine frühere Fassung der Satzung war von Witte nur deshalb abgelehnt worden, weil sie gemäß den Vorstellungen Zubatovs der Polizei erhebliche Einflußmöglichkeiten einräumte. Eine 1902 entstandene, parallele Organisation der Moskauer Textilarbeiter sowie eine Reihe kleinerer Organisationen anderer Berufsgruppen arbeiteten hingegen auf der Grundlage von Statuten, die 1904 nur vom Innenministerium bestätigt wurden. Für den Arbeiterrat schließlich existierte nur die vom Moskauer Polizeichef Trepov bestätigte Instruktion: Schneiderman, Sergej Zubatov, S. 94-95, S. 115 und S. 146.
[61] RGIA f. 150 op. 1 d. 617 ll. 81-85. Siehe unten Kapitel X.
[62] Siehe den Bericht des Chefs des Gendarmenkorps, Fürst Svjatopolk-Mirskij, in einer Vorlage an den Zaren vom April 1901: Doklad tovarišča ministra vnutrennych del P. D. Svjatopolk-Mirskogo Nikolaju Romanovu, 1901 g., in: KA 76(1936), S. 53-66.

unbedacht wäre, sie (und sei es auch nur zum Teil) in die Pflichten gerade erst entstehender Organisationen der Arbeiter aufzunehmen; Eine solche Vermittlung kann nur von völlig kompetenten und dabei uninteressierten Personen erfolgreich ausgeführt werden, wozu die Arbeiter natürlich nicht gerechnet werden können".[63]

Damit wurde deutlich, daß man im Finanzministerium auch in Verbindung mit einer Aufhebung des Streikverbots keineswegs daran dachte, Interessenvertretungen der Arbeiterschaft zuzulassen. Vielmehr zielte die Strategie Wittes ganz im Einklang mit seinen grundlegenden sozialpolitischen Vorstellungen dieser Jahre darauf ab, auch die Arbeiter dazu anzuregen, soziale Aufgaben in eigener Verantwortung wahrzunehmen. Selbstverwaltung war das Leitbild dieser Politik, nicht die Austragung von Konflikten zwischen organisierten Gruppeninteressen.[64]

Unter dem Eindruck der aufsehenerregenden Entwicklungen in Moskau mußte dieser Versuch des Finanzministeriums, eine von sozialpolitischen Motiven getragene Förderung der Arbeiterselbsthilfe unter strikter Abwehr jeglicher Formen der Interessenvertretung zu entwickeln, als völlig veraltet erscheinen. An diesem Punkt setzte denn auch die scharfe Kritik vor allem der Petersburger Industriellen an. Im März 1903 lud die Kommission unter dem Vorsitz des Fürsten A. D. Obolenskij, die seit dem März 1902 über die von Sipjagin und Witte vorgeschlagenen Reformen der Fabrikgesetzgebung beriet, führende Vertreter der Industrie zu einer Anhörung, bei der auch das Projekt gesetzlicher Selbsthilfekassen zur Sprache kam.[65] In einer anschließend verfaßten schriftlichen Stellungnahme sprach sich die Petersburger Fabrikantengesellschaft eindeutig gegen die Einführung derartiger Kassen aus. Das Projekt des Finanzministeriums, so die Gesellschaft, sondere die Arbeiterschaft künstlich von der übrigen Bevölkerung ab und konstituiere sie somit als rechtlich anerkannte soziale Gruppe. Zudem fördere die Regierung dadurch die Auseinandersetzungen zwischen Fabrikanten und Arbeitern. Die Sorge des Fabrikbesitzers um die sozialen Belange seiner Arbeiter sei zwar eine Selbstverständlichkeit, dürfe jedoch keinesfalls in eine gesetzliche Pflicht umgewandelt werden:

---

[63] Osvoboždenie 1902, Nr. 6, S. 88.

[64] Daß die Fabrikinspektion und auch Witte ab 1904 eine Petersburger Arbeiterorganisation nach dem Modell Zubatovs protegierten, entsprang dem Versuch, die Rivalität verschiedener derartiger Organisationen politisch nutzbar zu machen: Vasil'ev, P.: Ušakovščina, in: Trud v Rossii 1925, Nr. 1, S. 143-152; Sablinsky, The Road to Bloody Sunday, 145-146; Surh, G.: 1905 in St. Petersburg. Labor, Society, and Revolution, Stanford 1989, S. 287-288.

[65] Zur Beratung des Projektes über Selbsthilfekassen im Finanzministerium: RGIA f. 1282 op. 1 d. 696 ll. 18-19 und f. 22 op. 1 d. 628 l. 14, ll. 16-17 und ll. 26-27; Vovčik, Politika, S. 96-97. Zu den Stellungnahmen der Industrie: Zakonodatel'nye materialy k zakonu o starostach v promyšlennych predprijatijach, Stuttgart 1903, S. 18-29.

"Die Pflichten des Fabrikanten müssen darin bestehen, daß er den Arbeitern entsprechende Arbeitsbedingungen zur Verfügung stellt und den Lohn bezahlt; die Pflichten der Arbeiter müssen darin bestehen, daß sie die Arbeit ausführen. Alle zusätzlichen Aufgaben, die dem Fabrikanten auferlegt werden, wie Krankenhäuser, Wohnungen, Schulen, Kassen, Fabrikälteste usw. können die Beziehungen zwischen Arbeitern und Unternehmern nur verschärfen, sobald sie verpflichtend gemacht werden. [...] Der aufrichtige, allgemeine Wunsch der Fabrikanten nach einer Verbesserung der Lebensverhältnisse der Arbeiter kann nicht bezweifelt werden; wenn manchmal Fälle schlechter Haltung von Fabrikbesitzern gegenüber den Arbeitern beobachtet werden, so darf man doch nicht vergessen, daß diese Fälle immer seltener und fast ausschließlich in kleinen Fabriken beobachtet werden. Ebensowenig darf man die ungeheuren Opfer vergessen, welche viele Fabrikanten seit jeher bringen, freiwillig, ohne jeden Zwang, mit eben dem Ziel, die Lebensverhältnisse der Arbeiter zu verbessern. Man muß den Besitzern von Unternehmen auch in Zukunft das Recht erhalten, ihre Mühe und Fürsorge auf die Befriedigung der in dem Projekt angesprochenen Bedürfnisse ihrer Arbeiter zu richten, aber man darf das nicht zu ihrer Pflicht machen."[66]

Gesetzliche Maßnahmen müßten sich vielmehr auf einen Ausbau des kirchlichen Sozialwesens und auf die Organe der lokalen Selbstverwaltung konzentrieren, da sich die sozialen Belange der Arbeiter nur als Teil der Bedürfnisse der Bevölkerung als Ganzes lösen ließen.

In dieser Argumentation kommt deutlich das patriarchalische Weltbild Petersburger Industrieller zum Ausdruck, das die Betonung freiwilliger Sozialleistungen wirkungsvoll mit der Verteidigung eigener Interessen und Handlungsspielräume verband, den derart bevormundeten Arbeitern jedoch keinerlei eigenständige Rechtssphäre zuzubilligen bereit war. In dieser Auffassung kam dem Staat ausschließlich die Aufgabe zu, Arbeiterunruhen zu unterdrücken. Solange Streiks und Unruhen nicht primär als soziales, sondern vielmehr als polizeiliches Problem verstanden wurden, war von dieser Seite keine Unterstützung für den Ausbau staatlicher Sozialpolitik zu erwarten. Erst als das Scheitern dieser Politik offenkundig geworden war, begannen auch die Petersburger Fabrikanten, ihre starre Haltung zu überdenken.[67]

Zwar unterschied sich die Haltung Moskauer Industrieller gegenüber der Arbeiterschaft nicht grundsätzlich von der Auffassung der Petersburger. Dennoch zeigten diese sich gerade aufgrund einer älteren und fest verwurzelten Tradition patriarchalischer Wohltätigkeit wesentlich aufgeschlossener gegenüber der Gründung sozialer Einrichtungen der Arbeiter. So hielt die Moskauer Abteilung des Rates für Handel und Manufakturen den Petersburger Fabrikanten entgegen,

---

[66] Zakonodatel'nye materialy, S. 21-22.
[67] So befürwortete die Petersburger Fabrikantengesellschaft erstmals im Juli 1904 die Gründung einer Selbsthilfeorganisation der Arbeiter, um auf diese Weise revolutionären Umtrieben entgegenzuwirken: Laveryčev, V. Ja.: Rossijskie promyšlenniki i rabočee dviženie v period imperializma, in: Rabočij klass i rabočee dviženie v Rossii 1861-1917, Moskau 1966, S. 255-284, hier S. 257.

daß Selbsthilfekassen der Arbeiter keineswegs die Arbeiter künstlich von der übrigen Bevölkerung absonderten, solange sie, wie es das Projekt vorsehe, auf der Ebene der einzelnen Betriebe organisiert und streng auf ihre eigentlichen Aufgaben beschränkt würden. Darüber hinaus hob der Moskauer Textilfabrikant Jakunčikov hervor, daß gerade die spezifischen Bedürfnisse der Arbeiter separate Einrichtungen erforderlich machten.[68] Auch Repräsentanten der polnischen Industrie mit ihrer Tradition betrieblicher Sozialeinrichtungen sprachen sich prinzipiell für die Gründung von Arbeiterselbsthilfekassen aus.[69]

Daß das Projekt der Selbsthilfekassen im Finanzministerium schließlich nicht weiter verfolgt wurde, lag allerdings nicht so sehr an dem Protest der Petersburger Fabrikanten. Vielmehr bremste hier die grundsätzliche Skepsis konservativer Regierungsbeamter gegenüber jeglicher Form von Arbeiterorganisationen. Bereits im Sommer 1903 zeichnete sich ab, daß die Durchsetzungskraft des Finanzministeriums in diesem Bereich mit den vorrangig behandelten Gesetzen über die Unfallentschädigung und die Einrichtung von Fabrikältesten weitgehend erschöpft war. Zudem hatte schon 1902 mit Kovalevskij der eigentliche Architekt der Witteschen Fabrikgesetzgebung aus dem Finanzministerium ausscheiden müssen. Als im Sommer 1903 auch Witte sein Amt verlor, kam jegliche weitere Diskussion noch unvollendeter Projekte ganz zum Erliegen.

Parallel zu der Entwicklung eines strikt auf soziale Aufgaben beschränkten Selbsthilfegedankens ergriff Witte von anfang an alle ihm zur Verfügung stehenden Maßnahmen, um der Entwicklung der Zubatov-Organisationen zu einer Interessenvertretung der Moskauer Arbeiter einen Riegel vorzuschieben. Wiederholt beschwerte er sich beim Innenminister über die Eingriffe der Moskauer Polizei in interne Fabrikangelegenheiten. Gegenüber dem Zaren wies er bereits im April 1898 darauf hin, daß Zugeständnisse der Polizei an illegale Forderungen der Arbeiter deren Überzeugung kräftigen müßten, daß es nicht darauf ankomme, ob ihre Forderungen gerecht seien, sondern darauf, ob sie von einer Gruppe vorgebracht würden.[70] Obwohl er mit seiner Auffassung von der Rolle der Polizei auch die Zustimmung der übrigen Minister fand, konnte Witte dem vom Großfürsten Sergej Aleksandrovič protegierten Zubatov vorläufig jedoch nicht wirkungsvoll Einhalt gebieten.[71] Als im Juni 1901 erstmals einige Moskauer Industrielle beim Finanzministerium auf die Schließung der Zubatovschen Organisation drängten, konnte Witte immerhin erreichen, daß die wöchentlichen Vorlesungen zu Fragen der Fabrikgesetzgebung und damit auch

---

[68] Zakonodatel'nye materialy, S. 24-29.
[69] Siehe den Beitrag Żukowskis in der Reichsratsanhörung zu den Fabrikältesten: RGIA f. 1153 op. 1 1903 g. d. 153 ll. 68-70.
[70] Schneiderman, Sergej Zubatov, S. 36; Polovcov, A. A.: Dnevnik A. A. Polovcova, in: KA 3(1923), S. 75-172, hier S. 128 (Eintrag vom 22. 3. 1902)
[71] Schneiderman, Sergej Zubatov, S. 85-88. Siehe oben Kapitel VI.

die Diskussion der Arbeiter über ihre Lage eingestellt und im Frühjahr 1902 durch eine Reihe von Vorlesungen zu historischen und theologischen Themen in patriotischem Geist ersetzt wurden.[72]

Unter den Moskauer Fabrikanten wehrte sich anfangs nur eine Minderheit aktiv gegen die von Zubatov gegründete Gesellschaft, solange diese sich darauf beschränkte, bedürftige Mitglieder materiell zu unterstützen und Vorlesungen zu veranstalten.[73] Als sich der Rat mit Unterstützung der Polizei im Frühjahr 1902 jedoch in einen Arbeitskonflikt in den Werken Jules Goujons einmischte, der schließlich in einen mehrwöchigen, von der Geheimpolizei über den Rat sogar mitfinanzierten Streik eskalierte, war die Geduld auch der übrigen Industriellen schnell am Ende. Ein Versuch Zubatovs im Juli 1902, führende Moskauer Fabrikanten im persönlichen Gespräch von seiner Politik zu überzeugen, scheiterte völlig.[74] Um ihrer Ansicht Rückhalt zu verschaffen, sandten die erbosten Moskauer Industriellen wiederholt Petitionen und Erklärungen an das Finanz- und das Innenministerium und sogar an Pobedonoscev, in denen sie eine „antikapitalistische Organisation" der Arbeiter ablehnten und dem Arbeiterrat vorwarfen, diese zu exzessiven Forderungen und zu Streiks anzustacheln.[75] Auf Druck Wittes ordnete Sipjagin schließlich zwar an, den Arbeiterrat zu schließen, scheiterte damit aber erneut am Widerstand des Großfürsten.[76] Erst als nach der Ermordung Sipjagins sein Nachfolger Plehwe Zubatov im Sommer 1903 nach Petersburg holte, ging die Unterstützung der Polizei für streikende Arbeiter deutlich zurück.

Letztlich stellte die Zubatovščina eine zwar grelle, aber doch rasch vorübergehende Episode in der Haltung der Autokratie gegenüber der Arbeiterschaft dar. Dennoch wirft sie ein bezeichnendes Licht auf die interne Verfassung der zarischen Bürokratie sowie auf die enormen Spannungen und Widersprüche, denen die russische Fabrikgesetzgebung spätestens seit der Jahrhundertwende ausgesetzt war. Bereits in den Auseinandersetzungen zwischen dem Innen- und dem Finanzressort von 1896 bis 1898 über die Rolle der Fabrikinspektion und die Einflußmöglichkeiten der Polizei auf das Verhältnis zwischen Arbeitern und Fabrikbesitzern hatte sich gezeigt, daß die Regierungsspitze kein einheitliches

---

[72] Die von Witte geforderte Schließung der Gesellschaft lehnte Innenminister Sipjagin hingegen ab: Ebenda, S. 125-126 und S. 136-140.
[73] Novoe o Zubatovščine, in: KA 1(1922), S. 289-328, v. a. S. 309-314 (Brief Zubatovs an L. A. Rataev vom 2. 4. 1902).
[74] Schneiderman, Sergej Zubatov, S. 169-172; „Vnezapnoe" načinanie ili „politika" g. Zubatova, in: Osvoboždenie, 1902, Nr. 8, S. 122-123.
[75] Schneiderman, Sergej Zubatov, S. 152-153 und S. 167; Buchbinder, Zubatovščina, S. 119-123; RGIA f. 1574 op. 2 d. 174 (Brief N. A. Najdenovs an Pobedonoscev vom 2. 3. 1902).
[76] Schneiderman, Sergej Zubatov, S. 165.

Konzept sozialer Reformen besaß, welches sie der wachsenden und immer besser organisierten Arbeiterbewegung hätte entgegensetzen können. Zudem gelang es Witte allenfalls oberflächlich, eine Einigung der Regierung gegen die Vorstöße des Innenministeriums herbeizuführen. Erst durch dieses Vakuum war es möglich geworden, daß ein nachgeordneter Beamter wie Zubatov unter dem Schutz eines Mitglieds der kaiserlichen Familie gegen die Regierung seine eigene Politik mit teilweise erheblichem Erfolg betreiben konnte. Zu einem Zeitpunkt, als die Herausforderung einer organisierten Arbeiterbewegung eine einheitliche politische Reaktion des Staates erfordert hätte, machte sich somit der Mangel an einer zentralen Führungsinstanz, die einem konsequent durchstrukturierten Regierungsapparat ihren Willen hätte aufzwingen können, drastisch bemerkbar. Offensichtlich war das autokratische System mit seiner schwer durchschaubaren Überlagerung persönlicher und institutioneller Autoritäten und seiner brüchigen Bindung an seine eigenen Rechtsgrundsätze nunmehr in einer zentralen innenpolitischen Frage an der Grenze seiner Leistungsfähigkeit angelangt.

Andererseits hatten die Aktivitäten Zubatovs jedoch auch deutlich gemacht, daß eine allein auf die Absicherung sozialer Risiken der Arbeiterschaft gerichtete Politik, wie sie das Finanzministerium verfolgte, an den eigentlichen Bedürfnissen der Arbeiterschaft vorbeiging. Eine aktive Förderung der Selbsthilfe der Arbeiter war zwar nach wie vor eine der Grundvoraussetzungen erfolgreicher Sozialpolitik. Selbsthilfekassen – dies war eine der Lehren, die man aus dem Zubatov-Experiment ziehen mußte – ließen sich jedoch weder auf rein soziale Aufgaben beschränken, noch konnten sie auf Dauer eine auf die Durchsetzung ökonomischer Interessen gegenüber den Arbeitgebern gerichtete Organisation der Arbeiter ersetzen.

4. Ansätze legaler Interessenartikulation: Das Gesetz über die Fabrikältesten vom 10. Juni 1903

Durch den eigenmächtigen Vorstoß Zubatovs war die Idee einer staatlich geduldeten Interessenvertretung der Arbeiter nachhaltig diskreditiert worden. Dennoch erkannten nun sowohl das Finanzministerium als auch die weitblickenderen unter den von den Aktivitäten Zubatovs am stärksten betroffenen Moskauer Industriellen die Notwendigkeit, ein Ventil für die Artikulation berechtigter Belange der Arbeiter zu schaffen. Ein Weg, Arbeitern die Diskussion ihrer Angelegenheiten zu ermöglichen und diese gleichzeitig zu kanalisieren, wurde in der Einrichtung betriebsinterner Wahlmänner der Arbeiter, sogenannter Fabrikältester (*fabričnye starosty*), gesehen.[77]

---

[77] Grundlegend zum Gesetzgebungsprozeß über die Fabrikältesten siehe McDaniel, Autocracy, S. 89-100; Vovčik, Politika, S. 205-212.

Ursprünglich ging der Vorschlag, gewählte Arbeitervertreter in den Fabriken zuzulassen, von den Fabrikinspektoren aus. Sie erhofften sich davon eine bessere Kommunikation mit den Arbeitern, um so ein deutlicheres Bild von ihrer Lage und ihren Bedürfnissen zu gewinnen:

> „Im Interesse der Vorbeugung und Unterbindung von Unruhen unter den Fabrikarbeitern erscheint es äußerst wünschenswert, der Fabrikinspektion möglichst viele Mittel zu gewähren, sich mit den Wünschen und den Bedürfnissen der Arbeiter vertraut zu machen. Dies ist einerseits notwendig, um die rechtmäßigen Wünsche der Arbeiter rechtzeitig zu befriedigen und auf diese Weise Anlässe zu Mißverständnissen zu beseitigen. Andererseits ist dies notwendig im Sinne einer Zusammenarbeit bei der Beilegung von Unzufriedenheiten unter den Arbeitern, die – selbständig oder unter äußerem Einfluß – auf der Grundlage eines falschen Verständnisses ihrer Rechte und Pflichten durch die Arbeiter entstehen. In diesem letzteren Fall hängt es von dem Fabrikinspektor ab, je nach Lage der Dinge die Parteien entweder zu einer friedlichen Übereinkunft im Sinne einer Befriedigung der Gesuche der Arbeiter zu bewegen, oder die Unzufriedenheit zu schwächen, indem den Arbeitern erläutert wird, daß die Erfüllung ihrer Wünsche für den Fabrikanten gesetzlich nicht verpflichtend ist."[78]

Auch hier zeigte sich deutlich, daß das Finanzministerium nach wie vor weit davon entfernt war, eine Interessenvertretung der Arbeiter gegenüber ihren Arbeitgebern zuzulassen. Ziel der Reform war es vielmehr, einen Transmissionsriemen zwischen Fabrikinspektion und Arbeitern zu schaffen, der es der Inspektion ermöglichen sollte, angesichts der Unruhen in den Fabriken ihre informelle Funktion eines Organs friedlicher Schlichtung wieder aufzunehmen und den Organen der Polizei bei Streiks nicht gänzlich das Feld zu überlassen.

Ausgehend von der Wahl von Dorfältesten der Bauernschaft besaß die Wahl von Vertrauensleuten auch unter den Arbeitern eine lange Tradition, auch wenn diese bislang auf soziale Aufgaben wie die Sorge für die Werkstattikone oder die Verwaltung eines Artels beschränkt geblieben waren.[79] Dagegen hatten einige Fabriken vor allem im Moskauer Raum sowie einige Petersburger Werke mit gutem Erfolg derartige Fabrikälteste auch als Ansprechpartner in betriebsinternen organisatorischen Fragen wählen lassen, obwohl die gesetzliche Grundlage dafür äußerst unsicher war.[80] Da auch die Polizei daran interessiert

---

[78] Protokoll einer Versammlung unter Vorsitz V.I. Kovalevskijs im April 1901: Zakonodatel'nye materialy, S. 1; Siehe auch Bykov, A. N.: Fabričnoe zakonodatel'stvo i razvitie ego v Rossii, St. Petersburg 1909, S. 197. Bereits 1861 hatte Saltykov-Ščedrin die Einrichtung von Fabrikältesten empfohlen, ohne damit jedoch auf irgendeine Resonanz zu stoßen: Žuravlev, K istorii, S. 140.
[79] Timofeev, What the Factory Worker Lives by, S. 97-101.
[80] Beispielsweise wurden 1899 in den Werkstätten des S.-Peterburgskij Metalličeskij Zavod vierzehn Fabrikälteste gewählt, die Wünsche der Arbeiter diskutieren und der Direktion vorlegen konnten. Einen ähnlichen Vorstoß unternahm das Maschinenbauwerk Lessner im Januar 1903: RGIA f. 22 op. 1 d. 628 ll. 33-36. Aufsehen erregte vor allem die

war, daß Bitten und Erklärungen von Vertrauenspersonen der Arbeiter nicht automatisch den Charakter aufrührerischer Proteste annahmen, hatten sich Finanz- und Innenministerium bereits im Frühjahr 1901 darauf geeinigt, unter Federführung des Finanzministeriums ein entsprechendes Gesetzesvorhaben zu erarbeiten.[81]

Umgesetzt wurde dieses Vorhaben, das bereits in der „Zapiska Witte" grob skizziert wurde, im Frühjahr 1902 mit der Gründung der bereits erwähnten Kommission unter Vorsitz erst des stellvertretenden Finanzministers Kovalevskij und nach dessen Rücktritt im November 1902 des Fürsten Obolenskij, die das von Innenminister Sipjagin und vom Finanzministerium angeregte Reformprogramm der Fabrikgesetzgebung im Detail ausarbeiten sollte. Da man im Finanzministerium dem Projekt der Fabrikältesten jedoch die besten Chancen zumaß, den Widerstand im Reichsrat gegen jede Form einer Organisation der Arbeiterschaft zu überwinden, und darin eine Art Versuchsballon für weitere Reformen in dieser Richtung sah, wurde es nach kurzer Zeit bereits wieder aus dem Programm der Obolenskij-Kommission herausgelöst und vorrangig bearbeitet. Am 14. März 1903 schließlich legte das Finanzministerium den fertigen Gesetzentwurf vor.[82]

Diesem Entwurf lag die Vorstellung zugrunde, das Verhältnis zwischen Fabrikanten und Arbeitern sei nicht durch entgegengesetzte ökonomische Interessen geprägt. Vielmehr handle es sich um ein vielfältiges und in ständigem Wandel begriffenes Geflecht unterschiedlicher Bedürfnisse. Geregelt würde deren Ausgleich durch eine Fülle in langen Jahren herausgebildeter Gewohnheiten. Da allerdings nur deren wichtigste Bestandteile im Arbeitsvertrag niedergelegt werden könnten, sei die ständige Kommunikation zwischen Arbeitern, Fabrikdirektion und Inspektion unerläßlich, um zu verhindern, daß sich der Ärger der Arbeiter über ungelöste Probleme aufstaue und schließlich in Unruhen ausbreche. Besonders in großen Fabriken verlange dieser Dialog zwischen Arbeitern und Fabrikdirektion die Vermittlung gewählter Vertreter, wie es bereits in verschiedenen Betrieben praktiziert werde. Ziel des Gesetzes sei es, diese aus der Praxis gewachsenen Formen zu legalisieren, um zu verhindern, daß sich Vertrauenspersonen der Arbeiter in Konfliktsituationen von den Vertretern einer

---

Wahl von Fabrikältesten während des Obuchov-Streiks im Frühjahr 1901. Diese wurden von der Fabrikdirektion zwar akzeptiert, nach Beendigung des Streiks jedoch von der Polizei verhaftet: Surh, 1905 in St. Petersburg, S. 94-95; Hogan, H.: Forging Revolution. Metalworkers, Managers, and the State in St. Petersburg, 1890-1914, Bloomington 1993, S. 51-55.

[81] Zakonodatel'nye materialy, S. 1. Siehe auch die Vorlage Svjatopolk-Mirskijs vom 17. 5. 1901: Doklad tovarišča ministra vnutrennych del P. D. Svjatopolk-Mirskogo Nikolaju Romanovu, 1901 g., in: KA 76(1936), S. 53-66.

[82] RGIA f. 1153 op. 1 1903 g. d. 153 ll. 2-13. Veröffentlicht in: Zakonodatel'nye materialy, S. 1-18; sowie in gekürzter Form bei Ozerov, Politika, S. 262-272.

politisierten Minderheit verdrängen ließen und damit der Radikalisierung einer an sich passiven und friedlichen Mehrheit der Arbeiter freien Raum gäben.[83]

Dieser Ansatz schlug sich auch in den konkreten Bestimmungen des Entwurfes nieder. Die Einrichtung von Fabrikältesten sollte weitgehend auf der freiwilligen Initiative der Fabrikdirektion beruhen und nur in Ausnahmefällen von der Fabrikinspektion angeordnet werden können. Mit deren Genehmigung stand es der Fabrikdirektion frei, strengere Anforderungen an die zu wählenden Kandidaten zu stellen als das von dem Entwurf vorgesehene Mindestalter von 21 Jahren. Der Fabrikdirektion oblag es auch, die Belegschaft entsprechend der inneren Organisation des Betriebes in unterschiedliche Wählergruppen (*razrjady*) zu unterteilen. Auf den Wahlversammlungen der Arbeiter durften ausschließlich Angelegenheiten der jeweiligen Wählergruppe beraten werden, während übergreifende Fragen, die Angelegenheiten der gesamten Fabrik betrafen, allein von den Fabrikältesten selbst diskutiert werden sollten. Schließlich wurde den örtlichen Gouverneuren das Recht eingeräumt, unliebsame Fabrikälteste abzusetzen.[84]

Dieses Konzept macht deutlich, daß es dem Finanzministerium nicht mehr ausschließlich darum ging, die Kommunikation zwischen Arbeitern und Fabrikinspektion zu verbessern. Eigentliches Ziel des Projektes war es nunmehr, dem Einfluß revolutionärer Agitatoren auf eine vermeintlich konservative, unpolitische Arbeiterschaft entgegenzuwirken. Dieser sollte die Möglichkeit gegeben werden, ihre Bedürfnisse unabhängig von äußeren Einflüssen legal zu artikulieren, um so ein Gegengewicht gegen revolutionäre Propaganda zu schaffen. Diesem Konzept lag jedoch nicht nur die Vorstellung zugrunde, daß einer Mehrheit der Arbeiter weniger an politischen Fragen als an der Lösung alltäglicher Probleme ihres unmittelbaren Lebensbereiches gelegen war. Vielmehr ging das Finanzministerium nach wie vor davon aus, daß sich die Probleme gesetzestreuer Arbeiter innerhalb des Rahmens existierender individueller Arbeitsverträge lösen ließen. Dabei ignorierte das Ministerium, daß die Mehrzahl der Streiks zwischen 1895 und 1904 auf eine Erhöhung der Löhne oder auf eine Verringerung der Arbeitszeit und damit eindeutig auf eine Veränderung gültiger Arbeitsverträge abzielte.[85] Damit aber mußte die Hoffnung schon im Ansatz als äußerst problematisch erscheinen, über die Einrichtung von Fabrikältesten eine Eindämmung der Fabrikunruhen und eine Verminderung der Attraktivität sozialdemokratischer Propaganda erreichen zu können. Solange aber die Regierung an der unantastbaren Rechtsverbindlichkeit des individuellen Arbeitsvertrags festhielt, war die Vorstellung unrealistisch,

---

[83] Zakonodatel'nye materialy, S. 5-8.
[84] Ebenda, S. 9-18.
[85] Varzar, Statističeskija svedenija, S. 51.

die Artikulation authentischer Bedürfnisse der Arbeiter würde sich in legale Bahnen lenken lassen.

Angesichts dieser Konzeption war es allerdings nur folgerichtig, daß man im Finanzministerium jegliche Kritik zurückwies, bei den Fabrikältesten handele es sich vom Wesen her um den ersten Schritt zur Zulassung unabhängiger Arbeiterorganisationen:

„Der wesentliche Unterschied der Organisation, die mit der Einrichtung der Fabrikältesten verknüpft ist, und übrigen Formen von Arbeiterorganisationen besteht darin, daß alle letzteren ohne eine Beteiligung der Direktion der Industriebetriebe denkbar sind, während erstere bei einer Beseitigung der Direktion ihren Sinn verlieren und nicht weiter existieren können. Es ist richtig, daß die Einrichtung von Fabrikältesten jede andere Organisation erleichtert, wenn diese zugelassen werden sollte, und sei es nur, weil sie den Arbeitern eine gewisse Schule bei der Diskussion ihrer Angelegenheiten bietet, aber das stellt offensichtlich keine Vorentscheidung über die Zulassung dieser oder jener Organisationsform dar."[86]

Dennoch stellte wie bei der parallel geführten Diskussion um die Selbsthilfekassen die Befürchtung, daß hier ein erster Schritt in Richtung einer organisierten Interessenvertretung der Arbeiter getan werde, auch den Hauptkritikpunkt der Industrie dar. Anders als bei früheren Gesetzen wurden deren Vertreter erst zu einem Zeitpunkt in das Gesetzgebungsverfahren einbezogen, als die Grundzüge der geplanten Reform bereits festlagen. In einer Anhörung einzelner Industrieller in der Obolenskij-Kommission am 4. und 5. März 1903, also kurz bevor der Entwurf in den Reichsrat eingebracht wurde, wurden trotz einiger nicht unbedeutender Modifikationen zwar noch keine Einwände vorgebracht, die das Projekt insgesamt in Frage stellten.[87] Dagegen reichte die Petersburger Fabrikantengesellschaft kurz darauf die bereits im Zusammenhang mit den Selbsthilfekassen erwähnte Denkschrift beim Finanzministerium ein, in der das Projekt der Fabrikältesten radikal abgelehnt wurde:

„Was insbesondere das Institut der Fabrikältesten angeht, so muß gesagt werden, daß die Frage einer Repräsentation der Arbeiter im Widerspruch zu den grundlegenden Bedingungen industriellen Lebens steht. Der Fabrikant stellt einen Arbeiter ein, nicht einen Bund von Arbeitern, wie in den englischen Alliancen, und kein Artel', und deshalb ist er nicht dazu verpflichtet, Vertreter der Arbeiter

---

[86] Projekt einer Stellungnahme Obolenskijs für den Reichsrat: RGIA f. 22 op. 2 d. 628 ll. 140-141.

[87] Handschriftliche Notizen auf einer den Industriellen vorgelegten Fassung des Entwurfes lassen vermuten, daß auf deren Einspruch hin die Bestimmung gestrichen wurde, daß Fabrikälteste auch auf Wunsch der Arbeiter eingerichtet werden sollten. Die Tatsache, daß auf dieser Sitzung neben Fragen der Vertragsauslegung auch die allgemeinen Lebensverhältnisse der Arbeiter in die Zuständigkeit der Fabrikältesten aufgenommen wurden, deutet dagegen auf eine konstruktive Haltung der Industrievertreter bei diesen Beratungen hin: RGIA f. 22 op. 2 d. 628 ll. 131-132 und l. 187.

anzuerkennen, und er ist nicht dazu verpflichtet, seine Beziehungen zu den Arbeitern zu normieren, außer den Normen, die vom Gesetz aufgestellt werden."[88]

Diese prinzipielle Überlegung wurde durch das Argument noch untermauert, daß gewählte Arbeitervertreter nicht nur keine Unruhen verhindern könnten, sondern sich vielmehr durch dauernde „Erfolge" in Form von Zugeständnissen der Fabrikbesitzer legitimieren müßten und der Verbreitung „internationaler Arbeiterideale" Tür und Tor öffneten.

Um dem Einfluß dieser Erklärung auf die laufenden Beratungen des Reichsrats entgegenzuwirken, bat das Finanzministerium die Moskauer Abteilung des Rates für Handel und Manufakturen um ihre Stellungnahme. Auf ein ausführliches Schreiben V. V. Jakunčikovs hin unterstützte diese zwar den Gesetzentwurf. Auch in Moskau gab es jedoch starke Kräfte, die sich vehement gegen die Einführung von Fabrikältesten aussprachen.[89] Breiteren Rückhalt konnte das Finanzministerium für seinen Entwurf also in der Industrie kaum finden.

Da abzusehen war, daß der Entwurf nicht nur innerhalb der Industrie, sondern auch in der Regierungsspitze umstritten sein würde, lud der Reichsrat führende Vertreter privater und staatlicher Betriebe zu einer Anhörung. Mit Jakunčikov und S. T. Morozov benannte das Finanzministerium von Moskauer Seite zwei ausgesprochene Befürworter des Entwurfs, so daß der etwas verzerrte Eindruck entstand, Befürworter und Gegner der Reform hielten sich innerhalb der Industrie trotz unterschiedlicher regionaler Verteilung die Waage.[90] Morozov und Jakunčikov betonten erneut, daß mit der Einführung von Fabrikältesten die Kommunikation innerhalb der Fabrik verbessert würde und daß es sich um eine natürlich aus der Praxis erwachsene Form handele, die nur noch legalisiert werden müßte.[91] Dem widersprach vor allem San-Galli, der ausdrücklich als Vertreter der Petersburger Fabrikantengesellschaft auftrat.

---

[88] Zakonodatel'nye materialy, S. 18-24, Zitat S. 22; Ozerov, Politika, S. 273-280.
[89] Siehe den Brief A. I. Morozovs von der Bogorodsko-Gluchovskaja Manufaktur: RGIA f. 22 op. 2 d. 628 l. 229. In der Moskauer Abteilung des Rates für Handel und Manufakturen schlossen sich E. E. Armand und V. A. Bachrušin der ablehnenden Haltung der Petersburger Fabrikantengesellschaft an: Zakonodatel'nye materialy, S. 25.
[90] Neben Morozov und Jakunčikov für die Moskauer wurden F. K. San-Galli für die Petersburger und der Bergbauindustrielle W. Żukowski als Vertreter der polnischen Industrie geladen. Den russischen Bergbau vertraten Fadeev, Direktor des Verch-Itenskij Werkes am Ural und A. M. Gorjainov, Direktor der Brjansker Bergbauaktiengesellschaft. Die staatliche Industrie war mit S. A. Strol'man, Direktor der Permsker Artilleriewerke, den Generalmajoren M. A. Ogranovič, Leiter des Petersburger Röhrenwerkes und N. G. Dmitriev-Bajcurov, Direktor der staatlichen Sestrorecker Waffenfabrik, sowie mit I. P. Pavlov von den Baltischen Schiffbauwerken und G. A. Vlas'ev von der Admiralität vertreten: RGIA f. 1153 op. 1 1903 g. d. 153 l. 30.
[91] Darin wurden sie auch von Dmitriev-Bajcurov unterstützt: RGIA f. 1153 op. 1 1903 g. d. 153 ll. 63-64, l. 67 und l. 71.

Er hielt den Befürwortern des Gesetzes entgegen, daß die Bedürfnisse der Arbeiter sich nicht auf die Auslegung des Arbeitsvertrages beschränkten, sondern daß die Fabrikältesten vor allem Lohnerhöhungen und Arbeitszeitverkürzungen fordern würden. Zwar kam diese Analyse angesichts der üblichen Forderungen streikender Arbeiter der Realität vermutlich näher als die Auffassungen Morozovs und Jakunčikovs. Indem San-Galli geradezu axiomatisch daran festhielt, daß die Beziehungen zwischen Arbeitern und Fabrikanten durch die bestehende Fabrikgesetzgebung ausreichend geregelt seien, vermochte er jedoch keinerlei überzeugendes Gegenkonzept zu entwickeln, wie der wachsenden Unruhe unter den Arbeitern zu begegnen sei.[92]

Die Mitglieder des Reichsrats interessierten sich allerdings gar nicht so sehr dafür, wie sich die geplante Reform auf die internen Strukturen der Fabrik auswirken würde. Ihnen ging es vielmehr um die Frage, inwieweit sozialistischer Agitation durch die Einrichtung von Fabrikältesten Vorschub geleistet werde. Auch hier waren die Meinungen geteilt. Als Vertreter der polnischen Industrie hob der Bergbauindustrielle Żukowski unter Hinweis auf entsprechende Erfahrungen in Deutschland hervor, daß sich die Arbeiterschaft über die Fabrikältesten wesentlich leichter politisch beeinflussen ließe und daß vor allem Agitatoren kandidieren würden:

> „Die besten Chancen, zum Amt des Fabrikältesten gewählt zu werden, haben Personen, die Popularität unter den Arbeitern suchen. Diese Leute werden unter den Arbeitern allgemeine Ideen sozialen Charakters verbreiten. Ernsthafte und bescheidene Arbeiter werden sich kaum um das Amt eines Fabrikältesten bemühen."[93]

Dem widersprach Morozov, indem er erneut darauf verwies, daß die Arbeiter im Grunde konservativ und unpolitisch seien:

> „Ich teile diese Bedenken nicht. Zur gegenwärtigen Zeit interessieren sich die Arbeiter nicht so sehr für die Ideen des Sozialismus. Sozialistische Agitation existiert, das ist wahr. Aber trotzdem sind den Arbeitern ihre eigenen örtlichen, praktischen Bedürfnisse näher, welche die allernächste Zukunft betreffen."[94]

Letztlich hing die Beurteilung des Gesetzentwurfes also davon ab, welches Bild sich der einzelne Industrielle oder auch das einzelne Reichsratsmitglied von dem Charakter der Arbeiterschaft machte. Zugleich wird an der Diskussion um die Fabrikältesten besonders deutlich, daß ein unverkrampftes Verhältnis gegenüber der Arbeiterschaft die wichtigste Voraussetzung dafür war, um überhaupt längerfristige Reformperspektiven zu entwickeln. Im Fall der Fabrikältesten erwiesen sich diese aufgrund falscher Annahmen über die Bedürfnisse der Arbeiterschaft zwar als wenig tragfähig. Dennoch hatte die flexiblere Haltung

---

[92] Ebenda l. 63.
[93] Ebenda l. 72.
[94] Ebenda l. 73.

eines Morozov oder Jakunčikov im Vergleich zu der starren Abwehrhaltung San-Gallis gegenüber der als existentielle Bedrohung empfundenen Arbeiterbewegung den Vorteil, überhaupt eine politische Reaktion auf die rasanten sozialen Veränderungen der Zeit zu ermöglichen.

Es waren schließlich auch weniger die sachlichen Argumente, die den Reichsrat mehrheitlich von dem Entwurf über die Fabrikältesten überzeugten, als die Aussicht, daß darin zumindest die Chance zu liegen schien, dem wachsenden Einfluß revolutionärer Agitatoren auf eine unruhige Arbeiterschaft Einhalt zu gebieten. Allerdings trug der Reichsrat den Bedenken der Petersburger Industriellen insofern Rechnung, als er betonte, daß der eigentliche Inhalt von Arbeitsverträgen für die Fabrikältesten nicht zur Diskussion stand. Darüber hinaus wurde die Unterteilung der Betriebe in einzelne Wählergruppen stärker herausgestrichen und das Mindestalter für Fabrikälteste von 21 auf 25 Jahre und mindestens fünfjährige Betriebszugehörigkeit angehoben.[95]

In der Praxis zeigte sich, daß das Gesetz über die Fabrikältesten sowohl bei den Industriellen wie auch bei den Arbeitern selbst auf wenig Resonanz stieß. So nutzte die Petersburger Fabrikantengesellschaft die den Fabrikbesitzern eingeräumte Möglichkeit, eigene Wahlordnungen zu erlassen, um die Wahl repräsentativer Arbeitervertreter durch eine einheitliche Anhebung des Mindestalters auf 35 Jahre zusätzlich zu erschweren.[96] Bis 1905 wurden im ganzen Reich in etwa dreißig bis vierzig Betrieben Fabrikälteste gewählt. Obwohl die Fabrikältesten angesichts der Repressionen der Stolypin-Ära als einzige legale Form der Arbeiterorganisation in einzelnen Betrieben wichtige Kristallisationspunkte gewerkschaftlicher Tätigkeit darstellten, sollte sich ihre Zahl auch bis zum Ausbruch des Weltkrieges nicht erheblich erhöhen.[97] Die Regierung führte diesen Mißerfolg vor allem auf die große Abhängigkeit der Fabrikältesten von den Fabrikdirektionen zurück, die diesen erhebliche Möglichkeiten bot, Wahlen entweder ganz zu blockieren oder für die Arbeiter weitgehend uninteressant zu machen.

---

[95] Dennoch stimmte sowohl in den Vereinigten Abteilungen als auch in der Vollversammlung des Reichsrats eine Minderheit aus prinzipiellen Erwägungen gegen den Entwurf, darunter der in engem Kontakt zur Petersburger Industrie stehende ehemalige Reichssekretär Polovcov: Zakonodatel'nye materialy, S. 39-42 und S. 45-56; RGIA f. 1153 op. 1 1903 g. d. 153 ll. 35-37 und ll. 47-53. Zum Text des Gesetzes vom 10. Juni 1903 siehe PSZ 3, Bd. XXIII, Nr. 23122 und Zakonodatel'nye materialy, S. 15-18.
[96] RGIA f. 150 op. 1 d. 481 l. 6.
[97] Meschewetski, P.: Die Fabrikgesetzgebung in Rußland, Tübingen 1911, S. 118; RGIA f. 1405 op. 86 d. 11135 ll. 58-61 (Gesetzentwurf über die Reform der Fabrikältesten vom Mai 1916). Zu Berichten über die Einrichtung von Fabrikältesten in einzelnen Fabriken siehe RGIA f. 150 op. 1 d. 481 l. 7, l. 11 und l. 102; Ozerov, Politika, S. 281; Bonnell, Roots of Rebellion, S. 96 und S. 383-385.

Gestützt auf die Stellungnahme einzelner Moskauer Industrieller hatte das Finanzministerium im Gesetzgebungsprozeß erfolgreich argumentiert, daß es sich bei den Fabrikältesten um eine natürlich gewachsene Institution des russischen Fabriklebens handele, die es nur zu legalisieren gelte. Diese Vorstellung erwies sich in den Folgejahren als Illusion. Allerdings läßt sich aus dem Scheitern des Gesetzes auch nicht zwingend schließen, daß eine rein auf ökonomische Fragen beschränkte Vertretung der Arbeiter 1903 bereits von der Realität überholt gewesen sei. Vielmehr zeigte sich, daß eine Zulassung ökonomischer Organisationen der Arbeiter weder politisch noch in der Praxis auf die Zustimmung breiter Schichten der Industrie stoßen würde. Die Konsequenz, eine solche Interessenvertretung schließlich gegen den Willen der Industrie durchzusetzen, vermochte das Finanzministerium jedoch vor 1905 nicht zu ziehen.

Zusammenfassung

Unter dem Druck zunehmender Arbeiterunruhen formulierte die zarische Regierung eine Arbeiterschutzpolitik, die in weiten Bereichen westeuropäischen Standards entsprach und dennoch in wesentlichen Punkten unvollständig blieb. Diese Politik speiste sich aus mehreren Quellen. Aus den Kreisen einer aufgeklärten und von der Reformzeit der sechziger Jahre geprägten Regierungsbürokratie kam der Impuls zu einer umfassenden Verrechtlichung der Beziehungen zwischen Arbeitern und Fabrikbesitzern, die in dem Gesetz vom 3. Juni 1886 ihren deutlichsten Ausdruck fand. Parallel dazu liefen Bemühungen von Seiten der professionellen technischen Intelligenz und einer schmalen unternehmerischen Elite, der russischen Industrie über eine Verbesserung der Bildungsmöglichkeiten und eine Erhöhung der Arbeitsproduktivität langfristige Wachstumsperspektiven zu eröffnen. Ihr Ergebnis war neben der Beschränkung der Kinderarbeit vor allem der Maximalarbeitstag vom 2. Juni 1897. Diese beiden Strömungen wurden überlagert von dem Interesse der Regierung, die zunehmenden Arbeiterunruhen zu unterdrücken und einer Destabilisierung des autokratischen Staatsaufbaus vorzubeugen. Angesichts der Schwerfälligkeit des zarischen Gesetzgebungsapparats bedurfte es sowohl 1885/86 als auch 1896/97 sogar einzelner Massenstreiks, um reformerischen Bestrebungen überhaupt erst zum Durchbruch zu verhelfen.

Es stellte sich jedoch bald heraus, daß es nicht ausreichte, allein den Rechtsstatus des einzelnen Arbeiters innerhalb der Fabrik zu verbessern, um weiteren Unruhen vorzubeugen. Auch ein immer schärferes Vorgehen der Polizei gegen Streikende mußte langfristig als fruchtlos erscheinen, wenn es nicht gelang, die eigentlichen Ursachen der Streiks zu beseitigen. Nach der Jahrhundertwende unternahm die zarische Regierung deshalb mehrere Anläufe, die Arbeiterfrage auf reformerischem Weg zu lösen.

In den Augen des Finanzministeriums lag das eigentliche Problem in den miserablen Lebensverhältnissen der Arbeiter. Seine Politik zielte deshalb darauf ab, den Lebensstandard der Arbeiterschaft mit ökonomischen Mitteln zu verbessern, nämlich über wirtschaftliches Wachstum, eine langfristige Steigerung der Arbeitsproduktivität, die Anregung zum Aufbau von Selbsthilfeinstitutionen und, wie die folgenden Kapitel zeigen werden, über den Aufbau dezentraler Arbeiterversicherungen. Überlegungen zur Straffreiheit individueller wie kollektiver Arbeitsniederlegungen und die Einrichtung von Fabrikältesten ergänzten diese Strategie, indem sie dazu beitragen sollten, Arbeiterunruhen zu entpolitisieren und auf ihren ökonomischen Kern zu reduzieren. Dabei hielt die Industrie und mit ihr das Finanzministerium allerdings ganz an der Vorstellung individueller Arbeitsverträge als unantastbarem Maßstab des Arbeitsverhältnisses fest.

Dagegen hatten das Innenministerium und die ihm unterstellten Polizeibehörden mit der ihnen eigenen unternehmerfeindlichen Mentalität wenig Bedenken, die Lage der Arbeiterschaft aus der Ausbeutung durch die Fabrikbesitzer herzuleiten und Abhilfen auszuprobieren, für die der Fabrikbesitzer zu zahlen hatte. Vor allem der von Zubatov verfolgte Ansatz einer organisierten Interessenvertretung der Arbeiter als Gegenpol zu der Macht des Fabrikbesitzers kam den Bedürfnissen der Arbeiter wesentlich näher als die industriefreundliche Politik des Finanzministeriums und zeigte lange Zeit auch wesentlich größeren Erfolg. Daß diese Politik dennoch fehlschlug, lag letztlich weniger an der strengen polizeilichen Kontrolle, der die von Zubatov inspirierten Organisationen unterworfen waren, als an dem hartnäckigen Widerstand des Finanzministeriums.

Dessen enge Kontakte zur Industrie spielten dabei zwar eine nicht unerhebliche Rolle, allein ausschlaggebend waren sie jedoch nicht. Wie der Beratungsprozeß über die Fabrikältesten deutlich gezeigt hatte, war das Finanzministerium durchaus in der Lage, sich über die Interessen weiter Teile der Industrie hinwegzusetzen und sich ausschließlich auf die Unterstützung einzelner, reformerisch gesinnter Unternehmerpersönlichkeiten zu verlassen. Auch mit dem Innenministerium hatte sich das Finanzressort bereits 1902 auf ein umfassendes Programm zur Reform der Fabrikgesetzgebung verständigt. Blockiert wurden die verschiedenen Projekte vielmehr dadurch, daß es beiden Ministerien nur mit Mühe gelang, den Reichsrat überhaupt von der Existenz einer Arbeiterfrage zu überzeugen. Unter diesen Umständen mußten Projekte wie die Gründung von Arbeiterorganisationen oder gar eine Streikrechtsreform, die weit über die schließlich beschlossene Einrichtung von Fabrikältesten hinausgingen, von vornherein illusorisch erscheinen.

Die Nähe des Finanzministeriums zur Industrie sowie das Kompetenzgerangel zwischen den Ministerien trugen zwar das Ihre dazu bei, die Formulierung einer konsequenten und in sich geschlossenen Politik gegenüber der Arbeiterschaft zu verzögern. Damit läßt sich jedoch nicht hinreichend erklären, daß keine Reformpolitik zustandekam, die es der Arbeiterschaft ermöglicht hätte, sich innerhalb des bestehenden politischen Systems als soziale Schicht mit verbrieften kollektiven Rechten und den Möglichkeiten legaler Interessenartikulation zu etablieren. Ausschlaggebend war vielmehr, daß die führenden politischen Kräfte im Reichsrat wie in den Ministerien vor 1905 die gesellschaftspolitische Herausforderung allenfalls wahrnahmen, welche das Aufkommen einer Industriearbeiterschaft bedeutete, sie in ihrem Wesen jedoch nicht verstanden. Solange eine legale Interessenvertretung der Arbeiter und damit überhaupt ein Ausgleich kollektiv organisierter Interessen außerhalb dessen blieb, was in der zarischen Regierung politisch denkbar war, mußte auch das Konzept, die Arbeiterbewegung in revisionistische Bahnen zu lenken, in einem zentralen Punkt unvollständig bleiben. Hier brachten erst die Erschütterungen des Revolutionsjahrs 1905 einen Durchbruch.

DIE ANFÄNGE RUSSISCHER SOZIALGESETZGEBUNG

337

Obwohl das zarische Rußland als klassischer Fall eines industriellen Nachzüglers für vergleichende sozialpolitische Analysen von besonderer Bedeutung sein könnte, ist die russische Entwicklung bislang von der internationalen Forschung wenig beachtet worden. Da Fachhistoriker der gesetzlichen Unfall- und Krankenversicherung von 1912 im allgemeinen nur geringe Chancen eingeräumt haben, die Arbeiterfrage in Rußland zu lösen, wurde die russische Sozialpolitik bislang nur in Ansätzen untersucht.[1] Dabei waren die Versicherungen von 1912 nur das wichtigste Ergebnis einer lebhaften sozialpolitischen Diskussion, die bereits um die Mitte des neunzehnten Jahrhunderts einsetzte und schon vor der Revolution von 1905 greifbare Resultate hervorbrachte. So wurde 1894 eine staatliche Altersversicherung bei den russischen Eisenbahnen eingeführt. 1895 und 1903 folgten Gesetze über Kranken-, Spar- und Hilfskassen im polnischen Bergbau sowie eine umfassende Entschädigungspflicht der Unternehmer bei Arbeitsunfällen. Projekte über Hilfskassen im südrussischen Bergbau und über die Reform der medizinischen Versorgung von Fabrikarbeitern lagen fertig auf dem Tisch.

Welchen Einfluß übte die Einrichtung von Arbeiterversicherungen in Westeuropa, vor allem in Deutschland, auf das Zarenreich aus? Um in vergleichender Perspektive die Ursachen herauszufinden, die zu der Entstehung sozialer Sicherungssysteme in Westeuropa geführt haben, sind gegen Ende der siebziger Jahre aus Anlaß des einhundertjährigen Jubiläums der deutschen Arbeiterversicherungen umfangreiche, auf einem modernisierungstheoretischen Ansatz beruhende Studien durchgeführt worden.[2] Diese Untersuchungen führten zu dem Ergebnis, daß sich weder der Zeitpunkt der Einführung von Arbeiterversicherungen noch deren vielfältige Formen allein aus dem jeweiligen wirtschaftlichen und sozialen Entwicklungsstand einer Gesellschaft hinreichend erklären lassen.[3] Vielmehr wurden innovative politische Akteure vom Schlag eines Bismarck

---

[1] Zu den Versicherungen von 1912 siehe Ivanov, L. M.: Strachovoj zakon 1912 goda i ego praktičeskoe primenenie, in: Otečestvnnaja Istorija 1995, Nr. 5, S. 73-87; Ewing, S.: The Russian Social Insurance Movement, 1912-1914. An Ideological Analysis, in: SR 50(1991), S. 914-926; McKean, R. B.: Social Insurance in Tsarist Russia, St. Petersburg, 1907-1917, in: Revolutionary Russia 3(1990), S. 55-89; Roosa, R.: Workers' Insurance Legislation and the Role of the Industrialists in the Period of the Third State Duma, in: RR 34(1975), S. 410-452; Avrech, A. Ja.: Stolypin i Tret'ja Duma, Moskau 1968, S. 197-272.

[2] Flora, P., Alber, J. und Kohl, J.: Zur Entwicklung der westeuropäischen Wohlfahrtsstaaten, in: Politische Vierteljahresschrift 18(1977), S. 707-772; Zacher, H. (Hg.): Bedingungen für die Entstehung und Entwicklung von Sozialversicherung. Colloquium der Projektgruppe für Internationales und Vergleichendes Sozialrecht der Max-Planck-Gesellschaft, Berlin 1979; Alber, J.: Vom Armenhaus zum Wohlfahrtsstaat. Analysen zur Entwicklung der Sozialversicherung in Westeuropa, Frankfurt/M., New York 1982.

[3] Flora u. a., Zur Entwicklung, S. 750-761; Fischer, W.: Wirtschaftliche Bedingungen bei der Entstehung und Entwicklung von Sozialversicherung, in: Zacher, Bedingungen, S. 91-102, hier S. 91-93. Siehe dazu auch die verschiedenen Länderberichte in Köhler, P.

sowie die jeweilige Regierungsform als ausschlaggebende Faktoren benannt. Konstitutionell-dualistische Monarchien hätten früher als parlamentarische Systeme Sozialversicherungen eingeführt, weil sie unter dem Druck einer feindseligen Arbeiterbewegung soziale Rechte als Ersatz für politische Partizipation gewährten. Zudem hätten sie über eine effiziente, zentralisierte Verwaltung verfügt, die soziale Reformen von oben durchsetzen konnte. Schließlich seien sie eher als die bürgerlichen Demokratien dazu in der Lage gewesen, den Widerstand der Mittelschichten gegen die materiellen Belastungen eines Sicherungssystems zu überwinden.[4] Demgegenüber hat vor allem Gerhard A. Ritter auf ein kameralistisch geprägtes Staatsdenken, Impulse aus dem Pietismus wie der katholischen Soziallehre sowie auf die Existenz eines ausgefeilten Systems von Knappschaftskassen im Bergbau als besondere Faktoren für die frühe Einführung einer Sozialversicherung in Deutschland hingewiesen.[5]

Angesichts des niedrigen industriellen Entwicklungsstands des Zarenreiches und der allenfalls schwachen Traditionen sozialpolitischen Denkens in der russischen Gesellschaft liegt die Vermutung nahe, daß die russische Diskussion im wesentlichen vom deutschen Beispiel angestoßen wurde. Inwiefern das Vorbild der „Pioniere" Deutschland und Österreich den entscheidenden Impuls für die Einführung vergleichbarer sozialer Sicherungssysteme lieferte, ist für den Fall der westeuropäischen Nachbarn jedoch heftig angezweifelt worden. Auch wenn eine Auseinandersetzung mit der deutschen Arbeiterversicherung in nahezu allen europäischen Ländern nachgewiesen werden kann, wird gegen eine direkte „Diffusion" eingewandt, daß Nachzügler der Arbeiterversicherung wie Frankreich, Belgien, die Niederlande oder Großbritannien diese häufig erst auf einem höheren Niveau industrieller Entwicklung und unter dem Druck einer deutlich stärker politisierten Arbeiterschaft einführten. Hinzu kam, daß die Zwangselemente der deutschen Arbeiterversicherungen vor allem in England lange Zeit auf prinzipielle Ablehnung stießen und in Frankreich generell erhebliche psychologische Vorurteile gegen alles Deutsche herrschten.[6]

A. und Zacher, H. F. (Hgg.): Ein Jahrhundert Sozialversicherung in der Bundesrepublik Deutschland, Frankreich, Großbritannien, Österreich und der Schweiz, Berlin 1981.

[4] Flora u. a., Zur Entwicklung, S. 761-765. Köhler, P.: Entstehung von Sozialversicherung. Ein Zwischenbericht, in: Zacher, Bedingungen, S. 19-88, v. a. S. 74-86.

[5] Ritter, G. A.: Der Sozialstaat. Entstehung und Entwicklung im internationalen Vergleich, München ²1991, S. 64-87; Ders.: Sozialversicherung in Deutschland und England. Entstehung und Grundzüge im Vergleich, München 1983, S. 18-21 und S. 28-52. Siehe dazu die Einwände bei Köhler, Entstehung, S. 57-59.

[6] Ritter, Der Sozialstaat, S. 100-102; Alber, Vom Armenhaus, S. 134-151; Flora u. a., Zur Entwicklung, S. 754-755; Hennock, E. P.: British Social Reform and German Precedents. The Case of Social Insurance 1880-1914, Oxford 1987. Zum Konzept der Diffusion siehe Bendix, R.: Tradition and Modernity Reconsidered, in: Comparative Studies in Society and History 9(1966/67), S. 292-346, hier S. 329-335; Fischer, Wirtschaftliche Bedingungen, S. 93; Köhler, Entstehung, S. 77-78.

Inwieweit dieser Einwand auch für das zarische Rußland zutrifft, ist jedoch fraglich. Wie wir im folgenden sehen werden, nahmen sich reformerische Kräfte innerhalb der Industrie wie der Öffentlichkeit schon früh die deutsche Arbeiterversicherung zum Vorbild und drängten darauf, dieses Modell auch für Rußland zu übernehmen. Dagegen spielte das Motiv der Systemstabilisierung im Zarenreich als dem Musterbeispiel einer autoritären Regierungsform erst vergleichsweise spät eine ausschlaggebende und vor allem eine weitgehend destruktive Rolle, da sich konservative Kräfte innerhalb der Regierungsbürokratie massiv gegen die Gründung einer Versicherung wandten, die speziell auf die Bedürfnisse der Arbeiterschaft zugeschnitten gewesen wäre und dieser erhebliche Mitbestimmungsrechte eingeräumt hätte.

IX. VON DER RECHTSREFORM ZUR SOZIALPOLITIK: DAS UNFALLHAFTUNGSGESETZ VOM 2. JUNI 1903[7]

1. Rechtsverständnis und Staatspolitik

In nahezu allen europäischen Ländern stellten Gesetze über die Haftung bei Arbeitsunfällen den frühesten Einstieg in die soziale Sicherung der Fabrikarbeiterschaft dar.[8] Anders als im Falle von Krankheit und Alter ließ sich die Erwerbsunfähigkeit der Opfer von Arbeitsunfällen als unmittelbare Folge der Industriearbeit begreifen. Ihre Versorgung erschien folglich nicht nur als humanitäre Pflicht, sondern rechtfertigte sich in Anknüpfung an das bestehende Haftungsrecht als gerechte Entschädigung für einen erlittenen Schaden. Hinzu kam, daß die Zahl der Betroffenen vergleichsweise gering war, so daß selbst eine gesetzliche Haftung, welche alle Opfer von Arbeitsunfällen erfaßte, die Industrie nicht vor unüberwindliche finanzielle Schwierigkeiten zu stellen drohte.[9]

Entsprechend dem Zivilgesetzbuch von 1835 hafteten Fabrikbesitzer für den Verlust der Arbeitsfähigkeit ihrer Arbeiter infolge von Arbeitsunfällen ursprünglich nur dann, wenn der Verunglückte oder seine Hinterbliebenen vor Gericht nachweisen konnten, daß der Besitzer selbst oder einer seiner

---

[7] Eine frühere Fassung dieses Kapitels wurde veröffentlicht unter dem Titel: Anfänge russischer Sozialgesetzgebung. Die Politik der Regierung und die Haltung der Industrie zur Haftung bei Arbeitsunfällen, in: Haumann, H. und Plaggenborg, S. (Hgg.): Aufbruch der Gesellschaft im verordneten Staat. Rußland in der Spätphase des Zarenreiches, Frankfurt/M. 1994, S. 186-216.

[8] Flora u. a., Zur Entwicklung, S. 730-731.

[9] Auf der Grundlage deutscher Unfallhäufigkeitsraten ging das Finanzministerium 1893 von mindestens 13.400, vermutlich aber mehr als 20.000 potentiell entschädigungsberechtigten Unfallopfern jährlich in Rußland aus, was einer Rate von 5-8 Unfällen pro 1.000 Arbeitern entspricht: RGIA f. 1151 1893 g. d. 64 ll. 55-66 und ll. 72-74. Für 1905 errechnete das Handels- und Industrieministerium eine Rate von 5,2 Invaliden und tödlich Verunglückten: Gvozdev, S. [A. K. Klepikov]: Zapiski fabričnago inspektora. Iz nabljudenii i praktiki v period 1894-1908 gg., Moskau 1911, S. 189. Die erheblich höheren Werte der Fabrikinspektion für 1901 und 1904 (14,6 bzw. 41,9 Unfälle pro 1000 Arbeiter) umfassen vermutlich auch leichtere Unfälle ohne Entschädigungsanspruch: Vovčik, A. F.: Politika carizma po rabočemu voprosu v predrevoljucionnyj period (1895-1904), L'vov 1964, S. 187-188; Ivanov, L. M.: Zakon 1903g. o voznagraždenii uvečnych rabočich i ego praktičeskoe primenenie, in: Rabočee dviženie v Rossii v period imperializma, Moskau 1982, S. 88-126, hier S. 94.

Angestellten den Unfall schuldhaft verursacht hatte. Die Grundlage der Haftung war nicht durch ein besonderes Gesetz geregelt, sondern wurde aus allgemeinen zivilrechtlichen Bestimmungen zum Eigentumsrecht abgeleitet.[10]

Diese Art der Regelung wies jedoch schwerwiegende Mängel auf. Der Anteil der von Besitzern persönlich oder von Angestellten der Fabrik schuldhaft verursachten Unfälle war ohnehin gering.[11] Da es keinerlei gesetzliche Sicherheitsbestimmungen für Industriebetriebe gab, hatten verunglückte Arbeiter oder deren Hinterbliebene darüber hinaus kaum eine Chance, dem Besitzer oder einem seiner Angestellten vor Gericht irgendein schuldhaftes Verhalten nachzuweisen.[12] Hinzu kam, daß bei Betrieben, die keine juristische Person darstellten – und dies war bis ins zwanzigste Jahrhundert außer bei Aktiengesellschaften bei fast allen Betrieben der Fall – der Besitzer persönlich verklagt werden mußte. Dadurch wurde jedes Verfahren zu einer direkten Auseinandersetzung zwischen dem verunglückten Arbeiter und dem Fabrikanten, was zu erheblichen Spannungen in den Fabriken führte, vor allem, wenn – wie häufig behauptet wurde – „gewissenlose Winkeladvokaten" (*bessovestnye chodatai*) den Prozeß dazu nutzten, den Verunglückten öffentlich als unschuldiges Opfer rücksichtsloser Ausbeutung darzustellen.[13]

---

[10] Die allgemeinen Grundlagen zivilrechtlicher Haftung waren niedergelegt im Svod Zakonov, Bd. X Art. 574, 644, 647, 657-661, 675-676, 684-687. Die Frage der Beweislast war mehrmals vom Regierenden Senat entschieden worden: Rešenija Graždanskago Kassacionnago Departamenta Pravitel'stvujuščago Senata, 1870 g. Nr. 1132; 1876 g. Nr. 114; 1880 g. Nr. 97; Zacher, G.: Die Arbeiter-Versicherung im Auslande. Heft IX. Die Arbeiter-Versicherung in Rußland, Berlin 1899, S. 3-4; Litvinov-Falinskij, V. P.: Otvetstvennost' predprinimatelej za uveč'ja i smert' rabočich po dejstvujuščich v Rossii zakonam, St. Petersburg 1898.

[11] Für Rußland liegen keine Daten vor. Die häufig zitierten Daten des deutschen Reichs-Versicherungsamts für 1887 schrieben nur 19,8 % aller Arbeitsunfälle der Schuld der Fabrikleitung zu, 25,6 % hingegen der Schuld des Verunglückten, und mit 43,3 % fast die Hälfte der Betriebsgefährlichkeit. Die übrigen 11,2 % waren auf die Einwirkungen Dritter oder auf höhere Gewalt zurückzuführen: RGIA f. 1151, 1893 g. d. 64 l. 72.

[12] Gemäß einer Erhebung des Justizministeriums wurden 1890 bis 1892 in den Gouvernements St. Petersburg, Moskau, Vladimir, Warschau und Petrikau 519 derartige Klagen erhoben, von denen 138 (26,5 %) stattgegeben wurde: Šelymagin, I. I.: Zakonodatel'stvo o fabrično-zavodskom trude v Rossii 1900-1917, Moskau 1952, S. 72.

[13] RGIA f. 20 op. 3 d. 1930 l. 146; f. 1162 op. 1 1889 g. O.Z. d. 3 l. 47; Polovcov, A. A.: Dnevnik gosudarstvennago sekretarja A. A. Polovcova, Bd. 1, Moskau 1966, S. 299-300. Daß die meisten Betriebe keine juristische Person darstellten, führte im späteren Gesetzgebungsverfahren zu langen Diskussionen, wie gerichtlich anerkannte Entschädigungsansprüche bei einem Verkauf oder der Liquidierung des betroffenen Betriebes zu behandeln seien.

Im staatlichen Bergbau hatte die Regierung bereits 1861 selbst den Weg gewiesen, wie sich das Problem einer umfassenderen Unfallentschädigung lösen ließe, indem sie sich gesetzlich dazu verpflichtete, verunglückten Arbeitern ungeachtet der Schuldfrage eine Pension zu zahlen.[14] Im staatlichen Sektor konnte sich die Regierung eine schuldunabhängige Haftpflicht ohne weiteres selbst auferlegen. In der privaten Industrie hingegen warf eine solche Lösung die zentrale Frage auf, ob der Staat überhaupt dazu ermächtigt sei, Fabrikbesitzer über die Haftung für eine konkret nachweisbare Schuld hinaus zu sozialen Leistungen an ihre Arbeiter zu verpflichten. Solange man die Entschädigung von Unfallopfern allgemein als rechtliches und nicht als politisches Problem begriff, wurde diese Frage konsequent verneint. Da man verunglückten Arbeitern dennoch zu einer als gerecht empfundenen Entschädigung verhelfen wollte, entspann sich eine komplizierte juristische Debatte um das Problem der Schuld als der einzigen Rechtfertigung einer Haftung.

Erste Überlegungen, wie man die Haftung für Arbeitsunfälle auch in der privaten Industrie neu regeln könne, wurden bereits Mitte der sechziger Jahre in der Kommission zur Neufassung des Industriestatuts unter Vorsitz des Grafen Stackelberg angestellt und ab 1870 in den Kommissionen unter Vorsitz Ignat'evs und Valuevs wieder aufgenommen. Zwar sollten die Ansprüche verunglückter Arbeiter erheblich erweitert werden, was auch von den im Manufakturrat des Finanzministeriums vertretenen Industriellen gebilligt wurde. Dennoch hielten sie an dem Prinzip fest, daß der Besitzer nur dann haften müsse, wenn ihm eine persönliche Schuld nachgewiesen wurde. Da das ganze Bündel umfassender Reformen des Arbeitsrechts, in das die jeweiligen Vorschläge eingebunden waren, in der Regierung heftig umstritten war, wurde diese Frage allerdings erst einmal vertagt.[15]

Neuen Auftrieb erhielt die Diskussion durch ein Gesetz vom 25. Januar 1878, welches die Eisenbahnen dazu verpflichtete, alle Opfer von Eisenbahnunglücken zu entschädigen, denen keine unmittelbare Schuld an dem Unfall nachgewiesen werden konnte. Damit wurde erstmals eine generelle Haftung von privaten Betreibern maschineller Einrichtungen gesetzlich festgeschrieben,

---

[14] Gesetz vom 8. 3. 1861: PSZ 2 Bd. XXXVI Nr. 36719.
[15] RGIA f. 20 op. 3 d. 1930 ll. 2-4; Trudy kommissii, učreždennoj dlja peresmotra ustavov fabričnago i remeslennago, Bd. 1, St. Petersburg 1863, S. 319 und S. 329; Čistjakov, I.: Strachovanie rabočich v Rossii. Opyt istorii strachovanija rabočich v svjazi s nekotorymi drugimi merami ich obezpečenija, Moskau 1912, S. 47-48. Bereits 1858 hatte auch der Petersburger Generalgouverneur P. N. Ignat'ev gegenüber dem Innenministerium gefordert, daß der Lebensunterhalt verunglückter Arbeiter auf Kosten der Fabrikbesitzer zu sichern sei: Kazancev, B. N.: Istočniki po razrabotke zakonov o naemnom promyšlennom trude v krepostnoj Rossii (30-e – načalo 60-ch godov XIX v.), in: Problemy Istočnikovedenija 11(1963), S. 80-112, hier S. 105-106.

die zwar ursprünglich nur für die betroffenen Passagiere gedacht war, in der Folgezeit von den Gerichten aber konsequent auch auf verunglückte Arbeiter angewandt wurde.[16] Bereits im folgenden Jahr ersuchten sowohl die Gouvernementszemstva von Smolensk und Vladimir als auch der Moskauer Generalgouverneur darum, dieses Prinzip auch auf Industriebetriebe anzuwenden.[17] Daraufhin beauftragte das Finanzministerium eine Kommission aus Mitgliedern des Rates für Handel und Manufakturen, gemeinsam mit Vertretern der zuständigen Ministerien einen Gesetzentwurf auszuarbeiten. Diese Kommission legte im Herbst 1884 ein Projekt vor, das zwar weiterhin die Haftung aus der Schuldfrage ableitete, in die Schuldhaftigkeit aber ausdrücklich jegliche Mängel an der technischen Ausrüstung der Fabrik mit einbezog und die Höhe der Entschädigung einheitlich festlegte. Zentraler Bestandteil des Vorschlags war die Bestimmung, daß der Besitzer immer dann haften müsse, wenn er nicht seine eigene Unschuld beziehungsweise die seiner Angestellten beweisen könne.[18] Gerechtfertigt wurde diese im Zivilrecht extrem außergewöhnliche Übertragung der gesamten Beweislast auf den Beklagten in Anlehnung an das Eisenbahnhaftungsgesetz von 1878 und ein Schweizer Gesetz über Arbeitsunfälle von 1881 damit, daß dem verunglückten Arbeiter oft der technische Sachverstand fehlte, einen vom Besitzer zu verantwortenden Mangel der Fabrikausrüstung als Unfallursache nachzuweisen. Der Besitzer hingegen sei in der Regel durchaus dazu in der Lage, einen Entlastungsbeweis zu führen. Neben diese eher praktische Überlegung trat der Grundsatz, daß derjenige, der den Gewinn einstreiche, auch den Verlust tragen müsse.[19] Gerade diese Formel macht deutlich, daß der Entwurf von einem Gerechtigkeitsempfinden getragen wurde, welches den Arbeitern erhebliche Sympathien entgegenbrachte und auf die Interessen der Industrie nur wenig Rücksicht nahm.

Die Petersburger Industriellen in der Kommission, F. K. San-Galli, Ja. D. Thornton und O. E. Krähl, waren mit einer gewissen Ausweitung der Haftung im Grunde zwar einverstanden. Eine derart radikale Abkehr von den Grundsätzen des Zivilprozeßrechts, wie sie die im Kommissionsentwurf vorgesehene Beweislastumkehr bedeutet hätte, lehnten sie jedoch prinzipiell ab.

---

[16] PSZ 2 Bd. LIII Nr. 58111; Levin-Stankevich, B.: Cassation, Judicial Interpretation and Criminal Law in Russia 1864-1917: The Institutional Consequences of the 1864 Court Reform in Russia, Diss. Phil., Buffalo 1984, S. 278-279.

[17] RGIA f. 20 op. 3 d. 1930 l. 1 und l. 8; Laveryčev, V. Ja.: Carizm i rabočij vopros v Rossii (1861-1917 gg.), Moskau 1972, S. 57.

[18] RGIA f. 20 op. 3 d. 1930 ll. 119-120.

[19] „Ubytki dolžny padat' na tago že, kto polučaet bariši." RGIA f. 20 op. 3 d. 1930 l. 59. Diese Auffassung vertrat in etwas abgewandelter Form auch der Moskauer Ökonomieprofessor und spätere Fabrikinspektor Janžul, der 1882 öffentlich die Einführung eines Unfallhaftungsgesetzes nach Schweizer Vorbild gefordert hatte: Janžul, I. I.: Kto otvečaet za nesčastija s rabočimi?, in: Ders.: Očerki i izsledovanija, Bd. 2, Moskau 1884, S. 213-264.

Vielmehr dürfe die Haftung über ein schuldhaftes Verhalten des Besitzers hinaus allenfalls aus einer nachgewiesenen Verletzung von Sicherheitsbestimmungen abgeleitet werden. Diese müßten allerdings noch erarbeitet werden.[20] Auch das 1885 befragte Komitee für Handel und Manufakturen in Ivanovo-Voznesensk, die Moskauer Abteilung des Rates für Handel und Manufakturen sowie das Warschauer Manufakturkomitee und der Kongreß der polnischen Bergbauindustriellen schlossen sich der ablehnenden Haltung der Petersburger Industriellen an.[21]

Daß es den Industriellen dabei nicht allein um die zu erwartenden Kosten ging, sondern ihr Rechtsverständnis und ihre Vorstellung interner Ordnung in den Fabriken von der vorgeschlagenen Beweislastumkehr massiv verletzt wurden, zeigt die Forderung des Petersburger Maschinenbauindustriellen Ludwig Nobel, die Versorgung verunglückter Arbeiter über eine Pensionskasse zu organisieren:

> „Es ist unbedingt notwendig, alle Anlässe zu vermeiden, die das gute Einvernehmen zwischen Fabrikherren und Arbeitern stören, und Regeln für eine Entschädigung nach strenger Gerechtigkeit aufzustellen. Deshalb meine ich, daß das einzige Mittel, beide Ziele zu erreichen, die Einrichtung einer allgemeinen Pensionskasse für alle Arbeiter darstellt, in die der Fabrikant einen festgesetzten Prozentsatz der allgemeinen, jährlich von ihm ausbezahlten Löhne einzuzahlen verpflichtet wird."[22]

Die polnischen Industriellen gingen sogar noch weiter, indem sie eine gesetzliche Unfallversicherung nach dem deutschen, allein von den Unternehmern finanzierten Muster forderten. Einzig das Komitee für Handel und Manufakturen in Odessa billigte den vorgelegten Entwurf.[23]

Trotz dieser Einsprüche nahm der Rat für Handel und Manufakturen den Kommissionsentwurf mit leicht verminderten Entschädigungsansprüchen im Mai 1886 mit der einzigen Gegenstimme San-Gallis an.[24] Nach erneuten Beratungen mit einigen ausgewählten Industriellen[25] im Juli 1888 wurde der Gesetzentwurf allerdings erneut überarbeitet und mit der Zustimmung des Finanzministers Vyšnegradskij in der zentralen Frage der Beweislast abgeändert:

> „Ich halte es für notwendig, hinzuzufügen, daß ich, nachdem ich einige redaktionelle Änderungen im Projekt des Rates für Handel und Manufakturen gemacht

---

[20] RGIA f. 20 op. 3 d. 1930 l. 115 und l. 121.
[21] Ebenda ll. 138-140, ll. 146-160, ll. 162-178, ll. 194-196 und ll. 199-202.
[22] RGIA f. 1162 op. 1 1889 g. O. Z. d. 3 l. 47.
[23] RGIA f. 20 op. 2 d. 1930 l. 137.
[24] RGIA, f. 1162 op. 1 1889 g. O.Z. d. 3 ll. 35-46.
[25] N. P. Il'in, M. I. Kazi, F. K. San-Galli und S. M. Tret'jakov; RGIA, f. 20 op. 3 d. 1930 l. 212. Vyšnegradskij war San-Galli bereits seit seiner Zeit am Technischen Institut freundschaftlich verbunden: [San-Galli, F. K.]: Curriculum vitae zavodčika i fabrikanta Franca Karloviča San-Galli, St. Petersburg 1903, S. 20.

habe, außerdem mit der Meinung der Mehrheit der Ratsmitglieder bezüglich der Notwendigkeit, die Beweislast in der Frage der Haftung der Fabrikanten für Verletzung und Tod von Arbeitern vom Kläger auf den Beklagten zu übertragen, schwerlich übereinstimmen kann. Ich halte es [...] für vorsichtiger und angebrachter, in den vorgeschlagenen Regeln nicht von dem Grundsatz des Zivilrechts abzuweichen, aufgrund dessen der Kläger verpflichtet ist, Beweise für die Schuld des Beklagten beizubringen."[26]

Statt dessen wurde die Haftung nun, wie von vielen Industriellen gefordert, aus einem Verstoß der Fabrikdirektion gegen gesetzliche Sicherheitsbestimmungen abgeleitet. Bis diese erlassen würden, sollten ortsübliche Vorkehrungen als Maßstab herangezogen werden. Damit, so hoffte das Finanzministerium, würde es den verunglückten Arbeitern leichter gemacht, eine Schuld des Besitzers vor Gericht zu beweisen.

Allein das persönliche Eingreifen Vyšnegradskijs hatte es ermöglicht, daß sich die Gegner des Entwurfs aus der Industrie gegen den Rat für Handel und Manufakturen vorübergehend durchsetzen konnten. Bald jedoch zeigte sich, daß eine Lösung, die wie bisher nur dann dem Arbeiter einen Entschädigungsanspruch gewährte, wenn er dem Fabrikbesitzer eine wie auch immer geartete Schuld nachweisen konnte, in der Regierung nicht konsensfähig war.[27] Aufgrund der Einwände vor allem des Justizministeriums zog der frisch ernannte Finanzminister Witte im Dezember 1892 den Gesetzentwurf zurück und kündigte eine völlig neu überarbeitete Fassung an.[28]

Bis zu diesem Zeitpunkt hatten sich alle Beteiligten bemüht, eine Lösung zu finden, die das Rechtsverhältnis zwischen zwei Individuen, dem verunglückten Arbeiter und dem Fabrikbesitzer, auf der Basis allgemeiner Gerechtigkeitsvorstellungen regeln würde. Darüber, was in diesem Fall „gerecht" sei, war gleichwohl weder in der Regierung noch unter den Industriellen Einigkeit zu erzielen. Der neue Entwurf, den das Finanzministerium im März 1893 im Reichsrat einbrachte, brach gründlich mit dieser Auffassung. Wer der Autor dieses Projekts war, läßt sich nicht mehr eindeutig feststellen. Sicher ist aber, daß V. G. Jarockij, Rechtsprofessor am Alexanderlyzeum, sowie der von Witte neu ernannte Direktor der Abteilung für Handel und Manufakturen, V. I. Kovalevskij, erheblichen Anteil an seiner Ausarbeitung hatten.[29]

---

[26] RGIA f. 20 op. 2 d. 1930 l. 223.
[27] RGIA f. 1162 op. 1 1889 g. O. Z. d. 3 ll. 84-109 und ll. 112-117.
[28] Ebenda ll. 121-122.
[29] Jarockij hatte sich seit dem Beginn seiner wissenschaftlichen Laufbahn mit Fragen der Unfallhaftung und der Sozialversicherung beschäftigt und wurde von Anfang an in das Gesetzgebungsverfahren mit einbezogen. 1886 schickte ihn das Finanzministerium nach Deutschland, um das dortige Arbeiterversicherungssystem zu untersuchen. Auf seinen Einfluß ist vermutlich die Grundkonzeption des Gesetzentwurfs sowie die enge Anlehnung an westeuropäische Rechtsbegriffe zurückzuführen: Biografičeskij slovar'

Ausgangspunkt der Überlegungen war nun nicht mehr die Gerechtigkeit, sondern die Bedürfnisse des Staates, die Staatspolitik (*gosudarstvennaja politika*). Das neue Gesetz entspringe den „Sorgen der Regierung um die Vermeidung von Elend (*niščeta*) mit all ihren unangenehmen Folgen".[30] Wie diese „unangenehmen Folgen" aussehen könnten, erläuterte das Finanzministerium am deutschen Beispiel: dort sei der aufkommenden Sozialdemokratie nicht nur mit repressiven Maßnahmen begegnet worden, sondern auch mit dem Aufbau umfassender Arbeiterversicherungen, um die Unruhe in der Arbeiterschaft zu dämpfen. In Rußland habe die Arbeiterfrage zwar noch nicht die staatsgefährdende Brisanz wie in Deutschland erreicht, in Zukunft sei aber mit einem enormen Zuwachs der Fabrikarbeiterschaft zu rechnen, die am Rande des Existenzminimums lebe:

> „Man darf von dem Arbeiter wegen des im allgemeinen unbedeutenden Lohnes, den er erhält, und wegen der Größe der Familien in Rußland nicht fordern, daß er eine Geldreserve für den Fall des Verlustes seiner Arbeitsfähigkeit bildet, um seinen eigenen Lebensunterhalt und um so weniger den seiner ganzen Familie zu sichern. Deshalb ist die Regierung offensichtlich dazu verpflichtet, rechtzeitig entsprechende Maßnahmen zu ergreifen, um den unangenehmen Folgen vorzubeugen, deren Bürde andere Staaten fühlen."[31]

Mit dem vorgelegten Entwurf wollte das Finanzministerium sich also den Vorteil des Nachzüglers zunutze machen, welcher die sozialen Begleiterscheinungen der Industrialisierung am Vorbild der entwickelteren Nachbarn beobachtet und selbst vorbeugend zu umgehen sucht. Eine staatliche Pflichtversicherung für Arbeitsunfälle, so gestand auch das Finanzministerium zu, stelle zwar prinzipiell die optimale Lösung dar, in Rußland fehlten dafür jedoch die notwendigen statistischen Vorarbeiten und die „unumgängliche Solidarität zwischen den industriellen Klassen".[32] Wichtig ist hier jedoch vor allem, daß in

---

professorov i prepodavatelej Imperatorskago S. Peterburgskago Universiteta za istekšuju tret'ju četvert' veka ego suščestvovanija. 1869-1894, Bd. 2, St. Petersburg 1898, S. 367-369.

Witte selbst behauptet in seinen Erinnerungen, daß der Entwurf noch ganz von seinem Vorgänger Vyšnegradskij gestammt habe. Diese Behauptung steht aber im Widerspruch dazu, daß Witte selbst den alten Gesetzentwurf zurückgezogen hatte und sich der neue Entwurf, wie zu zeigen sein wird, zwar nicht so sehr in den einzelnen Bestimmungen, wohl aber von seiner Begründung und seiner ganzen Konzeption her erheblich von dem vorherigen unterschied. Auch Kovalevskij sah Witte als treibende Kraft hinter dem Entwurf: Vitte, S. Ju.: Izbrannye vospominanija. 1849-1911 gg., Moskau 1991, S. 244-245; Kovalevskij, V. I.: Vospominanija. Hg. von L. E. Šepelev, in: Russkoe Prošloe 2(1991), S. 5-96, hier S. 48.

[30] RGIA f. 1151 1893 g. d. 64 l. 67. Für eine deutsche Übersetzung der Bestimmungen des Entwurfes siehe Bödiker, T.: Die Arbeiterversicherung in den europäischen Staaten, Leipzig 1895, S. 218-226

[31] RGIA f. 1151 1893 g. d. 64 l. 68.

[32] Ebenda ll. 68-69.

der Begründung zu diesem Gesetzentwurf erstmalig die Idee von der Notwendigkeit einer staatlichen Sozialgesetzgebung auftaucht. Darin spiegelt sich ein grundlegender Wandel im Bild des Finanzministeriums von der Gesellschaft sowie von den Rolle des Staates gegenüber der Gesellschaft. Anders als in den früheren Entwürfen, so das Finanzministerium, dürfe die Gesetzgebung nicht auf die Weiterentwicklung der bestehenden Grundlagen des Zivilrechts beschränkt bleiben:

> „Die Aufgabe des Gesetzgebers muß nach Meinung des Finanzministers darin bestehen, diese Grundlagen entsprechend den Absichten der Staatspolitik und der Interessen der Gesellschaft und in gerechter Berücksichtigung der Interessen sowohl der Arbeiter wie auch der Arbeitgeber zu ändern."[33]

Mit diesem Ansatz war im Bereich der Fabrikgesetzgebung ein erster Durchbruch hin zu einer gestaltenden Sozialpolitik getan, welche in der Gesetzgebung nicht mehr allein die Definition individueller Rechtsverhältnisse sah. Das neue Gesetz sollte vielmehr dazu dienen, die wirtschaftlichen Beziehungen zwischen gesellschaftlichen Gruppen gemäß den Bedürfnissen von Staat und Allgemeinwohl zu formen. Es ist sicher kein Zufall, daß an dieser Stelle erstmals in einem offiziellen Dokument in Anlehnung an den deutschen Sprachgebrauch Arbeiter und Arbeitgeber als komplementäre soziale Gruppen bezeichnet wurden. Einen gerechten, durch ein Gesetz vermittelten Ausgleich der Interessen beider Gruppen betrachtete das Finanzministerium als unerläßliche Bedingung für den Aufbau der „vaterländischen Industrie", welcher ohne innere Ruhe und Ordnung nicht denkbar schien. Diese aber konnte in den Augen des Finanzministeriums nur erhalten bleiben, wenn mögliche Konfliktfelder durch eine gesetzliche Regelung entschärft wurden.[34]

Bezogen auf die Frage der Unfallhaftung bedeutete diese Orientierung an der Staatspolitik, daß möglichst wenige Unfallopfer ohne Entschädigung bleiben sollten: Der Kreis der zu Entschädigenden wurde erheblich ausgeweitet, indem man die Haftung von der Schuldfrage abkoppelte. Gleichzeitig wurde die Höhe des Anspruchs nach oben begrenzt, so daß die Entschädigung nicht immer dem vollen Lohnausgleich entsprach. Nur dauerhaft Arbeitsunfähige sollten in den Genuß voller Lohnfortzahlung kommen, dies aber unabhängig davon, ob der Arbeitgeber den Unfall selbst verursacht hatte oder ob dieser der allgemeinen Betriebsgefahr zuzuschreiben war. Die Ansprüche der Hinterbliebenen tödlich Verunglückter wurden hingegen auf den engsten Familienkreis sowie auf maximal 60% des bisherigen Jahreslohns beschränkt. Befreit werden sollte der Arbeitgeber von der Haftung ausschließlich dann, wenn er die Schuld des Verunglückten selbst, strafbare Handlungen Dritter oder höhere Gewalt als alleinige Unfallursache nachweisen konnte.[35]

---
[33] Ebenda l. 70.
[34] Ebenda l. 80 und l. 136.
[35] Ebenda ll. 97-100.

Im Vergleich mit den früheren Entwürfen zeigt sich, daß dieser Gesetzentwurf den weiten Spielraum, den die Ableitung aus der Staatsraison bot, bei weitem nicht ausnutzte, da er in den einzelnen Bestimmungen kaum von den früheren Projekten abwich. Der wesentliche Unterschied lag in der neuartigen Begründung des Entwurfs: deren Dreh- und Angelpunkt war das staatliche Bedürfnis nach einer Entschädigung von Unfallopfern, welches der Frage nach einer Schuld des Fabrikanten übergeordnet wurde. Wurde aber die Haftpflicht nicht mehr aus einer Schuld des Fabrikanten abgeleitet, so verlor das umstrittene Beweisverfahren seine bisher so überragende Bedeutung. Dennoch wurde erheblicher Aufwand darauf verwendet, das staatliche Interesse an einer umfassenden Entschädigung mit Gerechtigkeitsüberlegungen zusätzlich zu untermauern. Dazu wurde als Begründung unternehmerischer Haftung der im französischen Recht entwickelte Begriff der Betriebsgefährlichkeit (*professional' nyj risk*)[36] herangezogen, welche die Kosten für Arbeitsunfälle den Produktionskosten anlastete.

Wäre dieser Entwurf 1893 angenommen worden, hätte Rußland auf dem Gebiet der Unfallhaftung zu den fortschrittlichsten Staaten Europas gezählt. Allein Deutschland und Österreich kannten zu diesem Zeitpunkt eine staatliche Arbeiter-Unfallversicherung, allein die Schweiz kannte seit 1881 die volle individuelle Haftung des Unternehmers für Arbeitsunfälle. In England, Frankreich, Skandinavien und Italien wurden ähnliche Entwürfe bereits beraten, aber erst deutlich später verabschiedet.[37] Auch die russische Arbeiterbewegung nahm die Forderung nach einem Unfallhaftungsgesetz auf Kosten der Fabrikbesitzer erst

---

[36] Der Begriff des *professional' nyj risk* (*risque professionel*) bezeichnet das Risiko, das von einer mechanischen Einrichtung ausgeht und für das der Betreiber unabhängig von einer persönlichen Schuld zu haften hat. Im deutschen Recht hat sich kein einheitlicher Begriff herausgebildet, dieses Risiko wurde meist als „Betriebsgefährlichkeit", „Unfallgefahr des Betriebes" oder „Gefährlichkeit des Betriebes" bezeichnet. Der verwandte, heutige Begriff der „Betriebsgefahr" bezieht sich inzwischen ausschließlich auf Kraftfahrzeuge: Fuld, L.: Der Begriff des Betriebsunfalls im Sinne der deutschen Gesetzgebung, in: Archiv für Sozialwissenschaft und Sozialpolitik 1(1881), S. 417-428; Rosin, H.: Der Begriff des Betriebsunfalls als Grundlage des Entschädigungsanspruchs nach den Reichsgesetzen über die Unfallversicherung, in: Archiv des öffentlichen Rechts 3(1888), S. 291-362, v. a. S. 319-355.

[37] Eine umfassende Haftpflicht des Unternehmers für Arbeitsunfälle wurde außerdem 1895 in Finnland, 1897 in Großbritannien und 1898 in Frankreich eingeführt. Versicherungspflicht bestand in Norwegen ab 1894, in Finnland weitgehend ab 1895 und in Italien ab 1898: Sozialversicherung, S. 642-648; Handbuch der europäischen Wirtschafts- und Sozialgeschichte, Bd. 5, Stuttgart 1985, S. 200-202; Departament Torgovli i Manufaktur: Inostrannoe zakonodatel'stvo ob otvetstvennosti predprinimatelej za nesčastnye slučai s rabočimi, St. Petersburg 1899. Speziell zum finnischen Unfallentschädigungsgesetz: Hjelt, A.: Die Unfallversicherung der Arbeiter in Finnland, in: ASGS 13(1899), S. 410-432.

1895, und die Forderung nach einer umfassenden Arbeitersozialversicherung sogar erst 1903 in ihr Programm auf.[38]

Die Beratungen in den Abteilungen des Reichsrats passierte der Entwurf von 1893 mit nur geringen redaktionellen Änderungen. In der Vollversammlung vom Mai 1893 scheiterte er jedoch, für Witte völlig unerwartet, am Widerstand des Oberprokurors des Heiligen Synod, K. P. Pobedonoscev, sowie einiger anderer prominenter Mitglieder. Als Grund für die Ablehnung wurde angeführt, daß einige Aspekte des Gesetzentwurfs unzureichend ausgearbeitet worden seien, daß er nicht mit dem allgemeinen Geist der russischen Gesetzgebung übereinstimme, daß mit der Einführung des Gesetzes die Arbeiterschaft einen gesonderten rechtlichen Status erhalte und daß somit eine in Rußland bisher noch nicht existente Arbeiterfrage (*rabočij vopros*) überhaupt erst heraufbeschworen werde.[39]

In der Tat litt der Entwurf darunter, daß er offensichtlich sehr schnell zusammengestellt worden war. So war das Finanzministerium, als es die voraussichtliche finanzielle Belastung der Industrie berechnete, nur von den jährlich neu anfallenden Rentenzahlungen ausgegangen und hatte die Belastungen aus den Ansprüchen der Vorjahre schlicht ignoriert.[40] Außerdem galt der gesamte Entwurf als mangelhaft formuliert, „ganz zu schweigen von der schwerfälligen Sprache der Darlegung, die an manchen Stellen auf die mißlungene Übersetzung aus dem Deutschen hinweist."[41]

Das realitätsferne Argument, daß durch das Gesetz eine Arbeiterfrage erst heraufbeschworen werde, stammte aller Wahrscheinlichkeit nach von Pobedonoscev.[42] Von diesem selbst ist zwar keine schriftliche Stellungnahme zu dem Entwurf von 1893 erhalten, wohl aber von dem ihm freundschaftlich verbundenen Reichsratsmitglied B. P. Mansurov.[43] Wie Pobedonoscev hatte auch Mansurov, der in jungen Jahren der Gruppe der Reformer um den Großfürsten Konstantin Nikolaevič angehört hatte, die Reformen Alexanders II. aktiv unterstützt. Anders als Pobedonoscev hatte er jedoch die Prinzipien der Reformen auch später im Reichsrat konsequent verteidigt. Seine Haltung zu

---

[38] Siehe die Forderung Lenins in einem Programmentwurf von 1895 nach einem Gesetz, das dem Fabrikbesitzer die Beweislast aufbürden sollte. Dieser Forderung war der Gesetzentwurf von 1893 in seinen inhaltlichen Bestimmungen, vor allem aber in seiner theoretischen Begründung deutlich voraus: Lenin, V.: Sočinenija, Bd. 2, S. 82; Vtoroj s-ezd RSDRP. Ijul'-avgust 1903 goda. Protokoly. Moskau 1959, S. 422.
[39] RGIA f. 1153 op. 1 1903 g. d. 50 l. 90.
[40] RGIA f. 1151 1893 g. d. 64 l. 80.
[41] Aus dem Gutachten der Petersburger Fabrikantengesellschaft von 1896: RGIA f. 150 op. 1 d. 578 l. 32.
[42] Kovalevskij, Vospominanija, S. 48-49.
[43] RGIA f. 1151 1893 g. d. 64 ll. 114-122. Pobedonoscev wiederholte seine Argumente im Gesetzgebungsverfahren von 1902/03, sie werden an entsprechender Stelle ausführlich behandelt.

dem Gesetzentwurf ist deshalb besonders aufschlußreich, weil Mansurov gerade aus dieser „altliberalen" Tradition heraus eine Haftung, die ohne jeglichen Schuldbeweis dem Fabrikbesitzer übertragen werden sollte, als „Einführung einer radikalen Abkehr von einem der grundlegenden Prinzipien unserer Prozeßordnung" ablehnte:

> „Staatssekretär Mansurov [...] erlaubt sich die Meinung, daß die Staatsraison niemals die Verurteilung einer Person zu irgendetwas ohne die Existenz persönlicher Schuld und ohne den Beweis dieser Schuld vor Gericht fordern kann, ebensowenig wie die Nötigung der Gerichte, Entscheidungen ohne Beweise zu fällen und ohne den streitenden Parteien völlig gleiche Rechte der Beschuldigung und der Verteidigung zu gewähren. Einer Partei auf Kosten der anderen Wohltätigkeiten zu erweisen, wäre eine solche Verletzung elementarer Gerechtigkeit, welche sich in keinem Fall mit den Auffassungen der Regierung in Einklang bringen läßt."[44]

Dieser Verwurzelung in den liberalen Rechtsprinzipien der Reformära entsprach die Auffassung, daß der Staat nur dann in individuelle Rechtsbeziehungen eingreifen dürfe, wenn eine Seite ihre Macht dazu ausnutzen sollte, Verträge zu verletzen oder die andere Seite zu Vertragsbestimmungen zu nötigen.

> „Man muß daran erinnern, daß die Arbeiter nach Millionen gezählt werden und daß sie eine rohe, kaum gebildete Masse darstellen, die dazu neigt, den verschiedensten Einflüssen nachzugeben und in Momenten der Leidenschaft eine bedrohliche, elementare Gewalt (*groznaja stichijnaja sila*) zu zeigen, welche nicht ohne beträchtliche Opfer in den Schranken der Vernunft gehalten werden kann.
> Dieser Masse roher Kräfte, Instinkte und Appetite steht eine kleine Zahl von Fabrikbesitzern gegenüber, welche Kapitalien, Arbeit und Talent in die Industrie im vollen Vertrauen investieren, daß die Regierung sie gegen die elementare Gewalt der Masse schützt. Die Erfahrung der gegenwärtigen Hälfte des neunzehnten Jahrhunderts zeigt überall, daß nicht die Arbeiter vor den Besitzern geschützt werden müssen, sondern die Besitzer vor den Arbeitern. Die Arbeiter finden schon genug Schutz in der Konkurrenz der Industriellen, ganz zu schweigen von der erwähnten elementaren Gewalt der Massen. Darüber hinaus sind die Regierungen überall dazu genötigt, wachsam dafür zu sorgen, daß kein Mißbrauch von seiten der Unternehmer zugelassen wird, weswegen überall Fabrikinspektionen durch die Regierungen eingerichtet wurden oder eingerichtet werden, deren Aufgabe im direkten Schutz der Arbeiter besteht und nicht darin, den Fabrikanten nicht zuviel durchgehen zu lassen."[45]

Diese Argumentation Mansurovs zeigt beispielhaft, daß der Entwurf nicht allein an dem starren, in jeglicher Neuerung den Niedergang Rußlands vermutenden Konservatismus eines Pobedonoscev scheiterte. Auch und gerade diejenigen Teile der bürokratischen Elite Rußlands, die sich liberalen, auf individuellen Vertragsbeziehungen aufbauenden Rechtsprinzipien verpflichtet fühlten und die Reformen der sechziger Jahre getragen hatten, behinderten das Aufkommen neuer sozialer Rechtsinstitute wie der Ableitung der Unfallhaftung aus der

---

[44] RGIA f. 1151 1893 g. d. 64 l. 117.
[45] Ebenda l. 120.

Betriebsgefährlichkeit. So sehr sich Konservative wie Pobedonoscev mit ihrem Festhalten an einer ständisch gegliederten Gesellschaft und „Altliberale" wie Mansurov in ihren Rechtsauffassungen auch unterschieden, so sehr berührten sie sich doch darin, daß sie in den jeweiligen Elementen des russischen Rechts den einzigen Schutz vor dem befürchteten Zusammenbruch der Gesellschaft unter dem Ansturm der „elementaren Gewalt der Massen" sahen. Eine Reform, die mit liberalen Rechtsgrundsätzen nicht vereinbar war, kam folglich für Mansurov nicht in Frage. Eine staatliche Unfallversicherung hingegen, die das individuelle Rechtsverhältnis zwischen Unternehmer und Arbeiter kaum berühren würde, war mit Mansurovs Prinzipien ohne weiteres vereinbar, und er forderte deren unverzügliche Ausarbeitung.[46]

Hier scheint bereits die Konstellation auf, welche die Diskussion des folgenden Jahrzehnts bestimmen sollte: die Zustimmung von Konservativen wie Pobedonoscev und Altliberalen wie Mansurov zu einem auch in progressiven Industriekreisen ventilierten Gedanken einer staatlichen Arbeiterversicherung. Konservative und Altliberale durch den Vorschlag individueller Haftung dazu provoziert zu haben, diese Alternative zu befürworten, dürfte eines der wichtigsten, wenn auch unbeabsichtigten Ergebnisse des Gesetzentwurfs gewesen sein.

Als unmittelbares Ergebnis der Diskussionen im Reichsratsplenum wurde der Gesetzentwurf jedoch zunächst an die untergeordneten Abteilungen des Reichsrats zurückverwiesen. Da aber die vorgebrachten Einwände so grundsätzlicher Art gewesen waren, daß die baldige Bestätigung eines nur geringfügig veränderten Gesetzentwurfs unmöglich erschien, zog das Finanzministerium das Projekt im Dezember 1896 zurück. Gleichzeitig begann die Arbeit an einem neuen Entwurf, der darauf ausgelegt war, die Industrie nicht nur wie bisher von Anfang an in das Gesetzgebungsverfahren einzubeziehen, sondern ihr auch erhebliche Spielräume bei der Erfüllung der geplanten Haftpflicht einzuräumen.

2. Spielräume industrieller Beteiligung

Wie wir bereits gesehen haben, richteten sich die Widerstände auch innerhalb der Industrie vor allem gegen eine individuelle Haftpflicht der Unternehmer. Bereits in den erwähnten Diskussionen der achtziger Jahre hatten die beteiligten Industriellen zu erkennen gegeben, daß sie zwar grundsätzlich damit einverstanden wären, die Versorgung verunglückter Arbeiter zu verbessern, aber nur unter der Bedingung, daß einzelne Besitzer allein für nachweislich von ihnen oder ihren Angestellten verschuldete Unfälle persönlich haften würden.

---
[46] Ebenda ll. 121-122.

Darüber hinausgehende Ansprüche könnten allenfalls von einer von der Industrie zu finanzierenden Pensionskasse abgedeckt werden. Dahinter stand der Gedanke, direkte gerichtliche Auseinandersetzungen mit den Arbeitern möglichst zu vermeiden und die Entschädigung auf eine unpersönliche Institution abzuwälzen.

Besonders im Bergbau kamen noch rein ökonomische Erwägungen hinzu, so daß sich hier am frühesten auch ohne staatlichen Anreiz eine Fülle von Hilfs- und Unterstützungskassen entwickelte. Bergarbeiter waren knapp, vor allem in Südrußland, und die Absicherung gegen Krankheit sowie Ansätze einer Altersvorsorge gehörten zusammen mit Wohnungsbau- und anderen Maßnahmen zu dem umfangreichen Programm, Arbeiter anzuwerben und vor Ort seßhaft werden zu lassen. 1884 richtete der Südrussische Bergbauverband eine Hilfskasse für Arbeiter im Steinkohlebergbau ein, welche Unfallopfern auf Antrag des Grubenbesitzers Pensionen und einmalige Hilfszahlungen gewährte. Im Rechnungsjahr 1900/01 zahlte diese Gesellschaft 26.738 Rubel Pensionen an insgesamt 361 Pensionäre sowie 15.304 Rubel einmalige Hilfen.[47] Finanziert wurde diese größte private Hilfskasse aus einer Zwangsabgabe aller im Verband organisierten Steinkohlegruben in Höhe von fünf Kopeken, ab 1899 fünfzehn Kopeken pro Waggon geförderter Steinkohle sowie aus den Zinsen aus dem allmählich gebildeten Kapitalstock. Damit wurden allerdings nur etwa 20 % aller im Steinkohlebergbau Verunglückten und ihrer Hinterbliebenen von der Kasse unterstützt, während die übrigen Unfallopfer direkt von ihren Arbeitgebern, eventuell auch von kommerziellen Versicherungen finanzielle Hilfen erhielten oder eben leer ausgingen, was den Entschädigungen einen ausgesprochen zufälligen Charakter verlieh.[48] 1886 wurde eine ähnliche Kasse in den Steinbrüchen von Odessa eingerichtet, 1894 im Bergbau des Tomsker Gebietes. Kassen, in die auch die Arbeiter selbst Beiträge einzahlten und die oft auch Unterstützung im Krankheitsfall leisteten, bestanden ab 1890 bei den Eisenbahnen von Krivoj Rog und ab 1895 in der Ölindustrie von Baku. Darüber hinaus gab es eine

---

[47] Trudy XXVI s-ezda gornopromyšlennikov Juga Rossii, Bd. 2, Char'kov 1902: Otčet Obščestva posobija uveč'nym gornorabočim; Friedgut, T.: Iuzovka and Revolution, Bd. 1: Life and Work in Russia's Donbass, 1869-1924, Princeton, N. J. 1989, S. 288-294; Rubin, V. N.: Rabočij vopros na s-ezdach gornopromyšlennikov Juga Rossii, in: Učenye Zapiski Moskovskogo gosudarstvennogo pedagogičeskogo instituta imeni V. I. Lenina 249(1966), S. 3-33, v. a. S. 31.

[48] Trudy XXIV s-ezda gornopromyšlennikov Juga Rossii, byvšago v gorode Char'kove s 25-go oktjabrja po 20-e nojabrja 1899 goda, Bd. 1, Char'kov 1900: Kommissionsbericht L. Rabinovičs zur Umgestaltung der Hilfsgesellschaft, S. 3-4. Für Beispiele für die freiwillige Zahlung von Entschädigungen durch den Unternehmer siehe Trudy XXII s-ezda gornopromyšlennikov Juga Rossii, byvšago v gorode Char'kove s 25-go oktjabrja po 13-e nojabrja 1897 goda, Char'kov 1898, Bd. 2, S. 105-125 (Ilovajskij); sowie Žuravlev, N.: K istorii fabričnago zakonodatel'stva v 1861g, in: KA 92(1939), S. 133-150, hier S. 149-150.

Fülle privater Hilfskassen ohne staatlich bestätigte Satzung in den übrigen Bergbaugebieten, vor allem in Polen, sowie im Eisenbahnwesen, wo 1888 die privaten Eisenbahngesellschaften gesetzlich dazu verpflichtet worden waren, Arbeiterhilfskassen einzurichten, die auch die Versorgung von Unfallopfern übernehmen sollten.[49]

In der privaten Fabrikindustrie existierten hingegen bis 1898 kaum derartige Hilfskassen.[50] Verunglückte Arbeiter erhielten Hilfszahlungen allenfalls unmittelbar von ihrem Arbeitgeber, seit 1886 aus dem Sozialkapital, welches aus den Fabrikstrafen gebildet werden mußte, sowie ab 1888 allmählich auch aus kommerziellen Versicherungen, falls der Fabrikbesitzer eine solche abgeschlossen hatte.[51] Viel mehr als im Bergbau hatten soziale Maßnahmen in der Fabrikindustrie weitreichende Bedeutung für das gesamte gesellschaftliche Gefüge Rußlands, wodurch eine umfassende Abwägung einzelner Initiativen im Gesetzgebungsprozeß erheblich erschwert wurde. Stärker als der Bergbau waren die hauptstädtischen Industriellen aber auch von der politischen Verunsicherung betroffen, die von den Streiks der späten siebziger Jahre und von den im Zarenmord von 1881 gipfelnden Aktivitäten der revolutionären Bewegung ausging. Mit eigenen Initiativen suchten sie einen Ausweg zu weisen, um den schwerfälligen Gesetzgebungsprozeß in Gang zu setzen.[52]

Erstmals hatten die Moskauer Industriellen 1881 die Einrichtung einer regionalen Hilfskasse vorgeschlagen. Diese sollte verunglückte Arbeiter aus Mitteln unterstützen, welche durch eine Pflichtabgabe aller Fabriken im Einzugsbereich

---

[49] Tigranov, G. F.: Kassy dlja rabočich na fabrikach, zavodach i promyšlennych predprijatijach Rossii, in: Trudy vysočajse učreždennago vserossijskago torgovo-promyšlennago s-ezda 1896 g. v Nižnem-Novgorode, St. Petersburg 1897, Bd. 1 Vypusk V, S. 329-379; PSZ 3 Bd. VIII Nr. 5263. Diese Eisenbahner-Hilfskassen wurden mindestens zur Hälfte aus Arbeiterbeiträgen finanziert und zahlten vor allem Alterspensionen. Im Falle eines Unfalls mußte die Eisenbahngesellschaft der Kasse die Differenz zwischen dem bereits erworbenen Pensionsanspruch des Verunglückten und der tatsächlich ausbezahlten Pension ersetzen, so daß die Kosten der Unfallentschädigung letztlich den Eisenbahnunternehmern angelastet wurden.

[50] Eine allein aus Arbeiterbeiträgen finanzierte Hilfskasse für Kranke und Verkrüppelte wurde um 1870 von der Stadtduma in Ivanovo-Voznesensk gegründet: Otečestvennyja Zapiski 191(August 1870), Sovr. Obozr., S. 256. Zur Entwicklung von Selbsthilfekassen der Arbeiter, die oft auch die Unterstützung von Unfallopfern übernahmen, siehe oben Kap. VII.

[51] Dieses Strafkapital bestand seit 1886. Gemäß einer Instruktion der Fabrikinspektion von 1902 konnten verunglückte und kranke Arbeiter je nach Kassenlage mit einmalig bis zu 100 Rubeln oder befristet mit monatlich bis zu 8 Rubeln unterstützt werden. Darüber hinaus bestand seit 1895 speziell für die Unterstützung dauerhaft arbeitsunfähiger Arbeiter ein reichsweites Kapital, das aus den gegen Fabrikanten verhängten Strafen gebildet wurde: Siehe oben Kap. V.

[52] Dieser Aspekt wurde im Rahmen der Diskussion um die „*krizis verchov*" vor allem von sowjetischen Historikern betont: Gorjakina, V. S.: „Rabočij vopros" v Rossii v period revoljucionnoj situacii 1879-1881 godov, in: VopIst 1963, Nr. 6, S. 35-46.

der Moskauer Börse proportional zur Arbeiterzahl und zur Gefährlichkeit der Arbeit aufgebracht würden. Dieses Projekt unterschied sich inhaltlich von einer Versicherung dadurch, daß seine Initiatoren sich in Ermangelung einer zuverlässigen Unfallstatistik nicht dazu in der Lage sahen, verunglückten Arbeitern von Anfang an einen Rechtsanspruch auf eine bestimmte Summe zuzubilligen. Deshalb sollten die Hilfszahlungen in den ersten Jahren von der jeweiligen Kassenlage bestimmt werden, bis längerfristige Erfahrungswerte es erlaubten, die Leistungen im Verhältnis zu den Beiträgen festzusetzen. Solange die Kasse jedoch nicht zu konkreten Leistungen verpflichtet war, konnten die beitragszahlenden Fabrikbesitzer auch nicht von ihrer wenngleich beschränkten gesetzlichen Haftpflicht befreit werden.[53]

Obwohl die Idee einer solchen Kasse vom Finanzminister und sogar vom Zaren grundsätzlich gebilligt worden war, scheiterte der Satzungsentwurf 1883 am Einspruch des Moskauer Generalgouverneurs. Dieser bemängelte nicht nur, daß keine Normen für die Hilfszahlungen festgelegt wurden, sondern auch, daß keine Regierungsvertreter in die Verwaltung der Kasse einbezogen wurden und daß die Kasse nur regional tätig werden sollte. Daraus, so der Generalgouverneur, erwachse die Gefahr, daß die Arbeiter anderer Gebiete unzufrieden werden könnten. Eine solche Kasse müsse deshalb auf Anhieb reichsweit eingeführt werden.[54] Angesichts dieses Einwands verzichtete das Finanzministerium darauf, die Angelegenheit weiter zu verfolgen. Obwohl die Moskauer Industriellen ursprünglich keine langfristige Perspektive äußerten, hätte ihr Kassenprojekt doch auf regional begrenzter und privater Ebene als möglicher Ausgangspunkt einer umfassenden Unfallversicherung dienen und aus der Praxis heraus die nötigen Erfahrungen und statistischen Daten für einen späteren Ausbau sammeln können. Auch später hielten die Moskauer Industriellen an ihrer Forderung nach einer Unfallversicherung fest und wurden ab 1893 zu den Wortführern in dieser Frage.

Ebenfalls 1881 ersuchte die Russische Industriegesellschaft, in der Techniker, Ökonomen, Beamte und Industrielle über Maßnahmen zur Förderung der Industrie berieten, um die Gründung zweier staatlicher Hilfskassen, die

---

[53] RGIA f. 40 op. 1 d. 33 ll. 89-91. Dieses Projekt wurde von Janžul heftig kritisiert, da freiwillige und nicht am Risiko orientierte Beiträge weder ausreichten, die notwendigen Mittel für eine umfassende Unterstützung verunglückter Arbeiter aufzubringen, noch einen Anreiz für bessere Sicherheitsvorkehrungen boten. Darüber hinaus bestünde die Gefahr, daß die Kosten einer solchen Kasse auf die Arbeiter selbst abgewälzt würden: Janžul, Kto otvečaet, S. 214-220.

[54] RGIA f. 150 op. 1 d. 38 l. 29; f. 40 op. 1 d. 33 ll. 89-91. Siehe auch Čistjakov, Strachovanie, S. 28-35.

im Prinzip wie eine Unfall- und Altersversicherung aufgebaut waren.[55] Begründet wurde dieser Vorschlag damit, daß allein die Regierung über die organisatorischen Mittel verfüge, eine solche Versicherung einzurichten, und daß die Arbeiter erheblich höheres Vertrauen in staatliche Kassen hätten als in private. Auch dieses Projekt wurde anfangs vom Finanzministerium grundsätzlich gebilligt. Einer Kommission der Industriegesellschaft unter dem Vorsitz des Geographen P. P. Semenov (Tjan-Šanskij) wurde der Auftrag erteilt, eine detaillierte Satzung zu erarbeiten. Diese wurde 1883 und erneut 1892 und 1895 dem Finanzministerium überreicht, ohne dort jedoch weiter verfolgt zu werden.[56]

Trotz dieser frühen Ansätze von seiten der Industrie und der technischen Intelligenz, und obwohl der Rat für Handel und Manufakturen 1886 den Entwurf zur Unfallhaftung gebilligt hatte, wirkte das Gesetzesprojekt von 1893 auf die Industrie wie ein Schock. Sowohl die Moskauer Industriellen als auch das Ständige Beratungskontor der Eisenindustrie kritisierten den Entwurf aufs heftigste und forderten statt dessen eine staatliche Unfallversicherung.[57] Vielen Industriellen wurde erstmals klar, welche Kosten hier über kurz oder lang auf sie zukommen würden. Zwar war es seit 1888 möglich, sich gegen Haftungsansprüche privat zu versichern. Dies hatte jedoch angesichts der hohen Prämien kommerzieller Versicherungen und häufiger Probleme bei der tatsächlichen Leistungsabwicklung zunächst wenig Anklang gefunden, zumal das Haftungsrisiko für die Industrie bislang relativ gering gewesen war. Als Reaktion auf den gescheiterten Entwurf von 1893 beschloß eine Gruppe von Petersburger Fabrikanten noch im November desselben Jahres, eine genossenschaftlich verfaßte Versicherung einzurichten und erteilte einer Kommission unter dem Vorsitz des Textilindustriellen K. Ja. Pahl den Auftrag, die Satzung einer solchen Versicherung auszuarbeiten.[58]

---

[55] Sowohl das Moskauer Projekt als auch das der Russischen Industriegesellschaft waren rechtlich als Hilfskassen konzipiert, da sie die Leistungsempfänger unabhängig von irgendwelchen rechtlichen Ansprüchen gegenüber dem Fabrikbesitzer unterstützten und nicht den Besitzer gegen eventuelle Ansprüche der Arbeiter versicherten. Dies lag vor allem daran, daß um 1880 noch sehr wenige Arbeiter ihre an sich schon geringen Ansprüche gerichtlich durchzusetzen versuchten und der Hilfsaspekt somit deutlich im Vordergrund stand.

[56] TOS 11(1878), otd. III, Nr. 17, S. 3-4; TOS 12(1881), otd. I, S. 110-115 und otd. III, S. 33; TOS 14(1884), otd. I, S. 3-28; TOS 21(1892), otd. I, S. 1-8 und S. 75-76; TOS 23(1895), otd. I, S. 6-7. Siehe auch Čistjakov, Strachovanie, S. 35-39; Pogožev, A. V.: Fabričnyj byt Germanii i Rossii, Moskau 1882, S. 64-68.

[57] RGIA f. 150 op. 1 d. 578 ll. 34-40; d. 38 ll. 29-32; Laveryčev, Carizm, S. 105-106.

[58] RGIA f. 150 op. 1 d. 42 ll. 1-2. Zum folgenden siehe auch King, V.: The Emergence of the St. Petersburg Industrial Community, 1870-1905. The Origins and Early Years of the Petersburg Society of Manufacturers, Diss. Phil., Berkeley 1982, S. 278-291 und S. 300-301. Ende der achtziger Jahre war eine frühere Initiative aus der Petersburger Textilindustrie am Tod ihrer Initiatoren gescheitert: Siehe oben Kapitel II.

Diese Initiative zielte von Anfang an weit über die Einrichtung einer reinen Unfallversicherung hinaus. So faßte man auch die Gründung einer Alterspensionskasse ins Auge, verschob sie dann aber aus praktischen Erwägungen auf unbestimmte Zeit, um der Unfallversicherung absolute Priorität zu gewähren.[59] Darüber hinaus wies vor allem Pahl schon sehr früh darauf hin, welche Möglichkeiten eine genossenschaftliche Versicherung den Petersburger Industriellen bot: In seinen Augen war sie „nur der Keim, aus dem später der riesige Baum einer breiten Vereinigung von uns Fabrikanten wachsen muß."[60] In der Tat entwickelte sich die Kommission bereits innerhalb eines Jahres zu einem Vertretungsorgan der Petersburger Industrie auch in anderen wirtschaftspolitischen Fragen, und im Frühjahr 1897 erfolgte die offizielle Konstituierung als Petersburger Fabrikantengesellschaft.

Das Finanzministerium reagierte von Anfang an positiv auf diese Initiative. Im Mai 1894, als das Versicherungsprojekt ernsthaft Gestalt annahm, teilte Kovalevskij der Kommission mit, daß das Finanzministerium den im Vorjahr gescheiterten Gesetzentwurf vorläufig auch deshalb nicht weiterverfolgen werde, weil es die Ergebnisse der privaten Bemühungen der Petersburger Industriellen abwarten wolle, Unfallopfer zu entschädigen. Zugleich bot er der Kommission die Hilfe des Ministeriums bei der Ausgestaltung der Versicherung an.[61] Gerade das Scheitern des Gesetzentwurfs von 1893 an prinzipiellen Einwänden bewog das Finanzministerium dazu, nun die private Gründung sozialer Einrichtungen abzuwarten und zu fördern, um später auf der Grundlage gewachsener Institutionen und vor allem gewachsenen sozialpolitischen Bewußtseins weitere Gesetzgebungsschritte zu unternehmen. Dieser Gedanke sollte die Haltung des Finanzministeriums während des weiteren Gesetzgebungsverfahrens entscheidend prägen.

Viele Petersburger Industrielle dachten ähnlich und begriffen das vorläufige Scheitern des Gesetzentwurfs als Chance, durch eigene Vorleistungen auf die zukünftige Gesetzgebung einzuwirken.

> „Die persönliche Initiative der Fabrikanten im Bereich der materiellen Absicherung ihrer Arbeiter vor den Folgen von Unfällen ist in höchstem Maße wünschenswert, da sie in bedeutendem Ausmaß auf den weiteren Gang der auf dasselbe Ziel gerichteten Maßnahmen der Regierung einwirken kann, welche früher oder später ergriffen werden müssen, da die jetzigen Wege zur Absicherung der Arbeiter völlig unzureichend sind. [...] Solange unsere Verantwortlichkeit gegenüber den Arbeitern nicht durch die strengen Vorgaben eines Gesetzes geregelt ist, solange haben wir noch die Möglichkeit, diese Vorgaben innerhalb der für uns wünschenswerten Grenzen zu halten, wenn wir nur den herangereiften Erfordernissen begegnen und auf den Aufruf der Regierung reagieren. Wir dürfen

---

[59] RGIA f. 150 op. 1 d. 43 ll. 8-9.
[60] RGIA f. 150 op. 1 d. 42 l. 5.
[61] RGIA f. 150 op. 1 d. 1 ll. 10-11.

diesen Moment nicht verpassen und wir müssen schon jetzt in völlig präziser Form unseren Wunsch zeigen, das jetzige System materieller Absicherung der Arbeiter gegen Unfälle radikal zu ändern, denn dies dient der Regierung als schärfster Beweis dafür, daß wir beabsichtigen, Hand in Hand mit ihr den Weg einer richtigeren und gerechteren Regelung unserer Verantwortung gegenüber den Arbeitern zu beschreiten."[62]

Mit dem Versicherungsprojekt verfolgten die Petersburger demnach zwei Ziele: sie wollten sich gegen die individuelle Haftung absichern und hofften zugleich, mit ihrer Initiative einer strengeren gesetzlichen Regelung vorzubeugen und den Rahmen künftiger Diskussionen abzustecken. Damit eröffnete sich für die Industrie die Perspektive, statt als Bittsteller und Berater selbst gestaltend auf die Wirtschaftspolitik einzuwirken.

Diese weitreichenden Absichten stießen jedoch schnell auf erhebliche Probleme. So erwies es sich als äußerst problematisch, eine Satzung zu erarbeiten, welche Zukunftsperspektiven eröffnete und dennoch mit der gegenwärtigen Rechtslage in Einklang blieb, da sie ja noch vor der Erarbeitung eines neuen Gesetzes in Kraft treten sollte. Schon die Frage, ob es juristisch überhaupt möglich wäre, einen Arbeiter direkt gegen Unfallfolgen zu versichern oder ob nicht vielmehr der Fabrikbesitzer gegen seine gesetzliche Haftungspflicht versichert werden müßte, führte zu kontroversen Diskussionen.[63] Der im Mai 1894 verabschiedete Satzungsentwurf sah schließlich vor, daß die Versicherung die gesamte zivilrechtliche Haftung übernehmen sollte, verzichtete jedoch angesichts der unklaren Rechtslage darauf, die Höhe der Entschädigung von vornherein festzulegen. Statt dessen verwies man die Versicherung darauf, diese entweder mit dem Verunglückten auszuhandeln oder es auf ein Gerichtsverfahren ankommen zu lassen.[64] Mit diesem Entwurf zeigten die Petersburger Fabrikanten trotz aller Bekundungen wenig Phantasie, den Weg zu einer echten Arbeiterversicherung zu beschreiten. Sie beschränkten sich vielmehr darauf, sich selbst gegen gegenwärtige und zukünftige gesetzliche Haftungsansprüche abzusichern. Dementsprechend enttäuscht zeigte sich das Finanzministerium und lehnte den Satzungsentwurf ab. Gleichzeitig beauftragte es die Kommission, auf dem bevorstehenden Allrussischen Industriekongreß im Sommer

---

[62] Aus dem Bericht der Kommission vom Mai 1895: RGIA f. 150 op. 1 d. 42 l. 33.
[63] RGIA f. 150 op. 1 d. 43 ll. 21-34. Vor allem der spätere Vorsitzende der Gesellschaft S. P. Glezmer wandte sich dagegen, daß die Fabrikbesitzer gegen Arbeiteransprüche und nicht die Arbeiter gegen Unfälle versichert würden. Er bemängelte, daß eine solche Regelung weder den Interessen der Arbeiter noch denen der Industriellen gerecht werde, vor allem aber, daß die Industriellen mit ihrer starren Orientierung am geltenden Recht den günstigen Moment verpaßten, auf die zukünftige Gesetzgebung Einfluß zu nehmen: Ebenda l. 22.
[64] RGIA f. 150 op. 1 d. 1 ll. 13-25.

1896 in Nižnij-Novgorod allgemeine Grundlagen einer Neuregelung der Unfallhaftung ausdrücklich ohne Rücksicht auf die gegenwärtige Gesetzeslage zur Diskussion zu stellen.[65]

Mit 28 Teilnehmern zog die Diskussion über die Unfallhaftung auf dem Kongreß die meiste Aufmerksamkeit auf sich. Auch hier scheiterte das Projekt der Petersburger Industriellen jedoch an den geringen Perspektiven, die es für den Ausbau des gesetzlichen Anspruchs der Verunglückten aufzuzeigen vermochte. Auf der Basis des gegenwärtigen Rechts fand die freiwillige, genossenschaftliche Versicherung keine Befürworter.[66] Statt dessen konzentrierte sich die Diskussion völlig auf die Frage, ob individuelle Haftung oder staatliche Versicherung der bessere Weg zur Versorgung verunglückter Arbeiter sei.[67] Vor allem die Moskauer Industriellen forderten eine staatliche Unfallversicherung, da diese die umfassendste Absicherung der Arbeiter ermögliche, die Kosten für die Fabrikanten kalkulierbar mache und Gerichtsverfahren fast völlig ausschließe. Mehrfach wurde sogar die Forderung erhoben, die Landarbeiter in eine solche Unfallversicherung einzubeziehen und darüber hinaus auch eine Alters- und Krankenversicherung einzurichten.

Dagegen verteidigte Jarockij für das Ministerium das Prinzip individueller Entschädigung, welches dem von ihm mitformulierten Gesetzentwurf von 1893 zugrundelag. Zwar räumte auch er ein, daß eine staatliche Versicherung langfristig die optimale Lösung darstelle, diese wäre aber in absehbarer Zeit nicht zu verwirklichen. Unter dem Motto „Das Bessere ist der Feind des Guten" forderte er deshalb den Kongreß auf, sich nicht unrealistischen Forderungen zuzuwenden, sondern dem bereits fertig vorliegenden Gesetzentwurf zur individuellen Unfallhaftung durch konstruktive Kritik zu einer schnellen Verwirklichung zu verhelfen.[68] Dennoch forderte der Kongreß die Regierung zur Einrichtung einer staatlichen Versicherung auf. Die Gründung genossenschaftlicher Versicherungen sowie die gesetzliche Erweiterung der Unternehmerhaftung wurden allenfalls als Notlösung akzeptiert, falls sich eine staatliche Versicherung nicht in kurzer Zeit durchsetzen lassen sollte.[69] Damit wurden dem Finanzministerium immerhin alle Möglichkeiten offengehalten.

---

[65] RGIA f. 150 op. 1 d. 43 l. 76.

[66] Annenskij, N. F.: Voprosy truda na torgovo-promyšlennom s-ezde, in: Russkoe Bogatstvo (1896), Nr. 10, S. 158-190, hier v. a. S. 178-182. In Anbetracht dieser geringen Resonanz beschloß die Petersburger Fabrikantengesellschaft 1898, das Projekt einer genossenschaftlichen Unfallversicherung vorerst nicht weiter zu verfolgen und handelte statt dessen mit privaten Versicherungen besonders günstige Konditionen für die Mitglieder der Gesellschaft aus: RGIA f. 150 op. 1 d. 46 l. 37 und l. 86.

[67] Trudy Vysočajše učreždennago torgovo-promyšlennago s-ezda 1896 g. v Nižnem Novgorode, S. 68-80, S. 142-172 und S. 315-323.

[68] Ebenda, S. 271-314.

[69] RGIA f. 150 op. 1 d. 42 ll. 81-82; Annenskij, Voprosy truda, S. 185-186; Čistjakov, Strachovanie, S. 28-35.

Waren schon vor 1896 immer wieder einzelne Forderungen nach einer staatlichen Zwangsversicherung erhoben worden, so lag die Bedeutung des Industriekongresses von 1896 für die Sozialgesetzgebung vor allem darin, daß er der Idee einer staatlichen Unfallversicherung zu breiter öffentlicher Akzeptanz verhalf. Beispielhaft wurde diese Ansicht wenig später in einem Entwurf der Petersburger Fabrikantengesellschaft für ein Gesuch an das Finanzministerium formuliert:

„Man muß sich entschieden von der Vorstellung lösen, daß die Besitzer von Unternehmen nur ein Interesse daran hätten, Kosten zu vermeiden. [...] Für die Fabrikanten ist eine Lösung der Frage wichtig, welche sie vor allem von jeglicher Notwendigkeit befreien würde, mit den Arbeitern in feindselige Beziehungen zu treten und diese zu verschärfen, und welche sie nicht täglich in die Lage der Angeklagten, die Lage der Beleidiger versetzen würde. [...] Eine Arbeiterzwangsversicherung mit entsprechender Teilnahme der Arbeiter selbst unter der Kontrolle und der Leitung der Regierung ist die einzige Lösung des Problems. Diese gilt es jedem anderen Projekt unerschütterlich gegenüberzustellen, welches auf der Entschädigung einer Seite auf Kosten der anderen beruht. [...] Um der Ruhe des industriellen Lebens willen und im Interesse der Arbeiter darf man vor den auftauchenden Schwierigkeiten einer Zwangsversicherung nicht zurückweichen, welche einen mächtigen Faktor bei der materiellen Absicherung der russischen arbeitenden Bevölkerung darstellt. Diese ist noch voller Vertrauen und nicht daran gewöhnt, im Fabrikanten einen Feind zu sehen, wozu die Praxis des neuen Gesetzes zweifellos schneller führen würde als die jetzige unvollkommene Ordnung."[70]

Demgegenüber geriet das Finanzministerium mit der immer wiederkehrenden Beteuerung, daß die Zeit in Rußland noch nicht reif sei für eine staatliche Versicherung und man vorerst auf private Initiativen hoffen müsse, spätestens seit 1896 in die Rolle des Bremsers in der Sozialgesetzgebung, nicht nur in der politischen Öffentlichkeit, sondern auch innerhalb der Regierung. Vor allem das Innenministerium forderte eine staatliche Sozialversicherung, um gegen illegale Selbsthilfekassen der Arbeiter vorzugehen und die Arbeiterschaft zu größerer Seßhaftigkeit zu erziehen.[71] Dieser Forderung schloß sich auch das Domänenministerium an, welches zu dieser Zeit an einem umfassenden Gesetzespaket über Versicherungskassen im privaten Bergbau arbeitete. Dem wachsenden Druck konnte Witte sich schließlich nur noch dadurch entziehen, daß er Ende 1897 die Gründung einer „Besonderen Ministerbesprechung" zur Frage der Arbeiterversicherung unter dem Vorsitz ausgerechnet Pobedonoscevs vorschlug, der bislang wenig Sympathie für eine Arbeiterversicherung gezeigt

---

[70] RGIA f. 150 op. 1 d. 578 ll. 127-128.
[71] RGIA f. 1574 op. 2 d. 158 ll. 2-6; Laveryčev, Carizm, S. 112

hatte. Wie wohl zu erwarten war, erbrachte diese Versammlung bis 1903 keinerlei Ergebnis.[72]

Den Druck innerhalb der Regierung mochte Witte auf diese Weise zwar etwas abmildern, die öffentliche Diskussion ließ sich dadurch auf Dauer nicht beeinflussen. So gründete die Russische Industriegesellschaft 1902 erneut eine Expertenkommission, welche die Grundlagen einer umfassenden Arbeiterversicherung nach deutschem Vorbild ausarbeiten sollte. Auch in der Öffentlichkeit fand diese Forderung immer mehr Befürworter.[73]

Die Hoffnung des Finanzministeriums auf private Initiativen bei der Arbeiterunfallversicherung war gleichwohl nicht völlig unrealistisch. Seit die kommerzielle Versicherungsgesellschaft „Rossija" 1888 erstmals Schutz gegen die Folgen der gesetzlichen Unfallhaftung angeboten hatte, wuchs die Zahl der so versicherten Arbeiter unaufhörlich. Bereits 1898 waren allein in der Fabrikindustrie und im Bergbau etwa 600.000 Arbeiter versichert, also knapp ein Drittel der Arbeiterschaft im Zuständigkeitsbereich der Fabrikinspektion. Bis 1901 wuchs diese Zahl noch einmal um die Hälfte und erreichte mit 911.490 Versicherten ihren vorläufigen Höhepunkt.[74] Die Gründe für diesen Aufschwung sah das Ministerium im wachsenden Rechtsbewußtsein der Arbeiter und in der allmählichen Auflösung patriarchalischer Strukturen in den Fabriken. Nur durch eine Versicherung könnten die Fabrikanten hoffen, Gerichtsverfahren zu vermeiden und die Ausgaben berechenbar zu halten.[75] Da die

---

[72] RGIA f. 40 op. 1 d. 49 ll. 141-143. Bei ihrem einzigen bekannten Zusammentreten im Juli 1898 beriet die Versammlung über einen Maßnahmenkatalog des Generalleutnants Panteleev zur Gründung einer Arbeitervertretung und zur Übertragung der Fabrikinspektion an das Innenministerium. Nach Angaben des Leiters der Industrieabteilung im Finanzministeriums N. P. Langovoj kam es bezüglich der Versicherungsfrage bis 1903 zu keiner einzigen Sitzung: RGIA f. 560 op. 26 d. 367 l. 2; Rabočij vopros v komissii V. N. Kokovcova v 1905 g., 1926, S. 7. Die Entwürfe des Domänenministeriums über Hilfskassen im privaten Bergbau blieben in der Pobedonoscev-Kommission liegen. Hingegen wurde am 15. 1. 1901 ein provisorisches Gesetz über Unfallentschädigungen im staatlichen Bergbau verabschiedet, welches insofern über das Gesetz vom 2. 6. 1903 hinausging, als es Berufskrankheiten einbezog: PSZ 3 Bd. XXI Nr. 20087; Vovčik, Politika, S. 192 und 195-196; Čistjakov, Strachovanie, S. 199.

[73] TOS 26(1903), otd. III, S. 231-252 und TOS 27(1904), otd. III, S. 207-210; Voronov, L. N.: Gosudarstvennoe strachovanie rabočich, in: Russkij Vestnik, März 1898, S. 85-100; Apr. 1898, S. 69-86; Russkie Vedomosti, 6., 14. und 19. 12. 1902, 14. 1. 1903; Moskovskie Vedomosti, 4. 4. 1903; Skaržinskij, L. B.: K voprosu ob obespečenii rabočich ot posledstvij nesčastnych slučaev, in: TOS 27(1904) otd. III, S. 205-405; Fridman, M.: Nužno-li strachovanie rabočich?, in: Promyšlennost' i Zdorov'e 1(1902/03), Nr. 5, S. 43-64, hier S. 60-62.

[74] RGIA f. 1153 op. 1 1903 g. d. 50 ll. 106-107 und ll. 258-261; Šelymagin, Zakonodatel'stvo, S. 217; Ivanov, Zakon 1903g., S. 106-107. Ähnliche Angeben auch bei Zacher, Die Arbeiter-Versicherung, Heft IXa, S. 14. Dagegen ging Witte für 1901 sogar von 1.387.000 Versicherten aus, eine Zahl, die jedoch zu hoch gegriffen scheint: RGIA f. 1153 op. 1 1903 g. d. 50 l. 366.

[75] RGIA f. 1153 op. 1 1903 g. d. 50 ll. 108-109.

gültigen Gesetze aber das Ausmaß der Haftung nicht präzise definierten, waren kommerzielle Versicherungen nur gegen hohe Prämien bereit, die volle Haftung zu übernehmen, zumal dem verunglückten Arbeiter jederzeit der Rechtsweg offenstand. Dieser Aspekt bremste ebenso wie das Gewinnstreben kommerzieller Gesellschaften den weiteren Ausbau privater Arbeiterversicherungen und eröffnete kaum Perspektiven für die Umwandlung in eine flächendeckende Zwangsversicherung.

Das Finanzressort sah einen Ausweg in der gezielten Förderung genossenschaftlicher Versicherungen. Gerade diese litten aber besonders unter der unsicheren Rechtslage und unter dem laufenden Gesetzgebungsprozeß. Bereits der erste Ansatz der Petersburger Fabrikantengesellschaft war daran vorläufig gescheitert. Auch der Südrussische Bergbauverband betrieb ab 1897 die Umwandlung seiner Hilfskasse in eine genossenschaftliche Versicherung, da jene in ihrer bisherigen Form auf absehbare Zeit keine umfassende und ordnungsgemäße Absicherung gewährleisten konnte. Dieses Projekt kam jedoch bis 1903 nicht zum Abschluß. Zwar billigte die Regierung grundsätzlich den Versicherungsgedanken, wollte aber den Zwangscharakter nicht bestätigen, solange nicht alle Beteiligten zustimmten, und verlangte ständig die Anpassung der Haftungsansprüche an den neuen Gesetzentwurf. Dieser aber unterlag selbst immer wieder neuen Änderungen im Gesetzgebungsprozeß.[76] Ähnliche Erfahrungen mußten die Ölindustriellen von Baku machen, deren 1900 beschlossenes Versicherungsprojekt ebenfalls bis 1903 nicht bestätigt wurde.[77] So scheiterten an sich vielversprechende private Projekte wiederholt an der Widersprüchlichkeit, daß sie geltende Gesetze beachten und gleichzeitig über sie hinausweisen sollten.

Einen ersten Ausweg zeigte die 1898 gegründete Rigaer Versicherungsgesellschaft (*Rižskoe Obščestvo vzaimnogo strachovanija fabrikantov i remeslennikov ot nesčastnych slučaev s ich rabočimi i služaščimi*) auf. Sie wurde schnell zum Vorbild für ähnliche Gesellschaften in Odessa (1900) und Ivanovo-Voznesensk (1901), und auch dem Finanzministerium schwebte sie im weiteren Gesetzgebungsprozeß als Ideal vor. Möglich geworden war dieser Durchbruch, weil die im Rigaer Börsenkomitee organisierten Industriellen als Träger der Gesellschaft erhebliche Vorleistungen erbrachten: sie verzichteten auf den

---

[76] Siehe die Berichte des XXII, XXIV, XXV und XXVI Kongresses sowie der beiden außerordentlichen Kongresse von 1900 und 1902; Trudy ... s-ezda gornopromyšlennikov Juga Rossii, Char'kov. Mit etwas anderen Akzenten: Friedgut, Iuzovka, Bd. 1, S. 294-299. Als das Gesetz vom 2. 6. 1903 schließlich veröffentlicht wurde, zog der Südrussische Bergbauverband seinen Entwurf zurück, weil er angesichts der dort festgelegten Entschädigungsansprüche eine staatliche Zwangsversicherung für dringlicher hielt. Gleichzeitig wurden jedoch die Mittel der Unterstützungskasse erheblich aufgestockt: Čistjakov, Strachovanie, S. 69-74.

[77] RGIA f. 1153 op. 1 1903 g. d. 50 ll. 539-540.

Zwangscharakter der Versicherung, boten allen verunglückten Arbeitern eine dermaßen großzügige Entschädigung an, daß nur in Ausnahmefällen mit einem Gerichtsverfahren zu rechnen war, und entschlossen sich zu einer flexiblen Entwicklung der Beiträge je nach der Finanzlage der Gesellschaft.[78]

Wie die Beispiele der Petersburger Fabrikanten und des Südrussischen Bergbaus gezeigt hatten, waren solche Durchbrüche bei der bestehenden Rechtslage nur schwer zu erzielen. Um den flächendeckenden Ausbau derartiger Versicherungen zu fördern, strebte das Finanzministerium daher eine baldige gesetzliche Erweiterung und Präzisierung individueller Haftung an. Dieser Gedanke prägte den neuen Gesetzentwurf, den das Finanzministerium Mitte 1899 den Beratungsgremien der Industrie zur Stellungnahme vorlegte.[79] Dieser Entwurf baute in erheblichem Maß auf seinem Vorgänger von 1893 auf, so daß hier nur die wichtigsten Neuerungen angesprochen werden müssen. Zum einen wurde die Idee der Betriebsgefährlichkeit als Haftungsgrund konsequenter durchgesetzt. Die Haftung wurde auf Unfälle beschränkt, welche sich bei der Arbeit an mechanischen Geräten ereigneten. Da sich ein direkter, ursächlicher Zusammenhang zwischen einer Berufskrankheit und der jeweiligen Fabrikarbeit oft nicht beweisen ließ, schloß man diese von der Haftung ganz aus und übertrug sie einer späteren, umfassenden Regelung der medizinischen Versorgung. Diese Einschränkung stellte sicher eine der erheblichsten Schwächen des späteren Gesetzes dar. Andererseits wurden aber auch Unfälle mit in die Haftung einbezogen, die auf die Schuld des Verunglückten selbst zurückzuführen waren, solange dieser den Unfall nicht in böser Absicht (*zloj umysel'*) herbeigeführt hatte. Das entsprach dem staatspolitischen Ziel, möglichst viele Unfallopfer entschädigt zu sehen. Im Gegenzug wurde das Ausmaß der Haftung stärker eingeschränkt, indem dauerhaft Arbeitsunfähigen anders als 1893 eine Entschädigung von nur zwei Dritteln des bisherigen Jahreslohns zugesprochen wurde. Um die Ansprüche verunglückter Arbeiter abzusichern, wurden sie im Konkursfall gegenüber anderen Gläubigern vorrangig behandelt. Die Anwaltskosten für den Kläger wurden begrenzt, und er konnte nach dem Armenrecht Prozeßkostenhilfe in Anspruch nehmen. Um ein Gerichtsverfahren weitgehend

---

[78] Ebenda ll. 248-258. Ein Auszug aus der Satzung findet sich in Zacher, Die Arbeiter-Versicherung, Heft IX, S. 14-17. Siehe auch Čistjakov, Strachovanie, S. 75-80. Projekte für Unfallkassen lagen außerdem dem Domänenministerium vom polnischen Bergbauverband, den Goldindustriellen an Ural und Amur, dem Verband der Manganindustriellen sowie weiteren Bergbauorganisationen vor: RGIA f. 1153 op. 1 1903g. d. 50 l. 9; Bertenson, L. B.: Po povodu častnago strachovanija rabočich (k voprosu o voznagraždenii rabočich za uveč'ja, in: Promyšlennost' i Zdorov'e 1(1902/03), Nr. 4, S. 1-9.

[79] Abgedruckt mit deutscher Übersetzung in Zacher, Die Arbeiter-Versicherung, Heft IX, S. 18-29.

überflüssig zu machen, wurde außerdem ein ausdifferenziertes Verfahren außergerichtlicher Schlichtung eingerichtet.

Völlig neu war dagegen, daß den Fabrikbesitzern die Möglichkeit eingeräumt wurde, die gesamte zivilrechtliche Haftung auf genossenschaftliche Versicherungsvereine auf Gegenseitigkeit (*Obščestvo vzaimnogo strachovanija*) zu übertragen. Damit entsprach der Gesetzentwurf der sozialpolitischen Doppelstrategie, die das Finanzministerium unter Witte und Kovalevskij auch im Bereich der medizinischen Versorgung der Arbeiter und des Fabrikschulwesens verfolgte: Einerseits sollten präzise gesetzliche Ansprüche des einzelnen Arbeiters gegenüber dem Fabrikbesitzer auf bestimmte soziale Leistungen, in diesem Fall die Unfallentschädigung, formuliert werden. Andererseits verzichtete das Finanzressort darauf, sich an der Organisation dieser Leistungen aktiv zu beteiligen. Statt dessen sollten die Industriellen durch eine gesetzlich verankerte, individuelle Leistungspflicht dazu angeregt werden, sozialpolitische Institutionen auf privater Basis aufzubauen, welche diese Pflichten übernehmen würden. Entsprechende Übereinkünfte sollten durch Rahmenbestimmungen im Gesetz nicht nur ermöglicht, sondern auch gezielt gefördert werden. Für die Unfallentschädigung hoffte man, langfristig so die institutionelle Basis für die Umwandlung genossenschaftlicher Kassen der Industriellen in eine gesetzliche Pflichtversicherung zu schaffen.[80]

In den Beratungen mit der Industrie wurde deutlich, daß diese durchaus dazu bereit war, verunglückten Arbeitern eine Pension zu zahlen, solange eine solche Unterstützung nicht aus einer angenommenen, letztlich aber unbewiesenen privatrechtlichen Schuld des Unternehmers, sondern aus dem Prinzip der Betriebsgefährlichkeit abgeleitet wurde, wie dies in dem Projekt von 1893 erstmals, wenn auch nicht mit voller Konsequenz, eingeführt worden war. Nur so würden die Fabrikanten von dem Odium der Schuld gegenüber dem betroffenen Arbeiter befreit, da sich die Unterstützungszahlungen nun als Teil der Produktionskosten rechtfertigen ließen. Aus dieser Haltung heraus forderte die Moskauer Abteilung des Rates für Handel und Manufakturen mit Erfolg, im Titel des Gesetzes nicht mehr von der Haftbarkeit (*otvetstvennost'*) des Unternehmers, sondern von einer staatlich auferlegten Pflicht zur Entschädigung (*voznagraždenie*) zu sprechen. Deutlicher als viele andere Detaileinwände zeigt dieser Beitrag, daß es den Industriellen in erster Linie darum ging, ihr patriarchalisches Selbstverständnis gegenüber den Arbeitern aufrechtzuerhalten und damit den Erhalt der inneren Ordnung in den Fabriken zu gewährleisten.[81]

---

[80] RGIA f. 1153 op. 1 1903 g. d. 50 ll. 69-214; f. 560 op. 26 d. 367 ll. 132-144.

[81] RGIA f. 20 op. 15 d. 73 l. 73 und l. 76. Siehe auch die Anmerkungen Sokolovs für die Petersburger Fabrikantengesellschaft zu dem Entwurf: RGIA f. 150 op. 1 d. 578 l. 146-147.

Mit dem grundsätzlichen Einverständnis der Industrie zu dem geplanten Gesetz war der Weg frei für eine umfassende und konstruktive Kritik der einzelnen Bestimmungen. Diese war im wesentlichen durch die Bemühung gekennzeichnet, das Gesetz für die Industrie möglichst günstig und praktikabel zu gestalten. Strittig waren vor allem die Fragen, wie ein vom Unfallopfer selbst grob fahrlässig verursachter Unfall zu behandeln sei, auf welcher Berechnungsgrundlage die Pensionen festzusetzen wären, und ab welcher Betriebsgröße die Zahlung von Entschädigungen überhaupt zumutbar war, ohne den Betrieb in seiner Existenz zu gefährden. Daß es dabei nicht ausschließlich um die materiellen Interessen der Industrie ging, zeigte die Forderung der Moskauer Abteilung des Rates für Handel und Manufakturen, für die Kapitalisierung der Pension eine einmalige Zahlung von neun Jahrespensionen anzusetzen, da die vom Finanzministerium vorgeschlagene sechsfache Pension den Unterhalt des Entschädigten nicht dauerhaft sichern würde. San-Galli und das Rigaer Börsenkomitee schlugen sogar vor, pensionsberechtigten Witwen bei einer erneuten Ehe die Pension nicht ersatzlos zu streichen, um uneheliche Verbindungen nicht zu fördern.[82]

Die Frage, ob die Kosten aus dem Gesetz für die Industrie nicht nur gerechtfertigt, sondern auch erträglich sein würden, spielte lange Zeit überhaupt keine Rolle. Erst ab 1899 brachte vor allem San-Galli und unter seinem Einfluß die Petersburger Fabrikantengesellschaft das wenig überzeugende Argument vor, daß das neue Gesetz der russischen Industrie, verglichen mit der westeuropäischen Konkurrenz, erhebliche finanzielle Belastungen aufbürde und somit ihre Wettbewerbsfähigkeit gefährde.[83] Aufgrund der guten Beziehungen der Fabrikantengesellschaft zu einigen Reichsratsmitgliedern wie beispielsweise Polovcov, E. V. Frisch, D. F. Kobeko und F. G. Thörner nötigte diese Klage dem Finanzministerium im Reichsrat erheblichen Argumentationsaufwand ab.[84] Gestützt auf die deutsche Unfallstatistik errechnete es einen voraussichtlichen Lohnkostenzuwachs infolge des Gesetzes in Höhe von etwa 1-2 %, eine Summe, die deutlich unterhalb der üblichen Preisschwankungen auf den Rohstoff-

---

[82] Ebenda und RGIA f. 150 op. 1 d. 578 ll. 101-105.

[83] RGIA f. 150 op. 1 d. 578 ll. 139-142, ll. 204-214 und ll. 219-229.

[84] Rudolf Hammerschmidt, ein führendes Mitglied der Petersburger Fabrikantengesellschaft, war Direktor der Nevskaja Baumwollspinnerei und der Nevskaja Garnmanufaktur, die sich beide im Besitz der Ehefrau Polovcovs befanden. Daß dieser Kontakt in der Frage der Unfallhaftung als inoffizieller politischer Kanal zwischen Reichsrat und der Fabrikantengesellschaft genutzt wurde, legt ein Brief Hammerschmidts vom 28.1.1900 an den Vorsitzenden der Fabrikantengesellschaft S. P. Glezmer nahe: RGIA f. 150 op. 1 d. 578 ll. 219-220. Zu den Kontakten San-Gallis zu Frisch, Thörner und Kobeko siehe Ebenda ll. 275-275. Im April, als die Beratungen im Reichsrat bereits im Gange waren, formulierte die Fabrikantengesellschaft ein erneutes Gesuch an die Regierung, um noch im letzten Moment eine Beschränkung der Entschädigungspflicht zu erreichen: Ebenda ll. 269-263.

wie den Absatzmärkten lag und somit als leicht verkraftbar angesehen wurde.[85]

Obwohl das Finanzministerium damit die Einwände der Petersburger Industriellen einigermaßen entkräften konnte und trotz der weitgehenden Zustimmung der Industriellen außerhalb Petersburgs zu dem Entwurf, stieß dieser im Reichsrat erneut auf prinzipiellen Widerstand. Dieser entsprang wie 1893 dem vermeintlichen Widerspruch des Projekts zu den Traditionen des Zivilrechts. Wiederum opponierte Pobedonoscev, unterstützt von dem ehemaligen Reichssekretär und Erben der Industriebetriebe des Baron Stieglitz, A. A. Polovcov, dem Reichsratsvorsitzenden Großfürst Michail Nikolaevič und einigen anderen Reichsratsmitgliedern.[86] Anders als zehn Jahre früher warf man dem Entwurf allerdings nicht mehr so sehr vor, daß er mit den Prinzipien der Justizreform Alexanders II. breche. Vielmehr wurden tiefsitzende Ängste geweckt, daß mit der Abkoppelung der Haftung von der Schuld des Arbeiters wie des Fabrikanten ein Grundpfeiler der Rechtsordnung eingerissen und somit der Zusammenbruch der Gesellschaft heraufbeschworen werde:

> „Es wäre äußerst gefährlich, in das Bewußtsein der Volksmassen ein solches Verständnis einzuführen, daß man für seine Handlungen nicht verantwortlich ist, denn aus der Sphäre der Beziehungen zwischen Arbeitern und Fabrikanten wird dieses Verständnis leicht auch auf andere Bereiche der zivilrechtlichen Beziehungen der arbeitenden Klasse der Bevölkerung übertragen werden."[87]

Schon im Februar hatte Pobedonoscev die Warnung an Witte gerichtet:

> „Dem neuen Gesetz über die Pensionen mißt das Ministerium eine Bedeutung bei, die seinen allgemeinen Sinn völlig in sein Gegenteil verkehrt: es würde bei uns eine solche Masse ungerecht entrechteter und gekränkter Armer hervorbringen, die eine kleine Verbesserung ihres Loses erwarten, daß sich bitteres Wehklagen aus allen fernen Ecken Rußlands erheben wird."[88]

---

[85] RGIA f. 1153 op. 1 1903 g. d. 50 ll. 366-370 und ll. 535-542. In der Praxis lag der Lohnkostenanstieg etwas höher. Für 1904 schwanken die Schätzungen der Kosten, die der Industrie aus dem Gesetz von 1903 entstanden, zwischen 2 und 4,5 % der Lohnsumme. 1908 wurden nach Angaben des Handels- und Industrieministeriums auf der Basis des Gesetzes von 1903 insgesamt 8,5 Mio. Rubel Entschädigungsleistungen bezahlt, was etwa 2,5 % der Lohnsumme entsprach. Einen wesentlichen Einfluß auf die Konkurrenzfähigkeit der russischen Industrie dürften jedoch auch diese Ausgaben nicht gehabt haben: Zacher, Die Arbeiter-Versicherung, Heft IXa, S. 8-9; Šelymagin, Zakonodatel'stvo, S. 262.

[86] Angesichts der ablehnenden Haltung der Petersburger Fabrikantengesellschaft und besonders San-Gallis zu dem Entwurf spricht wenig für die Version Kovalevskijs, San-Galli habe auf seine Bitte hin Pobedonoscevs Zustimmung erwirkt: Kovalevskij, Vospominanija, S. 50. Zu Polovcov siehe Amburger, E.: Der Reichssekretär A. A. Polovcov als Privatunternehmer, in: JfGO 18(1970), S. 426-438.

[87] RGIA f. 1153 op. 1 1903 g. d. 50 l. 557.

[88] RGIA f. 1574 op. 2 d. 29 l. 1.

Überlagert wurde dieses allenfalls noch oberflächlich rechtstheoretische Argument von der auch schon 1893 geäußerten Befürchtung, daß wenn man der Masse von bäuerlichen Arbeitern, wie Pobedonoscev sie sah, einseitige Privilegien gewähre, eine eigenständige, selbstbewußte Schicht von Arbeitern (*rabočee soslovie*) überhaupt erst entstehen werde und somit wie in Westeuropa eine in Rußland vermeintlich nicht existierende Arbeiterfrage unnötig heraufbeschworen würde.[89] Die Ursache für all diese Gefahren sahen die konservativen Gegner des Gesetzentwurfs im Prinzip der individuellen, schuldunabhängigen Haftung. Eine Versicherung, so ließen sie durchblicken, hätte demgegenüber erhebliche Vorteile und wäre durchaus akzeptabel.

Das Finanzministerium mußte schließlich erhebliche Zugeständnisse machen, um den Entwurf überhaupt durch die Abteilungen zu bringen. Vor allem wurde das Handwerk aus dem Geltungsbereich des Gesetzes ausgeklammert. Kommerziellen Versicherungen wurden dieselben Privilegien wie den genossenschaftlichen eingeräumt. Damit wurde die Absicht des Finanzministeriums unterlaufen, die Grundlage einer gesetzlichen Pflichtversicherung auf möglichst einheitlicher, privater Basis wachsen zu lassen. Statt dessen wurde es damit beauftragt, innerhalb von fünf Jahren einen Gesetzentwurf über eine gesetzliche Arbeiterunfallversicherung vorzulegen.[90]

Trotz dieser Zugeständnisse kam es im Reichsratsplenum zu keinem einheitlichen Ergebnis: die Minderheit um Pobedonoscev hielt unbeirrbar daran fest, daß die Haftung nicht völlig von der Schuldfrage abgekoppelt werden dürfe und deshalb der Besitzer gerechterweise auch dann nicht haften solle, wenn der Arbeiter den Unfall durch grobe Fahrlässigkeit (*grubaja neostorožnost'*) selbst verursacht habe.[91] Diese Minderheitsmeinung wurde am 2. Juni 1903 vom Zaren bestätigt. Damit wurde aus Gerechtigkeitserwägungen ein Kerngedanke des Gesetzes geopfert: die Haftung im Gesetz so eindeutig zu regeln, daß es nur noch in wenigen Einzelfällen zu Gerichtsverfahren kommen würde. Mußte erst die Schuldfrage geklärt werden, war dieses Ziel nicht zu erreichen.[92]

---

[89] RGIA f. 1153 op. 1 1903 g. d. 50 l. 359.

[90] Protokoll der Beratungen der Vereinigten Departaments: RGIA f. 1153 op. 1 1903 g. d. 50 ll. 483-534. Tatsächlich wurde ein solcher Entwurf 1908 in die Duma eingebracht, der als Grundlage für die Unfallversicherung von 1912 diente: Avrech, Stolypin i Tret'ja Duma, S. 197-272.

[91] RGIA f. 1153 op. 1 1903 g. d. 50 ll. 555-556.

[92] In den folgenden Jahren zahlte bei etwa 62 % aller Arbeitsunfälle der Fabrikbesitzer widerspruchslos die gesetzliche Entschädigung, in den übrigen Fällen kam es zu Vergleichsverfahren, zu Klagen oder zu einem Verzicht des Verunglückten auf Durchsetzung seines Anspruchs: Gvozdev, Zapiski, S. 194-196. Zum Text des Gesetzes vom 2. 6. 1903 siehe PSZ 3 Bd. XXIII Nr. 23060; in deutscher Übersetzung bei Zacher, Die Arbeiter-Versicherung, Heft IXa, S. 51-60. Für eine ausführliche Besprechung der einzelnen Gesetzesbestimmungen siehe Meschewetski, Fabrikgesetzgebung, S. 103-108; Rubinow, I. M.: Studies in Workmen's Insurance: Italy, Russia, Spain, Diss. Phil., Columbia 1911.

Der Verlauf der Diskussionen im Reichsrat zeigte, daß dieser erhebliche Bedenken gegenüber der beschlossenen individuellen Haftung hegte und die Einrichtung einer staatlichen Zwangsversicherung deutlich favorisierte. Letztendlich wurde das Gesetz vom 2. Juni 1903 nur aus der Einsicht heraus beschlossen, daß die bisherige Rechtslage völlig unhaltbar geworden war und daß eine erneute Ablehnung auch die Einführung einer Versicherung nur noch weiter verzögern würde.

3. Unfallhaftung und Öffentlichkeit

Der Verlauf dieser langjährigen Beratungen hatte eine eigenartige politische Konstellation deutlich gemacht: Die Fabrikanten aus den entwickelten Industriezentren forderten ebenso wie an dieser Frage interessierte Teile der politischen Öffentlichkeit eine sofortige staatliche Unfallversicherung, weil sie parallel zur westeuropäischen Entwicklung soziale Stabilität für die unabdingbare Voraussetzung eines weiteren industriellen Aufschwungs hielten. Eine staatliche Zwangsversicherung bot sich gerade den Industriellen als diejenige Lösung an, welche die internen Strukturen der Fabriken am wenigsten berührte, da sie ihren rechtlichen Status gegenüber den Arbeitern nicht antastete und es ihnen ersparte, in individuellen Entschädigungsverfahren vor Gericht als „Ausbeuter" an den Pranger gestellt zu werden. Ihnen stand das Finanzministerium gegenüber, welches zwar ebenfalls davon ausging, daß Rußland ökonomisch und sozial denselben Weg wie Westeuropa gehe, und eine solche Entwicklung auch intensiv beförderte, das Reich als Ganzes aber trotz seiner industriellen Zentren noch nicht auf derselben Entwicklungsstufe sah und folglich eine verzögerte, schrittweise Gesetzgebung verfolgte. Die Konservativen um Pobedonoscev hingegen sahen Rußland auf einem Sonderweg und lehnten die kritiklose Übernahme westlicher Entwicklungsmodelle rundheraus ab. In ihrer weitgehend irrational begründeten Furcht vor einer destruktiven Sogwirkung, welche die Veränderung rechtlicher und sozialer Strukturen auslösen könnte, sahen aber auch sie schließlich eine staatliche Arbeiterversicherung als diejenige Lösung an, welche bestehende Strukturen nicht verändern, sondern ergänzen würde und berührten sich darin mit den „fortschrittlichen" Elementen aus Industrie und Wissenschaft.

Diese politische Konstellation war das Ergebnis der rasanten wirtschaftlichen und gesellschaftlichen Entwicklung, welche das industrielle Rußland in den neunziger Jahren des neunzehnten Jahrhunderts durchgemacht hatte, ohne daß die Gesetzgebung damit hätte Schritt halten können. War Rußland mit dem Entwurf von 1893 noch einer der Vorreiter der Unfallentschädigung in Europa gewesen, so hinkte das in seinen Grundlagen ähnliche Gesetz von 1903 der öffentlichen Meinung wie der westeuropäischen Entwicklung schon weit hinterher. Vor allem die lange Dauer des Gesetzgebungsprozesses verstärkte in der Öffentlichkeit den Eindruck, daß die Bürokratie ineffizient arbeite.[93]

Hinzu kam, daß die Regierung sich um die Jahrhundertwende in der Sozialgesetzgebung zunehmend von der Furcht vor Unruhen lähmen ließ. Pobedonoscev sah schon in der Reform an sich den Keim gesellschaftlichen Zusammenbruchs. Das Finanzministerium hingegen lehnte die sofortige Ausarbeitung einer Sozialversicherung auch aus dem Grunde ab, daß deren Breitenwirksamkeit jegliche spätere Korrektur unmöglich mache:

„Das Wesen der Frage der Absicherung verkrüppelter Arbeiter besteht nicht darin, koste es, was es wolle, ein Gesetz über die Pflichtversicherung der Arbeiter zu formulieren und einzuführen. Darin besteht keine Schwierigkeit. Wichtig ist aber, daß die Regierung, wenn sie das ganze industrielle Leben des Landes einem solchen Gesetz unterwirft, von der festen Überzeugung ausgeht, daß auf dieser Grundlage nichts Unerwartetes erwächst, was in sozialer wie in ökonomischer Hinsicht gefährlich wäre. So schwerwiegend die Fehler auch sein mögen, welche aus unzureichend fundierten Maßnahmen entstehen, diese Fehler kann man immer dann leicht verbessern, wenn die Maßnahme selbst die Interessen eines begrenzten Personenkreises berührt. Die Arbeiterpflichtversicherung steht unter ganz anderen Bedingungen, da sie die Interessen von Hunderttausenden von Menschen in extrem unterschiedlicher ökonomischer und wirtschaftlicher Lage betrifft. Deswegen läßt sich noch kaum ein anderer Bereich finden, in welchem jedes Versehen des Gesetzgebers und jeder Fehler so schwer zu berichtigen wäre und so verhängnisvolle Folgen nach sich zöge, wie die genannte Versicherung. Unter diesen Umständen wäre es kaum zweckmäßig, der Industrie eine Maßnahme aufzuzwingen, auf die weder sie noch die Regierung vorbereitet ist."[94]

Damit verabschiedete sich das Finanzministerium von den Traditionen der Fabrikgesetzgebung der achtziger Jahre, welche ihre Erfolge auch daraus bezog, daß sie sich aus zeitlich und regional begrenzten Versuchen heraus entwickelt hatte. Statt dessen setzten Witte und Kovalevskij auf die Förderung privater Initiativen, welche die mögliche Ausgestaltung einer Sozialgesetzgebung erproben und vorzeichnen sollten.

Solange die Industrie nur in wenigen Zentren hoch entwickelt war und ihr die organisatorische Strukturierung fehlte, welche der in Rußland vielbeachteten deutschen Sozialversicherung zugrunde lag, war dieser Ansatz sicher richtig. Es gelang der russischen Regierung jedoch nicht, für solche privaten Initiativen rechtzeitig den nötigen gesetzlichen Rahmen zu schaffen, so daß vielversprechende Ansätze im Gestrüpp der veralteten Rechtsstruktur und der Bürokratie hängenblieben. Zudem wurde die Beteuerung des Finanzministeriums, es fehlten die statistischen Grundlagen für eine staatliche Unfallversicherung, mit den Jahren immer unglaubwürdiger, erst recht, als private Institutionen wie die

---

[93] Siehe z. B. den Kommentar in den Moskovskie Vedomosti vom 4. 4. 1903, sowie die Rechtfertigung des Finanzministeriums: RGIA f. 560 op. 26 d. 367 ll. 1-2.
[94] RGIA f. 1153 op. 1 1903 g. d. 50 l. 120.

Rigaer Versicherung und der Südrussische Bergbauverband flexible Finanzierungsmodelle entwickelten und zum Teil auch erfolgreich praktizierten.

Wie wir gesehen haben, suchte das Finanzministerium diesen Druck zu parieren, indem es 1903 die individuelle Unfallentschädigung durch den Reichsrat paukte. Damit hoffte man, einerseits eine vorläufige Lösung anbieten zu können und gleichzeitig langfristige Perspektiven für den Aufbau einer gesetzlichen Versicherung zu eröffnen. In der Tat erhöhte das Entschädigungsgesetz von 1903 nicht nur die Rechtssicherheit für Fabrikarbeiter auch in kleineren Fabriken, sondern lieferte auch einen wesentlichen Impuls für eine regelmäßige statistische Erfassung von Arbeitsunfällen sowie für die Gründung weiterer genossenschaftlicher Versicherungsvereine nach dem Rigaer Vorbild.[95] Die Gründung der seit mehr als zehn Jahren geplanten Unfallversicherung der Petersburger Fabrikanten schritt nunmehr, da eine solide gesetzliche Grundlage, aber auch ein greifbarer materieller Anreiz für eine Versicherungslösung gegeben waren, zügig voran, so daß die Gesellschaft im Herbst 1904 ihre Tätigkeit aufnehmen konnte. 1912 bestanden insgesamt elf derartige genossenschaftliche Arbeiter-Unfallversicherungen, die etwa 400.000 bis 500.000 Arbeiter versicherten und somit die erheblich teureren kommerziellen Versicherungen auf den zweiten Rang verdrängten. Gemeinschaftlich getragene Rechtsberatungen der Industrie schließlich sollten den einzelnen Betrieben behilflich sein, der komplizierten juristischen Fragen Herr zu werden.[96] Damit leistete das Gesetz einen wichtigen Beitrag zu der Entstehung des notwendigen Unterbaus für eine gesetzliche Unfallversicherung, wie sie 1912 schließlich verabschiedet wurde.

Dennoch ging das politische Kalkül des Finanzministeriums nicht auf. Vielmehr stieß das Gesetz vom 2. Juni 1903 in der Öffentlichkeit wie in der Arbeiterschaft auf heftige Kritik, welche die Forderungen nach einer staatlichen Unfallversicherung noch verstärkte.[97] Die Schwerfälligkeit des Gesetzgebungsapparats, wie sie in den Beratungen über die individuelle Unfallentschädigung überdeutlich zum Ausdruck gekommen war, und die unentschlossene und zögerliche Haltung in der Frage der Arbeiterversicherung trugen erheblich dazu bei, die Industriellen ebenso wie die an Wirtschaftsfragen interessierte

---

[95] Zur Umsetzung des Gesetzes siehe Ivanov, Zakon 1903g.; sowie Bykov, Fabričnoe zakonodatel'stvo, S. 246-247; Gvozdev, Zapiski, S. 189-204.

[96] Ivanov, Zakon 1903g., S. 107-113; Šelymagin, Zakonodatel'stvo, S. 217; King, The Emergence, S. 382-383; Obščestvo zavodčikov i fabrikantov Moskovskago promyšlennago rajona v 1911 godu, Moskau 1912, S. 36-41 und S. 50-51.

[97] Kir'janov, Ju. I.: Perechod k massovoj političeskoj bor'be. Rabočij klass nakanune pervoj rossijskoj revoljucii, Moskau 1987, S. 100; Gorskij, O.: Strachovanie ili otvetstvennost'? in: Promyšlennost' i Zdorov'e 1(1902/03), Nr. 6, S. 50-63; Siehe auch die Diskussionen auf dem IX. Kongreß der Pirogov-Ärztegesellschaft im Januar 1904: Čistjakov, Strachovanie, S. 107-113;

Öffentlichkeit nach der Jahrhundertwende von der Regierung zu entfremden. Mehr und mehr schwand auch in diesen Schichten das Vertrauen, daß die Bürokratie in der Lage sei, die Voraussetzungen für eine Lösung der von der Industrialisierung aufgeworfenen sozialen Probleme zu schaffen.

X. KRANKENVERSORGUNG UND KRANKENVERSICHERUNG

Mit dem Gesetz über die Unfallentschädigung war in Rußland ein später Einstieg in die Aufgabe gefunden worden, Fabrikarbeitern ein Mindestmaß an sozialer Sicherheit zuteil werden zu lassen. Eine solche Absicherung durfte auf Dauer jedoch nicht auf das Risiko eines Arbeitsunfalls beschränkt bleiben. Nur wenn es gelang, alten und kranken Arbeitern ein menschenwürdiges Dasein und eine angemessene medizinische Behandlung zu garantieren, konnten die sozialen Folgen der letztlich auch in Rußland unvermeidlichen Herauslösung der Arbeiterschaft aus althergebrachten dörflichen Sozialstrukturen als gemeistert gelten.

Anders als in der Frage der Arbeitsunfälle gelang es vor 1905 allerdings nicht, das Problem der Alters- wie der Krankenversorgung von Fabrikarbeitern auch nur einigermaßen zufriedenstellend zu lösen. Vor allem der Aufbau einer Alterssicherung kam über einige wenige Diskussionsansätze nicht hinaus. Wie hingegen die ärztliche Behandlung kranker Fabrikarbeiter gewährleistet werden könnte, war vor allem seit den neunziger Jahren des neunzehnten Jahrhunderts Gegenstand intensiver Auseinandersetzungen in der Öffentlichkeit wie innerhalb der Regierung.

Diese Diskussion konzentrierte sich im wesentlichen auf drei Problemkreise. Umstritten war einmal die Frage der Finanzierung. Zwar ließ es sich analog zur Unfallentschädigung rechtfertigen, die Kosten für die medizinische Behandlung der Arbeiter allein den Fabrikbesitzern zu übertragen, wenn man bereit war, Krankheit als direkte Folge der Fabrikarbeit zu betrachten. Das Problem erschöpfte sich jedoch nicht allein in der ärztlichen Behandlung der Arbeiter selbst. Nicht nur mußte darüber hinaus auch eine Lösung für die Behandlung der Familienangehörigen gefunden werden. Es stellte sich auch die Frage, wie deren Lebensunterhalt zu sichern sei, solange das Familieneinkommen aufgrund der Krankheit eines erwerbstätigen Mitglieds erheblich geschmälert war oder oft sogar ganz ausfiel. Die allerwenigsten Arbeiterfamilien konnten aufgrund ihrer niedrigen Löhne ausreichende Ersparnisse bilden, auf die sie im Notfall hätten zurückgreifen können. Eine materielle Absicherung kranker Arbeiter und ihrer Familien allein auf Kosten ihrer Arbeitgeber ließ sich mit dem Hinweis auf eine hypothetische Verantwortung des Fabrikbesitzers jedoch kaum überzeugend begründen und hätte auch keine Entsprechung in den Gesetzen anderer europäischer Länder gefunden. Hier war die eigene Vorsorge der Arbeiter langfristig unabdingbar. Eine effektiver Beitrag der Arbeiter zur Sicherung ihrer eigenen Existenz war aber nur auf dem Wege einer Versicherung zu erreichen.

Aus diesem Gedankengang ergab sich ein zweiter Problemkreis, dem wir bereits bei der Behandlung der Arbeitsunfälle begegnet sind. Denn jegliche Arbeiterversicherung erforderte naturgemäß die rechtliche Konstituierung der Arbeiterschaft als soziale Gruppe. Dem aber stand das Weltbild vor allem Pobedonoscevs und mit ihm weiter Teile der alten bürokratischen Elite gegenüber. Diese Widerstände konnten erst um die Jahrhundertwende allmählich überwunden werden.

Das dritte Problem, das eine wirksame Absicherung von Fabrikarbeitern zumindest gegen Krankheitsfolgen lange Zeit erheblich behinderte, war die allgemeine Rückständigkeit des russischen Gesundheitswesens. Noch bis in die sechziger Jahre des neunzehnten Jahrhunderts hinein existierte eine von den staatlichen Gesundheitsbehörden (*Prikazy Obščestvennogo Prizrenija*) getragene öffentliche Gesundheitsfürsorge nur in den größeren Städten, während die breite Masse der ländlichen Bevölkerung kaum in den Genuß ärztlicher Behandlung kam.[1] Hier leisteten die 1864 gegründeten Zemstva ebenso wie die städtische Selbstverwaltung erhebliche Arbeit. Um die Jahrhundertwende konnte somit bereits von einem zwar noch sehr elementaren, aber immerhin doch weitgehend flächendeckenden Gesundheitswesen im europäischen Rußland gesprochen werden.[2] Nun konnte man darangehen, die medizinische Versorgung der Arbeiter in dieses System einzupassen.

---

[1] Dement'ev, E. M.: Vračebnaja pomošč' fabričnym rabočim, St. Petersburg 1899, S. I; Veselovskij, B.: Istorija zemstva za sorok let, Bd. 1, St. Petersburg 1909, S. 267-270.

[2] Aus der umfangreichen Literatur zur Geschichte des russischen Gesundheitswesens, vor allem der Entwicklung der Zemstvomedizin, seien hier nur als wichtigste Publikationen genannt: Hutchinson, J.: Politics and Public Health in Revolutionary Russia, 1890-1918, Baltimore 1990; Ramer, S.: The Zemstvo and Public Health, in: Emmons, T. und Vucinich, W. (Hgg.): The Zemstvo in Russia. An Experiment in Local Self-Government, Cambridge 1982, S. 279-314; Frieden, N.: Russian Physicians in an Era of Reform and Revolution, 1856-1905, Princeton 1981; Veselovskij, Istorija zemstva, Bd. 1, S. 267-434; sowie Lee, K.: Das Volk von Moskau und seine bedrohte Gesundheit, 1850-1914, unveröffentl. Diss. phil., Freiburg 1989. Die von Nancy Frieden angekündigte Studie über das Arbeitergesundheitswesen im vorrevolutionären Rußland steht meines Wissens noch aus: Frieden, Russian Physicians, S. 17.
1858, zu Beginn der Reformära, kamen in Rußland auf einen Arzt 10.742 Einwohner bzw. 9,3 Ärzte auf 100.000 Einwohner: Frieden, Russian Physicians, S. 28; Ènciklopedičeskij Slovar' Rossija, hg. von F. A. Brokgauz und I. A. Efron, St. Petersburg 1898, 2. Aufl. Leningrad 1991, S. 75. 1898 kamen in 291 von 345 untersuchten Bezirken in den 34 Zemstvo-Gouvernements weniger als 4000 Einwohner auf ein Krankenhausbett: Veselovskij, Istorija zemstva, Bd. 1, S. 391.

1. Die permanente Notlösung: Das Gesetz vom 26. August 1866

Die ersten Anfänge organisierter Gesundheitsfürsorge für Arbeiter beruhten auf der privaten Initiative einzelner Fabriken. So eröffnete die Moskauer Textilmanufaktur der Gebrüder Prochorov 1840 das erste, sechs Betten umfassende Arbeiterkrankenhaus Rußlands. Dieses Beispiel machte in den folgenden Jahren auch bei anderen Moskauer Industriellen Schule.[3] Zu Beginn der vierziger Jahre wurden schließlich auch in den Hauptstädten St. Petersburg und Moskau die ersten öffentlichen Arbeiterkrankenhäuser eröffnet.[4]

Da sich ein umfassendes Gesundheitswesen um die Mitte des neunzehnten Jahrhunderts erst im Aufbau befand, wurde auch das Problem ärztlicher Hilfe für Fabrikarbeiter vorrangig als ein organisatorisches und erst in zweiter Linie als ein finanzielles Problem begriffen. Ein Gesetz vom 26. August 1866, welches den ersten Versuch darstellte, die medizinische Versorgung für Fabrikarbeiter gesetzlich zu regeln, entsprang einer konkreten Notlage, der mit praktischen und sofort wirksamen Mitteln begegnet werden mußte. 1866 brach in St. Petersburg und Moskau eine der verheerenden Choleraepidemien aus, die das europäische Rußland im gesamten neunzehnten Jahrhundert regelmäßig heimsuchten. Die Epidemie von 1866 gehörte in diesem Zyklus zwar nicht zu den schlimmsten, war aber mit fast 209.000 Erkrankungen und über 72.000 Todesfällen dramatisch genug, um eine ganze Reihe von Notmaßnahmen zu rechtfertigen.[5] Um der schlimmsten sanitären Mißstände Herr zu werden, ordnete das Moskauer Komitee für Volksgesundheit die Einrichtung öffentlicher Toiletten und den Bau von Müllgruben an. Vor allem aber stand der Ausbau der bislang äußerst mangelhaften medizinischen Einrichtungen in den neu entstandenen großen Industriebetrieben an, wo die Konzentration großer Menschenmengen unter oft miserablen sanitären Verhältnissen eine Ausbreitung der Cholera besonders begünstigte.[6] Der Bau eines provisorischen Krankenhauses mit 240 Betten, des ersten ganz von der Stadtverwaltung getragenen Krankenhauses in Moskau, reichte bei weitem nicht aus, um der drohenden Epidemie Herr zu werden.[7] Die Bestimmungen des Gesetzes vom 26. August 1866 waren deshalb ganz an dem Bedürfnis orientiert, hier möglichst schnelle und wirksame Abhilfe zu schaffen: Jede Fabrik mit 1000 Arbeitern mußte innerhalb eines Monats ein

---

[3] Lee, Das Volk von Moskau, S. 159; Kazancev, B. N.: Rabočie Moskvy i Moskovskoj gubernii v seredine XIX veka, Moskau 1976, S. 160-161.
[4] Lee, Das Volk von Moskau, S. 154-155.
[5] Frieden, Russian Physicians, S. 325. Siehe dazu auch Archangel'skij, G. I.: Cholernye epidemii v Evropejskoj Rossii v 50-ti-letnij period 1823-1872 gg., St. Petersburg 1874.
[6] Lee, Das Volk von Moskau, S. 12-13.
[7] Dieses war das am 22. März 1866 eröffnete und nach dem damaligen Stadtoberhaupt benannte Ščerbatov-Krankenhaus: Ebenda, S. 251.

eigenes Fabrikkrankenhaus mit zehn Betten errichten. Auch in den übrigen Fabriken sollte ein Bett pro einhundert Arbeitern bereitstehen.[8]

Der Ausnahmesituation entsprach die Art und Weise, wie das Gesetz von 1866 verabschiedet wurde. Der eigentliche Anstoß ging bereits im Mai 1866 vom Moskauer Generalgouverneur aus, dessen Vorschläge auch von der Moskauer Abteilung des Manufakturrats befürwortet wurden.[9] Anstelle langwieriger Beratungen im Reichsrat wurde die Vorlage anschließend nur kurz im Ministerkomitee beraten und nach der Bestätigung durch den Kaiser als vorläufige Verordnung erlassen. Aus dieser provisorischen Absicht heraus läßt sich auch erklären, weshalb die Verordnung nicht sofort im offiziellen Gesetzblatt veröffentlicht wurde, da man abwarten wollte, bis ein vom Innenministerium erarbeiteter entsprechender Gesetzentwurf den Reichsrat auf dem normalen Gesetzgebungsweg passiert haben würde.[10]

Dieser jedoch stellte im Januar 1867 fest, daß die Verordnung vom 26. 8. 1866, da sie weder zeitlich noch räumlich befristet sei, als vorläufiges Gesetz bereits für das gesamte Reich Gültigkeit habe. Die ursprünglich vorgesehene inhaltliche Überarbeitung wurde deshalb aufgeschoben, bis sich die Tätigkeit der neugegründeten Zemstva im Gesundheitswesen beurteilen ließe. Der lokalen Selbstverwaltung sollte in einem ihrer ureigensten Bereiche nicht zu sehr durch ein endgültiges Gesetz vorgegriffen werden. Vielmehr wollte man die Versorgung der Fabrikarbeiterschaft zu einem späteren Zeitpunkt sinnvoll in

---

[8] Im wenig eindeutigen Wortlaut:
„Nachdem es die Vorlage des Innenmisters über den Bau von Krankenhäusern (bol'ničnye pomeščenija) bei Fabriken und Werken im Gouvernement Moskau zur Kenntnis genommen hat, hat das Ministerkomitee vorgeschlagen: Als provisorische Maßnahme zu bestimmen, daß bei Fabriken und Werken, die eintausend Arbeiter haben, ein Krankenhaus mit zehn Betten gebaut werden soll, bei mehr als eintausend mit fünfzehn oder mehr Betten, bei weniger als eintausend mit fünf oder mehr Betten, im Verhältnis von 1 % auf 100 Arbeiter, wobei zur Durchführung dieser Maßnahme eine Frist von einem Monat ab der Mitteilung darüber an die Herren von Fabriken und Werken festzusetzen ist.
Der Kaiserliche Herrscher geruhte am 26. Tag des August 1866, die Verordnung des Ministerkomitees zu bestätigen."
PSZ 3 Bd. IV (1884). Dopolnenie k XLI-mu tomu vtorago polnago sobranija zakonov Rossijskoj Imperii. (1866 g.) Nr. 43594 a.
[9] Dement'ev, Vračebnaja pomošč, S. II-III.
[10] Ursprünglich wurde die Verordnung nur als offizielle Beilage zur „Severnaja počta" abgedruckt: Beilage Nr. 25, Severnaja Počta vom 29. 9. 1866. 1887 wurde die Verordnung schließlich im offiziellen Gesetzblatt veröffentlicht: Sobranie uzakonenij i rasporjaženij pravitel'stva, Nr. 12, vom 3. 2. 1887, S. 126; Pravitel'stvennyj Vestnik Nr. 27 vom 4. 2. 1887. Ebenfalls 1887 erfolgte dann auch die Aufnahme in die Gesetzessammlung.

ein System einpassen, dessen Merkmale sich in seinen Grundzügen vermutlich schon bald herausbilden würden.[11]

Auf diese Weise wuchs dem Provisorium von 1866 ganz unvermutet eine ausgesprochen dauerhafte Bedeutung zu, denn die angestrebte Überarbeitung ließ auf sich warten. Zwar wurde in den Kommissionen Ignat'evs und Valuevs in den siebziger Jahren auch die ärztliche Versorgung der Arbeiter diskutiert, ohne daß ihre Reformvorschläge jedoch verwirklicht wurden.[12] Mit dem bereits ausführlich besprochenen Gesetz vom 3. Juni 1886 wurde ein zentraler Gedanke des Gesetzes von 1866, daß der Fabrikbesitzer sämtliche Kosten für die medizinische Versorgung seiner Arbeiter tragen müsse, dann noch einmal indirekt bestätigt, ohne jedoch weitere Perspektiven aufzuzeigen.[13] Erst mit der gesetzlichen Krankenversicherung von 1912 kam nach fast einem halben Jahrhundert die lange diskutierte gesetzliche Umgestaltung des Arbeitergesundheitswesens zustande.

Wie wirkten sich die Bestimmungen dieses aus der Not geborenen Provisoriums nun in der Praxis aus? Die zeitgenössische Publizistik hat ebenso wie die Geschichtsschreibung fast einhellig verneint, daß damit eine Besserung der Lage bewirkt worden wäre. Durchweg wurde darauf hingewiesen, daß viele Fabrikanten das Gesetz schlicht und einfach ignoriert hätten. Bestenfalls sei den formalen Anforderungen Genüge getan worden, indem man in einer Seitenkammer die entsprechende Anzahl Betten aufstellte, ohne daß damit eine medizinische Behandlung auch nur im Ansatz gewährleistet gewesen wäre. Möglich sei diese Mißachtung des Gesetzes gewesen, weil auch die Regierung sich kaum darum gekümmert habe, seine Einhaltung zu überwachen. Letztlich habe es sich nur um ein „Palliativ" gehandelt, da die Regierung sich nur zum Schein um die Bedürfnisse des Volkes gekümmert habe.[14]

---

[11] Dieses Argument ging auf den damaligen Leiter der 2. Abteilung der Kaiserlichen Kanzlei, D. M. Sol'skij, zurück. RGIA f. 37 op. 65 d. 1058 l. 2. Siehe auch Bykov, A. N.: Fabričnoe zakonodatel'stvo i razvitie ego v Rossii, St. Petersburg 1909, S. 219; Dement'ev, Vračebnaja pomošč, S. II-V.

[12] Dement'ev, Vračebnaja pomošč, S. V-VI.

[13] PSZ 3 Bd. VI Nr. 3769 Kap. I Art. 17.

[14] Laveryčev, V. Ja.: Carizm i rabočij vopros v Rossii (1861-1917 gg.), Moskau 1972, S. 30-31, dort auch die Bezeichnung als Palliativ; Lee, Das Volk von Moskau, S. 158-170; Giffin, F.: Russian Factory Legislation in the 1880s, Ann Arbor 1965, S. 25-26; Ders.: In Quest of an Effective Program of Factory Legislation in Russia: The Years of Preparation, 1859-1880, in: The Historian 29(1967), S. 175-185, hier S. 179-180; Balabanov, Očerki, Bd. 2, S. 329; Janžul, I. I.: Iz vospominanij i perepiski fabričnago inspektora pervago prizyva. Materialy dlja istorii russkago rabočago voprosa i fabričnago zakonodatel'stva, St. Petersburg 1907, S. 49. Zu den Verhältnissen im südrussischen Bergbau siehe Friedgut, T.: Juzovka and Revolution, Bd. 1: Life and Work in Russia's Donbass, 1869-1924. Princeton, N. J. 1989, S. 137-139. Etwas positiver in der Bewertung: Bykov, Fabričnoe zakonodatel'stvo, S. 219.

Diese Kritik wird der ursprünglichen Intention des Gesetzes nicht gerecht. Zwar konnten die regelmäßigen Choleraepidemien solange nicht wirkungsvoll eingedämmt werden, wie deren Ausbreitungswege nicht bekannt waren und weder eine ausreichende Trinkwasserversorgung noch eine leistungsfähige Kanalisation der Abwässer erreicht waren. Hier konnte selbst in Moskau, das auf diesem Gebiet für russische Verhältnisse als besonders fortschrittlich galt, erst nach der Jahrhundertwende ein entscheidender Durchbruch erzielt werden.[15]

Immerhin gelang es jedoch, aufgrund des Gesetzes von 1866 zumindest in den großen Fabriken bis zur Jahrhundertwende, die ärztliche Versorgung der Arbeiter einigermaßen sicherzustellen. Während für die achtziger Jahre nur bruchstückhafte Informationen über den Stand medizinischer Versorgung in den Fabriken vorliegen, ist dieser für die neunziger Jahre dank den Bemühungen der Fabrikinspektion relativ gut dokumentiert.[16] Eine umfassende Untersuchung, die 1897 von der Fabrikinspektion durchgeführt wurde, ergab, daß von 194 der Inspektion unterstellten privaten Industriebetrieben mit mehr als 1000 Arbeitern immerhin 127, also mehr als 65 %, ein eigenes Fabrikkrankenhaus errichtet hatten und weitere 10 Fabriken mit den örtlichen Zemstva, der lokalen Stadtverwaltung oder dem Roten Kreuz eine Übereinkunft über die kostenfreie Behandlung von Fabrikarbeitern in deren Krankenhäusern getroffen hatten. Insgesamt 323.894 der in diesen größten Fabriken beschäftigten 414.172 Arbeiter, also über 78 %, genossen somit nach Einschätzung der Inspektion hinreichende medizinische Versorgung. 75.361 Arbeiter (18 %) konnten hingegen nur unzureichend in Ambulatorien und Sprechzimmern behandelt werden. Dies waren meist kleine Nebenräume, in denen ein Arzt oder Feldscher allenfalls über die wichtigsten Medikamente verfügte, um in regelmäßigen, wenn auch nicht sehr häufigen Sprechstunden kleinere Erkrankungen zu behandeln, aber ohne ausreichende Ausstattung für eine stationäre Behandlung oder für wirkungsvolle Hilfsmaßnahmen bei schweren Unfällen.[17] In den polnischen Gouvernements,

---

[15] Lee, Das Volk von Moskau, S. 82-93.

[16] Gemäß den Angaben der ersten Fabrikinspektoren stellten um die Mitte der achtziger Jahre ca. 39 % der 785 erfaßten Fabriken ihren Arbeitern ärztliche Hilfe zur Verfügung. Diese Zahl dürfte jedoch deutlich überhöht sein, da vor allem die großen Fabriken in den industriellen Zentren erfaßt wurden: Michajlovskij, Ja. T.: O dejatel'nosti fabričnoj inspekcii: Otčet za 1885 god glavnago fabričnago inspektora, St. Petersburg 1886, S. 66-67.

[17] Dement'ev, Vračebnaja pomošč', S. 83-84. Da Dement'ev selbst und mit ihm die Fabrikinspektion hohe Ansprüche an die medizinische Versorgung der Arbeiter stellte und somit den Leistungen des Gesetzes vom 26. 8. 1866 eher kritisch gegenüberstand, dürften seine Angaben darüber, was als zufriedenstellende ärztliche Behandlung anzusehen sei, zumindest damaligen Maßstäben entsprechend wohl als zuverlässig gelten. Eine kurze Zusammenfassung seiner Ergebnisse in deutscher Sprache findet sich in: Zacher, G.: Die Arbeiter-Versicherung im Auslande. Heft IXa. Die Arbeiter-Versicherung in Rußland. Nachtrag zu Heft IX. Berlin 1905, S. 16-17.

in denen es kaum derartige Ambulatorien gab und ein ausgeprägtes Feldscherwesen wie in Rußland fehlte, bezahlten Fabrikbesitzer statt dessen einzelne Ärzte, in deren privater Sprechstunde sich kranke Arbeiter behandeln lassen konnten.[18] 14.917 Arbeiter (5,6 %) in den Großbetrieben hatten schließlich nur sehr mangelhaften oder überhaupt keinen Zugang zu ärztlicher Behandlung. Besonders hohe Werte medizinischer Versorgung erreichten die industriellen Zentren des Gouvernements Moskau, Ivanovo-Voznesensk und Petrikau mit Lodz, in denen über 90 % der Fabrikarbeiter ärztliche Hilfe auf Kosten ihrer Fabrik in Anspruch nehmen konnten.[19] Daß die Fabrikanten dabei zum Teil erhebliche Mittel aufwandten, zeigt das Beispiel des Textilindustriellen S. T. Morozov, der sich sein Fabrikspital im Gouvernement Moskau – wohl eines der besten im ganzen Reich – etwa eine Million Rubel im Jahr kosten ließ.[20]

Das entgegengesetzte Bild ergab sich für kleine Fabriken mit bis zu 100 Arbeitern: hier waren nur 25.186 Arbeiter (6,6 %) ausreichend medizinisch versorgt, davon 5.860 in insgesamt 152 Fabrikkrankenhäusern und 19.326 in Zemstva- und städtischen Einrichtungen. Allenfalls Ansätze medizinischer Hilfe standen ebenfalls nur 51.331 Arbeitern (13,4 %) zur Verfügung. Der breiten Mehrheit von 299.424 Arbeitern dieser Fabriken (78 %) bot ihr Arbeitgeber hingegen überhaupt keine ärztliche Hilfe (siehe Tabellen 10. 1. und 10. 2.).

Selbst unter den besseren Fabrikspitälern darf man sich jedoch keineswegs ein Krankenhaus nach heutigen Maßstäben vorstellen. Als fortschrittlichster Krankenhaustyp galten noch um die Jahrhundertwende sogenannte Barackenkrankenhäuser, in denen die Betten in großen Sälen aufgestellt waren und die sich auch wegen ihrer oft drangvollen Enge kaum von den Wohnbaracken der Arbeiter unterschieden.[21] Einzelne Stationen gab es allenfalls für Infektionskrankheiten und für Geburten. Eine Privatsphäre des Patienten existierte so

---

Dem Leser sei an dieser Stelle noch einmal in Erinnerung gerufen, daß der Fabrikinspektion nur die private Fabrikindustrie und der Bergbau unterstellt waren. Die folgenden Angaben erfassen deshalb weder staatliche Betriebe, die 1896 aus der Zuständigkeit der Inspektion ausgegliederten privaten Eisenbahnen, das Handwerk, die landwirtschaftliche Industrie sowie Betriebe in außereuropäischen Gouvernements.

[18] Dement'ev, Vračebnaja pomošč, S. 115-116; Pytlas, S.: Łódzka burżuazja przemysłowa w latach 1864-1914, Lodz 1994, S. 175-182.

[19] Für St. Petersburg lag dieser Wert allerdings mit 82,2 % der Arbeiter schon erheblich niedriger, zumal meist nur Ambulatorien zur Verfügung standen. Dement'ev, Vračebnaja pomošč, S. 86 und Priloženie S. 23-39. In den Städten selbst war die Versorgung in Fabrikkrankenhäusern tendenziell niedriger als im industrialisierten Umland, da hier auf städtische Einrichtungen zurückgegriffen werden konnte.

[20] Lee, Das Volk von Moskau, S. 169. Zu weiteren von Industriellen errichteten oder gestifteten Krankenhäusern: Ebenda, S. 130 und S. 213.

[21] So berichtete der Fabrikinspektor von Kostroma von Fabrikkrankenhäusern mit nur ein bis zwei Kubiksažen' Rauminhalt pro Bett (10-20 Kubikmeter): Gvozdev, S. [A. K. Klepikov]: Zapiski fabričnago inspektora. Iz nabljudenii i praktiki v period 1894-1908 gg., Moskau 1911, S. 162-163.

gut wie überhaupt nicht. Zudem führte die chronische Überbelegung vieler Krankenhäuser meist zu äußerst unzureichenden sanitären Verhältnissen. Dementsprechend hoch war die Ansteckungsgefahr, so daß sich viele Patienten neben ihrer ursprünglichen Krankheit noch eine weitere zuzogen. Auch die Qualität der Verpflegung, Heizung usw. ließ oft viel zu wünschen übrig.[22] Dennoch stellte die stationäre Behandlung selbst in solchen Krankenhäusern unter den gegebenen Bedingungen gerade bei schwereren Erkrankungen oder nach Unfällen die einzig verfügbare Form wirksamer medizinischer Behandlung dar.

Mit dem Gesetz von 1866 war es folglich gelungen, zumindest in den großen Fabriken für eine Mehrheit der Arbeiter eine annähernd zufriedenstellende ärztliche Grundversorgung aufzubauen. In den kleineren Fabriken war dies hingegen bestenfalls ansatzweise möglich. Gleichwohl fällt auf, daß sich in keiner Kategorie von Fabriken ein gänzlich einheitliches Bild bietet. Einerseits gelang es außer in einigen industriellen Zentren nicht, in allen Großbetrieben die ärztliche Versorgung der Arbeiter sicherzustellen. Andererseits bedeutete auch die Beschäftigung in einem Kleinbetrieb nicht zwangsläufig, daß keinerlei medizinische Hilfe zur Verfügung stand. Letztlich, so legt dieser Befund nahe, war nur in denjenigen Betrieben mit einer wirkungsvollen Umsetzung des Gesetzes von 1866 zu rechnen, in denen sich Fabrikbesitzer wie Morozov oder die Prochorovs engagiert oder zumindest kooperativ zeigten. Je größer dabei die Fabrik, desto geringer waren die relativen Kosten eines Fabrikkrankenhauses, und desto intensiver wurde der Betrieb auch von der Inspektion kontrolliert. Beides dürfte Eigeninitiative und Kooperationsbereitschaft vieler Fabrikanten erheblich gefördert haben.

Diese Abhängigkeit von dem Engagement einzelner Industrieller eröffnete zwar langfristig für den Aufbau eines effizienten Arbeitergesundheitswesens nur geringe Perspektiven. Dennoch lagen darin gerade in der Aufbauphase auch gewisse Chancen. In einem notorisch unterverwalteten Land, wie es das Zarenreich auch im neunzehnten Jahrhundert noch darstellte, war der tatkräftige Einsatz einzelner aufgeklärter Fabrikbesitzer für den Aufbau einer medizinischen Versorgung der Arbeiter unabdingbar. Das zeigte sich klar am Moskauer Beispiel, wo sich die gesetzliche Verpflichtung zum Bau von Fabrikkrankenhäusern mit der alten Tradition privater Wohltätigkeit verband. Allein in der Stadt Moskau wurden von den zwischen 1866 und 1914 gegründeten neun Krankenhäusern ganze zwei von der Stadtverwaltung getragen, während die übrigen sieben von Industriellen finanziert wurden.[23] Solches Engagement galt es nach Kräften zu fördern, statt es durch staatliche Zwänge zu kanalisieren oder gar zu ersticken.

---

[22] Lee, Das Volk von Moskau, S. 124-154.
[23] Ebenda, S. 268.

Tabelle 10.1. Fabriken mit organisierter medizinischer Hilfe

	Fabriken nach Zahl der Arbeiter					
	bis 15	16-50	51-100	101-500	501-1000	über 1000	Summe
I. Fabriken, die ihren Arbeitern ärztliche Hilfe gewähren							
1. in Fabrikkrankenhäusern	36	82	34	265	166	127	710
in %	*0,4*	*1,3*	*1,7*	*14,6*	*47,2*	*65,5*	*3,7*
2. in Sprechzimmern	4	33	47	264	68	33	449
in %	*0,01*	*0,5*	*2,4*	*14,6*	*19,3*	*17,0*	*2,3*
3. in Ambulatorien	48	381	429	537	55	14	1.464
in %	*0,5*	*6,1*	*21,9*	*29,6*	*15,6*	*7,2*	*7,6*
4. in Übereinkunft mit Zemstva, Stadtdumen usw.	14	86	62	129	107	10	318
in %	*0,2*	*1,4*	*3,2*	*7,1*	*4,8*	*5,1*	*1,6*
5. Eigene, völlig unzureichende Organisation	53	256	146	88	3	1	547
in %	*0,6*	*4,1*	*7,4*	*4,9*	*0,8*	*0,5*	*2,8*
Summe	155	838	718	1.238	309	185	3.488
in %	*1,7*	*13,5*	*36,6*	*70,8*	*87,8*	*95,3*	*18,1*
II. Fabriken, die keine ärztliche Hilfe gewähren	8.632	5.357	1.243	529	43	9	15.804
in %	*98,3*	*86,5*	*63,4*	*29,2*	*12,2*	*4,7*	*81,9*
Fabriken unter Aufsicht der Inspektion	8.778	6.195	1.961	1.812	352	194	19.292
in %	*100,0*	*100,0*	*100,0*	*100,0*	*100,0*	*100,0*	*100,0*

Zusammengestellt nach Čistjakov, Vračebnaja pomošč, S. 83.

Tabelle 10.2. Arbeiter, denen organisierte medizinische Hilfe zur Verfügung steht

	\multicolumn{7}{c}{Fabriken nach Zahl der Arbeiter}	
	bis 15	16-50	51-100	101-500	501-1000	über 1000	Summe
I. Fabriken, die ihren Arbeitern ärztliche Hilfe gewähren							
1. in Fabrikkrankenhäusern	382	2.744	2.734	87.181	114.703	306.871	514.615
in %	0,6	1,5	1,9	21,0	47,4	74,1	35,4
2. in Sprechzimmern	52	1.113	3.791	68.594	45.675	53.909	173.134
in %	0,1	0,6	2,6	16,6	18,9	13,0	11,9
3. in Ambulatorien	583	13.366	32.426	118.099	37.871	21.452	223.797
in %	0,9	7,6	22,7	28,5	15,6	5,2	15,4
4. in Übereinkunft mit Zemstva, Stadtdumen usw.	159	2.772	4.635	29.169	11.353	17.023	65.111
in %	0,2	1,6	3,2	7,0	4,7	4,1	4,5
5. Eigene, völlig unzureichende Organisation	611	8.124	10.573	17.432	2.331	1.581	40.652
in %	0,9	4,6	7,4	4,2	1,0	0,4	2,8
Summe	1.787	28.119	54.159	320.475	211.933	400.836	1.017.309
in %	2,8	15,9	37,8	77,4	87,6	94,8	70,0
II. Fabriken, die keine ärztliche Hilfe gewähren	62.078	148.481	88.865	93.604	30.252	13.336	436.616
in %	97,22	84,1	62,2	22,6	12,5	5,2	30,0
Fabriken unter Aufsicht der Inspektion	63.865	176.600	143.024	414.079	242.185	414.172	1.453.925
in %	100,0	100,0	100,0	100,0	100,0	100,0	100,0

Zusammengestellt nach Čistjakov, Vračebnaja pomošč, S. 84.

Das Gesetz vom 26. August 1866 ist dieser Aufgabe so gut es ging gerecht geworden. Der Umstand, daß die Organisation der Fabrikmedizin den Industriellen selbst oblag, barg allerdings auch die Gefahr, daß viele Fabrikbesitzer sich den damit verbundenen Kosten nach Möglichkeit zu entziehen suchten. Langfristig mußte das Gesundheitswesen in den Fabriken deshalb an öffentliche Träger übergeben werden, die ein genuines Interesse an dessen Weiterentwicklung besaßen. Immerhin kann man dem Gesetz von 1866 bei allen offensichtlichen Mängeln zugute halten, daß im Verlauf von dreißig Jahren zumindest für knapp 40 % aller Fabrikarbeiter, vorrangig in den großen Fabriken und in den industriellen Zentren des Reiches, der Aufbau einer nach Einschätzung selbst der in dieser Frage äußerst anspruchsvollen Fabrikinspektion einigermaßen adäquaten medizinischen Versorgung angeregt und ermöglicht wurde.[24]

Dieses Ergebnis steht in offensichtlichem Widerspruch zu der bereits erwähnten heftigen Kritik, welche schon die Zeitgenossen an dem Gesetz von 1866 geübt haben und die auch von der Geschichtswissenschaft geteilt wird.[25] Diese negative Bewertung läßt sich daraus erklären, daß sich die Perspektive auf das Gesetz vom 26. 8. 1866 allmählich verschob und sich damit auch seine Interpretation veränderte. Solange der Zugang zu ärztlicher Versorgung für breite Bevölkerungsschichten eine seltene Ausnahme blieb, wurde auch für die Fabrikarbeiterschaft kein entsprechender Anspruch erhoben. Bis über die Mitte der achtziger Jahre hinaus bestand ein weitgehender Konsens, daß nur die großen Industriebetriebe mit über 1000 Arbeitern wegen der besonderen Ansteckungsgefahren dem Gesetz von 1866 unterlägen und daher Fabrikkrankenhäuser einrichten müßten.[26]

In dem Maße allerdings, in dem sich im Verlauf der achtziger Jahre die einzelnen Aktivitäten der lokalen Selbstverwaltung auf medizinischem Gebiet allmählich zu einem flächendeckenden Netz zusammenfügten, wuchs der Anspruch, auch die Arbeiterschaft darin einzubeziehen.[27] Dabei war es

---
[24] Friedgut, Iuzovka, Bd. 1, S. 143-144. Zudem kann man dem Gesetz von 1866 auch zugute halten, daß die medizinische Versorgung der Arbeiter trotz aller Mängel der von den Zemstva organisierten allgemeinen ärztlichen Versorgung weit voraus war. Während in den von der Fabrikinspektion unterstellten Betrieben 1897 für etwa 40 % der Arbeiter das von der Fabrikinspektion als Minimum angesehene Verhältnis von 1 Bett pro 100 Arbeitern erreicht wurde, wurde nur in zehn Zemstvo-Bezirken ein Wert von mehr als einem Krankenhausbett pro 1000 Personen von den Zemstva erreicht, während in 250 Bezirken dieser Wert bei weniger als einem Bett pro 2000 Personen lag: Veselovskij, Istorija zemstva, Bd. 1, S. 392. Etwas höhere Werte bei Ramer, The Zemstvo and Public Health, S. 308.
[25] Giffin, Russian Factory Legislation, S. 25-26; Laveryčev, Carizm, S. 30-31.
[26] Dement'ev, Vračebnaja pomošč, S. VI-VII.
[27] Anders als in der bisherigen Literatur soll der Einfachheit halber die medizinische Tätigkeit aller Organe der lokalen Selbstverwaltung, also auch der Stadtdumen, im folgenden unter dem Begriff „Zemstvomedizin" zusammengefaßt werden.

nahezu unausweichlich, daß die Befürworter medizinischen Fortschritts in der Ärzteschaft und der Selbstverwaltung, aber auch im Innenministerium und vor allem in der Fabrikinspektion über kurz oder lang die Möglichkeiten entdecken würden, die ihnen das Gesetz vom 26. August 1866 bot. Dessen ungenaue und widersprüchliche Formulierung erlaubte es nämlich, von allen Fabriken unabhängig von ihrer Größe zu verlangen, ein Krankenhaus einzurichten. Diese Auslegung wurde durch ein Zirkular der Medizinischen Abteilung im Innenministerium vom 11. 7. 1887 auch offiziell zumindest indirekt bestätigt.[28]

Um dieses Ziel einer allgemeinen medizinischen Versorgung ausnahmslos aller Fabrikarbeiter zu erreichen, war das Gesetz vom 26. August 1866 allerdings denkbar ungeeignet. Vor allem die Anforderung auch an kleine und kleinste Fabriken, ein eigenes Krankenhaus zu errichten, und mochte es auch nur ein oder zwei Betten umfassen, mußte sich bald als undurchführbar und wenig sinnvoll herausstellen. Eine solche Auslegung des Gesetzes führte wegen der hohen Kosten, die der Unterhalt eines Krankenhauses für kleine Fabriken bedeutete, geradezu zwangsläufig dazu, daß viele Fabrikbesitzer mit allen Mitteln versuchten, das Gesetz nur formal zu erfüllen oder sogar ganz zu umgehen, je nachdem wie streng Fabrikinspektion und Amtsärzte dessen Einhaltung zu kontrollieren vermochten.

So dehnbar das Gesetz von 1866 bezüglich seines Geltungsbereichs war, so unpräzise erschien es auch bei der Definition dessen, was eigentlich unter einem Krankenhaus zu verstehen war. So nimmt es nicht wunder, daß viele Fabrikbesitzer sich darauf beschränkten, in einem separaten Raum die gesetzlich geforderte Anzahl an Betten aufzustellen und den amtlichen Bezirksarzt (*uezdnyj vrač*) als Leiter dieses „Krankenhauses", Ambulatoriums oder Behandlungszimmers für regelmäßige Visiten zu bezahlen. Damit war meist auch gleich das Problem der Kontrolle des Krankenhauses durch den Bezirksarzt gelöst. Die Grenzen zwischen der Bezahlung ärztlicher Leistungen und einer Bestechung, die effiziente Kontrollen verhindern sollte, werden oft fließend gewesen sein.[29] Andere Fabrikanten bezahlten ihre privaten Hausärzte oder andere Krankenhausärzte für mehr oder weniger regelmäßige Besuche oder stellten gemeinsam einen Fabrikarzt für mehrere Fabriken ein. Aufgrund ihrer finanziellen Abhängigkeit gelang es nur wenigen Fabrikärzten, selbstbewußt gegenüber den Fabrikbesitzern aufzutreten und Verbesserungen der ärztlichen Versorgung einzufordern.[30]

---

[28] Dement'ev, Vračebnaja pomošč, S. VII-IX und S. 23-25.
[29] Abramov, Ja.: Iz fabrično-zavodskago mira, in: Otečestvennyja Zapiski 261(1882), Sovr. Obozr., S. 1-37 und S. 181-212, hier S. 193-194 (Rezension der ersten Bände der Moskauer Zemstvo-Studie). Die Zahl an „Ambulatorien" und „Behandlungszimmern" in Tabelle 10. 1. läßt erahnen, welches Ausmaß die rein formale Erfüllung des Gesetzes von 1866 erreichte.
[30] Lee, Das Volk von Moskau, S. 170-171.

Ebensowenig mag verwundern, daß solche „Krankenhäuser" bei vielen Arbeitern wenig Anklang fanden, ja oft auch ihren Stolz verletzten, so daß sie es vorzogen, sich in öffentlichen Krankenhäusern behandeln zu lassen oder sich traditioneller Mittel der Volksmedizin zu bedienen.[31] Als beispielsweise der Sanitärarzt Pogožev im Rahmen der Moskauer Zemstvostudie einen Arbeiter fragte, warum er lieber einer alten Frau einen Rubel für ihre Hilfe bezahlt habe, statt sich kostenlos vom Fabrikarzt untersuchen zu lassen, antwortete der Mann:

> „Andere haben versucht, in die Klinik zu gehen, aber was nutzt denn das? Der Doktor kümmert sich doch kaum um uns Mužiki: er schaut, gibt Medizin, und dann scher dich davon. In der Klinik gibt's auch ohne uns viele Leute, der Doktor hat es satt, mit allen zu sprechen: wir sind ja keine Herren, und wir bitten um nichts. [...] Es geht nicht ums Geld: ums Geld tut's einem nicht leid, nur hilf, aber wo soll man die Hilfe denn hernehmen?"[32]

Darüber hinaus mußte eine Krankenversorgung für Arbeiter, die alle organisatorischen Aufgaben dem Fabrikbesitzer übertrug, auf solche Arbeiter beschränkt bleiben, die tatsächlich in der jeweiligen Fabrik beschäftigt waren. Eine Behandlung ließ sich somit nur solange gesetzlich gewährleisten, wie der erkrankte Arbeiter Kündigungsschutz genoß. Auch hier klaffte eine erhebliche Lücke in einer Gesetzgebung, die ursprünglich eben nicht darauf ausgelegt war, ausnahmslos allen Arbeitern effektive ärztliche Hilfe zugänglich zu machen. Mit dem Gesetz vom 3. Juni 1886 wurde zudem zwar ein elementarer Kündigungsschutz für Arbeiter begründet, der jedoch bei unbefristeten Arbeitsverträgen über zwei Wochen nicht hinausging. Damit wurde ungewollt auch die gesetzlich garantierte medizinische Versorgung eines Großteils der Fabrikarbeiter auf diesen Zeitraum beschränkt, wodurch gerade Arbeiter mit schweren Krankheiten oder Verletzungen besonders getroffen wurden. Arbeiter mit ansteckenden Krankheiten konnten ausdrücklich sogar fristlos entlassen werden.[33]

Schließlich mußte eine effektive Krankenversorgung der Arbeiter, solange sie nur auf der vorläufig einzig verfügbaren Basis des Gesetzes vom 26. August 1866 aufgebaut werden konnte, darunter leiden, daß es keine gesetzlichen Bestimmungen gab, welche das Verhältnis von Fabrikkrankenhäusern zu den Einrichtungen der Zemstva und der Städte regelten. Mit dem Aufbau einer allgemeinen Zemstvomedizin wuchs jedoch nicht nur der Anspruch, auch den

---

[31] RGIA f. 37 op. 65 d. 1058 l. 7; Lee, Das Volk von Moskau, S. 164-165 und S. 189.
[32] Zitiert nach Abramov, Iz fabrično-zavodskago mira, S. 196.
[33] PSZ 3 Bd. VI Nr. 3769, Kap. I, Art. 19, Punkt g und Art. 20, Punkt g; Dement'ev, Vračebnaja pomošč, S. XV-XVI. Siehe auch Mikulin, A. A.: Očerki iz istorii primenenija zakona 3-go ijunja 1886 goda o najme rabočich na fabrikach i zavodach Vladimirskoj gubernii, Vladimir 1893, S. 26.

Arbeitern umfassende medizinische Versorgung zu garantieren, Fabrikkrankenhäuser und Zemstvomedizin gerieten auch zunehmend in Konkurrenz zueinander. Dies bedeutete, daß im Gesundheitswesen außer der privaten Krankenversorgung für die betuchteren Oberschichten zwei Systeme quasi-öffentlicher Versorgung nebeneinander existierten: eines ausschließlich für Fabrikarbeiter, dessen Organisation und Finanzierung von der Industrie quasi als Naturalsteuer abverlangt wurde, und eines für die allgemeine Bevölkerung ohne Ausgrenzung der Arbeiterschaft, getragen von der lokalen Selbstverwaltung in reibungsvoller Zusammenarbeit mit dem Innenministerium und finanziert über Steuern und Abgaben, die auch von der Industrie erhoben wurden.[34] Diese von den Industriellen immer wieder heftig kritisierte Doppelung war daraus entstanden, daß es in Rußland bis in die achtziger Jahre des neunzehnten Jahrhunderts, anders als in Westeuropa, nicht darum ging, ärmeren Bevölkerungsschichten ein in seinen Grundzügen bereits bestehendes Gesundheitssystem über neue Finanzierungsmodelle zugänglich zu machen. Vielmehr mußte ein Gesundheitswesen außerhalb der wenigen großen Städte überhaupt erst aufgebaut werden. Daß dabei anfangs wenig systematisch und wenig zielbewußt auf verschiedene verfügbare Träger zurückgegriffen wurde, ermöglichte zwar beachtliche Anfangserfolge, mußte aber langfristig zu Konflikten führen.

Solche Konflikte entstanden am ehesten dort, wo einerseits die Industrie konzentriert war, andererseits der Aufbau eines öffentlichen Gesundheitswesens besonders deutliche Fortschritte machte, nämlich in den Großstädten. 1897 finanzierten zehn Städte einzelne öffentliche Krankenhäuser durch eine besondere Krankenhausabgabe (*bol' ničnyj sbor*), die von Fabrikarbeitern, Dienstpersonal und anderen Lohnabhängigen erhoben wurde.[35] Da somit die medizinische Versorgung der Arbeiter weitgehend gewährleistet schien, fühlten sich viele Fabrikanten in diesen Städten von der Pflicht befreit, selbst Krankenhäuser zu bauen.[36] Allenfalls wurden unter dem Druck der Fabrikinspektion Ambulatorien errichtet. Nur in seltenen Fällen bezahlten Fabrikanten die Krankenhausabgabe

---

[34] In den Gouvernements, in denen 1864 keine Zemstva eingerichtet worden waren, oblag das Gesundheitswesen den Gouvernementsbehörden.

[35] Dies waren St. Petersburg (seit 1842, hier aber nur von Angehörigen der Arbeiter), Moskau (seit 1844, reformiert 1890), Ivanovo-Voznesensk (seit 1860), Char'kov (seit 1869), Kronstadt (seit 1881), Odessa und Vladivostok (seit 1892), Rostov am Don (seit 1893), Warschau und Nikolaev (seit 1894). Die Abgabe reichte von 50 Kopeken (Char'kov) bis zu zwei Rubeln (Kronstadt und Vladivostok) pro Person und Jahr, betroffen waren davon knapp 20 % aller von der Fabrikinspektion erfaßten Arbeiter: Dement'ev, Vračebnaja pomošč, S. XVI-XIX, S. 10-22 und S. 97. Lee, Das Volk von Moskau, S. 154-158.

[36] Dement'ev, Vračebnaja pomošč, S. 100; Lee, Das Volk von Moskau, S. 162-166.

für ihre Arbeiter aus eigener Tasche.[37] Auch der Versuch der Warschauer Fabrikbehörde im Jahre 1895, das Gesetz vom 3. Juni 1886 so auszulegen, daß die Krankenhausabgabe von den Fabrikbesitzern zu bezahlen sei, wurde von der Regierung abgelehnt.[38]

Zwar war in diesen Städten die Gesundheitsversorgung der Arbeiter deutlich besser als in anderen Gebieten, um den Preis allerdings, daß ein erheblicher Teil der Gesundheitsausgaben auf die Arbeiter übertragen wurde. Dies widersprach eindeutig dem Sinn des Gesetzes von 1866. Gleichzeitig kam es zu Wettbewerbsverzerrungen, da der teure Unterhalt von Krankenhäusern den Fabriken in diesen Städten erspart blieb und ihre jährlichen Aufwendungen für die ärztliche Versorgung durchschnittlich um einen Rubel pro Arbeiter niedriger lagen als in anderen, ländlichen Fabriken. Hinzu kommt noch, daß Fabrikkrankenhäuser vor allem in den ländlichen Industriegebieten Zentralrußlands notgedrungen oft die Behandlung auch von Familienangehörigen ihrer Arbeiter sowie der örtlichen Bevölkerung übernahmen, obwohl dies eigentlich Aufgabe der Zemstvomedizin gewesen wäre. Spätestens zu Beginn der neunziger Jahre hatte dieses unsystematische und unkoordinierte Gesundheitswesen also die Grenzen seiner Leistungsfähigkeit erreicht.[39]

2. Lokalverwaltung und Fabrikmedizin: Reformen von unten?

Diese Existenz zweier unkoordinierter und sich überschneidender Systeme öffentlicher Versorgung war das Ergebnis einer Politik, die aus der Not heraus den Fabriken die Organisation des Arbeitergesundheitswesens übertragen hatte, ohne vorerst eine Entscheidung darüber zu treffen, wie die Fabrikmedizin langfristig in den bevorstehenden Aufbau eines umfassenden Gesundheitswesens eingegliedert werden sollte. Die Zentralregierung nahm die geschilderten Widersprüche und Konflikte, die sich aus der zunehmenden Überlappung von Zemstvo- und Fabrikmedizin ergaben, lange Zeit nicht zur Kenntnis. Vielmehr waren es die Organe der lokalen Selbstverwaltung, vor allem aber die regionalen Fabrikbehörden, welche als eigentliche Motoren des Gesundheitswesens das

---

[37] Eine Ausnahme bildete die Stadt Ivanovo-Voznesensk. Hier zahlten Fabrikarbeiter seit 1860 eine Krankenhausabgabe in Höhe von 70 Kopeken pro Jahr, während die Fabrikanten sich verpflichtet hatten, über den Bau von Ambulatorien hinaus auch eventuelle Defizite der Krankenhäuser zu übernehmen. Diese betrugen 1897 etwa ebensoviel pro Arbeiter. Die Stadt erreichte auf diese Weise den reichsweit besten Versorgungsgrad im Gesundheitswesen von 96,7 % der Fabrikarbeiter im Jahr 1897: Dement'ev, Vračebnaja pomošč, S. 12-14, S. 86 und S. 101-102.
[38] Dement'ev, Vračebnaja pomošč, S. 26.
[39] Ebenda, S. 94-102.

Gesetz von 1866 nicht nur im Sinne einer umfassenden medizinischen Versorgung der Arbeiter interpretierten, sondern es auch durch örtliche Verordnungen mit der Zemstvomedizin in Einklang zu bringen suchten.[40] Dabei nutzten sie oft alle Möglichkeiten, die eine extensive Auslegung des Gesetzes von 1866 ihnen in Verbindung mit ihren eigenen, allgemein gefaßten Kompetenzen auf diesem Gebiet bot.[41] Das wiederum konnte zu beträchtlichen Konflikten mit der Industrie führen.

Einen Anfang machte wie so oft das Moskauer Gouvernementszemstvo. Mitte der achtziger Jahre, nachdem Erismann seine bahnbrechende Studie über die sanitären Verhältnisse in den Moskauer Fabriken beendet hatte, forderte er, die Kompetenz für die medizinische Versorgung der Fabrikarbeiter ganz den Zemstva zu übertragen. Das Moskauer Gouvernementszemstvo schloß sich dieser Forderung seines prominenten Mitarbeiters an und ersuchte im April 1888 beim Innenministerium darum, die Fabriken zu diesem Zwecke besteuern zu dürfen. Das Innenressort konnte sich jedoch nicht dazu entschließen, über die bereits 1883 und 1887 zugelassene Möglichkeit freiwilliger Übereinkünfte zwischen Fabriken und Selbstverwaltung hinauszugehen.[42] Diese Möglichkeit nutzte allerdings das Moskauer Zemstvo soweit nur irgend möglich. Nachdem der IX. Ärztekongreß des Gouvernements Moskau 1887 auf Initiative Erismanns beschlossen hatte, auf eine intensivere Zusammenarbeit von Zemstvo- und Fabrikmedizin zu drängen, schloß das Moskauer Zemstvo in den folgenden zehn Jahren mit 163 überwiegend kleinen und mittleren Fabriken Verträge über die ärztliche Behandlung der dort beschäftigten 20.000 Arbeiter in Zemstvokrankenhäusern ab.[43] Damit konnte die erhebliche Lücke in der medizinischen Versorgung von Arbeitern in kleinen und mittleren Betrieben in diesem Gouvernement wenn schon nicht gänzlich, so doch zumindest teilweise geschlossen werden. Weitere Zemstva wie die von St. Petersburg, Rjazan', Kostroma und einiger anderer, vorwiegend zentralrussischer Gouvernements folgten diesem

---

[40] Diesen Prozeß hat von Laue zutreffend als „modernisation by silent change" bezeichnet: Laue, T. H. von: Factory Inspection under the „Witte System" 1892-1903, in: ASEER 19(1960), S. 347-362, hier S. 351.

[41] Gemäß dem Gesetz vom 3. Juni 1886 konnten die Gouvernementsfabrikbehörden bindende Verordnungen über die ärztliche Hilfe für Fabrikarbeiter erlassen: PSZ 3 Bd. VI Nr. 3769, Pravila, Art. 5, Punkt a. Mit der Reform des Zemstvo-Statuts vom 12. 6. 1890 erhielten die Zemstva die Zuständigkeit für die sanitären Verhältnisse in Fabriken zugewiesen: PSZ 3 Bd. X Nr. 6927, Art. 108.

[42] Dement'ev, Vračebnaja pomošč, S. IX-XIII; Frieden, Russian Physicians, S. 101-102; Russkaja Mysl' 10(1889), Heft 1, Vnutr. Obozr., S. 162-164.

[43] Dement'ev, Vračebnaja pomošč, S. 117 und Priloženie, S. 30; Èrisman, F. F.: Izbrannye proizvedenija, herausgegeben von I. A. Arnol'di u. a., Bd. 1, Moskau 1959, S. 20-21. Entsprechende Forderungen hatte Erismann auch schon auf den vorangegangenen Kongressen erhoben: Bazanov, V. A.: F. F. Èrisman (1842-1915), Leningrad 1966, S. 96 und S. 101.

Beispiel, wenn auch zögerlich und nicht mit annähernd so großem Erfolg. Darüber hinaus versuchten einzelne Zemstva, die ärztliche Versorgung von Fabrikarbeitern zu verbessern, indem sie in Anlehnung an das Gesetz von 1866 Verordnungen über den Bau von Fabrikkrankenhäusern herausgaben, wie die Gouvernementszemstva von St. Petersburg und Vladimir (1892), Tver' (1893), Vjatka(1897) sowie einzelne Bezirkszemstva.[44] In anderen Gouvernements war entsprechenden Bemühungen der lokalen Selbstverwaltung hingegen weniger Erfolg beschieden. So scheiterte im Jahr 1903 ein Versuch M. V. Rodzjankos, des Vorsitzenden des Gouvernementszemstvo von Ekaterinoslav und späteren Präsidenten der Vierten Duma, das Gesundheitswesen des südrussischen Bergbaus der Aufsicht der Zemstva zu unterstellen, am Widerstand der Industriellen wie der Fabrikärzte.[45]

Während die Zemstva die Vereinheitlichung des gesamten Gesundheitswesens unter ihrer eigenen Regie anstrebten, bemühten sich die regionalen Fabrikbehörden darum, auf dem Wege örtlicher Verordnungen die medizinische Versorgung der Arbeiter zu verbessern. Vorreiter waren 1891/92 die Fabrikbehörden der polnischen Industriegebiete um Warschau und Petrikau, bald folgten die Hauptstädte Petersburg und Moskau sowie vierzehn weitere Gouvernements.[46] All ihren Verordnungen war gemeinsam, daß sie präzise Anforderungen stellten, welche medizinische Hilfe von den Fabriken zu leisten sei. Dabei beriefen sie sich auf das Gesetz von 1866 sowie auf Artikel 17 des Gesetzes vom 3. Juni 1886. Dieser sollte eigentlich nur gewährleisten, daß die Arbeiter ihren vertraglich vereinbarten Lohn auch tatsächlich erhielten, und verbot deshalb unter anderem einen Lohnabzug für eventuelle ärztliche Hilfe. Die Auffassung einiger Fabrikbehörden, daß diese Bestimmung alle Fabrikbesitzer zu kostenfreier medizinischer Versorgung ihrer Arbeiter verpflichte, stellte hingegen eine völlig neue Interpretation dar, die in der Folge auch vom Finanzministerium bestätigt wurde.[47]

---

[44] RGIA f. 1235 op. 1 d. 1 ll. 33-34; Mikulin, Očerki, Anhang VII und VIII.
[45] Friedgut, Iuzovka, Bd. 1, S. 148-149.
[46] Warschau/Stadt (1891), Warschau/Gouvernement, Petrikau und Vladimir (1892), St. Petersburg/Stadt (1892 und 1897), St. Petersburg/Gouvernement (1893), Moskau/Gouvernement, Moskau/Stadt, Rjazan' und Char'kov (1894), Estland, Wolhynien und Podolien (1895), Wilna (1896 und 1897), Nižnij-Novgorod, Grodno, Kovno, Cherson, Penza und Kostroma (1897), Suwałki (1898): Dement'ev, Vračebnaja pomošč, S. 27-71; Rostov am Don: RGIA f. 150, d. 617 ll. 70-78. Eine ähnliche Verordnung wurde auch vom Gouvernementszemstvo von Tver' erlassen: Bykov, A. N., Fabričnoe zakonodatel'stvo i razvitie ego v Rossii, St. Petersburg 1909, S. 221.
[47] Siehe beispielsweise die Verordnungen der Fabrikbehörden von St. Petersburg, Petrikau und Kovno: Dement'ev, Vračebnaja pomošč, S. 30 und S. 53. Im Ustav o promyšlennosti von 1887 wurde Art. 17 des Gesetzes vom 3. 6. 1886 als Artikel 107 geführt, ab der Ausgabe von 1893 dagegen als Artikel 102: Mikulin, Očerki, S. 24-25.

Andere Behörden machten sich hingegen nicht einmal die Mühe, ihre Verordnungen aus bestehenden Gesetzen abzuleiten. Doch selbst dort, wo die Behörden sich auf das Gesetz von 1866 beriefen, weiteten sie dessen Bestimmungen erheblich aus. Vor allem für kleinere Betriebe wurden die gesetzlichen Anforderungen präzisiert. So wurde die Organisation medizinischer Hilfe jetzt von allen Fabriken unter der Aufsicht der Fabrikinspektion, also von allen Fabriken mit mehr als sechzehn Arbeitern oder mit mechanischem Antrieb gefordert. Daran wird der Anspruch deutlich, allen Arbeitern ärztliche Hilfe zu gewähren, auch wenn gerade kleine Fabriken mit weniger als einhundert Arbeitern gegenüber der bisherigen Auslegung des Gesetzes von 1866 erheblich stärker belastet wurden. Allenfalls das Ausmaß der zu leistenden medizinischen Versorgung wurde nach der Größe des Betriebes differenziert. Das bedeutete aber auch, daß alle Betriebe, die keine fabrikeigenen Krankenhäuser vor Ort einrichteten, zum Bau von Behandlungszimmern und Ambulatorien, teilweise auch von eigenen Geburtsräumen verpflichtet wurden, eine Forderung, die keinerlei Entsprechung in der bisherigen Gesetzgebung hatte. Die Fabrikbehörden von Grodno, Wolhynien und Podolien legten darüber hinaus ausdrücklich fest, daß Fabrikbesitzer für eine stationäre Behandlung bis zu drei Monaten aufkommen mußten. Dies war zwar gegenüber dem bisherigen Gesetz, das keinerlei zeitliche Begrenzungen vorsah, als Einschränkung zugunsten der Fabrikanten gedacht, diente hingegen wegen der kurzen Kündigungsfristen letztlich zum Schutz der Arbeiter.

Deutlich zu beobachten ist in diesen Verordnungen auch die Tendenz, das Gesundheitswesen zu vereinheitlichen. Gerade in den Gebieten mit einer entwickelten Zemstvomedizin wurde den Fabriken freigestellt, ob sie den Bau von Krankenhäusern selbst organisieren wollten oder ihren Pflichten lieber genügten, indem sie vertragliche Abmachungen mit Krankenhäusern trafen, die von den Zemstva, Städten oder benachbarten Fabriken betrieben wurden.[48] Damit wurden die bisher freiwilligen Übereinkünfte zwischen Fabriken und Zemstvo-Krankenhäusern für viele Betriebe in den betreffenden Gouvernements *de facto* zur Pflicht. Dies wurde vom Finanzministerium auf die Beschwerde eines Moskauer Zündholzfabrikanten hin auch ausdrücklich

---

[48] Derartige Bestimmungen finden sich in den Verordnungen der Fabrikbehörden von St. Petersburg, Vladimir, Kostroma sowie von Moskau, Penza, Rjazan' und Wolhynien für kleinere Fabriken, aber auch in den Verordnungen von Kovno, Suwałki und Estland: Dement'ev, Vračebnaja pomošč, S. 74-75. Im Gouvernement Petrikau wurde die Krankenversorgung von Fabrikarbeitern im Gefolge der Verordnung der Petrikauer Fabrikbehörde vom Lodzer Roten Kreuz in Zusammenarbeit mit den örtlichen Fabrikanten organisiert. Ebenda, S. 117 und S. 133-138; Pytlas, S.: Łódzka burżuazja przemysłowa w latach 1864-1914, Lodz 1994, S. 181.

bestätigt.[49] Solche Übereinkünfte kamen bis 1898 für 1,64 % aller Fabriken mit 4,5 % aller Arbeiter zustande und dienten, wie noch zu zeigen sein wird, dem Finanzministerium als Modell für den Gesetzentwurf von 1901. Damit wurde ein wesentlicher Aspekt späterer Regierungspolitik auf lokaler Ebene erfolgreich vorweggenommen.

Welche Möglichkeiten konstruktiver Sozialpolitik auf regionaler Ebene bestanden, zeigte auch die Entwicklung im Königreich Polen. Hier wurde 1891 der Vielzahl betrieblicher Hilfskassen, die überwiegend aus Arbeiterbeiträgen finanziert wurden, die Grundlage entzogen, als das im Lohnvertragsgesetz von 1886 verankerte Verbot von Lohnabzügen für ärztliche Behandlung auf Polen ausgedehnt wurde. Um den Fortbestand des polnischen Kassenwesens zu sichern, erließen die Warschauer und die Lodzer Gouvernementsfabrikbehörde bald entsprechende Mustersatzungen. Mit ihrer Verpflichtung, in allen Fabriken mit mehr als 50 Arbeitern betriebliche Hilfskassen einzurichten, erregte die Warschauer Satzung besonderes Aufsehen.[50] Für einen eng umgrenzten Bereich wurde somit der erste Schritt hin zu einer gesetzlichen Krankenversicherung in der privaten Fabrikindustrie getan. Möglich wurde diese im Zarenreich lange Zeit einmalige Regelung nicht nur aufgrund der Flexibilität lokaler Fabrikbehörden, sondern vor allem, weil das bereits bestehende Netz von Hilfskassen diese Lösung beinahe zwingend nahelegte.

Derartige Verordnungen stießen allerdings immer wieder auf erheblichen Widerstand von Seiten der Industrie. Am heftigsten war die Reaktion in St. Petersburg, die als einzige ihren Niederschlag auch in zentralen Regierungsakten gefunden hat. Bereits im Dezember 1896, als die Petersburger Hauptstädtische Fabrikbehörde über eine Reform der Krankenversorgung beriet, nahm sie über ihr Mitglied San-Galli Kontakt zur Kommission der Petersburger Fabrikanten auf. Diese nun meldete grundsätzliche Bedenken gegen Sonderregelungen für die medizinische Versorgung von Fabrikarbeitern an, da das allgemeine Gesundheitswesen ihrer Meinung nach hinreichend gut organisiert sei. Zudem sprach sie der Fabrikbehörde das Recht ab, die Industrie mit Abgaben (*povinnosti*) zu belasten. Das Problem, wie Arbeiter gegen die sozialen Folgen von Krankheiten abgesichert werden könnten, müsse vielmehr umfassend gelöst

---

[49] Zirkular des Finanzministeriums vom 8. 2. 1897, Nr. 3743; Bykov, Fabričnoe zakonodatel'stvo, S. 222.

[50] Tatiščev, S.: Obščestva vzaimopomošči v Rossii, in: Promyšlennost' i Zdorov'e 1(1902/03), Nr. 4, S. 28-62, hier S. 53-55; Svjatlovskij, V. V.: Iz istorii kass i obščestv vzaimopomošči rabočich, in: Archiv istorii truda v Rossii 4(1922), S. 32-46, hier S. 40-41; TOS 22(1893), otd. III, S. 463-465.

werden, beispielsweise über Betriebskrankenkassen nach polnischem Vorbild oder über eine Krankenhausabgabe der Arbeiter.[51]

Die Petersburger Fabrikbehörde reagierte auf diese Beschwerden mit einem umfassenden Rechtfertigungsschreiben an das Finanzministerium. Dieses Schreiben ist deshalb besonders aufschlußreich, weil es die Ungeduld der Inspektion mit dem bestehenden System und ihre Distanz gegenüber den Industriellen deutlich macht. Denn die Behörde begründete ihre Verordnung nicht nur aus dem Gesetz von 1866 und ähnlichen Verordnungen anderer Fabrikbehörden, sondern auch aus dem zivilrechtlichen Grundsatz, daß derjenige, der anderen einen Schaden zufüge, auch für dessen Beseitigung aufkommen müsse. So berechtigt dieser Gedanke in Bezug auf Arbeitsunfälle war, so mußte es doch den Stolz der Fabrikanten verletzen, wenn man jegliche Krankheit eines Arbeiters als von der Fabrik schuldhaft verursacht ansah, ihnen also gleichsam bewußte Gesundheitsschädigung vorgeworfen wurde. Darüber hinaus verwies die Behörde darauf, daß nicht zuletzt die Fabrikanten selbst sie zum Handeln gezwungen hätten, weil sie kaum eigene Initiativen ergriffen hätten, die medizinische Versorgung ihrer Arbeiter zu gewährleisten:

> „Die Behörde hält die Bemerkung für nötig, daß sie elf Jahre lang keine bindende Verordnung über die Gewährung ärztlicher Hilfe für die Arbeiter der Hauptstadt erlassen hat, weil sie annahm, daß ‚der Verstand, das gute Gewissen und die Aufgeklärtheit' der Herren Fabrikanten der Hauptstadt diese dazu veranlassen würden, für ihre Arbeiter entsprechende ärztliche Hilfe zu organisieren. Es hat sich aber herausgestellt, daß nur einige Vertreter der Fabrikanten der Hauptstadt sich durch solchen Verstand und solches Gewissen auszeichnen und daß dank des Mangels an solchen Eigenschaften in der Mehrheit der Fabriken nicht nur keine patriarchalischen Beziehungen zwischen den Arbeitern und den Fabrikbesitzern bestehen, sondern daß im Gegenteil ein völliger Antagonismus herrscht. Um diesen zu vermindern, hielt es die Behörde für notwendig, im Rahmen des Gesetzes bindende Verordnungen zu erlassen, welche die in den Fabriken der Hauptstadt bereits verlorenen patriarchalischen Verhältnisse zwischen den Fabrikanten und ihren Arbeitern wiederherstellen können."[52]

Mit dem Argument, daß die umstrittene Verordnung dazu diene, den inneren Frieden in den Fabriken zu sichern, versuchte die Fabrikbehörde die Regierung für sich zu gewinnen, die ja stark daran interessiert war, Arbeiterunruhen zu vermeiden. Ja, die Behörde berief sich sogar ausdrücklich darauf, daß während des großen Petersburger Textilarbeiterstreiks im Sommer 1896 viele streikende Arbeiter den Mangel an ärztlicher Hilfe in den Fabriken beklagt hätten. Diese Rechtfertigung liefert allerdings den einzigen konkreten Hinweis darauf, daß die

---

[51] RGIA f. 150 op. 1 d. 616 ll. 14-17 und ll. 25-28; f. 20 op. 13a d. 5 ll. 14-136. Da die Petersburger Fabrikantenkommission zu diesem Zeitpunkt noch keinen anerkannten Status hatte, reichten ihre Mitglieder 46 nahezu gleichlautende, individuelle Beschwerden beim Finanzministerium ein.

[52] RGIA f. 20 op. 13a d. 5 l. 11.

Initiative lokaler Behörden, die Krankenversorgung der Arbeiterschaft zu verbessern, als direkte Reaktion auf Arbeiterunruhen verstanden werden könnte. Auch er wurde jedoch sofort relativiert durch die Entgegnung des Fabrikrevisors Fomin, daß kein Fabrikinspektor in den Berichten über den Streik von 1896 eine solche Klage der Arbeiter erwähnt habe.[53]

In der Tat lassen sich derartige Forderungen streikender Arbeiter für die neunziger Jahre auch sonst nur vereinzelt nachweisen, wie ja überhaupt das aktive Verlangen nach umfassender sozialer Absicherung erst im Vorfeld der Revolution von 1905 allmählich, massiv dann erst während der Revolutionsjahre selbst von den Arbeitern vorgebracht wurde.[54] Umso unwahrscheinlicher erscheint es, daß die Petersburger Fabrikbehörde 1896 unter dem Druck derartiger Forderungen handelte. Vielmehr wollte die Behörde nachträglich die ganze Fülle möglicher Rechtfertigungen ausbreiten, um sich gegen einen bislang einzigartigen Angriff zu wehren. Immerhin macht ihr Schreiben deutlich, daß die zuständigen Behörden über rein humanitäre Erwägungen hinaus allmählich ein Bewußtsein dafür entwickelten, wie sehr auch die miserable medizinische Versorgung in vielen Fabriken die soziale Lage der Arbeiterschaft beeinträchtigte und ihre Integration in die Gesellschaft behinderte.

Das Finanzministerium wies die Beschwerde der Petersburger Fabrikanten schließlich zurück und enthob sie nur der Pflicht, die gesamten Kosten für die Behandlung von Arbeitern in öffentlichen Krankenhäusern zu übernehmen, da diese ja durch die Krankenhausabgabe der Arbeiter gedeckt seien. Darüber hinaus wurde die Fabrikantengesellschaft auf die Möglichkeit einer Kooperation

---

[53] Ebenda l. 11 und ll. 138-139.
[54] In der offiziellen Statistik wurden Streiks für einen Ausbau der medizinischen Versorgung nicht gesondert erfaßt. Insgesamt wurden zwischen 1895 und 1904 25 Fälle, überwiegend in der Zementverarbeitung gezählt, in denen Arbeiter für eine Verbesserung ihrer Lebensverhältnisse, vor allem für eine bessere Verpflegung und den Bau gemauerter Bäder streikten. Immerhin wurden derartige Forderungen bei 14 % aller Streiks zumindest als sekundäres Motiv angegeben: Varzar, V. E.: Statističeskija svedenija o stačkach rabočich na fabrikach i zavodach za desjatiletie 1895-1904 goda, St. Petersburg 1905, S. 51 und S. 59-60. Zu einigen seltenen Forderungen streikender Arbeiter vor 1905 nach besserer medizinischer Versorgung siehe Lee, Das Volk von Moskau, S. 167-168; Wynn, C.: Workers, Strikes and Pogroms. The Donbass-Dnepr Bend in Late Imperial Russia, 1870-1905, Princeton 1992, S. 118-119; Čistjakov, I.: Strachovanie rabočich v Rossii. Opyt istorii strachovanija rabočich v svjazi s nekotorymi drugimi merami ich obespečenija, Moskau 1912, S. 167, 171 und 226. Die Masse entsprechender Forderungen für die Jahre 1905-1907 läßt allerdings erahnen, wie sehr die medizinische Versorgung auch schon vorher von den Arbeitern als mangelhaft empfunden wurde, so daß sie mit der fortschreitenden Organisation der Arbeiterschaft in den Revolutionsjahren zu einer zentralen Forderung der Streikenden wurde.

mit dem Roten Kreuz bei der Organisation medizinischer Versorgung der Arbeiter verwiesen.[55] Die Bedeutung dieser Episode liegt letztlich darin, daß mit der Ablehnung der Beschwerde vorläufig die Initiativen lokaler Behörden gedeckt wurden, die ärztliche Versorgung von Fabrikarbeitern zunächst auf eigene Faust zu regeln. Dieser Ansatz wurde jedoch kurz darauf wieder zunichte gemacht, als 1899 der neueingerichteten Hauptfabrikbehörde das alleinige Recht eingeräumt wurde, verbindliche Verordnungen über die Organisation ärztlicher Hilfe in den Fabriken zu erlassen. Zukünftig durften die örtlichen Fabrikbehörden allenfalls noch deren Vorschriften an die jeweiligen lokalen Bedingungen anpassen. Diese Bestimmung, die eigentlich dazu dienen sollte, die ärztliche Versorgung zu vereinheitlichen, verfehlte ihr Ziel völlig, da sie lokale Initiativen abwürgte, ohne daß die Hauptfabrikbehörde selbst eine eigene Verordnung herausgebracht hätte.[56] Immerhin zeigte sich, daß man im Finanzministerium den Handlungsbedarf auf dem Gebiet der Fabrikmedizin erkannt hatte. Deutlich wurde aber auch die Diskrepanz, die wie in der Frage der Unfallhaftung zwischen der Politik der Regierung und der Auffassung der Fabrikbesitzer von den Aufgaben staatlicher Sozialpolitik im Bereich des Arbeitergesundheitswesens bestand. Während die Regierung ebenso wie die lokalen Behörden darauf abzielte, die Leistungspflicht der Fabrikbesitzer auszuweiten, hatte deren Reaktion auf die Petersburger Verordnung erkennen lassen, daß sie auch in der Fabrikmedizin zu einer Umwandlung individueller Auflagen in eine kollektive Sozialversicherung tendierten.

3. Selbsthilfekassen im Bergbau: Chancen regionaler Teillösungen

Als die Petersburger Fabrikanten in ihrer Beschwerde 1897 die Einrichtung von Krankenkassen als einzig umfassende Lösung des Problems medizinischer Versorgung der Arbeiter vorschlugen, knüpften sie an eine Tradition an, die sich bislang nur im Bergbau herausgebildet hatte. Wie in der Frage der Unfallentschädigung galt auch hier, daß die spezifischen Bedingungen des privaten Bergbaus, vor allem die häufigen Gesundheitsschäden und der notorische Arbeitskräftemangel, aber auch die höher entwickelte Organisation der Industrie in Verbänden, früher als in anderen Sektoren eine Diskussion um die soziale

---

[55] RGIA f. 20 op. 13a d. 5 l. 137-139; King, V. A. P.: The Emergence of the St. Petersburg Industrial Community, 1870-1905: The Origins and Early Years of the Petersburg Society of Manufacturers, Diss. Phil., Berkeley 1982, S. 393-400.
[56] PSZ 3 Bd. XIX Nr. 17122 Kap. II Art. 10 und Položenie, Art. 13, Punkt 2; Dement'ev, E.: Fabričnoe zakonodatel'stvo, in: BE, Bd. 35 (Halbband 69), S. 176-206, hier S. 203-204.

Sicherung der Arbeiter hervorbrachten. Hinzu kam das Vorbild des staatlichen Bergbaus, wo die 1861 eingerichteten Genossenschaften neben Pensionszahlungen an alte und invalide Arbeiter auch die medizinische Behandlung kranker Arbeiter und die finanzielle Unterstützung ihrer Angehörigen übernahmen.[57] Dieses Vorbild suchte man im privaten Bergbau durch die Einrichtung von Hilfskassen nachzuahmen.

Welche Sonderstellung der Bergbau in sozialer Hinsicht innerhalb der russischen Industrie innehatte, tritt am klarsten im westlichen, dem polnischen Bergbaubezirk hervor.[58] Die Nähe zu Deutschland und Österreich, wo die Arbeiter deutlich besser abgesichert waren als im russischen Teil Polens, hatte hier nicht nur Fabrikunternehmer, sondern auch Grubenbesitzer und die Arbeiter selbst schon früh zu eigenen Initiativen bewegt, sei es in Nachahmung vorbildlicher Kassen der Nachbarn, sei es, um Arbeitskräfte anzuwerben. Seit 1859 entstand folglich auch im polnischen Bergbau eine Fülle von betrieblichen Hilfskassen, die finanzielle Unterstützung im Krankheitsfall ebenso leisteten wie nach Unglücken, Todesfällen oder bei Invalidität. Finanziert wurden derartige Kassen meist aus gemeinsamen Beiträgen von Arbeitern und Unternehmern.[59]

Die Vielfalt der Organisationsformen, die Wettbewerbsverzerrungen und der gelegentliche Mißbrauch, die aus dem gesetzlich nur vage geregelten Wildwuchs dieser Kassen entstanden, überzeugte die polnischen Bergbauindustriellen davon, daß für den weiteren, flächendeckenden Ausbau des betrieblichen Sozialwesens ein präziser und allgemein verbindlicher gesetzlicher Rahmen notwendig sei. Deshalb legte der I. Kongreß der polnischen Bergbauindustriellen 1883 unter anderem das Projekt einer Normalsatzung für Betriebskrankenkassen vor, deren Einrichtung für alle polnischen Bergbaubetriebe obligatorisch sein sollte. Mehrfach forderte das zuständige Domänenministerium die Industriellen dazu auf, den Entwurf zu überarbeiten, um ihn den sich rasch wandelnden ökonomischen Bedingungen sowie einer reformierten Arbeiterschutzgesetzgebung anzupassen. Der 1893 vom III. Kongreß verabschiedete Entwurf wurde von der Regierung schließlich akzeptiert. Am 27. Januar 1895 bestätigte der Zar einen entsprechenden Beschluß des Ministerkomitees, und am 7. Februar 1895 konnte das Domänenministerium die Mustersatzung für Krankenkassen im polnischen Bergbau herausgeben, in der die Mitgliedschaft

---

[57] PSZ 2 Bd. XXXVI Nr. 36719; Bd. XXII Nr. 21186 (Gesetz vom 11. März 1902); Neubauer, H.: Alexander II. und die Arbeiterfrage, in: Ostdeutsche Wissenschaft 7(1960), S. 109-126, hier S. 112-115.

[58] Zur Einteilung der Bergbaubezirke siehe Amburger, E.: Geschichte der Behördenorganisation Rußlands von Peter dem Grossen bis 1917, Leiden 1966, S. 235-243.

[59] Čistjakov, Strachovanie, S. 58-60. Im Bergbau stützten sich diese Kassen auf ein Gesetz vom 4. 6. 1862, welches privaten Gesellschaften die Einrichtung von Bergbaugenossenschaften nach dem Vorbild des staatlichen Bergbaus erlaubte: PSZ 2 Bd. XXXVII Nr. 38339.

aller Arbeiter des jeweiligen Betriebes verbindlich festgeschrieben war.[60] Nach dem Rückschlag, den die Ausweitung des Gesetzes von 1886 auf Polen für das dortige Hilfskassenwesen bedeutet hatte, wurden somit im polnischen Bergbau die Krankenkassen auf ein solides gesetzliches Fundament gestellt und den Unwägbarkeiten des behördlichen Genehmigungsverfahrens weitgehend entzogen. Damit war der Rahmen für einen weiteren Ausbau der betrieblichen Krankenversicherung gelegt, die 1898 bereits 59 % der polnischen Bergarbeiter umfaßte.[61] Hier konnte die gesetzliche Krankenversicherung von 1912 unmittelbar anknüpfen.

Die den geographischen und ökonomischen Bedingungen entsprechende separate Verwaltung der verschiedenen Bergbaugebiete des Reiches ermöglichte es somit, daß in Polen, wo die Bedingungen für die Entstehung von Selbsthilfekassen besonders günstig waren, sozialgesetzgeberischer Fortschritt unabhängig vom Rest des Reiches erzielt werden konnte, auch wenn der Gesetzgebungsprozeß sich lange Zeit als reichlich zäh erwiesen hatte. Doch inwieweit strahlte dieses Beispiel auch auf die übrigen Bergbaubezirke und darüber hinaus auch auf andere Industriesektoren aus?

Besonders im Donecbecken, dem bedeutendsten Bergbaugebiet des Reiches, lieferte das preußisch-polnische Vorbild den eigentlichen Anstoß zu eigenen Initiativen. Denn anders als in Polen entsprangen entsprechende Initiativen des Südrussischen Bergbauverbands gerade nicht dem Bedürfnis, einem ungeregelten, autonomen Wachstum unterschiedlichster betrieblicher Kassen Richtung und Form zu geben, da solche mit Ausnahme Nordwestrußlands in den übrigen Bergbaugebieten des Reiches kaum anzutreffen waren.[62] Vielmehr kamen führende Verbandsmitglieder zu der Einsicht, daß die Einrichtung von Hilfskassen, wie sie in Polen und Preußen beobachtet wurde, langfristig auch für den jungen südrussischen Bergbau nötig sei, selbst wenn sie scheinbar dem bisherigen Entwicklungsstand noch nicht entsprach. Erstmals legte 1882 der Sekretär des Verbands, M. I. Jaševskij, im Rahmen der Diskussion um eine

---

[60] PSZ 3 Bd. XV Nr. 11321; Čistjakov, Strachovanie, S. 60-62. Mit deutscher Übersetzung abgedruckt in: Zacher, G.: Die Arbeiter-Versicherung im Auslande. Heft IX. Die Arbeiter-Versicherung in Rußland, Berlin 1899, S. 30-41.

[61] Tatiščev, S.: Obščestva vzaimopomošči v Rossii, in: Promyšlennost' i Zdorov'e 1(1902/03), Nr. 4, S. 28-62, hier S. 46. Siehe auch Tigranov, G. F.: Kassy vzaimopomošči rabočich častnych gornych zavodov v Carstve Polskom, St. Petersburg 1900.

[62] Siehe beispielsweise die Betriebskasse Fel'kners im Gouvernement Olonec, die nicht nur Hilfszahlungen, sondern entgegen den Bestimmungen der Gesetze vom 26.8.1866 und vom 3.6.1886 ein Krankenhaus aus Arbeiter- und Fabrikantenbeiträgen in Höhe von je 2 $^{1}/_{2}$% des Lohns finanzierte: Trudy VII s-ezda gornopromyšlennikov Juga Rossii, byvšago v gorode Char'kove s 10-go po 27-e nojabrja 1882 goda, Char'kov 1883, S. 239. (Im folgenden für alle Kongresse des Südrussischen Bergbauverbands: Trudy ... s-ezda, Ort, Jahr)

Unfallhilfskasse einen Entwurf vor, der neben der anvisierten Unfallentschädigung auch die medizinische Hilfe an Arbeiter und ihre Familien sowie die Lohnfortzahlung an kranke Arbeiter sowie im Todesfall an ihre Hinterbliebenen umfaßte.[63] Unterstützt wurde dieser Gedanke auch von A. K. Alčevskij, der die Gewährung medizinischer Hilfe an die Arbeiter als „heilige Pflicht" der Industriellen bezeichnete, für die man auch erhebliche materielle Opfer nicht scheuen dürfe.[64] Schließlich entschied sich der Kongreß allerdings doch für eine reine Unfallkasse, da eine solche, allein aus Fabrikantenbeiträgen finanzierte Einrichtung einfacher zu organisieren schien und letztlich billiger zu werden versprach.[65]

Neuen Schwung in die Diskussion über die Gründung von Betriebskrankenkassen brachte ein Vortrag, den der Steinkohleindustrielle und Vertreter des Ekaterinoslaver Gouvernementszemstvos P. A. Karpov im Jahr 1887 auf dem XII. Kongreß des Südrussischen Bergbauverbands hielt. In eindringlichen Worten suchte Karpov den versammelten Bergbauindustriellen die Notwendigkeit von Krankenkassen nach preußischem Vorbild nahezubringen. Diese sollten von Unternehmern und Arbeitern gemeinsam finanziert werden und erkrankte Arbeiter und ihre Familienangehörigen bis zu drei Monate unterstützen. Deutlicher noch als der Vorschlag Jaševskijs von 1882 sah dieses Projekt vor, daß die Arbeiter an der Selbstverwaltung der Kasse beteiligt würden.[66] Karpov begründete seinen Vorschlag vorrangig aus den für die Sozialmaßnahmen des südrussischen Bergbaus so typischen wirtschaftlichen Erwägungen. Krankenkassen, so argumentierte er, könnten den Arbeitskräftemangel im Steinkohlebergbau lindern helfen, da sie den Bergbau insgesamt attraktiver machen und die Seßhaftigkeit der Arbeiter fördern würden. Außerdem könnten materiell abgesicherte Arbeiter eventuelle Krankheiten frühzeitig auskurieren, anstatt aus finanzieller Not weiterarbeiten zu müssen und ihre Gesundheit völlig zu ruinieren. Für eine eigene Vorsorge der Arbeiter reichten nach Karpovs Ansicht die niedrigen Löhne nicht aus, und die russischen Arbeiter zeigten bislang zu wenig eigene Initiative, um wie im Westen Selbsthilfeorganisationen zu gründen:

„Wenn die Selbsthilfe (*samopomošč*) bei uns üblich wäre, und wenn freie, von den Arbeitern gegründete Selbsthilfekassen existierten, dann wäre diese Form der Kassen die beste, da sie die Arbeiter am wenigsten einschränkt. Leider müßten wir noch lange auf das Aufkommen derartiger Kassen warten, neben anderen

---

[63] Trudy VII s-ezda, S. 225-234.
[64] Ebenda, S. 236. Alčevskij sprach sich mit diesem Gedanken gleichzeitig für eine Finanzierung allein aus Fabrikantenbeiträgen aus, da er die Mitverwaltung der Kasse durch Vertreter der Arbeiterschaft aus prinzipiellen Erwägungen ablehnte. Siehe dazu auch Friedgut, Iuzovka, Bd. 1, S. 290-291.
[65] Trudy VII s-ezda, S. 159.
[66] Trudy XII s-ezda, Char'kov 1887, S. 370-381.

Gründen vor allem wegen des mangelnden Bewußtseins bei den Arbeitern selbst, wie notwendig diese Art der Selbsthilfe für sie ist."[67]

Diese Argumentation deutete bereits an, daß Karpov in den Unternehmern die wichtigsten Akteure sah, wenn es darum ging, im Ausland und in Polen beobachtete fortschrittliche Tendenzen auch in Rußland durchzusetzen. Dabei versuchte er, seine Kollegen bei ihrer Ehre zu packen, und verwies auf den Ruhm, den sie sich gerade wegen der Rückständigkeit des jungen südrussischen Bergbaus durch fortschrittliche Maßnahmen erwerben würden:

> „Wie unbedeutend unser Bergbau im Donecbecken wegen seiner Jugend im Vergleich mit dem westeuropäischen auch sein mag, sowohl in Bezug auf seine Fördermenge wie auf die Anzahl beschäftigter Arbeitskräfte, so unterliegt seine zukünftige Entwicklung doch keinem Zweifel. Je früher wir deshalb beginnen, die ungünstigen Bedingungen zu beseitigen, die mit jedem Gewerbe für die Arbeiter verbunden sind, umso bessere Ergebnisse können wir zukünftig erzielen, und umso ehrenhafter werden unsere Verdienste sein, da wir die Grundlage für diese wohltätige Angelegenheit geschaffen haben."[68]

An diesen Worten wird deutlich, daß es am Donec nicht wie in Polen vorrangig darum ging, gegenwärtige praktische Probleme zu lösen, sondern daß der Nachzügler sich das Beispiel älterer Industrieregionen zunutze machen wollte. Der Vorbildcharakter gerade des polnischen, aber auch des deutschen Bergbaus ist dabei unverkennbar.

Karpovs Appell an den Stolz der südrussischer Bergbauindustriellen als Pioniere der Industrialisierung in Rußland verfehlte seine Wirkung nicht. Auf sein Drängen hin forderte der Kongreß die Regierung auf, die Einrichtung von Krankenkassen zu genehmigen. Eine besondere Kommission, die unter dem Vorsitz des Bezirksingenieurs E. N. Taskin über die Ausweitung des Gesetzes vom 3. Juni 1886 auf den Bergbau beriet, wurde beauftragt, bis zum nächsten Jahr eine Mustersatzung für Betriebskrankenkassen zu entwerfen.[69] Diese Satzung sah vor, daß die Einrichtung von Betriebskrankenkassen für alle Berg- und Hüttenwerke Südrußlands verbindlich sein sollte. Die geplanten Kassen sollten die Lohnfortzahlung an kranke Arbeiter in Höhe von 50 % ihres bisherigen Lohnes für bis zu drei Monate übernehmen, wobei bis zur Hälfte dieser Summe als Beitrag zu den Behandlungskosten einbehalten werden sollte. Zu finanzieren wären die Kassen zu drei Vierteln über Arbeiterbeiträge, während die Fabrikanten das übrige Viertel übernehmen würden. Verwaltet werden sollten sie schließlich von der jeweiligen Fabrikdirektion, alle wichtigen Entscheidungen müßten jedoch von gewählten Arbeitervertretern bestätigt werden.

---

[67] Ebenda, S. 376-377.
[68] Ebenda, S. 376.
[69] Ebenda, S. 61-62; RGIA f. 37 op. 5 d. 2055 ll. 105-106, ll. 113-136 und ll. 160-161.

Aus dieser Konstruktion wird deutlich, daß es den Bergbauindustriellen vor allem darum ging, den Mangel an Selbsthilfekassen der Arbeiter durch eigene organisatorische Initiativen auszugleichen. Dies versprach zudem, daß sie gleichzeitig die Kontrolle über solche Kassen behalten könnten. Ihre Bereitschaft zu eigenen finanziellen Opfern blieb hingegen vorerst bescheiden, hatte sich doch der XII. Kongreß mehrheitlich dafür ausgesprochen, Fabrikkrankenhäuser anders als im Gesetz vom 3. Juni 1886 für die Fabrikindustrie beschlossen über Lohnabzüge mitzufinanzieren. Obwohl der Gedanke naheliegt, daß das gesamte Kassenprojekt vor allem deshalb entworfen wurde, weil man einer Übertragung der entsprechenden Bestimmungen aus dem Gesetz von 1886 auf den Bergbau zuvorkommen wollte, darf man dennoch nicht übersehen, welche langfristigen sozialpolitischen Perspektiven über eine reine Kostendämpfung hinaus in diesem Vorschlag steckten.[70]

An dem nun folgenden Gesetzgebungsprozeß zeigte sich jedoch erneut, wie sehr der zentrale bürokratische Apparat eine vielversprechende Initiative verkomplizierte und behinderte, obwohl die geplante Krankenkasse im Prinzip auch von der Regierung begrüßt wurde. Diese legte den Satzungsentwurf vorerst beiseite, bis die Diskussion über die Übertragung des allgemeinen Arbeitsrechts vom 3. Juni 1886 auf den privaten Bergbau abgeschlossen war, denn jede Organisation ärztlicher Versorgung würde die dort festgelegten Grundsätze der Lohnauszahlung zu berücksichtigen haben. Nachdem das entsprechende Gesetz 1892 verabschiedet worden war, ohne daß man dem Bergbau bei der medizinischen Versorgung der Arbeiter irgendwelche Vergünstigungen eingeräumt hätte, legte der Verband im November 1893 und noch einmal im November 1894 einen an das neue Gesetz angepaßten Satzungsentwurf vor, der keinerlei Beteiligung der Kassen mehr an den Kosten medizinischer Behandlung vorsah und die Beiträge zu gleichen Teilen auf Fabrikanten und Arbeiter verteilte.[71] Als dieser neue Entwurf 1895 endlich im Ministerium für Reichsdomänen beraten wurde, stellte man dort fest, daß der vorgesehene Zwang, Kassen einzurichten, die Bestätigung der Satzung nur in Form eines besonderen Gesetzes möglich machte. Dies erforderte die übliche langwierige Abstimmung mit den übrigen Ministerien. 1897/98 schließlich wurde das bislang auf Südrußland beschränkte Projekt noch einmal in einer besonderen Kommission beim Domänenministerium überarbeitet und zu einem Entwurf über gesetzliche Betriebskrankenkassen im gesamten privaten Bergbau ausgeweitet.

---

[70] RGIA f. 37 op. 5 d. 2055 l. 109 und l. 132.
[71] Trudy XVIII s-ezda, Char'kov 1894, S. 347-348. und S. 210-313; Trudy XIX s-ezda, Char'kov 1894, S. 355-359. Čistjakov, Strachovanie, S. 67-69. Die bisher vorgesehene Übernahme der Behandlungskosten durch eine von Arbeitern mitfinanzierte Kasse hätte gegen das Gesetz vom 9. März 1892 verstoßen.

Dieser Entwurf nahm in seinen wichtigsten Grundzügen das spätere Gesetz über die Krankenkassen von 1912 vorweg. Da die Kosten einer medizinischen Behandlung des Arbeiters selbst nach wie vor vom Fabrikbesitzer bezahlt werden sollten, kam den Kassen vor allem die Aufgabe zu, die Behandlung von Familienangehörigen sowie die Lohnfortzahlung an Kranke und Schwangere zu finanzieren. Umfang und Höhe der Leistungen über ein gesetzlich vorgeschriebenes Mindestmaß hinaus sollte von den Kassenmitgliedern selbst bestimmt werden können. Als Organe der Kassen waren eine Vollversammlung aller männlichen Versicherten sowie eine paritätisch aus Vertretern der Fabrikleitung und der Arbeiterschaft zusammengesetzte Leitung unter Vorsitz des Fabrikdirektors vorgesehen. Dieses Kräfteverhältnis entsprach den vorgesehenen Beitragszahlungen: der Fabrikantenbeitrag sollte die Summe der Arbeiterbeiträge in Höhe von $^1/_2$ - 2 % des Lohns nicht unterschreiten dürfen, wobei die genaue Höhe der Beiträge innerhalb dieses Rahmens von der jeweiligen Kasse selbst gemäß ihren Leistungen festgesetzt werden sollte. Die Mitgliedschaft in einer solchen Betriebskrankenkasse sollte für alle Arbeiter im privaten Bergbau verpflichtend sein.[72]

Parallel dazu wurde das Projekt einer staatlichen Unfall- und Altersversicherung für Bergarbeiter vorgelegt, so daß damit die gesetzlichen Grundlagen für eine umfassende soziale Absicherung der Bergarbeiter auf gemischt staatlicher und betrieblicher Basis fertig ausgearbeitet waren. Von den bereits bestätigten Hilfskassen in Polen einmal abgesehen, wäre damit ein im europäischen Rußland bis dahin einmaliger und allen damaligen europäischen Standards entsprechender sozialer Schutz in einem Schlüsselsektor der Industrie verwirklicht worden, der für alle anderen Bereiche als Modell hätte dienen können. Da gerade die Krankenkassen in ihren Grundzügen dem entsprachen, was die Bergbauindustriellen selbst vorgeschlagen hatten, glaubte man, mit einer baldigen Bestätigung des Entwurfs rechnen zu können. Um das Gesetzespaket in den Reichsrat einzubringen, stand nur noch die Stellungnahme der übrigen Ministerien aus.

Doch dabei taten sich unerwartete Probleme auf, die das Projekt letztlich zum Scheitern brachten. Denn wie wir in der Diskussion um die Unfallentschädigung bereits gesehen haben, hatte sich das Finanzministerium unter Witte seit der Mitte der neunziger Jahre konsequent gegen eine Arbeiterversicherung ausgesprochen und der individuellen Leistungspflicht der Fabrikbesitzer im sozialen Bereich vorläufig absoluten Vorrang eingeräumt. Das Finanzministerium hatte mit gewissem Recht gegen eine sofortige Einrichtung staatlicher Sozialversicherungen vor allem strukturelle Gründe angeführt, namentlich den geringen Organisationsgrad der Industrie und die mangelnde statistische Basis.

---

[72] Čistjakov, Strachovanie, S. 204-225. Im staatlichen Bergbau sollte die Funktion der Krankenkassen den Bergbaugenossenschaften übertragen werden.

Dieser Einwand verfing im Bergbau zwar wesentlich weniger als in der privaten Fabrikindustrie. Dennoch fürchtete Witte offensichtlich, daß mit der Einrichtung einer separaten Arbeiterversicherung im Bergbau der Druck auf das Finanzministerium wachsen würde, eine solche auch für die übrigen Industriezweige zu forcieren. In allen Kommissionen des Domänenministeriums, die sich von 1897 bis 1901 mit Fragen der Sozialversicherung für Bergarbeiter befaßten, sprach sich deshalb der Vertreter des Finanzministeriums gegen das Versicherungsprinzip als solches aus – meist als Einziger in der Runde.[73]

Da zwischen den Ministerien keine Einigkeit zustandekam, wurde das Reformpaket des Domänenministeriums im März 1898 der „Besonderen Ministerbesprechung" zur Sozialversicherungsfrage unter Vorsitz Pobedonoscevs vorgelegt, die im Zusammenhang mit der Unfallhaftung gegründet worden war. Wie bereits gezeigt wurde, ging Wittes Strategie auf, den Vorsitz ausgerechnet seinem sonstigen Widersacher anzutragen, von dem keinerlei Engagement in dieser Frage zu erwarten war. Damit war auch das Projekt des Domänenministeriums erst einmal auf Eis gelegt. Selbst die Tatsache, daß der Uralische Bergbauverband 1899 und der Verband der Bakuer Ölindustriellen 1901 zusätzliche Entwürfe einer eigenen Krankenkassensatzung vorlegten und auch der Südrussische Bergbauverband auf seinen Kongressen 1899 und 1900 die Projekte des Domänenministeriums ausdrücklich billigte, brachte den Beratungsprozeß nicht wieder in Gang.[74] Damit war der bislang umfassendste und vielversprechendste Versuch, eine gesetzliche Krankenversicherung zumindest für einen industriellen Sektor reichsweit einzurichten, vorläufig gescheitert.

Der Grund, weshalb gesetzliche Krankenkassen im russischen Bergbau vor 1905 nicht zustandekamen, obwohl doch noch 1894/95 die Normalsatzung der Kassen im polnischen Bergbau verabschiedet worden war und sich auch in Rußland selbst die Bergbauindustriellen und das zuständige Domänenministerium völlig einig waren, muß also überwiegend in der Regierungsspitze gesucht werden: in der Uneinigkeit zwischen dem Finanzministerium und dem Domänenministerium. Anders als im polnischen Bergbau, wo ja bereits eine Vielfalt von Hilfskassen existierte und somit besonders günstige Ausgangsbedingungen gegeben waren, war die Frage der Einrichtung von Krankenkassen im russischen Bergbau eng mit dem grundsätzlichen Konflikt innerhalb der Regierung um die richtige sozialpolitische Strategie verknüpft. Hinzu kam, daß sich das Finanzministerium unter Witte nach anfänglichem Zögern ab der Mitte der neunziger Jahre eindeutig gegen Versicherungslösungen in der Sozialpolitik festgelegt hatte. Hier konnte Witte keine separate Lösung für den Bergbau

---

[73] Čistjakov, Strachovanie, S. 235-236.
[74] Trudy XXIV s-ezda, Char'kov 1900, Bd. 1, S. 35-64, Bd. 2, S. 106; Trudy XXV s-ezda, Char'kov 1901, Bd. 1, Doklad kommissii XXV s-ezdu gornopromyšlennikov po 15-mu voprosu programmy, S. 18-63.

mehr zulassen, die seiner eigenen politischen Überzeugung widersprach. Da er den Konservatismus Pobedonoscevs in dieser Frage politisch geschickt auszuspielen wußte, setzte sich Witte in dieser Frage letztlich gegenüber den übrigen Ministerien durch.

Aber es lassen sich auch tieferliegende Ursachen für dieses Scheitern anführen, die in der Struktur des Staatsapparats ebenso begründet sind, wie in der Industrie selbst. Daß fertig ausgearbeitete Projekte jahrelang in einer Kommission liegen konnten, ohne daß diese überhaupt zusammentrat, zeigt, wie gering der Spielraum einzelner Fachressorts war, in eigener Zuständigkeit gestaltende Politik zu betreiben, wenn innerhalb der Regierungsspitze kein Konsens erzielt wurde. Gerade weil die Zuständigkeit für industrielle Fragen in Rußland auf verschiedene Ministerien verteilt war, hätte in einer ressortgebundenen und auf einzelne Industriebranchen beschränkten Sozialgesetzgebung eine besondere Chance der russischen Sozialpolitik liegen können. Diese Chance wurde bei den staatlichen Betrieben und im privaten Bergbau verschiedentlich auch genutzt. Die Einführung von Versicherungskassen konnte jedoch solange aus dem polnischen Vorbild wenig Impulse beziehen, wie das Finanzministerium aus prinzipiellen Gründen jeglichen Fortschritt in dieser Frage auch in anderen Ressorts blockierte.

Aber auch die Weigerung des zarischen Staates, jegliche Form gesellschaftlicher Organisationen ohne Bestätigung der Regierung zuzulassen, erwies sich gerade für die Gründung sozialpolitischer Institutionen als schwere Belastung, da sie selbst die Gründung von Verbandskassen von einem umständlichen und langwierigen Genehmigungsverfahren abhängig machte – oft genug mit ungewissem Ausgang. Als Zar Nikolaus II. im Dezember 1904 die baldige Einführung einer staatlichen Arbeiterversicherung versprach, waren bereits sechzehn Jahre vergangen, seit der Südrussische Bergbauverband 1888 seinen ersten Satzungsentwurf für Betriebskrankenkassen vorgelegt hatte, und immer noch lag dessen Bestätigung in unabsehbarer Ferne. Der einzige Ausweg aus diesem Dilemma war die in Polen und einigen russischen Bergwerken praktizierte freiwillige Gründung rein betrieblicher Kassen auf der Grundlage des Bergbaustatuts von 1862. Solange wie in Polen die wirtschaftlichen und sozialen Umstände zur Einrichtung einer Vielzahl solcher Kassen führten, konnte diesem Weg, wie wir gesehen haben, durchaus Erfolg beschieden sein und sogar ein gewisser Druck auf die Regierung ausgeübt werden, die Einrichtung von Krankenkassen auf eine solide gesetzliche Grundlage zu stellen. Wenn aber, wie in Rußland selbst, einige weitsichtige Industrielle ihre Kollegen erst über ihren zentralen Verband von der langfristigen Nützlichkeit von Hilfskassen überzeugen mußten und diese erst dann auch wirklich verbreitet eingerichtet wurden, als sie gesetzlich vorgeschrieben waren, dann stellte der mühselige und zeitraubende Gesetzgebungsweg ein nahezu unüberwindliches Hindernis dar. Insofern läßt sich die sozialgesetzgeberische Rückständigkeit im russischen privaten Bergbau gegenüber dem polnischen nicht nur daraus erklären, daß der Krankenkassenentwurf für den russischen Bergbau auf eine unglückliche Konstellation politischer Konflikte innerhalb der Regierung stieß. Vielmehr spiegelte sich darin auch die relativ schwache Bereitschaft einer Mehrheit südrussischer Bergbauindustrieller zu eigener, sozialer Initiative auf Betriebsebene wider.

4. Der Ansatz des Finanzministeriums: Rückgriff auf die Zemstva

Auch wenn das Finanzministerium die Diskussion über eine gesetzliche Krankenversicherung innerhalb der Regierung erfolgreich abblockte, konnte dort doch nicht verborgen bleiben, daß das Gesetz vom 26. August 1866 mit seiner vagen Verpflichtung zum Bau von Fabrikkrankenhäusern nicht mehr den Anforderungen genügte, welche Zemstva, Städte und Fabrikinspektion, aber auch die interessierte Öffentlichkeit an die medizinische Versorgung der Arbeiter zu stellen begannen.

Bereits Mitte der achtziger Jahre hatte Erismann auf den Kongressen der Moskauer Zemstvoärzte verlangt, die ärztliche Versorgung der Fabrikarbeiter den Zemstva zu übertragen. Diese Forderung wurde 1891 auch vom 4. Kongreß der Pirogov-Ärztegesellschaft in Moskau übernommen.[75] Wie wir gesehen haben, waren es in den folgenden Jahren dann vor allem die verschiedenen Fabrikbehörden, die per Verordnung die Fabriken zu umfassenderer medizinischer Hilfe zu verpflichten suchten und dort, wo dies möglich war, die Zusammenarbeit der Industriellen mit der lokalen Selbstverwaltung förderten. Durch die Konflikte um diese Verordnungen auf das Problem aufmerksam geworden, holte Witte 1894 den Arzt E. M. Dement'ev als Fabrikrevisor ins Finanzministerium und übertrug ihm die Verantwortung für Fragen des Arbeitergesundheitswesens. Damit wurde Dement'ev zur Schlüsselfigur der Reformpolitik auf diesem Gebiet.

Bereits als junger Arzt hatte Dement'ev Anfang der achtziger Jahre gemeinsam mit Erismann und Pogožev die für die russische Arbeitsstatistik bahnbrechende Moskauer Zemstvostudie über die sanitären Verhältnisse in den Fabriken des Gouvernements erarbeitet. Deren Ergebnisse faßte er 1893 in einem aufsehenerregenden Buch zusammen, in dem er erstmals statistisch nachwies, daß sich auch in Rußland inzwischen ein vom Dorf losgelöstes Industrieproletariat herauszubilden begann.[76] Diese Veröffentlichungen machten

---

[75] Bazanov, F. F. Èrisman, S. 96, S. 101 und S. 128-129.
[76] Dement'ev, E. M.: Fabrika: Čto ona daet naseleniju i čto ona u nego beret, Moskau 1893. Siehe oben Kap. II.

Dement'ev innerhalb kurzer Zeit zu einer der angesehensten Persönlichkeiten Rußlands auf dem Gebiet der Fabrikmedizin. Daß von nun an ein prominenter, der lokalen Selbstverwaltung entstammender Arzt die Regierungspolitik zur medizinischen Versorgung der Arbeiter konzipierte, zeugt von der Bereitschaft besonders des Finanzministeriums, reformerische Impulse aus der Öffentlichkeit aufzunehmen und in praktische Politik umzusetzen.

Auf dem Allrussischen Industriekongreß 1896 in Nižnij-Novgorod legte Dement'ev erstmals öffentlich sein Reformkonzept dar. Aufgrund der Erfahrungen, die er selbst in Moskau gesammelt hatte, griff er die Forderung Erismanns auf, die Gesundheitsfürsorge für Fabrikarbeiter ganz den Organen der lokalen Selbstverwaltung zu übertragen, da diese die effizienteste und billigste Krankenversorgung zu leisten vermochten. Darüber hinaus schlug Dement'ev die Einrichtung einer staatlichen Krankenversicherung vor, die in Übereinkunft mit der Selbstverwaltung für die Behandlungskosten der Arbeiter aufkommen, vor allem aber eine Lohnfortzahlung im Krankheitsfall finanzieren sollte.[77]

Diese Vorschläge fanden bei den versammelten Wissenschaftlern und Industriellen erheblichen Anklang. Dadurch angespornt führte die Fabrikinspektion unter Dement'evs Leitung im folgenden Jahr eine reichsweite und umfassende Untersuchung der medizinischen Verhältnisse in den Fabriken durch. Mit dieser eingangs bereits mehrfach zitierten Untersuchung, die auch heute noch eine der wichtigsten Quellen für das Arbeitergesundheitswesen im ausgehenden Zarenreich darstellt, lieferte Dement'ev detaillierte statistische Angaben, mit denen er seinen Reformansatz von 1896 zusätzlich untermauern konnte.[78] Seine Schlußfolgerungen sollten im folgenden als Basis für die Politik des Finanzministeriums in dieser Frage dienen.

Vor allem konnte Dement'ev nun konkret belegen, was er 1896 bereits angedeutet hatte: daß die Zemstvomedizin die billigste Form darstellte, Fabrikarbeitern ärztliche Hilfe zu gewähren. Während die Fabrikbesitzer mit eigenen Fabrikkrankenhäusern jährlich durchschnittlich 4 Rubel 57 Kopeken pro Arbeiter aufwandten und selbst die Einrichtung von Behandlungszimmern und Ambulatorien mit durchschnittlich 3 R. 46 K. beziehungsweise 3 R. 27 K. pro Arbeiter und Jahr kaum billiger war, kostete die Behandlung in einem Zemstvo-Krankenhaus für Fabriken, die eine entsprechende Übereinkunft unterzeichnet hatten, im Durchschnitt nur 2 R. 38 K. pro Arbeiter und Jahr.[79] Diese

---

[77] RGIA f. 150 op. 1 d. 617 ll. 1-12.
[78] Dement'ev, Vračebnaja pomošč'.
[79] Dement'ev, Vračebnaja pomošč, S. 94-95. Insgesamt bestanden derartige Übereinkünfte mit Zemstvokrankenhäusern 1898 für 30.980 Arbeiter, davon 20.000 aus dem Gouvernement Moskau, sowie Vereinbarungen mit dem Roten Kreuz für 17.656 Arbeiter überwiegend im Gouvernement Petrikau, sowie in Voronež und St. Petersburg: Ebenda, S. 133-144. Demgegenüber spielten die Vereinbarungen mit städtischen und privaten Krankenhäusern für 7.964 bzw. 6.533 Arbeiter nur eine untergeordnete Rolle: Ebenda, S. 91 und 94.

erhebliche Differenz erklärte Dement'ev damit, daß Zemstvo-Krankenhäuser in der Regel erheblich professioneller und effizienter organisiert seien als Fabrikspitäler. Hinzu kam, daß manche Zemstva in ihren Vereinbarungen mit den Fabriken auf eine kostendeckende Finanzierung durch den Fabrikbesitzer verzichteten, um ihn überhaupt zu einer Übereinkunft zu bewegen und weil sie sich der Bevölkerung als Ganzes verpflichtet fühlten. Auch wenn bis 1897 mit 4,5 % nur ein relativ geringer Anteil der Arbeiter von solchen Vereinbarungen profitierte, boten sie dort, wo die Zemstva entsprechende Initiative entwickelten, gerade für kleinere und mittlere Betriebe eine Möglichkeit, die hohen Kosten eines eigenen Krankenhauses zu vermeiden und dennoch ihren Arbeitern eine effiziente medizinische Versorgung zu gewährleisten. Gleichzeitig bemängelte Dement'ev, daß diese Entwicklung erheblich dadurch gehemmt würde, daß die Fabriken zu solchen Übereinkünften nicht gesetzlich verpflichtet seien. Diese Lücke könnten auch die Verordnungen der örtlichen Fabrikbehörden nicht ausfüllen.[80]

An diesem Punkt nun knüpfte ein erster Gesetzentwurf an, welcher 1899 im Finanzministerium vorgelegt wurde. Dieser Entwurf war dermaßen eng an die von Dement'ev herausgegebene Studie der Fabrikinspektion angelehnt, daß wir in ihm seinen maßgeblichen Autor sehen dürfen. Kerngedanke war die Übertragung des Fabrikkrankenhauswesens an die örtliche Selbstverwaltung. Die Kosten für eine Behandlung von bis zu zwei Monaten hätten jedoch die Fabrikbesitzer zu tragen, da eigentlich alle Fabrikarbeit selbst bei optimalen sanitären Vorkehrungen erhebliche Gefahren für die Gesundheit der Arbeiter in sich berge. Erkrankungen jeder Art müßten deshalb ebenso wie Arbeitsunfälle der Betriebsgefährlichkeit der Produktion zugerechnet werden. Folglich sei jeder Behandlungsaufwand als Teil der Produktionskosten zu verstehen.[81] Insofern dürfe an den Grundlagen des Gesetzes vom 26. August 1866 nicht gerüttelt werden. Fabrikbesitzer sollten demnach dazu verpflichtet werden, mit den Organen der örtlichen Selbstverwaltung oder auch mit anderen medizinischen Organisationen wie dem Roten Kreuz entsprechende Übereinkünfte zu schließen, welche die Behandlung ihrer Arbeiter in städtischen, privaten oder Zemstvo-Krankenhäusern sowie Art und Höhe der Bezahlung durch die Fabriken umfassen würden. Abgesehen von einer wesentlich präziseren Definition als bisher, was unter ärztlicher Behandlung zu verstehen sei,[82] sollte der Inhalt

---

[80] Dement'ev, Vračebnaja pomošč, S. 117-120.
[81] Auch diese ausdrücklich an die Arbeiten von L. Brentano angelehnte Argumentation findet sich bereits in Dement'evs Vortrag vor dem Allrussischen Industriekongreß in Nižnij- Novgorod 1896: RGIA f. 150 op. 1 d. 617 ll. 1-2.
[82] Gemäß dem Gesetzentwurf von 1899 sollte die ärztliche Behandlung den Bau von Behandlungszimmern, die Gewährung ambulanter und stationärer Behandlung sowie dort, wo es nötig erschien, auch Geburtshilfe sowie die Gewährung häuslicher Behandlung umfassen: RGIA f. 150 op. 1 d. 617 l. 59.

dieser Übereinkünfte gesetzlich nicht vorgezeichnet werden. Allenfalls war eine nachträgliche Überprüfung durch die regionale Fabrikbehörde vorgesehen. Ausnahmen würden nur für solche Fabriken gemacht werden, die entweder in entlegenen ländlichen Gebieten lägen oder die selbst oder gemeinsam mit anderen Fabriken ein Krankenhaus errichteten.[83]

Entsprechend den Erfahrungen, welche die regionalen Fabrikbehörden bereits mit ähnlichen Verordnungen gemacht hatten, glaubte man im Finanzministerium, mit einem solchen Gesetz das Gesundheitswesen für Arbeiter auf einheitlicher und effizienterer Basis als bisher organisieren zu können und gleichzeitig den Zemstva zusätzliche Geldquellen zu erschließen. Die Berechnungen Dement'evs berechtigten zudem zu der Einschätzung, daß die Kosten einer solchen Maßnahme die bisherigen Belastungen für die Industrie aus dem Fabrikkrankenhausbau nicht überschreiten würden. Statt dessen konnte man darauf hoffen, daß sie sich gleichmäßiger und gerechter auf die einzelnen Betriebe verteilen würden und somit der Wettbewerbsnachteil ausgeglichen würde, der für kleinere und mittlere Betriebe aus dem Gesetz von 1866 und seiner ungleichmäßigen Erfüllung entstanden war.[84]

Damit stand dieser Entwurf in direkter Verbindung zu den beiden in den vorangegangenen Kapiteln diskutierten und zeitgleich entworfenen Projekten des Finanzministeriums über die Unfallhaftung und den Fabrikschulbau, von denen ersteres schließlich in das Gesetz vom 2. Juni 1903 mündete. Allen diesen drei Entwürfen lag das Prinzip zugrunde, einerseits den einzelnen Fabrikbesitzern konkrete gesetzliche Vorgaben zu machen, zu welchen sozialen Leistungen sie verpflichtet seien, ihnen andererseits aber auch Wege aufzuzeigen, wie sie diesen Verpflichtungen über gemeinschaftliche Institutionen nachkommen könnten. In Anwendung auf die Krankenversorgung bedeutete dies, daß die Regierung es den Fabrikanten ermöglichte, ihre Pflicht zur medizinischen Versorgung der Arbeiter ganz auf die örtliche Selbstverwaltung zu übertragen, und derartige Übereinkünfte sogar zur Regel erklärte, ohne sie allerdings verbindlich vorzuschreiben oder gar inhaltlich zu normieren. Auch in diesem Bereich beschränkte sich die staatliche Bürokratie somit auf ein Minimum an gesetzlichen Vorschriften. Man vertraute ganz auf das Prinzip, daß von privater oder gesellschaftlicher Initiative und entsprechendem Engagement getragene Einrichtungen besser als staatliche Institutionen dazu in der Lage seien, die von St. Petersburg aus unüberschaubaren organisatorischen Probleme zu erkennen

---

[83] Ebenda ll. 13-14 und ll. 56-68.
[84] 1897 waren es knapp vier Millionen Rubel, die für die ärztliche Versorgung der 1.453.925 der Inspektion unterstellten Arbeiter in Erfüllung des Gesetzes vom 26. 8. 1866 von der Industrie aufgewandt wurden, also durchschnittlich 2 R. 74 K. pro Arbeiter und damit sogar noch mehr, als bei einer flächendeckenden Organisation der Fabrikmedizin durch die Zemstva zu erwarten war: Ebenda, S. 84 und 93.

und zu meistern, welche die geradezu unendliche Vielfalt lokaler Bedingungen aufwarf. Ein Übermaß an Vorschriften hätte hier nur hemmend gewirkt und den Umständen entsprechende, flexible Lösungen behindert. Den beschränkten Möglichkeiten der staatlichen Bürokratie wurde dieser Ansatz insofern auch im Bereich der Krankenversorgung sicherlich ebenso gerecht wie der Tatsache, daß die private Fabrikindustrie anders als der Bergbau bisher nur wenig Initiative für die Einrichtung von Krankenkassen gezeigt hatte.

Von einer weitgehenden Übertragung der Fabrikmedizin auf die lokale Selbstverwaltung durfte sich die Regierung zu Recht eine engagiertere, professionellere und billigere medizinische Versorgung der Arbeiterschaft erhoffen, als dies bisher in der Mehrzahl der Fabrikkrankenhäuser möglich gewesen war. Auch die ungeklärte Behandlung der Familienangehörigen von Arbeitern wäre durch die Vereinheitlichung des Gesundheitswesens elegant und einfach zu lösen gewesen. Insofern war dieser Gesetzentwurf eindeutig ein Schritt in die richtige Richtung. Andererseits – und dies war wohl der ärgste Mangel des Entwurfs – ließ sich das Problem der materiellen Absicherung kranker Arbeiter und ihrer Angehörigen auf diese Weise nicht einmal im Ansatz bewältigen. Krankheiten, so war abzusehen, würden bei der Umsetzung dieses Gesetzentwurfs zwar behandelt werden, für Fabrikarbeiter und ihre Familien aber nach wie vor ein materiell existenzbedrohendes Risiko bleiben.

Deutlicher noch als in den oben diskutierten regionalen Verordnungen zeigte sich an diesem Entwurf aber auch, daß die langfristig wohl bedeutendste Auswirkung des Gesetzes vom 26. August 1866 in seiner bewußtseinsprägenden Kraft bestand: nachdem aus einer Notsituation heraus und ohne theoretische Fundierung die gesamten Kosten für den Krankenhausbau erst einmal den Fabrikbesitzern aufgebürdet worden waren, wurde diese Lastenverteilung über die Jahre als geradezu selbstverständlich angesehen und zur Grundlage jedes weiteren Gesetzentwurfs gemacht. Mit gewissem Stolz argumentierte das Finanzministerium, daß in Rußland über dreißig Jahre zuvor eine Vorentscheidung in einer Frage getroffen worden sei, die erst jetzt in Westeuropa prinzipiell gelöst werde.[85] So produktiv diese Bewußtseinsprägung in Bezug auf die Finanzierung der medizinischen Behandlung war, so sehr hemmte sie allerdings auch die Diskussion um eine materielle Absicherung der Arbeiter durch die Einrichtung von Krankenkassen. Wie noch zu zeigen sein wird, erschienen Überlegungen, die Arbeiter beispielsweise über eine Krankenversicherung nach deutschem Muster an den Kosten des Gesundheitswesens zu beteiligen, gegenüber der alleinigen Finanzierung durch die Industrie allgemein als Rückschritt.

Auch die Industriellen selbst konnten in ihren Stellungnahmen zu dem Gesetzentwurf nur schwer hinter diese Regelung zurück. Den einzigen Versuch

---

[85] RGIA f. 37 op. 65 d. 1058, l. 41.

in diese Richtung machte die Petersburger Fabrikantengesellschaft, die sich ja bereits 1897 massiv gegen eine entsprechende Verordnung der Petersburger Fabrikbehörde gewandt hatte. In dem Entwurf einer Stellungnahme zu dem Gesetzesvorhaben des Finanzministeriums begrüßte sie zwar, daß die medizinische Fürsorge für die Arbeiter als eine allgemeine staatliche und gesellschaftliche Aufgabe den Zemstva und Städten übertragen werden sollte. Konsequenterweise müsse der Staat diese Aufgabe dann aber auch aus seinen Steuereinnahmen finanzieren, zu denen die Industrie ja ohnehin schon einen erheblichen Anteil beitrage:

„Die humanitäre Sorge der Regierung umfaßt die volle Versorgung der Bevölkerung mit ärztlicher Hilfe, einschließlich der Fabrikarbeiter. Das System ärztlicher Einrichtungen der Zemstva und Städte stellt eine fertige Organisation dar, die völlig geeignet wäre, in ihre Sorge auch die arbeitende Fabrikbevölkerung mit Erfolg und Nutzen einzubeziehen, wenn die materiellen Mittel entsprechend aufgestockt werden. Wenn man es für gerecht hält, diese Mittel von der Industrie zu verlangen, so läuft das auf eine einfache Steuer hinaus, wobei die Fabriken und die Fabrikbehörden sich völlig aus einer ihnen wesensfremden Angelegenheit zugunsten speziellerer und kompetenterer Organe zurückziehen könnten. [...] Was aber die erwähnte Steuer als Quelle für die Finanzierung des Gesundheitswesens betrifft, so wäre zu wünschen, daß sie möglichst gleichmäßig verteilt sei. Ein direkter Abzug von den Einkünften aus der staatlichen Gewerbesteuer oder die Zurechnung eines Teils davon zu den Einkünften der Zemstva und Städte, um die Mittel für das Gesundheitswesen aufzustocken, ohne jegliche Erwähnung und Beteiligung der Fabrikanten, stellt die einfachste und gerechteste Lösung dar. In keinem einzigen Land wird den Fabrikanten die ärztliche Behandlung der Bevölkerung aufgebürdet."[86]

Indem der Autor dieses Entwurfs betonte, daß die Arbeiter aus der Gesamtheit der Bevölkerung nicht herauszulösen seien und für ihre medizinische Versorgung nicht speziell die Fabrikanten verantwortlich gemacht werden könnten, zog er sich auf einen Standpunkt zurück, welcher der Industrie innerhalb der Gesellschaft eine rein ökonomische Funktion zuwies. Daß aus unternehmerischer Tätigkeit besondere soziale Verpflichtungen entstehen könnten, verneinte er. Ja, er betonte sogar ausdrücklich, daß kein direkter Zusammenhang zwischen einer steuerlichen Belastung der Industrie und der Verwendung dieser Steuergelder zu medizinischen Zwecken erkennbar sein dürfe. Diese Haltung drückte die deutliche Distanz Petersburger Industrieller zu dem vormodernen

---

[86] RGIA f. 150 op. 1 d. 617 l. 18. Diese ablehnende Haltung wurde in einer späteren Fassung erheblich abgemildert und eine Beteiligung der Industrie an der Finanzierung von Krankenhäusern zugesagt, darüber hinausgehende Belastungen aber kategorisch zurückgewiesen. Wer der Autor oder die Autoren dieser Projekte waren, läßt sich nicht feststellen. Derartige Konzepte wurden meist von den Persönlichkeiten an der Spitze der Fabrikantengesellschaft verfaßt, wie Glezmer, Tripolitov oder Hammerschmidt. Keine der beiden Fassungen wurde schließlich beim Finanzministerium eingereicht: Ebenda l. 25-26.

Patriarchalismus aus, wie er anders als in Zentralrußland in den westeuropäisch geprägten Industriellenkreisen Petersburgs um 1900 allenfalls nur noch schwach ausgeprägt war.

Wie sehr diese Haltung eine Ausnahme in den industriellen Kreisen Rußlands darstellte, sollte sich in den Gutachten der Beratungsgremien zeigen. Insgesamt reagierten elf Börsenkomitees und Komitees für Handel und Manufakturen aus verschiedenen Industriegebieten des europäischen Rußland und Polens auf den Gesetzentwurf des Finanzministeriums, darunter ausnahmsweise auch die Petersburger Börse.[87] Damit war ein einmaliges, nahezu flächendeckendes Ausmaß industrieller Beteiligung an der Gesetzgebung erreicht.[88] Diese Intensität der Beteiligung läßt sich nur daraus erklären, daß die Frage, wie die ärztliche Behandlung von Fabrikarbeitern zu organisieren sei, alle Betriebe gleichermaßen und in viel stärkerem Maße betraf als die Frage der Unfallhaftung.

Auf besonderen Widerstand innerhalb der Industrie gegen die Vorschläge des Finanzministeriums läßt sich aus diesem breiten Interesse allerdings nicht schließen. Durchweg waren die Stellungnahmen von der Übereinstimmung mit dem Finanzministerium geprägt, daß das Gesetz vom 26. August 1866 dringend reformbedürftig sei, daß eine Übertragung des Gesundheitswesens an die lokale Selbstverwaltung eine solide Grundlage für dessen weitere Entwicklung darstelle und daß die Industrie in Kontinuität zur bisherigen Rechtslage die Kosten für die Behandlung kranker Arbeiter in Zemstvo- und städtischen Krankenhäusern zahlen sollte.[89] Allein die Moskauer Abteilung des Rates für Handel und Manufakturen machte in diesem Punkt prinzipielle Vorbehalte geltend:

„Es steht außer Zweifel, daß man um der Gerechtigkeit willen von den Zemstva und Städten, die ungeheuren Tribut von Fabriken und Werken erheben, fordern

---

[87] Diese waren die Moskauer Abteilung des Rates für Handel und Manufakturen, die Komitees für Handel und Manufakturen von Odessa, Rostov am Don (beide gemeinsam mit den örtlichen Börsenkomitees), Ivanovo-Voznesensk und Białystok, das Warschauer Manufakturkomitee sowie die Börsenkomitees von St. Petersburg, Nižnij-Novgorod, Saratov, Nikolaev und Samara. Die Petersburger Börse beriet am 30. 9. 1899 über den Entwurf. An dieser Beratung nahmen mit Bonstedt und Glezmer zwei führende Vertreter der Petersburger Fabrikantengesellschaft teil, sie waren gegenüber den politisch weitaus weniger aktiven Vertretern der Industrie im VII. *razrjad* der Börse jedoch deutlich in der Minderheit. Zu den Beratungen im Finanzministerium am 8. Mai 1900 wurden mit Glezmer und Tripolitov neben San-Galli und Nobel zwei Vertreter der Fabrikantengesellschaft geladen: RGIA f. 150 op. 1 d. 617 ll. 20-21, ll. 56-57 und l. 86.

[88] An den Beratungen zur Arbeitszeitverkürzung von 1897 hatte zwar eine wesentlich größere Zahl von Industriellen teilgenommen, weil das Finanzministerium die spezifischen Bedingungen jeder einzelnen Branche kennenlernen wollte. Da die Teilnehmer jedoch durchweg vom Finanzministerium benannt worden waren, konnten sie bei weitem nicht den repräsentativen Anspruch erheben, der den Börsenkomitees und den Komitees für Handel und Manufakturen zukam.

[89] RGIA f. 150 op. 1 d. 617 ll. 56-68.

müßte, daß sie auch Fabrikarbeitern ärztliche Hilfe leisten. [...] Aber so steht es um diese Sache nicht, und deshalb strebt das begutachtete Projekt auch nicht in diese Richtung."[90]

Gemessen an der ersten Reaktion der Petersburger Industriellen war diese Grundsatzüberlegung der Moskauer Fabrikanten allenfalls ein schwacher Protest gegen die Lastenverteilung, welche das Gesetz vom 26. August 1866 über den Krankenhausbau langfristig festgeschrieben hatte. Im Grunde hatten sich die Moskauer Fabrikanten längst damit abfinden müssen, wollten sie ihren Einfluß auf die weiteren Beratungen nicht gefährden.

Während alle beteiligten Industriegremien den Gesetzentwurf des Finanzministeriums im Prinzip billigten, zeigten sich in Bezug auf die Details des Gesetzentwurfs erhebliche regionale Differenzen. Abgesehen von der Petersburger Fabrikantengesellschaft nahmen die Industriegremien der Randgebiete fast durchweg eine allgemeine Verbesserung des Gesundheitswesens und der sozialen Sicherheit zum Maßstab ihrer Stellungnahme. So forderten die Odessaer Fabrikanten, daß verletzte Arbeiter auch über die im Entwurf vorgesehenen zwei Monate hinaus auf Kosten des Fabrikbesitzers behandelt werden sollten:

„Eine solche Maßnahme wäre nicht nur human gegenüber dem Arbeiter, sondern auch zweckmäßig in dem Sinne, daß nur dann, wenn sie eingeführt wird, in allen Fällen die ärztliche Hilfe für die Arbeiter nicht fiktiv bleibt, sondern Realität wird."[91]

Darüber hinaus betonten die Börsenkomitees von Nikolaev und St. Petersburg, daß auch das Problem materieller Unterstützung für kranke Arbeiter und ihre Familien gelöst werden müsse, und zwar am besten durch die Einrichtung von Krankenkassen nach westlichem Muster.[92]

Die Industriellen der zentralrussischen Gebiete sorgten sich hingegen bei allem Einverständnis mit den Prinzipien der anvisierten Reform vor allem darum, daß die neue Regelung ihr Gerechtigkeitsempfinden nicht verletzte. Sie argumentierten, daß man den Fabrikanten nicht die Kosten für die Behandlung von Krankheiten aufbürden dürfe, die mit der Fabrikarbeit nichts zu tun hätten: psychische oder Geschlechtskrankheiten, Verletzungen, die ein Arbeiter sich außerhalb seiner Arbeit zuzog sowie bereits vor Eintritt in die Fabrik bestehende chronische Erkrankungen. Zudem müsse man der Dauer der Behandlung über das Ende des Lohnverhältnisses hinaus eine Grenze setzen.[93]

---

[90] Ebenda l. 56. Siehe auch RGIA f. 20 op. 15 d. 73 ll.77-82.
[91] RGIA f. 150 op. 1 d. 617 ll. 56-57. Ein ähnlicher Standpunkt wurde auch vom Komitee für Handel und Manufakturen in Białystok vertreten: Ebenda ll. 57-58.
[92] Ebenda ll. 56-58.
[93] So die Argumente der Moskauer Abteilung des Rates für Handel und Manufakturen, der Komitees für Handel und Manufakturen von Ivanovo-Voznesensk und Rostov am Don und der Börsenkomitees von Nižnij-Novgorod und Samara, aber auch des Komitees für Handel und Manufakturen in Białystok: Ebenda ll. 56-58.

Besondere Beachtung verdient in diesem Zusammenhang die Stellungnahme des Börsenkomitees von Saratov. Auch hier forderten die Industriellen, daß von den Arbeitern finanzierte Kassen eingerichtet würden, welche die Familienangehörigen kranker Arbeiter finanziell unterstützen sollten. Als Ziel einer solchen Maßnahme hoben sie allerdings nicht so sehr eine soziale Absicherung der Arbeiter hervor, sondern deren Disziplinierung:

> „Unter solchen Umständen werden alle Arbeiter an der Auszahlung solcher Unterstützungen interessiert sein, da sie an der Bildung des Arbeiterkapitals teilnehmen; Andererseits werden sie daran interessiert sein, derartige Ausgaben möglichst zu verhindern. Im Ergebnis werden die Arbeiter selbst daran interessiert sein, daß ihre erkrankten Genossen keinen Mißbrauch mit der Zeit treiben, die für ihre Heilung notwendig ist."[94]

Dieser disziplinierende Grundton macht deutlich, wie sehr sich die Mentalität zentralrussischer Industrieller in Fragen der sozialen Lage ihrer Arbeiter von der ihrer Kollegen in den Randgebieten unterschied.

Der Protest der Petersburger Fabrikantengesellschaft gegen das Projekt zeigt jedoch, daß sich auch in den Randgebieten die Verpflichtung zum sozialen Fortschritt auf eine schmale, in den Börsenkomitees und Beratungsorganen organisierte industrielle Elite beschränkte. Wo durch moderne Vertretungsformen die Meinung breiterer Kreise vorgebracht wurde, war von dem Blick über den eigenen Tellerrand nicht mehr viel zu spüren. Dennoch bestand auch hier ein erheblicher Unterschied zu Zentralrußland: die typisch patriarchalische Bereitschaft zu sozialen Maßnahmen bei gleichzeitigem Beharren auf Gerechtigkeit und autoritären Fabrikstrukturen wich in Petersburg einer Sichtweise, die sich allein an den zu erwartenden finanziellen Belastungen für die Industrie orientierte. Damit schlug sich die modernere Form der Organisation auch inhaltlich in der Vertretung spezifischer Gruppeninteressen von Industriellen nieder, die sich nicht mehr als Vormund, sondern als politischer und sozialer Widerpart der Arbeiterschaft empfanden.

Der Ausschluß von psychischen Krankheiten aus dem Katalog der von den Fabrikanten zu finanzierenden Behandlungen, sowie die Vergünstigungen für kleinere Betriebe, wie sie vor allem die Moskauer Industriellen forderten, wurden im folgenden vom Finanzministerium zwar vorübergehend erwogen, letztlich aber nicht in den endgültigen Gesetzentwurf aufgenommen. Vielmehr dehnte man die Behandlungsfrist von zwei auf drei Monate sogar noch aus.[95] Von größerer Bedeutung war hingegen, daß die Industriellen zu Recht auf einen Widerspruch hinwiesen: einerseits sollte das gesamte Gesundheitswesen der lokalen Selbstverwaltung übertragen werden, andererseits aber sollten die

---
[94] Ebenda ll. 58-59.
[95] Ebenda ll. 56-68 und ll. 79-85; RGIA f. 37 op. 65 d. 1058 ll. 55-56.

Fabriken entsprechend der Definition ärztlicher Behandlung dazu verpflichtet werden, auf eigene Kosten Ambulatorien und Geburtshäuser zu errichten, damit diese im Notfall auch verfügbar seien.

Angesichts dieses Einwands entschloß sich das Finanzministerium, von der einheitlichen Übertragung des Gesundheitswesens auf die Selbstverwaltung abzugehen und den Fabrikbesitzern freizustellen, auf welche Weise sie ihre gesetzlichen Verpflichtungen erfüllen wollten. Für die Praxis war diese Änderung zwar kaum von Belang, da es auch gemäß dem ursprünglichen Gesetzentwurf möglich gewesen wäre, statt einer Übereinkunft mit der lokalen Selbstverwaltung eigene oder gemeinschaftliche Fabrikkrankenhäuser zu bauen. Der Impuls, das Gesundheitswesen zu vereinheitlichen und den Bau von Fabrikkrankenhäusern nur als Ausnahme zuzulassen, wurde damit jedoch abgeschwächt. Die Aufgabe des neuen Entwurfs bestand jetzt vor allem darin, die Anforderungen an die ärztliche Hilfe zu präzisieren und die verschiedenen Möglichkeiten ihrer Erfüllung rechtlich zu regeln. Diese Tendenz sollte sich im späteren Gesetzgebungsprozeß noch fortsetzen.

Parallel zum Gesetz über die Unfallhaftung wurden auch die Beratungen mit der Industrie über das Gesetz zur Krankenversorgung im Lauf des Jahres 1900 abgeschlossen.[96] Dennoch brauchte das Finanzministerium noch über ein Jahr, bis es im September 1901 den fertigen Gesetzentwurf vorlegen konnte. Dieser sah nicht nur großzügigere Ausnahmeregelungen für kleine und mittlere Betriebe vor, sondern verwirklichte auch konsequenter die Idee der freiwilligen Übereinkunft zwischen Fabrikanten und lokaler Selbstverwaltung. Gemäß den beiden ursprünglichen Entwürfen wären die Zemstva und Städte dazu verpflichtet gewesen, dem Wunsch einer Fabrik nach der Behandlung kranker Arbeiter nachzukommen, wobei sie die Gebühren für diese Behandlung unter Aufsicht der örtlichen Fabrikbehörde selbst hätten festsetzen können. Nun wurde hingegen auf jeglichen Zwang in den Vereinbarungen verzichtet, solange diese nur eine wirksame Behandlung kranker Fabrikarbeiter ermöglichten. Folglich wurde auch die Kontrolle durch die Fabrikbehörden über solche Übereinkünfte auf rein inhaltliche Elemente wie die Entfernung der Fabrik vom Krankenhaus beschränkt, während die Höhe der Behandlungskosten ganz den Verhandlungspartnern überlassen wurde.[97] Damit rückte das Finanzministerium noch weiter als bisher von der ursprünglichen Absicht ab, die Fabrikmedizin in ein einheitliches, von der lokalen Selbstverwaltung zu tragendes Gesundheitswesen einzugliedern. Bereits nach den ersten Beratungen war die Übereinkunft zwischen Fabriken und Selbstverwaltung von der angestrebten Regel zu einer von mehreren Möglichkeiten herabgestuft worden, die Behandlung kranker Arbeiter zu organisieren, wobei diese Möglichkeit von der

---

[96] RGIA f. 150 op. 1 d. 617 ll. 86-89.
[97] RGIA f. 37 op. 65 d. 1058 ll. 2-56.

Regierung durch die Verpflichtung der Selbstverwaltung, solche Übereinkünfte auf Wunsch der Fabriken einzugehen, besonders gefördert werden sollte. Nun gab das Finanzministerium auch diese Art der Förderung auf und verzichtete somit weitgehend auf eine gestaltende Rolle des Staates bei der Organisierung des Arbeitergesundheitswesens. Dessen Aufgabe beschränkte sich jetzt nur noch darauf, energischer als bisher sicherzustellen, daß die Arbeiter auch wirklich ärztlich versorgt würden, und den verschiedenen Möglichkeiten der Organisation solcher Behandlung einen allgemeinen gesetzlichen Rahmen zu geben.

Damit baute das Finanzministerium noch stärker als in den bisherigen Entwürfen auf das soziale Engagement vor allem der lokalen Selbstverwaltung, das von staatlicher Bevormundung möglichst unbeeinträchtigt bleiben sollte. Da dieses Engagement seit den neunziger Jahren stetig zunahm, nachdem es lange Zeit auf einige wenige Institutionen wie das Moskauer Gouvernementszemstvo beschränkt gewesen war, schien die Hoffnung berechtigt, daß langfristig auch ohne staatliche Zwangselemente eine medizinische Versorgung von Fabrikarbeitern durch die Selbstverwaltung möglich sein würde. Die Bereitschaft der Industriellen hingegen, statt des Baus eigener Fabrikkrankenhäuser die Möglichkeit einer Übereinkunft mit der Selbstverwaltung zu nutzen, war von den gehörten Industriegremien deutlich betont worden. Sie ließ sich auch nach den bisherigen Erfahrungen mit dem Gesetz vom 26. August 1866 voraussetzen, sofern die Behörden nur stärker auf eine Einhaltung der Gesetze auf diesem Gebiet pochten und die lokale Selbstverwaltung zu entsprechenden Übereinkünften bereit war. Insofern bedeutete der Entwurf in seiner neuen Form eher eine Erschwernis für die Industrie: diese konnte nun von der lokalen Selbstverwaltung nicht mehr die Übernahme der Behandlung einfordern und sah sich auch vor befürchteten überhöhten Geldforderungen der Zemstva oder der Städte nicht mehr durch die Fabrikbehörden geschützt.[98] Für die Arbeiter hingegen bedeutete die Änderung des Entwurfs, daß ein Übergang von der bisherigen ärztlichen Versorgung in oft unzureichenden Fabrikkrankenhäusern zur Behandlung in den Krankenhäusern der Selbstverwaltung erheblich langsamer vonstatten gehen würde, als wenn das Finanzministerium an den ursprünglichen Zwangselementen festgehalten hätte.

Die Frage, inwieweit die Regierung sich gestaltend in die Vereinbarungen zwischen Fabrikanten und den Organen der Selbstverwaltung einmischen sollte, war auch zwischen den einzelnen Ministerien strittig. Vor allem das Domänenministerium sprach sich in seinem Gutachten für eine wesentlich stärkere staatliche Einmischung des Staates in die Vereinbarungen zwischen

---

[98] Siehe den entsprechenden Kommentar des Börsenkomitees von Nižnij-Novgorod: RGIA f. 150 op. 1 d. 617 l. 63.

Industrie und Selbstverwaltung aus.[99] So ging der Entwurf in den folgenden zwei Jahren mehrfach zwischen den verschiedenen Ministerien hin und her, ohne daß man sich im Finanzministerium dazu entschließen konnte, ihn dem Reichsrat vorzulegen. Die Ursache für diese Verzögerung dürfte darin gelegen haben, daß die Erfahrungen, die man 1903 mit den Beratungen über die Unfallentschädigung und über die Fabrikältesten gemacht hatte, erheblichen Widerstand von seiten der Konservativen im Reichsrat gegen jedes Gesetz erwarten ließen, welches die Arbeiter noch deutlicher von der allgemeinen Bevölkerung abgrenzen würde. Zudem hatte das Finanzressort mit der Entlassung Wittes im Sommer 1903 erheblich an politischem Einfluß, aber auch an reformerischem Gestaltungswillen verloren. So wurden die Beratungen über den Entwurf erst infolge des kaiserlichen Reformversprechens vom 12. Dezember 1904 wieder aufgenommen und in das Programm der Kokovcov-Kommission vom Frühjahr 1905 eingegliedert.[100]

Während das Gesetz zur Unfallhaftung wegen der Schwerfälligkeit des russischen Gesetzgebungsapparats um Jahre verzögert wurde, fiel ihr das Gesetz über die medizinische Versorgung der Fabrikarbeiter nach jahrelangen Beratungen also beinahe ganz zum Opfer. Da sich die eigentliche Struktur des Gesetzgebungsprozesses gegenüber den für die Fabrikgesetzgebung so erfolgreichen achtziger Jahren jedoch kaum verändert hatte, darf dieses Scheitern nicht allein auf bürokratische Verfahrensweisen zurückgeführt werden. Der Vergleich der Gesetze über die Unfallhaftung und die Krankenversorgung mit den Gesetzen der achtziger Jahre, aber auch mit dem Gesetz über die allgemeine Arbeitszeitverkürzung von 1897 und dem Gesetz über die Fabrikältesten von 1903 macht deutlich, daß die Fabrikgesetzgebung im ausgehenden Zarenreich nur dann vorankommen konnte, wenn sie in der jeweiligen Frage auf einem Grundkonsens innerhalb der Regierung aufbauen konnte und das Finanzministerium als zuständiges Ressort den jeweiligen Gesetzentwurf mit Engagement und Initiative durch die verschiedenen Instanzen brachte. Gerade bezüglich der Ansätze einer Sozialgesetzgebung befand sich jedoch das Finanzministerium unter Witte mit seiner Ablehnung gesetzlicher Arbeiterversicherung sowohl gegenüber den übrigen Ministerien als auch gegenüber der Industrie in einer schwierigen und ausgesprochen defensiven Position. Hinzu kommt, daß Witte und Kovalevskij selbst ihre eigenen Projekte wenig schwungvoll verfolgten.

---
[99] RGIA f. 37 op. 65 d. 1058 ll. 69-82 und ll. 140-147. Siehe dazu auch die Stellungnahmen L. B. Bertensons und A. A. Stoffs für das Domänenministerium: Ebenda ll. 59-68.
[100] Ebenda l. 280, ll. 303-304 und ll. 404-416; Rabočij vopros v komissii V. N. Kokovcova v 1905 g., o. O. 1926, S. 93-99; Laveryčev, Carizm, S. 111. Für eine kurze Zusammenfassung der Bestimmungen des Entwurfs in deutscher Sprache siehe Zacher, Die Arbeiter-Versicherung im Auslande, Heft IXa, S. 18-19.

So läßt sich erklären, warum es in diesen beiden Gesetzgebungsbereichen nicht gelang, den strukturellen Mangel an einer durch einen Ministerpräsidenten verkörperten einheitlichen politischen Linie durch überzeugende und zukunftweisende Entwürfe zu kompensieren.

Daß schließlich 1903 nur das Gesetz über die Unfallentschädigung zustande kam, während der aus sozialpolitischer Perspektive wesentlich bedeutendere und dringlichere Entwurf über die Krankenversorgung liegenblieb, läßt sich allein aus den internen Mechanismen der Regierung jedoch nicht erklären, zumal ja gerade der Entwurf zur Unfallentschädigung innerhalb der Regierung wie der Öffentlichkeit bis zum Schluß viel heftiger umstritten war als der über die Krankenversorgung. Doch gerade in dieser Auseinandersetzung liegt bereits der Schlüssel zu einer Erklärung. Denn wie wir gesehen haben, war es der Druck der Öffentlichkeit gewesen, der das Finanzministerium dazu bewogen hatte, eine wie auch immer geartete Lösung für die Versorgung verunglückter Arbeiter endlich durchzusetzen. Welche Rolle aber spielte die öffentliche Diskussion im ungleich wichtigeren Bereich des Gesundheitswesens?

5. Die Diskussion über eine gesetzliche Krankenversicherung

Paradoxerweise war es gerade das Gesetz vom 26. August 1866, also die Verpflichtung der Fabriken zum Krankenhausbau, welches in der Öffentlichkeit und in der Industrie und letztlich auch innerhalb des Finanzministeriums die Diskussion über die Gründung einer gesetzlichen Krankenversicherung erheblich verzögerte. Dieses Gesetz hatte die Frage der Finanzierung ärztlicher Versorgung für die Arbeiter prinzipiell entschieden, indem sie sie ganz den Fabriken aufbürdete. Damit war die wichtigste Aufgabe einer Krankenkasse vorerst gelöst, und eine weitere Diskussion schien zunächst überflüssig. Folglich stand nicht die Finanzierung der medizinischen Versorgung von Fabrikarbeitern im Vordergrund der Reformbemühungen, sondern vielmehr die Frage, wie man diese besser als bisher organisatorisch in den Griff bekommen könnte. Überlegungen, wie über die ärztliche Versorgung hinaus kranke Arbeiter und ihre Familien auch materiell abgesichert werden könnten, traten demgegenüber in den Hintergrund.

Einen ersten, zaghaften Schritt in diese Richtung machte die Russische Industriegesellschaft. Noch 1881, als sie ihre Projekte einer staatlichen Unfall- und Rentenversicherung vorlegte, hatte sie den Standpunkt vertreten, daß die Zahlung befristeter Hilfen ohne weiteres von privater Seite organisiert werden könne. Folglich dürfe der Staat im Bereich der Krankenversicherung keine eigene Initiative entwickeln, sondern habe sich auf allgemeine Aufsichtsfunktionen zu beschränken.[101] Als die Gesellschaft 1892 hingegen das Thema der Sozialversicherungen wieder aufnahm, wurde auch die Beratung über eine Arbeiterkrankenversicherung nach deutschem Vorbild in das Programm einer neuen Kommission aufgenommen, die unter dem Vorsitz P. Ch. Schwanebachs und unter Beteiligung von Regierungsvertretern tagte und damit gewährleisten konnte, daß ihre Beratungen auch in Regierungskreisen wahrgenommen werden würden.[102] Einen zusätzlichen Impuls erhielt diese Arbeit, als 1893 die Lodzer Abteilung eine Normalsatzung für Betriebskrankenkassen vorlegte.[103]

Beide Initiativen erbrachten jedoch vorerst keine nennenswerten Ergebnisse, zumal sie in der Industrie auf wenig Widerhall stießen. Das Selbstverständnis der in der Petersburger Fabrikantengesellschaft organisierten Industriellen in dieser Frage brachte bereits 1893 ihr Geschäftsführer V. P. Lejbin auf den Punkt:

„Um eine Pflicht des Fabrikherren zu begründen, die Verluste aus der Krankheit der Arbeiter zu tragen, muß man anerkennen, daß allein er Nutzen aus seiner Tätigkeit zieht und daß er dazu verpflichtet ist, die Geschädigten zu entlohnen, da er ungesetzlichen Nutzen erwirbt. Es ist nicht schwer, sich davon zu überzeugen, daß diese Annahme nicht stimmt. Industrielle Tätigkeit spendet vor allem dem Arbeiter Nutzen, vom Staat ganz zu schweigen, und deshalb läßt sich ein Übergang des Arbeiters von einem Teilnehmer an dieser Tätigkeit zu einem, der darunter leidet, nicht erklären."[104]

Hieraus wird deutlich, daß die Forderung nach materieller Absicherung kranker Arbeiter für die Petersburger Industriellen nicht nur eine Kostenfrage darstellte, sondern sie auch in ihrem Selbstverständnis als die Urheber gesellschaftlichen Wohlstands berührte. Nicht nur wegen der Lage der Arbeiter, sondern auch in Bezug auf die Beurteilung unternehmerischer Tätigkeit an sich bestand eine erhebliche Kluft zwischen der Industrie und weiten Teilen der reformorientierten Intelligenz, die in der Hauptstadt Petersburg besonders spürbar war.

Von der Petersburger Fabrikantengesellschaft einmal abgesehen, erwies sich die Kluft zwischen Industrie und Intelligenz jedoch als überwindbar. So griff Dement'ev in seinem Programm, das er 1896 dem Allrussischen Industriekongreß in Nižnij-Novgorod vortrug, mit einigem Erfolg auch die Frage finanzieller Unterstützung kranker Arbeiter wieder auf. Ebenfalls anhand des deutschen Vorbilds entwickelte er eine Perspektive, wie das Gesetz von

---

[101] TOS 12(1881), otd. I, S. 110-112.
[102] TOS 27(1904), otd. I, S. 56-58; otd. III, S. 207-210. Diese Kommission beriet in drei Unterkommissionen: den Unterkommissionen zur Krankenversicherung und zur Unfallversicherung, beide unter Vorsitz A. M. Loranskijs, des Sekretärs der Gesellschaft, sowie der Unterkommission zur Frage einer Alters- und Invaliditätsversicherung unter Vorsitz P. Ch. Schwanebachs und später A. A. Stoffs vom Ministerium für Reichsdomänen und Landwirtschaft.
[103] TOS 23(1895), otd. III, S. 15.
[104] RGIA f. 150 op. 1 d. 578 l. 1.

1866 über die Einführung von Krankenkassen zu reformieren sei. Er schlug vor, die Organisation des Arbeitergesundheitswesens ganz den Organen der lokalen Selbstverwaltung zu übertragen, während neu einzurichtende gesetzliche Betriebskrankenkassen die Kosten übernehmen sollten. Diese sollten aus Arbeiter- und Fabrikantenbeiträgen finanziert werden, wobei erstere 2 % des Lohns nicht überschreiten sollten und der Fabrikantenbeitrag im Einklang mit der bisherigen Gesetzgebung mindestens die Höhe der Kosten für die ärztliche Behandlung der Arbeiter erreichen müßte. Damit wären die Fabrikanten nicht nur von den organisatorischen Aufgaben des Krankenhausbetriebs befreit, sondern kämen im Durchschnitt auch noch billiger davon, als unter der bestehenden Regelung.[105] Die Kassen sollten nach deutschem Vorbild neben der ärztlichen Behandlung der Arbeiter auch die Lohnfortzahlung an kranke Familienoberhäupter sowie an werdende Mütter bezahlen. Besonders betonte Dement'ev den gesetzlichen Charakter solcher Krankenkassen. Er lehnte es ab, auf private Kassen zu vertrauen, da von den Arbeitern wegen ihrer geringen Löhne kaum Initiativen in dieser Richtung zu erwarten seien und das ungleichmäßige Entstehen von Krankenkassen erhebliche praktische Probleme aufwerfen würde.

Die Forderung Dement'evs, Betriebskrankenkassen einzurichten, wurde auch von G. F. Tigranov vom Ministerium für Landwirtschaft und Reichsdomänen in einem weiteren Referat unterstützt. In Anlehnung an diese Vorträge beschloß der Kongreß, bei der Regierung auf die Einrichtung solcher gesetzlicher Betriebskrankenkassen zu drängen.[106] Diese Resolution zeigt zwar, daß der Gedanke einer umfassenden sozialen Sicherung auf der Basis von Arbeiterhilfskassen innerhalb der Industrie allmählich an Boden gewann. Dennoch läßt sich daraus nicht schließen, daß sich die Industrie bereits 1896 eindeutig für eine gesetzliche Krankenversicherung aussprach oder gar zu einer treibenden Kraft in dieser Frage geworden wäre. Schon die Initiative zu dieser Diskussion, die auf der Tagesordnung des Kongresses ursprünglich gar nicht vorgesehen war, ging – anders als bei der Frage der Unfallentschädigung – nicht von den Industriellen selbst, sondern von Dement'ev, einem einzelnen,

---

[105] Dabei stützte sich Dement'ev auf die vom Moskauer Zemstvo erhobenen Gebühren für die Behandlung von Fabrikarbeitern und errechnete eine voraussichtliche Belastung der Industriellen von 2- 2$^1/_2$ % der Lohnkosten: RGIA f. 150 op. 1 d. 617 ll. 6-11. Ein ähnliches System hatte der Ökonom E. R. Vreden bereits auf dem ersten Allrussischen Industriekongreß 1870 vorgeschlagen, ohne damit jedoch auf besondere Resonanz zu stoßen: Zelnik, R.: Labor and Society in Tsarist Russia. The Factory Workers of St. Petersburg 1855-1870, Stanford 1971, S. 320.

[106] Čistjakov, Strachovanie, S. 84-87; Tigranov, G. F.: Kassy dlja rabočich na fabrikach, zavodach i promyšlennych predprijatijach Rossii. In: Trudy vysočajše učreždennogo Vserossijskogo torgovo-promyšlennogo s-ezda 1896 g. v Nižnem-Novgorode. St. Petersburg 1897, Bd. 1 Vypusk V, S. 329-379; Šelymagin, I. I.: Zakonodatel'stvo o fabrično-zavodskom trude v Rossii 1900-1917, Moskau 1952, S. 263.

engagierten Beamten der Fabrikinspektion, aus. Und auch im folgenden sollte sich zeigen, daß Forderungen der Industrie nach der Einrichtung von Krankenversicherungen nicht so sehr eigener Initiative entsprangen, sondern meist eine direkte Reaktion auf die Bemühungen der Regierung und der Fabrikbehörden darstellte, das Gesetz vom 26. August 1866 zu reformieren. So schlug die Petersburger Fabrikantengesellschaft in ihrem Protest gegen die oben bereits erwähnte Verordnung der Petersburger Fabrikbehörde die Einrichtung von Krankenkassen ausdrücklich als Gegenmodell zu der von der Fabrikbehörde vorgesehenen Präzisierung des Gesetzes von 1866 vor:

> „Allein mit Maßnahmen der Gewährung kostenfreier Heilung kann man der Sache nicht helfen: Die Angelegenheit muß breiter angegangen werden, indem man die Arbeiter möglichst gegen alle unangenehmen Folgen einer Krankheit absichert, indem man besondere Krankenkassen einrichtet, und sei es nach dem Beispiel der Kassen, die im Warschauer Bezirk existierten und deren Aufgabe es war, kranken Arbeitern und ihren Familien Unterstützungen auszuzahlen."[107]

Dieser Vorschlag entstand aus der Reaktion auf die drohende Verschärfung der bisherigen Praxis des Fabrikkrankenhausbaus. Allerdings boten die Petersburger Fabrikanten damit keine echte Alternative zu der Verordnung der Behörde, sondern hoben das Problem auf eine andere Ebene, indem sie es mit der Forderung auch nach materieller Absicherung kranker Arbeiter wesentlich breiter formulierten.

Noch im Verlauf des Beschwerdeprozesses wurde dieser Vorschlag jedoch von der Fabrikantengesellschaft wieder fallengelassen. Dagegen zeigten einzelne Industrielle wie beispielsweise San-Galli oder der Direktor der Russisch-Amerikanischen Gummimanufaktur in St. Petersburg, B. A. Kempe, ein gewisses Engagement für die Einrichtung einer staatlichen Krankenversicherung. Letzterer schlug der Petersburger Fabrikantengesellschaft mehrfach vor, sich für die Einrichtung von Kranken- und Pensionskassen nach deutschem Vorbild einzusetzen, ohne damit jedoch auf besondere Resonanz zu stoßen.[108] Auch von seiten der Moskauer Industriellen, die sich in der Frage der Unfallhaftung als engagierte Befürworter einer staatlichen Versicherung gezeigt hatten, wurden als Teil einer konservativen Opposition gegen die Sozialpolitik des Finanzministeriums nur vereinzelte Forderungen nach einer allgemeinen Sozialversicherung laut:

> „Die Lebensverhältnisse der Besitzlosen, darunter auch der Fabrikarbeiter, zu verbessern ist nötig, nötig und nochmals nötig, aber erreicht werden kann das

---

[107] RGIA f. 150 op. 1 d. 616 l. 14.
[108] Ebenda l. 6 (5. 12. 1896) und d. 617 l. 19 (18. 3. 1898). Kempes Vorschlag sah gesetzliche Kassen vor, die bei Geburten, Todesfällen, Krankheit und Invalidität den betroffenen Arbeitern finanzielle Unterstützung zum Lebensunterhalt zahlen sollte. Finanziert werden sollten diese Kassen zu $^2/_3$ aus Arbeiter- und zu $^1/_3$ aus Fabrikantenbeiträgen.

Die Diskussion über eine gesetzliche Krankenversicherung 417

nicht durch Doppelherrschaft, welche Katastrophen wie die von Chodynka nach sich zieht, sondern durch Barmherzigkeit und Gerechtigkeit der Besitzenden in der Person der Fabrikherren und Arbeitsliebe und Nüchternheit der Besitzlosen in der Person der Arbeiter. Diese wünschenswerten Umstände können sich natürlich nicht unter dem Eindruck der verhaßten Beamten der Fabrikinspektion oder der berüchtigten Nüchternheitsgesellschaften entwickeln, sondern durch die gemeinsame, tätige und weise Zusammenarbeit der orthodoxen Kirche (und der anderen in Rußland bestehenden Kirchen) und der Macht des Gouverneurs, durch die Vernichtung der Schenke – dieses bösartigsten unserer inneren Feinde, der gleichwohl vom Finanzministerium beschützt wird, und schließlich durch die Einführung einer Pflichtversicherung aller russischen Untertanen gegen Krankheit, Alter und Tod."[109]

Eine staatliche Sozialversicherung stand für das Finanzministerium zwar nicht zur Debatte, wohl aber die Zulassung betrieblicher Selbsthilfekassen. Solange außerhalb des Bergbaus die Einrichtung von Hilfskassen in der Fabrikindustrie kaum diskutiert wurde, sah das Finanzministerium zwar wenig Anlaß, sich mit dieser Frage auseinanderzusetzen. Als jedoch auch in den Anhörungen zu dem Gesetzentwurf über die medizinische Versorgung der Arbeiter das Petersburger wie das Nikolaever Börsenkomitee die Einrichtung von Krankenkassen als Alternative zu dem vorgelegten Projekt vorschlugen, griff das Ministerium diese Anregung auf. Die Abteilung für Handel und Manufakturen legte den Industriellen, die am 8. Mai 1900 zu einer erneuten Beratung des Projekts über die ärztliche Versorgung der Fabrikarbeiter geladen wurden, einen zusätzlichen Entwurf vor, der es den Fabriken freistellen sollte, Hilfskassen für kranke Arbeiter einzurichten.[110] Diese sollten zu 75 % von den Arbeitern selbst finanziert werden, während der Fabrikbesitzer 25 % der Beiträge übernehmen sollte und bei eventuellen Defiziten mit Krediten einspringen müßte. Aus diesen Mitteln sollte im Krankheitsfall für die Dauer von bis zu drei Monaten, bei Geburten bis zu vier Wochen eine Lohnfortzahlung finanziert werden, die je nach Familienstand 25 – 50 % des bisherigen Lohnes betragen sollte. Außerdem sollte den Arbeitern ermöglicht werden, auf freiwilliger Basis auch andere Hilfsleistungen über diese Kasse zu finanzieren, wie die Behandlung

---
[109] Aus der Vorlage eines ungenannten Moskauer Industriellen an ein Reichsratsmitglied, vermutlich Pobedonoscev, vom 15. 1. 1897: RGIA f. 797 op. 67 otd. I st. 1 d. 45 l. 29. Der Ausdruck der Doppelherrschaft bezieht sich auf die Einmischung der Fabrikinspektion in fabrikinterne Angelegenheiten. Die Anspielung auf Chodynka bezieht sich auf die Katastrophe bei den Feierlichkeiten anläßlich der Krönung Nikolaus' II. im Mai 1896, als über tausend Menschen bei einer Panik zu Tode kamen.
[110] RGIA f. 150 op. 1 d. 617 ll. 81-85. An dieser Beratung nahmen zehn Industrielle teil, darunter die Petersburger F. K. San-Galli, E. L. Nobel, S. P. Glezmer und Tripolitov, die Polen Czajkowski und Żukowski, sowie der Moskauer G. A. Krestovnikov. Von seiten des Finanzministeriums waren V. I. Kovalevskij, N. P. Langovoj sowie die Beamten der Fabrikinspektion Ivanov, Varzar, Fomin und Dement'ev anwesend: RGIA f. 150 op. 1 d. 617 l. 86.

von Familienangehörigen, Feuerversicherungen, Unterstützung an Witwen und Waisen oder Zuschüsse zur Mitgift. An der Verwaltung derartiger Hilfskassen sollten auch die Arbeiter selbst beteiligt sein und bis zu sechs Vertreter in die Direktion wählen. Wichtige Fragen sollten auf der Vollversammlung aller Versicherten entschieden werden.

Mit diesem Entwurf bezog das Finanzministerium auch die Krankenversicherung der Arbeiter in seine Politik ein, die den Aufbau sozialer Einrichtungen ganz der Eigeninitiative der Betroffenen überlassen wollte. Dieser Ansatz mündete schließlich in die im Zusammenhang mit der Organisation der Arbeiterschaft bereits ausführlich geschilderte Diskussion über die Einrichtung allgemeiner betrieblicher Selbsthilfekassen und wurde folglich von der Reform medizinischer Versorgung der Arbeiter abgetrennt.[111]

Daß Forderungen von unternehmerischer Seite nach einer gesetzlichen Arbeiterversicherung weniger einem genuinen Reformbedürfnis der Industrie entsprangen, sondern vor allem als Reaktion auf entsprechende Projekte der Regierung entstanden, trifft für den Bereich der medizinischen Versorgung ebenso zu wie für die Unfallentschädigung. Hier war es der gescheiterte Gesetzentwurf des Finanzministeriums von 1893, dort die Verordnungen der Fabrikbehörden und der Gesetzentwurf von 1899, welche Industrielle dazu veranlaßten, den in Deutschland, Österreich und in Ansätzen ja auch im Russischen Teil Polens bereits erfolgreich praktizierten Gedanken einer gesetzlichen Sozialversicherung den Vorstellungen der Regierung nach einem Ausbau der Leistungspflicht des einzelnen Fabrikbesitzers entgegenzusetzen.

Zum einen fällt jedoch auf, daß diese Reaktion in der Frage der Krankenversorgung deutlich schwächer ausfiel und entsprechende Vorschläge innerhalb der Industrie keine Überzeugungskraft entfalteten. Offensichtlich wurde in industriellen Kreisen eine umfassende Reform der Unfallentschädigung als wesentlich dringlicher empfunden als die Reform der medizinischen Versorgung. Zudem provozierten der Entwurf von 1893 wie die darauf aufbauenden Gesetzentwürfe des Finanzministeriums zur Unfallhaftung die Industrie in ihrem Selbstverständnis sowie bezüglich der zu erwartenden zusätzlichen Ausgaben wesentlich mehr

---

[111] Ein weiterer früher Hinweis darauf, daß das Finanzministerium schon vor 1902 langfristig durchaus an die Einrichtung von Krankenkassen dachte, findet sich in einer Bemerkung des Direktors der Abteilung für Handel und Manufakturen Kovalevskij, der während einer Beratung mit Industriellen über den Entwurf zur Unfallentschädigung im Mai 1900 die Forderung San-Gallis nach einer Unfallversicherung nach deutschem Vorbild mit den Worten zurückwies, diese Frage könne erst später im Zusammenhang mit der Einrichtung von Krankenkassen gelöst werden, wenn das Versicherungswesen insgesamt weiter verbreitet sei. Diese Bemerkung macht erneut deutlich, daß das Finanzministerium nicht prinzipiell gegen den Aufbau einer Sozialversicherung opponierte, sondern die notwendigen Voraussetzungen für nicht erfüllt hielt: RGIA f. 150 op. 1 d. 578 l. 253.

als eine Präzisierung ihrer Pflicht zum Krankenhausbau und die vorübergehend geplante Übertragung des gesamten Arbeitergesundheitswesens auf die lokale Selbstverwaltung.

Zum anderen liegt die vergleichsweise schwächere Reaktion der Industrie im Bereich der Krankenversorgung auch in der Logik des Gesetzes vom 26. August 1866 begründet. Die meisten der prominenteren und politisch aktiven Industriellen hatten sich in den neunziger Jahren längst damit abgefunden, daß die Behandlungskosten für kranke Arbeiter ganz der Industrie aufgebürdet wurden. Es war abzusehen, daß dieses Prinzip auch in eine gesetzliche Krankenversicherung übernommen werden würde, so daß dieser vor allem die Aufgabe der materiellen Unterstützung kranker Arbeiter zukäme. Damit stellte die Einrichtung von Krankenkassen letztlich keine Alternative zu den Entwürfen des Finanzministeriums dar, sondern eine mit zusätzlichen Kosten verbundene Ergänzung. Wie der Kongreß von Nižnij-Novgorod gezeigt hatte, war die Industrie an sich zwar bereit, eine solche umfassendere Reform mitzutragen, nur wenige Fabrikanten zeigten jedoch eigenes, aktives Engagement.

Aber auch über die Industrie hinaus setzte die öffentliche Diskussion über eine gesetzliche Arbeiterkrankenversicherung erst um die Jahrhundertwende und zögerlich ein. Die Ärzteschaft, die ja am direktesten mit dem Problem der Fabrikmedizin konfrontiert war und eine der politisch aktivsten Berufsgruppen im zarischen Rußland darstellte, begann erst um die Jahrhundertwende, sich mit dem Problem des Arbeitergesundheitswesens auseinanderzusetzen. Die Pirogov-Gesellschaft der russischen Ärzte gründete im Vorfeld ihres VIII. Kongresses im Januar 1902 in Moskau eine Abteilung für Fabrik- und Bergbaumedizin, die sich auch mit dem Problem materieller Absicherung kranker und alter Fabrikarbeiter beschäftigte. Zu einer umfassenden Diskussion über die Einrichtung einer Sozialversicherung kam es jedoch erst auf dem IX. Kongreß der Gesellschaft im Januar 1904 in St. Petersburg.[112] Entsprechend der politisierten Stimmung dieses Kongresses wurde auch die Debatte über die Sozialversicherung mit der Forderung nach Teilhabe aller betroffenen gesellschaftlichen Elemente am Gesetzgebungsprozeß verknüpft:

„Als höchste Form der Absicherung der Werktätigen im Falle von Krankheit, Alter und Invalidität dient eine staatliche Versicherung, die für alle Arbeiter verpflichtend ist, unter der Bedingung, daß bei der Ausarbeitung der Satzung und der Normen einer Versicherung Vertreter der gesellschaftlichen Institutionen, Arbeiter und Unternehmer teilnehmen und daß eine unter solchen Bedingungen erarbeitete Satzung den gesellschaftlichen Institutionen zur Beratung übergeben wird."[113]

---

[112] Čistjakov, Strachovanie, S. 103-115.
[113] Ebenda, S. 113. Frieden, Russian Physicians, S. 232-235 und S. 242-252, v. a. S. 251.

Gleichzeitig sprach sich der IX. Kongreß dafür aus, die Organisation des Arbeitergesundheitswesens den Zemstva und den Städten zu übertragen. Forderungen nach einer staatlichen Arbeiterversicherung wurden ab 1904 auch von der 1903 gegründeten Moskauer Gesellschaft der Fabrikärzte formuliert.[114] Auch in der Presse gewann angesichts der Tatsache, daß der Gesetzentwurf des Finanzministeriums allein die medizinische Behandlung kranker Arbeiter im Auge hatte, die Forderung nach einer Krankenversicherung immer mehr an Boden.[115]

Bereits im Januar 1902 hatte auch die Russische Industriegesellschaft ihre Diskussion um die Einrichtung gesetzlicher Sozialversicherungen wieder aufgenommen. Als ein Ergebnis dieser Beratungen, die auch die Frage einer Alters- und einer Unfallversicherung umfaßten, legte die Gesellschaft 1903 der Regierung das Projekt einer staatlichen Krankenversicherung für die privaten Sektoren der Fabrikindustrie und des Bergbaus vor. Auch dieser Vorschlag stand ganz in der Tradition der bisher diskutierten Krankenkassenentwürfe: es sollten selbstverwaltete Betriebskrankenkassen eingerichtet werden, deren Mitgliedschaft für alle Arbeiter mit einem Jahreseinkommen von unter 1.500 Rubeln verpflichtend sein würde. Diese Kassen sollten kranken Arbeitern ihren Lohnausfall zu maximal 50 % ebenso ersetzen wie werdenden Müttern je zwei Wochen vor und nach der Geburt. Finanziert werden sollten diese Leistungen zu $^1/_4$ von den Fabrikbesitzern und zu $^3/_4$ von den Arbeitern, denen die Beiträge direkt vom Lohn abgezogen würden. Falls auf Wunsch der Mitglieder auch die Kosten medizinischer Behandlung über die Kasse abgerechnet werden sollten, müßte sich der Fabrikantenbeitrag entsprechend erhöhen. Die allgemeine Aufsicht über die Angelegenheiten der Krankenkassen sollten von der Fabrikinspektion übernommen werden.[116]

Alle diese Vorschläge, die Dement'evs, Kempes, des Südrussischen Bergbauverbandes und der Industriegesellschaft ebenso wie die Projekte, die im Domänenministerium und im Finanzministerium diskutiert wurden, unterschieden sich zwar in wichtigen Details wie der Verteilung der Beiträge, der Höhe der Leistungen und der inneren Verwaltungsstruktur der Kasse. In den Grundprinzipien waren sie sich jedoch gleich: zukünftige Krankenkassen in Rußland müßten Betriebskrankenkassen sein, verfaßt als gesetzliche Pflichtversicherung. Ihre Hauptaufgabe wäre die Lohnfortzahlung an kranke Arbeiter, die zu einem erheblichen Teil von den Arbeitern selbst finanziert werden müßte. Sollten

---

[114] Čistjakov, Strachovanie, S. 121-125.
[115] Siehe beispielsweise Russkija Vedomosti vom 14. 1. 1903, S. 1; 28. 2. 1903, S. 1; 4. 3. 1903, S. 1; Fridman, M.: Nužno-li strachovanie rabočich?, in: Promyšlennost' i Zdorov'e 1(1902/03), Nr. 5, S. 43-64.
[116] TOS 27(1904), otd. I, S. 27-48 und S. 56-58. Siehe auch Čistjakov, Strachovanie, S. 87-96; Zacher, Die Arbeiter-Versicherung im Auslande, Heft IXa, S. 19-21.

sie auch die bisher von dem Fabrikbesitzer zu tragenden Behandlungskosten übernehmen, so müßte dessen Beitrag entsprechend aufgestockt werden. Als gesetzliche Selbsthilfekassen würden sie von ihren Mitgliedern, also mehrheitlich von den Arbeitern verwaltet werden.

Damit lagen im Grunde alle Elemente vor, die auch die späteren gesetzlichen Krankenkassen von 1912 prägen sollten. Die gesamte Diskussion nach 1905 kreiste deshalb nur noch um so heiß umstrittene Details wie die Höhe der jeweiligen Beiträge und das Maß innerer Autonomie der Kassen, ohne jedoch prinzipielle Neuerungen hervorzubringen.

Insofern war die Einrichtung gesetzlicher Krankenkassen 1903 im Grunde schon vorformuliert. Daß trotz dieser öffentlichen Diskussion vor der Revolution von 1905 keinerlei Reform auf dem Gebiet des Arbeitergesundheitswesens zustandekam, liegt im wesentlichen daran, daß sich die Meinungsbildung in der Öffentlichkeit und der Gesetzgebungsprozeß innerhalb der Regierung in dieser Frage sehr schnell auseinanderentwickelt hatten und um zwei zwar verwandte, aber letztlich doch ganz verschiedene Fragen kreisten. Das vom Finanzministerium vorrangig behandelte Problem, wie sich die auf dem Gesetz vom 26. August 1866 basierende ärztliche Versorgung der Arbeiter effizienter organisieren ließe, wurde von der Öffentlichkeit, von den übrigen Ministerien wie von der Industrie kaum noch diskutiert, vor allem, seit mit der Einrichtung der Hauptfabrikbehörde 1899 den örtlichen Organen der Fabrikinspektion das Recht genommen worden war, in dieser Frage eigene Verordnungen zu erlassen. Gerade die Anhörungen im Finanzministerium zu dem Gesetzentwurf über die ärztliche Versorgung und die dortige Debatte über Selbsthilfekassen für Arbeiter zeigten, daß die Forderung einiger Industrieller nach einer Versicherungslösung nicht so sehr eine Alternative zu der vom Finanzministerium verfolgten Politik darstellte, sondern vielmehr deren umfassende Ergänzung. Da allerdings einerseits die Industrie mit der bisherigen Rechtslage zur ärztlichen Versorgung der Fabrikarbeiter einigermaßen gut leben konnte und sich andererseits Öffentlichkeit und Industrie auf die Frage der materiellen Unterstützung konzentrierten, soweit sie sich überhaupt dieser Frage widmeten, war der Druck auf das Finanzministerium, den Gesetzgebungsprozeß endlich zum Abschluß zu bringen, wesentlich geringer als in der Frage der Arbeitsunfälle. Der an sich vielversprechende Versuch, die nach wie vor mangelhafte ärztliche Versorgung der Fabrikarbeiter dadurch zu verbessern, daß ihre Organisation der Initiative lokaler Selbstverwaltung übertragen wurde, blieb somit stecken, noch bevor er überhaupt ernsthaft unternommen wurde.

XI. ÜBERLEGUNGEN FÜR EINE STAATLICHE ALTERSVERSICHERUNG

In den beiden bisher geschilderten Bereichen der Sozialpolitik, der Unfallentschädigung und der Krankenversicherung, war die öffentliche Forderung nach einer gesetzlichen Sozialversicherung im wesentlichen aus der Reaktion auf Gesetzentwürfe des Finanzministeriums entstanden. Vor allem die Debatte um die Krankenversorgung zeigte jedoch, daß sich derartige Reaktionen schnell verselbständigen und viel umfassendere Perspektiven eröffnen konnten, als sie das ursprünglich von der Regierung anvisierte Problem umfaßte. Die parallele Diskussion um die Einrichtung einer staatlichen Rentenversicherung sollte zeigen, ob und wie sehr die russische Gesellschaft vor 1905 dazu in der Lage war, auch unabhängig von der Initiative der Regierung eigene sozialpolitische Konzepte zu entwickeln.

Lange Zeit schien die materielle Absicherung von Fabrikarbeitern, die aus Altersgründen ihren eigenen Lebensunterhalt nicht mehr sicherstellen konnten, in Rußland kein wirkliches Problem zu sein. Da in der Frühphase der Industrialisierung der überwiegende Teil der Arbeiter und Arbeiterinnen nur vorübergehend die heimatlichen Dörfer verließ, ohne dort ihren Landanteil und ihre sozialen Wurzeln aufzugeben, konnte man damit rechnen, daß diese Arbeiter „zwischen Feld und Fabrik" meist schon nach kurzer Zeit, spätestens aber im Alter von etwa vierzig Jahren in die Landwirtschaft zurückkehrten, oft um den heimatlichen Hof zu übernehmen.[1] Der schmale Prozentsatz, dem diese Möglichkeit nicht offenstand, konnte lange Zeit über öffentliche und private Wohlfahrtseinrichtungen aufgefangen werden. Dagegen fanden Vorschläge zur Gründung von Arbeiterpensionskassen, wie sie in den sechziger Jahren von Befürwortern des Genossenschaftsprinzips wie dem Ökonomen F. G. Thörner oder dem jungen Pobedonoscev gemacht wurden, angesichts der geringen Löhne und einer gegenüber Ersparnisbildung nicht sonderlich aufgeschlossenen

---

[1] Siehe beispielsweise Šestakov, P. M.: Rabočie na manufakture tovariščestva „Émil' Cindel'" v Moskve: Statističeskoe izsledovanie, Moskau 1900, S. 22; Johnson, R.: Peasant and Proletarian: The Working-Class of Moscow in the Late 19th Century, Leicester 1983, S. 42-50.

Mentalität russischer Arbeiter kaum einen Widerhall innerhalb der Industrie oder der Regierung.[2]

Die wenigen zur Verfügung stehenden statistischen Angaben zeigen jedoch, daß Fabrikarbeit im Verlauf der Industrialisierung auch in Rußland für immer mehr Menschen vornehmlich in städtischen Industriegebieten nicht nur für einige Jugendjahre, sondern bis ins Alter zur wichtigsten und oft einzigen Quelle ihres Broterwerbs wurde. Im Rahmen der Moskauer Zemstvostudie zählte Erismann 1881 21 % Fabrikarbeiter im Alter von über vierzig und etwa 8 % im Alter von über fünfzig Jahren.[3] Wegen des schnellen Wachstums der Industrie in den folgenden zwanzig Jahren, das einen starken Zustrom bäuerlicher Arbeitskräfte in die Fabriken ausgelöst hatte, nahm dieser Anteil älterer Arbeiter zwar tendenziell etwas ab. So wurden bei einer Volkszählung in Moskau 1902 nur noch 19 % Fabrikarbeiter über vierzig, davon 5 % über fünfzig Jahre gezählt. In St. Petersburg reichte der Anteil der über Vierzigjährigen trotz der Konzentration spezialisierter Metallarbeiter nicht über 16 %, reichsweit lag er bei der Volkszählung von 1897 bei 19,3 %.[4] Dennoch darf der gleichbleibend geringe Anteil der höheren Altersgruppen unter den Fabrikarbeitern nicht darüber hinwegtäuschen, daß deren absolute Zahl entsprechend der allgemeinen Entwicklung der Fabrikarbeiterschaft rapide anwuchs und sich um die Jahrhundertwende eine in Prozentzahlen zwar geringe, in absoluten Zahlen aber nicht zu vernachlässigende Schicht von Arbeitern herausgebildet hatte, die

---

[2] Pobedonoscev hatte gemeinsam mit dem Slavophilen I. K. Babst den Thronfolger Nikolaj Alekseevič auf einer Rußlandreise begleitet und war durch die direkte Konfrontation mit den Verhältnissen in einigen der besuchten Fabriken erstmals direkt mit sozialen Probleme der Arbeiterschaft konfrontiert worden: Byrnes, R.: Pobedonostsev. His Life and Thought, Bloomington 1968, S. 60; Zu Thörner siehe Zelnik, R.: Labor and Society in Tsarist Russia. The Factory Workers of St. Petersburg 1855-1870, Stanford, Cal. 1971, S. 104-105; Zur vereinzelten Gründung von Pensionskassen der Arbeiter siehe beispielhaft: Mesjac na Zavode, in: Otečestvennyja Zapiski, Bd. 199, Dez. 1871, S. 453-468. Dagegen war vor allem das Pensionskassenwesen der Zemstvoangestellten um die Jahrhundertwende gut entwickelt: Zacher, G.: Die Arbeiter-Versicherung im Auslande. Heft IXa. Die Arbeiter-Versicherung in Rußland. Nachtrag zu Heft IX. Berlin 1905, S. 32-41.

[3] Andreev, E. N.: Rabota maloletnich v Rossii i v Zapadnoj Evrope, St. Petersburg 1884, S. 200.

[4] Crisp, O.: Labour and Industrialization in Russia, in: The Cambridge Economic History of Europe, Bd. VII/2, Cambridge 1978, S. 308-415, hier S. 365-366. Zum Vergleich: Bei der Moskauer Volkszählung von 1902 lag der Anteil der über Fünfzigjährigen unter der bäuerlichen Bevölkerung, die auch den Großteil der Fabrikarbeiter umfaßte, bei 6,4 %, in den übrigen Bevölkerungsschichten hingegen bei 12 %: Johnson, Peasant and Proletarian, S. 47

den größten Teil ihrer Lebensarbeitszeit in der Fabrik verbrachten und kaum noch Beziehungen zu ihrem Heimatdorf unterhielten.[5]

Diese soziale Entwicklung fand allmählich auch Eingang in das öffentliche Bewußtsein. Dabei ging der erste Impuls von den privaten Eisenbahnen aus. Erstmals wurde 1857 eine Pensionskasse für die Eisenbahnarbeiter der Linie Warschau-Wien gegründet, eine Institution, die schnell ihre Nachahmer fand.[6] Seit 1876 wurde diese Entwicklung auch von den regelmäßigen Kongressen der Russischen Eisenbahngesellschaften aktiv gefördert, indem den Mitgliedern die Einrichtung von Unfall- und Pensionskassen vorgeschlagen wurde.

Gleichzeitig griff die Diskussion auch auf andere Wirtschaftsbereiche über. So nahm die Russische Industriegesellschaft im Gefolge des Eisenbahnerkongresses von 1876 das Thema auf, weil einige Mitglieder befürchteten, daß die Eisenbahnarbeiter durch solche Kassen in eine stärkere Abhängigkeit von der jeweiligen Direktion geraten könnten als bisher. Auf Initiative A. M. Loranskijs wurde 1880 die bereits im Zusammenhang mit der Unfallhaftung erwähnte Kommission unter dem Geographen P. P. Semenov (Tjan-Šanskij) eingesetzt, welche 1881 bei der Regierung neben der Einrichtung einer gesetzlichen Unfallversicherung auch um die Gründung einer freiwilligen, staatlich organisierten Pensionskasse ersuchte.

Dabei ging es den Initiatoren vor allem darum, den ärmeren Bevölkerungsschichten die Möglichkeit privater Altersvorsorge zu geben:

„Den Werktätigen die Möglichkeit zu geben, nach dem Verlust ihrer Arbeitskraft, mit dem Eintritt des Alters Mittel für ihren Lebensunterhalt zu finden, ist ein Wunsch, ein Bestreben, das allen gebildeten Menschen gemeinsam ist."[7]

Dazu sei eine gegenseitige Versicherung der Arbeiter am besten geeignet. Allerdings, so argumentierte die Industriegesellschaft, sei nur der Staat dazu in der Lage, eine Versicherung auf so langfristiger Basis zu organisieren, wie es die Bezahlung lebenslänglicher Pensionen erfordere. Außerdem seien die meisten Betriebe zu klein, um selbst Pensionskassen für ihre Arbeiter einzurichten, da nur eine große Mitgliederzahl die Berechnung einer zuverlässigen durchschnittlichen Lebensdauer erlaube, auf deren Grundlage das Verhältnis der Beiträge zur Pensionshöhe berechnet werden könne. Schließlich wechselten viele Arbeiter häufig den Betrieb und kehrten nach einigen Jahren der Fabrikarbeit ganz aufs Land zurück, so daß man überhaupt nicht gewährleisten könne, daß die

---

[5] 1902 lebten bereits 37.061 Fabrikarbeiter in Moskau, die nicht dort gebürtig waren und dennoch bereits über zehn Jahre in der Stadt arbeiteten. Dies waren 37,1 % der insgesamt 99.849 in der städtischen Volkszählung von 1902 gezählten zugewanderten Arbeiter bzw. 34,4 % der insgesamt 107.781 Moskauer Arbeiter: Johnson, Peasant and Proletarian, S. 46.

[6] Reichman, H.: Railwaymen and Revolution. Russia 1905, Berkeley 1987, S. 187.

[7] TOS 14(1884), otd. I, S. 8.

Pensionen schließlich auch ausgezahlt würden. Dementsprechend habe das Beispiel Frankreichs und Belgiens sowie der deutschen Kaiser-Wilhelm-Spende gezeigt, daß die Einrichtung staatlicher Pensionskassen gerade den ärmeren Schichten der Bevölkerung großen Nutzen bringe. Staatlichen Kassen werde deshalb wesentlich größeres Vertrauen entgegengebracht als betrieblichen. Von daher sei bei einer staatlichen Kasse auch mit einer entsprechend höheren Zahl von Mitgliedern zu rechnen.[8]

So einleuchtend diese Argumente gegen die Einrichtung von Betriebspensionskassen waren, so wenig praktikabel erschien der Satzungsentwurf für eine staatliche Pensionskasse, den die Industriegesellschaft zwei Jahre später vorlegte, nachdem das Finanzministerium die Idee im Prinzip gebilligt hatte. Aus den Beiträgen der Mitglieder von mindestens einem Rubel jährlich oder einmalig mindestens 25 Rubeln sollte ein Kapitalstock gebildet werden, aus dessen Zinsen entsprechend den Beitragszahlungen und der durchschnittlichen Lebensdauer die Pensionen bezahlt werden sollten. Wegen der im Vergleich zu Westeuropa geringeren Lebenserwartung in Rußland hoffte die Industriegesellschaft, auch deutlich niedrigere Beiträge erheben zu können. Zwar sollte die Mitgliedschaft in der anvisierten Pensionskasse grundsätzlich allen in Rußland lebenden Personen offenstehen. Durch die vorgesehene Beschränkung der jährlichen Pensionen auf maximal 600 Rubel wurde die Kasse jedoch gezielt auf die Bedürfnisse der ärmeren Bevölkerungsschichten zugeschnitten. Verwaltet werden sollte sie von einem vierköpfigen Direktorium sowie einem Rat aus den Direktoren, Wissenschaftlern, Vertretern der Stadtverwaltungen, der Kaufmannschaft und der Industriegesellschaft. In den größten Städten des Reiches sollte die Kasse eigene Kontore einrichten. Um die Verwaltungskosten möglichst gering zu halten, sollte die örtliche Verwaltung der Kasse jedoch von verschiedenen Organen staatlicher Administration übernommen werden. Vorgeschlagen wurden die örtlichen Kontore der Staatsbank, die lokale Steuerverwaltung, Postämter, Sparkassen, sogar kirchliche Einrichtungen, und zwar „ohne sie von ihren wichtigsten Verpflichtungen wesentlich abzulenken".[9]

Gerade diese Ideen, wie sich eine staatliche Altersversicherung organisieren ließe, zeigen, wie wenig ausgereift dieses Projekt noch war. Zum einen fehlte es völlig an den notwendigen statistischen Unterlagen. Zum anderen aber, und dies war die entscheidende Schwäche des Projekts, war es illusorisch, daß eine reichsweite Kasse mit den erhofften Hunderttausenden von Mitgliedern aus dem Nichts geschaffen und ganz von den bestehenden Organen staatlicher

---

[8] TOS 11(1878), otd. III, S. 3-4; TOS 12(1881), otd. I, S. 110-115; otd. III, S. 31-33. Zur Altersversicherung in Deutschland siehe Conrad, C.: Vom Greis zum Rentner. Der Strukturwandel des Alters in Deutschland zwischen 1830 und 1930, Göttingen 1994, S. 207-261, zur Kaiser-Wilhelm-Spende S. 217.

[9] TOS 14(1884), otd. I, S. 8-28, Zitat S. 14.; Čistjakov, Strachovanie, S. 39-46.

Administration verwaltet werden könnte. Nicht nur, daß die Industriegesellschaft den zu erwartenden bürokratischen Aufwand hoffnungslos unterschätzte. Schon die vorgeschlagene Verwaltung durch eine Vielzahl weitgehend unkoordinierter lokaler Institutionen ließ das Chaos vorprogrammiert erscheinen. Dementsprechend schenkte das Finanzministerium diesem Projekt ebenso wie dem parallelen Entwurf einer staatlichen Unfallversicherung keine weitere Aufmerksamkeit. Auch als die Industriegesellschaft beide Projekte 1890 erneut bei der Regierung einreichte, nahm das Ministerium sie nicht weiter zur Kenntnis.

Das Urteil Čistjakovs, dieses Projekt sei oberflächlich und unseriös gewesen, ist zwar hart, aber im Kern gerechtfertigt.[10] Dennoch zeigt gerade dieser in seinem gesellschaftspolitischen Anspruch weitgehende Entwurf, daß zu Beginn der achtziger Jahre eine schmale Schicht ökonomisch interessierter Intellektueller westeuropäische Formen der Sozialgesetzgebung aufmerksam beobachteten und darüber nachdachten, wie diese sich auf russische Verhältnisse übertragen ließen.

Wie im Bereich der Unfallentschädigung und der Krankenversicherung kamen auch bei der Alterssicherung für Fabrikarbeiter wichtige Anregungen aus dem Bergbau. In staatlichen Gruben und Werken oblag den im Gefolge der Bauernbefreiung durch das Gesetz vom 8. März 1861 gegründeten Bergbaugenossenschaften auch die Altersversorgung der Bergarbeiter. Diese wurde je zur Hälfte von der Werksleitung und von den Arbeitern finanziert.[11] Im privaten Bergbau hingegen übernahmen allenfalls freiwillige Hilfskassen neben der Unterstützung im Krankheits- oder Unglücksfall auch die Altersversorgung der Arbeiter. Wie wir in den vorangegangenen Kapiteln gesehen haben, wurden solche Betriebskassen jedoch nur in Polen und vereinzelt in den Bergbaugebieten Nordwestrußlands gegründet.

Anders als die Frage der Unfall- und Krankenversorgung wurde das Problem einer Altersversorgung für Bergarbeiter auf den Kongressen der südrussischen Bergbauindustriellen jedoch kaum diskutiert. Als das Domänenministerium im Dezember 1896 aus Anlaß des Krankenkassenprojekts des Südrussischen

---

[10] Čistjakov, Strachovanie, S. 46.
[11] PSZ 2 Bd. XXXVI Nr. 36719. Die Zuständigkeit der Bergbaugenossenschaften für die Altersversorgung wurde auch mit der Reform des Gesetzes am 11. 3. 1902 noch einmal betont: PSZ 3 Bd. XXII Nr. 21186. In den staatlichen Rüstungsbetrieben hingegen wurden Pensionskassen erst deutlich später, nämlich ab 1894 eingerichtet: Tigranov, G. F.: Kassy dlja rabočich na fabrikach, zavodach i promyšlennych predprijatijach Rossii, in: Trudy vysočajše učreždennago vserossijskago torgovo-promyšlennago s-ezda 1896 g. v Nižnem-Novgorode, Bd. 1, Vypusk V, St. Petersburg 1896, S. 329-379; Gatrell, P.: Government, Industry and Rearmament in Russia, 1900-1914: The Last Argument of Tsarism, Cambridge 1994, S. 42-43.

Bergbauverbands, möglicherweise auch unter dem Eindruck des Allrussischen Industriekongresses in Nižnij-Novgorod wenige Monate zuvor, eine Kommission zur Frage einer umfassenden Arbeiterversicherung gründete, wurde jedoch auch diese Frage in die Beratungen aufgenommen. Parallel zu dem Gesetzentwurf über die Krankenkassen erarbeitete die Kommission unter Vorsitz A. P. Koeppens und später A. A. Stoffs auch das Projekt einer einheitlichen staatlichen Versicherungskasse für den privaten und den staatlichen Bergbau, die als Träger einer kombinierten gesetzlichen Unfall-, Alters-, Invaliditäts- und Lebensversicherung konzipiert war.[12] Anders als fünfzehn Jahre zuvor im Projekt der Industriegesellschaft sollte diese Kasse eine eigene Verwaltung erhalten. Vorgesehen war ein zentraler Rat sowie sieben regionale Räte bei den jeweiligen Bergbauverwaltungen und beim Bergrat des Ministeriums. Diese Räte sollten aus jeweils vom Domänenminister ernannten Regierungsbeamten und Vertretern der Bergbauindustrie bestehen und über einen eigenen bürokratischen Apparat verfügen. Im Gegensatz zu betrieblichen Selbsthilfe- oder Krankenkassen war also kein Element der Arbeiterselbstverwaltung vorgesehen. Finanziert werden sollte die Kasse aus den Beiträgen der Bergarbeiter und der Arbeitgeber, wobei die jeweiligen Beiträge in einem komplizierten Mechanismus dergestalt errechnet werden sollten, daß im Endeffekt alle auf Arbeitsunfälle zurückgehenden Leistungsverpflichtungen der Kasse aus den Arbeitgeberbeiträgen, die übrigen Leistungen zu gleichen Teilen aus den Beiträgen von Arbeitern und Arbeitgebern finanziert würden. Mit der jährlichen Neuberechnung der Beiträge auf der Basis des Vorjahres hoffte man, gleichzeitig auch das Problem der mangelnden statistischen Grundlage für eine staatliche Sozialversicherung zu lösen. An diesem Problem, auf das vor allem das Finanzministerium immer wieder hinwies, waren bereits verschiedene vielversprechende Projekte gescheitert.[13]

So kompliziert es auch war, war dieses Vorhaben des Domänenministeriums gemeinsam mit dem parallel erarbeiteten Projekt gesetzlicher Betriebskrankenkassen im Bergbau der bislang umfassendste Ansatz einer staatlichen Altersversicherung. Gemeinsam mit dem Projekt über die Krankenkassen verschwand jedoch auch dieser Entwurf in der Pobedonoscev-Kommission zur Versicherungsfrage, ohne weiter diskutiert zu werden. Ein ähnliches Schicksal ereilte auch das Projekt einer staatlichen Pensionskasse nur für den polnischen Bergbau, das bereits seit den siebziger Jahren diskutiert wurde. Ein entsprechender Gesetzentwurf wurde schließlich Anfang 1900 im Domänenministerium

---

[12] In dieser Kommission saßen 16 Vertreter verschiedener Regierungsbehörden, drei Industrielle und ein Wissenschaftler, darunter der bereits mehrfach erwähnte Fabrikrevisor E. M. Dement'ev, Professor V. G. Jarockij, G. F. Tigranov, der Beamte des Domänenministeriums und Sekretär der Russischen Industriegesellschaft A. M. Loranskij und der polnische Bergbauindustrielle W. Żukowski: Čistjakov, Strachovanie, S. 198 und 216.
[13] Čistjakov, Strachovanie, S. 198-225.

ebenfalls unter der Beteiligung führender Industrieller sowie Vertretern der anderen Regierungsbehörden erarbeitet und im November 1901 dem Reichsrat vorgelegt. Als dieser jedoch nachhaltige Zweifel an der Zweckmäßigkeit einer gesetzlichen, staatlich organisierten Altersversicherung anmeldete, reduzierte das Domänenministerium den Entwurf im März 1903 auf reine Spar- und Hilfskassen.[14]

Auch wenn sie letztlich keine konkret greifbaren Ergebnisse erbrachte, verdient die Arbeit dieser verschiedenen Kommissionen im Domänenministerium unsere Aufmerksamkeit. Denn hier zeigte sich am deutlichsten, daß die Zusammenarbeit einer Gruppe reformerisch gesinnter Regierungsbeamter wie A. A. Stoff, E. M. Dement'ev und A. M. Loranskij mit Wissenschaftlern wie V. G. Jarockij und Vertretern der Industrie trotz der üblichen Zwistigkeiten über die Höhe der Leistungen an die Arbeiter zukunftsweisende Sozialversicherungsprojekte hervorzubringen vermochte, die durchaus praktikabel erschienen. Ebenso wie das Projekt der Industriegesellschaft von 1883 ist dieser Gesetzentwurf aber auch deshalb bemerkenswert, weil der Anstoß dazu nicht direkt von seiten der Industrie aus konkret erfahrenen rechtlichen und ökonomischen Problemen im Wirtschaftsleben kam, wie dies in der Frage der Unfallentschädigung und der medizinischen Versorgung der Fall war. Insofern zeugen beide Projekte von reformerischem sozialpolitischem Denken innerhalb der Ministerien wie in Teilen der Industrie, das über konkret erfahrene Probleme weit hinaus wies, in der Spitze der Regierung selbst jedoch kaum einen Widerhall fand.

Die wohl entscheidende Schwäche der Befürworter einer staatlichen Altersversorgung im Bergbau wird im Kontrast zu der parallelen Entwicklung im Eisenbahnwesen deutlich. Hier zeigte sich, daß die Einrichtung einer staatlichen Rentenversicherung vor allem dann gute Aussichten auf Erfolg hatte, wenn sie auf einer entwickelten Tradition betrieblicher Hilfs- und Pensionskassen aufbauen konnte. Diese konnte der russische Bergbau allenfalls in Ansätzen vorweisen. Unter den Eisenbahnbetrieben hingegen entwickelte sich schon frühzeitig ein ausgedehntes Netz von Pensionskassen, deren frühe Gründungen die Russische Industriegesellschaft zu ihrem ersten Versicherungsprojekt von 1881 anregten. Als um die Mitte der achtziger Jahre bereits in etwa jeder dritten russischen Eisenbahngesellschaft eine betriebliche Pensionskasse bestand, wurde 1888 den privaten Eisenbahnen die Gründung solcher Pensions- oder Sparkassen gesetzlich zur Pflicht gemacht. Infolgedessen bestanden bis

---

[14] Ebenda, S. 60-65 und S. 225-234. Zacher, Die Arbeiter-Versicherung im Auslande, Heft IXa, S. 44-45; Zu den Beratungen im Reichsrat über diesen Entwurf: [Polovcov, A. A.]: Iz dnevnika A. A. Polovcova, in: KA 3(1923), S. 73-172, hier S. 128 und S. 149.

1894 zehn Eisenbahner-Pensionskassen sowie sechs Spar- und Hilfskassen.[15] Im selben Jahr, 1894, wurde dieses System um eine Pensionskasse für die Beschäftigten der Staatsbahnen ergänzt, die 1903 mit den privaten Kassen zu einer einheitlichen, gesetzlichen Altersversicherung zusammengeführt wurde.[16] Diese zentrale Rentenkasse war nicht nur für Rußland völlig neuartig, sondern suchte in ganz Europa ihresgleichen.[17] Bereits in den ersten zwei Jahren ihres Bestehens sammelte sie ein Kapital von über fünf Millionen Rubel an. Dennoch stieß die Übernahme der Rentenversicherung durch den Staat von Anfang an auf erhebliches Mißtrauen bei den Eisenbahnarbeitern. Immer wieder häuften sich Berichte und Vermutungen, wonach einzelnen Arbeitern ein Teil ihrer Pensionsansprüche vorenthalten wurde oder die angesparten Gelder von übergeordneten Behörden zu zwar prestigeträchtigen, von den Arbeitern jedoch mit großer Skepsis betrachteten Projekten zweckentfremdet wurden. Aufgrund derartiger Kritiken wurde eine Reform der Altersversicherung zu einem der zentralen Anliegen der Eisenbahnarbeiter während der Revolution von 1905.[18] Gerade diese Kritik, die wohl das grundsätzliche Mißtrauen der Arbeiter gegenüber einer fernen und unüberschaubaren staatlichen Institution widerspiegelte, macht deutlich, daß die Zukunft russischer Sozialversicherung auf absehbare Zeit nicht in kühn entworfenen Regierungsprojekten, sondern trotz aller ökonomischen Nachteile in der gezielten Förderung kleiner, betriebsnaher Kassen liegen mußte, mit denen sich die Arbeiter direkt identifizieren und an deren Belangen sie aktiv teilnehmen konnten.

Angeregt durch die Diskussionen über Unfallentschädigung und Unfallversicherung wurde im Verlauf der neunziger Jahre auch in der privaten Fabrikindustrie immer wieder die Gründung einer Altersversicherung erwogen. So nutzte die Lodzer Abteilung der Industriegesellschaft 1893 den Amtsantritt des neuen Finanzministers Witte, um noch einmal auf das Pensionskassenprojekt von 1881/83 hinzuweisen.[19] Stärker auf private Initiativen bauten hingegen die Petersburger Fabrikanten N. M. Il'in und Felix Schottländer sowie V. P.

---

[15] Gesetz vom 30. Mai 1888: PSZ 3 Bd. VIII Nr. 5263; Tigranov, Kassy; Fridman, M.: Nužno-li strachovanie rabočich?, in: Promyšlennost' i Zdorov'e 1(1902/03), Nr. 5, S. 43-64, hier S. 54-56.
[16] PSZ 3 Bd. XIV Nr. 10732 (Gesetz vom 3. 6. 1894); Bd. XXIII, Nr. 23073 (Gesetz vom 3. 6. 1903); Zacher, Die Arbeiter-Versicherung im Auslande, Heft IXa, S. 24-27.
[17] Alterspensionen wurden in England, Deutschland, Frankreich, Kanada (ab 1874) und den USA (vereinzelt ab 1884) allenfalls von den Hilfskassen einzelner privater Gesellschaften ausbezahlt: Johnson, E.: Railway Departments for the Relief and Insurance of Employees, in: Annals of the American Academy of Political and Social Sciences 6(1895), S. 424-468.
[18] Reichman, Railwaymen, S. 186-194.
[19] TOS 23(1895), otd. I, S. 6-8.

Lejbin, Sekretär jener Petersburger Kommission zur Gründung einer Unfallversicherung, die zur Keimzelle der späteren Fabrikantengesellschaft wurde. Sie schlugen 1893 vor, die geplante Unfallkasse gleichzeitig auch als Alterspensionskasse für Arbeiter zu konzipieren. Dahinter stand zum einen die Überlegung, daß durch die Gründung einer von den Arbeitern finanzierten Pensionskasse ein Teil der aus dem Gesetzentwurf über die Unfallhaftung erwarteten Kosten von den Arbeitern selbst finanziert werden könne. Zum anderen verwies Lejbin aber auch darauf, daß auf diese Weise die soziale Absicherung zur gemeinsamen Aufgabe von Fabrikanten und Arbeitern gemacht werden und das Ansehen der Industriellen erheblich verbessert werden könnte:

> „Der einzige dunkle Fleck in der industriellen Tätigkeit ist der, daß ein Arbeiter, der lange Jahre in Fabriken und Werken gedient hat und darüber gebrechlich und arbeitsunfähig geworden ist, in seine Heimat genauso arm zurückkehrt, wie er gekommen ist, nur mit dem einen Unterschied, daß ihm nur noch eine einzige Möglichkeit zum Lebensunterhalt, oder besser zum Dahinvegetieren bleibt, und zwar die öffentliche Wohltätigkeit. Beseitigen Sie diese Erscheinung, sichern Sie die Existenz des Fabrikarbeiters nach einer bestimmten Anzahl von Arbeitsjahren, und Sie, meine Herren, werden eine der größten Aufgaben der Gegenwart und der Zukunft lösen.
> Um diese Aufgabe erfolgreich zu lösen besteht keinerlei Notwendigkeit materieller Opfer von Ihrer Seite. Notwendig ist nur, daß die Arbeiter dazu verpflichtet werden, Ersparnisse anzusammeln, was über Lohnabzüge für eine Pensionskasse erreicht wird."[20]

Diesem Vorschlag setzte E. L. Bonstedt die organisatorischen Probleme entgegen, welche die Einrichtung einer betriebsübergreifenden Altersversicherung mit sich bringen würde.[21] Schließlich einigte man sich darauf, zwei separate Kassensatzungen zu erarbeiten, räumte aber dem Entwurf einer Unfallversicherungskasse absoluten Vorrang ein, so daß das Projekt einer Altersversicherung nicht weiter verfolgt wurde. Letztlich scheiterte auch dieser Ansatz zur Einrichtung einer Altersversicherung daran, daß die Mehrheit der Petersburger Industriellen vorerst wenig Bereitschaft zeigte, sich über die aus dem geplanten Gesetz über die Unfallhaftung entstehenden Verpflichtungen hinaus kollektiv für soziale Maßnahmen zu engagieren.

Dies änderte sich auch nicht, als sich die Petersburger Fabrikantengesellschaft organisatorisch konsolidiert hatte. Als der Vorsitzende der Gesellschaft, S. P. Glezmer, im Februar 1898 den Vorschlag einiger Petersburger Industrieller aufgriff, aus Anlaß des bevorstehenden hundertjährigen Jubiläums mechanischen Spinnens in Rußland eine Siedlung für alte und invalide Arbeiter zu gründen, wurde diese Idee von der Gesellschaft zwar anfangs sehr wohlwollend aufgenommen und der Entwurf einer Satzung erarbeitet.[22] Als sich im Verlauf

---
[20] RGIA f. 150 op. 1 d. 38 l. 12.
[21] RGIA f. 150 op. 1 d. 43 ll. 2-6
[22] RGIA f. 150 op. 1 d. 46 l. 11 und l. 14.

der Beratungen jedoch herausstellte, daß nur ein geringer Teil der Petersburger Industriellen bereit war, der Gründung einer solchen Institution Vorrang vor anderen Fragen einzuräumen, wurde das Projekt 1899 wieder fallengelassen.[23] Zwar erkannten also auch die Petersburger Industriellen das Problem mangelnder Altersversorgung. Gerade ihr relativ hoher Organisationsgrad förderte sogar die Bereitschaft, den Lebensunterhalt alter Fabrikarbeiter finanziell zu unterstützen, denn erst dadurch gewann die geplante Siedlung zumindest vorübergehend eine Perspektive, die ein Einzelner ihr nicht hätte vermitteln können. Einer solchen Altersversorgung besondere Priorität und damit auch die notwendigen finanziellen Mittel zu gewähren, waren die Industriellen jedoch auf Dauer nicht bereit. Letztlich, so zeigte sich, entsprang diese Initiative weniger einem sozialreformerischen Impetus, als einer nicht zuletzt am eigenen öffentlichen Ansehen orientierten Wohltätigkeit.

Allerdings stand selbst dieses Siedlungsprojekt weitgehend allein. Außerhalb des Bergbaus und der Eisenbahnen wurde die Frage einer Altersversorgung für Fabrikarbeiter in den neunziger Jahren kaum diskutiert. Erst 1902 erhielt sie einen neuen Impuls, als die Russische Industriegesellschaft das Thema im Rahmen ihrer Beratungen über die soziale Absicherung der Arbeiterschaft wieder aufnahm. Auf einem Vortrag vor der Gesellschaft schlug L. B. Skarzynski, Mitglied des Ständigen Büros des Internationalen Kongresses der Arbeiterversicherung, im Januar 1902 die Einführung einer umfassenden staatlichen Altersversicherung nach deutschem Vorbild vor. Dabei appellierte er an das Empfinden sozialer und religiöser Verpflichtung, vor allem aber an einen ökonomischen und patriotisch eingefärbten Reformimpetus, der die Haltung der Industriegesellschaft insgesamt widerspiegelte. Nicht zuletzt versuchte er auch, das Ehrgefühl und die Eitelkeit ihrer Mitglieder anzustacheln:

„Jeder von Ihnen ist ebenso wie ich davon überzeugt, daß wenn man den werktätigen Menschen ohne Alterssicherung läßt und sich in Zeiten der Krankheit nicht um ihn kümmert, daß man ihn dann in eine dermaßen verzweifelte geistige und seelische Lage bringt, die ihn direkt in die Trunksucht führt, mit all den Gebrechen, die mit der Trunksucht einhergehen und der gleichzeitigen Zerstörung seiner physischen und geistigen Arbeitsfähigkeit. Selbst wenn man die Pflicht der oberen Klassen sowohl der Gesellschaft wie der Regierung außer acht läßt, sich um das Schicksal der unbemittelten Schichten der Bevölkerung zu sorgen, ist diese Sorge also, was die Arbeiter betrifft, im direkten Interesse all derjenigen, denen die Zukunft und die Entwicklung von Handel, Industrie, Landwirtschaft, also im allgemeinen der Wohlstand des Landes, am Herzen liegt. [...]
Ich weiß nicht, meine Herren, ob Sie mit mir übereinstimmen, oder nicht, aber mir scheint, daß wir Slawen zwar Atheisten imitieren können, daß es uns aber kaum möglich ist, wie Atheisten zu handeln; aus einer slawischen Seele kann man religiöses Bestreben nicht ausrotten. Aber wir Slawen zählen in Rußland 96 Millionen, also hallt in den Herzen von beinahe hundert Millionen Einwohnern

---

[23] RGIA f. 150 op. 1 d. 47 l. 29 und ll. 54-55.

des Landes der Ruf Christi mit aller Macht wider: ‚Liebet einander', und alle diese Millionen Menschen nehmen heißen Anteil an dem Leiden ihres Nächsten, alle diese Millionen würden mit lebendigem Mitgefühl das Projekt eines Gesetzes begrüßen, das den Lebensabend des werktätigen Volkes sichert.
Meine Herren, möge die Initiative zu einer so wohltätigen Sache aus unserer Mitte ausgehen."[24]

Dieser Appell zeigte den gewünschten Erfolg. Auf den Vortrag Skarzynskis hin gründete die Industriegesellschaft die bereits mehrfach erwähnte Kommission unter dem Vorsitz P. Ch. Schwanebachs, die sich neben der Frage einer Altersversicherung auch mit dem Problem von Kranken- und Unfallversicherung befaßte, und an deren Beratungen auch hohe Regierungsbeamte teilnahmen. Den Vorsitz in der Unterkommission zur Altersversicherung führte A. A. Stoff vom Domänenministerium, der bereits die Diskussionen um eine Rentenversicherung im Bergbau geleitet hatte. Die Beratungen dieser Kommission, die auch in der Presse aufmerksam verfolgt wurden, kamen jedoch bis 1905 über einige Grundzüge nicht hinaus.[25] Darin wurde eine staatlich organisierte Rentenversicherung vorgeschlagen, finanziert zu gleichen Teilen aus Arbeiter- und Arbeitgeberbeiträgen sowie einem staatlichen Zuschuß. Die Anlehnung an die deutsche Altersversicherung von 1889 war also unverkennbar, gehörte sie doch zu den programmatischen Zielsetzungen der Kommission.

Dieses Projekt der Russischen Industriegesellschaft mag ebenso wie sein Vorgänger von 1883 als Beispiel dafür dienen, welche Sogkraft das Beispiel Westeuropas in der Sozialgesetzgebung auf die Spitzen von Industrie und Intelligenz sowie einige hohe Regierungsbeamte in Rußland ausübte. Beide Projekte zeigen ebenso wie die verschiedenen Ansätze der Petersburger Fabrikantengesellschaft, daß das Problem der Altersversorgung für Fabrikarbeiter auch außerhalb des Bergbaus von Industrie und Gesellschaft diskutiert wurde, ohne daß dieser Reformimpetus jedoch stark genug gewesen wäre, um tragfähige Konzepte hervorzubringen. Obwohl mit A. A. Stoff vom Domänenministerium, P. Ch. Schwanebach vom Finanzministerium und dem Fabrikrevisor Dement'ev prominente Angehörige hoher Regierungsbehörden an den verschiedenen Beratungen maßgeblich beteiligt waren, gelang es anders als in der Frage der Unfallentschädigung und der Krankenversorgung außerhalb des Bergbaus nicht, die Regierung zumindest von der Notwendigkeit zu überzeugen, daß hier ein echter Handlungsbedarf bestand, geschweige denn, sie zur Übernahme des Versicherungsgedankens zu bewegen.

---

[24] TOS 26(1902), otd. III, S. 233 und S. 251-252.
[25] Siehe beispielsweise Russkija Vedomosti vom 24. 2. 1903, S. 2 und vom 3. 5. 1903, S. 2. Zum Verlauf der Kommissionsberatungen siehe TOS 27(1904), otd. III, S. 406-410; Čistjakov, Strachovanie, S. 99-101; Zacher, Die Arbeiterversicherung im Auslande, Heft IXa, S. 45-48.

Am Beispiel der Diskussion um die Altersversorgung von Fabrikarbeitern wird somit noch einmal deutlich, daß eine umfassende, gesetzliche Versicherungslösung nur dann zustande kommen konnte, wenn sie wie bei den Eisenbahnen auf einem gewachsenen System von Betriebskassen aufbauen konnte. Fehlte diese Voraussetzung, so liefen öffentliche Forderungen nach einer staatlichen Arbeiterversicherung weitgehend ins Leere.

Zusammenfassung

In Anlehnung an die Diskussion über die Entstehung der westeuropäischen Sozialversicherungen hatten wir eingangs die Frage gestellt, inwieweit das westliche Vorbild entscheidende Impulse für die Diskussion sozialpolitischer Reformen in Rußland lieferte, welche Rolle die Regierung bei deren Umsetzung spielte, und ob das Motiv der Systemstabilisierung angesichts einer hochgradig politisierten Arbeiterschaft der eigentliche Antrieb der Debatte war. Oder anders gefragt: Fügte sich die sozialpolitische Diskussion in Rußland nahtlos in parallele Entwicklungen in Westeuropa ein, oder lassen sich Besonderheiten beobachten, die aus der wirtschaftlichen und sozialen Rückständigkeit des Zarenreiches herrührten?

Die autokratische Struktur des Zarenreiches und die Virulenz, welche die Arbeiterbewegung im letzten Jahrzehnt vor der Revolution von 1905 erreichte, legen an sich die Vermutung nahe, daß die Regierung ähnlich wie in Deutschland die Einführung einer Arbeiterversicherung anstreben würde, um so dem Kampf der Arbeiter um politische Rechte den wirtschaftlichen Boden zu entziehen. Wie wir jedoch gesehen haben, diente die politische Bedrohung durch die Arbeiterschaft innerhalb der Regierungsbürokratie weniger dazu, soziale Reformen durchzusetzen. Gerade das Beispiel der Entschädigung von Unfallopfern zeigt vielmehr, daß die Furcht vor revolutionären Unruhen vor allem von einflußreichen konservativen Kreisen dazu benutzt wurde, Reformen abzuwehren, von denen man eine weitere Konsolidierung der Arbeiterschaft als eigenständige soziale Schicht befürchten mußte.

Vielmehr wurde das Argument der Systemstabilisierung vor allem von der Industrie vorgebracht. Dabei erschien eine gesetzliche Arbeiterversicherung nach deutschem Vorbild gegenüber den vom Finanzministerium favorisierten Selbsthilfekassen oder einer individuellen Leistungspflicht als diejenige Form, welche das Verhältnis zwischen Fabrikherren und Arbeitern am wenigsten antasten würde. Nur eine gesetzliche Versicherung schien in den Augen ihrer Befürworter dem besonderen bäuerlichen Charakter der russischen Arbeiter gerecht zu werden. Sofern Forderungen nach einer Sozialversicherung als Reaktion auf Arbeiterunruhen vorgebracht wurden, zielten sie folglich weniger darauf ab, politische Zugeständnisse zu vermeiden, als den rapiden gesellschaftlichen Wandel zu bremsen.

Dieser Befund steht in engem Zusammenhang mit der Beobachtung, daß die zarische Regierung nicht als der eigentliche Motor sozialer Reformen in Erscheinung trat, wie es die These von dem Vorsprung monarchischer Regierungssysteme auf diesem Gebiet eigentlich nahelegt. Allein in der Frage der Haftung bei Arbeitsunfällen ergriff die Regierung zu Beginn der achtziger Jahre die Initiative, wobei ihr ursprüngliches Motiv darin bestand, ein rechtliches und nicht ein soziales Problem zu lösen. Vielmehr waren es einzelne Industrielle wie Kempe und Nobel oder die im Warschauer Manufakturkomitee vertretenen Fabrikanten, Industrieverbände wie im Bergbau sowie eine professionelle, eng mit sozialen Problemen befaßte Intelligenz in Gestalt von Ärzten, Fabrikinspektoren und Ingenieuren, welche die Diskussion um die Einführung einer Arbeiterversicherung aus unterschiedlichen Motiven immer wieder gegen die Regierung vorantrieben. Der Vergleich zwischen der 1903 verwirklichten individuellen Unfallhaftung und dem gleichzeitig diskutierten Entwurf über die medizinische Versorgung von Fabrikarbeitern zeigt, daß es dieser Druck einer allerdings schmalen und elitären Öffentlichkeit war, der letztlich den Ausschlag dafür gab, daß das Finanzministerium trotz aller zu erwartenden Konflikte vorrangig die Regelung der Unfallentschädigung verfolgte. Im Gegensatz zur Frage der Krankenversorgung hatte die Unfallhaftung bereits wesentlich länger auf der Tagesordnung gestanden und war in der Industrie wie in der wirtschaftlich interessierten Öffentlichkeit seit Jahren kontrovers diskutiert worden. Hier mußte das Finanzministerium zu einer baldigen Lösung kommen, wollte man sich nicht dem Vorwurf völliger Passivität aussetzen, auch wenn diese Lösung schließlich anders aussah, als man das in der Industrie und in der Öffentlichkeit erhofft hatte.

An den jeweiligen Initiativen wird auch deutlich, daß das deutsche Modell staatlicher Arbeiterversicherung bei einem Nachzügler der Industrialisierung wie Rußland wesentlich größere Wirkung entfaltete, als das bei Deutschlands westlichen Nachbarn der Fall war. Vor allem bei den polnischen und den Petersburger Industriellen mit ihren engen Kontakten nach Westeuropa spielte das deutsche Vorbild eine erhebliche Rolle. Auch die verschiedenen Vorschläge Jarockijs, Dement'evs und der Russischen Industriegesellschaft entsprangen einer profunden Kenntnis der westeuropäischen Systeme sozialer Sicherung. Insofern ist es durchaus berechtigt, für Rußland von einem Prozeß der Diffusion sozialpolitischer Initiativen von den „Pionieren" hin zu den Nachzüglern zu sprechen, auch wenn eine umfassende Arbeiterversicherung vor 1905 in Rußland noch nicht verwirklicht werden konnte.

Aber gerade auch die Gründe, welche die Einführung einer staatlichen Arbeiterversicherung in Rußland weitgehend verhindert haben, werfen ein bezeichnendes Licht auf die generellen Bedingungen der Entstehung von Sozialversicherung. Hier muß vor allem die Bedeutung einer effizienten Verwaltung hervorgehoben werden. Bereits die Initiative der Russischen Industriegesellschaft von 1881 hatte deutlich gemacht, daß eine von der staatlichen Verwaltung getragene Arbeiterversicherung angesichts deren struktureller Unterentwicklung vorläufig völlig illusorisch war. Auch in den folgenden Jahren wurde das Finanzministerium nicht müde zu betonen, daß nach wie vor die strukturellen Voraussetzungen einer staatlichen Sozialversicherung in Rußland fehlten. Den einzigen Anknüpfungspunkt einer gesetzlichen Versicherung konnten betriebliche Kassen bieten, wie sie in Polen oder bei den Eisenbahnen bestanden. Es war nur folgerichtig, daß zuerst in diesen beiden Bereichen, in denen das betriebliche Kassenwesen am weitesten entwickelt war, Ansätze einer Versicherungspflicht durchgesetzt werden konnten. Eine Öffentlichkeit, die allein auf den Staat als Träger sozialer Reformen setzte, anstatt die Dinge selbst in die Hand zu nehmen, mußte somit geradezu zwangsläufig enttäuscht werden.

Auch wenn der Staat die soziale Absicherung der Arbeiter in einem strukturell so unterentwickelten Land wie dem Zarenreich nicht allein bewältigen konnte, sondern sich dabei auf gesellschaftliche Eigeninitiative stützen mußte, trug die Regierung doch eine erhebliche Mitschuld daran, daß durchaus mögliche soziale Reformen erst spät oder gar nicht verwirklicht wurden. Wie die Beispiele der Unfallhaftung und der medizinischen Versorgung von Fabrikarbeitern gezeigt haben, versäumte es das Finanzministerium, rechtzeitig die notwendigen Rahmenbedingungen und Anreize für private Initiativen zu schaffen, da die Einsicht einzelner Industrieller in die Notwendigkeit sozialer Reformen meist nicht ausreichte, um die Mehrheit der Fabrikbesitzer zu eigenen Initiativen zu bewegen und somit gesetzlicher Unterstützung bedurfte. Aber selbst erfolgversprechende Ansätze wie das Projekt des Moskauer Börsenkomitees von 1881 oder die verschiedenen Projekte des Südrussischen Bergbauverbands wurden von den Behörden immer wieder abgewürgt.

Damit war die sozialpolitische Diskussion nach der Jahrhundertwende in eine Sackgasse geraten. In der Öffentlichkeit forderte man massiv eine Arbeiterversicherung nach deutschem Vorbild, ohne daß sich dieses Engagement in entsprechenden Vorleistungen wie der Gründung privater Institutionen niederschlug. Die Regierung war in sich zerstritten. Das Finanzministerium als wichtigster Gegner einer staatlichen Lösung erwies sich als unfähig, die Gründe für seine ablehnende Haltung überzeugend vorzutragen. Die logische Alternative, private Initiativen zu fördern, wurde nur halbherzig betrieben und kam kaum vom Fleck. Somit zeigt die Diskussion über die verschiedenen Bereiche der Arbeiterversicherung, daß die Kommunikation zwischen Regierung und Öffentlichkeit nach der Jahrhundertwende weitgehend abgerissen war. Das kaiserliche Reformversprechen vom 12. Dezember 1904, das auch die Einrichtung staatlicher Arbeiterversicherungen umfaßte, wirkt insofern als ein letzter Versuch, auf diesem Gebiet neue Kontakte zwischen der Regierung und der Gesellschaft zu knüpfen. Es kam jedoch zu spät, um das Vertrauen in die Reformfähigkeit des Staates auf sozialem Gebiet wiederherzustellen.[26]

---

[26] PSZ 3 Bd. XXIV Nr. 25495; in englischer Übersetzung bei Harcave, S.: First Blood. The Russian Revolution of 1905, New York und London 1964, S. 282-285. Zu den Versicherungsprojekten, die infolge des Kaiserlichen Manifestes noch im Dezember dem Ministerkomitee vorgelegt wurden, um das weitere Vorgehen abzusprechen, siehe Zacher, Die Arbeiterversicherung im Auslande, Heft IXa, S. 71-82.

XII. FABRIKGESETZGEBUNG IN RUßLAND VOR 1905: EINE BILANZ

Wie wir gesehen haben, fügte sich die russische Fabrikgesetzgebung vor 1905 weitgehend in den allgemeinen Trend sozialer Reform ein, der in den letzten zwei Jahrzehnten des neunzehnten Jahrhunderts ganz Europa erfaßte. Allein das strikte Koalitionsverbot war ein zentraler Punkt, in dem sich das russische Arbeitsrecht deutlich von seinen europäischen Pendants unterschied. Im Bereich des Arbeiterschutzes hingegen brauchte Rußland seit der Mitte der achtziger Jahre keinen Vergleich mehr mit Westeuropa zu scheuen. Nicht nur waren die russischen Gesetze zumindest in dieser Hinsicht weitgehend auf der Höhe ihrer Zeit, in einzelnen Bereichen wie der Behandlung von Fabrikstrafen, der medizinischen Versorgung oder der Regelung der Arbeitszeiten gingen die russischen Bestimmungen sogar weiter als vieles, was in Westeuropa mit Ausnahme nur der Schweiz üblich war.

Dieser Arbeiterschutz speiste sich aus mehreren Quellen. Bis in die achtziger Jahre stand vor allem das Bestreben einer reformorientierten Regierungsbürokratie im Vordergrund, die an die Traditionen der sechziger Jahre anknüpfen konnte und in einer grundlegenden Reform des Arbeitsrechts und einer konsequenten Verrechtlichung innerbetrieblicher Verhältnisse eine der zentralen Voraussetzungen für die Modernisierung des Reiches sah. Wichtige Impulse kamen zudem aus der Fabrikinspektion, die in engem personellen Austausch mit den fortgeschrittensten Elementen der russischen Gesellschaft aus der lokalen Selbstverwaltung, der Ärzteschaft und der technischen Elite Rußlands stand. Getrieben von hohem sozialem Ethos setzte sie nicht nur die Arbeiterschutzgesetze unter widrigen Bedingungen in die Praxis um, sondern leitete aus ihren täglichen Erfahrungen auch immer wieder Forderungen für einen fortschreitenden Ausbau der Fabrikgesetzgebung ab.

Unter dem Einfluß einer reformorientierten professionellen Intelligenz setzten sich auch einzelne prominente Industrielle immer wieder für gesetzliche Maßnahmen ein. Hier waren es vor allem die Besitzer moderner Großbetriebe zuerst im Maschinenbau und im Bergbau, ab den achtziger Jahren aber auch in der Textilindustrie, welche den gesetzlichen Arbeiterschutz als eine wichtige Voraussetzung sahen, um eine qualifizierte Facharbeiterschaft heranzubilden und die Produktivität zu erhöhen. Sie waren es auch, die immer wieder darauf hinwiesen, daß freiwilligen Sozialmaßnahmen durch den Wettbewerb enge

Grenzen gesetzt waren und deshalb staatliche und für alle Betriebe verbindliche Maßnahmen notwendig seien.

Dabei konnten Regierung, Wissenschaft und Industrie bei der Formulierung ihrer Reformvorschläge auf eine breite öffentliche Rezeption westeuropäischer sozialpolitischer Vorbilder zurückgreifen, die sich die Erfahrungen verschiedener Länder nutzbar machte. So wurde die Gesetzgebung zum Kinderschutz und vor allem die Fabrikinspektion nach dem englischen Modell gestaltet. Praktische Erfahrungen aus Deutschland und der Schweiz lieferten überzeugende Beweise für den wirtschaftlichen Nutzen kürzerer Arbeitszeiten. Die Vorstellung, wie man beispielsweise mit dem Begriff der Betriebsgefährlichkeit über eine Weiterbildung des Zivilrechts Sozialpolitik betreiben konnte, wurde aus Frankreich übernommen. Stärkere Ausstrahlungskraft hatte in diesem Bereich jedoch auf die Dauer schließlich das deutsche Vorbild einer gesetzlichen Arbeiterversicherung.

Diese jeweiligen Modelle ließen sich allerdings nicht unverändert übernehmen, sondern mußten erst an die Bedingungen eines rückständigen Landes angepaßt werden. So verlangte die Weite des Raumes ebenso wie das noch verhältnismäßig schwach entwickelte Rechtsbewußtsein und die Vielfalt lokaler und branchenspezifischer Bedingungen den Aufbau einer dezentralisierten und mit weitreichenden Kompetenzen ausgestatteten Fabrikinspektion. Aufgrund nur schwach ausgebildeter Organisationsstrukturen der Industrie setzte sich die Idee einer Arbeitszeitverkürzung nur langsam von selbst durch, so daß allein ein Gesetz schnelle Erfolge zu versprechen schien. Der Mangel an überbetrieblichen Organisationen der Industrie sowie die späte Entwicklung des Selbsthilfegedankens der Arbeiter führten schließlich dazu, daß das Finanzministerium den Aufbau einer Sozialversicherung erst durch die Förderung eines Betriebskassenwesens vorbereiten wollte. Dagegen konnte bei der medizinischen Versorgung von Fabrikarbeitern in den neunziger Jahren bereits auf die Strukturen der lokalen Selbstverwaltung zurückgegriffen werden.

Die eigentliche Bedeutung des ausländischen Vorbilds liegt jedoch nicht allein in den vorexerzierten Modellen von Arbeiterschutz und Sozialpolitik, sondern in der Erkenntnis, daß sich über rechtzeitige und umfassende Sozialmaßnahmen soziale Spannungen abbauen ließen, welche Ruhe, Ordnung und langfristig die politische Stabilität der Autokratie bedrohten. Es gehört allerdings zu den Widersprüchen des zarischen Rußland, daß das Sicherheitsbedürfnis der Autokratie die Entwicklung eines modernen Arbeiterschutzes einerseits vorantrieb und andererseits doch zugleich massiv behinderte. Vor allem das Arbeitsrecht vom 3. Juni 1886 und der Maximalarbeitstag von 1897 sind zentrale Beispiele dafür, wie langwierige Gesetzgebungsprozesse erst dann zu einem erfolgreichen Abschluß gebracht werden konnten, als Massenunruhen der Regierung drastisch vor Augen führten, daß bislang nur unter rechtlichen oder wirtschaftlichen Gesichtspunkten betrachtete Maßnahmen auch aus Sicherheitserwägungen heraus unverzichtbar waren. Es spricht zugleich für die Reformfähigkeit der Autokratie, daß sie zumindest in der Frühphase der Arbeiterbewegung auf Massenunruhen wie den Morozov-Streik von 1884 und den Streik der Petersburger Textilarbeiter vom Juni 1896 umgehend eine gesetzgeberische Antwort parat hatte.

Dennoch sind die sozialpolitischen Konzeptionen, welche das Finanzministerium unter Witte in den neunziger Jahren zu entwickeln begann, vor 1905 vor allem an dem Sicherheitsbedürfnis der Autokratie gescheitert. So vertrat das Innenministerium wiederholt eine Politik repressiv-fürsorglicher Eingriffe in das Lohnarbeitsverhältnis, um weiteren Arbeiterunruhen den Boden zu entziehen. Derartigen Vorstellungen stand das Rechtsverständnis des Finanzministeriums entgegen, das vor allem in der vorgeschlagenen Lohnregulierung einen Verstoß gegen die Grundprinzipien einer marktwirtschaftlichen Ordnung sah, welcher den Erfolg der forcierten Industrialisierung gefährden würde.

Blockiert wurde die Fabrikgesetzgebung ab dem Ende der neunziger Jahre allerdings nicht so sehr durch den Konflikt zwischen Finanz- und Innenministerium. Vielmehr rüttelten weitere Reformschritte wie die Formulierung einer speziell auf die Bedürfnisse der Industriearbeiterschaft zugeschnittenen Sozialpolitik, die Zulassung jeglicher Form von Arbeiterorganisation, oder gar die Legalisierung von Streiks an den Grundfesten nationalen Selbstverständnisses einflußreicher Kreise der politischen Elite Rußlands, die den Weg einer kapitalistischen Entwicklung des Reiches nach westeuropäischem Vorbild allenfalls oberflächlich akzeptiert hatten. Gerade in konservativen Zirkeln konnte man sich mit der Entstehung einer Industriearbeiterschaft selbst dann noch nicht abfinden, als deren Existenz längst unübersehbare Wirklichkeit geworden war. Polizeiliche Eingriffe in das Lohnverhältnis, wie sie vom Innenministerium immer wieder vorgetragen und oft genug auch ohne Abstimmung mit den übrigen Ministerien auf eigene Faust durchgeführt wurden, waren zwar ebenfalls Ausdruck dieser im Grunde antimodernen Vorstellungen. Politisch wirksam wurden sie jedoch vor allem im Reichsrat. Obwohl auch in der Regierungszeit Alexanders III. und Nikolaus' II. immer wieder kompetente Fachleute und verdiente Reformer in dieses illustre Gremium ernannt wurden, zeigte sich doch spätestens seit der Jahrhundertwende, daß die rapiden gesellschaftlichen Veränderungen den politischen Horizont einer erheblichen Anzahl seiner Mitglieder überforderten, soweit sie von diesen überhaupt noch wahrgenommen wurden. Daß die Fabrikgesetzgebung immer langsamer vorankam und nach 1903 fast völlig zum Erliegen kam, war insofern auch Ausdruck einer Krise der Autokratie, deren politische Elite den Anforderungen einer beschleunigten Industrialisierung nur noch in Teilen gewachsen war.

Wie sah nun im Detail die Bilanz der russischen Fabrikgesetzgebung vor Anbruch des konstitutionellen Zeitalters aus? Zumindest in ihren Anfangsjahren konnte die Regierung auf diesem Gebiet erhebliche Leistungen vorweisen. So war es gelungen, wenigstens die schlimmsten Auswüchse der Kinderarbeit abzustellen, auch wenn die Arbeitszeitbestimmungen für die höheren Altersgruppen nach wie vor weit von dem entfernt waren, was von medizinischer Seite als unabdingbar angesehen wurde. Mit den Bestimmungen über den Schulbesuch minderjähriger Arbeiter sowie dem Maximalarbeitstag von 1897 waren bescheidene Anreize gesetzt worden, Qualifikation und Arbeitsproduktivität zu erhöhen und damit langfristig auch das Lohnniveau der Arbeiterschaft zu heben. Die medizinische Versorgung von Fabrikarbeitern war zwar immer noch weit von westeuropäischen Standards entfernt, eine elementare und zudem kostenlose Versorgung war jedoch zumindest in den großen Betrieben weitgehend gewährleistet. Über die Verpflichtung, Fabrikstrafen zu sozialen Zwecken zu verwenden, konnten die Mittel aufgebracht werden, um extreme Härtefälle zu lindern und in einzelnen Fällen sogar gestaltende Sozialpolitik zu betreiben. Mit dem Gesetz über die Unfallhaftung war zudem ein Einstieg in eine umfassende Sozialgesetzgebung gefunden worden, die langfristig den Weg zu einer Arbeiterversicherung ebnete. Während die Einführung einer gesetzlichen Unfallversicherung bereits konkret vorgegeben wurde, war eine gesetzliche Alters- und Krankenversicherung zumindest grob skizziert und in einzelnen Branchen wie dem Bergbau oder dem Eisenbahnwesen sogar schon vorexerziert worden. Als Ende 1904 und vor allem nach dem „Blutsonntag" vom 9. Januar 1905 schließlich auch der politische Wille zur Einführung gesetzlicher Arbeiterversicherungen vorhanden war, konnte man deshalb auf langjährige Diskussionen und nahezu fertige Projekte zurückgreifen.

Das bedeutendste Ergebnis der Fabrikgesetzgebung war jedoch, daß es weitgehend gelungen war, die Abhängigkeit des einzelnen Arbeiters von der Willkür des Fabrikherren abzubauen und ihm einen Rechtsanspruch auf seinen vertraglich vereinbarten Lohn zu garantieren. Vor allem die Fabrikinspektion hatte erheblich dazu beigetragen, bei Arbeitern wie bei Fabrikbesitzern ein Bewußtsein dafür auszubilden, daß ihr gegenseitiges Verhältnis durch einen Arbeitsvertrag bestimmt war, dessen Einhaltung vom Staat garantiert wurde und dessen Bestimmungen sich auch gerichtlich einklagen ließen.

In dieser wichtigsten Leistung der russischen Fabrikgesetzgebung lag jedoch bereits der Keim ihres schwerwiegendsten Mangels. Denn das strikte Beharren des Finanzministeriums auf der Unverletzlichkeit des individuellen Arbeitsvertrags, das für die Förderung des Rechtsbewußtseins in den Fabriken unverzichtbar war, verhinderte die Entwicklung von Modellen der Konfliktlösung, die auf einem Aushandeln eben dieses Arbeitsvertrags durch organisierte, kollektive Interessen beruhten. Die Straflosigkeit von Streiks, wie sie vor allem im Finanzministerium erwogen, aber bei weitem nicht mit dem nötigen politischen Engagement vorangetrieben wurde, wäre zwar ein großer Schritt in die richtige Richtung gewesen, reichte für sich allein jedoch nicht aus. Ein formelles Koalitionsrecht hingegen, welches den Arbeitern die Möglichkeit gegeben hätte, durch Arbeitsniederlegungen die Veränderung einzelner Vertragsbestimmungen zu erzwingen, mußte in einem rückständigen Land wie Rußland gerade einem der Modernisierung des Reiches verpflichteten Ressort wie dem Finanzministerium als elementare Gefährdung eines soeben erst mühselig erreichten Standards an Rechtssicherheit erscheinen. Mehr noch als die Rücksicht auf die wirtschaftlichen Interessen der Industrie, über die sich das Finanzministerium gerade in Fragen des Arbeiterschutzes immer wieder souverän hinwegsetzte, hat dieses Festhalten an überkommenen Rechtsprinzipien die Formulierung einer tragfähigen Politik gegenüber der Arbeiterschaft im Finanzressort verhindert. Auch hier hielten die politischen Vorstellungen letztlich mit den Anforderungen rapiden sozialen Wandels infolge der Industrialisierung nicht Schritt. Solange aber diese Frage nicht befriedigend gelöst werden konnte, ließ sich ein Rückzug des Staates aus Arbeitskonflikten und dementsprechend eine Entpolitisierung der Arbeiterschaft nicht erreichen.

Aber auch in anderen Bereichen als der Frage des Streikrechts wies die russische Fabrikgesetzgebung erhebliche Mängel auf. So wurden zentrale Bereiche der Arbeitswelt von gesetzlichen Regeln so gut wie überhaupt nicht erfaßt, obwohl man teilweise schon vor Jahrzehnten den Handlungsbedarf erkannt hatte. Hierzu gehörten vor allem die äußerst mangelhaften Sicherheitsbestimmungen in den Fabriken, häufig katastrophale sanitäre Verhältnisse, oder die oft menschenunwürdigen Wohnverhältnisse von Fabrikarbeitern. Weite Bereiche der Kleinindustrie und des Handwerks blieben auf absehbare Zeit von der Fabrikgesetzgebung ausgeklammert. Weder das Trucksystem noch die für das Verhältnis zwischen Arbeitern und Fabrikbesitzern so belastenden Lohnschwankungen hatten sich wirksam eindämmen lassen. Nach wie vor gab es keinen gesetzlichen Mutterschutz für Fabrikarbeiterinnen, ebensowenig wie angemessene Möglichkeiten der Betreuung von Säuglingen und Kleinkindern während der Arbeitszeit. Auch in der medizinischen Versorgung bestanden trotz aller Leistungen noch ganz erhebliche Defizite, und eine umfassende Altersversorgung aller Fabrikarbeiter schien nach wie vor in weiter Ferne. In der Praxis waren in allen diesen Bereichen zwar vereinzelt Verbesserungen zu verzeichnen. Sie beruhten jedoch ganz auf der persönlichen Initiative einzelner Fabrikbesitzer und Inspektoren und entbehrten meist jeglicher rechtlichen Grundlage.

Diese Probleme waren allein durch die Tätigkeit der zentralen Regierungsspitze nicht zu lösen. Am deutlichsten hatte man im Finanzministerium erkannt, daß Sozialpolitik in Rußland nur in Zusammenarbeit mit den Reformkräften der Gesellschaft erfolgreich sein würde. Konsequent nutzte man hier die Möglichkeit, den sozialpolitischen Eifer von Wissenschaftlern, Ärzten und Ingenieuren in die Formulierung einzelner Gesetze einzubeziehen. Die eingespielte Zusammenarbeit mit den Spitzen einer noch kaum organisierten Industrie bot zudem lange Zeit die Möglichkeit, industriellen Sachverstand und wirtschaftlichen Weitblick für die Konzeption der Fabrikgesetzgebung nutzbar zu machen, ohne sich dem Druck mächtiger Interessenverbände auszusetzen. Dagegen versäumte man selbst im Finanzressort immer wieder, rechtzeitig die notwendigen Rahmenbedingungen für Initiativen der lokalen Selbstverwaltung oder auch der Industrie zu schaffen und entsprechende Impulse zu geben.

Damit wird eine der zentralen Schwächen der Witteschen Sozialpolitik deutlich. Denn deren Ansatz, die Arbeiterfrage langfristig über den Aufbau sozialer Infrastruktur in Zusammenarbeit mit der Gesellschaft zu lösen, konnte nur aufgehen, wenn sie mit der nötigen Energie vorangetrieben wurde und wenn sie sich innerhalb der Regierung auch durchsetzen ließ. Solange polizeiliche Repression die einzig sichtbare Antwort auf soziale Unruhen blieb, während dringende Reformmaßnahmen von der Regierungsbürokratie blockiert wurden, war eine fortschreitende Entfremdung der Arbeiterschaft wie der Gesellschaft von der Autokratie nicht zu vermeiden. Erst die Aufhebung des Streikverbots, die Erlaubnis zur Gründung von Gewerkschaften und die Formulierung eines umfassenden Konzeptes sozialer Reformgesetzgebung brachten in den Revolutionsjahren von 1905 und 1906 einen Umschwung. Erstmals eröffnete sich die realistische Perspektive einer auf ökonomische Fragen beschränkten Gewerkschaftsbewegung auch in Rußland. Trotz der schwachen Tradition unabhängiger Arbeiterorganisationen erfreuten sich die neugegründeten Gewerkschaften ungeheuren Zulaufs.[1] Aber auch die Organisation der Industrie kam vor allem mit der Gründung eines reichsweiten Industrie- und Handelsverbands einen großen Schritt voran. Schließlich eröffnete die Einrichtung der Reichsduma der Beteiligung gesellschaftlicher Kräfte am Gesetzgebungsprozeß breite Möglichkeiten.

Nachdem die Aufbruchstimmung der Revolutionsjahre jedoch verflogen war, zeigte sich, daß auch in dem neuen politischen System der Ausbau der Sozialgesetzgebung nur mühsam vorankam. Zwar behielt die Regierung nach wie vor ihre dominante Stellung im Gesetzgebungsprozeß. Der Druck, der vor 1905 die Vertreter der Industrie zu einer konstruktiven Mitarbeit gezwungen hatte, wollten sie ihre Einflußmöglichkeiten nicht gänzlich aufs Spiel setzen, war jedoch weggefallen. Mit der Gründung repräsentativer Verbände traten zudem die Spannungen innerhalb der Industrie wesentlich deutlicher zutage als zuvor. Wie sehr sich die Bedingungen der Formulierung von Sozialpolitik inzwischen

---

[1] Bonnell, V.: Roots of Rebellion. Workers' Politics and Organizations in St. Petersburg and Moscow, 1900-1914, Berkeley 1983.

verändert hatten, wird an einem Ausschnitt aus den Beratungen über die Arbeiterversicherungen von 1912 deutlich: Wie bereits um die Jahrhundertwende lehnten Teile der Industrie die Finanzierung ärztlicher Hilfe für Fabrikarbeiter in der Tradition des Gesetzes von 1866 weiterhin ab. Aber während vor 1905 aus dieser Haltung kein politisch wirksamer Protest erwachsen konnte, wurde in der Duma von den Abgeordneten aus der Industrie heftig und dauerhaft über diese Frage gestritten.[2]

An diesem Beispiel wird noch einmal eine der wichtigsten Voraussetzungen zarischer Fabrikgesetzgebung in der vorkonstitutionellen Epoche deutlich: daß die Regierung lange Zeit die fortschrittlichsten Kräfte aus Gesellschaft und Industrie für eine konstruktive Sozialpolitik hatte nutzbar machen können, ohne dabei auf eine Vielzahl unterschiedlicher organisierter Interessen Rücksicht nehmen zu müssen.

---

[2] Roosa, R.: Workers' Insurance Legislation and the Role of the Industrialists in the Period of the Third State Duma, in: RR 34(1975), S. 410-452.

QUELLEN UND LITERATUR

Unveröffentlichte Quellen

Rossijskij Gosudarstvennyj Istoričeskij Archiv
RGIA f. 20: Departament torgovli i manufaktur ministerstva finansov
RGIA f. 22: Central'nye učreždenija po časti torgovli i promyšlennosti
RGIA f. 37: Gornyj departament ministerstva torgovli i promyšlennosti
RGIA f. 40: Vsepoddannejšie doklady po časti torgovli i promyšlennosti
RGIA f. 48: Sovet s-ezdov gornopromyšlennikov Urala
RGIA f. 150: Petrogradskoe obščestvo zavodčikov i fabrikantov
RGIA f. 381: Kanceljarija ministerstva zemledelija i gosudarstvennych imuščestv
RGIA f. 560: Obščaja kanceljarija ministra finansov
RGIA f. 797: Kanceljarija ober-prokurora sinoda
RGIA f. 878: S. S. Tatiščev
RGIA f. 1001: Nebolsiny
RGIA f. 1149: Departament zakonov gosudarstvennogo soveta
RGIA f. 1151: Departament graždanskich i duchovnych del gosudarstvennogo soveta
RGIA f. 1152: Departament ėkonomii gosudarstvennogo soveta
RGIA f. 1153: Departament promyšlennosti, nauk i torgovli gosudarstvennogo soveta
RGIA f. 1162: Gosudarstvennaja kanceljarija
RGIA f. 1235: Sobranie, obrazovannoe dlja predvaritel'nogo rassmotrenija predstavlenija ministerstva finansov 19. oktjabrja 1901 goda ob osobych postanovlenijach, kasajuščichsja ustrojstva i soderžanija promyšlennych zavedenij, ob izmenenijach štata komiteta po techničeskim delam pri otdele promyšlennosti i štata fabričnoj inspekcii pri gosudarstvennom sovete
RGIA f. 1263: Žurnaly komiteta ministrov
RGIA f. 1282: Kanceljarija ministra vnutrennych del
RGIA f. 1405: Ministerstvo justicii
RGIA f. 1419: Moskovskoe otdelenie soveta torgovli i promyšlennosti
RGIA f. 1574: K. P. Pobedonoscev
RGIA fond pečatnych zapisok

Leningradskij Gosudarstvennyj Istoričeskij Archiv
LGIA f. 260: Peterburgskij gubernskij statističeskij komitet

LGIA f. 338: Vremennaja kommissija po fabrično-zavodskim delam pri Peterburgskom gradonačal'nike
LGIA f. 569: Kanceljarija S.-Peterburgskogo gradonačal'nika
LGIA f. 792: Petrogradskaja gorodskaja duma

Veröffentlichte Quellen

Abramov, Ja.: Iz fabrično-zavodskago mira, in: Otečestvennyja Zapiski 261(1882), Sovr. Obozr., S. 1-37 und S. 181-212
Adres-Kalendar'. Obščaja rospis' načal'stvujuščich i pročich dolžnostnych lic po vsem upravlenijam v Rossijskoj Imperii, St. Petersburg, 1843-1916
Aleksandrov, M. [A. Mikulin]: Fabričnaja inspekcija v Rossii, in: Promyšlennost' i Zdorov'e 1(1902/03), Nr. 8, S. 1-41
Andreev, E. N.: O rabote i ob obučenii maloletnich rabočich. Stenografičeskij Otčet, in: Trudy Obščestva dlja sodejstvija russkoj promyšlennosti i torgovle 13(1883), S. 47-68
Andreev, E. N.: Rabota maloletnich v Rossii i v Zapadnoj Evrope, St. Petersburg 1884
Annenskij, N.: Voprosy truda na torgovo-promyšlennom s-ezde, in: Russkoe Bogatstvo (1896), Nr.10, S. 158-190
Archangel'skij, G. I.: Cholernye ėpidemii v Evropejskoj Rossii v 50-ti-letnij period 1823-1872 gg., St. Petersburg 1874
Auerbach, A. A.: Vospominanija o načale razvitija kamennougol'noj promyšlennosti v Rossii, in: Russkaja Starina 138(1909), S. 451-472 und 140(1909), S. 546-562
V. B-j: Russkija Obščestva vzaimopomošči trudjaščichsja, in: Žizn'. Literaturnyj, naučnyj i političeskij žurnal, Juli 1899, S. 358-367
Baryšnikov, N.: K voprosu o podčinjaemosti promyšlennych zavedenij pravitel'stvennomu fabričnomu nadzoru, Petrozavodsk 1901
Bertenson, L. B.: Po povodu častnago strachovanija rabočich (k voprosu o voznagraždenii rabočich za uveč'ja), in: Promyšlennost' i Zdorov'e 1(1902/03), Nr. 4, S. 1-9
Bervi-Flerovskij, V. V.: Izbrannye ėkonomičeskie proizvedenija v dvuch tomach, 2 Bde., Moskau 1958 und 1959
Bezobrazov, V. P.: Nabljudenija i soobraženija otnositel'no dejstvija novych fabričnych uzakonenij i fabričnoj inspekcii, St. Petersburg 1888
Biografičeskij slovar' professorov i prepodavatelej Imperatorskogo S. Peterburgskogo Universiteta za istekšuju tret'ju četvert' veka ego suščestvovanija. 1869-1894, 2 Bde., St. Petersburg 1898
Blech, I.: Ustrojstvo finansovago upravlenija i kontrolja v Rossii v istoričeskom ich razvitii, St. Petersburg 1895

Bljumenfel'd, A. M.: Varšavskij fabričnij okrug. Otčet za 1885g. fabričnago inspektora Varšavskago okruga, St. Petersburg 1886

Bonnell, Victoria E. (Hg.): The Russian Worker. Life and Labor under the Tsarist Regime, Berkeley 1983

Brassey, Thomas: Work and Wages, London 1872

Brentano, Lujo: Über das Verhältnis von Arbeitslohn und Arbeitszeit zur Arbeitsleistung, Leipzig 1876

Buchbinder, N.: Zubatovščina v Moskve (Neizdannye materialy), in: Katorga i Ssylka 14(1925), S. 96-133

Buck, Theodor: Volkswirtschaftliche Korrespondenz aus St. Petersburg, in: Vierteljahrschrift für Volkswirthschaft 24(1887), Bd. II, S. 199-221

Bunge, N.: Policejskoe pravo. Vvedenie i gosudarstvennoe blagoustrojstvo. Tom I, Kiev 1869

Bunge, N. Ch.: Esquisses de littérature politico-économique, Genf 1900

Buryškin, P. A.: Moskva kupečeskaja, Moskau 1991 (Nachdruck der New Yorker Ausgabe von 1954)

Cacher [Georg Zacher]: Strachovanie rabočich v Evrope, in: Promyšlennost' i Zdorov'e 1(1902/03), Nr. 2, S. 44-50

Čaadaeva, O.: Iz istorii rabočego dviženija konca 90-ch godov i „Sojuzy bor'by za osvoboždenija rabočego klassa", in: Krasnyj Archiv 93(1939), S. 119-189

Četverikov, Sergej: Bezvozvratno ušedšaja Rossija. Neskol'ko stranic iz knigi moej žizni, Berlin o. J.

Čikolev, A.: K voprosu o vozmožnosti i neobchodimosti organizacii v Rossii strachovanija ot invalidnosti i starosti, in: Trudy Obščestva dlja sodejstvija russkoj promyšlennosti i torgovle 27(1904), otd. III, S. 406-410

Čistjakov, Ivan: Strachovanie rabočich v Rossii. Opyt istorii strachovanija rabočich v svjazi s nekotorymi drugimi merami ich obespečenija, Moskau 1912

Členy Gosudarstvennogo Soveta s 1801 goda, in: Ènciklopedičeskij slovar' T-va „Br. A. i G. Granat i K°,", 7. Aufl., Bd. 23, Moskau 1913, S. 641-736

Daszynska, Sophie: Die neuesten Fortschritte der Fabrikgesetzgebung in Rußland, in: Sozialpolitisches Centralblatt 1(1892), S. 83-84

Daszynska, Sophie: Die Kinderarbeit in der russischen Fabrikindustrie, in: Sozialpolitisches Centralblatt 1(1892), S. 190-191

Daszynska, Sophie: Die Fabrikinspektion in Russisch-Polen, in: Archiv für soziale Gesetzgebung und Statistik 5(1892), S. 348-365

Davydov, K. V.: S.-Peterburgskij fabričnij okrug. Otčet za 1885g. fabričnago inspektora S.-Peterburgskago okruga, St. Petersburg 1886

Dejatel'nost' Gosudarstvennogo Soveta za vremja carstvovanija Gosudarja Imperatora Aleksandra Aleksandroviča, St. Petersburg 1900

Del'vig, A.: Moi vospominanija, 4 Bde., St. Petersburg 1913

Dementjeff, E. M.: Die Lage der Fabrikarbeiter in Zentralrußland, in: Archiv für soziale Gesetzgebung und Statistik 2(1889), S. 553-575

Dementjeff, E. M.: Die russische Fabrikgesetzgebung, in: Archiv für soziale Gesetzgebung und Statistik 3(1890), S. 284-313

Dementjeff, E. M.: Das Arbeiterschutzgesetz vom 24. Februar 1890, in: Archiv für soziale Gesetzgebung und Statistik 4(1891), S. 197-206

Dement'ev, E. M.: Fabrika. Čto ona daet naseleniju i čto ona u nego beret, Moskau 1893

Dement'ev, E. M.: Vračebnaja pomošč' fabričnym rabočim, St. Petersburg 1899

Dement'ev, E. M.: Ženskij fabričnyj trud v Rossii, in: Promyšlennost' i Zdorov'e 1(1902/03), Nr. 3, S. 1-22

Departament torgovli i manufaktur: Inostrannoe zakonodatel'stvo ob otvetstvennosti predprinimatelej za nesčastnye slučai s rabočimi, St. Petersburg 1899

Die Judenpogrome in Rußland, 2 Bde., Köln, Leipzig 1910

Dikson, K. und Ketric, B.: S.-Peterburgskij komitet gramotnosti (1861-1911). Istoričeskij očerk i vospominanija Konst. Diksona i B. Ketrica, St. Petersburg 1912

Doklad kommissii Moskovskago Otdelenija Vysočajše utverždennago Obščestva dlja sodejstvija Russkoj Promyšlennosti i Torgovle po povodu proekta Lodzinskago Otdelenija o zakonodatel'noj normirovke rabočago vremeni v fabričnych i remeslennych zavedenijach Rossii, Moskau 1895

Doklad soveta Moskovskago Otdelenija Obščestva dlja sodejstvija Russkoj Promyšlennosti i Torgovle Obščemu Sobraniju Otdelenija po voprosu o neudobstvach vstrečennych pri primenenii zakona 3-go ijunja i „Pravil o nadzore" vsledstvie izlišnych i nepravil'nych trebovanij fabričnoj inspekcii, Moskau 1887

Doklad tovarišča ministra vnutrennych del P. D. Svjatopolk-Mirskogo Nikolaju Romanovu, 1901 g., in: Krasnyj Archiv 76(1936), S. 53-66

Ėkonomičeskaja ocenka narodnago obrazovanija. Očerki I. I. Janžula, A. I. Čuprova i E. N. Janžul, St. Petersburg 1896

Ėrisman, F. F.: Izbrannye proizvedenija, herausgegeben von I. A. Arnol'di u. a., 2 Bde., Moskau 1959

Erismann, F.: Untersuchungen über die körperliche Entwicklung der Arbeiterbevölkerung in Zentralrußland, in: Archiv für soziale Gesetzgebung und Statistik 1(1888), S. 98-135 und S. 429-484

Freeze, Gregory L.: From Supplication to Revolution. A Documentary Social History of Imperial Russia, New York, Oxford 1988

Fridman, M.: Nužno-li strachovanie rabočich?, in: Promyšlennost' i Zdorov'e 1(1902/03), Nr. 5, S. 43-64

G–r: Strachovanie rabočich, in: Russkaja Mysl' 8(1887), Nr. 7, S. 1-34, Nr. 8, S. 52-84, Nr. 9, S. 29-49 und Nr. 10, S. 1-13

Gol'cev, V. A.: Inostrannoe fabričnoe zakonodatel'stvo. Vypusk II. Germanija, Francija, Avstro-Vengrija, Švejcaria, Danija, Švecija i Norvegija, Gollandija, Soedinennye Štaty Severnoj Ameriki. Trudy kommissii, učreždennoj g. moskovskim general-gubernatorom, kn. V. A. Dolgorukovym, dlja osmotra fabrik i zavodov v Moskve, Moskau 1880

Gol'denvejzer, A. S.: Social'noe zakonodatel'stvo germanskoj imperii, Kiev 1890

Gorbunova, M.: Ženskij trud i professional'noe obrazovanie, in: Drug Ženščin 2(1883), Nr. 4, S. 54-68, Nr. 5, S. 62-78; Nr. 7, S. 61-81, Nr. 9, S. 69-100, Nr. 10, S. 91-123, und Nr. 11, S. 50-93

Gorodkov, G. I.: Vilenskij fabričnij okrug. Otčet za 1885g. fabričnago inspektora Vilenskago okruga, St. Petersburg 1886

Gorskij, O.: Strachovanie ili otvetstvennost'?, in: Promyšlennost' i Zdorov'e 1(1902/03), Nr. 6, S. 50-63

Gosudarstvennaja kanceljarija 1810-1910, St. Petersburg 1910

Gosudarstvennyj Sovet 1801-1901, sostavleno v Gosudarstvennoj kanceljarii, St. Petersburg 1901

Gvozdev, S. [A. K. Klepikov]: Zapiski fabričnago inspektora. Iz nabljudenii i praktiki v period 1894-1908 gg., Moskau 1911

Iollos, G.: Dvadcat'-pjat' let social'noj politiki. Pis'mo iz Germanii, in: Vestnik Evropy, Dez. 1897, S. 827-846

Isaev, A. A.: Promyšlennyja tovariščestva vo Francii i Germanii, Moskau 1879

Isaev, A. A.: Učastie rabočich v pribyli predprijatija, in: Juridičeskij Vestnik 11(1879), Bd. 2, S. 365-396 und S. 525-574

Istoričeskij obzor dejatel'nosti komiteta ministrov, 5 Bde., St. Petersburg 1902

Janžul, I. I.: Detskij i ženskij fabričnyj trud v Anglii i Rossii, in: Ders.: Očerki i izsledovanija, Bd. 2, Moskau 1884, S. 1-212

Janžul, I. I.: Fabričnyj byt Moskovskoj gubernii. Otčet za 1882-1883 g. fabričnago inspektora nad zanjatijami maloletnych rabočich Moskovskago okruga, St. Petersburg 1884

Janžul, I. I.: Fabričnyj rabočij v srednej Rossii i v Carstve Pol'skom. Po ličnym nabljudenijam i izsledovanijam, in: Vestnik Evropy, Febr. 1888, S. 785-811

Janžul, I. I.: Inostrannoe fabričnoe zakonodatel'stvo. Vypusk I. Anglija. Trudy kommissii, učreždennoj g. moskovskim general-gubernatorom, kn. V. A. Dolgorukovym, dlja osmotra fabrik i zavodov v Moskve, Moskau 1880

Janžul, I. I.: Inostrannyja zakonodatel'stva. Vypusk III. Anglijskoe i švejcarskoe zakonodatel'stva ob otvetstvennosti chozjaev za nesčastija s rabočimi, Trudy kommissii, učreždennoj g. moskovskim general-gubernatorom, kn. V. A. Dolgorukovym, dlja osmotra fabrik i zavodov v Moskve, Moskau 1882

Janžul, I. I.: Iz vospominanij i perepiski fabričnago inspektora pervago prizyva. Materialy dlja istorii russkago rabočago voprosa i fabričnago zakonodatel'stva, St. Petersburg 1907

Janžul, I. I.: Kto otvečaet za nesčastija s rabočimi?, in: Ders.: Očerki i izsledovanija, Bd. 2, Moskau 1884, S. 213-264

Janžul, I. I.: Ob inspektorate v Švejcarii i Anglii, Trudy kommissii, učreždennoj g. moskovskim general-gubernatorom, kn. V. A. Dolgorukovym, dlja osmotra fabrik i zavodov v Moskve, Moskau 1881

Janžul, I. I.: Očerki i izsledovanija. Sbornik statej po voprosam narodnago chozjajstva, politiki i zakonodatel'stva, 2 Bde., Moskau 1884

Janžul, I. I.: VII Moskovskij Fabričnyj Okrug. Otčet za 1885 god fabričnogo inspektora, St. Petersburg 1886

Janžul, I. I.: Vospominanija I. I. Janžula o perežitom i vidennom (1864-1909 gg.), in: Russkaja Starina 41(1910), Bd. 142, S. 67-101 und Bd. 144, S. 258-272 und S. 485-500

Janžul, I. I.: Ženščiny-materi na fabrikach, in: Ders.: Očerki i izsledovanija, Bd. 1, Moskau 1884, S. 348-397

Janžul, I. I.: Ženskij fabričnyj trud, in: Drug Ženščin 3(1884), Nr. 5, S. 91-107

Jarockij, V. G.: Strachovanie rabočego v svjazi s otvetstvennost'ju predprinimatelej, St. Petersburg 1895

K. K.: Proekt ugolovnago uloženija, in: Brokgauz, F. A. und Efron, I. A.: Ènciklopedičeskij slovar', Bd. 25 (Halbband 49), S. 363-365

K–cij: Policejskij socializm i socialdemokratija, in: Žizn'. Literaturnyj, naučnyj i političeskij žurnal, Feb. 1902, S. 331-356

Kantor, R.: Morozovskaja stačka 1885 goda, in: Archiv istorii truda v Rossii 2 (1922), S. 44-53

Katin-Jarcev, V.: Teni prošlogo. Vospominanija, in: Byloe 25(1924), S. 101-118

Katkov, M. N.: Sobranie peredovych statej Moskovskich vedomostej. 1885 god, Moskau 1898

Kerčiker, I.: Professional'nyja bolezni rabočich, in: Vestnik Evropy, Nov. 1898, S. 228-263 und Dez. 1898, S. 490-518

Kobeljackij, A.: Spravočnaja kniga dlja činov fabričnoj inspekcii, fabrikantov i zavodčikov. Polnyj sbornik o najme rabočich na fabriki, zavody i manufaktury, o vzaimnych otnošenijach fabrikantov i rabočich, o fabričnoj inspekcii, o nadzore za zavedenijami fabrično-zavodskoj promyšlennosti, St. Petersburg, 5. Auflage 1898

Kokovcov, V. N.: Iz moego prošlogo. Vospominanija 1903-1919 gg., 2 Bde., Moskau zweite Auflage 1992

Kossuth, Stefan: Prawo fabryczne z 3/15 czerwa 1886 r., jego znaczenie, zasady, treść i zastosowanie, Lodz 1887
Kovalevskij, V. I.: Vospominanija. Hg. von L. E. Šepelev, in: Russkoe Prošloe 2(1991), S. 5-96
Krestovnikov, N. K. (Hg.): Semejnaja chronika Krestovnikovych (pis'ma i vospominanija), 3 Bde., Moskau 1903-1904
Langovoj, N. P.: Normirovanie prodolžitel'nosti rabočago vremeni na fabrikach, obrabatyvajuščich voloknistyja veščestva, St. Petersburg 1897
Lenin, V. I.: Sočinenija, 3. Ausgabe, 30 Bde., Moskau 1934-1935
Lenin, V. I.: Polnoe sobranie sočinenij, 5. Ausgabe, 55 Bde., Moskau 1963-1970
Litvinov-Falinskij, V. P.: Fabričnoe zakonodatel'stvo i fabričnaja inspekcija v Rossii, 2. Ausgabe, St. Petersburg 1904
Litvinov-Falinskij, V. P.: Organizacija i praktika strachovanija rabočich v Germanii, St. Petersburg 1903
Litvinov-Falinskij, V. P.: Otvetstvennost' predprinimatelej za uveč'ja i smert' rabočich po dejstvujuščim v Rossii zakonam, St. Petersburg 1898
Materialy po izdaniju zakona 2 ijunja 1897 goda ob ograničenii i raspredelenii rabočago vremeni v zavedenijach fabrično-zavodskoj promyšlennosti, St. Petersburg 1905
Materialy, sobrannye Moskovskim Otdeleniem Vyšočajše utverždennago Obščestva dlja sodejstvija Russkoj Promyšlennosti i Torgovle po povodu proekta Lodzinskago Otdelenija o zakonodatel'noj normirovke rabočago vremeni v fabričnych i remeslennych zavedenijach Rossii (Zapiska pervaja), Moskau 1895
Matisen, N.: Atlas Manufakturnoj Promyšlennosti Moskovskoj Gubernii, Moskau 1872
Michajlova, E.: Položenie fabričnych rabotnic na moskovskich fabrikach i uezdnych, in: Drug Ženščin 3(1884), Nr. 5, S. 108-125
Michajlovskij, Ja. T.: O dejatel'nosti fabričnoj inspekcii: Otčet za 1885 god glavnago fabričnago inspektora, St. Petersburg 1886
Mikulin, A. A.: Očerki iz istorii primenenija zakona 3-go ijunja 1886 goda o najme rabočich, na fabrikach i zavodach Vladimirskoj gubernii, Vladimir 1893
Mikulin, A. A.: Fabričnaja inspekcija v Rossii. 1882-1906, Kiev 1906
[Miljutin, D. A.]: Dnevnik D. A. Miljutina, 4 Bde., Moskau 1947-1950
Ministerstvo Finansov 1802-1902, 2 Bde., St. Petersburg 1902
Ministerstvo Justicii za sto let, 1802-1902, St. Petersburg 1902
Miropol'skij, V. I.: Voronežskij fabričnij okrug. Otčet za 1885g. fabričnago inspektora Voronežskago okruga, St. Petersburg 1886
Moskovskij Nekrolog, 3 Bde., St. Petersburg 1907

N. M.: Položenie ženščin po inostrannomu zakonodatel'stvu, in: Drug Ženščin 3(1884), Nr. 2, S. 78-87

Najdenov, N. A.: Moskovskaja birža 1839-1889, Moskau 1889

Najdenov, N. A.: Vospominanija o vidennom, slyšannom i ispytannom, 2 Bde., Moskau 1903-1905 (Nachdruck Newtonville, Mass. 1976)

Nefedov, F. D.: Povesti i rasskazy, 2 Bde., Moskau, Ivanovo 1937

Nevskij, V. (Hg.): Morozovskaja stačka 1885 g., Moskau 1925

Nisselovič, L. N.: Čto neobchodimo dlja predstojaščego peresmotra našich fabrično-promyšlennych zakonov, in: Trudy Obščestva dlja sodejstvija russkoj promyšlennosti i torgovle 13(1883), S. 34-47

Nisselovič, L. N.: Istorija zavodsko-fabričnago zakonodatel'stva Rossijskoj Imperii. Čast' pervaja, St. Petersburg 1883

Nisselovič, L. N.: Torgovo-promyšlennyja soveščatel'nyja učreždenija v Rossii. Istoričeskij očerk, St. Petersburg 1887

Novickij, I. O.: Kievskij fabričnij okrug. Otčet za 1885g. fabričnago inspektora Kievskogo okruga, St. Petersburg 1886

Novoe o Zubatovščine, in: Krasnyj Archiv 1(1922), S. 289-328

Obninskij, P. N.: Novyj zakon ob organizacii fabričnago nadzora v Moskve, in: Juridičeskij Vestnik, 1887, Nr. 11/12, S. 115-120

Obščestvo dlja sodejstvija uluščeniju i razvitiju manufakturnoj promyšlennosti: Pamjati Sergeja Ivanoviča Prochorova, Moskau 1900

Obščestvo dlja sodejstvija uluščeniju i razvitiju manufakturnoj promyšlennosti: Trudy prjadil'no-tkackago otdela kommissii po voprosu o normirovke rabočago vremeni, Moskau 1896

Obščestvo zavodčikov i fabrikantov Moskovskago promyšlennago rajona v 1911 godu, Moskau 1912

Otčet činov fabričnoj inspekcii Vladimirskoj gubernii 1894-1897. Vtoraja – special'naja – čast' (tablicy i priloženija), Vladimir 1899

Otčet po gosudarstvennomu sovetu za 1886 god, St. Petersburg 1886, S. 426-463

Otzyv lodzinskogo otdelenija po voprosu ob izmenenii fabričnogo zakona, in: Trudy Obščestva dlja sodejstvija russkoj promyšlennosti i torgovle 22(1893), otd. III, S.463-465

Ovčinnikov, P. A.: Nekotoryja dannyja po voprosu ob ustrojstve byta rabočich i učenikov na fabrikach i remeslennych zavedenijach, Moskau 1881

Ozerov, I. Ch: Obščestva potrebitelej. Istoričeskij očerk ich razvitija v Zapadnoj Evrope, Amerike i Rossii, St. Petersburg 1900

Ozerov, I. Ch: Politika po rabočemu voprosu v Rossii za poslednie gody, Moskau 1906

P. S. [P. B. Struve]: Po povodu predpoloženii M-va Finansov ob otmene nakazanij za stački, in: Osvoboždenie 1902, Nr. 8, S. 119-120

Pankratova, A. M. (Hg.): Rabočee dviženie v Rossii v XIX veke, 5 Bde., Moskau 1952-1963
Peretc, E. A.: Dnevnik E. A. Peretca, gosudarstvennogo sekretarja (1880-1883), Moskau, Leningrad 1927
Peskov, P. A.: Fabričnyj byt Vladimirskoj gubernii. Otčet za 1882-1883 g. fabričnago inspektora nad zanjatijami maloletnych rabočich Vladimirskago okruga, St. Petersburg 1884
Peskov, P. A.: Sanitarnoe izsledovanie fabrik po obrabotke voloknistych veščestv. 1882-1884, Moskau 1885
Peskov, P. A.: Sanitarnoe izsledovanie fabrik po obrabotke voloknistych veščestv v gorode Moskve. Trudy kommissii, učreždennoj g. moskovskim general-gubernatorom, kn. V. A. Dolgorukovym, dlja osmotra fabrik i zavodov v Moskve, 2 Bde., Moskau 1882
Peskov, P. A.: Vladimirskoj fabričnij okrug. Otčet za 1885g. fabričnago inspektora Vladimirskago okruga, St. Petersburg 1886
Planson, A.: Polnoe sobranie zakonov, pravil, instrukcii i cirkuljarov o rabočich na fabrikach, zavodach i na sel'skich rabotach, St. Petersburg 1887
[Pobedonoscev, K. P.]: K. P. Pobedonoscev i ego korrespondenty. Pis'ma i zapiski, Moskau 1923
Pobiédonostsev, C.: L'Autocratie russe. Mémoires politiques, correspondance officielle et documents inédits relatifs a l'histoire du règne de l'Empereur Alexandre III de Russie (1881-1894), Paris 1927
Pogožev, A. V.: Fabričnyj byt Germanii i Rossii, Moskau 1882
Pogožev, A. V.: Iz žizni fabričnago ljuda v stolice, in: Russkaja Mysl' 6(1885), Bd. 5, S. 1-17
Pogožev, A. V.: Učet čislennosti i sostava rabočich v Rossii, St. Petersburg 1906
Pogožev, A. V.: Iz vospominanij o V. K. fon-Pleve, in: Vestnik Evropy, Juli 1911, S. 259-280
[Pogrebinskij, A. P.]: Finansovaja politika carizma v 70-80-ch godach XIX v., in: Istoričeskij Archiv 6(1960), Heft 2, S. 130-144
Pokrovskaja, M. I.: Žilišča rabočich i zakonodatel'nyja mery k ich ulučšeniju, in: Vestnik Evropy, Dez. 1899, S. 506-523.
Poljanskij, N. N.: Stački rabočich i ugolovnyj zakon, St. Petersburg 1907
Polnoe sobranie zakonov Rossijskoj Imperii, Sobranie Vtoroe, St. Petersburg 1825/26(1830)-1881(1884)
Polnoe sobranie zakonov Rossijskoj Imperii, Sobranie Tret'e, St. Petersburg 1881(1885)-1913(1916)
[Polovcov, A. A.]: Iz dnevnika A. A. Polovcova, in: Krasnyj Archiv 3(1923), S. 73-172; 33(1929), S. 170-203; 46(1931), S. 110-132; 67(1934), S. 168-186

[Polovcov, A. A.]: Dnevnik gosudarstvennogo sekretarja A. A. Polovcova, 2 Bde., Moskau 1966
Portugalov, V.: Ženskij trud v sanitarnom otnošenii, in: Drug Ženščin 3(1884), Nr. 1, S. 65-74, Nr. 2, S. 88-94
Predstavlenie Gospodinu Ministru Finansov ob ustrojstve Gosudarstvennych kass: pensionnoj i strachovanija rabočich ot nesčastnych slučaev, in: Trudy Obščestva dlja sodejstvija russkoj promyšlennosti i torgovle 14(1884), otd. I, S. 3-60
Predstavlenie Gospodinu Ministru Finansov po voprosu ob otvetstvennosti vladel'cev promyšlennych predprijatij za uveč'e i smert' rabočich, in: Trudy Obščestva dlja sodejstvija russkoj promyšlennosti i torgovle 23(1895), otd. I, S. 6-8
Predstavlenie Gospodinu Ministru Finansov po voprosu ob ustrojstve v Rossii gosudarstvennogo strachovanija rabočich ot nesčastnych slučaev, in: Trudy Obščestva dlja sodejstvija russkoj promyšlennosti i torgovle 21(1892), otd. I, S. 1-8
Predstavlenie Gospodinu Ministru Finansov po voprosu o normirovke rabočago vremeni v fabričnych i remeslennych zavedenijach, in: Trudy Obščestva dlja sodejstvija russkoj promyšlennosti i torgovle 24(1898), otd. I, S. 10-13
Predstavlenie Lodzinskogo Otdelenija Obščestva dlja sodejstvija russkoj promyšlennosti i torgovle po voprosu ob otvetstvennosti vladel'cev promyšlennych predprijatij za uveč'e i smert' rabočich, in: Trudy Obščestva dlja sodejstvija russkoj promyšlennosti i torgovle 23(1895), otd. IV, S. 287-293
Predstavlenie v Departament torgovli i manufaktur ob izmenenii nekotorych statej pravil o nadzore za zavedenijami fabričnoj promyšlennosti i o vzaimnych otnošenijach fabrikantov i rabočich, in: Trudy Obščestva dlja sodejstvija russkoj promyšlennosti i torgovle 22(1893), otd. I, S. 44
Press, A.: Strachovanie rabočich v Rossii, St. Petersburg 1900
Prodolžitel'nost' rabočago dnja i zarabotnaja plata rabočich v 20 naibolee promyšlennych gubernijach Evropejskoj Rossii, St. Petersburg 1896.
Proekt pravil dlja fabrik i zavodov v S. Peterburge i uezde, St. Petersburg 1860
Proekt zakonodatel'noj normirovki rabočago vremeni v fabričnych i remeslennych zavedenijach Rossii, vyrabotannyj Pravleniem Lodzinskago Otdelenia Obščestva dlja sodejstvija russkoj promyšlennosti i torgovle i odobrennyj Obščim Sobraniem členov tago-že Otdelenija, na zasedanii ot $^{12}/_{24}$ Janvarja 1894 goda, in: Trudy Obščestva dlja sodejstvija russkoj promyšlennosti i torgovle 23(1895), otd. IV, S. 105-148
Propper, S. M.: Was nicht in die Zeitung kam: Erinnerungen der Birževija Wedomosti, Frankfurt/M. 1929
Rabočij vopros v komissii V. N. Kokovcova v 1905 g., o. O. 1926
Rakovskij, M.: Nekotorye materialy k istorii Morozovskoj stački 1885 g., in:

Materialy po istorii professional'nogo dviženija v Rossii, Bd. 2, Moskau 1924, S. 269-285
Rep'ev, S. P.: Kratkij očerk fabričnogo zakonodatel'stva v Rossii. Dlja promyšlennych učilišč, Kazan' 1914
Roscher, W.: Grundlagen der Nationalökonomie, 20. Auflage, Stuttgart 1892
Samojlov, L.: Atlas promyšlennosti Moskovskoj gubernii, Moskau 1845
[San-Galli, F. K.]: Curriculum vitae zavodčika i fabrikanta Franca Karloviča San-Galli, St. Petersburg 1903.
Scholkow, C.: Achtstundentag in einer russischen Fabrik, in: Soziale Praxis. Centralblatt für Sozialpolitik 4(1894), S. 361-363
Schuler, F.: Der Normalarbeitstag in seinen Wirkungen auf die Produktion, in: Archiv für soziale Gesetzgebung und Statistik 4(1891), S. 82-102
Schulze-Gävernitz, Gerhard von: Der Großbetrieb: ein wirtschaftlicher und sozialer Fortschritt. Eine Studie auf dem Gebiete der Baumwollindustrie, Leipzig 1892
Schulze-Gävernitz, Gerhard von: Volkswirtschaftliche Studien aus Rußland, Leipzig 1899
Ščukin, P. I.: Vospominanija, 5 Bde., Moskau 1911-1912
Šestakov, P. M.: Rabočie na manufakture tovariščestva „Ėmil' Cindel'" v Moskve: Statističeskoe izsledovanie, Moskau 1900
Šidlovskij, A. V.: Kazanskij fabričnij okrug. Otčet za 1885g. fabričnago inspektora Kazanskago okruga, St. Petersburg 1886
Skaržinskij, L. B.: K voprosu ob obespečenii rabočich ot posledstvij nesčastnych slučaev, in: Trudy Obščestva dlja sodejstvija russkoj promyšlennosti i torgovle 27(1904), otd. III, S. 205-405
Slonimskij, L. Z.: Social'nyj vopros i učenye juristy, in: Vestnik Evropy, Jan. 1894, S. 303-328
Slovesnyj sud v Moskve, in: Russkij Vestnik, Sept. 1860, Sovr. letopis', S. 80-88
Sobranie uzakonenij i rasporjaženij pravitel'stva izdavaemoe pri Pravitel'stvujuščem Senate, St. Petersburg 1863-1916
Struve, P. B.: Kritičeskija zametki k voprosu ob ėkonomičeskom razvitii Rossii, St. Petersburg 1894
Struve, P. B.: Das Lodzer Projekt einer gesetzlichen Regelung der Arbeitszeit, in: Sozialpolitisches Centralblatt 4(1895), S. 45-46
[Struve, P. B.]: Die neue Fabrikgesetzgebung Rußlands, in: Archiv für soziale Gesetzgebung und Statistik 12(1898), S. 475-515.
Suvirov, N. I.: Gosudarstvennoe strachovanie rabočich v Germanii, St. Petersburg, o. J.
Svjatlovskij, V. V.: Char'kovskij fabričnij okrug. Otčet za 1885g. fabričnago inspektora Char'kovskago okruga, St. Petersburg 1886

Svjatlovskij, V. V.: Gosudarstvennoe strachovanie rabočich v Germanii, Moskau 1895

Svjatlovskij, V. V.: Iz istorii kass i obščestv vzaimopomošči rabočich, in: Archiv istorii truda v Rossii 4(1922), S. 32-46

Svod otčetov fabričnych inspektorov za vtoruju polovinu 1900 goda, St. Petersburg 1902

Svod otčetov fabričnych inspektorov za 1901 god, St. Petersburg 1903

Svod otčetov fabričnych inspektorov za 1902 god, St. Petersburg 1904

Tachtarev, K. M.: Očerk peterburgskogo rabočego dviženija 90-ch godov, Petrograd 1921

Tajnye dokumenty, otnosjaščijasja k zakonu 2-go ijunja 1897 goda. Izdanie Rossijskoj Social'-demokratičeskoj Rabočej Partii, Genf 1898

Tarasov, S.: Statističeskoe Obozrenie promyšlennosti Moskovskoj gubernii, Moskau 1856

Tatiščev, S.: Obščestva vzaimopomošči v Rossii, in: Promyšlennost' i Zdorov'e 1(1902/03), Nr. 4, S. 28-62

Terner, F. G.: O rabočem klasse i merach k obezpečeniju ego blagosostojanija, St. Petersburg 1860

Terner, F. G.: Vospominanija, in: Russkaja Starina 41(1910), Bd. 144, S. 655-673

Terner, F. G.: Vospominanija žizni F. G. Ternera, 2 Bde., St. Petersburg 1910-1911

Tigranov, G. F.: Kassy dlja rabočich na fabrikach, zavodach i promyšlennych predprijatijach Rossii, in: Trudy Vysočajše učreždennago Vserossijskago torgovo-promyšlennago s-ezda 1896 g. v Nižnem-Novgorode, Bd. 1, Vypusk V: Uslovija byta i i raboty fabrično-zavodskich rabočich. Doklady, St. Petersburg 1896, S. 329-379

Tigranov, G. F.: Kassy vzaimopomošči rabočich častnych gornych zavodov v Carstve Polskom, St. Petersburg 1900

Timofeev, A. G.: Istorija St. Peterburgskoj Birži 1703-1903, St. Petersburg 1903

Timofeev, P.: What the Factory Worker Lives by, in: Bonnell, Victoria (Hg.): The Russian Worker. Life and Labor under the Tsarist Regime, Berkeley 1983

Torgovoe i promyšlennoe delo Rjabušinskich, Moskau 1913

Troickij, A.: Dogovory ličnago najma, in: Otečestvennyja Zapiski 195 (März-April 1871), Sovremennoe Obozrenie, S. 1-36 und 255-300

Trudy kommissii, učreždennoj dlja peresmotra ustavov fabričnago i remeslennago, 3 Bde., St. Petersburg 1863-1865

Trudy kommissii, učreždennoj pri Imperatorskom Russkom Techničeskom Obščestve dlja izsledovanija položenija v Rossii mašinostroenija i otraslej

promyšlennosti, imejuščich k nemu neposredstvennoe otnošenie, St. Petersburg 1875
Trudy s-ezda gg. členov Imperatorskago Russkago Techničeskago Obščestva v Moskve 1882 goda, 3 Bde, St. Petersburg 1883
Trudy ... s-ezda gornopromyšlennikov Juga Rossii, byvsago v gorode Char'kove, 39 Bde., Char'kov 1878-1917
Trudy Vysočajše učreždennago Vserossijskago torgovo-promyšlennago s-ezda 1896 g. v Nižnem-Novgorode, Bd. 1, Vypusk V: Uslovija byta i i raboty fabrično-zavodskich rabočich. Doklady, St. Petersburg 1896
Trudy Vysočajše utverždennago s-ezda glavnych po mašinostroitel'noj promyšlennosti dejatelej, 2 Bde., St. Petersburg 1875
[Valuev, P. A.]: Dnevnik P. A. Valueva, Ministra Vnutrennych Del, 2 Bde., Moskau 1961
Varzar, V. E.: Statističeskija svedenija o stačkach rabočich na fabrikach i zavodach za desjatiletie 1895-1904 goda, St. Petersburg 1905
Vernadsky, George (Hg.): A Source Book for Russian History from Early Times to 1917, Bd. 3, New Haven, London 1972
Vitte, S. Ju.: Vospominanija, 2 Bde., Berlin 1922-1923
[Vitte, S. Ju.]: The Memoirs of Count Witte. A Portrait of the Twilight Years of Tsarism by the Man Who built Modern Russia, übersetzt und herausgegeben von Sydney Harcave, New York, London 1990
Vitte, S. Ju.: Izbrannye vospominanija. 1849-1911 gg., Moskau 1991
„Vnezapnoe" načinanie ili „politika" g. Zubatova, in: Osvoboždenie, 1902, Nr. 8, S. 122-123
Voronov, L. N.: Gosudarstvennoe strachovanie rabočich, in: Russkij Vestnik, März 1898, S. 85-100; Apr. 1898, S. 69-86
Vtoroj doklad soveta moskovskago otdelenija Obščestva dlja sodejstvija russkoj promyšlennosti i torgovle Obščemu Sobraniju Otdelenija po voprosu o neudobstvach vstrečennych pri primenenii zakona 3-go ijunja i „Pravil o nadzore" vsledstvie izlišnych i nepravil'nych trebovanij fabričnoj inspekcii, Moskau 1887
Vtoroj s-ezd RSDRP. Ijul'- avgust 1903 goda. Protokoly, Moskau 1959
Zakonodatel'nye materialy k zakonu o starostach v promyšlennych predprijatijach. S predisloviem P. Struve, Stuttgart 1903
Zapiski grafa Benkendorfa, in: Istoričeskij Vestnik 91(1903), S. 37-65
Zapiska Moskovskogo Otdelenija Obščestva dlja sodejstvija russkoj promyšlennosti i torgovle ob izmenenij fabričnago zakona, in: Trudy Obščestva dlja sodejstvija russkoj promyšlennosti i torgovle 22(1893), otd. III, S. 444-454
Zloba torgovago dnja. Dokladnaja zapiska torgujuščago na Nižegorodskoj jarmarke kupečestva gospodinu Upravljajuščemu Ministerstvom Finansov i otvet na nee, Moskau 1887

Žuravlev, N.: K istorii fabričnogo zakonodatel'stva v 1861 g., in: Krasnyj Archiv 92(1939), S. 133-150
Zykov, S. P.: Nabroski iz moej žizni, in: Russkaja Starina 41(1910), Bd. 143, S. 381-412.

Darstellungen

A. Ja.: Vspomogatel'nyja kassy, in: Brokgauz, F. A. und Efron, I. A.: Ènciklopedičeskij slovar', Bd. 7 (Halbband 13), S. 418-422
Alber, Jens: Vom Armenhaus zum Wohlfahrtsstaat. Analysen zur Entwicklung der Sozialversicherung in Westeuropa, Frankfurt/M., New York 1982
Adolphs, Lotte: Industrielle Kinderarbeit im 19. Jahrhundert unter Berücksichtigung des Duisburger Raumes. Ein Beitrag zur Geschichte der Wirtschafts- und Sozialpädagogik, Duisburg 1972
Albrecht, Gerhard: Sozialpolitik, Göttingen 1955
Amato, Sergio: The Debate between Marxists and Legal Populists on the Problems of Market and Industrialization in Russia (1882-1899) and its Classical Foundations, in: Journal of European Economic History 12(1983), S. 119-143
Amburger, Erik: Geschichte der Behördenorganisation Rußlands von Peter dem Grossen bis 1917, Leiden 1966
Amburger, Erik: Der Reichssekretär A. A. Polovcov als Privatunternehmer, in: Jahrbücher für Geschichte Osteuropas 18(1970), S. 426-438
Amburger, Erik: Deutsche in Staat, Wirtschaft und Gesellschaft Rußlands. Die Familie Amburger in St. Petersburg 1770-1920, Wiesbaden 1986
Anan'ič, B. V. und Ganelin, P. Š.: Sergej Jul'evič Vitte, in: Voprosy Istorii 1990, Nr. 8, S. 32-53
Antonova, S. I.: Statistika fabričnoj inspekcii kak istočnik po istorii proletariata, in: Rabočij klass i rabočee dviženie v Rossii 1861-1917, Moskau 1966, S. 314-344
Arbeiterschutzgesetzgebung, in: Handwörterbuch der Staatswissenschaften, 3. Aufl., Bd. 1, Jena, 1909, S. 591-783
Avrech, A. Ja.: Stolypin i Tret'ja Duma, Moskau 1968
Balabanov, M.: Očerki po istorii rabočego klassa v Rossii, 3 Bde., Moskau 1925
Balabkins, Nicholas W.: Schmoller in Tsarist Russia, in: Journal of Institutional and Theoretical Economics. Zeitschrift für die gesamte Staatswissenschaft 144(1988), S. 581-590
Balickij, G. V.: Fabričnoe zakonodatel'stvo v Rossii, Moskau 1906
Balzer, Harley D.: Russian Technical Society, in: The Modern Encyclopedia of Russian and Soviet History, Bd. 32, Gulf Breeze 1983, S. 176-180

Bazanov, V. A.: F. F. Érisman (1842-1915), Leningrad 1966
Beliajeff, Anton S.: The Rise of the Old Orthodox Merchants of Moscow, 1771-1894, Diss. Phil., Syracuse 1975
Bendix, Reinhard: Tradition and Modernity Reconsidered, in: Comparative Studies in Society and History 9(1966/67), S. 292-346
Bennett, Helju Aulik: The Chin System and the Raznochintsy in the Government of Alexander III, 1881-1894, Diss. Phil., Berkeley 1971
Bennett, Helju Aulik: The Evolution of the Meanings of Chin: An Introduction to the Russian Institution of Rank Ordering and Niche Assignment from the Time of Peter the Great's Table of Ranks to the Bolshevik Revolution, in: California Slavic Studies 10(1977), S. 1-43
Berlepsch, H.-J. von: „Neuer Kurs" im Kaiserreich? Die Arbeiterpolitik des Freiherrn von Berlepsch 1890-1896, Bonn 1987
Berlin, P. A.: Russkaja buržuazija v staroe i novoe vremja, Moskau 1922
Bill, Valentine: The Morozovs, in: The Russian Review 14(1955), S. 109-116
Bill, Valentine: The Forgotten Class: The Russian Bourgeoisie from the Earliest Beginnings to 1900, New York 1959
Blackwell, William G.: The Beginnings of Russian Industrialization, 1800-1860, Princeton 1968
Blumberg, Horst: Die deutsche Textilindustrie in der industriellen Revolution, Berlin (Ost) 1965
Bochanov, A. N.: Krupnaja buržuazija v Rossii. Konec XIXv. – 1914g., Moskau 1992
Bocks, Wolfgang: Die badische Fabrikinspektion. Arbeiterschutz, Arbeiterverhältnisse und Arbeiterbewegung in Baden 1879-1914, Freiburg, München 1978
Bödiker, Tonio: Die Arbeiterversicherung in den europäischen Staaten, Leipzig 1895
Bohnsack, Almut: Spinnen und Weben. Entwicklung von Technik und Arbeit im Textilgewerbe, Reinbek 1981
Bonnell, Victoria E.: Roots of Rebellion. Workers' Politics and Organizations in St. Petersburg and Moscow, 1900-1914, Berkeley 1983
Bonwetsch, Bernd: Die Russische Revolution 1917. Eine Sozialgeschichte von der Bauernbefreiung 1861 bis zum Oktoberumsturz, Darmstadt 1991
Borchers, Paul: Vergleichende Untersuchung über das Gewerbeinspektorat in Deutschland und in Auslande, insbesondere in Großbritannien, Frankreich, der Schweiz und in Österreich, Halle 1904
Borisenkova, R. V.: K istorii fabričnogo zakonodatel'stva i fabričnogo nadzora v Rossii, in: Gigiena i Sanitarija 12(1950), Dez., S. 22-28
Born, Karl Erich: Staat und Sozialpolitik seit Bismarcks Sturz. Ein Beitrag zur Geschichte der innenpolitischen Entwicklung des Deutschen Reiches 1890-1914, Wiesbaden 1957

Bovykin, V. I., Borodkin, L. I. und Kir'janov, Ju. I.: Strikes in Imperial Russia 1895-1913: A Quantitative Analysis, in: Haimson, Leopold H. und Tilly, Charles (Hgg.): Strikes, War and Revolution: Comparative Studies and Quantitative Analyses of Strike Waves in Six Major Industrial Countries in the Late Nineteenth and Early Twentieth Centuries, Cambridge 1989, S. 197-216

Bradley, Joseph: Muzhik and Muscovite. Urbanization in Late Imperial Russia, Berkeley, Los Angeles, London 1986

Braun, Kathrin: Gewerbeordnung und Geschlechtertrennung. Klasse, Geschlecht und Staat in der frühen Arbeitsschutzgesetzgebung, Baden-Baden 1993

Braun, Kathrin: „Schutz für die Unmündigen, die Frauen..." Politische Interaktion und Reorganisation des Geschlechterverhältnisses in der frühen Arbeiterschutzgesetzgebung, in: Feministische Studien 12(1994), S. 33-43

Brower, Daniel R.: The Russian City between Tradition and Modernity, 1850-1900, Oxford 1990

Brun, M.: Stački rabočich, in: Brokgauz, F. A. und Efron, I. A.: Ènciklopedičeskij slovar', Bd. 31 (Halbband 62), S. 522-536.

Buck-Heilig, Lydia: Die Gewerbeaufsicht. Entstehung und Entwicklung, aufgezeigt am Beispiel des Regierungsbezirkes Detmold, Diss. Phil. Konstanz 1988

Bykov, A. N.: Fabričnoe zakonodatel'stvo i razvitie ego v Rossii, St. Petersburg 1909

Byrnes, Robert F.: Pobedonostsev. His Life and Thought, Bloomington, Indiana 1968

Conrad, Christoph: Vom Greis zum Rentner. Der Strukturwandel des Alters in Deutschland zwischen 1830 und 1930, Göttingen 1994

Crisp, Olga: Labour and Industrialization in Russia, in: The Cambridge Economic History of Europe, Bd. VII, Cambridge, London, New York, Melbourne 1978, S. 308-415

Crisp, Olga: Russia, in: Sylla, Richard und Toniolo, Gianni (Hgg.): Patterns of European Industrialization. The Nineteenth Century, London, New York 1991, S. 248-268

Cvibak, Michail: Iz istorii kapitalizma v Rossii. Chlopčatobumažnaja promyšlennost' v XX veke, Leningrad 1925

Dahlmann, Dittmar: Lebenswelt und Lebensweise deutscher Unternehmer in Moskau vom Beginn des 19. Jahrhunderts bis zum Ausbruch des Ersten Weltkrieges, in: Nordost-Archiv N. F. 3(1994), S. 133-163

Dement'ev, E. M.: Fabričnoe zakonodatel'stvo, in: Brokgauz, F. A. und Efron, I. A.: Ènciklopedičeskij slovar', Bd. 35 (Halbband 69), S. 176-206

Desjeans, Mary Frances: The Common Experience of the Russian Working

Class: The Case of St. Petersburg 1892-1904, Diss. Phil., Duke University 1978

Deutschmann, C.: Der Weg zum Normalarbeitstag. Die Entwicklung der Arbeitszeiten in der deutschen Industrie bis 1918, Frankfurt/M. 1985

Ditt, Karl: Arbeitsverhältnisse und Betriebsverfassung in der deutschen Textilindustrie des 19. Jahrhunderts, unter besonderer Berücksichtigung der Bielefelder Leinenindustrie, in: Archiv für Sozialgeschichte 21(1981), S. 55-75

Ebert, Kurt: Die Anfänge der modernen Sozialpolitik in Österreich. Die Taaffesche Sozialgesetzgebung für die Arbeiter im Rahmen der Gewerbeordnungsreform (1879-1885), Wien 1975

Efremcev, G. P.: Istorija Kolomenskogo zavoda. Očerk istorii teplovozostroitel'nogo zavoda imeni V. V. Kujbyševa za 110 let (1863-1973), Moskau 1973

Ėksempljarskij, P. M.: Istorija goroda Ivanova. čast' 1. Dooktjabrskij period, Ivanovo 1958

Ellerkamp, Marlene: Industriearbeit und Geschlecht. Zu den sozialen Kosten der Industrialisierung: Bremer Textilarbeiterinnen 1870-1914, Göttingen 1991

Enden, M. N. de: The Roots of Witte's Thought, in: The Russian Review 29(1970), S. 6-24

Engel, Barbara Alpern: Women, Work and Family in the Factories of Rural Russia, in: Russian History 16(1989), S. 223-237

Engel, Barbara Alpern: Prostitutes in Late Nineteenth Century St. Petersburg: A Personal and Social Profile, in: The Russian Review 48(1989), S. 21-44

Engel, Barbara Alpern: Transformation versus Tradition, in: Clements, B. E., Engel, B. A. und Worobec, C. D. (Hgg.): Russia's Women. Accommodation, Resistance, Transformation, Berkeley 1991, S. 135-147

Engel, Barbara Alpern: Between the Fields and the City. Women, Work and Family in Russia, 1861-1914, Cambridge 1994

Engelmann, Johannes: Das Staatsrecht des Kaisertums Rußland, in: Handbuch des Öffentlichen Rechts, Bd. IV, 2. Halbband, 1. Abt., Freiburg 1889, S. 1-242

Engelstein, Laura: Moscow, 1905. Working-Class Organization and Political Conflict, Stanford 1982

Ermanskij, A. [O. A. Kogan]: Krupnaja buržuazija do 1905 g., in: Martov, L., Maslov, P. und Potresov, A. (Hgg.): Obščestvennoe dviženie v Rossii v načale XX veka, Bd. 1, St. Petersburg 1909, S. 313-348

Eroškin, N. P.: Očerki istorii gosudarstvennych učreždenij dorevoljucionnoj Rossii. Posobie dlja učitelja, Moskau 1960

Evdokimov, V. T.: Varzar, Vasilii Egorovich, in: The Modern Encyclopedia of Russian and Soviet History, Bd. 41, Gulf Breeze 1986, S. 196

Ewing, Sally: The Russian Social Insurance Movement, 1912-1914. An Ideological Analysis, in: Slavic Review 50(1991), S. 914-926

Feldenkirchen, Wilfried: Kinderarbeit im 19. Jahrhundert. Ihre wirtschaftlichen und sozialen Auswirkungen, in: Zeitschrift für Unternehmensgeschichte 26(1981), S. 1-41

Fieseler, Beate: „Ein Huhn ist kein Vogel – ein Weib ist kein Mensch". Russische Frauen (1860-1930) im Spiegel historischer Forschung, in: Fieseler, Beate und Schulze, Birgit (Hgg.): Frauengeschichte: Gesucht – Gefunden? Auskünfte zum Stand der historischen Frauenforschung, Köln, Wien, Weimar 1991, S. 214-235

Fischer, Wolfram: Wirtschaftliche Bedingungen bei der Entstehung und Entwicklung von Sozialversicherung, in: Zacher, Hans F. (Hg.): Bedingungen für die Entstehung und Entwicklung von Sozialversicherung. Colloquium der Projektgruppe für Internationales und Vergleichendes Sozialrecht der Max-Planck-Gesellschaft, Berlin 1979, S. 91-102

Fleischhauer, Ingeborg: Die Deutschen im Zarenreich. Zwei Jahrhunderte deutsch-russischer Kulturgemeinschaft, Stuttgart 1986

Flora, Peter, Alber, Jens und Kohl, Jürgen: Zur Entwicklung der westeuropäischen Wohlfahrtsstaaten, in: Politische Vierteljahresschrift 18(1977), S. 707-772

Frieden, Nancy Mandelker: Russian Physicians in an Era of Reform and Revolution, Princeton, N. J. 1981

Friedgut, Theodore: Iuzovka and Revolution, 2 Bde., Princeton, N. J. 1989 und 1994

Fuld, L.: Der Begriff des Betriebsunfalls im Sinne der deutschen Gesetzgebung, in: Archiv für Sozialwissenschaft und Sozialpolitik 1(1881), S. 417-428

Gately, Michael Owen: The Development of the Russian Cotton Textile Industry in the Pre-Revolutionary Years, 1861-1913, Diss. Phil. Kansas, 1968

Gatrell, Peter: Government, Industry and Rearmament in Russia, 1900-1914: The Last Argument of Tsarism, Cambridge 1994

Gatrell, Peter: The Tsarist Economy 1850-1917, London 1986

Gavlin, M. L.: Rol' centra i okrain Rossijskoj imperii v formirovanii krupnoj moskovskoj buržuazii v poreformennyj period, in: Istoričeskie Zapiski 92(1973), S. 336-355

Gavlin, M. L.: Social'nyj sostav krupnoj moskovskoj buržuazii vo vtoroj polovine XIX v., in: Problemy otečestvennoj istorii, Bd. 1, Moskau 1973, S. 166-188

Gerschenkron, Alexander: Economic Backwardness in Historical Perspective, Cambridge, Mass. 1962

Gessen, V. Ju.: Istorija zakonodatel'stva o trude rabočej molodeži v Rossii, Leningrad 1927

Gessen, V. M.: Isključitel'noe položenie, St. Petersburg 1908

Geyer, Dietrich: Lenin in der russischen Sozialdemokratie. Die Arbeitsbewegung im Zarenreich als Organisationsproblem der revolutionären Intelligenz 1890-1903, Köln, Graz 1962

Geyer, Dietrich: Der russische Imperialismus, Göttingen 1977

Geyer, Dietrich: Zwischen Bildungsbürgertum und Intelligencija: Staatsdienst und akademische Professionalisierung im vorrevolutionären Rußland, in: Conze, Werner und Kocka, Jürgen (Hgg.): Bildungsbürgertum im 19. Jahrhundert, Bd.1, Stuttgart 1985, S. 207-230

Giffin, Frederick C.: I. I. Yanzhul, Russia's First District Factory Inspector, in: The Slavonic and East European Review 49(1971), S. 80-91

Giffin, Frederick C.: In Quest of an Effective Program of Factory Legislation in Russia: The Years of Preparation, 1859-1880, in: The Historian 29(1967), S. 175-185

Giffin, Frederick C.: Russian Factory Legislation in the 1880s, Diss. Phil., Ann Arbor 1965

Giffin, Frederick C.: The „First Russian Labor Code": The Law of June 3, 1886, in: Russian History 2(1975), S. 83-100

Giffin, Frederick C.: The Formative Years of the Russian Factory Inspectorate, 1882-1885, in: Slavic Review 25(1966), S. 641-650

Giffin, Frederick C.: The Prohibition of Night Work for Women and Young Persons: The Factory Law of June 3, 1885, in: Canadian Slavic Studies 2(1968), S. 208-218

Giffin, Frederick C.: The Role of the Pleve Commission in the Russian Factory Laws of 1885 and 1886, in: European Studies Review 2(1972), S. 143-150

Gindin, Russkaja buržuazija v period kapitalizma, ee razvitie i osobennosti, in: Istorija SSSR 7(1963), Nr. 2, S. 57-80; Nr. 3, S. 37-60

Glickman, Rose L.: The Russian Factory Woman, 1880-1914, in: Atkinson, Dorothy, Dallin, Alexander und Lapidus, Gail W. (Hgg.): Women in Russia, Stanford 1977, S. 63-83

Glickman, Rose L.: Russian Factory Women. Workplace and Society 1880-1914, Berkeley 1984

Glickman, Rose L.: Peasant Women and Their Work, in: Farnsworth, Beatrice und Viola, Lynne (Hgg.): Russian Peasant Women, Oxford 1992, S. 54-72

Gorjakina, V. S.: „Rabočij vopros" v Rossii v period revoljucionnoj situacii 1879-1881 godov, in: Voprosy Istorii 1963, Nr. 6, S. 35-46

Gregory, Paul R.: Before Command. An Economic History of Russia from Emancipation to the First Five-Year-Plan, Princeton N. J. 1994

Gresser, A.: Die Entstehung der bayerischen Gewerbeaufsicht. „Arbeiterschutz" und „Arbeiterverhältnisse" bis 1914, Diss. Phil., Regensburg 1984

Groh, Dieter: Negative Integration und revolutionärer Attentismus. Die deutsche Sozialdemokratie am Vorabend des Ersten Weltkrieges, Frankfurt/M., Berlin, Wien 1973

Guroff, Gregory und Carstensen, Fred V. (Hgg.): Entrepreneurship in Imperial Russia and the Soviet Union, Princeton 1983

Guška, A. O. [O. A. Kogan]: Predstavitel'nye organizacii torgovo-promyšlennogo klassa v Rossii, St. Petersburg 1912

Haimson, Leopold H. und Tilly, Charles (Hgg.): Strikes, War and Revolution: Comparative Studies and Quantitative Analyses of Strike Waves in Six Major Industrial Countries in the Late Nineteenth and Early Twentieth Centuries, Cambridge 1989

Hammer, Michel: L'influence de Pobedonostsev sur la Russie des années 1880, in: Schweizerische Zeitschrift für Geschichte 38(1988), S. 250-266

Hansen, Nils: Zur Kinderarbeit in schleswig-holsteinischen Fabriken im 19. Jhdt., Neumünster 1987

Harcave, Sidney: First Blood. The Russian Revolution of 1905, New York und London 1964

Hartl, Johann H.: Die Interessenvertretungen der Industriellen in Rußland, 1905-1914, Wien 1978

Haumann, Heiko: Kapitalismus im zarischen Staat 1906-1917. Organisationsformen, Machtverhältnisse und Leistungsbilanz im Industrialisierungsprozeß, Königstein/T. 1980

Haumann, Heiko: Unternehmer in der Industrialisierung Rußlands und Deutschlands. Zum Problem des Zusammenhanges von Herkunft und politischer Orientierung, in: Scripta Mercaturae 20(1986), S. 143-161

Hayward, Oliver S.: Official Russian Policies Concerning Industrialization during the Finance Ministry of M. Kh. Reutern 1862-1878, Diss. Phil., University of Wisconsin 1973

Held, Thomas: Arbeitermilieus und soziale Erfahrungen in der Petersburger Metallindustrie 1890-1914, in: Haumann, Heiko und Plaggenborg, Stefan (Hgg.): Aufbruch der Gesellschaft im verordneten Staat. Rußland in der Spätphase des Zarenreiches, Frankfurt/M. 1994, S. 165-185

Heller, Klaus: Die Anfänge fabrikgesetzlicher Regelungen im kaiserlichen Rußland, in: Vierteljahresschrift für Sozial- und Wirtschaftsgeschichte 67(1980), S. 177-199

Hennock, E. P.: British Social Reform and German Precedents. The Case of Social Insurance 1880-1914, Oxford 1987

Hildermeier, Manfred: Gesellschaftsbild und politische Artikulation der Kaufmannschaft im vor- und frühindustriellen Rußland, in: Forschungen zur Osteuropäischen Geschichte 38(1986), S. 392-418

Hildermeier, Manfred: Bürgertum und Stadt in Rußland 1760-1870. Wirtschaftliche Lage und soziale Struktur, Köln, Wien 1986

Hjelt, August: Die Unfallversicherung der Arbeiter in Finnland, in: Archiv für soziale Gesetzgebung und Statistik 13(1899), S. 410-432.

Hogan, Heather: Forging Revolution. Metalworkers, Managers, and the State in St. Petersburg, 1890-1914, Bloomington 1993
Hutchinson, John F.: Politics and Public Health in Revolutionary Russia, 1890-1918, Baltimore 1990
Ihnatowicz, Ireneusz: Burżuazja warszawska, Warschau 1972
Istorija rabočich Leningrada (1703-1965), 2 Bde., Leningrad 1972
Istorija russkoj ėkonomičeskoj mysli, Bd. 2: Ėpocha domonopolističeskogo kapitalizma. Čast' pervaja, Moskau 1959
Ivanov, L. M.: Samoderžavie, buržuazija i rabočie, in: Voprosy Istorii, Jan. 1971, S. 81-96
Ivanov, L. M.: Strachovoj zakon 1912 goda i ego praktičeskoe primenenie, in: Otečestvennaja Istorija 1995, Nr. 5, S. 73-87
Ivanov, L. M.: Zakon 1903g. o voznagraždenii uvečnych rabočich i ego praktičeskoe primenenie, in: Rabočee dviženie v Rossii v period imperializma, Moskau 1982, S. 88-126
Iz istorii fabrik i zavodov Moskvy i Moskovskoj gubernii (konec XVIII-načalo XX v.). Obzor dokumentov, Moskau 1968
Joffe, Muriel: Regional Rivalry and Economic Nationalism. The Central Industrial Region Industrialists' Strategy for the Development of the Russian Economy, 1880s-1914, in: Russian History 11(1984), S. 389-421
Johnson, Robert Eugene: The Nature of the Russian Working Class: Social Characteristics of the Moscow Industrial Region, 1880-1900, Diss. Phil. Cornell 1975
Johnson, Robert Eugene: Peasant and Proletarian: The Working-Class of Moscow in the Late 19th Century, Leicester 1983
Judge, Edward Hallett: The Russia of Plehwe: Programs and Policies of the Ministry of Internal Affairs, 1902-1904, Diss. Phil., Univ. of Michigan, 1975.
Kaczynska, Elżbieta: Bürgertum und städtische Eliten. Kongreßpolen, Rußland und Deutschland im Vergleich, in: Kocka, Jürgen (Hg.): Bürgertum im 19. Jahrhundert. Deutschland im europäischen Vergleich, Bd. 3, München 1988, S. 466-488
Kähler, W.: Gewerbeinspektion, in: Handwörterbuch der Staatswissenschaften, 3. Aufl., Bd. 4, Jena 1909 S. 986-993
Kaiser, Friedhelm B.: Die russische Justizreform von 1864, Leiden 1972
Kalabiński, Stanisław: Die Modernisierung der Gesellschaft im Königreich Polen im 19. Jahrhundert, in: Conze, Werner, Schramm, Gottfried und Zernack, Klaus (Hgg.): Modernisierung und nationale Gesellschaft im ausgehenden 18. und im 19. Jahrhundert. Referate einer deutsch-polnischen Historikerkonferenz, Berlin 1979, S. 71-89
Karl, Michael: Fabrikinspektoren in Preußen: das Personal der Gewerbeauf-

sicht 1854-1945. Professionalisierung, Bürokratisierung und Gruppenprofil, Opladen 1993
Kaufmann, Richard von: Die Vertretung der wirtschaftlichen Interessen in den Staaten Europas, die Reorganisation der Handels- und Gewerbekammern und die Bildung eines volkswirtschaftlichen Zentralorgans in Deutschland, Berlin 1879
Kazancev, B. N.: Istočniki po razrabotke zakonov o naemnom promyšlennom trude v krepostnoj Rossii (30-e – načalo 60-ch godov XIX v.), in: Problemy Istočnikovedenija 11(1963), S. 80-112
Kazancev, B. N.: Raboèie Moskvy i Moskovskoj gubernii v seredine XIX veka, Moskau 1976
Kazimierski, Józef: Hielle i Dittrichowie oraz ich rola w rozwoju Żyrardówa (1857-1918), in: Kołodziejczyk, Ryszard (Hg.): Image predsięborcy gospodarczego w Polsce w XIX i XX wieku, Warschau 1993, S. 161-165
Kermann, Joachim: Vorschriften zur Einschränkung der industriellen Kinderarbeit in Bayern und ihre Handhabung in der Pfalz, in: Jahrbuch für westdeutsche Landesgeschichte 2(1976), S. 311-374
King, Victoria A. P.: The Emergence of the St. Petersburg Industrial Community, 1870-1905: The Origins and Early Years of the Petersburg Society of Manufacturers, Diss. Phil., Berkeley 1982
Kinjapina, N. S.: Politika russkogo samoderžavija v oblasti promyšlennosti 20-50e gody XIX v., Moskau 1968
Kirchner, W.: Die deutsche Industrie und die Industrialisierung Rußlands 1815-1914, St. Katharinen 1986
Kir'janov, Ju. I.: Perechod k massovoj političeskoj bor'be. Rabočij klass nakanune pervoj rossijskoj revoljucii, Moskau 1987
Kir'janov, Ju. I.: Žiznennyj uroven' rabočich Rossii (konec XIX – načalo XX v.), Moskau 1979
Klejn, B. S.: Rossija meždu reformoj i diktaturoj (1861-1920gg.), in: Voprosy Istorii 1991, Nr. 9-10, S. 3-13
Klenova, E. V.: A. V. Pogožev (k 40-letiju so dnja smerti), in: Sovetskoe Zdravoochranenie 12(1953), Nr. 4, S. 53-58
Kočakov, B. M.: Russkij zakonodatel'nyj dokument XIX-nač. XX vekov, in: Vspomogatel'nye Istoričeskie Discipliny. Sbornik statej, Moskau, Leningrad 1937, S. 319-371
Kočergin, K. I.: 90-e gody na fabrike „Rabočij", in: Krasnaja Letopis' 43(1931), Heft 3, S. 101-119
Kocka, Jürgen: Unternehmer in der deutschen Industrialisierung, Göttingen 1975
Köhler, Peter: Entstehung von Sozialversicherung. Ein Zwischenbericht, in: Zacher, Hans F. (Hg.): Bedingungen für die Entstehung und Entwicklung von Sozialversicherung. Colloquium der Projektgruppe für Internationales

und Vergleichendes Sozialrecht der Max-Planck-Gesellschaft, Berlin 1979, S. 19-88
Köhler, Peter A. und Zacher, Hans F. (Hgg.): Ein Jahrhundert Sozialversicherung in der Bundesrepublik Deutschland, Frankreich, Großbritannien, Österreich und der Schweiz, Berlin 1981
Kołodziejczyk, Ryszard: Burżuazja polska XIX i XX wieku, Warschau 1979
Kołodziejczyk, Ryszard: Die Bourgeoisie im Königreich Polen. Entwurf eines Portraits, in: Scripta Mercaturae 20(1986), S. 58-76
Kołodziejczyk, Ryszard (Hg.): Image predsięborcy gospodarczego w Polsce w XIX i XX wieku, Warschau 1993
Kołodziejczyk, Ryszard: The Bourgeoisie in Poland in the 19th and 20th Century against the European Background, in: Studia Historiae Oeconomicae 5(1970), S. 215-230
Korelin, A. P.: Krach ideologii „policejskogo socializma" v carskoj Rossii, in: Istoričeskie Zapiski 92(1973), S. 109-152
Korol'čuk, E. und Sokolova, E.: Chronika revoljucionnogo rabočego dviženija v Peterburge, Leningrad 1940
Koropeckyj, I. S.: Academic Economics in the Nineteenth Century Ukraine, in: Ders. (Hg.): Selected Contributions of Ukrainian Scholars to Economics, Cambridge Mass. 1984, S. 163-222
Krizis samoderžavija v Rossii. 1895-1917, Leningrad 1984
Laue, Theodore H. von: Factory Inspection under the „Witte System" 1892-1903, in: American Slavonic and East European Review 19(1960), S. 347-362
Laue, Theodore H. von: Sergei Witte and the Industrialization of Russia, New York 1963
Laveryčev, V. Ja.: Po tu storonu barrikad (Iz istorii bor'by moskovskoj buržuazii s revoljuciej), Moskau 1967
Laveryčev, V. Ja.: Carizm i rabočij vopros v Rossii (1861-1917 gg.), Moskau 1972
Laveryčev, V. Ja.: Krupnaja buržuazija v poreformennoj Rossii, 1861-1900, Moskau 1974
Laveryčev, V. Ja.: O nekotorych liberal'nych tendencijach v politike carizma po rabočemu voprosu v načale 70-ch godov XIX v., in: Istoričeskie Zapiski 115(1987), S. 205-220
Laveryčev, V. Ja.: Rossijskie promyšlenniki i rabočee dviženie v period imperializma, in: Rabočij klass i rabočee dviženie v Rossii 1861-1917, Moskau 1966, S. 255-284
Lee, Kyoo-Sik: Das Volk von Moskau und seine bedrohte Gesundheit, 1850-1914, unveröffentl. Diss. Phil., Freiburg i. Br. 1989
Leskova, L. I.: Kollektivnye dogovory rabočich s predprinimateljami v 1905-

1907 gg. kak istoričeskij istočnik, in: Rabočij klass i rabočee dviženie v Rossii 1861-1917, Moskau 1966, S. 345-357

Levin-Stankevich, Brian Lee: Cassation, Judicial Interpretation and Criminal Law in Russia 1864-1917: The Institutional Consequences of the 1864 Court Reform in Russia, Diss. Phil. Buffalo 1984

Liessem, Peter: Verwaltungsgerichtsbarkeit im späten Zarenreich. Der Dirigierende Senat und seine Entscheidungen zur russischen Selbstverwaltung (1864-1917), Frankfurt/M. 1996

Lieven, Dominic C.: The Russian Civil Service under Nicholas II: Some Variations on the Bureaucratic Theme, in: Jahrbücher für Geschichte Osteuropas 29(1981), S. 366-403

Lieven, Dominic C.: Russia's Rulers under the Old Regime, Yale 1989

Lieven, Dominic C.: Stereotyping an Élite. The Appointed Members of the State Council, 1894-1914, in: The Slavonic and East European Review 63(1985), S. 244-272

Lincoln, W. Bruce: Petr Petrovich Semenov-Tian-Shanskii. The Life of a Russian Geographer, Newtonville 1980

Lincoln, W. Bruce: In the Vanguard of Reform. Russia's Enlightened Bureaucrats 1825-1861, DeKalb 1982

Lindner, Rainer: K. P. Pobedonoscev und die russische Reformbürokratie. Ein Beitrag zur Rechtsgeschichte des späten Zarenreiches, in: Jahrbücher für Geschichte Osteuropas 43(1995), S. 34-57

Livšin, Ja. I.: «Predstavitel'nye» organizacii krupnoj buržuazii v Rossii v konce XIX-načale XX vv., in: Istorija SSSR 2(1959), S. 95-117

Löwe, Heinz-Dietrich: Die arbeitende Frau: Traditionelle Räume und neue Rollen, Rußland 1860-1917, in: Martin, Jochen und Zoepffel, Renate (Hgg.): Aufgaben, Rollen und Räume von Frau und Mann, Freiburg und München 1989, S. 937-972

Löwe, Heinz-Dietrich: Von „Mildtätigkeit" zu „Sozialpolitik". Jüdische Selbsthilfe in Rußland 1860-1917, in: Haumann, Heiko und Plaggenborg, Stefan (Hgg.): Aufbruch der Gesellschaft im verordneten Staat. Rußland in der Spätphase des Zarenreiches, Frankfurt/M. 1994, S. 98-118

Ludwig, Karl-Heinz: Die Fabrikarbeit von Kindern im 19. Jahrhundert, ein Problem der Technikgeschichte, in: Vierteljahrschrift für Sozial- und Wirtschaftsgeschichte 52(1965), S. 63-85

Lunc, M. G.: Sbornik statej. Iz istorii fabričnago zakonodatel'stva, fabričnoj inspekcii i rabočago dviženija v Rossii, Moskau 1909

Lur'e, E. S.: Organizacija i organizacii torgovo-promyšlennych interesov v Rossii. Podgotovitel'nye materialy i ètjudy dlja charakteristiki predprinimatel'skago dviženija, St. Petersburg 1913

Luxemburg, Rosa: Die industrielle Entwicklung Polens, Leipzig 1898

Martov, L., Maslov, P. und Potresov, A. (Hgg.): Obščestvennoe dviženie v Rossii v načale XX-go veka, 4 Bde., St. Petersburg 1909-1914
Martov, L.: Razvitie krupnoj promyšlennosti i rabočee dviženie v Rossii, Petrograd, Moskau 1923
Maurach, Reinhard: Der Russische Reichsrat, Berlin 1939
Mavor, James: An Economic History of Russia, London und Toronto 2. Auflage 1925, Bd. 2, S. 407-412
Mayer-Maly, Theo: Die Entstehung des Zusammenwirkens von Arbeitgeber- und Arbeitnehmervertretern in arbeitsrechtlichen Gremien, in: Stourzh, Gerald und Grandner, Margarete (Hgg.): Historische Wurzeln der Sozialpartnerschaft, Wien 1986, S. 265-277
Mayer-Maly, Theo: Die exemplarische Bedeutung des englischen Arbeitsrechts, in: Gamillscheg, Franz u. a. (Hgg.): In Memoriam Sir Otto Kahn-Freund, München 1980, S. 563-569
McCaffray, Susan P.: The Association of Southern Coal and Steel Producers and the Problems of Industrial Progress in Tsarist Russia, in: Slavic Review 47(1988), S. 464-482
McCaffray, Susan P.: The Origins of Labor Policy in the Russian Coal and Steel Industry, 1874-1900, in: Journal of Economic History 47(1987), S. 951-965
McDaniel, Tim: Autocracy, Capitalism and Revolution in Russia, Berkeley 1988
McKay, John.: Pioneers for Profit. Foreign Entrepreneurs and Russian Industrialization, 1885-1913, Chicago 1970
McKean, R. B.: Social Insurance in Tsarist Russia, St. Petersburg, 1907-1917, in: Revolutionary Russia 3(1990), S. 55-89
Mendel, Arthur P.: Dilemmas of Progress in Tsarist Russia: Legal Marxism and Legal Populism, Cambridge, Mass. 1961
Meschewetski, Peisach: Die Fabrikgesetzgebung in Rußland, Tübingen 1911 (Zeitschrift für die gesamte Staatswissenschaft, Ergänzungsheft 39)
Metz, K. H.: Industrialisierung und Sozialpolitik. Das Problem der sozialen Sicherheit in Großbritannien 1795-1911, Göttingen 1988
Moskalenko, G. K.: K voprosu o pervom kollektivnom dogovore v Rossii, in: Voprosy Istorii 1961, Nr. 6, S. 212-213
Mosse, W. E.: Aspects of Tsarist Bureaucracy. Recruitment to the Imperial State Council 1855-1914, in: The Slavonic and East European Review 57(1979), S. 240-254
Mosse, W. E.: Perestroika Under the Tsars, London, New York 1992
Mosse, W. E.: The Tsarist Ministerial Bureaucracy 1882-1904: Its Social Composition and Political Attitudes, in: Canadian American Slavic Studies 18(1984), S. 249-267

Neubauer, Helmut: Alexander II. und die Arbeiterfrage, in: Ostdeutsche Wissenschaft 7(1960), S. 109-126
Offord, Derek: The Contribution of V. V. Bervi-Flerovsky to Russian Populism, in: The Slavonic and East European Review 66(1988), S. 236-251
Osadčaja, A. I.: Birža v Rossii, in: Voprosy Istorii 1993, Nr. 10, S. 3-18
Owen, Thomas C.: Capitalism and Politics in Russia. A Social History of the Moscow Merchants 1855-1905, Cambridge 1981
Owen, Thomas C.: Naidenov, Nikolai Aleksandrovich, in: The Modern Encyclopedia of Russian and Soviet History, Bd. 24, Gulf Breeze 1981, S. 41-44
Owen, Thomas C.: The Russian Industrial Society and Tsarist Economic Policy, 1867-1905, in: Journal of Economic History 45(1985), S. 587-606
Owen, Thomas C.: Impediments to a Bourgeois Consciousness in Russia, 1880-1905: The Estate Structure, Ethnic Diversity, and Economic Regionalism, in: Clowes, Edith, Kassow, Samuel und West, James L. (Hgg.): Between Tsar and People. Educated Society and the Quest for Public Identity in Late Imperial Russia, Princeton 1991, S. 75-89
Pallot, Judith: Women's Domestic Industries in Moscow Province, 1880-1900, in: Clements, B. E., Engel, B. A. und Worobec, C. D. (Hgg.): Russia's Women, Berkeley 1991, S. 163-184
Pažitnov, K. A.: Očerk razvitija rabočej potrebitel'skoj kooperacii, in: Trud v Rossii 1(1924), S. 205-214
Pažitnov, K. A.: Očerki istorii tekstil'noj promyšlennosti dorevoljucionnoj Rossii: Šerstjanaja promyšlennost', Moskau 1955
Pažitnov, K. A.: Očerki istorii tekstil'noj promyšlennosti dorevoljucionnoj Rossii: Chlopčatobumažnaja, l'no-pen'kovaja i šelkovaja promyšlennost', Moskau 1958
Pažitnov, K. A.: Rabočie arteli, in: Archiv istorii truda v Rossii 10(1923), S. 54-74
Perazič, V.: Vseobščaja zabastovka tekstilej, 1896-1897 gg., in: Bor'ba klassov 7/8 (1935), S. 70-77
Pesda, John L.: N. K. Bunge and Russian Economic Development, 1881-1886, Diss. Phil., Kent State University 1971
Pietrzak-Pawłowska, Irena: Praca organiczna wobec wielkokapitalistycznych przemian w Królewstwie Polskim, in: Przegląd Historyczny 54(1963), S. 432-456
Pintner, Walter McKenzie: Russian Economic Policy under Nicholas I, Ithaca 1967
Pintner, Walter McKenzie: The Russian Higher Civil Service on the Eve of the Great Reforms, in: Journal of Social History 8(1975), S. 55-68
Pipes, Richard: Social Democracy and the St. Petersburg Labor Movement, 1885-1897, Cambridge, Mass. 1963

Pipes, Richard: Struve. Liberal on the Left, 1870-1905, Cambridge, Mass. 1970
Pirumova, N. M.: Zemskaja intelligencija i ee rol' v obščestvennoj bor'be do načala XX veka, Moskau 1986
Plaggenborg, Stefan: Versuche zur Modernisierung der russischen Provinzialverwaltung im ausgehenden 19. Jahrhundert, in: Jahrbücher für Geschichte Osteuropas 36(1988), S. 321-340
Plaggenborg, Stefan: Staatsfinanzen und Industrialisierung in Rußland 1881-1903. Die Bilanz der Steuerpolitik für Fiskus, Bevölkerung und Wirtschaft, in: Forschungen zur Osteuropäischen Geschichte 44(1990), S.123-339
Poerschke, Stephan: Die Entwicklung der Gewerbeaufsicht in Deutschland, Jena 1913
Pohl, Karl Henrich: Sozialdemokratie und Gewerbeinspektion. Zum Verhältnis von Staat, Arbeiterbewegung und Arbeitgebern in Süddeutschland zwischen 1890 und 1914, in: Vierteljahresschrift für Sozial- und Wirtschaftsgeschichte 75(1988), S. 457-482
Polski Słownik Biograficzny, 34 Bde.(unvollst.), Krakau u. a. 1935-1993
Portal, Roger: Industriels Moscovites. Le secteur cotonnier, 1861-1914, in: Cahiers du Monde Russe et Soviétique 4(1963), S. 5-46
Pospielovsky, Dmitry: Russian Police Trade Unionism. Experiment or Provocation?, London 1971
Potolov, S. I.: Rabočie Donbassa v XIX veke, Moskau, Leningrad 1963
Potolov, S. I.: Carizm, buržuazija i rabočij klass Rossii v načale XX v. (političeskij aspekt), in: Reformy ili revoljucija? Rossija 1861-1917. Materialy meždunarodnogo kollokviuma istorikov, St. Petersburg 1992, S. 79-90
Preller, Ludwig: Von den tragenden Ideen der ersten deutschen Sozialpolitik, in: Festschrift für Ludwig Bergstraesser, Düsseldorf 1954, S. 301-311
Prochnik, A.: Bunt łódzki w roku 1892, Warschau 1950
Puchlov, N. N.: Rabočee dviženie v korolevstve Pol'skom v 90-e gody XIX veka, in: Voprosy Istorii 1954, Nr. 2, S. 41-57
Puttkamer, Joachim von: Anfänge russischer Sozialgesetzgebung. Die Politik der Regierung und die Haltung der Industrie zur Haftung bei Arbeitsunfällen, in: Haumann, Heiko und Plaggenborg, Stefan (Hgg.): Aufbruch der Gesellschaft im verordneten Staat. Rußland in der Spätphase des Zarenreiches, Frankfurt/M. 1994, S. 186-216
Pytlas, Stefan: Łódzka buržuazja przemysłowa w latach 1864-1914, Lodz 1994
Quandt, Siegfried (Hg.): Kinderarbeit und Kinderschutz in Deutschland 1783-1976, Paderborn 1978
Rabe, Volker: Der Widerspruch von Rechtsstaatlichkeit und strafender Verwaltung in Rußland 1881-1917. Motive, Handhabung und Auswirkungen der administrativen Verbannung von Revolutionären, Karlsruhe 1985

Rabočij klass i rabočee dviženie v Rossii 1861-1917, Moskau 1966
Rabočij klass Rossii ot zaroždenija do načala XX v., Moskau 1983
Raeff, Marc: Plans for Political Reform in Imperial Russia, 1730-1905, Englewood Cliffs, New Jersey 1966, S. 121-140
Raeff, Marc: The Well-ordered Police State. Social and Institutional Change through Law in the Germanies and Russia, 1600-1800, New Haven, London 1983.
Ramer, Samuel: The Zemstvo and Public Health, in: Emmons, Terence und Vucinich, Wayne (Hgg.): The Zemstvo in Russia. An Experiment in Local Self-Government, Cambridge 1982, S. 279-314
Rašin, A. G.: Formirovanie rabočego klassa Rossii. Istoriko-ėkonomičeskie očerki, Moskau 1958
Reeves, William Pember: State Experiments in Australia & New Zealand, London 1902
Reformy ili revoljucija? Rossija 1861-1917. Materialy meždunarodnogo kollokviuma istorikov, St. Petersburg 1992
Reichman, Henry: Railwaymen and Revolution. Russia 1905, Berkeley 1987
Reichman, Henry: Tsarist Labor Policy and the Railroads, 1885-1914, in: The Russian Review 42(1983), S. 51-72
Reidegeld, Eckart: Staatliche Sozialpolitik in Deutschland. Historische Entwicklung und theoretische Analyse von den Ursprüngen bis 1918, Opladen 1996
Reulecke, Jürgen: Englische Sozialpolitik um die Mitte des 19. Jahrhunderts im Urteil deutscher Sozialreformer, in: Mommsen, Wolfgang J. (Hg.): Die Entstehung des Wohlfahrtsstaates in Großbritannien und Deutschland 1850-1950, Stuttgart 1982, S. 40-56
Rieber, Alfred J.: The Moscow Entrepreneurial Group: The Emergence of a New Form in Autocratic Politics, in: Jahrbücher für Geschichte Osteuropas 25(1977) S. 1-20 und S. 174-199
Rieber, Alfred J.: Merchants and Entrepreneurs in Imperial Russia, Chapel Hill 1982
Rimlinger, Gaston V.: Autocracy and the Factory Order in Early Russian Industrialization, in: Journal of Economic History 20(1960), S. 67-92
Rimlinger, Gaston: The Management of Labor Protest in Tsarist Russia, 1870-1905, in: International Review of Social History 5(1960), S. 226-248
Rimlinger, Gaston: Welfare Policy and Industrialization in Europe, America, and Russia, New York 1971
Rimlinger, Gaston: Labour and State on the Continent, 1800-1939, in: The Cambridge Economic History of Europe, Bd. VIII, Cambridge 1989, S. 549-606
Rimpel, Edith: Ivan Ivanovič Molleson (1842-1920). Der erste Hygienearzt in der Zemstvo-Medizin, Berlin 1968

Ritscher, Wolfgang: Koalitionen und Koalitionsrecht in Deutschland bis zur Reichsgewerbeordnung, Dissertation, Stuttgart 1917
Ritter, Gerhard A.: Sozialversicherung in Deutschland und England. Entstehung und Grundzüge im Vergleich, München 1983
Ritter, Gerhard A.: Der Sozialstaat. Entstehung und Entwicklung im internationalen Vergleich. Zweite, überarbeitete und erheblich erweiterte Auflage, München 1991
Roosa, Ruth Amende: Russian Industrialists look to the Future. Thoughts on Economic Development 1906-1917, in: Curtiss, John Shelton (Hg.): Essays in Russian and Soviet History. In Honor of Geroid Tanquary Robinson, Leiden 1963, S. 198-218
Roosa, Ruth Amende: The Association of Industry and Trade, 1906-1914. An Examination of the Economic Views of Organized Industrialists in Prerevolutionary Russia, Diss. Phil., Columbia 1967
Roosa, Ruth Amende: Russian Industrialists and „State Socialism", in: Soviet Studies 23(1971/72), S. 395-417
Roosa, Ruth Amende: Russian Industrialists, Politics and the Labor Reform in 1905, in: Russian History 2(1975), S. 124-148
Roosa, Ruth Amende: Workers' Insurance Legislation and the Role of the Industrialists in the Period of the Third State Duma, in: The Russian Review 34(1975), S. 410-452
Rose, Sonya O.: Limited Livelihoods. Gender and Class in Nineteenth-Century England, Berkeley, Los Angeles 1992
Rosenberg, Gabriel Jacques: Die Arbeiterschutzgesetzgebung in Rußland, Leipzig 1895
Rosin, H.: Der Begriff des Betriebsunfalls als Grundlage des Entschädigungsanspruchs nach den Reichsgesetzen über die Unfallversicherung, in: Archiv des öffentlichen Rechts 3(1888), S. 291-362
Roth, Guenther: The Social Democrats in Imperial Germany. A Study in Working-Class Isolation and National Integration, Totowa 1963
Rožkova, M. K.: Formirovanie kadrov promyšlennych rabočich v 60- načale 80-ch godov, Moskau 1974
Rubin, V. N.: Rabočij vopros na s-ezdach gornopromyšlennikov Juga Rossii, in: Učenye zapiski Moskovskogo Gosudarstvennogo Pedagogičeskogo Instituta imeni V. I. Lenina 249(1966), S. 3-33
Rubinow, I. M.: Studies in Workmen's Insurance: Italy, Russia, Spain, Diss. Phil, Columbia 1911
Ruckman, Jo Ann: The Moscow Business Elite: A Social and Cultural Portrait of Two Generations, 1840-1905, DeKalb 1984
Russkij biografičeskij slovar', 25 Bde. (unvollst.), St. Petersburg 1882-1916 (Nachdruck New York 1962)

Rybakov, Ju. Ja.: Promyšlennoe zakonodatel'stvo Rossii pervoj poloviny XIX veka (istočnikovedčeskie očerki), Moskau 1986

Sablinsky, Walter: The Road to Bloody Sunday: Father Gapon and the St. Petersburg Massacre of 1905, Princeton 1976

Samuś, Paweł (Hg.): „Bunt Łódzki" 1892 roku. Studia z dziejów wielkiego konfliktu społecznego, Lodz 1993

Saul, Klaus: Staat, Industrie, Arbeiterbewegung im Kaiserreich, Düsseldorf 1974

Ščetinin, B. A.: Akademik I. I. Janžul, in: Istoričeskij Vestnik 139(1915), Nr. 3, S. 894-911.

Schachner, Robert: Die soziale Frage in Australien und Neuseeland, Jena 1911

Schmitt, Sabine: Der Arbeiterinnenschutz im deutschen Kaiserreich. Zur Konstruktion der schutzbedürftigen Arbeiterin, Stuttgart, Weimar 1995

Schneiderman, Jeremiah: Sergej Zubatov and Revolutionary Marxism. The Struggle for the Working Class in Tsarist Russia, Ithaca, London 1976

Schramm, Gottfried (Hg.): Handbuch der Geschichte Rußlands, Bd. 3: Von den autokratischen Reformen zum Sowjetstaat (1856-1945), Stuttgart 1983-1992.

Sel'čuk, V. V.: Rabočij vopros v Rossii v publicistike 60-ch gg. XIX veka, in: Iz istorii rabočego klassa i revoljucionnogo dviženija, Moskau 1958, S. 224-239

Šelymagin, I. I.: Fabrično-zavodskoe zakonodatel'stvo v Rossii (2-ja polovina XIX veka), Moskau 1947

Šelymagin, I. I.: Zakonodatel'stvo o fabrično-zavodskom trude v Rossii 1900-1917, Moskau 1952

Semanov, Sergej Nikolaevič: Peterburgskie rabočie nakanune pervoj russkoj revoljucii, Moskau, Leningrad 1966

Šepelev, L. E.: Carizm i buržuazija vo vtoroj polovine XIXogo veka, Leningrad 1981

Šepelev, L. E.: Kopartneršip i russkaja buržuazija, in: Rabočij klass i rabočee dviženie v Rossii 1861-1917, Moskau 1966, S. 285-303

Simon, Gerhard: Konstantin Petrovič Pobedonoscev und die Kirchenpolitik des Heiligen Synod 1880-1905, Göttingen 1969

Simons, Rolf: Staatliche Gewerbeaufsicht und gewerbliche Berufsgenossenschaften. Entstehung und Entwicklung des dualen Aufsichtssystems im Arbeiterschutz in Deutschland von den Anfängen bis zum Ende der Weimarer Republik, Frankfurt/M. 1984

Sinel, Allen A.: The Socialization of the Russian Bureaucratic Elite 1811-1917: Life at the Tsarskoe Selo Lyceum and the School of Jurisprudence, in: Russian History 3(1976), S. 1-31

Snow, George Edward: Vladimir Nikolaevič Kokovtsov. Case Study of an

Imperial Russian Bureaucrat 1904-1906, Diss. Phil. Indiana University 1970
Sozialversicherung, in: Handwörterbuch der Staatswissenschaften, 4. Auflage, Bd. 7, Jena 1926, S. 622-650
Späth, Manfred: Fach- und Standesvereinigungen russischer Ingenieure 1900-1914, in: Forschungen zur Osteuropäischen Geschichte 35(1984), S. 5-466
Steffens, Thomas: Die Arbeiter von Petersburg 1907 bis 1917: soziale Lage, Organisation und spontaner Protest zwischen zwei Revolutionen, Freiburg i. Br. 1985
Steinberg, Mark B.: Moral Communities. The Culture of Class Relations in the Russian Printing Industry 1867-1907, Berkeley 1992
Stepanov, V. L.: Rabočij vopros v social'no-ėkonomičeskich vozzrenijach N. Ch. Bunge, in: Vestnik Moskovskogo Universiteta, Serija 8. Istorija, 1987, Heft 3, S. 17-26
Stepanov, V. L.: Nikolaj Christianovič Bunge, in: Istorija SSSR, 1991, Nr. 1, S. 120-133
Stewart, Mary Lynn: Women, Work and the French State. Labour Protection and Social Patriarchy, 1879-1919, Kingston, Montral, London 1989
Stieda, Wilhelm: Einigungsämter, in: Handwörterbuch der Staatswissenschaften, 3. Aufl., Bd. 3, Jena 1909 S. 643-656
Stites, Richard: The Women's Liberation Movement in Russia: Feminism, Nihilism and Bolshevism, 1860-1930, Princeton 1978
Stites, Richard: Prostitute and Society in Pre-Revolutionary Russia, in: Jahrbücher für Geschichte Osteuropas 31(1983), S. 348-364
Stockmann, Reinhard: Gewerbliche Frauenarbeit in Deutschland 1875-1980. Zur Entwicklung der Beschäftigtenstruktur, in: Geschichte und Gesellschaft 11(1985), S. 447-475
Stourzh, Gerald und Grandner, Margarete (Hgg.): Historische Wurzeln der Sozialpartnerschaft, Wien 1986
Šumilov, M. M.: Proekt reformy predstavitel'nych torgovo-promyšlennych organizacij v konce XIX-načale XX v., in: Istoričeskie Zapiski 118(1990), S. 292-312
Surh, Gerald D.: 1905 in St. Petersburg. Labor, Society, and Revolution, Stanford 1989
Šuster, U. A.: Ėkonomičeskaja bor'ba Moskvy s Lodz'ju, in: Istoričeskie Zapiski 5(1939), S. 188-234
Szeftel, Marc: The Form of Government of the Russian Empire prior to the Constitutional Reforms of 1905-1906, in: Curtiss, J. S. (Hg.): Essays in Russian and Soviet History, Leiden 1963, S. 105-119
T. I. S.: K istorii peterburgskoj stački tekstil'ščikov v 1896 g., in: Krasnaja Letopis' 20(1931), Nr. 2, S. 94-107

Tampke, Jürgen: Bismarcks Sozialgesetzgebung: Ein wirklicher Durchbruch? in: Mommsen, Wolfgang (Hg.): Die Entstehung des Wohlfahrtsstaates in Großbritannien und Deutschland 1850-1950, Stuttgart 1982, S. 79-91

Tatarinkova, S. N.: M. I. Tugan-Baranovskij – myslitel', demokrat, ėkonomist, in: Voprosy Istorii 1991, Nr. 9-10, S. 218-223

Tatarov, I.: Klassovaja bor'ba vokrug zakonov o trude i obrazovanii rabočej molodeži vo vtoroj polovine XIX veka, Moskau, Leningrad 1928

Tennstedt, Florian: Sozialgeschichte der Sozialpolitik in Deutschland. Vom 18. Jahrhundert bis zum Ersten Weltkrieg, Göttingen 1981

Tennstedt, Florian: Vom Proleten zum Industriearbeiter. Arbeiterbewegung und Sozialpolitik in Deutschland 1800 bis 1914, Köln 1983

Thurston, Robert W.: Liberal City, Conservative State. Moscow and Russia's Urban Crisis, 1906-1914, Oxford 1987

Tolf, Robert W.: The Russian Rockefellers. The Saga of the Nobel Family and the Russian Oil Industry, Stanford 1976

Totomianz, V.: Die Arbeiterfrage, in: Melnik, Josef (Hg.): Russen über Rußland. Ein Sammelwerk, Frankfurt/M. 1906, S. 250-296

Trucksystem, in: Handwörterbuch der Staatswissenschaften, 3. Aufl., Bd. 3, Jena 1911, S. 1267-1274

Tugan-Baranowsky, Michael: Arbeiterschutzgesetzgebung in Rußland, in: Handwörterbuch der Staatswissenschaften, 2. Aufl., Bd. 1, Jena 1898, S. 571-584

Tugan-Baranowsky, Michael: Geschichte der russischen Fabrik, Berlin 1900 (Sozialgeschichtliche Forschungen. Ergänzungshefte zur Zeitschrift für Sozial- und Wirtschaftsgeschichte, Heft V/VI)

Tugan-Baranovskij, M. I.: Vitte i Bunge, kak ministry finansov, in: Severnyja Zapiski 1915, Heft 3, S. 146-153

Turnbull, Daniel: The Defeat of Popular Representation, December 1904. Prince Mirskij, Witte and the Imperial Family, in: Slavic Review 48(1989), S. 54-70

Tvardovskaja, V. A.: Ideologija poreformennogo samoderžavija, Moskau 1978

Tydmarsh, Kyril: The Zubatov Idea, in: American Slavonic and East European Review 19(1960), S. 335-346

Vasil'ev, P.: Ušakovščina, in: Trud v Rossii 1925, Nr. 1, S. 143-152.

Veselovskij, Boris: Istorija zemstva za sorok let, 4 Bände, St. Petersburg 1909-1911

Vovčik, A. F.: Politika carizma po rabočemu voprosu v predrevoljucionnyj period (1895-1904), L'vov 1964

Walicki, Andrzej: The Controversy over Capitalism. Studies in the Social Philosophy of the Russian Populists, Oxford 1969

Walkin, Jacob: The Attitude of the Tsarist Government toward the Labor

Problem, in: American Slavic and East European Review 13(1954), S. 163-184.
Weidenholzer, Josef: Der sorgende Staat. Zur Entwicklung der Sozialpolitik von Joseph II. bis Ferdinand Hanusch, Wien 1985
West, James L.: The Moscow Progressists. Russian Industrialists in Liberal Politics, 1905-1914, Diss. Phil., Princeton 1975
Whelan, Heide W.: Alexander III and the State Council: Bureaucracy and Counter-Reform in Late Imperial Russia, New Brunswick 1982
Wildman, Allan K.: The Making of a Workers' Revolution. Russian Social Democracy, 1891-1903, Chicago, London 1967
Wissell, R.: Koalitionen und Koalitionsverbote, in: Handwörterbuch der Staatswissenschaften, 4. Auflage, Bd. 5, Jena 1923, S. 734-756
Wortman, Richard S.: The Development of a Russian Legal Consciousness, Chicago 1976
Wynn, Charters: Workers, Strikes, and Pogroms. The Donbass-Dnepr Bend in Late Imperial Russia, 1870-1905, Princeton 1992
Yaney, George L.: The Systematization of Russian Government. Social Evolution in the Domestic Administration of Imperial Russia 1711-1905, Urbana, Ill. 1973
Zacher, Georg: Die Arbeiter-Versicherung im Auslande. Heft IX. Die Arbeiter-Versicherung in Rußland, Berlin 1899
Zacher, Georg: Die Arbeiter-Versicherung im Auslande. Heft IXa. Die Arbeiter-Versicherung in Rußland. Nachtrag zu Heft IX, Berlin 1905
Zacher, Hans F. (Hg.): Bedingungen für die Entstehung und Entwicklung von Sozialversicherung. Colloquium der Projektgruppe für Internationales und Vergleichendes Sozialrecht der Max-Planck-Gesellschaft, Berlin 1979
Zaionchkovsky, P. A.: The Russian Autocracy under Alexander III, Gulf Breeze, 1976
Zanten, J. H. van: Die Arbeiterschutzgesetzgebung in den europäischen Ländern, Jena 1902
Zareckij, M.: Organizacija truda podrostkov, Char'kov 1923
Zelnik, Reginald E.: The Peasant and the Factory, in: Vucinich, Wayne (Hg.): The Peasant in Nineteenth Century Russia, Stanford 1968, S. 158-190
Zelnik, Reginald E.: Labor and Society in Tsarist Russia. The Factory Workers of St. Petersburg 1855-1870, Stanford 1971

REGISTER

Zentrale Fundstellen sind fett angegeben. Der Zusatz „A" verweist auf eine Erwähnung nur in der Anmerkung.

Aachen 221A

Abaza, A. A., Finanzminister 1880-1881, Reichsratsmitglied, 59

Abramov, P. E., Sekretär der Kommission für technische Bildung, 120A, 123

Abteilung für Handel und Manufakturen (*Departament torgovli i manufaktur Ministerstva finansov*) 37, 40, 42, 44, 46, 49, 76, 93, 141A, 224, 276A, 417

Aksenov, V. D., Moskauer Industrieller, 160A

Alčevskij, A. K., Bergbauindustrieller, 395

Alekseev, N. A., Moskauer Bürgermeister, 67, 80, 99A, 130, 132, 161-162, 166, 179A, 194, 213-214

Alexander II., Zar 1855-1881, 52, 112, 117, 126, 155, 188, 349, 365

Alexander III., Zar 1881-1894, 38A, 42, 44-45, 53, 127, 439

Aljančikov, N. N., Fabrikdirektor, 266A

Alkohol 50, 69, 120, 187, 260, 417, 431

Allrussische Industriekongresse (*Vserossijskij torgovo-promyšlennyj s-ezd*) **91-92**

- St. Petersburg 1870 17A, 21, 26, 91-92, 118-120, 257, 415A
- Moskau 1882 91, 92A
- Nižnij-Novgorod 1896 91-92, 357-359, 402, 403A, 414-415, 419, 427

Alphabetisierung 109-110, 119, 141, 184, 192-193, 199

Alphabetisierungskomitee (*komitet gramotnosti*) 42, 226

Andreev, E. N., Ingenieur; Hauptfabrikinspektor 1882-1883, 43, 77, 91, 100-102, 105A, 110, **119-123**, 124, 127A, 128, 134-135, 137A, 223A, **224-226**, 236-237, 242A, 244, 257, 259-260

Arbeiter 2, 18-20, 52, 99, 182-183, 207, 422-424 siehe auch → Kinderarbeit; → Frauenarbeit

- Facharbeiter 6, 27, 35, 83, **119-121**, 128, **258-259**, 271, 316, 437
- Wahrnehmung durch Regierung 2, 8, **19-21**, **29-37**, 38, 44, 47-48, 50, **60-61**, 107, 111, 119-120, 128-129, 135, 162, **163-165**, 175, 181, 292, 302, 330-331, 333-334, 346-347, 350, 366-367, 372, 412, 433, 439
- Wahrnehmung durch Öffent-

lichkeit **19-29**, 32, 44, 177-178, 227, 257, 401
- und Industrielle 33, 35, 44, 63, **69-73**, **80**, **83-86**, 115-116, 121, 156-158, 164, 182-183, 212-213, **241-243**, 258, 274, 287, **320-322**, 329, 344, 359, 363, 367, 390, 406-407, 409, 414, 416-417, 430, 433-434
- rechtlicher Status 3, 13, 28, 30, 32-33, 72, 175-176, 181, 218, 301, 332, 334, 340-341, 367, 372, 440 siehe auch → Arbeitsvertrag; → Rechtssicherheit
- Reaktion auf Gesetzgebung 7, 107, 133-134, 151, 166-167, 171, 206, 216, 219, 246, 280, 290, 293, 295-296, 369, 383, 429
- und Staat 7, 175, 183, **296-297**, 311-312, 314, 322, 440-442

Arbeiterbewegung 3, 9-10, 12, 14, 28, 35-36, 54, 60, 72, 98, 248, 274, 277, 295, 299, 309, 312, 324, 331, 334, 338, 433, 439 siehe auch → Streiks; → Sozialdemokratie

Arbeiterorganisationen siehe → Fabrikälteste; → Genossenschaften; → Gewerkschaften; → Hilfskassen; → Zubatov

Arbeiterversicherung 5, 51-52, 89, 252, 333, 349, 371-372, 398, 400, 419-421, 433-436, 440
- Altersversicherung 337, 355, 358, 371, 398, 413, 420, 422, **424-433**, 440-441
- Krankenversicherung 358, 372, 389, 394, 398-399, 402, 405, **413-421**, 427, 432, 440
- Unfallversicherung 74, 344, 346, 351, 355, 358-359, 361A, 363, 366, **367-369**, 398, 413, 420, 424, 426-427, 432, 440
- Versicherungsgesetze von 1912 4, 337, 366A, 369, 375, 394, 398, 421, 442-443
- deutsches Vorbild 28, 44, 83-84, 337-339, 344, 345A, 346, 360, 368, 405, 414-416, 418, 425, 431-435, 438
- Haltung der Industrie 84, 92, 344, 351, 354-355, **358-359**, 367, 392, 398, 400-401, 408-409, **414-419**, 421, 428-430, 433-434
- kommerzielle Versicherung 79, 352-353, 355, 358A, 360-361, 366, 369, 415
- genossenschaftliche Versicherung 51, 74, 355-358, 361-363, 366, 369
siehe auch → Hilfskassen

Arbeitsgerichte siehe → Gerichte

Arbeitsproduktivität 5, 28, 83-84, 90, 118, 128, 161-162, 166-167, 176, **258-269**, 270, 274, 290-292, 296, 332-333, 437, 440

Arbeitsvertrag 48, 50, 165, 182, 207, 248, 300, 308, 326-328, 330-331, 333, 440
- Regulierungspläne 29-31, 117, 127, 175-176, 180; siehe auch → Stackelberg-Kommission; → Ignat'ev-Kommission; → Valuev-Kommission; → Kommission beim Petersburger Stadthauptmann; → Kommission beim Moskauer Oberpolizeimeister
- Gesetz vom 24.5.1835 184-185, 192, 201
- Gesetz vom 3.6.1886 13, 30, 32, 175, 218, 220, 228-229,

232, 243, 247, 250, 298, 303, 312, 315, 332, 390, 397, 438
- Bestimmungen **179-180**, 188-191, 194, 196-197, 202-203, 209-212, 215-216, 218, 238-239, 385, 386A, 387, 389 siehe auch → Streikverbot
- Autoren 40, 56A, 60 siehe auch → Plehwe-Kommission
- westeuropäische Vorbilder 2, 182, 191
- Geltungsbereich 46, 56A, 84, 232 siehe auch → Fabrikinspektion
- Übertragung auf Bergbau (Gesetz vom 9.3.1892) 46, 57A, 86, 195, 215, 232A, 396-397
- Schriftlichkeit 184-186, **192-196**, 218
- Abrechnungsheft/Arbeitsbuch 184-186, **192-196**, **198-199**, 210, 212
- Kündigung 177, 179, 184-185, 197, **201-203**, 205, 207, 383
- Vertragsbruch 176, 179, 183, 185, 187, 191, **197-207**, 218-219, 312
- Gesetz vom 8.6.1893 179, 202A, 207A, 215
- Vertragsfreiheit 115, 155, 182, 186, 190, 254, 263, 280, 291-295, 302, 304, 350
- Tarifverträge 255, 313A
- Haltung der Industriellen 68, 86, 90A, 184-185, 194-196, 199-200, 203-204, 206, 212-216
siehe auch → Fabriken; → Löhne

Arbeitszeit
- Dauer 58A, 83, 86A, 108, 115, 120, 137, 235, 257, 259, 261, 268, 278-279, 282, 287-288, 296, 438
- Schichtwechsel 108, 129, 136-137, 140, 167-168, 264-269, 272, 277, 296
- Überstunden 286-287, 295-296
- und Löhne 34A, 83, 236, 258, 262, 264, 290-293, 440 siehe auch → Arbeitsproduktivität
- und Streiks 34A, 275-276, 281-284, 289, 310, 327, 330
- als Bestandteil des Arbeitsvertrags 155, 182, 190, 201-203, 239, 263, 287, 299
- Initiativen gesetzlicher Beschränkung 28, 33A, 69, 78, 80, 83, 89-90, 122, 158, 167, **257-264**
- Gesetz vom 2.6.1897 34, 44-45, 50, 54, 56, 175-176, 232A, 236, 247A, 255-256, **284-290**, 295, 298-299, 332, 412, 437-438
- Kovalevskij-Kommission 58, 84, 234-236, 281, 284-288, 292, 295
- westeuropäische Vorbilder 83, 158
- Haltung der Industriellen 66A, 86, 92, 156-157, 256-264, 270-274, 277-279, 281-291, 295-296, 407A
- Praxis des Gesetzes 290-291, 295-296
siehe auch → Kinderarbeit; → Nachtarbeit

Archangel'sk 87A, 88
- Gouvernement 178, 227A

Archiv sudebnoj mediciny i obščestvennoj gigieny, sanitärmedizinisches Journal, 23-24, 125

Armand, E. E., Moskauer Industrieller, 329A
Armut siehe → Löhne
Arnsberg 221A
Artel' (Kollektiv gemeinschaftlich wirtschaftender Arbeiter) 69, 194A, 195, 216, 315, 325, 328
Astaf'ev, A. S., Fabrikinspektor, 235-236, 310
Astrachan' 90A
— Gouvernement 227A
Ausnahmerecht (*ochrana*) 307-308
Babst, I. K., Slavophiler, 423A
Bachrušin, V. A., Moskauer Industrieller, 329A
Baden 184A, 221-222, 231
Baehr (Ber), A. A., Direktor der Abteilung für Handel und Manufakturen im Finanzministerium 1886-1892, 46
Bakastov, S. M., Maschinenbauer, 273A
Baku 86, 90A, 316, 352, 361
— Gouvernement 233A
Balabanov, M. 10
Balickij, G. V. 9
Baltikum 116, 314
Bang, I., Petersburger Industrieller, 158A
Baranov, I. I., Moskauer Industrieller, 161A, 179A
Baranov, N. M., Petersburger Stadthauptmann 1881, 302A
Batumi (oblast') 233A
Bayern 97, 99
Belgien 98A, 221A, 305, 338, 425
Bergbau 19-20, 46, 54, 56, 61, 84, **85-87**, 89, 110, 141A, 158, 182, 195, 208A, 215, 230A, 232A, 270, 284A, 287A, 300, 315, 337-338, 342, 352-353, 359-360, 362A, 375A, 377A, 387, **392-401**, 405, 417, 420, 426-428, 431-432, 434, 437, 440
Berlepsch, Hans Hermann von, preußischer Handelsminister, 301
Berlin 49, 221A
Bertenson, L. B., Bergbaubeamter, 412A
Bervi-Flerovskij, V. V., Publizist, 23
Besondere Ministerbesprechungen (*Osoboe soveščanie*) 34A, 39, 48A, **54-55**, 142A, 247A, 251-252, 279-281, 283A, 284, 289, 291, 294A, 296A, 313, 359-360, 399
Bessarabien (Gouvernement) 228A
Bezobrazov, V. P., Ökonom, 8, 21, 243-244
Białystok (Gouv. Grodno) 88, 230A, 407A, 408
Birževye Vedomosti, Wirtschaftszeitung, 89, 118A, 199
Bismarck, Otto von, deutscher Reichskanzler, 337
Blessig, E. V., Petersburger Industrieller, 77, 158A
Bludov, D. N., Innenminister 1831-1839, 305-306
Blumenfeld, A. M., Fabrikinspektor, 225A
Bobrinskij, A. V., Moskauer Adelsmarschall, 200A
Bogorodsk (Gouv. Moskau) 109
Bonstedt, E. L., Petersburger Industrieller, 158A, 277, 278A, 288, 407A, 430
Borisoglebsk (Gouv. Tambov) 316
Boroviči (Gouv. Novgorod) 230A
Börsen 88, 407, 409
— Moskau 65-66, 68, 70A, 71, 75, 76A, 92, 159, 179A, 199A, 354, 435

- Nikolaev 88A, 407A, 408, 417
- Nižnij-Novgorod 407A, 408, 411
- Odessa 44A, 88A, 407A
- Riga 122, 364
- Rostov am Don 407A
- Samara 407A, 408A
- Saratov 407A, 409
- St. Petersburg 75, 77, 165A, 407-408, 417

Brassey, Thomas, Ökonom, 270
Brentano, Lujo, Ökonom, 270, 298A, 403A
Brjansk (Gouv. Orel) 230A
Brusnicyn, N. N., Petersburger Industrieller, 77
Bunge, N. Ch., Finanzminister 1881-1887, 12, **40-45**, 47, 49, 127-128, 144, 154-155, 156A, 159-162, 163A, 164A, 165, 168A, 170, 178A, 226, 240A, 243-244
Butikov, I. I., Moskauer Industrieller, 160A
Bykov, A. N., Fabrikinspektor 8, 234
Černigov (Gouvernement) 228A, 234
Černomorskaja gubernija siehe → Schwarzmeergouvernement
Češer, O. F. siehe → Cheshire, O. F.
Četverikov, S. I., Moskauer Industrieller, 67, 130, 137, 161-162, 166, 179A, 213-214, 224, 264, 312-313
Četverikovy, Moskauer Industriellenfamilie, 64
Char'kov 90A, 316, 318-319
- Gouvernement 49, 228A, 232A, 234, 387A
- Fabrikbezirk 151, 228A, 233A

Chemische Industrie 79, 101, 136A, 267A, 284A, 287A
Cherson (Gouvernement) 228A, 232A, 387A
Cheshire (Češer), O. F., Petersburger Industrieller, 79, 120A
Chludov, A. I., Moskauer Industrieller, 64A, 115, 241A
Chludov, G. I., Moskauer Industrieller, 64A, 115, 241A
Cholera 373, 376
Cindel', E. I. siehe → Zündel, Emil
Čistjakov, I. 426
Clayhills (Klejgel's), N. V., Petersburger Stadthauptmann 1895-1903, 275, 297, 309
Czajkowski, polnischer Industrieller, 417
Częstochowa siehe → Tschenstochau
Dampfkesselaufsicht 233, 238-239
Del'vig, A. I., Eisenbahningenieur, 16
Dement'ev, E. M., Statistiker, Fabrikrevisor, 24-26, 235-236, 275, 376A, **401-404**, 414-415, 417A, 420, 427A, 428, 432, 434
Denisov, S. A., Fabrikdirektor, 269A
Deutschland 1-2, 64, 84, 98A, 147, 149-150, 153, 158, 197, 209, 221, 231, 237A, 269A, 298, 301, 330, 337-339, 340A, 346-349, 364, 396, 425, 429A, 433, 438 siehe auch einzelne Staaten
- als Vorbild für Arbeiterversicherung siehe → Arbeiterversicherung
Didkovskij, Petersburger Industrieller, 120A
Dittrich, Karl, polnischer Industrieller, 81

Dmitriev-Bajcurov, N. G., Fabrikdirektor, 329A
Domänenministerium siehe → Ministerium für Reichsdomänen
Don-Gebiet (Oblast' Vojska Donskogo) 228A
Druckereiwesen 70A, 149, 284A, 287A, 315-316
Durnovo, P. N., Direktor des Polizeidepartements 1884-1893, Innenminister 1905-1906, 178A, 204
Düsseldorf 221A
Egor'evsk (Gouv. Rjazan') 88, 232A
Einigungsämter siehe → Gerichte
Eisenbahnen 45, 47, 56, 87, 90, 92, 232A, 271, 281, 315, 337, 342-343, 352, 377A, 424, 428-429, 431-432, 435, 440
Ekaterinburg (Gouv. Perm') 90A
Ekaterinoslav (Gouvernement) 208A, 228A, 387, 395
Engel, Barbara Alpern 145
England 1, 22, 27, 41, 97, 98A, 125, 153-155, 209A, 221-224, 237A, 328, 338, 348, 429A, 438
Epstein, Mieczysław, Warschauer Bankier, 81
Erismann, Friedrich (Ėrisman, F. F.), Sanitärarzt, **24-25**, 103A, 108-109, 125-126, 154, 222, 225, 257, 386, 401-402, 423
Ermakov, N. A., Direktor der Abteilung für Handel und Manufakturen im Finanzministerium 1879-1886, **42-43**, 45, 140A, 168, 178A, 204, 226, 237A
Estland (Gouvernement) 227A, 232A, 234-235, 292, 387A, 388A
Fabrikälteste (*fabričnye starosti*)
– Gesetz vom 10.6.1903 4, 8, 35-37, 53A, 58, 60-61, 175,
253, 313, 322, **324-332**, 333-334, 412
– Autoren 39, 49-51, 56
– als Vermittler bei Streiks 177, 186, 312-313, 325-329
– und Revolutionäre 327, 330-331
– und Industrielle 35-36, 66A, 67A, 72-73, 94, 321, 322A, 324-325, 328-332
Fabrikbehörden siehe → Fabrikinspektion
Fabriken: innerbetriebliche Verhältnisse 22-24, 69, 85-86, 126, 177, 186-187, 239, 328A, 391A
– Fabrikstrafen 83, 177, 179, 182, 190, 194, 196, 202, **208-217**, 353, 437, 440
– Trucksystem (Entlohnung von Arbeitern in Waren) **208-215**, 221, 441
– Fabrikläden 69, 178-179, 208, 211, 214-215, 246, 315
– sanitäre Verhältnisse 24, 30, 125, 152, 196, 218, 221-222, 229-230, 239, 303A, 373, 401, 441
– Sicherheitsmaßnahmen 30, 77A, 113, 194, 196, 218, 221-222, 229, 230A, 239, 246, 303, 344-345, 441
– Wohnverhältnisse 8, 69-71, 86, 107, 150, 186-187, 200, 202, 208, 211, 218, 230, 244, 246, 270, 315, 321, 352, 377, 441
– Fabrikordnungen 184, 186, 192, 194, 208-209, 246
 siehe auch → Arbeitsvertrag;
 → Arbeitszeit; → Artel'
Fabrikinspektion (*Fabričnaja inspekcija*) 5, 15, 21, 28, 46, 50, 149,

175-176, 179, 211, **220-254**, 304, 350, 360, 420, 438
- Gründung 72, 118, 127, 129, **222-225**
- westeuropäische Vorbilder, 220-223, 231, 237, 438
- Jahresberichte 7, 16, 25-26, 226-227
- Inspektoren 7-8, 10A, 43-44, 232-236, 240A, 246, 248, 299, 437, 441
- Struktur 224, 228-232, 438
- Fabrikbehörden (*Gubernskoe/stoličnoe po fabričnym delam prisutstvie*) 20, 84, 169, 217, **228-232**, 238, 245, 250, 276, 385, 386A, **387-392**, 403-404, 410, 416, 418, 421 siehe auch → Hauptfabrikbehörde
- Hauptfabrikinspektor (*Glavnyj fabričnyj inspektor*) 224, 232
- Kongresse 236
- Unterstellung von Betrieben unter Fabrikinspektion 20, 237-238, 285A, 237-238, 377A, 388
- Geltungsbereich 56A, 220, 227-228, 232-233, 237
- Unterstellung unter Ministerien, Verhältnis zu Polizei 39, 48A, 53A, 54-55, 56A, **224**, 229-230, 244, **249-254**, 323, 360A
- Überwachung von Fabrikgesetzen 43, **133-136**, 140-141, 168, 179, 194-196, 206-207, 211-217, 221, 231-232, **236-240**, 242, 247, 254, 293-295, 299, 327, 378, 381-382, 388, 437
- und Arbeiterschaft 8, 133-134, 192A, 212, 221-222, 245-246, 320A, 417, 440

- Verhalten bei Streiks 48, 206, 222, 239-240, 245A, **246-251**, 254, 276, 299, 309, 326
- und Industrielle 69, 72, 133, 195-196, 207, 221-222, 224, 226, 228, **240-245**, 248, 250, 276
- und Gesetzgebung 134-135, 139-140, 235-236, 274-275, 278, 282, 284A, 285-288, 292, 325, 401, 415-416, 417A, 434; 437
- und Statistik 99, 147, 165, 176, 235, 265, 340A, 376, 402-403

Facharbeiter siehe → Arbeiter
Fadeev, Bergwerksdirektor, 329A
Familien 64, 69, 75-76, 80, 97, 100, **106-108**, 115, 129, 148A, 151-153, **164**, 169, 194A, 198, 203, 211, 258, 273, 346-347, 371, 385, 395, 398, 405, 408-409, 413, 415-416, 418
Fedorov, I. A., Fabrikinspektor, 235
Feiertage 56, 194, 235, 263, 275, **286**, 289A, 290-291
Fel'kner, Bergbauindustrieller, 394A
Finanzministerium (*Ministerstvo finansov*)
- Zuständigkeit 15, 37-39, 55-57, 58A, 76, 92, 230A
- Personal 37A, 39-52, 91 siehe auch → Fabrikinspektion
- Kontakte zu Industriellen 42-43, 45, 49, 65-66, 67A, 76-77, 79, 81, 87, 93, 130, 165-166, 170-171, 187, 230A, 256, 277, 283A, 320, 329, 333-334, 356-357, 362, 407, 417, 441-442 siehe auch → Rat für Handel und Manufakturen;

→ Handels- und Manufakturkomitees
- Auseinandersetzungen mit Innenministerium 4, 10, 12, **38-39**, 50, 54-56, 230A, 247A, **249-254**, 291-294, 323-324, 333-334, 439
- sozialpolitische Konzeptionen 7-8, 32-34, 41-42, 46, 50-51, 60-62, 170, 180, 182, 240, 320, 324, 333, 347, 356, 367-368, 404, 439-441
- und Kinderarbeit 32, 41, 57, 78A, 107, 120, 124A, **127-130**, 131A, 132, 134-142, 223, 226
- und Frauenarbeit 78, 155-159, 162-163, 165-168, 169A, 170
- und Arbeitsvertrag 46, 178, 182, 189, 194, 204, 207, 210A, 212A, 217, 300, 302-303
- und Fabrikinspektion 46, 50, 223-224, 235, 237A, 239-240, 241A, 249-254
- und Arbeitszeit 50, 54, 248, 256, 261-265, 276-281, 285, 295, 297
- und Lohnregulierung, 236A, 291-294, 439
- und Streiks 8, 13, 34, 48, 50, **248-249**, 280-283, **310-313**, 320, 325, 440-441
- und Arbeiterorganisationen 312-313, 319-320, 322, 325, 328, 332
- und Zubatovščina 39, 319, 322-324, 333
- und Fabrikälteste 50, 324-329, 332-333
- und Unfallhaftung 7, 33, 46, 50-51, 62, 79, 340A, 343, 345-347, 349, 351, 354, 356, 360-364, 366-369, 434
- und medizinische Versorgung 7, 50-51, 362-363, 387-389, 391-392, **401-404**, 405, 407-413, 417-418, 421
- und Arbeiterversicherung 51, 56, 346, 354-355, **358-361**, 363, 366, 368-369, 398-400, 412, 417-418, 420, 425-428, 433-435, 438

Finnland 348A
Fojnickij, I. Ja., Jurist, 204A
Fomin, F. V., Fabrikinspektor, 235, 391, 417A
Frankreich 61, 97, 153, 209A, 221, 237A, 255, 300, 304A, 338, 348, 425, 429A, 438
Frauenarbeit 104A, 109, 125, **145-154**, 163-165, 225
- gesetzliche Beschränkung siehe → Nachtarbeit

Frieden, Nancy 372A
Frisch, E. V., Jurist, Reichsratsmitglied, 59, 204, 364
Galagan, G. P., Reichsratsmitglied, 59
Gammeršmidt, R. B. siehe → Hammerschmidt, Rudolf
Garelin, I. V., zentralrussischer Industrieller, 137A
Gately, Michael O. 156A
Genossenschaften 22, 71, 84, 215, 246, 300, 314A, 315, 398, 422, 426
Gerichte 41, 52
- Arbeitsgerichte 28, 31, 186, **300-302**, 304
- Einigungsämter 301A, 304
- Zivilgerichte 183, 191-192, 196, 198, 203-205, 246A, 300, 302A, 312, 341, 345, 350,

352, 355A, 357-358, 360, 362, 366A, 367
- Strafgerichte 28, 178, 200, 206A, 207, 208A, 215A, 222, 231, 308-309
- Verwaltungsgerichtsbarkeit 229, 231

Gerschenkron, Alexander, Wirtschaftshistoriker, 4-5

Gesellschaft für Volksgesundheit (*Russkoe obščestvo ochranenija narodnogo zdravija*) 275

Gessen, V. Ju. 10

Gesundheitswesen siehe → medizinische Versorgung

Gewerbeordnungen 15, 30-31, 197, 209, 301, 304, 305A

Gewerkschaften 1-2, 4, 8, 13, 62, 175-176, 298, 306-307, 312, 314, 316, 328, 442

Geyer, Emil, Lodzer Industrieller, 83A

Giffin, Frederick C. 12, 144A

Gill, R., Moskauer Industrieller, 189A

Ginzburg, G. E., Petersburger Bankier, 77

Glasfabrikation 100, 108, 110, 126, 135, 137-138

Glavnoe po fabričnym delam prisutstvie siehe → Hauptfabrikbehörde

Glezmer, S. P., Vorsitzender der Petersburger Fabrikantengesellschaft, 79, 93, 142A, 278A, 357A, 364A, 406A, 407A, 417A, 430

Glickman, Rose 145, 147A, 150A, 151

Gol'cev, V. A., Publizist, 27

Golgofskij, A. G., Fabrikdirektor, 269A

Golicyn, D. V., Moskauer Militär-Generalgouverneur 1820-1843, 184-185

Golos, Tageszeitung, 118A

Golubev, I. E., Petersburger Industrieller, 80, 257-260

Gomel' (Gouv. Mogilev) 266A

Gončarov, S. S., Reichsratsmitglied, 61

Goremykin, I. L., Innenminister 1895-1899, 34A, 38-39, 50, 251-253, 279-280, 291, 294, 309

Gorjainov, A. M., Bergwerksdirektor, 329A

Gosudarstvennaja kanceljarija siehe → Reichskanzlei

Gosudarstvennyj sovet siehe → Reichsrat

Goujon, Jules (Gužon, Ju. P.), Moskauer Industrieller, 64A, 323

Gresser, P. A., Petersburger Oberpolizeimeister/Stadthauptmann 1882-1892, 78, 157

Grodno (Gouvernement) 228A, 232A, 387A, 388

Gromme, V. Petersburger Industrieller, 158A

Großbritannien siehe → England

Grot, K. K., Reichsratsmitglied, 59

Grube, A., Petersburger Industrieller, 158A, 161A

Gučkov, I. E., Moskauer Industrieller, 64A

Gvozdev, S. siehe → Klepikov, A. K.

Hammerschmidt, Rudolf (Gammeršmidt, R. B.), Petersburger Industrieller, 61, 79, 277, 278A, 283A, 290, 364A, 406A

Handels- und Industrieministerium (*Ministerstvo torgovli i promyšlennosti*) 37, 49, 340A, 365A

Handels- und Manufakturkomitees siehe → Komitees für Handel und Manufakturen

Handwerk 20, 23, 30, 100A, 138, 183, 192A, 197, **238**, 260, 300-301, 366, 377A, 441
Hannover 305A
Hantke, Bernard, Warschauer Industrieller, 81
Haumann, Heiko 156A
Hauptfabrikbehörde (*Glavnoe po fabričnym delam prisutstvie*) 207A, 230-231, 291, 392, 421
Heiliger Synod (*Svjatejšij sinod*) 15, 54, 56, 57A siehe auch → Pobedonoscev, K. P.
Heinzel, Julius, Lodzer Industrieller, 82
Herbst, Eduard, Lodzer Industrieller, 82, 83A
Hilfskassen 4, 35, 49-50, 54, 56, 61, 71, 80, 83-84, 209, 313, **314-322**, 324, 328, 333, 337, **352-359**, 389, 393-395, 427-429, 433, 435
– Unfallkassen 86, 353-355, 361A, 362A, 395, 424, 426
– Krankenkassen 54, 83, 86, 337, 352, 389-390, 392-400, 405, 408-409, 414-415, 417-418, 420-421, 426
– Pensionskassen 84, 352, 353A, 355-356, 422-424, 426, 428, 433
– Sparkassen 84, 337, 425, 428-429
– Streikkassen 316
Ignat'ev, A. P., Reichsratsmitglied, 61
Ignat'ev, N. P., Innenminister 1881-1882, 89
Ignat'ev, P. N., Petersburger Generalgouverneur 1854-1861, 31, 342A
– Ignat'ev-Kommission (1870-71) 31, 42, 113-114, 119, 180, 188, 198, 200, 210, 306, 342, 375
Il'in, N. S., Petersburger Industrieller, 79, 158A, 344A, 429
Illinois 221A
Imperatorskoe russkoe techničeskoe obščestvo siehe → Kaiserliche Russische Technische Gesellschaft
Industriekongresse siehe → Allrussische Industriekongresse
Innenministerium (*Ministerstvo vnutrennych del*)
– Zuständigkeit 14, 15A, 38-39, 41-42, 54, 55A, 56-57, 224, 230A, 244, 250
– Personal 38-39, 42, 50
– sozialpolitische Konzeptionen 3, 10, 12A, 27A, 34, **38-39**, 54-56, 62, 188, 280, 294, 303-304, 333, 439
– Auseinandersetzungen mit Finanzministerium siehe → Finanzministerium
– und Kinderarbeit 109, 129A
– und Frauenarbeit 162, 165-167, 168A
– und Arbeitsvertrag 188-190, 198, 200, 204 siehe auch → Plehwe-Kommission
– und Arbeitszeit 280, 289A
– und Lohnregulierung 34A, 236, 291-294, 304
– und Streiks 34, 39, 249, 251-254, 280, 302-304, 306-308, 313
– und Arbeiterorganisationen 319, 323, 326, 359
– und Arbeiterversicherung 359
– und medizinische Versorgung 374, 382, 384, 386
Italien 221A, 348

Ivanisov, N. Ja., Fabrikinspektor, 235
Ivanov, Fabrikinspektor, 417A
Ivanovo-Voznesensk (Gouv. Vladimir) 73-74, 88, 124-125, 135A, 138A, 139-140, 150, 166-167, 241A, 290A, 317, 344, 353A, 361, 377, 385A, 407A, 408
Jakunčikov, V. I., Moskauer Industrieller, 161, 179A
Jakunčikov, V. V., Moskauer Industrieller, 35, 67, 73, 94, 322, 329-331
Jakunčikovy, Moskauer Fabrikantenfamilie, 64
Jalta (Gouv. Taurien) 90A
Janson, Ju. E., Statistiker, 120-121
Janžul, I. I., Ökonom, Fabrikinspektor, 9, 16, 25-27, 43, 44A, 46, 71A, 84, 140A, 154, 163, 164A, 167-168, 178A, 213, **223-226**, 227A, 228A, 233, 240, 244, 265, 270, 318, 343A, 354A
Jarockij, V. G., Jurist, 44, 345, 358, 427A, 428, 434
Jaroslavl' 87A
– Gouvernement 217A, 227A, 232A, 268A
Jaševskij, M. I., Sekretär des Südrussischen Bergbauverbands, 394-395
Johnson, R. E., 24A, 148A
Juden 81, 83, 85, 271, 314
Justizministerium (*Ministerstvo justicii*) 4, 14, 54, 55A, **56**, 57A, 129A, 165, 178-179, 189, 192A, 200A, 203, 230A, 302-304, 307A, 341A, 345
Kachanov, M. S., Reichsratsmitglied, 59
Kaiser-Wilhelm-Spende 425
Kaiserliche Russische Technische Gesellschaft (*Imperatorskoe russkoe techničeskoe obščestvo*) 17, 43, 49A, **91**, 110, 118-121, 122A, 123-124, 126, 129-130, 222, 234, 257, 260A
Kalisz 90A
Kaluga 87A
– Gouvernement 50, 227A, 232A
Kampfbund zur Befreiung der Arbeiterklasse (*Sojuz bor'by dlja osvoboždenija rabočego klassa*) 275, 276A, 282A, 297
Kanada 429A
Kankrin, E. F., Finanzminister 1823-1844, 111, 181, 187
Kapnist, I. V., Moskauer Zivilgouverneur, 111, 186
Karetnikov, M. N., zentralrussischer Industrieller, 137A
Karpov, P. A., Bergbauindustrieller, 395-396
Katin-Jarcev, V., Sozialdemokrat, 297
Katkov, M., Publizist, 29, 42, 160, 178A, 199, 243
Kaufmann, I. I., Beamter im Innenministerium, 178A
Kaukasus 220, 233
Kazan' 90A, 225, 316
– Gouvernement 227A, 238
– Fabrikbezirk 227A
Kazi, M. I., Petersburger Industrieller, 344A
Kempe, B. A., Petersburger Industrieller, 416, 420, 434
Keppen, A. A. siehe → Koeppen, A. A.
Kiew 40, 88, 90A, 226, 316
– Gouvernement 228A, 232A
– Fabrikbezirk 20A, 151, 228A, 233A

Kinderarbeit **99-111**, 134, 141, 153-155, 225-226, 238
- Ursachen **101-108**, 146, 151
- gesundheitliche Folgen 97, 100, 102-103, **106-109**, 113, 128, 142, 163
- regionale Verteilung 106
- und Schulbildung 3, 31-32, 56, 91, 99, **109-111**, 113, **118-123**, 124-126, 128-131, 136, **139-142**, 170, 236, 257, 440
- frühe Regulierungsansätze 30-32, 77A, **111-123**, 155, 187, 257
- Gesetz vom 1.6.1882 2-3, 7, 40, 56, 60, 81, 97-98, 100A, 103, 107, 117, 126, **127-133**, 135, 163, 166, 169-171, 220, 237A, 295, 332, 438
- Autoren 42-43, 57A, **127-129**
- Motive 5, 41, 98-99, 111, **126-129**, 142-143, 170, 264
- Arbeitszeiten 92, 108, 110, 113-114, 116-117, 120, 124, **129-131**, 133-134, **136-137**, 141
- Altersgrenzen 98, 109, 113-114, 116-117, 119-120, 122, 124, **129-131**, **134-136**, 171
- Haltung der Industriellen 43, 67A, 68A, 70A, 74, 78, 111-112, **114-123**, **130-133**, 134, 135A, 136-138, 140-142, 242, 244, 261
- Folgen der Regulierung 78A, 103-107, 113, 130, **133-141**, 148, 167, 225-226, 269, 440
- Gesetz vom 12.6.1884 54, 107, 136-137, 140, 148, 236
- Gesetz vom 24.4.1890 46, 57, 133, **135-138**, 170, 235, 265

Kinešma (Gouv. Kostroma) 66, 160
King, Victoria A. P. 17A, 77A, 78A, 161A
Kiślański, Władysław, polnischer Industrieller, 82
Klassen, E. E., Industrieller, 287
Klejgel's, N. V. siehe → Clayhills, N. V.
Klepikov, A. K. (S. Gvozdev), Fabrikinspektor 16, 134A, 234, 237, 244
Klin (Gouv. Moskau) 126
Koalitionsfreiheit siehe → Streikverbot
Kobeko, D. F., Reichsratsmitglied, 60, 364
Kočubej, P. A., Vorsitzender der Kaiserlichen Russischen Technischen Gesellschaft, 130, 132
Koeppen (Keppen), A. A., Bergbauingenieur, 427
Kokovcov, V. N., Finanzminister 1904-1905 und 1906-1914, Ministerpräsident 1911-1914, 39, 51, 254
- Kokovcov-Kommission 1905 4, 412
Komissija učreždennoj Moskovskim General-Gubernatorom, dlja osmotra fabrik i zavodov v Moskve siehe → Moskau
Komitees für Handel und Manufakturen (*Komitet torgovli i manufaktur*) **87-88**, 228A, 407
- Archangel'sk 88
- Białystok 88, 407A, 408A
- Egor'evsk 88
- Ivanovo-Voznesensk 74, 88, 124, 135A, 138A, 139-140, 167, 241A, 344, 407A, 408A
- Kiew 88
- Kostroma 88

- Lodz 83, 88
- Odessa 44A, 88, 344, 407A, 408
- Rostov am Don 88, 93A, 407A, 408A
- Ržev 73A, 88
- Taganrog 88
- Tichvin 88
- Tiflis 88
- Tver' 73A, 88
- Vjazniki 88

Kommerzrat (*kommerčeskij sovet*) 87
- Moskauer Abteilung 65

Kommission beim Moskauer Generalgouverneur 1878-1882 (*Komissija učreždennoj Moskovskim General-Gubernatorom, dlja osmotra fabrik i zavodov v Moskve*) siehe → Moskau

Kommission beim Moskauer Oberpolizeimeister 1884-1885 (*Vremennaja komissija po fabrično-zavodskim delam pri Moskovskom Ober-Policejmejstere*) siehe → Moskau

Kommission beim Petersburger Generalgouverneur 1859-1860 siehe → St. Petersburg

Kommission beim Petersburger Stadthauptmann/Oberpolizeimeister 1881-1887 (*Vremennaja komissija po fabričnym delam pri S. Peterburgskom Ober-Policejmejstere*) siehe → St. Petersburg

Konovalov, A. I., Moskauer Industrieller, 71

Konšin, N. N., Moskauer Industrieller, 161A, 179A

Konstantin Nikolaevič, Großfürst, 349

Korff, N. A., Bildungsreformer, 125A

Korff, P. L., Vorsitzender der Petersburger Zemstvoverwaltung, 125, 200A

Kossuth, Stefan, polnischer Ingenieur, 82, 84A

Kostroma 88, 161A, 179A
- Gouvernement 160, 216A, 217, 227A, 230A, 232A, 234, 244, 267, 377A, 386
- Fabrikbehörde 229A, 387A, 388A

Kovalevskij, V. I., Vorsitzender der Abteilung für Handel und Manufakturen 1892-1900, stellv. Finanzminister 1900-1902, 16, 46-47, **49-51**, 58, 76A, 79, 91, 236, 278, 284-286, 288A, 293, 322, 325A, 326, 345, 346A, 356, 363, 365A, 368, 412, 417A, 418A

Kovalevskij-Kommission (1897) siehe → Arbeitszeit

Kovno 230A
- Gouvernement 228A, 232A, 387A, 388A

Kozel'sk (Gouv. Kaluga) 50

Koževnikov, V. I., Petersburger Industrieller, 158A

Kozlov, A. A., Petersburger Oberpolizeimeister 1881-1882, Moskauer Oberpolizeimeister 1882-1887, 192

Krähl (Krel'), O. E., Petersburger Industrieller, 77, 343

Krankenhäuser siehe → medizinische Versorgung

Krankenkassen siehe → Hilfskassen; → Arbeiterversicherung

Krasiński, Ludwik, polnischer Industrieller, 82

Krauskopf, F. F., Petersburger Industrieller, 161A, 179A

Krel', O. E. siehe → Krähl, O. E.

492 Register

Krestovnikov, G. A., Moskauer Industrieller, 65A, 236, 285, 288A, 417A
Krestovnikov, N. K., Moskauer Industrieller, 16, 68, 242
Krestovnikov, V. K., Moskauer Industrieller, 160A
Krestovnikovy, zentralrussische Fabrikantenfamilie, 64
Kriegsministerium (*Voennoe ministerstvo*) 56, 74, 230A
Krivoj Rog (Gouv. Cherson) 352-353
Krivskij, P. A., Reichsratsmitglied, 60-61
Kronenberg, Leopold, polnischer Industrieller, 82A
Kündigungsschutz siehe → Arbeitsvertrag
Kunitzer, Julius, Lodzer Industrieller, 82-83, 85
Kurgan (Gouv. Tobol'sk) 90A
Kurland (Gouvernement) 228A
Kursk 87A, 193, 241
– Gouvernement 227A
Kustar'-Industrie (Hausindustrie) 20, 92, 99, 145, 285
Kutaisi (Gouvernement) 232A
Langovoj, N. P., Technologe, Finanzbeamter, 44-45, 268A, 360A, 417A
Landwirtschaftsministerium siehe → Ministerium für Reichsdomänen
Lanin, N. P., Moskauer Industrieller, 240A
Laue, Theodore von 254A, 386A
Laveryčev, V. Ja. 10, 144A
Lavrov, P. L., Revolutionär, 234
Lejbin, V. P., Sekretär der Petersburger Fabrikantenkommission, 414, 429-430
Lenin, V. I. 9, 26, 28, 349A

Lenivov, A. N., zentralrussischer Industrieller, 161A, 179A, 194A
Lepeškin, D. S., Moskauer Industrieller 189A
Lessner, E. G., Petersburger Industrieller, 77, 325A
Lichačev, V. I., Petersburger Friedensrichter 1881-1885, Bürgermeister 1885-1892, 192A
Lickij, V. P., Jurist, 204A
Lieven, A. A., Moskauer Gouverneur 1870-1872, 99A, 109
Ljuboščinskij, M. N., Reichsratsmitglied, 59
Litvinov-Falinskij, V. P., Fabrikinspektor, 8, 14A, 234
Livland (Gouvernement) 227A, 232A, 234
Lodz (Łódź; Gouv. Petrikau) 73, 81-83, 85, 88, 90, 105-106, 115, 238A, 241A, 268, 269A, 270-272, 377, 388A, 389, 414
Löhne 69, 83, 101, 104A, 120, 133, 140, 147-148, 150-151, 166, 171, 176-177, 187, 192, 197, 264-268, 275, 283, 290, 300, 327, 330, 395, 415, 440-441
– Familienbudgets 100, **103-108**, 114-116, 129, 151, 371
– Lohnabzüge 177, 193-194, 202-203, 208, 210-211, 215-216, 387, 389, 397, 430 siehe auch → Fabriken: Strafen
– gesetzliche Regulierung 34A, 179, 184, 190, 195-196, 201-202, **208-216**, 222, 236, 239, 246, **291-294**, 304, 439
– Lohnfortzahlung 246, 347, 371, 395-396, 398, 402, 415, 417, 420
– Lohnkosten 101, 103-106, 150, 264, 296, 364-365, 415A

Lohnvertrag siehe → Arbeitsvertrag

Loranskij, A. M., Bergbauingenieur, Sekretär der Russischen Industriegesellschaft, 89, 424, 427A, 428

Losev, A. L., Moskauer Industrieller, 161A, 179A

Lunc, M. G., Journalist, 9

Luxemburg 98A

Mal'cev, S. I., Maschinenbauer, 259, 260A

Maljutin, P. P., Moskauer Industrieller, 64A, **70-72**, 161A, 164, 179A, 194A

Manifest vom 12. Dezember 1904 52, 400, 412, 435, 440

Mansurov, B. P., Reichsratsmitglied, 29A, 59, 349-351

Manufakturgesellschaft (*Obščestvo dlja sodejstvija ulučšeniju i razvitiju manufakturnoj promyšlennosti*) **68-69**, 79, 272A, 273-275, 278

Manufakturkomitees (*Manufakturnyj komitet*) 87
- Warschau **81-82**, 83A, 88, 167, 344, 407A, 434
- Lublin 88

Manufakturrat (*manufakturnyj sovet*) 114A, 184, 241, 301, 342
- Moskauer Abteilung 64A, 65, 70, 111, 116A, 117, 187, 199, 241A, 301, 374

Marineministerium (*Morskoe ministerstvo*) 56, 74

Markus, V. M., Reichsratsmitglied, 59

Maschinenbau 71, 79, 91, 118, 120-122, 258, 260, 267A, 268A, 316, 317A, 318, 437

Maschinenbauerkongreß 1875 (*S-ezd glavnych po mašinostroitel'noj promyšlennosti dejatelej*) 26, 91-92, **120-123**, 222, 259-261, 274

McDaniel, Timothy 12A, 48A

Mcensk (Gouv. Orel) 230A

Medizinische Versorgung 4, 7, 25, 35, 50-51, 57A, 72, 74, 75A, 82A, 93, 208, 211, 215, 218, 229, 235-236, 319, 337, 352, 362-363, 371-372, 375, 381, **385-389**, **401-413**, 422, 428, 434-435, 437-438, 440-441
- Krankenhäuser (Gesetz vom 26.8.1866) 7, 51, 70-72, 208, 321, **373-385**, 386-388, 391, 394A, 397, 401-405, 407-408, 413-415, 419, 421, 443
- Haltung der Industrie 70-72, 373, 375, 377-378, 381, 384-397, 400-401, **405-409**, 416, 418-419, 421, 442-443
siehe auch → Sanitärmedizin; → Hilfskassen; → Arbeiterversicherung

Meier, D. I., Petersburger Industrieller, 79, 161A, 179A

Meier, E. M., Petersburger Industrieller, 158A

Meschewetski, Peisach 9

Metallindustrie 20, 56, 64, 77, 79, 87, 101, 110, 118, 120, 123, 146, 149, 158, 201, 261, 268, 270, 273A, 278, 284A, 287A, 423

Michail Nikolaevič, Großfürst, Reichsratsvorsitzender 1881-1905, 365

Michajlova, E., Feministin, 154

Michajlovskij, Ja. T., Hauptfabrikinspektor 1883- 1894, 43, 101, 103, 134, 147, 151, 164A, 178A, 226, 228

Michajlovskij, V. I., Fabrikinspektor, 235

Mikulin, A. A., Fabrikinspektor, 8, 16, 196A, 244

Miller, A. F., Petersburger Industrieller, 77
Miliotti, N. Ju., Petersburger Industrieller, 158A
Ministerien im Gesetzgebungsprozeß 46, **53-58,** 60, 129A, 178-179, 324, 343, 397-400, 411-413 siehe auch einzelne Ministerien; → Besondere Ministerbesprechungen
Ministerium für Reichsdomänen (*Ministerstvo gosudarstvennych imuščestv*; ab 1894 *Ministerstvo zemledelija i gosudarstvennych imuščestv*) 14, 49, 55A, **56-57,** 87, 89, 230A, 284A, 359, 360A, 362A, 393, 397, 399, 411, 412A, 415, 420, 426-428, 432
Ministerkomitee (*komitet ministrov*) **53-54,** 111, 182, 293-294, 373, 393, 436A
Ministerstvo gosudarstvennych imuščestv siehe → Ministerium für Reichsdomänen
Ministerstvo justicii siehe → Justizministerium
Ministerstvo narodnogo prosveščenija siehe → Volksbildungsministerium
Ministerstvo torgovli i promyšlennosti siehe → Handels- und Industrieministerium
Minof'ev, P. I., Fabrikdirektor, 274A
Minsk 309
– Gouvernement 228A
Mjasoedov, P. A. 20-21
Mogilev (Gouvernement) 228A
Molleson, I. I., Sanitärarzt, 24
Morozov, A. I., Moskauer Industrieller, 66A, 329A
Morozov, S. T., Moskauer Industrieller, 35-36, 67, 94, 278A, 285-286, 288, 329-331, 377-378

Morozov, T. S., Moskauer Industrieller, 64A, 68, 115, 130, 132, 160A, 177-178, 224
Morozov-Streik 1885 siehe → Streiks
Morozovy, zentralrussische Fabrikantenfamilie, 64, 110
Morskoe ministerstvo siehe → Marineministerium
Moskau 63, 75, 83A, 87A, 90, 106A, 110-111, 120A, 165A, 185, 228A, 268A, 285, 300, 309, 315-320, 373, 376, 378, 387, 419, 423, 424A
– Oberpolizeimeister 224A, 228
– Bezirk (*uezd*) 106A
– Gouvernement 24, 88, 106A, 109, 123, 129, 148A, 153, 167, 179, 189, 223, 227A, 229A, 230A, 232A, 235, 266A, 267, 341A, 377, 386, 387A, 388A, 402A siehe auch → Zemstvo
– Fabrikbezirk 151, 224A, 227A, 233A, 236
– Generalgouverneur 55, 168A, 184-185, 253, 343, 354, 374
– Kommission beim Generalgouverneur 1878-1882 25, 27, 30, 180A, 223-225, 228, 303
– Kommission beim Oberpolizeimeister 1884-1885 180, 201
Moskauer Bergbauverband (*S-ezd gornopromyšlennikov Podmoskovnogo rajona*) 86
Moskauer Industrielle 33, 35, 42, **63-73,** 74, 78, 84, 93, 106, 150, 159
– und Fabrikgesetzgebung 69-73, 80, 171
– und Kinderarbeit 67A, 68A, 102, 106, 114-117, 130-132, 137-140
– und Nachtarbeit 67A, 68A, 144, 150-151, 159-161, 166

- und Arbeitsvertrag 193, 300
- und Fabrikinspektion 215, 226, 240-245
- und Arbeitszeit 236, 256, 261, 273-274, 278A, 279, 285-286, 288
- und Hilfskassen 321-322, 353-354
- und Zubatovščina 322-323
- und Fabrikälteste 35, 66A, 67A, 72-73, 324-325, 329, 332
- und Unfallhaftung 67, 353-355, 358, 363-364
- und medizinische Versorgung 373, 378, 407-409
- und Arbeiterversicherung 353-354, 358, 416-417
- Konflikt mit Lodzer Industriellen 68, 82, 271-274
siehe auch → Manufakturrat; → Rat für Handel und Manufakturen; → Börse; → Manufakturgesellschaft

Moskovskie Vedomosti, Tageszeitung, 17, 21, 42, 160A, 165A, 199, 243, 368A siehe auch → Katkov, M. N.

Murav'ev, N. V., Justizminister 1894-1905, 56A, 251-252, 279

Mutterschutz 70-71, 152, 154, 164, 217, 398, 415, 417, 420, 441

Nabokov, D. N., Justizminister 1879-1885, 192A

Nachtarbeit 257, 265-267, 279, 295
- Kinder 98, 103, 108, 111, 113, 115, 124, 129, 131, 138, 162-163, 166
- Frauen und Jugendliche 113, 129, 137, 150-151, 162
- regionale Unterschiede 150-151, 156

- Gesetz vom 3.6.1885 3, 5, 31-32, 58, 137, 144-145, **153-171**, 264, 295
- Autoren 38, 40, 42, 59-60, 161
- Haltung der Industrie 66A, 67, 68A, 72, 75A, 78-79, 82A, 111, 144, 150, **155-162**, 163A, 165-170, 261, 263, 273
- Gesetz vom 24.4.1890 46, 57A, 168-170, 235, 265 siehe auch → Kinderarbeit
- Folgen der Regulierung 147, 162, 165-169, 269

Najdenov, N. A., Moskauer Industrieller, 16-17, **65-66**, 70A, 130-131, 132A, 135A, 140A, 161A, 179A, 194A, 199A, 200A, 213, 285, 323A

Narwa (Gouv. St. Petersburg) 110, 114

Naumov, D. A., Vorsitzender der Moskauer Zemstvoverwaltung, 125, 200

Nebolsin, A. G., Finanzbeamter, 42, **43-44**, 91, 119

Nebolsin, G. P., Statistiker, Reichsratsmitglied, 43-44, 59, 130A, 155

Nečaev, S. G., Revolutionär, 49

Nefedov, F. D., Publizist, 23A

Nekljudov, N. A., Jurist, 204A

Neuseeland 255

New Jersey 221A

Niederlande 221A, 338

Nikolaev (Gouv. Cherson) 88A, 407A, 408, 417

Nikolaj Alekseevič, Großfürst, 423A

Nikolaus I., Zar 1825-1855, 30, 111, 180-181, 183, 185-188

Nikolaus II., Zar 1894-1917, 53, 275, 318, 400, 417A, 439

Nisselovič, L. N., Ökonom, 126-127
Nižnij-Novgorod 87A, 90A, 243, 276, 407A, 408A, 411
- Gouvernement 227A, 232A, 387A
- Industriekongreß 1896 siehe → Allrussische Industriekongresse
Nobel, Emmanuel, Petersburger Industrieller, 77, 407A, 417A, 434
Nobel, Ludwig, Petersburger Industrieller, 77, 80, 122-123, 161, 179A, 195A, 259-260, 344
Nolde, E. Ju., Jurist, 204A
Norwegen 221A, 348A
Nosenko, Justizbeamter, 293
Novgorod (Gouvernement) 227A
Oblast' Vojska Donskogo siehe → Don-Gebiet
Obninskij, P. N., Staatsanwalt, 242, 243A
Obolenskij, Aleksandr D., Reichsratsmitglied, 61, 284A
Obolenskij, Aleksej D., stellv. Finanzminister 1902-1905, 47, 48A, **49-50**, 58, 61, 320, 326, 328
Obsčestvo dlja sodejstvija russkoj promyšlennosti i torgovle siehe → Russische Industriegesellschaft
Obsčestvo dlja sodejstvija uluščeniju i razvitiju fabrično-zavodskoj promyšlennosti siehe → Petersburger Fabrikantengesellschaft
Obsčestvo dlja sodejstvija uluščeniju i razvitiju manufakturnoj promyšlennosti siehe → Manufakturgesellschaft
Obsčestvo russkich vračej v pamjat' N. I. Pirogova siehe → Pirogov-Ärztegesellschaft
Ochrana siehe → Ausnahmerecht

Odessa (Gouv. Cherson) 44, 87A, 88, 90A, 309, 315-316, 344, 352, 361, 407A, 408
Öffentlichkeit 6-10, 17, 19, 20-29, 32, 51, 89, 98A, 99-100, 109, 112, **117-127**, 128, **154-155**, 164, 170, 177-178, 221, 223, 226-227, 233, 242, 257, 282, 296, 300, 359-360, **367-371**, 401-402, 413, **419-421**, 422, 431-432, **434-436**, 438
Ogranovič, M. A., General, 329A
Okunev, Werksdirektor, 260A
Olonec (Gouvernement) 227A, 394A
Orbinskij, R. V., Pädagoge, 33A, **44**, 155, 180, 194, 201, 209A, 210A, 263
Orechovo-Zuevo (Gouv. Vladimir) 177
Orel (Gouvernement) 227A, 232A
Orenburg 87A
- Gouvernement 227A
Österreich 98A, 153, 221A, 237A, 255, 338, 348, 418
Österreich, K., Petersburger Industrieller, 158A
Osoboe soveščanie siehe → Besondere Ministerbesprechungen
Osvoboždenie, Exilzeitschrift, 310
Otečestvennyja Zapiski, Journal, 17, 22-23, 25, 118A, 225
Ovčinnikov, P. A., Moskauer Industrieller, 71, 110, 130, 132
Ozerov, I. Ch., Ökonom, 9, 14A, 317A, 318
Pabianice (Gouv. Petrikau) 82A
Pahl, K. Ja., Petersburger Industrieller, 76, 79, 355-356
Pankratova, A. M. 183A
Panteleev, A. I., Generalleutnant, 34, 247A, 251-252, 293-294, 304, 360A

Papierherstellung 77, 135, 145, 266A, 284A, 287A, 295
Parish, K. V., Petersburger Industrieller, 158A
Paskevič, Papierfabrikant, 266A
Paßrecht 198, 200A
Pavlov, I. P., Werftdirektor, 329A
Pažitnov, K. A. 156A
Penza (Gouvernement) 227A, 387A, 388A
Peretc, E. A., Reichssekretär 1878-1883, Reichsratsmitglied, 59
Perlov, A. F., Fabrikdirektor, 269A
Perm' 87A, 316
– Gouvernement 227A, 230A
Pernau (Gouv. Livland) 90A
Peskov, P. A., Sanitärmediziner, Fabrikinspektor, 24-25, 106A, 160, 208A, 225
Petersburg siehe → St. Petersburg
Petersburger Fabrikantengesellschaft (*Obščestvo dlja sodejstvija ulučšeniju i razvitiju fabrično-zavodskoj promyšlennosti*; ab 1905 *Obsčestvo zavodčikov i fabrikantov*) 61, 76A, **79-80**, 92-94, 142A, 256, 278A, 283-284, 288-290, 320, 321A, 328-331, 349A, 356-359, 361, 363A, 364, 365A, 389-392, 406, 407A, 408-409, 414, 416, 430-432
Petersburger Industrielle 33A, 70, **74-80**, 85, 106, 159, 430, 434
– und Kinderarbeit 114, 120, 130-131, 135A, 136, 138
– und Nachtarbeit 67, 78-79, 144, 150, 155-159, 160A, 161-162, 165
– und Arbeitsvertrag 195, 199, 206
– und Arbeitszeit 33A, 80, 255-256, 261-264, 277-278, 282-283, 286, 288, 289-291
– und Arbeiterorganisationen/Fabrikälteste 35, 73, 320-322, 325-326, 328-332
– und Unfallhaftung 80, 343-344, 355-359, 364-365, 369, 430
– und medizinische Versorgung 321, 406-408, 416
– und Arbeiterversicherung 359, 390, 392, 408, 414-417, 430, 434
siehe auch → Petersburger Fabrikantengesellschaft
Petrikau (Gouvernement) 84, 267A, 268, 272, 341A, 377, 387, 388A, 402A
– Fabrikbezirk 232A
Pirogov-Ärztegesellschaft (*Obščestvo russkich vračej v pamjat' N. I. Pirogova*) 369A, 401, 419-420
Pleske, E. D., Finanzminister 1903-1904, 51
Plehwe (Pleve), V. K., Innenminister 1902-1904, 35-36, **38-39**, 178, 215, 253-254, 313, 323
– Plehwe-Kommission (1885-1886 und 1887-1893) 32A, 38, 58, 99A, 161-163, 165-166, **178-180**, 189-190, 194, 200A, 202-205, 209A, 210-211, 213-214, 250A, 264A
Pobedonoscev, K. P., Oberprokuror des Heiligen Synod 1880-1905, 16, 34-36, 41, 42A, 54-55, 61, 66, 132A, 156A, 163A, 245A, 247A, 251-252, 279, 284A, 289, 291, 294, 296-297, 323, 349-351, 359, **365-366**, 367-368, 399-400, 417A, 422, 423A, 427
Podolien (Gouvernement) 228A, 232A, 387A, 388

Pogožev, A. V., Statistiker, 24-25, 39, 383, 401
Pogrebov, N. I., Petersburger Bürgermeister, 89
Polen 46, 80, 220, 227, 228A, 232, 314, 387, 389-390, 396, 407, 418, 435
- Industrie 19, **80-85**, 147A, 151, 159, 256, 271-272, 286, 322
- Bergbau 54, 337, 353, 393-394, 398-400, 426-428
- als Vermittler westeuropäischer Ideen **81-85**, 344, 393, 400, 434
Poletika, V. A., Industrieller, Journalist, 89
Polizei 8, 15A, 30, 32, 38, 48, 54, 161, 175, 181, 185-187, 200, 224, 228-229, 231, 240, **249-254**, 276, 284, 290, 293, 307, 309, 311-312, 318, 322-326, 332-333, 442 siehe auch → Innenministerium; → Moskauer Oberpolizeimeister; → Petersburger Stadthauptmann
Polnischer Bergbauverband (*Sovet s-ezdov gornopromyšlennikov Carstva Pol'skago*) 86, 344, 362A, 393
Polovcov, A. A., Reichssekretär, Reichsratsmitglied, 16, 45, 46A, 61, 79A, 331A, 364-365
Poltava (Gouvernement) 125, 228A
Pommern 221A
Possessionsfabriken 182
Postojannaja soveščatel'naja kontora železozavodčikov siehe → Ständiges Beratungskontor der Eisenindustriellen
Preußen 22, 97-99, 197, 209A, 221, 231, 301, 305A, 394-395
Prochorov, S. I., Moskauer Industrieller, 68A, 244, 273A, 318

Prochorovy, Moskauer Fabrikantenfamilie, 64, 71, 110, 179A, 268A, 373, 378
Produktivität siehe → Arbeitsproduktivität
Promyšlennost' i Zdorov'e, Journal, 17
Prozorov, A. Ja., Petersburger Industrieller, 77
Pskov (Gouvernement) 227A
Rabinovič, L. G., Bergbauindustrieller, 352A
Rat für Handel und Manufakturen (*Sovet torgovli i manufaktur*) 75, **76-77**, 87, 127A, 155, 180, 222-223, 228A, 343-345, 355
- Moskauer Abteilung 15A, 33A, 64A, **66-68**, 72A, 76-77, 124A, 135A, 137A, 142, 159-160, 164A, 167, 179A, 228A, 272A, 288A, 321-322, 329, 344, 363-364, 407-408
Rechtsbewußtsein 5, 8, 40, 52, 181-182, 202, **205**, **247**, 287, 297, 301-302, 304, 319, 350, 360, 438-440
Rechtssicherheit 2-3, 9, 30-32, 48, 84, 86, 175-176, **180-196**, 197, 203, 205, 210, 218-219, 299, 301, 308, 327, 332, 347, 369, 440-441
Reichskanzlei (*Gosudarstvennaja kanceljarija*) 57, 59
Reichsrat (*Gosudarstvennyj sovet*) 50
- Mitglieder 44-45, 58-60, 69, 364, 439
- Haltung zu Fabrikgesetzgebung 4, 31, 33, 35, **58-62**, 333-334, 439
- im Gesetzgebungsprozeß 53, 57-60, 127
- Anhörungen 66A, 70A, 73,

81, 94, 130, 140, 170-171, 178-179, 224-225, 322A, 329-331
- und Kinderarbeit 129-132, 135A, 136-141, 142A
- und Frauenarbeit 163, 165, 167-168
- und Arbeitsvertrag 178-179, 194, 199-200, 203, 205
- und Fabrikinspektion 139, 223A, 224, 226, 250, 253
- und Arbeitszeit 281, 289
- und Fabrikälteste 36, 39, 51, 53, 322A, 326, 328-331
- und Unfallhaftung 36, 39, 53, 80, 345, 349, 351, **364-367**, 369
- und medizinische Versorgung 374, 398, 412
- und Altersversorgung 428

Rentenversicherung siehe → Arbeiterversicherung

Revolutionäre Bewegung 22, 28, 34, 36, 48-49, 128, 251-252, 279-280, 301, 317, 319, 321A, 327, 330-331, 353 siehe auch → Streiks; → Sozialdemokratie

Rieber, Alfred 65A

Riga (Gouv. Livland) 74, 87A, 90A, 122, 222-223, 226, 315, 361-362, 364, 369

Ritter, Gerhard A. 338

Rjabušinskij, P. M., Moskauer Industrieller, 140A

Rjabušinskij, P. P., Moskauer Industrieller, 71

Rjazan' (Gouvernement) 88, 125, 200A, 227A, 230A, 232A, 238, 386, 387A, 388A

Rodzjanko, M. V., Vorsitzender des Ekaterinoslaver Zemstvo, Dumapräsident 1911-1917, 387

Roscher, Wilhelm, Ökonom, 270

Rosenberg, G. 8A

Rostov am Don (Don-Gebiet) 87A, 88, 90A, 93A, 317A, 407A, 408

Rothermund, V., Petersburger Industrieller, 158A

Rozin, E. N., Jurist, 204A

Rožkova, M. K. 24A

Russische Industriegesellschaft (*Obsčestvo dlja sodejstvija russkoj promyšlennosti i torgovle*) 17, **89-90**, 91, 118-119, 126, 277, 354-355, 360, 413-414, 420, 424-428, 431-432, 434-435
- Lodzer Abteilung 68, **82-83**, 85, 89-90, 245A, 269A, 270-273, 414, 429
- Moskauer Abteilung **68**, 69, 82, 90, 242-243, 245, 272A, 273
- Sosnowiecer Abteilung 90
- Tomaszówer Abteilung 90
- Warschauer Abteilung 82, 83A, 90

Russkaja Mysl', Journal, 17, 25, 245

Russkie Vedomosti, Journal, 17

Russkoe obščestvo ochranenija narodnogo zdravija siehe → Gesellschaft für Volksgesundheit

Rüstungsindustrie 45A, 56, 74, 106, 110, 259A, 316, 329A, 426A

Rykovskij, G. I., Fabrikinspektor, 235, 270

Ržev (Gouv. Tver') 88

Šabel'skaja, E. A., Journalistin, 49A

Sablin, M. A., Statistiker, Vorsitzender der Kommission beim Moskauer Generalgouverneur, 180A

Sachsen 209A, 221

Saltykov-Ščedrin, M. E., Satiriker, Vizegouverneur von Tver', 115A, 325A

Samara 407A, 408A
- Gouvernement 227A
San-Galli, F. K., Petersburger Industrieller, 77, 79-80, 130-131, 161A, 179A, 194A, 195A, 213-214, 312, 329-331, 343-344, 364, 365A, 389, 407A, 416, 417A, 418A
Sanitärmedizin 23, 26, 125-127, 225 siehe auch → Erismann, F. F.; → Peskov, P. A.; → Zemstvo; → medizinische Versorgung
Šarapov, S. F., Publizist, 68, 90, 243, 271, 272A
Saratov 87A, 407A, 409
- Gouvernement 227A
Šavli (Gouv. Kovno) 230A
Ščeglovitov, I. G., Justizminister 1906-1915, 292A
Ščeglovitov, S. G., Beamter im Innenministerium, 34A, 292-293
Ščerbatov, A. G., Moskauer Militär-Generalgouverneur 1843-1848, 185
Ščerbatov, A. A., Moskauer Bürgermeister 1863-1869, 373A
Scheibler, Karl, Lodzer Fabrikant, 105, 107, 195, 241A, 268
Schlesien 221A
Schottländer, Felix (Šotlender, F.), Petersburger Industrieller, 429
Schulen 41, 50-51, 70-71, 74, 80, 82-83, 91, 109-111, 113, 120-121, 124-125, 129, 132, 141, 229A, 241A, 244A, 321, 363, 404, 440
Schulpflicht 92, 99, 140-142 siehe auch → Kinderarbeit
Schuler, Fridolin, Züricher Fabrikinspektor, 270
Schulze-Gävernitz, Gerhart von, Ökonom, 270
Schwanebach, P. Ch., Finanzbeamter, Reichskontrolleur 1906-1907, 414, 432
Schwarzmeergouvernement (Černomorskaja gubernija) 233A
Schweden 221A
Schweiz 27, 98A, 153-154, 209, 211-212, 221, 237A, 255, 343, 348, 437-438
Ščukin, P. I., Moskauer Industrieller, 16
Šebeko, N. I., Generalleutnant, Kommandeur des Gendarmenkorps 1887-1895, 208A
Selbsthilfekassen siehe → Hilfskassen
Selbstverwaltung siehe → Städtische Selbstverwaltung; → Zemstvo
Šelymagin, I. I. 10, 159A
Semaško, Zoologe, 225
Semenov (Tjan-Šanskij), P. P., Geograph, Reichsratsmitglied, 60, 355
Semjakin, Vizedirektor des Polizeidepartements, 293
Senat (Pravitel' stvujuščij senat)(Oberste Justizbehörde), 60A, 206, 308, 341A
Šepelev, L. E. 11
Sergej Aleksandrovič, Großfürst, Moskauer Generalgouverneur 1891-1905, 253, 318, 322-323
Severnaja Počta, amtliche Tageszeitung des Innenministeriums, 118A, 374A
S-ezd glavnych po mašinostroitel'noj promyšlennosti dejatelej siehe → Maschinenbauerkongreß 1875
S-ezd gornopromyšlennikov Podmoskovnogo rajona siehe → Moskauer Bergbauverband
Shaw, Petersburger Industrieller, 120A
Šidlovskij, N. V., Reichsratsmitglied, 60

Simbirsk (Gouvernement) 227A
Sipjagin, D. S., Innenminister 1899-1902, 36A, 38-39, 50, 55, 253, 294A, 310, 320, 323, 326
Šipov, A. P., Industrieller, 89, 119
Šipov, D. P., Industrieller, 64A, 121
Skal'kovskij, K. A., Beamter, Publizist, 89
Skalon, V. Ju., Vorsitzender des Moskauer Bezirkszemstvo 1875-1883, 124
Skandinavien 97, 98A, 221A, 348
Skarzynski, L., 431-432
Smolensk 87A
– Gouvernement 227A, 230A, 232A, 343
Sokolov, P. P., Rechtsanwalt, 363A
Soldatenkov, K. T., Moskauer Industrieller, 64A
Sol'skij, D. M., Reichskontrolleur 1878-1889, Reichsratsmitglied, 59, 375A
Sopov, D. S., Moskauer Industrieller, 160A
Sormovo (Gouv. Nižnij-Novgorod) 260A, 316
Sosnowiec (Gouv. Petrikau) 82A, 90
Šotlender, F. siehe → Schottländer, Felix
Sovet s-ezdov bakinskich neftepromyšlennikov siehe → Verband der Ölindustriellen von Baku
Sovet s-ezdov gornopromyšlennikov Carstva Pol'skago siehe → Polnischer Bergbauverband
Sovet s-ezdov gornopromyšlennikov Juga Rossii siehe → Südrussischer Bergbauverband
Sovet s-ezdov gornopromyšlennikov ural'skoj oblasti siehe → Uralischer Bergbauverband

Sojuz bor'by dlja osvoboždenija rabočego klassa siehe → Kampfbund zur Befreiung der Arbeiterklasse
Sovet torgovli i manufaktur siehe → Rat für Handel und Manufakturen
Sozialdemokratie 28, 275, 297, 327, 330, 346, 348-349
Spanien 221A
Sparkassen siehe → Hilfskassen
St. Petersburg 23, 42, 49, 61, 74-75, 78, 85, 88A, 89, 91, 106A, 108, 110, 115, 120, 124-125, 150, 185, 192, 226, 257A, 267-268, 300, 315-316, 317A, 373, 377A, 389, 404, 407-408, 414, 417, 419, 423 siehe auch → Petersburger Industrielle
– Gouvernement 129, 179, 206A, 223, 227, 229A, 230A, 232A, 235, 341A, 386-387, 402A
– Stadthauptmann/Oberpolizeimeister 78, 157, 192, 199, 224A, 225, 228A, 275-276, 303A
– Kommission beim Generalgouverneur 1859 30, 112-115, 118, 209A, 222, 241
– Kommission beim Stadthauptmann/Oberpolizeimeister 1881-1887 30, 54, 56A, 158A, 180, 200A, 201, 209A, 212A, 225, 228, 262-264, **302-303**, 304
– Fabrikbezirk 151, 224A, 225, 227A, 233A
– Fabrikbehörde 217A, 228A, 387A, 388A, 389-391, 416
Stackelberg, A. F., Beamter im Innenministerium, 188
– Stackelberg-Kommission (1861-65), 30-31, 70, 107-108, 113-

114, 115A, 116A, 118, 176, 188, 193, 209A, 210, 222, 241, 300-301, 305, 342
Städtische Selbstverwaltung 74, 87, 88A, 123-124, 228A, 229A, 230, 257A, 353A, 372-373, 376-380, 381A, 383-385, 388, 401, 406, 410, 420
Ständiges Beratungskontor der Eisenindustrie (*Postojannaja soveščatel' naja kontora železozavodčikov*) 87, 355
Statistik 16, 20, **24-26**, 99-100, 126, 130, 132, 139, 149A, 165-166, 170, 225, 227, 234, 239, 276A, 346, 354, 364, 368, 376, 401, 423, 425, 427
Stavropol' 230A
Stieglitz, Alexander, Petersburger Industrieller, 61, 365
Stoff (Stof), A. A., Bergbaubeamter, Minister für Handel und Industrie 1906, 412, 427-428, 432
Stojanovskij, N. I., Reichsratsmitglied, 59
Stolypin, P. A., Ministerpräsident 1906-1911, 331
Strafen siehe → Fabriken, innerbetriebliche Verhältnisse
Streiks 29, 34, 60, 149-150, 175-176, 181, 188, 202, 206, 208A, 239, 251, 254, 290, 298-301, 316, 318, 323, 325
- St. Petersburg 1870 3, 13, 28, 307
- St. Petersburg 1878 3, 28, 262, 302, 353
- Morozov-Streik 1885 3, 28, 159, 161, **177-178**, 188, 201-205, 208, 210, 214, 248, 306, 439
- Ivanovo 1885 166-167
- Lodz 1892 271
- St. Petersburg 1896 29, 248, 255, **275-276**, 277, 279, 281, 289, 296-297, 303, 309, 390, 439
- St. Petersburg 1897 248, 255-256, 282-84, 289, 296
- Obuchov-Streik 1901 326A
- Forderungen der Streikenden 149-150, 177-178, 201-202, 248, 270, 274-276, 280, 297, 308, 310, 327, 330, 390-391, 429
- Streiks und revolutionäre Bewegung 48, 275, 297, 310-311, 317, 319, 327-328
- Haltung der Industrie 72-73, 248, 256, 282-283, 289-290, 309, 312-313, 321
- als Motiv für Fabrikgesetzgebung 3, 9, 12, 14, 28, 32-34, 36, 98, 144A, 159-161, 175-176, 178-181, **188-189**, 191, 204-205, 210, 218, 239, 255-256, 271, 274, 276, 279, 281, 284, 289, 296-297, 332-333, 338-339, 368, 390-391, **433-434**, **438-439**
Streikverbot 2, 4, 13, 28, 39, 48, 50, 61-62, 175, 179, 187, 191, 249, 298, 303, **304-313**, 314, 320, 333, 437, 439-442
- "Zapiska Witte" 48, 50, 61, 236, **310-313**, 319, 326
Strol'man, S. A., Fabrikdirektor, 329A
Struckhof (Strukgof), G. V., Fabrikinspektor, 225
Struve, A. E., zentralrussischer Industrieller, 71A
Struve, P. B., Publizist, 26, 178A
Suchumi (okrug) 233A
Südrussischer Bergbauverband (*Sovet*

s-ezdov gornopromyšlennikov Juga Rossii) 26, 56, **85-86**, 195, 352, 361-362, 369, 394-397, 399-400, 420, 426-427, 435
Šuja (Gouv. Vladimir) 274A
Suslova, N. P., Ärztin, 24A
Suwałki (Gouvernement) 387A, 388A
Svjatopolk-Mirskij, P. D., General, Innenminister 1904-1905, 253, 326A
Syromjatnikov, M. P., Moskauer Fabrikant, 119
Tabakverarbeitung 100, 135, 145
Tachtarev, K. M., Sozialdemokrat, 282A, 283A
Tagancev, N. S., Jurist, 178A, 204-205, 213
Taganrog (Don-Gebiet) 87A, 88
Tambov (Gouvernement) 107A, 227A, 232A
Tarifverträge siehe → Arbeitsvertrag
Taschkent 90A
Taskin, E. N., Bergbauingenieur, 396
Tatarov, I. 10
Taurien (Gouvernement) 228A
Terner, F. G. siehe → Thörner, F. G.
Textilindustrie 3, 19-20, 25, 61, 64, 68, 75-76, 78-79, 82, 90, 98A, **100-106**, 108-110, 114-115, 123-124, 129, 134-135, 137, **145-152**, 155-160, 165-169, 208A, 261-262, **264-269**, 275, 278, 281, 284A, 285, 287A, 288, 296A, 437
Thörner (Terner), F. G., stellv. Finanzminister 1887-1892, Reichsratsmitglied, 45A, 60, 120A, 364, 422, 423A
Thornton, Ja. D., Petersburger Industrieller, 76, 130, 161A, 343

Tichvin (Gouv. Novgorod) 88
Tiflis 88
– Gouvernement 233A
Tigranov, G. F., Bergbaubeamter, 415, 427A
Timašev, A. E., Innenminister 1868-1878, 38, 198, 262
Timirjazev, V. I., stellv. Finanzminister 1902-1905, Minister für Handel und Industrie 1905-1906, 49
Tjumen' (Gouv. Tobol'sk) 90A
Tkačev, P. N., Revolutionär, 154A
Tobol'sk 90A
Tolstoj, D. A., Innenminister 1882-1889, 141, 178, 189, 250
Tomara, L. P., 125
Tomaszów (Gouv. Petrikau) 90
Tomsk 352
Trepov, D. F., Moskauer Oberpolizeimeister 1896-1905, 317A, 318, 319A
Trepov, F. F., Petersburger Stadthauptmann 1873-1878, 199
Tret'jakov, S. M., Moskauer Industrieller, 344A
Tret'jakovy, Moskauer Fabrikantenfamilie, 64
Tripolitov, M. N., Ingenieur, 406A, 407A, 417A
Trucksystem siehe → Fabriken, innerbetriebliche Verhältnisse
Tschenstochau (Częstochowa; Gouv. Petrikau) 267A
Tugan-Baranovskij, M. I., Ökonom, 9, 14A, 26, 47A, 161A, 184, 272
Tula 316
– Gouvernement 227A, 232A
Tver' 73A, 88
– Gouvernement 25, 72, 73A, 88, 109, 115A, 150, 227A, 230A, 232A, 241A, 268, 387
Ufa (Gouvernement) 36, 227A

Unfälle 108, 169, 202, 217, 238, 246, 264, 340A, 341A
- medizinische Behandlung 376, 378, 427
- Unfallhaftung 7, 28, 83A, 300, **340-343**, 351, 354, 357-358, 360A, 362, 366, 371-372, 390, 392, 403, 407, 415, 421-422, 426, 428, 433-435
- Gesetzentwurf 1889 32, 44, 46-47, 58A, 77A, 81-82, **343-345**
- Gesetzentwurf 1893 33-34, 44, 61, 87A, **345-351**, 355-356, 362-363, 365-367, 418
- Gesetz vom 3.6.1903 2, 4, 35-37, 39, 50-51, 53, 56-57, 62, 67, 80, 337, **362-367**, 369, 371, 399, 404, 410, 412-413, 434, 440
- Haltung der Industrie 35, 72, 92-93, 342-345, **351-365**, 367, 369, 418-419
- Unfallversicherung siehe → Hilfskassen; → Arbeiterversicherung

Ungarn 97, 221A

Uralischer Bergbauverband (*Sovet s-ezdov gornopromyšlennikov ural'skoj oblasti*) 86, 399

Valuev, P. A., Innenminister 1861-1868, Minister für Reichsdomänen 1872-1879, 31
- Valuev-Kommission (1874-75) 31, 66A, 113-117, 120, 125-126, 130, 180, 210, 222, 342, 375

Vargunin, I. A., Petersburger Industrieller, 77, 210

Vargunin, K. A., Petersburger Industrieller, 77

Vargunin, P., Petersburger Industrieller, 120A

Vargunin, V., Petersburger Industrieller, 120A

Varzar, V. E., Statistiker, Fabrikrevisor, 234-235, 292-293, 417A

Vavilov, N. I., Biologe, 49A

Verband der Ölindustriellen von Baku (*Sovet s-ezdov bakinskich neftepromyšlennikov*) 86, 361, 399

Verein für Sozialpolitik 15, 27

Vereinigte Staaten von Amerika 221A, 429A

Vestnik Evropy, Journal 17, 199

Vinberg, F. F. siehe → Winberg, F. F.

Višau, B. siehe → Wishaw, B.

Višnevskij, Petersburger Industrieller, 120A

Višnjakov, A., Beamter im Innenministerium, 178A

Vitebsk (Gouvernement) 228A, 232A, 238

Vitte, S. Ju. siehe → Witte, S. Ju.

Vjatka (Gouvernement) 206A, 227A, 230A, 387

Vjazemskij, L. D., Reichsratsmitglied, 61

Vjazniki (Gouv. Vladimir) 88

Vladimir 28-29, 87A
- Gouvernement 25, 88, 106, 110, 123, 129, 147, 166, 177-179, 189, 206, 216A, 217A, 223, 224A, 227A, 232A, 235, 244, 267, 268A, 274A, 293, 341A
- Fabrikbezirk 151, 160, 224A, 225, 227A
- Fabrikbehörde 229A, 387A, 388A

siehe auch → Zemstvo

Vlas'ev, G. A., Beamter der Admiralität, 329A
Voennoe ministerstvo siehe → Kriegsministerium
Volkonskij, S. V., Vorsitzender der Rjazaner Zemstvoverwaltung, 125, 200A
Volksbildungsministerium (*Ministerstvo narodnogo prosveščenija*) 56, 57A, 129A
Vologda (Gouvernement) 217A, 227A
Volynija siehe → Wolhynien
Voronež 316
- Gouvernement 227A, 402A
- Fabrikbezirk 151, 227A
Voskobojnikov, N. 108
Vovčik, A. F. 10
Vreden, E. R., Ökonom, 415A
Vremennaja komissija po fabričnozavodskim delam pri Moskovskom Ober-Policejmejstere siehe → Moskau
Vremennaja komissija po fabričnym delam pri S. Peterburgskom Ober-Policejmejstere/gradonačal'nike siehe → St. Petersburg
Vyšnegradskij, I. A., Finanzminister 1887-1892, 40, **45-47**, 58A, 77, 170, 244, 250, 344-345, 346A
Warschau **81-82**, 84, 88, 90A, 167, 201, 226, 315, 344, 387A, 407A, 434
- Gouvernement 235, 341A, 385, 387, 389
- Fabrikbezirk 20A, 151, 224A, 225A, 228A, 233A, 416
Wehrpflicht 98-99, 109, 202-203, 213, 229A
Westeuropa 63, 150, 186, 227, 425
- als Vorbild 3, 12, 27, 31, 33-34, 40, 48, 55, 67, 81-85, 176, 182, 304, 332, **437-439**

- Industrialisierung und Arbeiterschaft 2-3, 20-21, 28, 32, 175, 181-182, 218, 227, 301, 366, 396
- Arbeitszeit 83, 255, 260, 262, 274, 437
- Kinderarbeit 30-31, 97-99, 102, 106, 113, 117, 119, 153
- Frauenarbeit 145, 152-155, 162, 171
- Lohnvertrag 2, 30, 191, 197, 209, 294, 437
- Fabrikinspektion 220-221, 227, 232, 234, 237, 247
- Streikrecht 13, 55, 298, 304-307, 437
- Unfallhaftung 2, 340, 346, 364
- Arbeiterversicherung 5, 89, 337-339, 345A, 348, 367, 408, 429, 432, **433-434**
- und medizinische Versorgung 371, 384, 405, 440
siehe auch einzelne Länder
Wilna (Gouvernement) 228A, 232A, 387A
- Fabrikbezirk 151, 228A
Winberg, F. F., Direktor der Expedition für die Herstellung von Staatspapieren, 161A, 179A
Wishaw, B., Petersburger Industrieller, 158A
Witte (Vitte), S. Ju., Finanzminister 1892-1903, 7, 16, 34A, 35-36, 39-40, 44, 46, **47-51**, 54, 58A, 91, 240, 247A, 251-253, 276-277, 279-282, 288-290, 293-294, 297, 310, 313, 320, 322-324, 345, 346A, 349, 359-360, 363, 365, 368, 398-401, 412, 429, 439, 442

- „Zapiska Witte" siehe → Streikverbot
- Wogau, Hugo von, Moskauer Industrieller, 64A
- Wogau, Otto von, Moskauer Industrieller, 64A
- Wolhynien (Gouvernement) 228A, 232A, 387A, 388
- Württemberg 209A, 305A
- Zabelin, A. I., Arzt, 23A
- Zajončkovskij, P. A. 53A, 308A
- Zakrevskij, A. A., Innenminister 1828-1831, Moskauer Militär-Generalgouverneur 1848-1859, 181, 185-186, 210
- Zelnik, Reginald E. 13, 17A, 300A
- Zemljačestvo (gemeinsame regionale Herkunft von Arbeitern) 107
- Zemstvo (Organe ländlicher Selbstverwaltung) 5, 51, 223, 228, 229A, 230, 233-235, 257, 315, 321, 395, 411, 437, 442
  - Moskau 24-26, 103A, 108-109, 117A, 125, 130, 382A, 383, 386, 401, 411, 415A, 423
  - Vladimir 124-125, 210A, 230A, 343, 386
- und Kinderarbeit 123-127
- und Schulen 51, 109, 124-125, 132, 140-141
- und sanitäre Verhältnisse 124
- und Arbeitsvertrag 199A, 200A, 210
- und medizinische Versorgung 51, 72A, 372, 374, 376, 379-381, 383-384, **385-387**, 388, **401-406**, 407, 409-412, 415, 420, 438

Zgierz (Gouv. Petrikau) 82A
Zubatov, Chef der Moskauer Geheimpolizei, 9, 34, 38-39, 175, 252-253, 309, **317-319**, 320A, **322-324**, 333
Żukowski, Władysław (Žukovskij, V. V.), polnischer Bergbauindustrieller, 322A, 329A, 330, 417A, 427A
Zündel (Cindel'), Emil, Moskauer Industrieller, 64A
Zürich 234
Zverinskij, V. V., Beamter im Innenministerium, 259A
Żyrardów (Gouv. Warschau) 81

Jurij M. Lotman

Rußlands Adel

Eine Kulturgeschichte

Aus dem Russischen von Gennadi Kagan
(Bausteine zur slavischen Philologie und Kulturgeschichte, Band 21)
1997. Etwa 450 Seiten. Etwa 100 Abbildungen. Gebunden mit Schutzumschlag.
ISBN 3-412-13496-1

Wie lebten sie im 18. und beginnenden 19. Jahrhundert, die Mitstreiter und Günstlinge der russischen Zaren, die Militärs, die Poeten und die zahllosen großen und kleinen Namenlosen des alten Rußland? Wie kleideten, wie gebärdeten sie sich? Das Buch Jurij M. Lotmans gibt Antwort, ist ein faszinierender Führer durch aufregende Phasen der russischen Adelsgeschichte. Es führt uns in Kinderstuben und Ballsäle, auf die Schlachtfelder und an die Kartentische, auf die Landsitze und an die Austragungsorte erbitterter Duelle. Es läßt uns an allem teilhaben, was das Leben dieser Menschen ausmachte, was sie fühlten, dachten, sich erträumten.

Dieses Buch ist nicht nur eine Fundgrube für den historisch, kulturell oder biographisch am alten Rußland Interessierten, es ist zugleich eine spannende und unterhaltsame Lektüre. Einer der glänzendsten russischen Kulturhistoriker erzählt hier, Kapitel für Kapitel, grandiose und erschütternde Schicksale, deren Helden bedeutende historische Persönlichkeiten wurden, Herrscher, einfache Menschen, Dichter und Denker.

"Die Geschichte geht durch das Haus des Menschen und durch sein privates Leben. Nicht die Titel, die Orden oder die Zarengunst, sondern die ‚Selbständigkeit des Menschen' verwandelt ihn in eine historische Person."
(J. M. Lotman)

BÖHLAU VERLAG KÖLN WEIMAR WIEN
Theodor-Heuss-Str. 76, D - 51149 Köln

Beiträge zur Geschichte Osteuropas

Herausgegeben von Dietrich Beyrau, Bernd Bonwetsch,
Dietrich Geyer und Manfred Hildermeier.

Die Bände 1-13, 15 und 16 sind vergriffen.

Bd. 14: Andreas Kappeler: Rußlands erste Nationalitäten.
Das Zarenreich und die Völker der Mittleren Wolga vom 16. bis 19. Jahrhundert. 1982. X, 571 S. 13 Ktn. i. Anhang. Gb. ISBN 3-412-03481-9

Bd. 17: Hartmut Rüß: Herren und Diener.
Die soziale und politische Mentalität des russischen Adels.
9.-17. Jahrhundert. 1994. X, 531 S. Gb. ISBN 3-412-13593-3

Bd. 18: Lutz Häfner: Die Partei der Linken Sozialrevolutionäre in der Russischen Revolution von 1917-18.
1995. X, 816 S. Br. ISBN 3-412-11194-5

Bd. 19: Dittmar Dahlmann: Die Provinz wählt.
Rußlands Konstitutionell-Demokratische Partei und die Dumawahlen 1906-1912
1996. XII, 509 S. Gb. ISBN 3-412-12195-9

In Vorbereitung

Bd. 21: Stefan Plaggenborg: Revolutionskultur
Menschenbilder und kulturelle Praxis in Sowjetrußland zwischen Oktoberrevolution und Stalinismus.
1996. Ca. 372 S. Gb. ISBN 3-412-09296-7

Bd. 22: Gerd Benno Ennker: Die Anfänge des Leninkults.
Ursachen und Entwicklung in der Sowjetunion in den zwanziger Jahren.
1997. Ca. 416 S. Gb. ISBN 3-412-10996-7

BÖHLAU VERLAG KÖLN WEIMAR WIEN
Theodor-Heuss-Str. 76, D - 51149 Köln